□운암 조신권 교수 전집 1

1978년도 연세대학교 인문과학부분 수상작

모든 문예의 원전

성경의 문학적 탐구

그 아름다움을 찾아서

조 신 권 지음

아가페문화사

Inquiry into the Holy Bible

Great Code of Literature: It's Beauty and Sublimity

by

Shin Kwon Cho

2008
Agape Culture Publishing Company
Seoul, Korea

雲岩 조신권 교수 전집을 펴내면서

지금까지 50여 년 간 연세대학교와 총신대학교 및 한국여자신학교에서 가르치고 연구하며 성경과 문학과의 가교를 놓는 일에 진력해 오신 우리들의 동료이자 은사이시며 신앙의 선배이신 雲岩 조신권 교수님의 학덕을 기리고, 신앙과 사상, 교육과 연구 및 문화와 학술 면에서 그가 세운 업적과 공적을 길이 보존하며, 후대에 널리 전승시키고 선양시키기 위하여 그의 전집을 펴내고자 합니다.

그 사이 연구하여 발표하고 출판했던 번역물들과 학술논저들, 그리고 틈틈이 써서 내놓았던 창작물들과 새로 쓴 것들을 모아 雲岩 전집 22권과 별책 1권『人生餘祿』으로 묶어 펴내려 합니다. 이 22권 중에는『성경의 문학적 탐구』를 비롯한 5권의 성경과 문학의 관계저서와『존 밀턴의 문학과 사상』을 비롯한 5권의 영문학과 성경과의 관계 저서,『한국문학과 기독교』를 비롯한 6권의 기타 기독교 관계 저서와 창작물, 그리고『실낙원』을 비롯한 6권의 번역물과 해설이 포함됩니다.

이 전집에서 우리는 끊임없이 새로운 것을 추구하는 선생님의 정열과 도전 및 탐구 정신과 만나게 되고, 무엇보다 복음 안에서 모든 학문과 현상을 재구성하고 재창조하는 그의 탁월한 상상력과 용광로처럼 뜨거운 영성을 재체험(再體驗) 또는 감응감수(感應感受) 할 수가 있습니다.

이런 영성은 혼탁한 세대를 밝히는 등불이 될 것이고, 어디로 가야할 지를 모르는 사람들에게는 지팡이가 될 것입니다.

독자 여러분에게 놀라운 은혜와 감동 및 유익과 새로운 깨달음을 줄 수 있었으면 좋겠습니다. 동시에 그의 한결같은 일관성과 그의 쇠심줄 같은 끈기 및 그의 성문학(聖文學)에 대한 사명감 등을 공유할 수가 있었으면 좋겠습니다. 더구나 영상매체가 판을 치는 이때에 펴내는 이 전집이 천박해 지기 쉬운 우리들의 후학과 후손들의 품격을 고상하게 격상시켜 주는데 도움이 되었으면 좋겠습니다.

지속적인 후원과 기도를 부탁드리며 순차적으로 펴내도록 하겠습니다.

雲岩 조신권 교수 전집 출판후원회

고문: 총신대학교 총장 김인환 박사

대표: 기독신문 주필 김영우 목사

머 리 말

좋은 책은 우리 인생의 영원한 연인이요 동반자다. 그러므로 어디를 가든지 늘 함께 하고 늘 곁에 두어야 한다. 또한 그것은 가장 좋은 파트너로서 동거동락 할 수 있는 가장 신뢰할 수 있는 벗이기도 하다. 그 중에서도 우리는 옛 성현들의 지혜가 담겨져 있을 뿐 아니라, 존재의 목적과 의미를 늘 일깨워주며, 인생의 화단에다 향기를 더해주는 고전들을 더욱 사랑하여야 한다.

그리스 . 로마의 고전을 비롯해서 세계의 고전들이 수없이 많지만, 특히 우리가 가장 사랑하고 가까이 하여야할만한 고전은 성경이다. 성경은 옛날 히브리 민족의 경험과 생각이나 느낌 같은 원초적 경험을 기록해 놓은 것이지만, 그것은 오늘에 있어서도 읽는 사람들의 마음을 깊은 샘에서 갓 길어 올린 물처럼 시원하게 해주기도 하고, 심령에 감동을 일으켜 변화시키기도 하며, 새로운 삶을 살고자 하는 결단과 도전을 촉발시켜 주기도 한다.

뿐만 아니라 성경은 인생과 역사를 변혁시키는 에너지가 되며, 인생과 역사에 새로운 지평을 열어주는 원동력이 되기도 한다. 또한 성경은 그 사랑하는 사람들에게는 미래를 여는 창문이 되며, 생명의 양식이 되고(신 8:3; 마 4:4; 렘 15:16), 목마른 사람들에게는 생수(요 4:14; 7:38)가 되며, 갈 바를 몰라서 방황하는 사람들에게는 약도가 되고, 어두운 세상에 살아가는 사람들에게는 빛(시 119:105)이 되며, 영적 싸움(靈戰)을 벌이는 사람들에게는 무기(엡 6:17)가 된다.〈장경철, 『하나님 공부하기』 (서울: 낮은 울타리, 1998), 67 참조〉

그리고 그것은 건축사의 도구 같아서(행 20:32; 사 58:12) 우리의 인생과 가정 및 역사를 세워주기도 하며, 마치 안경 같아서 우리 인생의 시력을 교정확대 하여 미세한 것까지도 들여다보고 지혜를 배우게 한다.

더욱 성경은 모든 지식의 근본이요 모든 문예의 원전(原典)이요 원천(源泉)이기도 하다. 그러나 그것은 적절하게 해석할 수 있을 때에만 유효하다. 그러나 그 해독이 쉽지만은 않다. 그래서 많은 오래 전부터 여러 가지 그 해석의 방법론을 성경학자들은 개발해 왔다. 성경해석의 방법에 대해서 좀 더 자세한 것을 알고 싶으면 앞으로 간행될 운암 조신권 교수 전집 2권 『성경의 문학적 접근방법 연구』를 참고하기 바란다.

이 여러 방법론 중에서 가장 최근에 주목을 끄는 방법 중의 하나가 성경을 문학적으로 접근해서 풀어가는 방법이다. 이런 문학적 해석방법에 준해서, 십 수 년 전에 나는 두 권의 책 『성서문학의 이해』와 『문학과 성서』를 출판했었다. 이 두 책은 나름대로 그 성격이 다르고 독자층도 달랐지만 사실은 서로 중복되는 부분이 많았다. 그래서 하나로 통합하여 새로운 형태의 책을 출판하는 것이 좋겠다는 생각을 해왔다. 그러나 단순한 형태적인 통합은 아무런 의미가 없을 것이므로, 거기에다 새로운 부분을 첨가하여 새로운 형태의 책을 내기로 하였다. 그렇게 해서 나오게 된 것이 바로『성경의 문학적 탐구』다. 이 책의 제1부에서는 성경의 문학적 배경을, 제2부에서는 성경의 문학적 특질과 언어와 문체 등을 다루었다. 그리고 제3부에서는 성경을 문학적 양식 곧 장르 별로 구분해서 다루었다.

이 책을 쓰는데 귀중한 자료를 제공해 주면서 따뜻한 사랑의 격려도 아끼지 않으셨던 분이 있는데, 그분이 바로 이미 고인이 되신 용제 백낙준 박사이시다. 또한 이런 연구에 눈을 뜨게 해준 분은 리처드 모울턴(Richard G. Moulton)이다. 물론 모울턴 박사를 직접 만난 적은 없다. 다만 그가 쓴 『성경의 문학적 연구』(*The Literary Study of the Bible*)라는 책을 만나지 못하였더라면, 감히 이런 연구를 시도해보고자 하는 마음도 낼 수가 없었을 것이다. 이 두 분께 심심한 감사를 드리며 그분들에게 이 책을 바친다.

이 책은 운암 조신권 교수 전집 전 20권 중 제1권이다. 전집을 내는 일에 적극적으로 후원해 주신 총신대학교 총장 김인환 박사와 총신대학교 교수 여러분과 및 김영우 목사를 비롯해서 기도와 물질로 후하게 후원해 주시는 여러분들께 심심한 감사를 드리며 총 재정 결산과 경과보고는 별책 『인생여록』(보너스 북)에다 적어 소중하게 보존하겠다. 그리고 상업적으로 생각하면 망설일 법도한데 선뜻 전집을 내주기로 약속을 한 아가페문화사 사장 김영무 목사에게도 감사를 드린다. 또한 맞춤법과 띄어쓰기와 같은 궂은 일들을 마다하지 않고 살펴 준 총신대학교 영어교육과 한주은 양과 김세진 양, 그리고 표지 디자인을 맡아 수고해 준 셋째 자부 황현정 집사에게도 고마운 마음을 표한다.

끝으로 여기서 사용된 한글 성경은 개역 개정 본 4판이며 성경의 지혜문학 분야는 『히브리 지혜문학의 이해』에서 자세하게 다루게 됨으로 여기서는 생략했고 동시에 풍자문학과 예언문학 분야도 지면 관계상 대부분 생략했다는 것을 밝혀두는 바이다.

2008년 9월 10일

관악산이 바라다 보이는
총신대학교 종합관 연구실에서
운암 조신권 씀

차 례

• 머리말 • 5

제1부 성경의 문학적 배경 • 13

제1장 자연적 배경 • 15

1. 팔레스타인의 풍토 • 15
2. 메소포타미아 유역 • 25
3. 애굽과 시나이반도 • 26
4. 북지중해 세계 • 29

제2장 민족적 배경 • 30

1. 히브리 민족 • 30
2. 히브리민족의 정신적 특질 • 37

제3장 역사적 · 정치적 배경 • 42

제2부 문학으로 본 성경 • 53

제1장 성경과 문학의 관계 • 55

1. 기독교와 문학의 갈등 • 55
2. 성경을 문학으로 보면 부당한가? • 59
3. 성경과 문학의 필연성 • 68
4. 성경이 문학에 미치는 영향 • 72

제2장 성경의 문학적 탐구 • 89

1. 언어의 탐구 • 89
2. 문학적 예술성 탐구 • 95
3. 문학적 기교 탐구 • 103

4. 문학적 상상력 탐구 • 120
5. 문학적 갈래와 체험의 탐구 • 127

제3장 헤브라이즘의 본질 • 134

제4장 성경의 문학적 특질 • 138
1. 신중심적 • 139
2. 직관적 • 142
3. 구상적 • 144
4. 감각적 • 149
5. 단편적 • 151
6. 내적 독백과 수사적 질문 • 152

제5장 성경문학의 언어와 문체 • 155
1. 언어 • 155
2. 문체 • 159

제3부 성경의 문학적 갈래 • 173

제1장 내러티브 • 177
1. 아브라함의 이야기 • 178
2. 야곱의 이야기 • 190
3. 요셉의 이야기 • 202

제2장 서사시 • 213
1. 영광의 탈출서사시: 모세 이야기 • 216
2. 가나안 정복의 서사시: 여호수아 이야기 • 235

제3장 서정시 • 243
1. 히브리 초기 서정시 • 244
1) 송가 • 244
(1) 모세와 미리암의 노래 • 245
(2) 드보라의 노래 • 248
2) 애가 • 255
(1) 사울과 요나단에 대한 다윗의 애가 • 255
(2) 압살롬에 대한 애가 • 258
(3) 슬픈 노래 모음집: 예레미야의 애가 • 260
3) 교훈시 • 268
(1) 속담 • 268
(2) 삼손의 수수께끼 • 271
(3) 우화 • 273
2. 찬미가 • 280
3. 전원시 • 294
4. 신앙서정시 모음집: 시편의 시 • 299
제4장 짧은 스토리 • 374
1. 룻의 이야기 • 376
2. 에스더의 이야기 • 385
제5장 예언문학 • 393
1. 예언자와 시대 • 394
2. 성경적 예언의 본질 • 398
3. 성경적 예언의 메시지 • 400
4. 예언서의 탐구 • 402
1) 메시아 왕국을 선포한 예언자: 이사야 • 403
2) 여호와의 날을 선포한 예언자: 요엘 • 418

제6장 문학의 형식으로서의 복음 • 426
1. 복음의 세계 • 426
2. 복음서의 서술적 특징 • 477
제7장 예수의 문학 • 482
1. 시인으로서의 예수 • 482
2. 비유 • 490
제8장 바울의 문학 • 512
1. 기독교 최초의 선교사 바울 • 515
2. 바울서신의 형식 • 523
3. 바울서신의 문학적 특징 • 525
제9장 요한의 문학 • 532
1. 사도 요한의 생애 • 534
2. 생명의 문학: 요한복음서 • 536
3. 사랑의 문학: 요한 일 이 삼서 • 544
4. 묵시문학: 요한계시록 • 549
* 끝 맺는 말 • 567
* 참고문헌 • 573

1
성경의 문학적 배경

● 자연적 배경
● 민족적 배경
● 역사적 · 정치적 배경

제1장 자연적 배경

1. 팔레스타인의 풍토

프랑스의 비평가 이뽈릿 테느(Hippolyte Taine)가 『영문학사서설』에서 지적한 대로 '민족'(race), '환경'(mileu), '시기'(moment)는 문학을 결정하는 삼대 요인이라 할 수 있다. 그런 의미에서 성경문학을 창작해 낸 그 민족과 자연적 풍토 및 역사적 배경 등을 다루는 것은 매우 중요한 의미를 갖는다.[1]

"성경의 고향"이오 히브리 민족의 "희망의 별"[2]이었던, 성경의 역사 무대 팔레스타인은 실제적으로는 지극히 작고 보잘 것 없는 국토였지만, 역사적, 종교적으로는 세계의 어느 나라보다도 크고 중요해서 가히 세계의 축도라 할 만하다. 팔레스타인은 인류의 진보 발전을 위하여 지적으로나 영적으로 크나큰 공헌을 하였을 뿐 아니라, 유대교의 요람으로서 또는 기독교의 발상지로서 팔레스타인은 두 개의 유일신교적 종교를 세계에 공급해 주었고, 또 제3의 유일신교적 종교인 이슬람교의 기원과 발전과도 밀접한 관계를 갖는다. 이 팔레스타인의 주민들은 새로운 인간관과 민주주의 생활방법을 정립했고, 영적 가치와 의의 최후의 승리를 믿었다. 기독교의 유일한 경전인 성경은 이러한 팔레스타인의 풍토를 배경으로 하고 그 풍토의 분위기 가운데서 기록되었던 것이다. 이런 의미에서 팔레스타인의 풍토를 우선적으로 고찰해 보는 것은 매우 중요하다.

1) 팔레스타인: 그 명칭의 의미

'팔레스타인'이라는 명칭의 의미는 사실상 명확치가 않다.[3] 또 성경의 어떤 곳에서도 '팔레스타인'이라는 명칭은 발견할 수 없다.[4] 그러므로 팔레스타인은 그 위치나 범위를 확정짓기 매우 어려운 지역이다.[5]

구약에서는 대개 팔레스타인을 '가나안의 땅' (Land of Canaan)이라 불렀고, 또 달리는 '약속의 땅' (Promised Land, 창 15:18; 신 6:10; 겔 20:40; 히 11:9), '이스라엘의 땅' (Land of Israel, 삼상 13:19), '거룩한 땅 '(Holy Land, 슥 2:12)이라는 이름으로 별칭 되었는데, 그것은 문화적 관련성 또는 종교적 감정을 시사해 주는 것이 아닌가 한다. 그러면 언제부터 가나안을 팔레스타인이라고 부르게 되었을까? 생각하건대 그것은 "가나안에 침입하여 주거를 정한 불레셋인(출 15:14; 삿 14:1-4)을 희랍인들이 언역하여 부른데서"[6] 비롯된 것이라 할 수 있다. 팔레스타인이라고 하는 명칭은 '팔레스타인 사람' (블레셋인)으로부터 유래된 것 같다. 그들이 정착한 땅 '필리스티아' (Philistia 불레셋)는 헬라어로는 '팔라이스티네' (palaistine), 그리고 라탄어로는 '팔라이스티나' (Palaestina)로 불렀으므로, 영어로는 '팔레스타인' (philistine)으로 표기되었던 것이다.[7] 본래는 이 명칭이 현재 팔레스타인의 남서부 일대에만 적용되었지만, 지금은 구약성경이 말하는 '가나안 땅' , 혹은 '이스라엘 땅' 전체의 명칭이 되어 버리고 말았다."[8] 따라서 팔레스타인은 불레셋 사람들[9]의 땅(The Land of Philistines)이라는 뜻을 내포하고 있다.

역사가 헤로도터스(Herodotus, 484-424(?), B. C.)는 페니키아와 남부 아라비아 사막의 한 중간에 위치한 지중해 연안 지방 또는 그 배후에 있는 내륙을 가리켜 '팔레스타인-시리아' (Palestine-Syria)[10]라 했다. 그랬던 것이 세월의 흐름을 따라 내륙만을 지시하는 명칭으로 통용되었던 것이다. 그런가 하면 필로(Philo)는 팔레스타인이라는 말을 가나안에만 국한해서 사용하였다. 그러나 요세푸스(Josephus)는 팔레스타인을 불레셋에게만 국한하고 유대인들이 살고 있는 땅에는 적용하지는 않았다. 기독교인들이 팔레스타인이라는 말을 쓰기 시작한 것은 제롬(Jerome)에게서 그 기원을 찾게 된다. 제롬은 그의 에스겔 27장 17절 주해에서 "지금은 팔레스타인이라고 불리는 유대 땅"이라 했다.[11] 여기서 팔레스타인이라는 말은 일반적으로 요단강 서쪽 이스라엘인 또는 유대인들이 살고 있는 땅을 의미한다.

그러나 그 경계는 확연치가 않다. 구약성경에 나타난 대로는 가나안 땅에 속하는 것이 틀림없지만, 그렇다고 그 지역 전체가 팔레스타인은 아니었다. 여호수아 11장 17절과 12장 7절은 팔레스타인의 경계보다는 이스라엘 민족이 점거했던 지역을 구별짓는 기록이라 할 수 있다. 더욱 "단(Dan)으로부터 브엘세바(Beersheba)까지 이르는"(삼상 3:20; 삼하 24: 2, 15; 왕상 4:25)과 같은 표현은 이스라엘이 점거했던 지역의 남북관계만을 지시해 주는 것에 불과하다. 구약에 있어서 가나안은 정치적 단위라기보다는 지리적 관념을 가리키는 것이기 때문에 자연 경계를 결정한다고 하는 것은 매우 어려운 일일 것 같다. 성경 중 다음 몇 곳의 구절들, 즉 창세기 10:15-19, 신명기 11:24, 창세기 15:18, 출애굽기 23:31, 에스겔 47:15-20, 48:1, 민수기 34:1-12만 보아도 가나안의 경계 특히 북방 경계의 위치가 각기 다른 것을 알 수 있다.

그러나 성경의 세계를 대체적으로 정해 본다면, 팔레스타인을 중심으로 티그리스와 유프라테스의 2대강 유역, 아라비아 사막 주변의 "반월형 옥토 지대"(Fertile Cresent)[12)]의 동쪽 날개, 남서로는 애굽과 시나이 반도, 구약성경에는 나타나지 않지만 신약성경에서는 전도여행의 중요 지역이었다고 할 수 있는 지중해의 북부연안에 걸쳐 있다고 볼 수 있다. 이 지역들은 하나하나가 그 나름대로 히브리 민족의 운명에 지대한 영향을 미친 문화를 갖고 있었고 또한 자연적 특징을 갖고 있었다. 팔레스타인은 이미 지적한 바와 같이, 소위 "반월형 옥토 지대"라고 일컫는 지역의 동남단에 위치한 작은 나라다.

팔레스타인은 북으로부터 남까지 즉 "단에서 브엘세바까지"(삿 20:1; 삼상 3:20)가 약 240km(150마일)로서 서울서 대구까지 가기만한 거리이고, 가멜산(Mount Carmel) 북쪽 해안선에 면해 있는 아코(Acco)로부터 갈릴리 바다(Sea of Galilee)까지는 약 45km로서 서울과 인천을 연결하는 거리 정도다. 팔레스타인 지역에서 비교적 남단이 북단보다는 그 지폭이 넓다고 하지만, 해안선 부근의 가자(Gaza)로부터 사해(Dead Sea)까지의 거리라고 해보았자 85km 정도 밖에는 안 된다.[13] 그리고 사해의 북쪽 끝에서 지중해까지는 약 136km(85마일)이다.

그 면적은 약 16,000km로 우리나라 경기도와 충청북도를 합친 것 만한 지극히 작은 나라다. 이 나라 한쪽 끝에서 다른 끝까지 걸어간다 하드래도 일주일 정도면 충분할 것이다.[14] 이런 사실을 미루어 예수가 그의 제자들과 함께 갈릴리 모든 지방을 두루 걸어 다녔다는 사실은 실제에 있어서 그리 어려운 일은 아니었을 것이다.

정북으로 치달으면 여름에도 보통 눈이 있다는 헐몬산(Mount Hermon)이 있는데, 그 높이가 약 2,778m인가 하면, 그와는 정반대로 지중해의 수면은 지구상의 어느 지점보다도 낮아서 해발 이하 392m이다. 지중해 남단을 끼고 불모지대 유대광야가 펼쳐있고, 동쪽으로는 광막한 무인지경 아라비아 사막이 잇달아 있다. 다만 서쪽 지중해 연안에 평원이 있다지만, 전체적으로 사막과 바다로 에워싸인 볼품없고 살기 어려운 지역이 팔레스타인이다.

2) 팔레스타인의 기후

팔레스타인은 북위 30도와 33도 사이에 위치한 아열대 지방이므로, 그 기후는 일반적으로 지중해성이다.[15] 일 년을 비가 오지 않는 더운 계절과 비가 많이 내리는 서늘한 계절로 나눌 수 있다. 비가 안 오는 계절은 건기라 하여 5월로부터 9월까지이고, 비가 오는 계절은 우기라 하여 11월에서 3월까지이다. 1월과 2월에 눈이 많은 경우가 있는데, 눈이 내리면 산에는 쌓이고 바닷가의 들에는 꽃이 만발하며 요단 계곡과 사해 주변에는 여름을 느끼게 하는 더위가 있다. 그리고 4월과 10월은 환절기로 짧은 봄과 가을이 된다. 욥기 38장 28-30절에서 보는 대로 봄에는 이슬이 맺히고 가을에는 매우 잠깐 동안이지만 서리를 볼 수 있다고 한다.[16]

다른 지중해 지역보다는 강우량이 양호한 편이어서 년 중 420mm, 갈릴리의 산지는 600mm가 내린다지만, 건조기에는 일반적으로 해가 일찍 뜨고 갑자기 더워지며 해안지방에 따라서는 몇 주일 또는 몇 달을 두고 전연 비가 오지 않는 때가 있다고 한다. 그래서 예레미야선지는 그런 가뭄의 처참한 배경을 이렇게 노래한 일이 있다.

유다가 슬퍼하며 성문의 무리가 피곤하여
땅위에서 애통하니 예루살렘의 부르짖음이
위로 오르도다.
귀인들은 자기 사환들을 보내어 물을 얻으려 하였으나
그들이 우물에 갔어도 물을 얻지 못하여
빈 그릇으로 돌아오니
부끄럽고 근심하여 그들의 머리를 가리며
땅에 비가 없어 지면이 갈라지니
밭가는 자가 부끄러워
그의 머리를 가리는도다.
들의 암사슴은 새끼를 낳아도
풀이 없으므로 내버리며,
들나귀들은 벗은 산 위에 서서
승냥이 같이 헐떡이며
풀이 없으므로 눈이 흐려지는도다. (렘 14:2-6)

성경의 다른 곳을 참조해 보면 심한 경우는 3년 동안이나 가뭄이 계속된 때가 있었던 것 같다. 이런 때면 농민들은 기우제(祈雨祭)를 드렸고 때로는 우물다툼(창 26:12이하)까지도 하였다. 한편 우기는 갑자기 비가 퍼붓기 때문에 흔히 창수가 나고, 기온이 떨어져 고지대에서는 눈이 나리기도 했다(삼하 23:20).

대체로 해안 지방의 기후는 따뜻한 편이었고, 산간 지대의 기후는 한서(寒暑)의 차가 적고 고르지 못한 편이었다. 그리고 요단 계곡의 기후는 대체로 열대성 기후였다. 텔 아빕(Tel Aviv), 하이파(Haifa), 예루살렘,

브엘세바의 평균 기온은 각각 70도, 69도, 64도, 67도라고 한다. 그리고 산간 지대는 62도를 보이는 반면에 여리고 지방은 100도까지 기온이 올라간다고 한다.

낮과 밤의 기온 차이는 극심한데, 특히 요단강 서편보다 요단강 동편이 더욱 심했다. 그래서 밤이 되면 가난한 사람들은 추워 떨며 잠도 제대로 자지 못했다. 이러한 불우한 서민들이 당하는 고통을 알기 때문에 출애굽기의 저자는 전당 잡은 옷을 돌려보내 주지 않는 부유층들을 고발하며 책망했던 것이다.

"네가 만일 이웃의 옷을 전당 잡거든 해가 지기 전에 그에게 돌려보내라. 그것이 유일한 옷이라 그것이 그의 알몸을 가릴 옷인즉 그가 무엇을 입고 자겠느냐. 그가 네게 부르짖으면 내가 들으리니 나는 자비로운 자임이니라." (출 22:26-27)

또한 정의의 예언자 아모스도 이렇게 노래한 일이 있다.

모든 제단 옆에서
전당잡은 옷 위에 누우며
그들의 신전에서
벌금으로 얻은 포도주를 마심이니라(암 2:8)

이는 당시의 사회상을 정의 앞에 고발한 것이다. 이것도 밤과 낮의 기온차가 극심하다는 기후의 조건을 알고 읽으면 더욱 절실한 감정을 느낄 수 있을 것이다.

팔레스타인의 풍세는 지중해 연안에 자리 잡고 있는 여러 나라의 그것과 깊은 관계가 없을 수 없었다. 그래서 5월부터 10월까지는 예루살렘과 서부 산간 지대의 서북쪽이나 서쪽 또는 북쪽에서 세찬 바람이 불어왔다. 그러나 9월과 10월에는 동풍과 동남풍이 불면서 더위를 몰아왔고 겨울에는 서풍과 서남풍이 불면서 비를 몰아왔다. 이런 사정은 다음 성경 구절에서도 엿볼 수 있다.

"너희가 구름이 서쪽에서 이는 것을 보면 곧 말하기를 소나기가 오리라 하나니 과연 그러하고 남풍이 부는 것을 보면 말하기를 심히 더우리라 하리니 과연 그러하니라." (눅 12:54-55)

그러나 "폭풍우는 그 밀실에서 나오고 추위는 북풍을 타고 오느니라" (욥 37:9)는 말씀이 입증해 준 바와 같이, 대개 북풍은 차고 남풍은 태풍을 몰고 오나 따뜻했고, 동풍은 건조한 반면 서풍은 습기가 있었다. 겨울의 동풍은 더위와 건조한 먼지를 몰고 오기 때문에 매우 불쾌하고 견디기 어렵다고 한다. 바람 중에서 파괴적이고 몸에 해로운 것은 동남으로부터 불어오는 시로코(Siroco)라는 열풍이다.

"거친 들에서 큰 바람이 와서 집 네 모퉁이를 치매 그 청년들 위에 무너지므로 그들이 죽었나이다. 나만 홀로 피하였으므로 주인께 아뢰러 왔나이다." (욥 1:19)

내가 그들을 그 원수 앞에서 흩어버리기를
동풍으로 함 같이 할 것이며
그들의 재난의 날에는
내가 그들에게 등을 보이고
얼굴을 보이지 아니하리라. (렘 18:17)

그것이 심어졌으나 번성하겠느냐
동풍에 부딪힐 때에 아주 마르지 아니하겠느냐
그 자라던 두둑에서 마르리라. (겔 17:10)

"해가 뜰 때에 하나님이 뜨거운 동풍을 예비하셨고 해는 요나의 머리에 쪼이매 요나가 혼미하여 스스로 죽기를 구하여 이르되 사는 것보다 죽는 것이 내게 나으니이다." (욘 4:8)

팔레스타인의 기후의 특징은 1년이 강우기와 건조기로 나뉜다는 것이다. 벌써 10월 말이 되기 시작하면 큰 비(大雨)가 내린다. 어떤 때는 하루 온종일 또 어떤 때는 며칠씩 계속해서 비가 내리는데, 이 비를 가리켜 흔히 "이른 비"(욜 2:23)라 한다. 이 이른 비로써 비로소 농사를 짓기 시작한다. 긴 여름 동안 건조한 기후로 말미암아 굳어지고 갈라졌던 땅이 이 비로써 풀리게 되고 농부들은 밭 갈기를 시작한다. 11월 말까지 평균 강우량은 그리 많지 않지만, 12월로부터 2월까지에는 점차 증가를 보이다가 3월과 4월에 들어서면 점차적으로 강우량이 감소를 보인다.

그리고 비가 오지 않는 계절에 들어서면 드문 경우를 제외하고는 좀처럼 비가 오지 않는다. 성경에 기록된 늦은 비는 3월과 4월에 내리는 큰 소낙비를 말한다. 성경에 이렇게 이른 비와 늦은 비로 기록되어 있기 때문에 많은 사람들이 팔레스타인에서는 봄과 가을 즉 춘분과 추분에 한 번씩만 비가 오는 것으로 생각한다. 그러나 이미 살펴 본 바와 같이 겨울 동안은 자주 비가 내리며 산간 지대에서는 눈과 우박이 내린다. 우박은 자주 내리며 종종 비와 폭풍우가 섞여서 내리고 겨울보다 봄에 더 우박이 많이 내린다고 한다.

5월에 비가 오는 것은 극히 드물며, 5월부터 10월까지는 비가 오지 않을뿐더러 하늘에 구름 한 조각 구경할 수가 없다. 더구나 이 계절의 우레와 비는 마치 기적과 같이 생각되었다.

"오늘은 밀 베는 때가 아니냐. 내가 여호와께 아뢰리니 여호와께서 우레와 비를 보내사 너희가 왕을 구한 일 곧 여호와의 목전에 범한 죄악이 큼을 너희에게 밝히 알게 하시리라. 이에 사무엘이 여호와께 아뢰매 여호와께서 그날에 우레와 비를 보내시니 모든 백성이 여호와와 사무엘을

크게 두려워하니라." (삼상 12:17-18)

팔레스타인의 우기는 길기 때문에 상당한 강우량이 있다. 여름 동안 말라서 물 한 방울 없던 계곡이나 강들은 물이 가득 차서 힘차게 흘러내리고 산간 지대의 초장은 호수와 같이 되고, 광야는 늪과 같이 되어 버리고 만다. 그러나 토질이 석회질이기 때문에 물을 곧 흡수해버리고 만다. 이와 같이 땅이 물을 빨리 흡수해버림으로 강은 곧 말라버리고 만다. 호수는 늪이 되거나 조그마한 못과 같이 되어버린다. 그러므로 요단강 서쪽으로 1년을 통해서 물이 마르지 않고 흐르고 있는 강이라고는 몇 개밖에 없다. 이 몇 개밖에 되지 않는 강도 관개시설을 하기에는 적합지 않다. 요단강까지도 그 자체가 낮기 때문에 운하를 파서 물을 끌기가 곤란하다. 그 밖의 다른 강들은 해안에 가까운 낮은 광야 위를 흐르고 있으므로 그 물은 산간 지대를 위하여서는 아무 소용이 없다. 그러므로 결국 팔레스타인에서는 물은 우물이나 비를 의존하지 않을 수 없다.

만일 비가 안 오면 우물과 강은 말라버리게 되므로 사람과 짐승들은 "시냇물을 찾기에 갈급하게" 된다. 그래서 다음과 같은 비유적인 시가 나올 수 있었던 것이다.

> 하나님이여 사슴이 시냇물을 찾기에 갈급함같이
> 내 영혼이 주를 찾기에 갈급하니이다. (시 42:1)

따라서 땅은 말라서 농사를 짓지 못하게 되므로 무서운 기근이 이 나라를 습격했던 것이다. 다음 몇 곳의 성구는 그런 절박한 상황을 생생하게 말해 주고 있다.

"다윗의 시대에 해로 거듭하여 삼 년 기근이 있으므로 다윗이 여호와 앞에 간구하매 여호와께서 이르시되 이는 사울과 피를 흘린 그의 집으로

말미암음이니 그가 기브온 사람을 죽였음이니라 하시니라." (삼하 21:1)
"땅에 비가 내리지 아니하므로 얼마 후에 그 시내가 마르니라." (왕상 17:7)

유대나라는 농업국이다. 그러나 팔레스타인은 농지로서 적합한 곳은 아니다. 그것은 위에서 이미 지적한 바와 같이 강우량이 부족한데다, 토지가 협착하고 토박한 때문이고, 게다가 지형의 변화가 수리시설을 갖추는 것조차 용이한 일이 아니었기 때문이다. 근년 본토의 유대인들은 근대적 농작법을 채용하여 토지를 생산적으로 개량했지만 성경시대에는 그렇지 못했다. 그러므로 그들은 생활난을 타개하기 위해 부업이 장려되었던 것이다. 집집마다 양과 염소를 사육했지만, 목초지의 절대수가 부족한데다, 잡초와 백석으로 깔린 불모지가 더욱 많은 형편이어서 이스라엘인은 항상 생활상의 위협을 받았던 것이다.[17] 게다가 지하자원이라고는 거의 없다시피 했고 바다가 인접해서 항해와 어업을 할 수 있는 곳도 못되었다. 그러나 이러한 팔레스타인의 불모성과 생활상의 위협은 그들에게 경인불발의 정신을 갖도록 해 주었던 것이다.[18]

히브리인을 가리켜 '정력적이고 기민하고 신중하고 기략이 풍부한 민족' 이라고 하는데, 그들을 그렇게 만든 것은 여러 가지 요인이 있겠지만 그 중에서도 자연적 황경이 절대적이었다고 말 할 수 있을 것이다. 또한 팔레스타인의 자연적 특징은 히브리인의 운명과도 밀접한 관련성을 가졌던 것이다. 그런 의미에서 팔레스타인 본토만이 아니라 정치적으로 또는 문화사적으로 중대한 영향을 미쳤던 그 주변의 세계까지도 개략적으로나마 알아두는 것이 유익할 것이다.

2. 메소포타미아 유역

> 우리가 바벨론의 여러 강변 거기에 앉아서
> 시온을 기억하며 울었도다.
> -시편 137:1

라고 한 포로시인이 노래한 바와 같이 히브리 민족에게 있어서 메소포타미아(Mesopotamia)는 '축복의 땅' 이라기보다는 '비애와 눈물의 땅' 이었다.

메소포타미아는 "두 강의 사이"라는 어의가 지시하듯이, 티그리스(Tigris)와 유프라테스(Euphrates)라고 하는 양대 강 사이에 위치해 있다. 이 두 강은 알메니아(Armenia)의 고지에서 발원하여, 동남 페르시아 만으로부터 70마일 되는 지점에서 상합하여 페르시아 만으로 흘러들어갔다. 이 두 강은 물이 없어 사막이 될 토지들을 비옥한 땅으로 만들어 주었고 고대문명을 싹트게 한 발상지가 되었다.

이 지역을 흔히 신월형지대(新月形地帶)라고 하는데, 이곳은 시리아(Syria)와 아시리아(Assyria)가 세력을 펼쳤던 상부 메소포타미아[19] 와 바벨론의 소재지였던 하부 메소포타미아를 거쳐 페르시아 만에 이르러 끝이 난다. 그 남단은 우르(Ur) 지방으로, "믿음으로 아브라함은 부르심을 받았을 때에 순종하여 장래의 유업으로 받을 땅에 나아갈새 갈 바를 알지 못하고"(히 11:8) 떠나기 전에 살았던 그곳이었다. 이 신월형지대의 남부에는 티그리스와 유프라테스에 의해 동북으로 이어지는 아라비아 사막이 있다. 우리는 이 지역을 금일 중동이라 하는데 이곳엔 세계적인 유전이 있다. 그러나 성경시대에는 석유 같은 것은 발견된 일이 없고 상업적 가치조차 없는 그런 곳이었다. 이 지역에서 무엇보다 필요한 것은 물이었고, 홍수 후의 물을 배수하여 토지를 관계하기 위해 운하나 지하수를 구조해야 했으므로 무엇보다 그 방면의 공업적 기술이 발달했던 것 같다. 당시 니느웨(Nineveh, 창 10:11)를 수도로 삼고 있던 대제국 아시리아는 이 지역의 북부에 있었다.

사마리아(Samaria)를 정복하고, 기원전 422년에 북 왕국의 종언을 고하게 한 것은 이 잔혹한 호전종족이었던 아시리아였지만, 그 당시 세력의 중심지는 남부에 있는 바벨론이었다. 티그리스와 유프라테스 유역의 중간, 가장 넓은 평원에 위치한 바벨론은 어느 나라보다도 비옥했고, 벌써 기원전 3500년경에 고도로 발달한 과학문화를 갖고 있었다.[20] 당시 바벨론 사람들은 해시계, 365일의 일력, 건축물의 아치 활용법, 12진법, 천체도 등을 이용했고, 유명한 하무라비(Hammurabi. 1729-1686, B.C.) 법전을 만들기도 하였다. 모세 이전에 벌써 인간관계의 정의를 확립했다는 점에서[21] 그것은 고도의 윤리적 인식이었다고 할 수 있다. 그러나 바벨론은 아직 원시적 정신 상태를 탈피하지 못했던 것 같고, 그것은 그들의 종교의식에 의해 입증된다.[22] 또한 창조적 상상력이나 국민생활 속에 일관된 민족적 조직 관념이 결여되어 있었던 것 같다.[23] 그러나 메소포타미아는 지리적으로 애굽과 같이, 고립적인 지역이 아니었으므로, 항상 새로운 문화적 요소를 받아드릴 수가 있었다고 본다. 그러므로 느브갓네살(Nebuchadnezzar) 당시 포로로 잡혀갔던 이스라엘 민족은 바벨론의 여러 관습과 사상적 영향을 받았을 뿐 아니라 새로운 정신세계에 눈을 뜨게 되었던 것이다. 구약의 많은 부분이 거기서 형성되었다고 생각할 때 메소포타미아가 팔레스타인에 끼친 영향은 더욱 중대한 의의를 갖는다.

3. 애굽과 시나이반도

애굽은 고대문명이 발상한 지역 중의 하나다. 현대적 안목으로 볼 때 그 대부분이 원시적이지만, '양심의 여명' 이 밝기 시작한 곳이 바로 이곳인 것이다. 스핑크스(Sphinx)나 왕의 절대권을 상징하는 동시에 사후생활에 대한 믿음을 암시하는 피라밋(Pyramid)은 이제 과거의 유물로 쓸쓸히 남아 있을 뿐이지만, 이러한 위대한 문화가 적어도 이 지방에서 개화할 수 있었던 것은 순전히 물의 덕분이었다고 할 수 있다. 만일 나일 강(Nile river)이 존재하지 않았더라면, 애굽의 문화 역시 존재할 수 없었을 것이다. 그래서 역사가 헤로도토스는 "애굽은 나일의 선물이라"[24] 했을 것이다.

나일 강은 적도 바로 밑의 북쪽에서 발원하여, 중요한 도시 알렉산드리아(Alexandria)의 소재지인 삼각주지대(三角州地帶)를 형성한 후 북쪽 지중해로 흘러들어간다. 이 나일 강의 물은 결코 마르는 일이 없다. 왜냐하면 그 지류 중의 하나인 백나일 강(the white river)은 세계 제2의 호수인 빅토리아 호(Lake Victoria)로부터 물을 받고, 또 다른 지류 중의 하나인 청나일 강(the blue river)은 아비시니아(Abyssinia) 산맥으로부터 다량의 여름비를 받기 때문이다. 이 이대 지류(二大 支流)는 카르툼(Khartoum)에서 합류하여 바로 그 서단에 있는 사하라 사막(Sahara desert)과는 대조적으로 비옥한 지역을 형성하고 있다. 나일은 6월에 물이 늘기 시작해서 10월 중에 절정에 달했다. 신명기 11장 10절에서 보는 바와 같이, 나일의 범람을 농사짓는 일에 이용하기 위해 애굽인들은 운하나 저수지를 만들지 않으면 안 되었다. 이러한 관개사업의 성격 때문에 그들은 일찍이 통일왕국을 이룰 수 있었던 것이다. 또한 나일은 남북의 통로가 되었고, 건축 자재나 석재를 실어 나르는 운반로가 되기도 하였다.

지리적으로 애굽은 고립된 지역이기 때문에 자연 그 민족은 보수적이었다. 그러므로 그들은 그 문화를 본질적인 변화 없이 근 3000년을 지속했지만, 그러나 애굽과 히브리인은 깊은 관계 아래 있었다. 야곱이 곡식을 구하러 아들들을 애굽에 보냈던 때로부터 시작해서(창 41:37-42:6) 모세의 출애굽 때까지 이스라엘은 근 430년간을 애굽에서 살았고(출 12:40), 종종 애굽의 침입을 받기도 했다. 애굽과 팔레스타인 국경에는 무슨 산맥이나 강 같은 것이 없고, 가자 남쪽에 애굽 천(개울)이란 것이 있을 뿐이다(민 34:5; 수 15:4, 47). 파라오의 기병대가 곤란을 당한 일은 있으나(출 14:22-28) 팔레스타인에서 애굽 침략군을 막아낼 지리적 조건은 시원치 않았다. 그래서 족장 시대의 팔레스타인은 애굽의 지배 아래 있었고, 후 청동 시대(1500-1200, B.C.)는 애굽의 조공국 노릇을 했던 것이다. 그러나 다윗(1000-960) 때는 애굽이 약했으므로 마음 놓고 남북을 통일 할 수 있었고, 솔로몬 때는 애굽의 공주를 맞아 아내를 삼기도 했다(왕상 7:8).

애굽의 비상한 재능은 무엇보다 실제적이었다. 그 실제적 재능은 피라밋이나 신전의 건축으로써 증명되지만, 히브리인들이 받은 영향은 이런 실제적인 면이 아니라, 종교, 사상, 윤리 및 관습의 분야에서이었던 것 같다.[25)]

특히 내세 관념, 70일 상기(喪期, 창 50:3), 할례, 황금시대에 대한 소망, 마술력, 애굽 민력 등의 영향은 매우 컸던 것으로 보인다. 언어의 유사점이 없지 않으나 문화적 영향은 그다지 없었고, 성경에 애굽의 조각과 고운 베(잠 7:16), 자수(겔 27:7)와 귀한 것(다 11:43) 등에 대한 언급이 있지만 예술적 영향도 별로 없었다. 그러나 성경에 애굽의 지명과 같은 이름이 자주 나오는 것이나 애굽과 관련된 역사적 사실들이 많이 나오는 것만을 보아서도 애굽의 간접적 영향이 얼마나 컸던 가를 알 수 있다.

시나이 반도의 서남부는 수에즈만(the gulp of Sues), 동남부는 아카바만(the gulp of Akaba)으로 삼각형을 이루고 있으며, 모세가 십계명을 받은 시내(시나이) 산(Mt. Sinai)이 남방 삼각형지대의 끝 부근이라고 생각했지만, 지금에 와서는 대개 아카바만의 북방 세일(Seir) 산맥의 동쪽에 있다고 믿게 되었다. 아무튼 사람들은 이 시나이 반도의 전역을 북으로는 사해의 동쪽 모압(Moab)까지, 모세의 사후에는 여리고 근처 요단강 건너편 땅까지로 보려 했다. 그렇게 본다면 시나이 반도도 성경의 세계로서 중요한 위치에 있는 셈이다.

4. 북지중해 세계

지중해의 북부지역은 지금까지 개관한 지역과는 크게 다르지만, 초대 교회의 초창기에는 매우 중요한 역할을 담당했다. 팔레스타인의 북방에는 시리아가 있는데, 이곳엔 두 중요한 도시 다메섹(Damascus)과 안디옥(Antioch)이 있다. 비옥한 신월형지대의 서부에 있는 통상의 중심지 다메섹은 현존하는 도시로서는 가장 오랜 도시이고, 안디옥은 그리스도를 따르는 자들이 처음으로 그리스도인이라 불려졌던 곳이다(행 11:26).

안디옥에서 좀 더 북쪽으로 올라가면, 유프라테스와 소아세아 즉 동양과 서양을 구분하는 분수령인 다소(Tarsus) 산맥이 솟아 있고, 그 남쪽으로 바울이 가말리엘(Gamaliel) 문하에서 교육을 받은 다소가 있다. 로마인은 유명한 도로 건설자들로서 제1세기에 벌써 에베소(Ephesus)로부터 수리아 안디옥까지 공도가 나 있었다. 바울은 대부분 이러한 육로를 이용하여 복음 선교의 사명을 완수했던 것이다.

에게해(the Aegean sea) 북방에는 마케도니아(Macedonia)가 있는데, 그 중요 도시는 빌립보(Philippi), 데살로니가(Thessalonica), 베리아(Berea)다. 이 지방은 대부분 사도들이 방문했던 곳이고, 그 중 빌립보와 데살로니가 교회에 보낸 편지는 신약 성경 가운데 유명한 문서로 남게 되었다.

그리스의 두 큰 도시는 철학과 미술과 문학의 중심지였던 아테네(Athena)와 고린도(Corinth)다. 바울은 이 두 도시를 방문한 일이 있고, 그 중에서도 고린도 교회는 그가 가장 사랑한 교회중의 하나였다. 또한 바울은 스페인(서머나)을 알고 있었던 것 같다. 그것은 로마인에게 보낸 편지 마지막 부분(롬 15:28)에서 서머나로 가는 도중에 로마로 가겠다고 한 것을 보면 더욱 뚜렷해진다. 네로의 박해 때 바울은 로마에서 투옥된 일이 있고, 그의 신앙을 위해 생명까지 바치려 했다.

특히 그리스의 철학과 연극은 초기 기독교의 사고에 크게 영향을 미쳤고, 신약 성경에는 로마의 정치형체, 법률, 질서, 세법 같은 것이 반영돼 있다.

제2장 민족적 배경

1. 히브리 민족

1) 약속의 민족

"히브리 민족은 정복당한 일은 있지만, 실제에 있어서 굴복한 일은 없다. 적군의 침입으로 그 땅이 황폐케 되는 것을 보았으며, 그들은 기근과 추방, 박해와 형벌을 받았지만 그 때마다 항상 다시 일어 설 수가 있었다. · · · 이런 놀랄만한 불패(不敗)의 원천은 대부분 그들의 가혹하고 어려운 배경에서 기인되는 것이지만, 또한 그들의 민족적 역사의식과 하나님의 자녀로서 그들의 특수하고 확고한 운명의식(運命意識)에 있었다고 할 수 있을 것이다."[26] 체이스의 말 대로 히브리인의 역사는 수난의 역사였다. 수많은 수난에도 불구하고 그들이 굳게 설 수 있었던 것은 축복의 민족이라는 역사의식과 하나님의 자녀라고 하는 선민사상의 힘이었다고 생각한다. 이런 믿음의 힘이 히브리인의 근본사상이 되며[27] 그것을 무시하고서는 그들의 역사나 정신을 이해할 수가 없다. 그들의 이런 민족적 긍지를 증오하는 사람들도 없지는 않으나, 그것은 그들의 우월감을 표시한 것이 아니고 하나님이 그들을 인도해 주신다는 철통같은 신앙의 표시였던 것이다. 또한 그들의 기나긴 역사의 과정을 통하여 그것은 한낱 약소민족의 감상적 오만이거나 웃어넘길 수 있는 허구가 아니라, 그들의 확고한 믿음의 표현이라는 것이 입증되었다.[28]

위와 같은 확신은 하루 아침에 이루어진 것이 아니라 약 2000천년 이전의 계시에서부터 시작된 전통이라 할 수 있다. 유프라테스 하류의 지방도시 우르(Ur)에 살고 있는 아브람(Abram)에게 여호와는 이런 명령을 내렸다. "너는 너의 고향과 친척과 아버지의 집을 떠나 내가 네게 보여줄 땅으로 가라. 내가 너로 큰 민족을 이루고 네게 복을 주어 네 이름을 창대하게 하리니 너는 복이 될지라"(창 12:1-2). 여호와의 명령에 따라 그 당시 문화의 도시요 잡신(雜神)의 도시였던 우르를 떠나 여호와께서 보여 준 약속의 땅 가나안에 정착함으로써 "큰 민족의 아버지" 아브라함(Abraham)이 되었던 것이다.

하나님은 어째서 이런 약소 민족인 데라(Terah)를 선택하여 그 자신의 신비로운 계시를 이루려 했던 것일까? 그 신비를 정확히 알 수는 없으나, 아마도 그것은 그들이 갈데아(Chaldea)의 잡신을 버리고 "오직 하나뿐인" 유일신(唯一神)을 섬기려는 심향(心向)으로 기울어져 있었기 때문이라고 생각한다.[29] 다시 말하면 그들은 비록 잡신의 세계에 살고 있긴 했지만, 보다 윤리적이며 보다 고차적인 정신적, 종교적 생활을 추구하려는 심적 자세를 갖고 있었기 때문일 것이다. 아브라함의 자손이 세계의 독특한 민족, 비길 데 없는 계시를 받은 민족이 된 것은 이런 정신적 자세 때문이었다. 바로 이것이 히브리인의 정신상을 이루는 근거가 되며 경건(敬虔)의 기초가 된다. 만일 그들의 사상에서 "하나님의 백성" 또는 "약속의 민족"이라는 관념을 빼버린다면 사실상 그들의 역사나 신앙은 초라하고 보잘 것 없는 것이 되고 말 것이다. 여호와 하나님과 아브라함 사이에 맺어진 계약은 일회적이었지만, 그 적용 조건은 세월의 흐름에 따라 변화되었고, 더욱 심화 발전된 것을 볼 수 있다.

처음 족장 시대에 있어서의 계약 조건은 지극히 단순했다. 다만 계약을 충실히 이행하기 위해서는 엘(El) 또는 엘로힘(Elohim)으로 지칭되는 유일신을 믿기만 하면 되었고, 그 신은 희생 이외의 어떠한 제사나 신전도 요구치 않았다. 이때만 해도 종교의 기초가 되는 형이상학(形而上學)은 초보이었고 도덕적 성격조차 갖추질 못했었다.

제2단계는 아브라함 때로부터 5, 6세기가 지난 후, 출애굽이라는 역사적 신기원이 되는 사건에서 시작된다. 하나님은 한 자각적인 인물을 선택하여 애굽의 노예생활에서 히브리인들을 해방하고 그들을 약속의 땅으로 인도했던 것이다. 모세의 인도아래 애굽을 탈출한 히브리인들은 기적적으로 구출함을 받을 수 있었다. 이 두 기적적인 사건은 그들이 선민이며 항상 유일하신 하나님의 가호를 받고 있다는 확실한 증거가 되었다. 이때에 이르러 하나님의 약속은 보다 새롭고 뚜렷한 의미로 적용될 수 있었다. 하나님은 일종의 쌍무계약(雙務契約)으로서 그 민족에게 십계명을 주었고, 모세는 그것을 기초로 해서 윤리, 종교, 정치 및 사회조직 등의 법전(法典)을 발전시켰던 것이다.

여호수아와 사사시대에 히브리인들이 가나안 땅을 점령한 것이나 다윗이 즉위한 것은 모두 이 계약에 의한 것이었다(삼하 7:16, 22:1-3; 시 89:4). 그러나 그들은 이방인의 관습에 현혹되어 우상숭배로 떨어졌던 것이다. 그리하여 위대한 영감을 받은 아모스나 호세아 같은 선지자들은 여호와를 대신하여 그들을 맹렬히 비난하였다(호 6:7, 8:1). 이처럼 불신의 민족이 된 그들은 생각만 해도 무서운 징벌을 받고 바벨론의 포로가 되었던 것이다. 그러나 하나님의 자비는 정의보다 항상 위대했다. 그래서 그들은 자기들의 조국으로 되돌아 올 수가 있었다. 이러한 시련과 고통으로 인하여 선민들은 제3단계의 영적 발전을 체험할 수 있었다. 많은 예언자들 중에서도 특히 아모스는 하나님이 사랑하는 것은 희생이 아니라 양심적인 행위와 우애와 정의라는 것을 역설했던 것이다. 이 단계에서 계약은 보다 심오한 의미를 갖게 되었고, 그것은 보다 내적인 종교의 기초가 되었다.

따라서 히브리 민족은 다른 민족과는 달리 유일신교적 신앙, 윤리적 순결, 조국애, 주어진 원리에 따라 정치 사회를 조직하려는 욕구 등을 체득케 되었던 것이다. 그 결과 그들은 이방인들보다 자기들이 언제나 우월한 하나님의 백성이요 약속된 민족이라는 긍지를 갖게 되었다. 이러한 민족적 성격을 결정한 것은 민족학(民族學)이 아니라 그들의 신학(神學)이었다.

2) 선민의 함축적인 역사적 의미

성경의 민족을 일컬어 흔히 히브리인, 이스라엘인, 또는 유대인이라 한다. 이러한 명칭들은 그들의 역사적 사상과 현실 사이에 존재하는 밀접한 관계와 그들의 운명적인 국면을 단적으로 시사해 주는 것이라 할 수 있다. 사도 바울은 그 적들의 비난에 대하여 자신을 변호하는 입장에서, "그들이 히브리인이냐 나도 그러하며 그들이 이스라엘인이냐 나도 그러하며 그들이 아브라함의 후손이냐 나도 그러하며" (고후 11:22)라고 말한 일이 있다. 이처럼 그는 정통적 아브라함의 자손 즉 약속의 민족인 히브리인 또는 이스라엘인이라 했다. 얼핏보아 이 두 말은 동의어 같지만, 사실상은 서로 다른 역사적 함축성을 내포하고 있다.

히브리라는 말은 어원적으로 살펴 볼 때 셈(Shem)의 증손인 에벨(Eber)이라는 인물과 관계가 있다(창 10:25). 그것은 "통과 한다" 는 어근(語根)의 "이브리" (ibri)에서 유래되며,[30] 메소포타미아에서는 "하비루" (habiru), 애굽에서는 초원지방에서 내습하는 약탈자들에게 적용했던 "아피루" (Apiru)라는 말에서 발견된다.[31] 이런 어근에 비추어 보면 히브리인은 유랑의 민족이었다는 것이 더욱 분명해진다. 이로써 우리는 아브라함이 우르에서 가나안[32]으로 옮겨 갔던 일은 물론 모세의 인도아래 애굽에서 요르단 지역으로 이동했던 사건을 다시 한번 연상케 되는 것이다. 후일 존재론적(存在論的)인 자각을 하게 된 믿음이 두터운 선민들은 한결같이 그 시대에 대한 향수심을 잃지 않고 있었다. 사막은 그만큼 시련도 많았지만, 지상의 나그네들로서는 잡다한 도시보다는 신과 가까이 할 수 있는 곳이기도 했다. 믿는 사람들에게 있어서 유랑자(漂浪者)의 천막은 영적 생활의 아름다움을 표상한 것이기도 하다. 사도 바울이 자신을 히브리인이라 한 것도 이런 뜻에서 였을 것이다.

또한 사도 바울이 이스라엘인이라 했을 때, 그것은 훨씬 더 많은 것을 뜻했다. "이스라엘" 이라는 이름은 "신의 능력" 을 의미하며, 야곱(Jacob)이 얍복(Jabbok) 강가에서 주의 천사와 더불어 싸운 그 극적인 밤에 얻은 이름이다. 야곱은 환도뼈(허벅지 관절)가 위골된(어긋난) 대신 그 대가로서 또는 일종의 보상으로서 그 이름을 받았다(창 32:1-32). 이는 누구나 이스라엘이라는 이름을 얻으려면 사람과 사람 사이의 싸움처럼 격렬한 영육의 투쟁을 치루지 않으면 안 된다는 모형이 되기도 한다. 그러므로 이스라엘인이라 하는 말은 하나님과 대면하고 서 있는 민족의 일원이라는 뜻이다.

유대인이라는 말은 신약 성경에서는 전혀 발견할 수 없지만, 그것은 로마 정부가 채용한 이후로 일반화되었다. 유대인 하면 무엇인지 모르게 불쾌하고 반감마져 들기도 하지만, 이 이름 역시 역사적 또는 영적 깊은 의미를 내포하고 있다.

느브갓네살에 의해 바벨론으로 끌려간 주요 지족(支族)은 베냐민(Benjamin) 지족을 포함한 유다(Judah) 지족이었다. 그러므로 유다 자손들은 그들의 신앙과 선조들의 전통을 보존 할 수 있었지만 팔레스타인에 남은 다른 열 지족은 다소간 이교의 유혹과 타협치 않을 수 없었다. 그 후 유다 지족은 조국으로 귀환, 그들의 이름과 동일한 유다의 성도(聖都) 예루살렘 주변에 정착했던 것이다. 그리고 그들은 그 땅의 견고한 기초 위에 종교를 재건하였다. 애굽에서 죽은 야곱이 창세기 49장 8절 이하에서 예언한 바와 같이 그들의 왕권이 세세토록 떠나지 않았다. 이러한 역사적 사실로부터 유대 민족이라는 말이 나왔다. 그러므로 유대 민족이란 충실한 신앙인이라는 뜻이다.

지금까지 살펴 본 바와 같이 히브리인이란 하나님의 약속을 철석 같이 믿고 모든 난국을 극복해 나간 유랑민이라는 뜻이고, 이스라엘인이란 하나님과 대면하고 서있는 민족이라는 뜻이며, 유대인이란 충실한 신앙인이라는 뜻이다. 이처럼 그 역사적 배경과 그 어휘의 뜻은 각기 다르지만, 모두 성경의 민족을 지칭하는 말임에는 틀림없으니 그 어느 이름을 사용해도 무관하겠으나 그 명칭들 속에 함축되어 있는 역사적 의미를 구별해서 기억하면 유익할 것이다.

3) 종족보다 신앙을 더 존중한 민족

약속의 민족의 기원과 직접적인 관계가 있는 또 하나의 이름은 "아람인"(신 26:5)이다. 아람인은 셈족으로, 기나긴 유랑의 생활을 하다가 주전 2000년 초에 상부 메소포타미아 지방으로 이동했다. 성경에서는 이 지방을 "바단-아람"(Padan-aram)이라 했다. 바단-아람의 중요 도시는 유프라테스 상류에 있는 대상(隊商)의 중심지였던 하란(Haran)이었다. 그곳은 아브라함이 하나님의 명령에 따라 갈데아 우르를 떠나 약속의 땅으로 가는 도중에 잠깐 머물렀던 곳이요, 그 형제 나홀(Nahor)이 정주했으며 야곱이 그 아내 라헬(Rachel)을 얻기 위해 찾아 갔던 곳이었다. 성경의 기자가 그 민족을 셈의 막내 아들 아람(창 10:22)의 후예라고 한 것은 민족사적으로 보아서 매우 정당한 기술이라 할 수 있다.

그러므로 인종학적 견지에서 팔레스타인을 점유한 민족의 기원은 주전 약 20세기 경에 본 줄기에서 이탈한 아람 부족 속에서 찾을 수 있다. 그들은 "이브리" 또는 "하비루"라고 하는 일군(一群)의 집단과 동맹을 맺고, 가축을 치고 또는 침략을 하면서, 유프라테스로부터 가나안을 거쳐 나일 유역으로 이동했던 것이다. 그러나 그들은 오랫동안 그들의 목장을 침범하는 아람 부족과 싸우지 아니 하면 안 되었다. 그후 주전 9세기와 8세기경에 이스라엘은 성지에 정착했지만, 그 후로도 그들은 그 옛 형제부족과 싸우지 않으면 안 되었다. 그 무렵 아람인은 활기에 넘친 다메섹을 수도로 정하고, 멀리 페르시아 만까지 세력권을 확대하면서 종종 팔레스타인을 침공했던 것이다. 그 후 얼마 안 가서 이스라엘이 느브갓네살에 의해 그 땅에서 추방되므로 아람인의 진출은 용이하게 되었다. 그들이 포로생활을 마치고 돌아 왔을 때 이미 성지에는 많은 아람인들이 이주해 있었고 아람어가 통용되고 있었다. 그래서 그들도 아람어를 사용케 되었던 것이다.

그리고 원주민 가운데는 이스마엘의 자손이요 또한 롯의 자손인 모압

족속과 암몬 족속(창 19:37-38)이 있었고, 이스라엘의 선조들이 멸망시키거나 흡수한 일곱 부족들도 있었다(신 7:1). 그밖에도 많은 혼합적인 요소들이 있었다. 그래서 주전 538년에 바벨론 포로생활을 마치고 돌아온 이스라엘인들은 좋든 나쁘든 그 흘러 들어온 잠입족(潛入族)과 같이 살지 않으면 안 되었다. 그후 주전 165년과 104년 사이에 위대한 마카베오(Maccabees)가의 정복자들은 전국을 유대교화하기 위해 강력한 방법을 썼지만, 사실상 종족 기원의 다양성을 극복할 수는 없었다. 그것은 예수 시대에 각 지방에 살고 있던 주민들 사이에 현저한 차이가 있었던 것만을 보아도 알 수 있다. 남쪽 예루살렘 주변에는 귀환한 포로들이 집결돼 있었지만 북쪽의 비옥한 지방은 외국인들이 점령하고 있어서 이스라엘인들은 대부분 그곳으로 복귀할 수가 없었다. 이처럼 혼합적 요소가 너무나 많기 때문에 유대 종족에 대해서 말한다고 하는 것은 매우 힘든 일이다.

그러나 이스라엘인들에게 있어서 중요한 것은 종족적 사실이 아니라 종교적 사실이다. 그들은 어떤 거룩한 인물의 후예이기 때문이 아니라, 하나님과 그들의 선조 사이에 세워진 계약에 대해서 충실했기 때문에 선택된 민족에 속하는 것이라고 믿었던 것이다. 그들이 이교도들을 경멸하고 증오한 것도 이민족에 속하기 때문이 아니라 치욕스러운 종교를 믿기 때문이었다. 그들은 유일신 신앙을 고백하고, 모세의 율법과 모든 관습 특히 육체 계약의 표지라 할 수 있는 할례(割禮)를 받아들임으로써 형제가 되었다. 한편 민족적으로는 형제요 성지의 주민이라 할지라도 그들의 종교를 거부하는 사람들은 계약에서 제외되었고 이스라엘 민족에 소속될 수가 없었다.

팔레스타인 중앙에 살고 있던 인종적 집단을 흔히 사마리아인이라 하는데, 이 사마리아인들이 유대인들로부터 멸시를 받은 것도 같은 이 이유에서였다. 그들은 원래 유대인과 동일한 경전을 믿는 민족이었지만, 신의 민족에는 속하지 못했다.

유대족과 사마리아족 사이의 대립은 멀리 주전 935년, 솔로몬 왕조가 붕괴되고 그 나라가 사마리아와 유다로 나뉘면서부터 시작되었다. 사마리아는 북왕국의 수도로서 주전 880년 경 오므리(Omri) 왕에 의해 건설되었다. 포로후 이 지역에 정착한 민족은 대부분이 이방인으로서, 모세의 오경 이외의 책을 성경으로 인정하지 않았고, 예루살렘에 올라가 기도하는 대신 그 나라의 높은 곳에서 제례(祭禮)를 드렸으며, 유대인의 종교적 우월성을 인정하지 않았기 때문에 포로귀환 이후 성전을 재건하는 일에도 협력하지 않았다. 그들은 독자적인 성전을 세우고 반역의 사제를 두어 제사를 드리며 여호와께 기도를 드렸다. 그러면서도 그들은 자기들이 이스라엘의 종교적 정통을 계승했다고 주장했다. 그래서 유대족들은 그들을 증오했고, 동족의 권리까지 인정하지 않았던 것이다. 이로 보아도 이스라엘인들에게 있어서 중요한 것은 종족이 아니라 신앙이었다는 것을 알 수 있다. 이런 신앙으로 해서 이스라엘인들은 이민족 사이에 분산되어 있으면서도 민족적 결속을 기할 수 있었다.

2. 히브리 민족의 정신적 특질

히브리인들은, 나일 유역의 주민 즉 애굽인들과 같은 건축가도 아니고, 또 유프라테스 연안의 사람들, 즉 바벨론 사람이나 앗시리아 사람과 같은 실제적 천재들도 아니었다. 그러나 그들에게는 다른 국민들이 소유치못한 민족적 조직관념(組織觀念)이 있었다. 이 민족의 조직 원리는 단적으로 말해 그들의 "경건하고 정열적인 신앙"[33] 이었다. 한 민족의 통일력(統一力)은 물질적 필요나 정치적, 지리적, 사회적 요건이 될 수도 있지만, 그런 것만으로는 국민 생활 전체를 결합할 수 있는 문화를 창건할 수 없다. 적어도 통일된 민족 문화를 창달하려면 조직적 사상이 필요하고, 그 조직적 사상은 종교적 신앙원리에서 연유될 수 있을 것이다. 히브리인들에게는 이런 종교적 원리가 있었고, 그것이 민족적 잠재력으로 계속 발휘되었다.

이사야가 "너희가 굳게 믿지 아니하면 너희는 굳게 서지 못하리라"(사 7:9)고 한 말씀 속에 히브리인의 정신적 특질이 가장 잘 나타나 있다고 생각한다. 믿으면 굳게 설 수 있다는 말은 곧 그들에게 있어서 가장 긴요한 것은 믿음이라는 뜻이다. 히브리인들에게 있어서 신앙과 존재는 동일한 것이었다. 그들의 신앙은 "거리 감정"과 "결속 감정"으로 설명된다. 즉 그들은 하나님을 경외하면서도 한편으로는 하나님이 그들과 가까이 계신다는 그런 믿음의 힘으로 그들의 고난을 극복했고 그것을 생존의 근거로 삼았던 것이다. 히브리인은 이런 믿음이 없으면 존재할 수 없는 민족이었으며, 그것이 그들의 정신적 지주가 되었고 민족적 통일력이 되었다.

다음으로는 그들의 정신적 특질을 다른 면에서 살펴보겠다. 그리스인은 세계를 '코스모스'(cosmos)라 했는데, 그것은 "아름답고 조화된 질서" 또는 "아름다운 장식"을 뜻하는 말이다. 그러니까 그리스인에게 있어서 세계란 하나의 질서정연한 공간으로서, 그 가운데 있는 것이면 무엇이나 그것들대로 다 바른 위치에 놓여 있다는 것이다. 인류 중에서도 가장 호기심과 지식욕이 풍부한 그리스인의 정신은 이런 바른 위치와 그것들의 유의미한 상관관계를 비상한 방법으로 규명하여, 그들 자신의 수많은 의문을 합리적으로 해결했던 것이다.

한편 로마인은 세계를 '나투라'(natura)라 했는데, 그것은 "생성된 것"[34]이라는 뜻이다. 현재 생성되어 있는 모든 것은 생성될 때 이미 존재했던 것이므로 그 이상 그것에 대하여 의문을 품을 필요가 없다고 본 것이다. 이런 점에서 그리스인이나 로마인은 근본적으로 그 사유방식(思惟方式)을 달리했다. 그러나 로마인들은 그리스인들이 획득한 지식을 그들의 정치적 권력과 언어로써 널리 전파했던 것이다.

문제는 히브리인들은 세계를 어떻게 불렀느냐 하는 것이다. 그들은 세계를 '올람'(olam)이라 했는데, "불가사의한 것, 신비에 싸여있는 것"

을 의미한다고 한다. 이것은 세계를 하나의 신비로 보는 사유방식이라 할 수 있다. 실제에 있어서 그들은 세계를 이해하려 하지도 않았고, 통찰하려 하지도 않았으며, 또 탐구하려 하지도 않았다. 그들이 추상명사나 보편적 개념을 갖지 못한 것은 단순한 우연이 아니라 그들의 정신적 본질에서 기인된 것이다. 그리스인들은 추상적인 사색과 예리한 추론(推論)으로 철학적 지식을 깊이 추구한 민족이요, 히브리인들은 하나님이 창조한 세계의 신비에 경탄하며 그것을 구체적으로 표현하고, 그것을 통해 진행되는 역사적 섭리만을 추구한 민족이었다. 이러한 두 민족의 정신적 특징을 사도 바울은 그리스인은 지혜를 구하고 유대인은 표적을 구한다(고전 1:22)는 말로 표현하였다.[35]

히브리인의 또 다른 하나의 정신적 특질은 동적(動的)인, 정열적인, 때로는 격정적이고 폭발적인 성격 속에 나타난다. 그러나 그리스인들은 정적(靜的)이고, 평온하고, 중용적이고, 조화적인 성격을 갖고 있다. 이런 점에서도 두 민족은 대립과 차이를 보이고 있다. 다음 몇 가지 사례로써 히브리인들의 격정적인 성격을 살펴보기로 하겠다.

선지자 요나(Jonah)는 니느웨(Nineveh)의 죄악을 책망하라는 임무를 받았으나, 동(東)으로 가는 대신 배를 타고 서(西)로 도피하려 했다. 그렇지만 그의 도피행각은 하나님의 개입(폭풍에 의해)으로 인해 실패로 돌아갔고 어쩔 수 없이 그는 출발점으로 되돌아 왔던 것이다. 이어 두 번째 임무를 받은 그는 반감을 품은 채 니느웨성으로 들어가 그들의 회개를 촉구했던 것이다. 그 결과 니느웨 성민은 말할 것도 없고 가축까지 회개하기에 이르렀다. 그래서 하나님은 죄많은 니느웨성에 내리려던 재앙을 거두었다. 이러한 하나님의 자비로운 처사를 내심 못 마땅히 여겨 신랄하게 비난하며, 그는 "이제 내 생명을 거두어 가소서 사는 것보다 죽는 것이 내게 나음이니이다"(욘 4:3)라는 말을 했다. 자기 기분에 맞지 않는다 해서 "목숨을 거둬달라"는 것은 히브리인과 같이 격정적인 민족이 아니고서는 감히 생각조차 할 수 없는 말인 것이다.

이런 격정적인 면은 선지자 엘리야(Elijah)에게서도 찾아 볼 수 있다. 엘리야는 갈멜산에서 바알신의 선지자들과 치열한 종교투쟁을 벌인 일이 있다. 물론 이 싸움은 엘리야의 승리로 끝났다. 그래서 엘리야는 그 백성들과 함께 바알신의 선지자들을 모조리 잡아 죽였다. 그러나 이 소식을 전해 들은 이세벨(Jezebel)은 엘리야를 해치려 했다. 생명을 유지하기 위해 브엘세바(Beer-sheba)까지 도주했으나 그만 기력이 쇠잔한 그는 죽기를 간구하여 "지금 내 생명을 거두시옵소서" (왕상 19:4)라고 했다. 여기서도 그 득의에 찬 감정의 절정으로부터 실의(失意)의 밑바닥으로 급전하는 감정적 변화를 볼 수 있는데, 그것은 그들의 감정이 얼마나 격정적인가를 단적으로 입증해 준다.

이러한 심적 동요는, 들릴라(Delilah)가 삼손(Samson)에게 그 힘이 어디서 나오냐고 날마다 조르며 물었을 때, "삼손의 마음이 번뇌하여 죽을 지경이라" (삿 16:16)는 표현 속에도 잘 나타나 있다. 또한 다윗의 아들, 암논(Amnon)이 그의 아름다운 이복누이 다말(Tamar)을 사랑하였으나 어찌 할 수가 없어 그만 심화로 병이 났다(삼하 13:2)고 하는 기록이나, "소망이 더디 이루어지면 그것이 마음을 상하게 하거니와" (잠 13:12)라는 말들도 히브리인들의 격렬한 성격과 민감한 감정을 보여 주고 있다. 이 몇 가지 사례들만 보아도 히브리인들은 열렬한 감정의 소유자들이었음을 알 수 있다.

한편 히브리인의 동적 성격은 세계를 바라보는 태도와 그 시선 속에 가장 잘 반영되어 있다.

> 보라, 내가 너로 이가
> 날카로운 새 타작(打作)기로 삼으리니
> 네가 산들을 쳐서 부스러기를
> 만들 것이며 작은 산들을 겨 같이 만들 것이라.
> 네가 그들을 까부른즉 바람이 그들을 날리겠고
> 회리바람이 그들을 흩어 버릴 것이리라. (사 41:15-16)

산들은 숫양들 같이 뛰놀며
작은 산들은 어린 양들 같이 뛰었도다. (시 114:4)

이에 땅이 진동하고
산들의 터도 요동하였으니
그의 진노로 말미암음이로다. (시 18:7)

돌과 바위, 산과 땅, 모든 세계를 동적으로 파악했다. 이런 동적인 파악은 그들의 특유한 동적 성격과 사유에서 비롯된 것이다.

제3장 역사적 · 정치적 배경

"네 근본과 난 땅은 가나안이요 네 아버지는 아모리 사람이요 네 어머니는 헷 사람이라"(겔 16:3). 이것은 이스라엘의 인종적 혈통을 증언해 주는 말이다. 우리가 아는 한 이 증언을 불신할만한 근거는 없다. 역사적으로 팔레스타인은 인접 강대국들의 싸움터였다고 해도 과언이 아니다.[36] 그러므로 다수의 침입자들이 이 지역으로 정주하게 되었고, 이들이 선주민과 잡혼 하여 세계 인종 가운데 가장 잡다한 인종 중의 하나를 형성하였다. 히브리인이 "르바 족속"(Rephaim, 창 14:5)이라는 일반적 명칭으로 불리던 신석기시대에는 셈종족인 아모리족(창 14:7; 15:21), 헷족(창 23:3), 히브리족, 불레셋족(삿 3:31)들이 대거 진출하였고, 그 후 그들은 합성적 국민으로 각기 특징을 남겼다.

태고시대의 팔레스타인은 고대 문명의 두 중심지인 애굽과 메소포타미아 중간에 펼쳐져 있던 불모지였다. 이러한 불모지로 히브리인들이 이주한 것은 기원전 16세기였다. 이 히브리인의 부족을 인도한 당시의 족장은 믿음의 조상으로 알려진 아브라함이었다.

아브라함은 브엘세바에서 언약의 아들 이삭(Issac)을 얻었다(창 21: 1-7). 이삭은 주로 브엘세바 지경에 머물며 부대(父代)를 계승하여 그 부족을 거느리는 족장이 되었다. 위풍당당한 아브라함에 비하면 그는 스케일이 작은 인물이었다. 그의 쌍둥이 아들인 에서(Esau)와 야곱(Jacob)은 에돔(Edom) 족과 이스라엘 족의 조상이 되었는데, 에돔 족 계통인 헤롯대제(Herod the Great)시대까지는 에돔 족과 이스라엘 족은 언제나 적대시하였다. 이 두 민족의 이런 적대적 관계는 일찍이 그들의 조상인 에서와 야곱 때부터 시작되었다.

야곱은 이스라엘이라고도 하는데, 그에게는 열 두 아들이 있었다. 그의 만년에는 자손 수가 70명가량이었다고 한다. 실로 그의 생애는 파란만장하여서 청년시대에는 형의 질투로 가정에서 쫓겨나 밧단-아람으로

이거하여 거기서 20 여년을 살았다. 그 년도는 확실히 알 수 없지만, 대가족을 이끌고 부호가 되어 고향으로 돌아온 야곱은 그의 부조들과 마찬가지로 족장이 되어 그의 부족을 다스렸다. 그러나 기근으로 인해 야곱의 일가는 애굽으로 이주할 수밖에 없었다. 당시 애굽에는 형들의 모의로 팔려온 요셉(Joseph)이 온갖 시련을 겪은 끝에 총리대신의 자리에 올라 있었고, 셈족계통의 힉소스(Hyksos)라는 인물이 왕위에 있었다. 그리하여 야곱의 일가는 애굽의 고센(Goshen) 지방에 쉽게 정착할 수가 있었다. 성경학자들은 이 당시 히브리인 전체가 애굽으로 이주했다고는 생각지 않는다.[37]

그 후 얼마 안가서 힉소스 왕조는 무너졌다(기원전 1600년경). 이로 인해 이스라엘인의 입장은 매우 불리하게 되었던 것이다. "요셉을 알지 못하는 새 왕이 일어나 애굽을 다스리더니"(출 1:8)라는 기록을 보아서도 그들의 입장이 얼마나 불리했던가를 알 수 있다. 성경에 의하면, 애굽의 왕 바로(파라오 Pharaoh)[38]가 이스라엘인을 학대했기 때문에, 그들은[39] 모세와 그의 형 아론(Aaron)의 지도하에 애굽을 탈출했다. 이 사건을 기원전 1445년의 일이라 하기도 하고 또 어떤 학자들은 1227년경의 일이라고도 한다. 이스라엘인이 애굽으로부터 탈출해 나오기 까지는 국가를 형성하지 못했던 것 같다. 그들은 황야에서 한 세대 이상을 지낸 후 팔레스타인에 도달했다. 그러나 그 지역에서 그들은 적의로 가득찬 가나안인(Canaanites), 암몬인(Ammonites), 미디안인(Midianites), 불레셋인(Philistines) 등 여러 종족과 격돌했다. 이 교전기의 지휘자는 여호수아(Joshua)와 기드온(Gideon)이었다.

히브리인은 어느 정도 평화를 유지할 수 있게 되자, 종교적, 군사적 지도자였던 사사들(Judges)을 국가의 통치자로 삼았다. 그러나 무엇보다 종교가 우선이어서 통치자는 하나님에게 종속되지 않으면 안 되었다. 이런 신권통치시대(1200-1020, B. C.)의 최후 통치자는 누구보다도 평화를 사랑했던 사무엘(Samuel)이었다. 그러나 불레셋인과의 관계 때문에,

또는 하나님의 법도와 정의를 구현하여야겠다는 새로운 전망 때문에 히브리인들 사이에는 여러 지족의 군사력을 통합할 수 있는 강력한 왕이 필요하다는 요망이 불 일듯 일어났던 것이다.

기원전 1020년경 벤야민(Benjamin)지족의 사울(Saul)이 통일왕국의 제1대 왕으로 즉위했다. 그러나 전 지족이 사울을 왕으로 인정했던 것은 아니었다.[40] 그럼에도 불구하고 사울은 그의 지배권을 남부 유다족의 땅과 요단 강의 동쪽까지 확대할 수가 있었다. 유능한 군사령관이었던 사울은 훌륭한 작전과 지휘 능력으로써 암몬족과 아말렉족(Amalekites), 그리고 불레셋족을 포함한 다수의 적을 물리쳤던 것이다. 사울의 통치는 기원전 1000년까지 계속되었고, 그 사이 그는 나라의 기틀을 튼튼히 잡아 놓았다.

사울의 뒤를 이어 다윗이 제2대 왕으로 즉위했다. 다윗(1000-290, B.C.)은 40년간 나라를 통치한 위대한 무인이었다. 불레셋족, 모압족(Moabites), 암몬족, 에돔족(Edomites) 등과 싸워 혁혁한 승리를 거둔 그는 예루살렘에다 수도를 정하고, 팔레스타인의 전 지역과 요단 강의 동쪽지역 그리고 북은 다메섹까지 지배했던 것이다. 여기서 하나 주목할 것은 왕은 그의 후계자를 지명할 수 있으나 최종적 결정은 하나님이 하신다는 것이다. 이 경우 여성은 관습상 왕이 될 수 없었다.

다윗의 아들 솔로몬이 기원전 960년경 다윗의 뒤를 이어 왕위에 올랐다. 그는 다윗과 마찬가지로 40년간 통치했지만 부왕과는 달리 평화정책을 썼다. 솔로몬이 통치한 시대는 이스라엘의 황금시대로 어느 때보다도 평화스럽고 번영을 누렸던 시대였다. 그의 수많은 공헌 중에 특기할 만한 것은 예루살렘 성전의 건축과 산업의 확대였다. 그러나 그의 국고소비는 국가경제를 파산으로 몰아넣었고, 노동력의 강압적 징발과 과중한 세금 부과는 민중의 불안을 조장했으며, 마침내는 왕국의 분열을 초래했던 것이다.

기원전 922년(935년이라고도 함), 솔로몬의 사후 통일왕국은 둘로 분열되었다. 솔로몬의 아들 르호보암(Rehoboam)이 막중한 세금을 과하자 북방의 10지족은 여로보암(Jeroboam)을 그들의 왕으로 추대하고 세겜(Shechem)에 수도를 정했다. 이 북왕국을 후일 이스라엘 왕국이라 했고, 유다족과 벤야민족의 일부가 세운 남왕국을 유다왕국이라 했다.

그 후 북왕국 이스라엘의 역사는 주로 암살과 약탈과 전쟁의 기록이었다.[41] 가장 강력한 왕이었던 여로보암 1세는 근 20년간 왕위에 있으면서, 우상숭배를 장려하는 한편 예루살렘 성전과 여호와 하나님 숭배를 금했다. 여로보암 이후의 탁월한 지배자를 꼽는다면 오므리(Omri, 887-876)라 할 수 있다. 그는 887년에 왕위에 올랐는데, 매우 정력적이고 또한 선견지명이 있는 왕이었다. 그가 수도를 세겜에서 사마리아로 옮긴 것은 세겜에서 불행한 일이 많이 일어났기 때문이었다. 그는 그후 다메섹의 확대세력을 막기 위해 페니키아와 동맹을 맺고 두로(Tyre)왕의 딸 이세벨(Jezenel)과 자기 아들 아합(Ahab, 876-853)을 결혼케 하여 자신의 정치적 입장을 강화했던 것이다. 아합과 이세벨은 이교의 신들을 숭배하며 그것을 장려했기 때문에 예언자 엘리야(Elijah)와 엘리사(Elisha)의 맹렬한 공격을 받았다.

급기야 오므리 왕조는 멸망하고, 그 뒤를 이어 유능하지만 가혹한 왕이었던 예후(Jehu, 843-744)가 왕위에 올랐다. 이것은 종교적 또는 정치적 혁명이라 할 수 있다. 이로써 오므리 왕조는 완전히 말살되고, 일시적이지만 이교숭배는 금지되었던 것이다. 그리고 바알신의 추종자들도 다수 학살되었다. 예후가 수립한 왕조는 이후 약 1세기 간 지배하였다.

예후의 두 아들은 실로 무능한 왕들이었지만, 그 뒤를 이어 왕위에 오른 여로보암 2세(786-746)는 이스라엘의 영토를 확장했고, 왕국의 번영을 가져왔다. 그러나 불행하게도 외국으로부터 수입된 새로운 관습이나 종교관과 결합되어 이룩된 그들의 번영은 도덕적으로 또는 종교적으로 타락된 생활과 사회적, 경제적 악만을 초래했던 것이다. 예언자 아모스(Amos)와 호세아(Hosea)가 그 시대의 사회적 부도덕을 엄중히 경고했지만, 사회는 각성할 줄을 몰랐다.

여로보암 2세를 뒤이은 5명의 왕들은 한결같게 무력한 자들로, 타락한 사회를 개선하려는 움직임을 한 번도 보인 일이 없다. 그 결과 살마네살 5세(Shalmaneser V, 727-722)와 사루곤(Sargon, 722-705)시대의 아시리아인은 기원전 722년에 북왕국을 용이하게 점령했고 그 수도 사마리아는 멸망되고 말았다. 그리하여 그 이듬해에는 약 27,000명의 이스라엘인이 포로로 연행되었던 것이다. 이로써 북왕국은 종언을 고했고, 다시는 이런 비참한 결과로부터 재기할 수 없었다.

한편 유다 왕국은, 그 반유목적 국민이 수세대간 고난과 위협에서 인내의 생활을 이어가며 다윗 왕조를 유지했다. 르호보암(922-915)의 엄격한 통치 이후로는 여호람(Jehoram, 845 B. C.)의 치세에 이르기까지 주목할 만한 일은 일어나지 않았다. 여호람은 북왕국의 왕 아합의 딸 아탈리야(Athalia)와 결혼하였다. 여호람과 그의 아들 아하시아(Ahazia)가 기원전 843년에 죽자, 아탈리야가 권력을 장악, 아하시아의 아들들을 하나만 제외하고는 전부 살해했다. 이때 살해를 면한 아들은 여호아스(Jehoash)다. 이후 여호아스(833-800)는 혁명을 통해 왕이 되었다. 그리고 그 아들 아마시아(Amaziah)는 이스라엘 왕국과 처절한 전쟁을 벌였으며, 이 전쟁으로 예루살렘의 일부가 파괴되었던 것이다.

아마시아의 아들 우시아(Uzziah, 783-742)의 40년 치세어간에 유다는 다시 부강한 나라가 되었다. 아시리아인이 팔레스타인을 위협하여 왔을 때, 그는 연공을 지불한다는 조건 아래 왕국을 멸망의 위기에서 구했다. 이어 히스기야(Hezekiah, 715-687)가 왕이 되면서부터 국내외적으로 중요한 변화들이 일어났다. 그는 부왕의 종교정책을 바꾸어 종교의식의 혁명을 기하였다(왕하 18:4). 부왕 아하스(Ahaz, 735-715)가 끌어들인 아시리아의 이교의식을 모두 폐기하였을 뿐 아니라, 이교적 요소들을 제거해 버리려고 애써 노력했다. 이와 같은 히스기야의 종교개혁은 그 후대에 일어난 요시야(Josiah, 640-609)왕의 그것과 여러 면에서 흡사했다.

그들이 종교개혁을 단행했다고 하는 것은 암암리에 정치적인 독립을 선언한 것이라고도 할 수 있다.

7세기말이 되면 아시리아의 세력은 점차 쇠퇴해 갔다. 기원전 612년에는 바벨론이 아시리아인으로부터 니느웨를 탈취하였고, 유다로부터는 공물을 취하여 갔던 것이다. 그러나 여호야김(Johoiakim, 609-598)은 애굽과 제휴하고 기원전 598년에는 예루살렘을 점령하고(597 B. C.), 스드기아(Zedekiah, 598-587)를 왕으로 세웠다. 그러나 스드기야도 애굽의 조력을 구했다. 그러나 바벨론은 더욱 심한 보복을 가하여, 이번에는 예루살렘을 파괴하고 유다인을 다수 포로로 잡아갔던 것이다(586 B. C.). 이런 포로생활은 기원전 536년까지 계속되었다. 그러다가 기원전 538년에 바벨론을 점령한 페르시아의 대왕 키러스(Cyrus)가 히브리인을 포로생활에서 해방시켜 주었던 것이다. 히브리인은 조국에 돌아오자 신전을 재건하였다(516 B. C.). 그 이후 팔레스타인은 약 2세기 동안 페르시아의 지배 아래 있었다.

기원전 333년, 알렉산더 대왕은 다리우스(Darius) 3세 치하의 페르시아인을 이쑤스(Issus)에서 대파하고, 팔레스타인을 마케도니아 제국에 합병했다. 히브리인들은 열렬히 저항했지만, 그리스의 언어와 문화는 어떤 점에서 그들의 그것을 능가했던 것이다. 기원전 약 250년경에는 이미 그리스어밖에 이해하지 못하는 히브리인을 위해 그리스어 성경번역을 하지 않으면 안 되었다.

알렉산더가 기원전 333년에 사거하자, 그 제국은 분열되었고, 팔레스타인은 애굽의 소유로 돌아갔지만, 기원전 198년에는 다시 시리아 왕국의 소유로 넘어갔던 것이다. 기원전 175년으로부터 163년까지 시리아의 왕이었던 안티오커스 4세는 히브리인을 그리스화 하기 위하여 적극적인 정책을 폈다. 이에 반기를 든 것이 사제 마타티아스(Mattathhias)와 그의 다섯 아들 특히 장남 마카베오(Maccabeus, 167-160)였다. 이 반란에서 성공한 이후 기원전 142년까지 히브리인들은 종교적 자유를 향유할 수 있었을 뿐 아니라, 완전한 정치적 독립도 얻을 수 있었다. 마카베오(하스모니조)가는 기원전 67년까지 왕좌를 독점했지만, 그 이후 다시 시리아인, 애굽인, 로마인의 간섭을 받게 되었고, 마침내 유다는 시리아의 로마 관할구의 일부가 되었다(63 B. C.).

기원전 40년에 옥타비우스(Octavius)는 헤롯(Herod)을 유다의 분봉왕(ethnarch)으로 봉했다. 이리하여 히스모니 역대는 끝났다. 헤롯은 로마에 아첨하고, 그리스와 로마의 관습을 수범하고, 많은 세금을 강징하였고, 자기의 적이라고 생각하는 사람에 대해서는 잔인했기 때문에 유대인의 미움을 받았다. 마태는 그를 어린이들의 도살자(마 2장 참조)라 했다. 기원전 4년에 헤롯 대왕이 사망하자 그의 왕국은 세 아들에게 분할되었다.

필립(Philip)은 헐(헤르몬)몬 산을 둘러싼 동북지방 즉 이두래와 드라고닛을 받았고 (눅 3:1), 헤롯 안디바스(Herod Antipas)는 갈릴리와 베레아의 분봉 왕이 되었다. 그리고 아케라우스(Archelaus)는 유다와 사마리아와 이두메아(Idumea)지방을 통치하는 임금이 되었다. 기원전 6년경에 유다인과 사마리아인은 아케라우스가 너무 학정통치를 하므로 로마에 구원을 요청했다. 마침내 아케라우스는 해임되고 로마 제국의 한 주로서 황제가 직접 임명한 총독이 통치하게 되었다. 이러한 행정형태는 41년까지 계속되었다.

예수의 생애 동안 팔레스타인의 유대인은 상당한 자치가 허용되었다. 다시 말해서 로마인은 광범한 행정, 입법, 사법권을 예루살렘의 산헤드린(Sanhedrin)에 부여했던 것이다. 산헤드린은 "71명의 유대인 장로로 구성된"[42] 종교회의이고, 그 의장은 대제사장이 되었다. 그리고 이 회의는 바리새파(the Pharises)와 사두개파(the Sadducees)로 대표되며 특히 후자는 이 회의에 중요한 영향을 미쳤다.

사두개파는 수도 적지만 아주 보수적이며 귀족적인 제사적 지배계급이었다(대하 31:10; 겔 40:46, 44:15, 48:11). 그들은 모세의 율법만을 인정하고 바리새파가 중시하는 구전이나 해석을 부정하였으며, 사후의 부활, 천사와 악마의 존재, 메시아의 조속한 강림 등을 부정하였다. 사두개파는 대단한 정치권력을 장악하고 있었지만, 그들 자신의 특권과 세력을 유지하기 위해서는 시세적(時勢的) 권력자들과 간단히 타협했다.

바리새파는 랍비 또는 율법해석자로 구성된 단체로, 율법의 엄격한 준수를 강조했을 뿐 아니라 율법의 부단한 재해석을 주장하였다. 그들은 사두개파와는 달리 사후의 부활, 천사와 악마의 실재, 영혼의 불멸성 등을 믿었고, 의식적 기도와 금식을 실시했고, 안식일을 엄수하였으며 십일조를 철저하게 드렸다(마 23:23; 눅 11:42). 또한 그들은 그리스와 로마의 관습을 배격하고 그것을 받아들이는 자들을 맹렬히 비난했다. 그들은 자기중심적인 율법주의자요 의식주의자들이었지만 모두가 다 위선자는 아니었다. 개중에는 선량하고 유덕한 자도 있었다.

이밖에 팔레스타인의 주요 사회 정치단체로서는 헤롯 왕조의 열렬한 지지자들인 헤롯당파(the Herodians)와 로마의 지배에서 항상 벗어나려고 항쟁과 음모를 일삼던 열혈당파(the Zealots)가 있었다. 이 열혈당파는 사두개파를 로마의 협조자라 하여, 그리고 바리새파를 지나친 평화주의자라 하여 비난했지만, 팔레스타인의 최고 정치회의를 대표하는 자들은 이들이었고 이들을 통해 재판도 실시되었다.

지금까지 팔레스타인의 역사적, 정치적 배경을 개관했거니와 이들의 역사나 정치에 일관된 것이 있다면 그것은 역시 히브리 민족의 종교라 할 수 있다. 그 종교가 역사의 원동력과 지속성을 주었고 정치의 기초적 원리가 되었던 것이다.

각주)---------------

1) Henry Kendall Booth, *The Background of the Bible* (New York: Charles Scribner's Sons, 1930), 51.

2) James H. Snowden, *The Making and Meaning of the New Testament* (New York: The Macmillan Company, 1923), 5.

3) Martin Noth, *The Old Testament World* (Philadelphia: Fortress Press, 1964), 7.

4) Herni Daniel-Rops, *Daily Life in the Time of Jesus* (New York: Hawthorn Books, Inc., 1964), 12.

5) Georg Fohrer, *Introduction to the Old Testament*, trans. David E. Green (New York: Abingdon Press, 1968), 38.

6) 柳瀅基編, 『單券 聖經註釋』 (서울: 新生社, 1945), 36.

7) 위 책, 37.

8) 김찬국역, 『이스라엘의 역사와 종교』 (서울: 대한기독교서회, 1970), 17-18.

9) 필리스티아인(불레셋 사람)은 기원전 13세기에 가나안에 침입해 들어온 해적민족이다. Herni Daniel-Rops, 12.

10) Herodotus, The Histories (Harmondsworth: Penguin Books Ltd., 1966), 140, 176, 254, 414.

11) 朴大善, "舊約과 팔레스틴의 風土," 『기독교사상』 7월호(1963), 7.

12) Y. 아하로니 저, 『구약성서지리학』, 이희철 역 (서울: 대한기독교출판사, 1976), 16.

13) 곽안전, 『팔레스틴의 지리』(서울: 기독교서회, 1969), 17.

14) Herni Daniel-Rops, 15.

15) 위 책, 22.

16) 이희철 저, 『지리로 본 성서의 세계』 (서울: 생명의 말씀사, 1997), 11-26 참조 바람.

17) M. Noth, *Geschite Israels*, (1959), 22.

18) Booth, 51.

19) 성경에서는 "아람 나하라임"(창세기 24:10; 신명기 23:4; 사사기 3:8; 역대상 19:6; 사도행전 2:9)이라 했다.

20) Booth, 47.

21) 위 책, 49.

22) 위 책, 48.

23) 本多顯彰, 『聖書』(東京: 二見書房, 1972), 145.

24) Herodotus, 104.

25) Pierre Montet, *Egypt and the Bible*, trans. L. R. Keylock (Philadelphia: Fortress Press, 1972), XV.

26) Chase, 20.

27) Daniel-Rops, 37.

28) 안병무, 『역사와 증인』 (서울: 기독교 서회, 1972), 41.

29) Daniel-Rops, 38.

30) J. D. Douglas, ed., *The New Bible Dictionary* (London: Inter-Varsity Press, 1962), 511.

31) Daniel-Rops, 41.

32) 가나안이란 기원전 13세기 이스라엘인이 당도하기 전에 가나안이 살고 있던 팔레스타인을 지칭한다. 그리고 가나안인하면 그 팔레스타인과 시리아에 살고 있던 셈족을 총칭하는 말이다. 그들이 사용한 말은 초기 히브리어였다.

33) Booth, 54.

34) Joseph T. Shipley, *Dictionary of Word Origins* (London: Philosophical Library, Inc., 1945), 239.

35) Booth, 54.

36) Astur Weiser, *The Old Testament: its Formation and Development*

(New York: Association Press, 1963), 11.

37) Buckner B. Trawick, *The Bible as Literature*, trans. Shinichi Yoshida (Tokyo, 1963), 8.

38) 여기 파라오는 기원전 1290-1224년의 라메세스2세(Rameses II)로 추정된다. H. H. Bowley ed., *The Old Testament and Modern Study* (London: Oxford UP, 1951), 6ff.

39) 당시 이스라엘인은 60만의 병사와 그 가족들이었다(출 12: 37-38).

40) Trawick, 9. 사울은 왕으로 인정한 것은 마나세(Manassech), 에브라임(Ephraim), 벤야민 세 지족이었다.

41) 위 책, 10.

42) Trawick, 4.

2
문학으로 본 성경

- 성경과 문학의 관계
- 성경의 문학적 탐구
- 헤브라이즘의 본질
- 성경의 문학적 특질
- 성경문학의 언어와 문체

제1장 성경과 문학의 관계

1. 기독교와 문학의 갈등

성경은 하나님의 말씀으로서 기독교의 유일무이한 경전이지만 문학으로서도 위대하다. 그러나 성경과 문학의 관계를 불신하고 우선 문학을 폄하부터 하는 사람들이 많다. 아니 문학하면 민감한 거부반응부터 보이는 사람들이 있는데, 그런 사람들 중의 하나가 덴마크의 유신론적인 실존주의 철학자 키에르케고오르라 할 수 있다.

키에르케고오르는 시인을 죄악시하여 "기독교적인 견지에서 볼 때, 시인의 존재는 죄악의 존재이다. 그는 실존적으로 선과 진리를 구현하기 위하여 노력하지 않고 상상을 통하여 거기에 접근하고자 하는 죄를 범하고 있다"[1]고 말하였다. 이는 지금부터 2000년이 훨씬 넘는 주전 400년경 그리스의 관념주의 철학자 플라톤이 그의 저서『공화국』제10권에서 주장하였던 문학반대론보다도 더 독설적이라 할 수 있다. 플라톤에 따르면 문학이란 진리에서 세 단계나 떨어져 있는 거짓에 지나지 않으므로 신앙생활에 아무런 유익이 되지 못하며, 오히려 젊은 사람들의 비합리적인 정신기능인 감정만을 자극하고 흥분시켜 심성을 약화시키거나 부도덕한 길로 이끌어 타락시키는 경향이 많으므로 교육적으로나 윤리적으로 무익하다고 하면서 그가 설계하고 꿈꾸었던 이상국가인 공화국에서 시인을 추방하여야 한다고 주장하였다.[2]

이는 기독교와 문학의 관계를 상극의 관계 또는 무익한 반목의 관계로 보는 입장이라고 할 수 있다. 특히 보수성이 강한 신자일수록 문학 또는 예술을 죄악시하려는 경향이 있다. 그러나 문학을 이처럼 반도덕적이고 반신앙적인 활동으로 간주하려는 편견은 기독교이전의 플라톤적인 전통이거나 그 이후의 교부적인 전통에 속하는 일이라는 것을 알아야 한다.

카르타고의 로마 백부장의 아들로 태어난 법률가였던 터툴리안은 법학, 수사학, 헬라 고전을 학습하고 철학에도 정통한 사람이었다. 그러나 개종한 이후에는 일체의 사치를 버리고 엄격한 율법주의적 신앙생활로 일관 하였다고 한다. 결국 이런 신앙생활은 헬라-로마 문화를 배격하는 자세로 연결되게 되었던 것이다.[3] 그는 신자가 연기자가 되는 것은 물론이고 관람하는 것조차 반대했다. 그 내용이 경박하고 잔인하며 죄를 조장한다는 것이 그 이유였다. 예술 뿐 아니라 철학에 대한 반대는 더욱 극적이었다. 그는 각종 이단에게 장비를 공급하는 것이 철학이라 생각했고, 그래서 "스토아, 플라톤, 또는 변증법 철학으로 얼룩진 기독교를 집어치우라"[4]고 말한 일이 있다. "예루살렘과 아테네가 무슨 상관이냐"라는 유명한 말도 그가 한 말이다. 터툴라안은 이러한 태도로 인해 반문화론의 대표로 불린다.

터툴리안은 반문화론자답게 "하나님으로부터 인간을 돌아서게 하려는" 악마의 계교에 의해 이룩된 것이 예술이라고 하였다. 그가 또한 문학의 허구적인 성질을 반대하면서 기독교의 찬송가를 높이 추천한 것은 "지어낸 이야기가 아니라, 진리이며, 기교를 가한 고안물이 아니라 평범한 진실"이기 때문이었다. 그리고 터툴리안은 플라톤처럼 문학이 제공하는 상상적인 즐거움을 의심스럽게 생각하여 간단히 "문학 속에는 즐거움 자체의 혐오보다 더 큰 무슨 즐거움이 있겠으며, 속세가 주는 모든 것에 대한 멸시보다 더 큰 무슨 즐거움이 있겠는가?"고 질문하기도 하였다. 터툴리안의 문학반대론은 플라톤과 거의 같은 바탕 위에서 이루어진 것이었으며, 문학의 비도덕적 영향, 허구적 성질 그리고 쾌락 제공적 요소 등에 비난을 집중시키고 있는 것이다.[5]

터툴리안과 마찬가지로 일명 영어로 어거스틴이라고 불리는 교부신학자 아우구스티누스도 문학의 허구적인 요소들을 인정할 수가 없었다. 그래서 그도 플라톤이 이상국가에서 시인을 추방한 것처럼 시인으로 하여금 진리에 관여되지 않은 허구적인 작품을 쓰지도 못하게 하였고, 또

천부(天賦)의 활동이라는 미명 아래 천박한 사람들의 면전에서 옳지 못한 본보기를 제시하지도 못하도록 하였던 것이다.[6] 그는 자신이 받은 고전문학 교육을 회상하면서 "우리는 억지로 이러한 식의 허구적인 작품의 발자취 속으로 잘못 인도되어 갔다"[7]고 진술하고 있다. 그는 문학의 허구적인 성격, 부도덕한 영향력, 그리고 비실용성에 대한 일반적인 불평 등을 토로하였었다.

기독교와 문학 사이의 이러한 갈등은 종교개혁 시대에 들어와서도 계속 되었다. 당시 청교도들은 문학에 대해 다음과 같은 세 가지 이유를 들어서 비난의 화살을 퍼부었다. 첫째, 문학보다는 더 많은 결실 있는 학문이 있으므로 사람은 문학보다는 다른 곳에 시간을 소비하는 것이 더 좋다. 둘째, 문학은 거짓말의 어머니이다. 셋째, 문학은 악폐의 유모이다. 또한 그들에 따르면 그것은 인간을 온갖 해로운 욕망에 감염케 만든다는 것이었다.[8]

시드니는 이런 청교도들의 문학반대 입장에 서지 않고 그들과 대항하면서 상상의 문학을 변호하였다. 그의 유명한 비평문 『시의 옹호』(*Apology for Poetry*)는 바로 그런 상상의 문학을 변호하기 위해서 쓴 글이었다.

그리고 성경을 영어로 번역하는 일을 개척하였던 윌리엄 틴덜(William Tyndale)은 토머스 모어(Thomas More)의 『이상국』(*Utopia*)을 "색칠한 시"[9]라고 멸시하였다. 그가 "색칠한 시"라는 말을 사용하면서 실지로 염두에 두고 있었던 것은 허구적인 문학이었던 것이다. 윌리엄 퍼킨즈(William Perkins)는 "민요, 사랑에 관한 책, 부질없는 이야기" 등은 "허무한 유혹물에 불과하며 죄악으로 이끄는 마귀에 지나지 않는다"[10]는 이유로 이를 비난하였다.

리처드 박스터(Richard Baxter)도 허구적인 문학은 "위험스럽게도 속이 빈 젊은이들의 마음을 미혹시키며 타락케하며, 더 좋은 일을 하는데 소비될 수 있는 귀중한 시간을"[9] 빼앗아 간다고 믿고 있었던 것 같다. 박스터가 자기 시대의 연극에 대해서 열거한 15개의 반대항목 중에는 이런 비난들이 들어 있다. 연극은 선정적이며, 시간의 악용이며 "수천 명의 청년들"을 도덕적으로 해치는 죄를 범하는 것이라[12]고 하였다. 박스터는 "기분전환 거리"의 범주에 들어가는 문학도 인정하지 않았다. 그것을 그는 "시간의 낭비"[13]와 동일시하였다.

문학에 대한 기독교의 저항은 상당히 달라지기는 했지만 오늘날에 있어서도 그다지 변화를 보이지 않고 있다. 일부 교인들은 아직도 문학의 허구적 사실을 반대하며, 그 비도덕적이고 무용하다는 주장을 그대로 인정하고 있다. 이런 문학에 대한 반대태도나 무용론은 고질적인 편견이거나 잘못된 전통전수 및 문학에 대한 곡해에서 비롯된 것이라 할 수 있다.

성경 속에는 문학에 대한 거부적인 태도의 흔적은 전혀 없다. 오히려 그와는 정반대로 편견 없이 객관적으로 기독교와 문학의 관계를 살펴보면 성경이야말로 위대한 문학의 표본이라는 것을 발견하게 될 것이다. 또한 화란의 칼빈주의자 카이퍼 박사도 그의 저서 『칼빈주의 강연집』에서 문학에 대한 거부적 태도와는 정반대의 입장을 취하면서 다음과 같이 말하고 있다.

"칼빈주의는 예술을 성령의 선물로 또 우리들의 현재 생활의 위안물로 존중하였으며, 예술은 우리로 하여금 이 죄 많은 인생의 내부와 뒷면에서 보다 풍성하고 영광스러운 배경을 발견하도록 도와주는 소중한 것이라고 간주하였다. · · · 칼빈주의자에 대해서 예술은 · · · 지고한 예술이며 최고의 건설자인 하나님이 장차 그 본래의 창조의 미를 새롭게 하고 고상하게 만드실 그 찬란한 회복을 지시하는 것이다"[14]라고 하였다. 즉 그에 따르면 예술은 죄악된 것이 아니라 첫째로 성령의 선물이고, 둘째로 우리에게 위안을 주며, 셋째로 우리의 삶을 풍성하고 고상하게 만드는 힘을 주는 것이라는 것이다.

뿐만 아니라 창작은 인간을 타락시키는 마귀의 활동이 아니라 지극히 높으신 이의 실재를 아름답게 나타내 보여주는 귀한 사명을 띠고 있는 소중한 것이라고 보아야 한다. 물론 모든 문학예술이 다 그런 것은 아니다. 타락한 저질적인 대중예술은 악마의 도구밖에 다른 좋은 힘을 줄 수 없을 것이다. 그러나 좋은 문학 작품이나 감동적인 음악이나 성화는 우리의 감정과 정서를 순화시켜주고 우리의 마음을 양육시켜 줄 수가 있다. 요사이의 음란 퇴폐문화를 보고 문화란 으레 저런 것이다라고 단정하는 것은 옳지 않다.

위에서 이미 말한 바와 같이, 고상하고 거룩한 예술은 성령의 선물로서 고통 많은 세상에서 위안을 선사해주며 삶의 용기와 풍요를 준다. 또한 그런 문학 작품은 이미 알고 있는 것을 말하지 아니하고 새로운 진리를 드러내 주며 우리들로 하여금 자기만족의 껍질을 깨뜨리게 하여 작품을 감상하지 못하게 하는 거리를 줄여주며 새로운 의미에 대한 깨달음을 갖고 신나게 도전하고 반응하며 살아갈 수 있는 힘을 준다고 생각한다. 그런 목적을 달성하기 위하여 작가들은 풍성한 상징의 수법과 문학적인 구성 및 문학적인 표현형식 등을 이용하는 것이다. 다른 위대한 문학 작품들과 마찬가지로 성경도 신성한 표현능력으로 우리를 사로잡아서 보다 넓고 깊은 일상적인 주변세계를 빨리 깨닫게 하고 또는 재발견하게 한다. 이렇게 볼 때 성경과 문학은 본질적으로 충돌하지 않는다는 것을 알 수 있다.

2. 힘의 문학으로서의 성경

"성경을 문학으로 볼 수 있는가?" 라는 질문을 종종 들을 때가 있다. 이런 질문에 대해 할 수 있는 대답은 "물론 성경은 순수한 문학이 아니다"라는 것이다. 그것은 성경은 하나님의 감동과 성령의 인도하심에 따라서 쓰여진 하나님의 말씀이기 때문이다. "모든 성경은 하나님의 감동으로 된 것으로 교훈과 책망과 바르게 함과 의로 교육하기에 유익하니" (딤후 3:16). 이에 따르면, 성경은 어떤 인간의 뜻이나 계획에 따라 된 것이 아니고 성령의 감동하심을 받은 기자들이 하나님의 뜻을 받들어 기록한 말씀인 것이다.

그러므로 성경은 결코 허구에 기초한 문학적 기록이라 할 수 없다. 그럼에도 불구하고 성경은 그 어떤 문학 작품보다 문학적이다. 성경을 역사적이냐 아니면 문학적이냐는 것으로 양분하는 사고는 매우 위험하다 아니할 수 없다. 성경은 역사적이고 신학적이면서 동시에 문학적이기 때문이다. 아니 더 정확히 말하면 이 세 요소를 합친 것 그 이상이다. 왜냐하면 신학적이고 역사적이고 문학적인 요소가 놀랍게 연결되어 만들어진 유기체적인 구조물이기 때문이다.[15)]

유기체적인 구조물로서의 성경은 누구도 변개할 수 없는 하나님의 말씀이지만, 그 해석 방법은 여러 가지 일수가 있다. 현대에는 절대적인 해석 방법이 잘 통용되지 않는 독자적인 시대라 할 수 있다. 그래서 사람들은 각자 제각기 신학, 역사, 윤리, 철학, 과학, 경제, 정치, 문화, 예술, 교육, 학문, 종교 등의 눈으로 잘게 쪼개어서 보는 경향이 많다. 그런 연구는 전문적이고 구체적일 수가 있어서 장점도 있지만, 너무나 세분화 되어서 전체는 숨겨지고 지엽적이고 편협한 성격을 갖게 되어 산산 조각이 나 전체성과 통일성을 쉽게 잃을 수가 있다. 가장 바람직한 관점이나 안목은 통합적인 방법이다. 많은 다양한 안목 가운데서도 가장 통합적인 관점에 가까운 것은 문학의 눈으로 성경을 보는 것이라고 생각한다.

물론 성경을 문학으로 보는 것을 도저히 용서할 수 없는 불경스러운 일이라고 질책하는 사람들도 있다. 그런 문학비평가 중의 대표적인 사람이 T. S. 엘리엇이다. 그는 "종교와 문학"이라고 하는 평론에서 "성경이 다만 문학적 가치가 있다는 이유만으로 즐거이 읽고 있는 사람은 본질적으로 기생충이며, 기생충이 너무 많아지면 해독을 끼친다는 것을 우리는 알고 있다"고 하였다. 그러면서 그는 "문학으로서의 성경이라든가 '영국 산문의 가장 고귀한 기념비' 로서의 성경이라든가 하며 황홀경에 빠져 있는 문필가들에게 나는 호통을 치고 싶은 심정이다. 성경을

'영국 산문의 기념비' 로서 언급하는 사람은 성경을 기독교의 묘지 위에 세운 기념비로서 칭송하고 있는데 불과하다"라고 하였다. 그는 이에 덧부쳐 말하기를 "성경이 지금까지 영문학에 문학적 영향을 끼친 것은 성경이 문학으로 고려되어 왔기 때문에게 아니라, 오히려 하나님의 말씀의 기록으로서 고려되어 왔기 때문인 것이다"라고도 하였다.[16]

유명한 크리스천 변증가인 C. S. 루이스도 엘리엇과 거의 비슷한 태도를 취하였다. "사실상 우리의 시대에 와서 '문학으로서의 성경' 이라는 표현을 만들어냈는데, 그런 상황은 크게 칭찬할 만한 일이 못된다. 왜냐하면 그것은 일반적으로 성경의 신학적 요구를 거절하면서도 계속해서 성경을 영산문의 보고로서 즐기는 것을 의미하기 때문이다. · · · 성경을 문학으로서 읽는 사람들은 성경을 읽는 것이 아니다."[17]

루이스의 말대로 성경을 단순한 허구(虛構)로 보거나 일반 문학 작품과 동일시하는 것은 비난받아 마땅한 일이겠지만, 성경을 문학적으로 인식하는 것이 반드시 그 신학적 요구나 신성한 성질을 무시하거나 부정하는 것은 아니다. 존 드링크워터(John Drinkwater)는 『문학으로서의 영어성경』에서 이렇게 말하였다.

"성경을 문학으로서 생각한다는 것은 그 신성한 성질을 무시하는 것이 아니며, 더 더구나 그것을 부정하는 것이 아니다. 성경의 문자적 영감설을 항상 믿고 있는 사람들이야말로 먼저 신성한 표현법, 그 자체가 신성한 것이고 또한 그 방법이 그것을 받는 사람이 알고 있는 가장 아름답고 감동적인 언어를 사용하는 데 있다는 것을 알아야 한다. 만일 그렇다면, 문학으로서의 성경의 아름다움을 연구하는 것은 하나님의 말씀으로서의 성경의 일반적 연구보다도 훨씬 더 타당한 것이다."[18]

존 드링크워터와 마찬가지로 『문학으로서의 성경』이라는 책을 쓴 피터 밀워드(Peter Milward)도 동일한 견해를 다음과 피력하였다.

"나는 성경을 하나님의 말씀으로 존경스럽게 본다. 그러나 성경을 하나님의 말씀으로 믿는 나의 신앙이 그것을 다른 시대 각기 다른 사람에 의해 사람들의 말로써 기록된 책들의 모음이라고 하는 인식을 결코 돌려놓지는 못한다는 것을 덧붙이고 싶다. 다시 말해서 나는 성경을 신성하고도 인간적인 문학으로 인식하고 있다."[19)]

물론 종교는 진리를 추구하고 문학은 미를 추구하지만, 그렇다고 진리(종교)와 미(문학)는 영원히 상충되거나 갈등되는 것은 아니다. 믿는 사람들에게는 종교적 진리가 예술적 미보다 분명 더 중요하다는 것은 더 말할 나위도 없다. 인간의 영원한 구원이 예술적 체험에 근거하여 결정되는 것이 아니라 진리에 대한 그의 반응에 따라 좌우되는 것이기 때문이다. 그렇다고 성경은 아름다움을 경시하거나 무시하지 않는다.

"사람이 사는 동안에 기뻐하며 선을 행하는 것보다 나은 것이 없는 줄을 내가 알았고 사람마다 먹고 마시는 것과 수고함으로 낙을 누리는 것이 하나님의 선물인 줄을 또한 알았도다"(전 3:12-13). 모든 기쁨은 그 자체로 선한 것이며, 고통은 그 자체로 악한 것이다. 하나님께서 기쁨과 즐거움을 싫어하신다고 생각하는 것은, 하나님은 자신의 창조물을 괴롭히는 분이라고 비난하는 것이 된다. 그러므로 기본적으로 그리스도인들이 문학의 상상적 아름다움을 즐기는 활동이 정당하다는 것을 입증해 준다. 우리는 성경문학의 예술적인 아름다움을 열정적으로 즐기고, 또 우리가 즐기는 이 아름다움의 궁극적인 근원이 하나님임을 기억함으로써 우리는 하나님께 영광을 돌릴 수 있다. 어떤 선물에 대해 감사를 표시하는 방법은 그 선물을 즐겁게 사용하는 것이다. 성경이 가르치는 바와 같이 예술적인 아름다움과 기쁨이 하나님의 선물이라면, 우리가 그것을 사용하고 즐기는 것보다 더 바르게 감사를 표현할 수 있는 방법은 거의 없다. 우리는 선한 하나님의 청지기 역할을 하여야 한다. 그러므로 우리는 성경 속에서 아름다운 표현들과 좋은 문학적 기교와 형식들을 배워서 그것을 사용하고 잘 관리하여야 한다.

요나단 에드워즈(Jonathan Edwards)는 『진정한 가치의 본질』이라는 글에서 하나님 자신을 모든 아름다움의 원천으로 보고 있다.

"하나님은 무한히 위대하신 존재인 만큼 그는 가장 아름답고 뛰어난 분이실 수밖에 없다. 그리고 모든 창조를 통해서 발견되는 모든 아름다움은 무한한 충만함과 밝음과 영광을 지니신 존재의 확산(擴散)된 빛의 반영(反映)에 불과하다. 하나님은 · · · 모든 존재와 모든 아름다움의 근원이며 원천이시다."[20)]

하나님은 만물(萬物)을 아름답게 창조하신 분이신데, 그의 거룩하심과 아름다우심은 자연 만물의 조화와 질서 그리고 서로 다른 것들의 대칭과 균형 같은 데 나타난다고 할 수 있다. 만일 그가 실용적으로만 생각하셨다면, 만물을 창조할 때 구태여 다양한 색상과 균형 잡힌 형태로 가득 찬 그런 세계로 창조할 필요가 없었을 것이다. 그러나 하나님은 인간의 단순한 생존만을 위해서가 아니라 인간다운 삶의 특질 즉 기쁨에 가득한 삶의 영위를 원하셨기 때문에 아름다움을 주신 것이다.

아브라함 카이퍼(Abraham Kuyper)도 이렇게 말한 바 있다.

"아름다운 것은 · · · 객관적인 존재 이유를 가지며, 그것 자체가 하나님의 완전성의 표현인 것이다. 우리는 이 같은 사실을 우리 주변의 창조물로부터 알 수 있다."[21)]

"비록 모든 인간들이 눈을 가리고 귀를 틀어막는다 하더라도 아름다운 것은 변함없이 그대로 남아 있을 것이고, 하나님은 그것을 보시고 또 그것을 들으실 것이다."[22)]

이처럼 하나님은 아름다움의 원천인 동시에 하나님의 속성 그 자체가 아름다움이시기도 하다. 이 속성은 다른 거룩한 특성들과 함께 자주 언급되는 것을 볼 수 있다. 시편 96편 9절에서는 그 궁성에 들어가 "아름답고 거룩한 것으로 여호와께 예배할지어다 온 땅이여 그 앞에서 떨지어다"(대상 16:29 참조)고 했고, 시편 27편 4절에서는 "내 평생에 여호와의 집에 살면서 여호와의 아름다움을 바라보며 그의 성전에서 사모하는 그것이라"(사 64:11; 출 28:2 참조) 하였다. 하나님은 아름다운 우주를 창조하신 미의 원천이시며, 하나님께서 창조한 모든 피조물은 하나님의 성품 중의 하나인 거룩하심과 아름다우심을 모두 드러내고 있다고 해도 과언이 아니다. 그러니까 이 우주만물의 기능은 하나님의 아름다우심과 그의 영광을 드러내는 것이다. 성령의 감동을 받은 사람들은 누구나 바로 그의 이런 거룩하심과 아름다우심을 영감을 통해 신성한 형식과 기교 속에 담아낼 수가 있다. 그렇게 해서 생겨난 것이 곧 성경이다. 성경은 하나님의 거룩하신 진리와 아름다움을 언어로 형상화하여 구현해 준 거룩한 미의 문학이라 할 수 있다.

하나님 자신이 진리와 미의 근원이시고 자연 모든 만물을 아름답게 만들었으며 하나님의 형상대로 창조된 인간들에게 영원과 아름다움을 사모하며 추구하는 놀라운 은총을 주셨다. 이런 일반은총의 눈으로 성경을 볼 때 영원한 하나님의 섭리를 내용으로 하는 아름다운 힘의 문학이라는 것을 인정하지 않을 수 없다.

드 퀸시(De Quincey)라는 19세기의 영국 비평가는 문학을 "지식의 문학"(literature of knowledge)과 "힘의 문학"(literature of power)으로 분류하였다. 특히 그는 문학적 감동력을 그 분류의 중심에 두었던 것이다. 전자 즉 "지식의 문학"의 기능은 가르치는 일이며, 후자 즉 "힘의 문학"의 기능은 움직이게 하는 것이므로, 전자를 배의 "키"라 한다면 후자는 "노"나 "돛"이라 할 수 있다.

그러면 드 퀸시가 말하는 문학의 힘이란 도대체 무엇인가? 그에 따르면, 그것은 "진리에 대한 깊은 공감"(deep sympathy with truth)이다.

『실낙원』(Paradise Lost)에서 우리는 새로 배울 것이 아무것도 없다. 오히려 요리 책에서 더 많은 새 지식을 배울 수가 있다. 그러면 요리 책을 『실낙원』보다도 높이 쳐야 옳은가? 물론 그렇지는 않다.[23] 그 이유는 무엇인가? "우리가 밀턴에게서 얻는 것은 지식이 아니다. 지식을 구성하는 백만 개의 항목은 동일한 지면(地面)에서 걸어 나가는 백만 개의 발걸음 밖에는 안 된다. 우리가 밀턴에게서 얻는 것은 힘이다. 다시 말하면 무한한 것을 공감할 수 있는 우리의 잠재적 능력을 운동시키고 확대시켜 주는 힘이다. 여기서는 심장이 고동하고 피가 심장으로 흘러들어 오고하는 하나하나의 운동 즉 향상의 발걸음인 것이다. 마치 지상에서 신비로운 천상으로 한 걸음 한 걸음 타고 올라가는 야곱의 사닥다리와도 같은 것이다. 지식의 모든 진보는 처음부터 끝까지 동일면에서 추진시킬 뿐, 우리를 태고연한 지면에서 한자도 높여 주지는 못한다. 그러나 힘에 있어서는 제일보 그 자체가 비행(飛行)이다. 그것은 지구를 잃어버린 다른 세계로 올라가는 운동인 것이다."[24] 무한한 것을 공감할 수 있는 우리의 잠재적 능력을 운동시키고 확대시켜 주는 힘, 그것이 문학의 힘이며, 『실낙원』에서는 그런 힘을 발견할 수 있다는 것이다.

드 퀸시는 『실낙원』에서 무한한 것을 공감할 수 있는 우리의 잠재적인 능력을 운동시키고 확대시켜 주는 힘을 『실낙원』에서 찾을 수 있다고 했지만, 그보다 더 우리에게 무한한 진리에 대한 공감력을 주는 것이 성경이라고 생각한다. 『실낙원』이 아무리 훌륭한 서사시라고는 하지만 성경이 줄 수 있는 그런 감동력을 줄 수는 없다. "하나님의 말씀은 살았고 운동력이 있어 좌우에 날선 어떤 검보다도 예리하여 혼과 영과 및 관절과 골수를 찔러 쪼개기까지 하며 또 마음의 생각과 뜻을 감찰하나니" (히 4:12)라는 말씀이 있듯이, 성경은 그것을 읽는 사람에게 깊은 감동을 주며 그의 잠재적 능력을 활동시켜 무한한 진리에 대한 공감을 갖게 해 준다. 이러한 성경의 생명력과 운동력으로 해서 많은 탕자들이 회개하여 새로운 사람으로 거듭나기도 하고, 대대적인 사상적인 변화와 사회적 개혁이 이루어지기도 하는 것이다.

아울렐리우스 아우구스티누스가 바로 그런 사람 중의 하나다. 그는 참 종교를 찾지 못해 방황하다가 마침내 주님의 능력의 손길로 상한 심령의 고침을 받았지만, 어느 길로 가야할지를 몰라 마니교를 버리고 돌아섰을 때도 여전히 전처럼 방황하고 있었다. 그는 마침내 그것이 "전심전력을 기울여 하나님의 거룩한 말씀의 책을 연구하지 않고, 그 말씀으로만 살지 않고, 말씀에 결정적인 자기 굴복을 하지 않았기 때문이라는 것"을 깨닫게 되었다. 그 후 그는 그의 『고백록』 제7장 제13절에서 이런 깨달음과 그에 따르는 결단을 이렇게 털어놓았다.

"저는 거룩한 말씀에 열중하기로 하였습니다. 그 결과, 과거에 그렇게 모순으로 생각하던 여러 가지 사실이 스스로 풀렸습니다. 율법과 예언서는 모순으로 가득찬 기록이라기보다 한 권 책의 다른 부분을 이루었고, 그것을 읽고 배우는 것을 기뻐했습니다. 지금까지 읽고 있었던 책들 중에서 당신의 긍휼을 찬미하는 책을 찾았습니다. 모든 것은 하나님으로부터 받았지만 받지 않은 것같이 생각하고 영광을 돌리지 않는 것과 당신을 가지는 마음을 멸시 못할 것과 언제 어디에서나 계시고 당신을 향해 걸음을 옮겨 당신을 붙들고 당신한테서 치료받는 길이 있음을 이 책에서 발견할 수 있었습니다."[25)]

아우구스티누스는 마음의 상처를 바라보면서 무화과나무 아래에 엎드려서 소낙비처럼 눈물을 흘리며 깊은 통한의 마음을 금하지 못하고 있었다. 그때 이런 소리가 들려왔다. "들고 읽어 보라! 들고서 읽어!" 그 소리를 듣던 순간을 회상하며 『고백록』 제8장 제11절에서는 그 후의 이야기를 이처럼 기록하였다.

"이 소리를 듣는 순간 나의 얼굴은 순간적으로 변했고, 그 소리가 애들의 장난인지를 알아보려고 하기보다, 어떤 엄숙하고 권위 있는 소리

같아서 눈물을 닦으면서 일어섰습니다. 그 소리는 하나님께서 저에게 하시는 명령의 말씀으로만 느껴졌습니다. 어서 집으로 가서 성경을 펴서 제일 먼저 눈에 띠는 대목을 읽으라는 명령을 느껴졌습니다.

'가서 내게 있는 것을 다 팔아 가난한 자들에게 주라 그리하면 하늘에서 보화가 네게 있으리라. 그리고 와서 나를 따르라' (막 10:21). 안토니[26]가 이 말씀을 읽고 그대로 실천했다는 이야기를 이미 들었기 때문에 알리피우스가 앉아 있는 곳으로 가서 그곳에 둔 바울의 서신을 펴들고 눈에 띄는 곳을 읽었습니다.

'또한 너희가 이 시기를 알거니와 자다가 깰 때가 벌써 되었으니 이는 이제 우리의 구원이 처음 믿을 때보다 가까웠음이라. 밤이 깊고 낮이 가까웠으니 그러므로 우리가 어둠의 일을 벗고 빛의 갑옷을 입자. 낮에와 같이 단정히 행하고 방탕하거나 술 취하지 말며 음란하거나 호색하지 말며 다투거나 시기하지 말고 오직 주 예수 그리스도로 옷 입고 정욕을 위하여 육신의 일을 도모하지 말라.' (롬 13:11-14)

저는 더 읽지 않았습니다. 그럴 필요도 없었습니다. 이 말씀은 광명의 빛으로 나를 비춰 내 속에 있던 모든 어둠을 물리쳐 주었기 때문입니다."[27]

성 아우구스티누스는 위의 이 성경구절을 펴서 읽다가 "오직 주 예수 그리스도 로 옷 입고 정욕을 위하여 육신의 일을 도모하지 말라"는 이 문장의 끝이 즉시 그에게 와 닿았기 때문에 더 이상 읽을 필요가 없었다. 그때의 감정을 그의 유명한 『고백록』에서 이렇게 술회하였다. "마치 내 가슴이 확신의 빛으로 가득 채워지고 내 의심의 모든 그림자들이 말끔히 사라지는 것 같았습니다."

이 성경구절이 그의 가슴을 뜨겁게 불태웠고 확신의 빛으로 가득 채워 주었다. 그는 충격과 깨달음에 의해 "회개하라"고 하는 하나님의 명령 곧 하나님의 특별한 뜻을 인식할 수가 있었다. 그는 그의 남은 생애 기간 동안 삶의 전환점이 되었던 이 경험을 되돌아다 보면서 선지자적인 생활을 하였다.

위에서 아우구스티누스가 고백한 바와 같이, 성경은 빛이어서(시 119:105) 어두운 길을 가는 인생들을 인도하시는 능력이 되며 굽은 것을 바로 보게 하는 역시 능력이 되며, 성경은 안경 같아서 우리 인생의 시력을 교정하여 준다. 이것이 성경을 사랑하고 애독하는 사람들에게 주는 힘 곧 무한한 진리에 대한 공감이라 할 수 있다.

3. 성경과 문학의 필연성

"성경이 우리에게 주는 가장 중요한 유익 중의 하나는 다른 곳에서는 결코 얻을 수 없는 지식을 제공한다는 것이다. 대학은 우리에게 자연 세계에 대한 연구를 통해 풍부한 지식을 제공해 준다. 우리는 관찰, 분석 그리고 이론적 숙고를 통하여 지식을 얻는다. 우리는 유명한 학자들로부터 연구된 다양한 지식들을 비교하며 대조한다. 그러나 우리가 이 세계에서 마음대로 사용할 수 있는 숙련된 지식을 가졌음에도 불구하고, 초월적인 조망으로 우리에게 말할 수 있는 사람은 하나도 없다. · · · 오직 하나님만이 영원을 내다보는 관점을 가지고 살게 하며 절대적이고 궁극적인 권위로 우리에게 말씀하신다. 성경을 통해서 훈련을 받은 사람은 이 세상 어디에서도 얻을 수 없는 지식으로 우리의 삶을 윤택하게 하는 유익을 얻는다."[28)]

이와 같이 우리의 삶을 윤택하게 하며 영원히 죽지 않고 언제 어디서나 살아서 감동을 주는 말씀이 곧 성경이다. 우리는 이 거룩한 절대 진리의 말씀을 배우고 깨닫고 전파하여 하나님 나라를 이룩하는 일에 충성해야 하는 소명을 갖고 있다. "그러나 말씀의 구체적인 사역은 바로 우리들 인간의 언어형식을 빌어서 구현되고 있으며, 언어형식을 통하여 계시하시고, 교통하시고, 역사하신다. 이런 말씀의 언어적 현현, 여기에 말씀의 문학적 필연성이 있음을 알게 된다.[29)]

물론 말씀의 감동은 문학적 언어형식에 앞서 그것이 전능하신 하나님의 말씀이고 성령의 역사하심이라는 신앙적 인식이 우선하지만, 그 말씀은 끝내 언어형식을 빌어서 우리에게 역사하시기 때문에, 보다 문학적일수록 보다 감동적이고 보다 충만한 은혜가 된다는 점도 분명히 알아야 하겠다. 우리는 성경에서 구약의 시가서만 문학적인 언어형식으로 생각하기 쉽다. 그러나 이사야에서 말라기에 이르는 예언서는 예언문학이고 신약의 서신서는 서신문학이고 요한계시록은 묵시문학이다. 나아가 신구약 성경은 하나님의 창조와 아가페적인 사랑의 주제를 구현한 구체적인 우주적 담론이다. 소설이 작가의 인간적인 주제를 구체화한 작은 담론이라면 성경은 하나님의 영원한 섭리를 구체화한 거대한 담론이다. 이처럼 성경은 하나님과 예수님의 일관된 주제를 문학적으로 구성하고 문학적으로 표현하였다.[30)]

그렇다고 하나님의 말씀과 세속 문학이 동일하다는 것은 아니다. 말씀은 성스러운 주제를 문학적으로 표현하고 세속적 문학은 인간적인 주제를 문학적으로 표현한다는 점에서 엄연히 차이가 있다. 세속적 문학은 인간의 욕망을 문학적인 수사를 통하여 지상적인 가능성의 나라를 건설하고자 하는 것이지만, 말씀은 하나님의 의지와 그의 섭리를 문학적인 언어와 수사를 통하여 하나님의 나라의 거룩한 지평을 확대해 가는 것이다. 이처럼 세속의 문학과 하나님의 말씀과는 그 주제와 목표에 있어서 철저히 지상적인 것과 천상적인 것으로 구별된다. 그러나 말씀과 문학 모두 지상의 인간들을 향한 메시지이기 때문에 그 전달 방법에 있어서는 세속적인 문학이나 하나님의 말씀 모두 다 문학적인 구성과 문학적인 표현으로 이루어진다는 것을 알아야 한다. 이런 점에서 성경과 문학의 필연성은 이루어진다.[31)]

로마의 천재적 시인 루크레시우스는 이런 성경과 문학의 필연적인 관계를 우주원자설을 운문으로 읊은 장편시 "자연계" 속에서 이렇게 말하고 있다.

"의사가 어린애들에게 쑥탕을 먹이려할 때에는 그릇의 거죽 전면에다 달콤한 꿀을 칠한다. 그러면 철없는 아이는 입술에 속아서 쓰디쓴 약을 마신다. 어린애는 꿀물에 속았다 할지라도 아무 해를 받지 않고 도리어 그러한 수단으로 말미암아 건강을 회복하게 된다. 그와 마찬가지로 이 철학 속에는 아직도 철학을 맛을 보지 못한 사람들에게 너무도 쓴 내용이 들어있기 때문에 나는 나의 추리를 운문(韻文)으로 되는 달콤한 노래로서 여러분 앞에 바치려 했다. 이와 같이 시라고 하는 쾌적한 꿀을 발라 놓으면 독자의 마음을 끌 수 있을 것이고. 또 독자는 건전한 철리와 그 유익성을 섭취할 수 있을 것이다."[32)]

이것이 유명한 문학당의설(文學糖衣說)의 시초이며 시드니가 이를 발전시켜 문학이란 "즐겁고도 유익한 것"이라고 옹호하였다. 이 문학당의설에 따르면 성경말씀의 내용 곧 진리는 쓰디쓴 약과 같고, 그 쓰디쓴 약 곧 진리 표면에 바른 꿀은 언어형식이라 할 수 있다. 예수님께서 하나님 나라의 그 신묘한 진리를 순박한 백성들에게 전하려 할 때 그는 그들이 그가 전하고자 하는 진리를 잘 이해할 수 없다는 것을 알게 되었다. 알지 못하는 쓰디쓴 진리를 먹이려고 강요하면 강요할수록 더욱 거부반응만 거세질 뿐 그 진리를 받아들이려하지 않는다는 것을 간파한 예수님께서는 그 표면에 비유라는 달콤한 꿀을 발라서 전하였던 것이다. 그런 예를 들어보겠다.

"그러므로 내가 너희에게 이르노니 목숨을 위하여 무엇을 먹을까 무엇을 마실까 몸을 위하여 무엇을 입을까 염려하지 말라 목숨이 음식보다 중하지 아니하며 몸이 의복보다 중하지 아니하냐. 공중의 새를 보라 심지도 않고 거두지도 않고 창고에 모아들이지도 아니하되 너희 하늘 아버지께서 기르시나니 너희는 이것들보다 귀하지 아니하냐. 너희 중에 누가 염려함으로 그 키를 한 자라도 더할 수 있겠느냐. 또 너희가 어찌

의복을 위하여 염려하느냐. 들의 백합화가 어떻게 자라는가 생각하여 보라 수고도 아니 하고 길쌈도 아니 하느니라. 그러나 내가 너희에게 말하노니 솔로몬의 모든 영광으로도 입은 것이 이 꽃 하나만 같지 못하였느니라. 오늘 있다가 내일 아궁이에 던져지는 들풀도 하나님이 이렇게 입히시거든 하물며 너희일까보냐 믿음이 작은 자들아 그러므로 염려하여 이르기를 무엇을 먹을까 무엇을 마실까 무엇을 입을까 하지 말라. 이는 다 이방인들이 구하는 것이라. 너희 하늘 아버지께서 이 모든 것이 너희에게 있어야 할 줄을 아시느니라. 그런즉 너희는 먼저 그의 나라와 그의 의를 구하라. 그리하면 이 모든 것을 너희에게 더하시리라. 그러므로 내일 일을 위하여 염려하지 말라. 내일 일은 내일 염려할 것이요 한 날의 괴로움은 그 날로 족하니라" (마 6:25-34).

하나님과 재물을 겸하여 섬길 수 없으므로 재물을 섬기지 아니하고 하나님만을 섬기는 신자는 무엇보다 하나님의 신묘한 섭리를 의뢰하는 것이 중요하다는 것을 비유로써 말씀하신 것이다. 하나님의 섭리는 창조, 보존, 관리, 지배, 통치, 그리고 구속이라고 하는 교리로써 나타난다. 보존과 지배 섭리를 의뢰하는 신자는 무엇을 먹을까 무엇을 입을까 염려하지 말라는 것이다. 왜냐하면 그것은 이방인들 즉 불신자들만이 하는 것이기 때문이다. 그런 염려를 하지 않아도 공중의 새와 들의 백합화를 먹이시고 기르시는 하나님께서 천하보다 더 귀한 생명의 존재인 인간들을 의당 돌보시지 않겠느냐 하는 것이다. 그러므로 먼저 하나님의 나라와 그의 의를 구하면 먹을 것과 입을 것 이외의 모든 것도 더해 주실 것이라고 하였다.

이런 하나님의 섭리를 전할 때 예수님께서는 논리와 교리로써 하지 아니 하고 백성들의 가슴에 호소하는 일상적인 체험에서 구한 비유들을 사용해서 하였다. 그런 예수님의 자세를 비난할 사람은 아무도 없었다. 그렇게 했다고 해서 하나님의 섭리와 하늘나라의 진리가 손상되거나 경시되질 않았다. 오히려 그것은 쓴 약과 같은 진리의 겉 표면에다 단 꿀과 같은 비유와 표현의 기교를 발라서 달착지근하게 전달함으로써 그것을 받아먹는 어린애들과 같은 백성들에게는 크게 유효하였다.

흔히 예술의 목적이 '자연을 거울로 비추어 보는 것이다' 라고 하는 바와 같이, 성경의 내용을 이루는 심오한 진리를 비추어 뚜렷하게 보게 하여 주는 거울과 같은 것이 형식이라 할 수 있다. 다른 말로 하자면, 성경이 메시지를 안에 숨겨 놓은 그릇이나 꾸러미라고 할 수 있는데, 이때의 메시지는 내용이고 그릇이나 꾸러미는 형식에 해당된다. 진정한 예술치고 형식으로부터 의미 또는 내용이 분리되거나 제거된 것은 없다. 진정한 문학으로서의 성경은 표면과 깊이를 동시에 가지고 있을 뿐 아니라 간접적인 암시의 불연속으로 이어져 있으므로 우리가 성경에서 항상 의미를 스스로 찾으려 하지 않는다면 항상 해석된 의미만을 만나게 될 것이다.

성경과 문학의 관계는 이와 같이 인간을 이루는 두 요소인 영혼과 몸과의 관계와도 같아서, 하나님이 아닌 이상 몸 없는 영혼이 있을 수 없고 영혼 없는 몸이 존재할 수 없는 것과 같은 그런 관계와 같다 할 것이다. 하나님의 영감은 단순히 그 내용에만 내려진 것이 아니고 그 형식과 언어의 표현에도 내려졌다고 보아야만 한다. 그러므로 성경을 내용과 형식을 분리해서 보는 것은 너무나 어리석은 처사라 아니 할 수 없다. 이와 같이 성경과 문학은 필연적인 관계를 갖고 있다할 것이다.

4. 성경이 문학에 미치는 영향

성경 안에서의 말씀과 문학의 관계는 위에서 말한 것처럼 내용과 형식의 관계로 설명할 수 있으나 성경과 일반 문학과의 관계를 놓고 생각할 경우, 그것은 유기적인 역학관계에 있다고 할 수 있을 것이다. 즉 성경은 문학에 언어, 주제, 표현 등 여러 면에서 영향을 미치는 반면, 문학은 성경의 다양한 장르와 형식, 그리고 비유와 수사적 장치로 사용된다는 뜻이다. 그러면 성경이 문학에 미치는 영향부터 먼저 생각해보겠다.

1) 언어에 미치는 영향

성경은 여러 형태로 영미 문학 전반에 걸쳐서 광범위한 문학적 가치를 제공해 주고 있다. 그 중에서도 가장 중요하고 지대한 것은 언어 발전에 기여한다는 것이다. 쿡(A. S. Cook) 교수가 "모든 시대의 영문학을 이해하는데 있어서 성경에 대한 충분한 지식 이상으로 좋은 열쇠가 되는 것은 없다"라고 말한 대로 성경을 모르고서는 영문학상의 위대한 작가들의 작품 세계를 깊이 있게 이해할 수 없을 것이다. 그 중에서도 영역성경은 영어에 큰 영향을 주었다고 생각한다. 그것은 우선 영국인들의 일상적인 대화 속에서 많은 성경구절들이 관용화 되어 사용되고 있다는 데서 찾을 수 있다.

몇 개의 예만 들어 보겠다. 위기일발의 재난을 당했을 때 그들은 "남은 것은 겨우 잇몸뿐이로구나"(I am escaped with the skin of my teeth)라는 말을 사용하는데, 그것은 위기일발의 재난에서 간신히 벗어났다는 뜻으로 욥기 19장 20절에서 취한 것이다. 사람이 누군가를 아니 무엇인가를 사랑하는 경우 "눈동자"(the apple of his eye)라는 말을 사용하는데, 그것은 신명기 32장 10절에서 온 것이다. 다만 두 개의 예만을 들었지만, 그것만으로도 성경이 영국인의 생활과 매우 밀착되어 있음을 알 수 있고 또한 영어의 발전, 다시 말하면 어휘수가 늘어났다든지, 뜻이 풍부하게 되었다든지, 고상한 이념을 담는 말들이 많이 생겨났다든지, 성경에 나오는 인명 또는 지명이 영어의 관용어화 되었다든지 하는 발전에 기여했는가를 알 수 있다.[33)]

또한 우리나라 국역성경도 우리 한글에 많은 영향을 주었다. 우리나라의 전근대적인 요소인 침체성을 불식하고 그 언어에 미친 영향을 몇 가지 측면에서 요약해 보겠다. 첫째는 성경 보급을 통해 한글을 대중화시켜 주는 동시에 성경 그 자체가 지니고 있는 고귀한 사상적 내용 즉 자유, 평등, 박애, 민주주의 따위의 외래사상을 이 땅에 이입시켜 정신적인 폭을 넓혀준 것이고, 둘째는 우리의 언어생활과 문학 생활에 끼친 영향이다. 우리 조상들은 오랫동안 입으로는 국어를 말하면서(한밭) 글로는 한문을 쓰는(大田) 기형적인 언어생활 즉 음성언어와 문자언어의 이중구조 속에서 매우 불편한 생활을 해왔다. 그러다가 성경이 역어로 평이한 언문일치의 한글을 채용함으로써 문자생활과 언어생활에 일대 혁신이 일어났고 동시에 문법과 어문 체계를 갖춘 국어로 발전시켜 주었다. 셋째로 성경의 국역은 우리 언어의 비유성과 풍자성을 더욱 풍부하게 해주었고, 넷째로는 우리나라의 언해체 산문문장을 좀 더 근대적인 산문체 스타일의 문장으로 발전시켜 주었다. 마지막으로 그것은 한글의 대중화를 통해 한국 근대화의 터전을 마련해 주었다는 것이다.[34)]

2) 문학의 내질을 변화시키는 데 미치는 영향

다음으로 성경이 문학에 미치는 영향 가운데서 중요한 것은 문학의 질적인 변화를 촉진시킨다는 것이다. 특히 영미문학은 형성기로부터 시작해서 19세기까지는 기독교가 곧 성경이 그 문학의 지주가 되었다. 영국문학사상 제일 먼저 문자화된 작품이 『베오울프』라는 것은 누구나 다 알고 있는 사실이다. 이 작품은 지금으로부터 1500 여 년 전 고대영어로 기록되었다. 베오울프는 스칸디나비아 반도의 명예와 보복을 생명처럼 여기는 게르만적인 영웅이었다. 이 이교적인 허구적 영웅의 위대한 사적(史蹟)을 노래한 가장 오랜 앵글로 색슨의 민족서사시가 『베오울프』다. 『베오울프』는 총 3,182행으로 되어 있으며, 그 이야기는 2부로 구성되어 있다. 그 이야기를 간단히 소개하면 다음과 같다.

링-데인(Ring-Dane) 나라에 흐로드가르(Hrothgar)라는 강력한 왕이 있어 굉장한 대연회장(Banquet- Hall)을 세워 자주 잔치를 베풀었지만 그 향락이 오래 계속되지는 못했다. 그렌델(Grendel)이라고 하는 괴물이 그 부근의 늪에 살고 있었는데, 이 연회장에서 들려오는 잔치소리를 시기하여 깊은 밤이면 연회장을 습격하여 신하들을 납치 해다가 잡아먹었기 때문이다. 이리하여 연회장은 처음에는 낙원 같았지만 점차 황폐해지고 말았다. 바다건너 예이츠(Geats: 스웨덴의 일부분) 나라에 베오울프라고 하는 영웅이 살고 있었다. 그는 이 소문을 듣고 동족을 구원하기 위하여 부하들에게 명해서 배를 만들게 하고 14명의 부하를 거느리고 바다로 간다. 그는 노삼브리아 궁정에 도착하여 굉장한 잔치로써 환영을 받는다. 잔치가 끝난 뒤에 덴마크 사람들은 물러가고 베오울프와 그 부하들만이 그 연회장을 지킨다. 그날 밤 그렌델이 나타나 베오울프와의 사이에 무서운 투쟁이 벌어진다. 투쟁 중에 그렌델은 한쪽 팔을 뜯기어 고함을 지르며 도망가 늪에서 죽는다. 그 후 그렌델의 어미 머기프(Mergif)가 아들의 원수를 갚기 위하여 연회장에 나타나 베오울프가 가장 사랑하는 신하 한 명을 붙잡아 간다. 이튿날 아침 베오울프는 그를 추격하여 깊은 바다 속 동굴로 간다. 여기서 또다시 무서운 투쟁이 벌어지는데, 베오울프는 그 늙은 괴물마저 죽인다. 이리하여 링-데인 나라에게 평화와 행복을 되찾아 준다. 베오울프가 후한 선물을 받아 가지고 고국으로 돌아오는 것으로 제1부는 끝난다.

제2부는 베오울프가 예이츠국에 돌아와 50년 동안 선정하는 이야기인데, 그는 굳센 손과 인자한 마음으로 나라를 통치하여 백성들은 평안을 누리나 다만 화룡(Fire-Dragon)이 땅에 묻은 보물을 지켜 그것을 파낼 수가 없다. 늙은 베오울프는 무장을 하고 최후의 투쟁을 하려 나간다.

화룡의 무서운 모양을 보자 부하들은 다 도망간다. 베오울프는 하는 수 없이 혼자서 괴물과 대결한다. 베오울프는 겨우 화룡을 굴복시킬 수 있었으나 마지막에 화룡이 내뿜는 독기에 쏘여 그만 죽고 만다. 그는 지하의 보물을 백성들에게 나누어 주라는 말을 남기고 숨을 거둔다. 부하들은 바닷가 절벽 위에 높은 무덤을 세우고 말을 타고 그 주위를 돌면서 통곡한다. 대충 베오울프의 이야기는 이렇게 끝난다.

위의 줄거리만 보아서도 알 수 있는 바와 같이, 원래 베오울프 이야기는 문자화되기 이전에는 입에서 입으로 전해지던 북구의 전설로서 이교적인 영웅과 괴물과의 싸움 이야기였다. 그러던 것이 문자화되는 과정에서 성경의 빛으로 채색되었고, 그 이질적인 전설은 기독교화 되게 되는 것이다. 이렇게 해서 이 작품의 내질이 바뀌게 된다.

베오울프는 사람을 통 채로 삼키는 그렌델과 맨손으로 격투해서 한쪽 팔을 잘라내고 그 어미 잔인한 머기프를 단독으로 퇴치하였을 뿐 아니라 검이 뚫고 들어가지 못하는 화룡을 폭력으로 굴복시키는 용감무쌍한 단순한 이교적 영웅이었다. 이 영웅이 기독교화 되면서 그리스도 유형의 인물(Christ-type character)로 바뀌는 것이다. 베오울프의 인물형이 바뀌면서 그 적대자인 머기프와 그 새끼 그렌델, 그리고 바다의 괴물 화룡은 더 이상 단순한 괴물들에 머물지 않고 하나님의 적대자인 사탄과 그 일단들의 귀신들을 상징하는 인물로 바뀌는 것이다. 그러니까 베오울프와 괴물들과의 싸움은 단순한 힘의 대결이 아니라 영적인 의미를 띠게 된다.

또한 흐로드가르의 회관 헤오르트는 단순히 먹고 마시며 연락하는 주연장었지만 성경의 빛이 가미되면서 그곳은 이상적인 공동체 생활이 영위되는 천국의 모형으로 바뀌게 되고 머기프가 서식하는 축축한 늪은 지옥의 모형으로 바뀐다.[35)]

베오울프는 머기프와 그 새끼 그렌델과 단독으로 싸워 천국의 모형인 헤오르트를 지켜준다. 그리고 고국으로 돌아와서는 바다의 보물을 지키고 있는 무서운 바다의 괴물 화룡과 단독으로 싸워 이기지만 결국 화룡이 내뿜는 화기에 쏘여 죽는다. 그러나 화룡이 지키고 있던 보물을 빼앗아서 국민들에게 나누어 주도록 하고 죽는다. 이것은 예수 그리스도가 죄인들을 위하여 죽고 그들을 그 죄에서 구원해주시는 것과 비교될 수 있다.

이 한 예만으로도 영국문화 자체가 원래는 이교적이었는데 5세기에 로마의 선교사가 브리튼 섬에 들어와 포교하고 문자를 만들어 문화를 세련시키면서 문자문화의 금자탑이라 할 수 있는 문학작품들의 내질이 바뀌는 것을 알 수 있다. 위대한 문학 작품치고 성경을 몰라 가지고서는 진정으로 이해할 수 없는 경우가 너무나 많다.

3) 문학 정신면에 미치는 영향

일반적으로 좋은 글은 좋은 생각과 명확한 지각에서 나온다고 말한다. 명확한 사고는 집중된 지각에서 비롯된다. 모든 글쓰기는 삶에 대한 독창적인 관찰과 반응으로 이루어진다. 관찰과 지각의 기술이 날카로울수록 우리는 더 많은 것을 말할 수 있고 더 훌륭하게 글을 쓸 수 있을 것이다.

이는 글이 생각과 분리될 수 없다는 점에서 틀린 말이 아니다. 우리는 글을 쓰기 위해 많은 생각을 하여야 한다. 또 그런 생각이 모여 글의 바탕이 된다. 실제로 글을 쓸 때 그 글의 내용을 만들어 가는 것도 생각이다. 그러므로 생각의 폭을 넓히는 것은 좋은 글을 쓰기 위한 전제 조건이 된다.

이런 넓고 풍부한 좋은 생각과 명확한 사고를 하기 위해서는 그런 생각과 지각을 촉발시켜 활성화시킬 수 있는 자료들을 찾아내야 한다. 그 자료는 여러 루트를 통해 얻을 수 있지만, 그 중에서도 가장 유익한 것은 좋은 책을 읽고 그 속에서 피가 되고 살이 될 만한 유익한 생각거리 곧 자료들을 얻어내는 것이다. 세상엔 수많은 책들이 있지만, 성경만큼 풍부하면서도 타당한 생각을 갖게 하는데 도움이 될 만한 책은 없다. 그러므로 항상 애정을 갖고 성경을 묵상하며 읽고 그 속에 오랫동안 침잠하여 그 세계를 날카롭게 살필 수만 있게 되면 좋은 생각과 창의적인 정신이 떠오르게 된다. 좋은 생각과 창의적인 정신은 작가의 주제의식을 고취시켜 줄 것이다. 여기서 말하는 문학정신이란 바로 이런 주제의식을 말한다. 그러니까 주제의식도 생각이 만들어 준다고 할 수 있다.

기독교문학이란 한 마디로 말하기는 어렵지만, 그 주제로서 기독교적인 신앙체험과 성경적인 세계관을 다루는 작품을 일컫는다. 숭엄하고 고상한 주제의식 없이 숭엄한 문학 작품이 나올 수 없다. 그런데 그러한 숭엄하고 고상한 주제의식은 다른 데서 얻기란 쉽지 않고 성경에서만 얻어낼 수가 있다. 위대한 작품들 중에서 그 주제를 성경 속에서 취하지 않은 작품이 몇이 되겠는가? 호메로스와 단테와 함께 세계 삼대 서사시인 중의 한 사람이라고 하는 존 밀턴도 『실낙원』의 주제를 창세기에서 취하였는데, 그것은 다음과 같다.

> 인간이 한 처음에 하나님을 배신하고 죽음에 이르는
> 금단의 나무 열매를 먹음으로써
> 죽음과 온갖 슬픔이 세상에 들어왔고
> 에덴까지 잃게 되었으나, 마침내 한 위대한 분이
> 우리를 되살려 복된 자리를 도로 얻게 되었으니,
> 노래하라 이것을, 하늘의 뮤즈여. 그대
> 오렙이나 시나이의 외진 산봉우리에서
> 한 처음 하늘과 땅이 어떻게 혼돈으로부터 생겼는가를
> 처음으로 선민에게 가르친 목자, 그에게
> 영감을 부어주었던 그대 천상의 뮤즈여! 혹시
> 시온산과 성전 바로 곁을 흐르는 실로아의 냇물이
> 더욱 그대 마음에 든다면, 청컨대
> 그대 거기서 나의 모험적인 노래를 도우시라.
> 이는 다만 중층천에 머물지 않고 아오니아산보다
> 더 높이 날아올라, 일찍이 산문에서도 시에서도
> 시도된 바 없는 그런 주제를 추구하려는 것이기에.
> 특히 그대, 어떤 성전보다도 바르고 깨끗한 마음을
> 좋아하시는 성령이시여,

나를 가르치시라, 그대 아시나니. 그대는
한 처음부터 계셨고, 그 힘센 날개를 펼쳐
비둘기처럼 대심연을 품고 앉아
이를 잉태케 하셨나니, 나의 어두운 곳을
비추고 낮은 것을 높이어 떠받쳐 주시라.
이 높고 위대한 주제에 어긋남이 없이
영원한 섭리를 그려내고, 인류에 대한
하나님의 뜻이 올바름을 입증할 수 있도록. (1. 1-26)

밀턴은 위에서 인용한 『실낙원』의 모두에서 주제를 이렇게 말하면서, 자기가 다루려는 주제가 매우 엄숙하고 모험적인 것이라고 천명하였다. 어떤 의미에서 그가 다루고자 하는 주제가 엄숙하고 모험적인가? 그의 시도가 엄숙하다고 하는 것은 그가 중층천으로 지칭되는 인본주의적인 세계, 곧 그리스 로마의 세계에 머물지 않고 상층천으로 지칭되는 하나님의 나라로 나아가려고 시도하기 때문이다. 그리고 그의 시도가 모험적이라고 하는 것은 그때까지는 전쟁이나 영웅담을 노래했던 호메로스나 벨길리우스를 뛰어넘어 인류의 운명과 직결되는 기독교적인 세계관을 다루려했기 때문이다. 단테의 세계도 공간적으로는 웅대하고 스케일이 광대하지만, 세계관 면세서는 밀턴이 더 웅대하고 장대하며 기독교적이다. 즉 밀턴은 하나님의 창조와 인간의 타락(죄), 그리고 구원으로 이어지는 영원한 하나님의 섭리와 뜻을 다루려 하였다. 이런 세계관을 어디에서 얻을 수 있는가? 그것은 계시에 의해 기록된 하나님의 말씀 속에서만 얻을 수 있는 것이다.

5) 문학 표현 면에 미치는 영향

여기서 말하는 표현(expression)이라는 말은 밖으로 몰아낸다는 뜻이다. 몰아내진 물건 즉 문학 작품은 그 작가의 내적인 모습을 어떤 형태로든지 닮을 수밖에 없다. 구체적으로 말하면 독특한 글 버릇, 남달리 좋아하는 주제, 감정의 발상법 등을 우리는 감지할 수 있다. 좀 더 힘든 개념으로서의 체질, 색조, 어조 등도 모두 작품이 반영하는 한 작가의 독특성의 면모들이다.[36)]

이와 같이 문학은 작가의 내부로부터 나온다. 작가의 내부로부터 밀어내는 힘을 영감 또는 시상이라 할 수 있다. 영감에 의해 작가의 창작의욕이 발동되고 그 의욕의 쏘시개에 의해 불이 붙어 타오르는 에너지가 상상력이라 할 수 있다. 한 마디로 말해서 문학 표현에 작용하는 힘이 상상력이다. 이를 좀 더 세분해서 생각해 보면 이렇게 설명할 수 있다. 상상력이란 사물을 자각하고 파악하는 인식력, 주어진 자료를 가지고 어떤 형상을 꾸며내는 형성력, 잡다한 요소들을 하나로 통일해서 아름다움을 만들어내는 구성력 또는 창작력이라 할 수 있다. 요컨대 창작력으로서의 상상력은 일상적인 생활의 온갖 경험을 토대로 하여 새롭고 의미 깊은 형상을 만들어 내는 능력이라 할 수 있다. 이 능력은 대개 초월적인 경우가 많다.

초월적 세계의 진리를 계시하고 있는 성경은 그것을 불타는 마음으로 올바르게 읽는 사람에게는 영감과 함께 그것에 의해 촉발되고 각성된 종교적 상상력 즉 초월적 상상력을 작가에게 불어넣어 주고, 작가는 그 힘을 갖고서 하나님과 인간, 영원과 시간을 통합하고 유기적이며 감동적인 구조 속에 영원한 성경적 진실을 담아내게 된다. 이런 초월적인 상상력을 성경 밖 어디서 얻을 수가 있겠는가? 그런 상상력 없이 그 높은 진리를 담아낼 수 있는 상징과 비유 및 이미지 등을 찾아낼 수가 없다. 황금찬의 시 "촛불"이라는 시를 예로 들어 보겠다.

> 심지에 불을 붙이면
> 그때부터 종말을 향해
> 출발하는 것이다.
> 어둠을 밀어내는

그 연약한 저항
누구의 정신을 배운
조용한 희생일까. 존재할 때
이미 마련되어 있는
기간의 국한을 모르고 있어
운명이다.
한정된 시간을
불태워가도
슬퍼하지 않고
순간을 꽃으로 향유하여
춤추는 촛불.

–"촛불" 의 전문

"상상력은 모든 사물의 형태를 구체화시키고 공허한 무에 구체적인 자리와 이름을 준다"[37]라는 말이 있듯이, 시인은 성경으로부터 불붙어 달구어진 상상력을 가지고 촛불과 그렇게도 동떨어진 진리 곧 그리스도의 십자가를 결합하여 통합적인 이미지로 형태를 형상화 하고 구체화하였다. 물론 여기서 촛불은 그리스도의 십자가를 상징하고 있다. 촛불로 희생되기 위해 오신 예수, 그러나 촛불로 희생된 그의 생명은 영원세계를 비추는 불멸의 빛이 된다는 것이다. 그리스도의 희생을 상징하는 촛불, 이로써 표현 기교의 시적 효과를 확보하게 되는데, 그것은 성경에서 촉발된 상상력의 소산이라 할 수 있다.

6) 문학 연구에 미치는 영향

문학을 좀 더 깊이 이해하기 위해서는 누구나 성경을 읽어야 하고 그것에 관한 보다 깊은 지식을 갖는 것이 필요하다. 특히 문학에 등장하는 인유(biblical allusion)을 밝히고 해석하기 위해서 성경을 사용하는 경우가 허다하다. 인유란 과거의 역사 혹은 과거의 문학에 대한 언급을 말하는데, 영문학에서는 다른 어떤 책보다도 성경에 대한 인유가 가장 많다. 인유의 작용 양식은 매우 다양하다. 그것을 간단히 살피며 성경적인 접근법으로 해석해 보겠다.

첫째 작가들은 성경을 자주 인용하기 때문에 문학 작품의 바른 의미를 이해하기 위해서는 성경 본문에 대한 지식이 필요하다. 윌리엄 워즈워스(William Wordsworth)의 "바다 옆에서"(By the Sea)라고 하는 시를 예로 들어 설명하겠다.

고요하고 풍만하고 아름다운 저녁,
숨죽이고 예배드리는 수녀처럼
조용하고 거룩한 시간, 환환 대낮의 해는
고요히 지고 있고
바다에는 하늘의 안온함이 깔린다.
들으라! 힘센 존재(신)는 깨어나
그 영원한 거동으로 끝없이
천둥과 같은 소리를 낸다.

여기서 나와 함께 걷고 있는 귀여운 아이! 귀여운 소녀!
내가 엄숙한 사상에 사로잡히지 않은 듯해도
너의 본성이 덜 성스러운 것은 아니다.
너는 일 년 내내 아브라함의 품에 안겨
성전의 지성소에서 경배하기에
우리가 알지 못할 때에도 하나님은 너와 함께 있도다.

이 시는 워즈워스가 프랑스에서 쓴 페트라르카 풍의 소네트(sonnet)다. 프랑스 혁명이 터지자 워즈워스는 대단한 기대를 가지고 프랑스로 바로 건너갔다. 거기 머무는 동안 발롱(Anette Vallon)과의 사랑의 열매로서 얻은 캐롤린(Carolin)과 도보 해협의 프랑스 항구를 지칭하는 갈레(Calais) 해안을 거닐며 받은 신비로운 감정을 형상화한 것이다. 숨을 죽이고 예배드리는 수녀처럼 경건하고 고요한 저녁, 해가 지고 바다에 하늘의 안옴함이 깔리는 순간, 파도 소리는 우레와 같이 울려 퍼진다. 그 순간 워즈워스는 경이로운 힘을 묵시하며 수면에 운행하는 신성을 체험하였다.

누가복음 16장 22-25절에 나오는 부자와 같이 물질적인 풍요로움을 누리며 세속에 깊이 묻혀 있는 어른들보다도 나사로와 같이 심신이 모두 가난하고 천진난만한 어린 딸에게서 그는 자연과 직관적으로 영교를 나누며 낙원의 축복을 누리는 거룩한 모습을 볼 수 있었다. 그것을 찬양하기 위해서 성경의 인유를 끌어 들여 "너는 일 년 내내 아브라함의 품에 안겨 성전의 지성소에서 경배 한다"고 하였다.

이 인유를 기초로 해서 이 시를 해석하면 훨씬 그 내질이 풍부하게 된다. 여기서 워즈워스는 자연과 육교(肉交)가 아닌 영교(靈交)를 나누는 어린 딸 캐롤린을 대제사장에 비유하고 있다. 그리고 "아브라함의 품"은 "낙원"의 표상으로서 여기서는 자연의 품을 의미한다. 동시에 지성소란 신이 임재 하는 곳이라고 생각하는 경건한 자연을 역시 가리킨다.

"너는 일 년 내내 아브라함의 품에 안겨 있으며, 성전의 지성소에서 경배 한다"는 내용을 정확하게 파악하기 위해서는 구약성경에 나오는 예루살렘 성전의 구조 묘사를 알아야만 한다. 구약 시대의 성전 구조는 세 부분으로 나뉘어져 있었다. 즉 그것은 이방인의 뜰(gentile' s garden), 성소(holy place), 지성소(holy of holies)로 구분되어 있었는데, 이방인들(불신자)은 성전밖에 있는 이방인들의 뜰에만 들어올 수 있었고, 이스라엘 사람들(신자)은 성전 안에 있는 성소에 들어와 예배할 수 있었다. 그러나 성전 가운데서도 가장 거룩한 곳으로 성별된 지성소는 기름부음을 받은 대제사장만이 들어가 하나님과 직접 제사를 드릴 수 있었다. 이런 성전 구조와 묘사를 배경으로 하여 워즈워스는 자연과 직접 영교 하는 딸을 지성소에서 경배하는 대제사장에 비유했던 것이다. 이 인유에 대한 지식을 통해서 이 시를 살펴 볼 때 자연은 하나님이 게시는 성전이요, 심신이 모두 가난하고 순결한 캐롤린과 같은 사람은 지성소에서 직접적인 영교를 신과 나누며 합일의 축복과 환희를 누리는 대제사장과 같다는 것이다. 워즈워스는 성경적 인유를 끌어들였지만, 사실은 자연 모든 하나하나가 신이며 그곳이 신과 만나 위로와 안식을 누릴 수 있는 아브라함의 품이라고 하는 사상을 표명하고 있다는 점에서 범신적인 사상의 소유자였다. 성경적 인유를 사용해서 워즈워스는 자기가 전달하고 싶은 범신적인 사상을 풍성하게 할 수가 있었다.

둘째 성경적인 인유가 애매모호한 언급을 뚜렷하게 부각시켜 주기 때문에 성경 지식을 갖는 것이 필요하다. 존 밀턴(John Milton)의 "그의 실명에 대해서"(On his Blindness)를 예로써 들어보겠다.

이 어둡고 넓은 세계에서 반생도 되기 전에,
나의 눈에서 빛이 소진된 것을 생각할 때,
그리고 숨겨두면 죽어 버리는 한 탤런트
비록 그것으로 조물주를 섬기고, 그분이 돌아와
꾸짖지 않도록 나의 계산서를 제출하는 일에
내 마음을 쏟긴 했지만,
이제는 아무 쓸모없는 것이 되었음을 생각할 때,
나는 어리석게 묻는다, "신께서 빛은 허락지 않고
낮일을 강요 하시는가"고. 그러나 인내는 그 불평을
가로막고 곧 대답한다, "신은 인간의 업적이나
인간의 재능을 원치 않으신다. 그의 가벼운
멍에를 잘 짊어지는 자가 그를 잘 섬기는 것.
그의 나라는 왕국. 수천의 천사들은 그의 명에 따라
달리며 육지나 대양을 넘어 쉴새없이 전한다,
다만 서서 기다리는 자가 또한 섬기는 것이라.

이 시도 워즈워스의 "바다 옆에서"라는 시와 마찬가지로 페트라르카풍의 소네트로서, 균형 잡힌 두 부분의 구조로 유지되고 있다. 보통 이탈리아 또는 페트라르카풍의 소네트는 어떤 문제를 제시하거나 의심 또는 갈등을 표명하거나 질문을 제기하는 8행 부분과 의심을 풀어주거나 또한 질문에 답변을 제공해 주는 6행 부분으로 이루어진다. 밀턴의 소네트도 같은 균형 원리에 기초를 두고 있다. 앞부분 제8행 중반까지에서 화자는 장님이 됨으로써 하나님을 적극적으로 섬길 수 없게 되었다는 절망감을 토로하고 있다.

밀턴이 완전히 실명한 것은 1652년 그의 나이 44세 때였다. 그러나 그의 실명은 갑작스럽게 우연히 일어난 것은 아니었다. 어릴 때부터 밤늦게까지 독서한 것이 원인이 되어 왼쪽 눈이 나빠졌었고, 그 뒤 의사의 권고에도 불구하고 크롬웰 정부의 외국어 비서장관으로 있으면서 과로한 것이 마침내는 두 눈을 잃게 했다. 이 소네트는 실명 초기에 쓴 것으로 보이며, 그것은 그 어조나 분위기 속에 나타난다.

밀턴은 반생도 되기 전에 그 빛이 소진된 것을 생각하며 불평한다. 그 빛은 물론 육안(肉眼)을 뜻하지만 청교도 시인으로서의 밀턴에게 있어서 그 빛이 소진된다는 것은 시력의 상실 이상의 깊은 아픔을 의미했다. 그는 주로 성경을 읽으면서 거기서 신선한 진리를 계시 받았고, 거기서 시의 창조적인 영감을 받았던 것이다. 그런데 이제 시력을 상실함으로 그의 영감의 원천인 성경을 읽을 수 없었고, 따라서 그는 신선한 진리의 조명을 받을 수 없게 되었던 것이다. 그것은 밀턴에게 있어서 죽음과 같았다. 그래서 그는 인생의 반도 되기 전에 자신의 생은 끝이 났다고 한탄하는 것이다. 더구나 영적으로 어둡고 혼미한 세상에서 다른 사람들을 인도해야 할 때에 빛을 잃게 되었다고 생각하니 신이 원망스럽기까지 했다.

그런 절망감을 "숨겨두면 죽어 버리는 한 달란트"라는 말로 표현했는데, 이 언급은 성경에 대한 지식이 없으면 애매모호한 것이 되고 만다. 이 인유는 마태복음 25장 14-30절의 달란트 비유에서 끌어온 것이다.

이 인유에 따르면 밀턴은 자기 자신을 한 달란트[38] 받은 종에다 비유하고 있다. 마태복음의 비유에서 보듯이 주인이신 하나님께서 그에게 한 달란트에 해당되는 작은 문학적 재능과 소명을 주셨는데, 그것마저 땅 속에 묻어 둘 수밖에 없게 되었다는 것이다. 그것은 빛 곧 그의 시력이 소진되었기 때문이다.

밀턴은 청교도 시인으로 대부분 그의 문학적 소재와 통찰력을 성경을 읽는데서 얻었는데, 시력이 소진되었으므로 더 이상 거기서 신성한 빛을 발견할 수 없다고 생각했던 것 같다. 시인은 그 신성한 빛을 받아 그의 재능의 빛을 발할 수가 있는데, 이제 그것이 꺼졌으니 "바깥 어두운 곳" 곧 음부 또는 죽음의 세계로 쫓겨난 것이나 다름없다고 본 것이다. 그래서 그는 슬피 울면서, "하나님은 빛은 허락지 않으시고 낮일을 강요하시는가?" 라고 절규한다. 밀턴은 예수님께서 길을 가시다가 소경된 사람을 보시고 제자들에게 하신 말씀을 회상한 것 같다. "때가 아직 낮이매 나를 보내신 이의 일을 우리가 하여야 하리라 밤이 오리니 그 때는 아무도 일을 할 수 없느니라. 내가 세상에 있는 동안에는 세상의 빛이로다." (요 9:4-5)

사람이 할 일이 없거나 할 일을 할 수 없다는 것은 괴로운 일이 아닐 수 없다. 그래서 그는 절망 속에서 절규하며 하나님 앞에 대드는 것이다. 이때의 밀턴은 욥과 같다. 그러나 청교도적 신앙의 소리가 그의 내면에서 들려왔다. 그것은 절망의 끝에서 보여 주는 신의 묵시요 어둠의 심연에다 비쳐 주는 새로운 빛이라 할 수 있다. 즉 하나님은 인간의 업적이나 인간의 재능을 필요로 하지는 않는다는 것이다. 하나님을 섬기는 표본으로 우리는 행위나 업적을 앞세울 수 있으나 그것이 구원의 방편이 될 수는 없는 것이다. "서서 기다리는 자가 또한 섬기는 것이라" 고 한 것은 우리가 의롭다함을 얻는 것은 믿음에 의한 것이라는 것을 밝힌 것이다. 새로운 계시에 따르면 구원은 부르심에 대한 응답과 믿음으로 인내하며 그를 배우고 섬기는데 있다는 것이다. 그래서 그는 그의 가벼운 멍에를 잘 짊어지는 자가 그를 잘 섬기는 것이라고 했다. 여기 "가벼운 멍에" (마 11:28-30)라는 표현도 성경적 인유다. 예레미야 애가 3장 26절에는 "사람이 여호와의 구원을 바라고 잠잠히 기다림이 좋도다"라는 말씀이 있다. 로마서 8장 25절에도 "만일 우리가 보지 못하는 것을 바라면 참음으로 기다릴지니라"는 말씀이 있고, 갈라디아서 5장 5절에는 "우리가 성령으로 믿음을 좇아 의의 소망을 기다리노니"라는 말씀이 있다. "서서 기다린다"는 것은 "수천의 천사들이 그의 명령에 따라 달리며 육지나 대양을 넘어 쉴새 없이 전한다"에서 보는 바와 같은 순종과 하나님의 섭리와 능력과 선을 굳게 믿고 그의 약속의 때를 기다리는 인내를 뜻하는 것이다. 그것이 곧 그의 가벼운 멍에를 잘 짊어지는 것이다.

밀턴은 그 자신의 영광을 위하여 많은 일을 도모했고 그것을 할 수 없게 되었다고 느꼈을 때 그는 하나님께 원망을 했지만, 이제 그는 하나님 중심의 믿음으로 귀의하게 되는 것이다. 하나님의 구원의 섭리를 믿고 인내로써 기다리는 것이 하나님을 잘 섬기는 것이라는 것이다. 이 한 편의 소네트 속에도 이만큼 많은 성경의 인유가 들어 있다. 따라서 이 시를 바로 이해하려면 최소한 여기에 인용한 성경 구절들은 알아야 한다.

셋째 작가들은 종종 인유들을 작품 또는 장(章)의 제목으로 사용하여 그 뒤에 전개되는 문학적 표현에 대한 해석상의 골격을 암시한다. 그러한 경우에 있어서 작가의 암시는 그 인유의 성경적 근거에 대해서 독자가 무지할 경우는 파악할 수가 없다. 예컨대 그레이엄 그린(Graham Greene)은 주기도문의 결론 즉 "대개 나라와 권세와 영광이 아버지께 영원히 있사옵나이다 아멘"에서 『권력과 영광』(*The Power and the Glory*)라는 소설의 제목을 취하였다. 이 이야기 속에서 위스키 신부의 윤리적 허약성은 그의 사역의 효율성을 해치지도 않으며 그의 구원의 자격을 손상시키지도 않는다. 왜냐하면 심령적인 결과를 산출해 내는 것은 하나님의 은총의 권세와 영광이지 인간의 충족성이 아니기 때문이다.

넷째 소설 작가들은 보통 작중 인물들의 이름을 성경에서 빌려온다. 그렇게 함으로써 그 인물에 대한 다양한 해석을 가능하게 한다. 나다니엘 호손(Nathaniel Hawthorne)의 『주홍글자』(*The Scarlet Letter*)에 나오는 펄(Pearl)이라는 이름은 마태복음 13장 45절에서 예수께서 하나님의 나라를 상징하기 위하여 사용한 "값비싼 진주" 비유에서 유래된다. 호손의 이야기에서는 그 이름 곧 펄의 가치는 그 소유자의 유일한 위로와 기쁨이 되는 동시에 사회적인 면에서는 사생아로서의 펄이 그 어머니에게 안겨 주는 이루 표현할 수 없는 희생의 대가를 암시해 주는 것이라 할 수 있다.

이처럼 여러 가지로 작가들은 성경적인 인유를 작품에 끌어들인다. 성경적 지식 없이는 작품 자체를 바로 이해할 수 없는 경우가 허다하다. 또한 성경에는 위에서 말한 인유 이외에도 수많은 문학적 원형(archetype)들이 들어 있다. 실로 성경은 많은 유익한 문학적 원형의 보고라 할 수 있다.

성경은 실로 서구문화의 원전이요 위대한 원형의 보고이며 작품의 소재와 작품 에너지를 제공해 주는 풍부한 문학의 근원이기도 하다.

제2장 성경의 문학적 탐구

성경이 문학에 미치는 영향을 비교적 소상하게 바로 앞에서 살펴보았다. 성경이 문학에 미치는 영향에 못지않게 문학도 성경에 많은 것을 기여한다. 만약에 문학이 없다면 신앙은 생명감(vitality)이나 또는 역동성(dynamic)을 유지하기 어려울 것이고, 성경 말씀은 메마른 사막과 같아서 생명을 넘어 생명으로 이어지며 사막의 오아시스와 같은 역할을 할 수가 없을 것이다. 또한 문학이 없다면 형이상학적인 진리나 추상적인 교리가 구상화될 수 없으므로 평범한 사람들이 쉽게 공유하여 진실의 공감대와 상상의 지평을 넓혀갈 수가 없을 것이다. 그리고 문학이 없다면 하나님께서 우리에게 주신 가장 소중한 창조적인 활동도 구체화할 수 없을 것이다.

성경은 모든 예술의 원전이요 문학적 유효한 요소들을 모두 포함하고 있는 위대한 문학적 규범서라고 해도 지나치지 않는다. 그러면 이런 모든 예술의 원전이요 위대한 문학적 규범서인 성경을 문학적으로 탐구한다고 하는 것은 구체적으로 무엇을 뜻하는가? 차제에 성경을 문학적으로 탐구한다고 하는 것이 무엇을 가리키는가를 몇 개의 범주로 나누어 살펴보겠다.

1. 언어의 탐구

첫째, 성경을 문학적으로 탐구한다고 하는 것은 작품화된(문자화된) 성경이 함축하고 있는 언어의 운용방식을 살펴보는 것이라 할 수 있다. 왜냐하면 문학은 언어를 가장 효과적으로 사용하려고 끊임없이 추구하기 때문이다.

흔히 문학을 가리켜 언어 예술이라고 하는데, 음악이 소리를, 회화가 선과 색채를 매재(媒材)로 하듯이, 문학은 언어로써 이 세계와 인생의 여러 모습을 그리는 것이다. 그러나 언어는 예술의 매재이기 이전에 사람의 일상생활에서 쓰이는 의사 전달 수단이라는 점에서 음악, 회화와 문학의 중요한 차이가 있다. 작곡가와 화가는 그들의 필요에 따라 새로운 소리와 빛깔을 자유롭게 만들거나 조합할 수 있지만, 문학에서는 그만큼의 자유가 허용되지 않는다. 시인과 작가는 일상적 언어를 창작의 자료로 삼아 그것에 담겨 있는 표현 가능성을 최대한도로 활용함으로써 갖가지 경험이나 생각과 느낌을 그려내야 한다.

따라서 문학과 언어의 관계를 살피고자 할 때 문학의 언어와 일상 언어 사이에 어떤 절대적인 차이가 있는 듯이 생각하는 것은 잘못이다. 문학 언어와 일상 언어 사이에는 근본적인 질의 차이가 있는 것이 아니라 언어의 여러 성질과 기능을 얼마나 치밀하고도 조직적으로 활용하는가에 관한 정도의 차이가 있을 따름이다.

종교 개혁자 마르틴 루터가 "문예성에 대한 지식 없이는 순수한 신앙은 제자리에 설 수가 없다. 문자들에 대한 이해가 시들어지고 쇠할 때, 신학 또한 비참하게 쓰러지고 쇠퇴하게 된다. 마치 세례 요한을 보내셔서 준비를 하셨듯이, 하나님께서는 언어와 문자를 먼저 흥왕 시킨 다음에 위대한 하나님의 말씀을 계시하셨다"[39]라고 말한 바 있다. 루터의 말 그대로 성경이 실제 역사를 기초로 하고 있건 종교적 내용을 담고 있건 간에 언어로 표현되어 있다는 점을 간과해서는 안 된다. 특히 성경의 언어는 정보를 전달하는 단순한 사실의 언어이거나 단지 사상과 개념들의 접합만을 목적으로 하는 그런 언어가 아니라 매우 함축적이고 다중적(多重的)이며 상징적이다. 그러므로 독자의 마음속에 단순히 어떤 심상을 불러일으키는 것에 목적을 두고 있다고 생각해서는 안 된다.

한 마디로 말해서 성경은 그 어떤 작품보다 더 문학적인 가장 아름답고 감동적인 문학적 언어로 기록되어 있다. 이미 말한 대로 성경에 사용된 언어는 우리가 일상적으로 쓰는 언어와는 분명히 기능적으로 다르다. 요컨대, 성경에 사용된 언어는 문학의 언어인 것이다.

문학의 언어는 첫째로 일상어와는 달리 함축적이고 상징적이다. 문학의 언어와 뚜렷하게 다른 언어를 찾는다면 우리는 마땅히 과학의 언어를 들어야 할 것이다. 과학의 언어는 어떤 사실이나 사물에 대한 순수한 기호의 경지를 지향한다. 과학의 세계에서 하나의 사물을 가리키는 말은 그 사물을 정확히 지시하는 이외의 다른 의미나 느낌을 가져서는 안 된다. 이처럼 말이 가리키는 사실만을 정확하게 한정하는 의미를 외연적(denotative) 의미 또는 지시적(指示的) 의미라 한다. 과학의 저술만이 아니라 학술, 논문, 법률, 공문서, 역사 기록, 설명문 등도 이러한 용법에 의한 언어를 사용한다.

일상 언어와 문학 언어도 언어인 한 이와 같은 지시적 차원의 의미를 버릴 수는 없다. 그러나 사람의 체험과 느낌을 섬세하게 표현하려면 그것만으로는 부족하다. 그래서 표면적 의미 아래 깃들어 있는 부차적, 정서적, 연상적 뜻을 활용하는 함축적 언어를 사용하는 것이다. 함축적 의미까지를 포괄한다는 점에서 일상 언어와 문학 언어는 기본적으로 같지만, 그 활용의 폭과 깊이는 문학의 언어에 있어서 좀 더 두드러지게 나타난다. 일상 언어의 경우에는 사회적인 의사소통을 위해 말의 정서적 함축이나 비유, 연상이 어느 정도의 관습적인 수준을 지켜야 한다.

언어란 음 또는 의미의 조합이라는 데는 이견이 있을 수 없다. 이 음 또는 의미의 조합인 언어가 무엇인가를 지시해 주게 되는데, 그것은 일반인의 동의에 의해서만이 가능하다. 이미 앞에서 말한 것처럼 성경에서 사용된 언어는 정확하게 사물을 지시해 주는 외연적인 것도 있지만 많은 부분은 함축적(connotative)이고 내연적이다.

너희는 세상의 소금이니
소금이 만일 그 맛을 잃으면
무엇으로 짜게 하리요
후에는 아무 쓸데없어 다만 밖에 버려져
사람에게 밟힐 뿐이니라

너희는 세상의 빛이라
산 위에 있는 동네가 숨겨지지 못할 것이요
사람이 등불을 켜서 말 아래에 두지 아니하고
등경 위에 두나니 이러므로
집안 모든 사람에게 비치느니라
이같이 너희 빛이 사람 앞에 비치게 하여
그들로 너희 착한 행실을 보고
하늘에 계신 너희 아버지께
영광을 돌리게 하라. (마 5:13-16)

이것은 예수께서 제자들을 세우신 뒤에 그들이 감당하여야 할 역할을 소금과 빛에다 비유하신 말씀이다. 여기서 소금과 빛은 비유로써 문자적인 의미만을 지시하는 것이 아니고 문자적인 것 이상의 다른 의미를 내포하고 있다. 즉 너희(제자들)는 소금과 빛과 같이 항상 말씀을 세상에 증거로써 드러내고 그 거듭난 삶의 맛을 세상에 보여줌으로써 그 선함을 세상이 보고 아버지 하나님께 영광 돌리게 하라는 의미를 함축하고 있다. 제자들의 역할을 교사가 교육할 때처럼 교육학적인 이론과 논리로써 말씀하시는 것이 아니라 누구나가 가슴으로 느낄 수 있는 함축적이고 감각적인 언어로 표현하였다.

성경의 언어는 또한 상징적인 의미로 쓰인 경우가 많으므로 가령 "하나님은 반석이시다"라 했을 때, 그것은 단순히 바위의 상을 환기시키거나 하나님을 바위에 비교하기 위한 것이 아니라는 것을 알아야 한다. 이 사실을 잘 이해하지 못하면 어리석게도 하나님을 생각하면서 바위를 떠올릴 수가 있고 하나님을 바위에 비교해 볼 수도 있을 것이다. 그것은 큰 잘못일 뿐 아니라 어리석기 짝이 없는 노릇이라 아니 할 수 없다. 성경의 언어는 대개 상징적이므로 "하나님은 반석이시다"라는 말은 그것은 바위를 떠올리는데 목적이 있는 것이 아니고 하나님의 바위와 같은 위력과 견고함을 재현시키는데 그 목적이 있는 것이다.

아가서에서 술람미 여자가 님의 생김새는 "레바논 같으며 백향목처럼 보기 좋고"(아 5:15)라 했을 때, 그녀는 보기 좋은 산 나무의 상을 불러 일으키려한 것이 아니고 그 이미지들이 재현하는 힘과 미와 그 재현에 따르는 정서를 떠올리려한 것이다. 그러므로 독자들은 이런 상징 언어가 재현하는 이념이나 정서를 정확히 파악하여 그 효과를 마음속으로 재체험하여야 한다.

문학의 언어는 두 번째로 일상어와는 달리 구체적이고 감각적이다. 철학은 추상적인 개념어가 요구되고 과학은 논리적이고 합리적인 언어가 요구되지만 문학의 언어는 가능한 한 구체적이고 감각적이어야 한다. 그래야만 좀 더 생생하고 살아서 다가오는 감격과 감동을 맛볼 수가 있다.

> 그 사람은 광풍을 피하는 곳,
> 폭우를 가리는 곳 같은 것이며
> 마른 땅에
> 냇물 같은 것이며
> 곤비한 땅에
> 큰 바위 그늘 같으리니
> 보는 자의 눈이 감기지 아니할 것이요
> 듣는 자가 귀를 기울일 것이며
> 조급한 자의 마음이 지식을 깨닫고
> 어눌한 자의 혀가 민첩하여
> 말을 분명히 할 것이라. (사 32:2-4)

위의 표현은 메시아 왕국이 임하면 위기가 역전되어 낙원처럼 되리라는 것을 감각적인 비유로써 묘사하였다. 이 메시아 왕국의 통치자는 광풍처럼 피해를 주는 그런 분이 아니시요 그 광풍과 폭우를 피하고 가리는 피난처가 되시며, 메마른 땅이나 곤비한 땅에 비유되는 견디기 힘든 극한적인 상황을 역전시켜 냇물이 되게 하고 큰 바위 그늘이 되게 하시리라는 것이다. 여기서 피난처, 냇물, 큰 바위 그늘은 예수 그리스도의 권능과 희생과 자비를 표현한 감각적인 이미지 언어이다.

문학의 언어는 세 번째로 일상어와는 달리 비유적이다. 비유적 표현은 문체창조에 있어서 가장 중요한 구성요소가 된다. 원래 비유는 상상력에서 기인되는 것이기 때문에, 비유적 표현은 예술적 발상의 중요한 무기가 되는 동시에 작가 자신의 개성을 가장 효과적으로 표현할 수 있는 수단이 된다. 흔히 비유적 표현은 고전시대의 것이라기보다는 낭만시대의 것이라고들 하나,[40] 성경은 고전시대의 산물이면서도 탁월한 비유가 많은 것은 본질적으로 상징적이고 구상적이기 때문이다.

사실은 일상적이고 문자적인 의미보다는 함축적이고 비유적인 의미가 더 중요한 경우가 많다.

> 어찌하여 형제의 눈 속에 있는 티는 보고
> 네 눈 속에 있는 들보는 깨닫지 못하느냐
> 보라 네 눈 속에 들보가 있는데
> 어찌하여 형제에게 말하기를
> 나로 네 눈 속에 있는 티를 빼게 하라 하겠느냐
> 외식하는 자여
> 먼저 네 눈 속에서 들보를 빼어라
> 그 후에야 밝히 보고
> 형제의 눈 속에서 티를 빼리라. (마 7:3-5)

바리새인들과 서기관들의 옹졸한 태도와 흠집만 내고 잡아 옭아매려는 그들의 편견과 음모 및 독단, 그리고 겉모양을 중시하는 형식주의 같은 무겁고 큰 죄를 들보에다 비유해서 신랄하게 비판하신 예수님의 말씀이다. 바리새인들과 서기관들이 책잡으려는 예수 믿는 사람들의 허물은 그에 비하면 티끌과 같다는 것이다. 이런 과정적이고 반어적인 비유가 성경에는 수없이 많다.

서상한 바와 같이, 성경을 문학적으로 탐구한다는 것은 첫째 성경의 필사자들이 사용한 언어와 언어장치들을 찾아 연구하는 것이라 할 수 있다.

2. 문학의 예술성 탐구

두 번째로 성경을 문학적으로 탐구한다고 하는 것은 문학의 예술성을 탐색해 보는 것이다. 문학도 과학과 마찬가지로 사실을 주로 하고 있다는 것이 통념처럼 되어 있다. 다만 과학에 있어서는 사실이 사실 그대로 표현되지만, 문학에 있어서는 사실에 대한 독특한 인식 곧 상상적 인식이 표현된다. 과학을 사실의 전사(transcription)라고 한다면, 문학은 사실인식의 전사라 할 수 있다. 혹은 영혼적 사실의 전사라 해도 좋다.[41] 어째서 그렇게 말할 수가 있는가?

가령 역사의 경우를 예로 들어 설명해보기로 하겠다. 년대기(年代記) 편수자(編修者)가 어떤 시기에 나타난 역사적 사실들을 그대로 기록하여 년대기를 꾸몄다면 그것은 엄밀한 의미에서 사실의 전사다. 그러나 역사가가 일정한 사관을 갖고 역사를 쓰려고 한다면 사실의 전사로 멈출 수는 없다. 그는 우선 무수한 사실들 중에서 재료를 선택하여야 하는데, 그 선택은 역사세계를 내다보는 그의 투시력(透視力)으로써 결정된다. 투시력은 다른 말로 말하자면 상상적 직관이라 할 수 있다. 그 다음으로 그는 선택된 사실들에 대해서 독자적인 해석을 하게 되는데, 그 해석에는 그의 기질과 의욕과 인생관 등과 같은 역사가의 개성이라고 할 수 있는 영혼의 일체가 관련된다. 그러므로 역사책 속에 표현되는 사실은 있는 그대로의 사실이 아니라 그의 영혼 속에 살아 있는 곧 그의 상상력에 의해 채색된 그런 개연적인 사실이다. 이쯤 되면 역사도 예술에 가까워지게 된다. 그래서 페이터는 이렇게 말하였다. "저술가의 목적이 외부세계의 단순한 사실을 전사하는데 멈추지 않고, 의식적으로든 무의식적으로든 그 사실에 대한 인식을 전사하는 데로 접근함에 정비례해서 그는 예술가가 되며, 그의 작품은 예술이 된다."[42)]

이 사실을 문학에다 적용하면서 페이터는 다음과 같이 또 말하였다. "문학예술은 어떤 모로나 사실--형상(form) 또는 색채(color) 또는 사건(incident)--을 모방하거나 또는 재생하는 모든 예술과 마찬가지로, 선택과 의욕과 능력에 있어 독특한 개성의 영혼과 결합된 그러한 사실의 전사다. 단순한 사실의 전사가 아니라 무한히 다양한 형식을 가지는 인간적 선택에 의해서 변모된 바 무한히 다양한 사실 곧 그것이 상상적 예술적 문학의 소재가 된다."[43)]

무한히 다양한 형식 속에 나타나는 진리, 그것을 미(美)라 한다. 문학에 있어서 미가 진리와 자주 동일시되는 것은 이 때문이다. "작품은 사실인식의 표현에 나타나는 진실성에 비례해서 훌륭한 예술이 된다. 문학의 좀 더 비속하고 질박한 기능에 있어서와 마찬가지로, 진리 곧 표현에 나타나는 진실성이야말로 문학이 가질 수 있는 바 예술적 특질의 본령이다. 그런 진리가 없이는 가치도 있을 수 없고, 예술도 있을 수 없다. 그뿐만 아니라 미라는 것도 결국 두고 보면 진리의 정련(精練)에 지나지 않는 것이다. 그것을 우리는 표현이라 하는데, 그것은 정신내부의 상상에다 우리의 언어를 좀 더 정밀하게 순응시켜 놓은 것이다."[44)]

이렇게 볼 때, 예술미는 모든 예술이 다 공유하고 있는 예술적 형식의 여러 요소들을 기초로 해서 이루어진다. 파커와 고트샤크와 같은 비평가들이 주장하는 예술적 형식들은 조금씩은 다르지만 그 양자의 것들을 통합하면, 다양성 속의 유기적인 통일, 조화, 균형, 리듬, 주제와 전개와 같은 것들로써 집약될 수 있을 것이다.[45)] 다시 말하면 예술적 또는 심미적 체험은 작가가 무엇을 말하고 있는가 하는 내용보다는 위에서 말한 바와 같은 그런 형식들과 관련된다는 말이다.

요컨대 그런 형식적인 양상은 리듬, 균형, 조화 및 통일성 등으로 나타나는 것으로 볼 수가 있다. 특히 통일성의 개념은 중요하여 리듬, 균형 등 형식적 요소들의 통일은 물론, 형식적 요소와 내용적 요소들의 통일까지를 포괄한다. 다양 속의 통일은 모든 예술작품의 절대적 기준으로 인정되고 있다. 이처럼 다양한 요소들에서 통일성을 지각하는 것이 미적 체험이다. 다시 말하면 형식과 내용의 통일성을 경험할 때 생기는 즐거움 곧 그것이 미적 체험이라 할 수 있다.[46)]

질서, 조화, 균형 같은 예술적 원리들은 모든 예술의 기반이 되는 것인데, 다만 어떤 매체를 사용하느냐에 따라 다른 양상으로 나타날 뿐이다. 음악은 이 요소들을 소리라는 매체를 토해서 표현하며, 회화는 색채와 구도라는 매체를 통해서, 문학은 언어매체를 통해서 표현하는 것이다. 이런 예술적인 미의 원리들은 하나님의 천지창조과정에서 구상화되어 나타나는 것을 볼 수 있다.

하나님의 창조행위는 마치 창작행위와 같아서 그의 말씀에 따라서 질서와 조화 및 균형 등의 양상으로 현현되어 나타난다. 창세기 1장 2절에는 "땅이 혼돈하고 공허하며 흑암이 깊음 위에 있고 하나님의 영은 수면 위에 운행하시니라"(창 1:2)는 말씀이 있다. 이 기록에 따르면, 창조 이전의 땅은 혼돈 했었다. 땅이 혼돈했다고 하는 것은 형체가 없는 상태를 의미한다. 그리고 땅은 공허했다고 했는데 그것은 형체를 가진 것이 아무것도 없었다는 뜻이다. 또한 흑암이 깊음 위에 있었다는 것은 죽음처럼 생명이 없었다는 뜻이다. 이런 상황에서 하나님의 영은 새의 알에 비유되는 수면을 비둘기가 알을 품듯이 품고 생명의 배태를 위해 알을 굴리며 골고루 온기를 주며 운행 부란시켰다는 것이다.

이렇게 해서 창조가 이루어졌을 때 혼돈하고 공허하였던 땅에는 각종 종류의 생명 있는 형체들이 나타나 땅을 채워 충만하게 하였다. 흑암은 변하여 생명의 표상인 빛으로 채워졌다. 해와 달과 별들과 땅위의 생물들은 제자리에서 질서를 이루며 운행되었고 다양한 것들이 유기적으로 조화를 이루며 선을 드러내 보였다. 또한 크고 작은 것, 먼 것과 가까운 것, 하늘과 땅, 동과 서 등 온갖 것들이 대칭과 대조를 이루면서 아름답게 대칭적인 균형을 이루었다. 그런 창조의 질서와 조화 및 균형을 보면서 하나님께서는 "좋았더라"는 감탄을 발하였다. "좋다"라는 말은 윤리적으로는 선한 것을 뜻하고 심미적으로는 아름답다는 뜻이다. 그 다양한 형상과 색깔 및 다채로운 이미지들 속에 나타나는 숭엄한 아름다움을 바라다보며 하나님께서는 너무나 좋았고 즐거웠다. 그래서 그는 참 좋다고 하였던 것이다. 이런 창조의 질서와 조화 및 균형 등을 통하여 만물은 그 아름다움의 모습을 드러냈던 것이다.

문학에 있어서 이런 예술미는 여러 가지의 형식적인 원리들의 반복, 대조 및 변화 등으로 나타나는데 그것은 언어로 표현되었다. 그러니까 예술적인 미는 언어의 표현 속에 나타나는 형식적인 요소들이 통일되면서 이루어지는 질서, 조화 및 균형이라 할 수 있다. 시편 1편을 예로 들어서 구체적으로 그런 문학의 예술성을 살펴보겠다.

복이 있는 사람은
　악인들의 꾀를 따르지 아니하며
죄인들의 길에 서지 아니하며
　오만한 자들의 자리에 앉지 아니하고,
오직 여호와의 율법을 즐거워하여,
　그의 율법을 주야로 묵상하는도다.
그는
　시냇가에 심은 나무가,
철을 따라 열매를 맺으며
　그 잎사귀가 마르지 아니함 같으니,
그가 하는 모든 일이 다 형통하리로다.
악인들은 그렇지 아니함이여,
　바람에 나는 겨와 같도다.
그러므로 악인들이 심판을 견디지 못하며
　죄인들이 의인들의 모임에 들지 못하리로다.
무릇 의인들의 길은 여호와께서 인정하시나,
　악인들의 길은 망하리로다. (시 1:1-6)

이 시의 모형을 보면 일련의 교대되는 긍정적 진술과 부정적 진술로써 치밀하게 구성되어 있다는 것을 알 수가 있다. 시인은 "복이 있는 사람"이라는 적극적인 말로서 시를 시작하였다. 그리고 그 뒤로는 세 개의 병행 시구가 따라 나오는 데, 그것들은 신앙인을 소극적으로 규정짓는 일 즉 그가 행하지 말아야 할 일들을 진술한 것들이다.

> 악인들의 꾀를 따르지 아니하며
> 죄인들의 길에 서지 아니하며
> 오만한 자들의 자리에 앉지 아니하고. (시 1:1)

이 소극적인 묘사는 반복적인 병행구로서 구성되어 있다. 다시 말하면, "악인, 죄인, 오만한 자"라는 말이 병행 반복되고, "꾀, 길, 자리"라는 말이 역시 병행 반복되며, "따르지 아니하며, 서지 아니하며, 자리에 앉지 아니하고"라는 움직임 동사가 병행 반복된다는 것이다. 이 반복적 표현은 "진실로, 진실로 내가 너희에게 말하노니"라는 말이 되풀이 될 때처럼 우리로 하여금 그 말들의 강조에 곧 익숙해지게 하며 몸에 익어서 자연스럽게 체질화되게 만든다. 이런 낯 설지 않음이나 저절로 몸에 익숙하게 되는 것은 음악의 선율처럼 즐거움을 주며 그 말과 의미를 중하게 생각하게 되고 그 말의 뜻을 마음 속 깊이 각인해 두고 늘 새기게 되는 것이다. 이런 생활의 체질화는 날마다 반복해도 괴로운 것이 아니라 즐겁고 유쾌한 것이다. 그것이 예술적 미의 체험이다.[47]

위에서 인용한 소극적 묘사는 그 뒤에 따라 나오는 적극적 묘사로 말미암아 균형을 이룬다.

> 오직 여호와의 율법을 즐거워하여
> 그의 율법을 주야로 묵상하는도다. (시 1:2)

또한 그 다음 나오는 시구의 단위는 일련의 적극적-소극적-적극적 진술로 이루어진다. 이렇게 이어지는 모형화된 반복은 의미의 리듬을 형성하면서 독자들의 마음에다 미와 즐거움의 물결을 파동 치게 한다.

> 그는
> 시냇가에 심은 나무가
> 철을 따라 열매를 맺으며 · ·
> 그 잎사귀가 마르지 아니함 같으니
> 그가 하는 모든 일이 다 형통하리로다. (시 1:3)

"시냇가에 심은 나무가 철을 따라 열매를 맺는다"고 하는 것은 적극적인 진술이고, "그 잎사귀가 마르지 아니함 같으니"라는 진술은 소극적이다. 그리고 "그가 하는 모든 일이 다 형통하리로다"라는 진술은 적극적인 진술이다. 이미 위에서 말한 바와 같이, 적극적-소극적-적극적 진술이 이렇게 반복되면서 의미와 내용은 더 강화되고 유쾌하게 오래오래 기억되도록 힘을 더해주는 것이다. 이런 힘과 반복을 통한 익숙함과 새로운 인식이 독자의 마음에 편안함과 기쁨을 넘치게 해준다.

그 다음에 나오는 악인에 관한 주장은 소극적-적극적-소극적 진술의 모형을 가지고 있다.

> 악인들은 그렇지 아니함이여
> 오직 바람에 나는 겨와 같도다.
> 그러므로 악인들은 심판을 견디지 못하며
> 죄인들이 의인들의 모임에 들지 못하리로다. (시 1:4-5)

마지막 두 행은 의로움의 적극적 결과와 악함의 소극적 결과를 묘사하는 교체적 서술의 모형으로서 이 시의 절정을 이룬다.

> 무릇 의인들의 길은 여호와께서 인정하시나
> 악인들의 길은 망하리로다. (시 1:6)

이와 같이, 시편 1편은 적극적 진술과 소극적 진술의 반복이라는 형식 이외에도 하나의 포위형의 구조를 가지고 있다. 1-4행에 나오는 "길"과 "모임(회중)"이라는 심상(image)과 14-17행까지에서 발견되는 "열매를 맺는 나무(자연)"와 "까부르는 바람에 날아가 버리는 겨(추수)"라는 심상들이 주제를 둘러싸고 있으며 이 시를 통합시키는 역할을 한다. 심상이 하는 역할이 그렇듯이 이런 심상들은 주제를 둘러싸고 있으면서 의인의 길과 악인의 길을 생생하게 마음에 떠올리게 하고 또 그 길의 과정과 결과를 그려보게 한다. 이런 마음에 떠올리게 하는 심상의 기능과 그려보게 하는 구조적인 기능이 다른 예술적인 형식들과 잘 어울리면서 문학의 예술성을 증가시킨다.

대조의 기법도 역시 1편의 구성을 이루는 요소들 중의 하나라 할 수 있다. 이 시에서는 두 가지 방식의 삶 곧 의인의 길과 악인의 길이 대조적으로 소개되고, 의인은 결국 축복을 받아 하나님의 인정을 받지만 악인은 그렇지 못해서 즉 심판을 받아 망하리라는 것이 대조적으로 소개되었다. 이 대조적인 소개는 의인의 길과 악인의 길 중에서 어느 한 편을 선택할 것을 강요하게 된다. 선택도 이 시의 중심을 꿰뚫는 심상의 축이 된다.

이미 맨 앞에서 말한바 있거니와 이 시는 히브리적 고유한 리듬이라 할 수 있는 병행법(parallelism)의 원리에 근거하고 있다. 병행법은 두 행 이상의 구조를 가지고 있는데, 그 행들 안에서 두 번째 혹은 세 번째 행은 첫 번째 행과 균형을 맞추어야 한다는 것이다. 그 방법은 첫 번째 행의 사상을 다른 말로 반복하거나 첫째 행에서 불완전한 형태로밖에는 표출되지 못한 사상을 완결시키거나 혹은 대조를 도입함으로써 달성하는 것이다.

시편 1편의 2행부터 4행까지는 동의적인 병행법(synonymous parallelism)의 한 본보기를 이루고 있는데, 여기서 세 시행들은 동일한 사상을 다른 말로 반복하고 있다.

악인들의 꾀를 따르지 아니하며
죄인들의 길에 서지 아니하며
오만한 자들의 자리에 앉지 아니하고.

14-15행도 위에서 말한 바와 같은 동의적 병행법으로 기록되어 있다.

그러므로 악인들이 심판을 견디지 못하며
죄인들이 의인들의 모임에 들지 못하리로다.

"악인"과 "죄인", "심판"과 "의인들의 모임", "견디지 못하며"와 "들지 못하리로다"는 같은 뜻의 말이 병행 반복된 것이다. 이런 병행법을 동의적 병행법이라고 한다. 이와는 달리 마지막 두 행 곧 16-17행에서는 반의적 병행법(antithetic parallelism)이 사용되었다. 둘째 행이 첫째 행에서 서술된 진리를 정반대의 방법으로 진술하는 시적 기법이다.

무릇 의인들의 길은 여호와께서 인정하시나,
악인들의 길은 망하리로다.

"의인"과 "악인"이 대조되고 "인정하시나"와 "망하리로다"가 반의를 이룬다.

그리고 이 시의 예술적 형식의 최종적 국면은 그 통일된 전진으로 끝난다는 것이다. 1-6행에서는 두 종류의 인간 곧 의인과 악인을 독자에게 소개해 주고 있고, 7-13행에서는 두 개의 직유 즉 "철을 따라 맺는 열매"와 "바람에 나는 겨"라는 비유를 사용하여 그 두 인간에 대한 묘사를 정교하게 하였다. 뿐만 아니라 그 두 직유는 두 사람에게 일어나는 사실 곧 "형통"과 "멸망"을 눈에 보듯이 그려주었다. 마지막 14-17행에서는 두 부류의 인간이 맞이하게 될 미래에 대한 심판을 묘사하고 있는데, 의인은 하나님의 인정을 받으나 악인은 인정을 받지 못해 결국은 심판에 들어가게 되어 멸망하리라는 것이다.

이와 같이 시편 1편은 여러 가지 예술적 형식들이 적절하게 사용되고 배열되면서 표현의 진실성을 확보하였고, 그 진실성이 시를 더욱 가치 있게 만들고 있으며, 독자들에게는 예술적인 미와 즐거움을 준다. 다시 말하면 문학의 예술성은 무한히 다양한 형식들 속에 나타나는 미라 할 수 있다는 것이다. 성경을 문학적으로 탐구한다고 하는 것은 이런 문학의 예술성을 찾아보는 것이다.

3. 문학적 기교 탐구

세 번째로 성경을 문학적으로 탐구한다고 하는 것은 성경의 문학적 기교를 추구해 보는 것이라 할 수 있다. 성경도 일종의 글인 만큼 거기 따르는 기교가 필요하다. 글이란 주관적으로 볼 때는 자기가 생각한 대로를 정확하게 표현하는 것이 목적이지만, 객관적으로 볼 때에는 그것을 읽는 사람들에게 감동과 공감을 갖도록 하는 것이 목적이다. 그러기 위해서는 문장이 정확하고 명석하고 매력이 있어야 하며 또 힘이 들어 있어야 한다. 이렇게 하는 방법을 글의 기교라 하는 것이다.

글의 기교에는 여러 가지 종류가 있으나 이를 대별하면 다음과 같이 세 가지로 나눌 수가 있다. 첫째는 강조법이고, 둘째는 비유법, 셋째는 수사법이다. 이 세 기교를 살펴보는 것이 성경의 문학적 탐구의 시도라 할 수 있다.

1) 강조법

글의 뜻을 강하게 표현하기 위해서 언어를 세차게 사용하는 문장의 한 기교를 가리킨다. 이 강조법에는 과장, 역설, 반복, 영탄, 점층, 대조, 열거, 미화와 같은 일곱 가지 문학적 기교가 포함된다.[48] 이 중에서 성경에서 가장 많이 사용되는 기교는 과장, 역설, 반복, 대조 같은 기법들이다.

과장은 어떤 사물을 실제보다 떠벌려 더 크게 또는 더 작게 형용하는 강조의 기교다. 과장법은 허위나 비진실을 날조하려는 것이 아니라, 전달하려는 개념이나 사실을 강조하려는데 목적이 있는 것이다. 때로는 진지한 목적을 위해서, 때로는 희극적 효과를 위해서 대담한 허풍을 떨거나 지나치게 과장하는 것을 과장법이라 부른다.[49] 한 예를 들어 과장법에 대해 생각해 보겠다.

> 사울이 죽인 자는 천천이요
> 다윗은 만만이로다. (삼상 18:7)

이 노래는 블레셋과의 전투에서 사울과 다윗이 승리를 거두고 돌아올 때, 이스라엘의 모든 성에서 나온 여인들이 노래하고 춤추며 소고와 경쇠를 가지고 사울 왕을 환영하며 부른 노래다. 사울과 다윗이 그 전투에서 죽인 사람이 "천천"과 "만만"이라는 것이다. "천천"과 "만만"이라는 수는 늘 함께 따라 다니며 사용되는 고정된 한 쌍의 단어다. 그러므로 거의 "천천"과 "만만"은 동가(同價)의 가치를 갖는 것이므로 여인들의 노래에는 어떤 비교의 의도도 없었다고 주장하는 사람들도 있다.[50]

그러나 이 같은 주장은 별반 설득력을 갖지 못한다고 생각한다. 왜냐하면 실제로 "천천"과 "만만"은 엄청난 수적인 차이가 있기 때문이다. 이 엄청난 수적 차이를 사울은 감지하고 불쾌하게 생각하였던 것이다. 사울이 이 노래를 불쾌하게 받아들였던 것이 틀림없었다는 사실은 "사울이 그 말에 불쾌하여 심히 노하여 이르되 다윗에게는 만만을 돌리고 내게는 천천만 돌리니 그가 더 얻을 것이 나라 말고 무엇이냐."(삼상 18:8)라고 한 사울의 말을 보면 알 수 있다. .

이 말의 순서에 있어서는 사울을 앞세우고 다윗을 나중에 언급했으나 숫적인 비교를 놓고 볼 때 사울은 몹시 불쾌했던 것이다. 이 불쾌감은 사울보다 다윗의 이름을 먼저 언급한 것 이상으로 사울에게는 충격적인 것이었다. 그는 더구나 여인들이 그렇게 노래하는 것을 듣고 대노할 수 밖에 없었다. 그의 불쾌감은 노를 발하게 하였고 그의 분노는 질투심을 불러일으켜 다윗을 죽일 생각을 품게 했던 것이다.

시편 119편 136절에서 "내 눈물이 시냇물 같이 흐르나이다"라고 했을 때, 시편 기자는 이를 문자적인 뜻으로 쓴 것이 아니다. 아무리 울어도 눈물이 결코 시냇물처럼 흐를 수는 없다. 백성들이 주님의 법도를 지키지 않아서 마음이 무척 상하였다는 것을 강조한 것에 불과하다.

예수님께서 "어찌하여 형제의 눈 속에 있는 티는 보고 네 눈 속에 있는 들보는 깨닫지 못하느냐"(마 7:3)고 말씀하신 적이 있다. 어찌 눈 속에 들보가 들어갈 수가 있겠는가? 이것은 불가능한 일이다. 그러나 이것이 과장법이라는 것을 안다면 자기 허물은 보지 못하고 남의 허물만 보려하는 인간의 고약하고 뒤틀린 잘못을 책하고 꼬집기 위한 것이라는 것을 알 수 있게 된다. 때로는 진지한 목적을 위하여, 때로는 희극적 효과를 내기 위해서 지나치게 과장하는 것을 과장법이라고 한다.

과장법은 허위나 비진실을 날조하려는 것이 아니라, 전달하려는 개념이나 사실을 강조하려는 데 목적이 있는 것으로, 짐짓 겉으로 들어나는 의미는 거짓이나, 속으로 "함축된 의미는 우리에게 눈에 안보여 잊어버리기 쉬운 것의 중요성을 되새기게 하는 진실의 언어적 장치라 할 수 있다. 또한 과장법은 말하는 이의 숨은 저의와 감정을 파악하는 데 도움이 되기도 한다. 이런 점에서 성경에 쓰인 과장법을 찾아내는 것은 본문의 함축 의미를 파악하는데 큰 도움이 될 것이다."[51] 그 외에 여기서는 역설과 반복에 대해서만 간단히 언급하겠다.

역설법도 또 다른 특별한 강조법으로 사용된다. 성경에는 아이러니나 상징, 또는 풍자나 과장법 못지않게 많이 나오는 것이 역설법이다. 역설을 단순히 말장난으로 이해해서는 안 된다. 참된 가치는 직접적인 노력을 통해 얻을 수 있는 것이 아니다. 기쁨, 행복, 안식, 평안 등과 같은 가치는 직접 취하려고 하면 잡을 수 있을 것 같지만 사실상은 잡을 수가 없다. 본능은 이런 것들을 직접 취하려고 유혹한다. 그래서 기쁨이 아닌 쾌락에 빠지게 되고, 행복이 아닌 조건으로 치장하게 되는 경우가 많다. 안식이 아니라 권태에 빠지게 되며 평안이 아니라 안일에 편리에 사로잡히는 경우가 있다. 참된 가치란 자기에게 주어진 사명을 충실히 수행할 때 부산물로 얻어지는 간접적인 것이다.

"누구든지 자기를 높이는 자는 낮아지고, 자기를 낮추는 자는 높아지리라"(마 23:12). 이 역설은 잔치의 윗자리와 회당의 높은 자리와 시장에서 문안 받는 것과 사람에게 랍비라 칭함을 받는 것을 좋아하는 서기관들과 바리새인들을 꾸짖으며 예수님께서 제자들에게 하신 말씀이다. 이 말씀은 말장난이 아니다. 이 제자들에게 하신 예수님의 역설적인 말씀은 서로 높은 자리를 차지하고자 하여 다투는 마음을 갖고 은근히 기대하던 그들에게 놀라운 경종을 울려주는 말이었다.

다니엘의 친구들은 우상에게 절하지 않고 풀무 불에 들어갔다. 철저한 자기부인이다. 결과적으로 불에서 걸어 나오는 기적을 맛보게 된다. 자기부인이 역설적으로 생명의 기적을 맛보게 했다. 자기 부인이 있어야 하나님이 일하실 공간이 생긴다. 그래서 십자가 없으면 면류관도 없다(No Cross, No Crown)는 역설도 성립된다.

성경의 뜻에 힘을 실려 주는 강조법 중의 하나로서 자주 쓰이는 또 다른 기교가 반복적 표현이다. 이 반복이라고 하는 기교는 히브리어에만 있는 고유한 특성은 아니다. 영시나 그 밖의 다른 시에서도 흔히 볼 수 있는 수사법 중의 하나지만, 성경에서는 특히 어구, 절, 문장 등을 반복하여 독특한 문체적 효과를 나타내고 있다.

그러면 동일어구의 반복으로 의미를 강조하는 동시에 문장의 리듬을 중후하게 만드는 예를 찾아보겠다. 신약성경 요한복음에서 예수가 어떤 중요한 것을 말하고자 할 때 취하는 "(내가) 진실로 진실로 너희에게 이르노니"(요 1:51)와 같은 어법이 그 대표적인 예라 할 수 있다. 그 밖의 여러 곳에서도 이런 반복의 형식이 채용되고 있다.

내가 엎드러뜨리고 엎드러뜨리고 엎드러드리라. (겔 21:27)

물건을 사는 자가 좋지 못하다 좋지 못하다가
돌아간 후에는 자랑하느니라. (잠 20: 14)

거룩하다, 거룩하다, 거룩하다
만군의 여호와여 그의 영광이 온 땅에 충만하도다. (사 6:3)

좀 더 졸자, 좀 더 졸자,
손을 모으고 좀 더 누워 있자 하면
네 빈궁이 강도 같이 오며,
네 곤핍이 군사 같이 이르리라. (잠 6:10-11)

"좀 더 졸자," "좀 더 졸자," "좀 더 누워 있자"라는 말을 되풀이 하여 사용함으로써 게으름이 큰 죄라는 것을 강조하는 동시에 게으른 자는 결국 "빈궁"과 "곤핍"을 당하게 되리라는 것을 강조하였다. 이러한 예들에서 반복은 최상급의 기능을 하고 있다.

반복의 기능은 또한 동족목적어(cognate object)나 속격최상급(genitive superlative)에서도 인정된다. 이 두 어법은 영어어법에서도 흔히 발견되지만, 히브리 어법에서 만큼 그렇게 광범위 하지는 않다. 다음은 동족목적어의 반복을 통하여 뜻을 강조하는 어법의 예다.

요셉이 꿈을 꾸었다. (창 37:5)

그가 범한 허물과 그 지은 죄를 죽으리라. (겔 18:24)

믿음의 선한 싸움을 싸우라. . . .
많은 증인 앞에서 선한 증언을 하였도다. (딤전 6:12).

그러면 다음으로는 속격최상급에 속에 나타나는 반복의 기능을 실례를 통하여 살펴보겠다.

신들 중에 뛰어난 하나님께 감사하라
그 인자하심이 영원함이로다.
주들 중에 뛰어난 주께 감사하라
그 인자하심이 영원함이로다. (시 136:2-3)

전도자가 이르되
헛되고 헛되며 헛되고 헛되니
모든 것이 헛되도다. (전 1:2)

동일어구는 아니지만 유사어구(類似語句)가 반복되는 경우도 있다.

에스더는 부모가 없었으나 용모가 곱고 아리다운 처녀라. (에 2:7)

나는 가난하고 궁핍하오니
하나님이여 속히 내게 임하소서
주는 나의 도움이시오 나를 건지시는 이시오니
여호와여 지체마소서. (시 70:5)

또한 일상적 동작을 구상적이거나 시각적인 동의어를 반복 사용하여 표현한 예도 찾아 볼 수 있다.

그는 눈을 들어 보았다. (창 18:2)

내가 곧 입을 열어 내 앞에 서 있는 자에게 말하여 이르되 (단 10:16).

이런 동의적 반복은 강한 문제적 효과를 줄 수 있다.

때로는 문장의 어떤 뜻을 강조하기 위하여 같은 사상을 되풀이 하는 경우도 있다. 잠언 1장 24-28절을 보면 그런 반복법의 효과를 알 수 있다.

내가 불렀으나 너희가 듣기 싫어하였고
내가 손을 폈으나 돌아보는 자가 없었고
도리어 나의 모든 교훈을 멸시하며
나의 책망을 받지 아니 하였은즉
너희가 재앙을 만날 때에 내가 웃을 것이며
너희에게 두려움이 임할 때에 내가 비웃으리라.
너희의 두려움이 광풍 같이 임하겠고
너희 재앙이 폭풍 같이 이르겠고
너희에게 근심과 슬픔이 임하리니
그 때에 너희가 나를 부르리라
그래도 내가 대답하지 아니하겠고
부지런히 나를 찾으라
그래도 나를 만나지 못하리니.

진리의 영이신 하나님은 늘 못난 우리를 사랑하셔서 부르시고 손을 펴서 도우시려고 하지만, 마음이 완악하고 강퍅한 우리들이 귀를 막고 그 부르심에 응하지 아니하고 손을 펴서 돌보며 돕고자 하지만 그것을 물리치고 교훈도 멸시하고 책망도 받지 아니하였기 때문에 하나님께서는 그들이 "재앙"이나 "두려움"을 만날 때 돌보기는커녕 비웃을실 것이라는 것이다. 비웃는 것을 강조하기 위하여 "웃을 것이며 비웃을 것이라"고 하였다. 또한 하나님께서는 부를 때에도 "대답하지 아니하겠고" 찾을 때에도 "만나지 아니 하리라"라고 반복하였다. 이런 강조는 의미만 강화되는 것이 아니라 강력한 영향력이 되어 독자들에게 충격과 도전, 각성과 경종을 울려준다.

2) 비유법

흔히 종교와 철학은 인생을 보편적이고 추상적인 방법으로 해석하지만, 문학은 개체적이고 구체적으로 해석하려고 한다고 말한다. 사실 문학은 어떤 새롭고 독창적인 진리나 사상을 사색해내거나 만들어내는 것이라기보다는 차라리 사상, 감정, 혹은 각종 경험을 구상적으로 표현하는 것을 그 본질로 하는 작업이라고 할 수 있다. 따라서 문학이 기독교에 대해서 기여할 수 있는 길 중에서 가장 먼저 생각할 수 있는 것은 종교적 사상이나 경험을 개체적이고 구체적으로 구상화하는데 있을 것이다.[52)]

종교적 체험을 구상화할 수 있는 방법은 언어형식에 달려 있다 해도 과언이 아니다. 종교적 사상이나 체험을 구상화하는데 가장 좋은 언어는 문자적인 의미만을 갖는 외연적 언어가 아니고 문자적 의미 이외의 다른 의미를 함축하고 있는 내연적인 언어와 비유적인 언어라 할 수 있다.

비유가 형상적 표현의 주요 수단이 되는 까닭은 어떤 의미를 전달하기 위해 구체적인 사물을 이끌어 쓰기 때문이다. 이 경우 나타내고자 하는 본래의 뜻이나 사물을 원관념이라 하고, 그것을 표현하기 위한 매개물을 보조관념이라 한다. 두 요소 사이의 관계에 따라 비유는 직유(simile), 은유(metaphor), 환유(metonymy), 제유(synechdoche), 의인법(personification), 돈호법(apostrophe) 등 여러 가지로 나뉜다.

사물과 경험을 구체적 감각적으로 느끼도록 하는 표현을 하기 위해서는 비유법을 사용하지 않을 수 없다. 비유법은 간단히 말해서 두 개 이상의 개념을 비교함으로써 새로운 사실을 드러내는 기법이다. "비유는 지식의 가장 귀중한 원천 가운데 하나이며, 알려진 것으로부터 미지의 것으로 나아가는 왕도이다. 비유는 일상적인 언어로 이루어져 있을 뿐 아니라, 거의 모든 신학적 용어가 비유라고 해도 과언은 아니다. 하나님께서는 인간들에게 비유로 말씀하시며(호 12:10), 인간이 하나님에 대해 이야기할 때는 그것이 아무리 부적합 하더라도 유비(analogy) 외에 다른 언어가 없기 때문이다.

오히려 비유란 한 사물을 다른 사물로 말하는 것이기에 인식 과정의 중심에 있는 것이다. 먼저 우리는 성경에 하나님을 묘사하고 있는 언어는 모두가 비유적임을 알아야 한다. 하나님에 대해서는 직접적인 묘사가 불가능하다. 유한이 무한을 직접적으로 포착할 수 없기 때문이다. 팀머는 말한다. '우리는 하나님을 직접적으로 볼 수 없다. 하나님을 직접 바라보는 것은 마치 태양을 똑바로 쳐다보는 일과 흡사하다. 태양을 직접적으로 쳐다보면 눈이 멀게 될 뿐이다.' "[53)]

이런 점에서 하나님을 "왕", "반석", "방패", "요새", "남편" 등으로 묘사하는 것은 모두가 비유적이라 할 수 있다. 비유는 일종의 렌즈와 같은 것이다. 이 렌즈를 통해 하나님에 대한 정보를 얻고, 하나님에 대해 친숙하게 되는 것이다. 하나님 뿐 아니라 하나님의 나라에 대해서도 마찬가지다.

"하나님의 나라는 알려지지 않은 새로운 세계이기에 단순한 사실적 언어로는 우리가 잘 알 수 없다. 야곱이 벧엘에서 돌베개를 베고 자다가 꾼 꿈에서 발견한 것처럼 인간 세상은 혼자서 존재하지 않는다. 인간의 세계에는 하나님의 세계가 침투해 들어오고 있다. 사닥다리를 오르락내리락하는 천사들들이 하나님의 계획과 명령을 인간 세계에 실행하고 있는 것이다. 이렇게 현재의 시공간에 침투한 하나님 나라는 새롭고 알려지지 않은 세계이다. 하나님께서 준비하신 이 나라는 단순한 묘사적 언어나 사실적 언어로는 알 수가 없다."[54)]

그래서 예수님께서도 마가복음 4장 30절-32절에서 하나님의 나라를 가르칠 때는 비유로써 하였다. 하나님의 나라는 "겨자씨 한 알과 같으니 땅에 심길 때에는 땅 위의 모든 씨보다 작은 것이로되 심긴 후에는 자라서 모든 풀보다 커지며 큰 가지를 내나니 공중의 새들이 그 그늘에 깃들일 만큼 되느니라"고 하였다.

"겨자씨 비유"는 마태(13:31-32), 마가, 누가복음(13:18-19)서에 다 같이 나오는 비유다. 마태와 마가는 특별히 겨자씨가 모든 씨 중에 가장 작은 씨라는 것을 강조하고 있다. 사실상 유대 갈릴리 지역에서 자라는 겨자씨는 직경이 0.025cm에 지나지 않는 매우 작은 씨다. 그러나 그것이 땅에 심겨져 자라게 될 경우 작게는 1.8m에서 크게는 5m까지 자라는 대단히 놀라운 성장력을 보여주고 있다.[55)]

하나님의 나라는 "겨자씨와 같다"는 비유에 있어서 "하나님의 나라"와 "겨자씨"는 이미 과거에 만들어진 말들이다. 과거에 만들어진 두 낱말을 가지고 두 사물 즉 하나님의 나라와 겨자씨를 비유했다. 이미 존재하는 두 낱말이 비교 연결되어 새로운 세계에 대한 인식이 표현되는 것이다. 이것을 우리는 언어의 전이라 한다. 이 비유는 단순히 식물의 성장을 말하지 아니하고 예수님의 인격과 사역을 통해서 이미 시작된 하나님의 나라는 처음에는 겨자씨처럼 미미하게 보인다 할지라도 나중에는 반드시 모든 사람들이 보고 깜작 놀랄 정도가 된다는 것이다. 이런 새로운 인식의 렌즈가 되는 것이 바로 비유다.

이런 비유법으로서 가장 많이 사용된 것 가운데서 중요한 것은 은유와 제유라 할 수 있다. 먼저 은유부터 살펴보겠다. 은유는 서로 성격이 다른 두 개의 사물을 비교하는 비유법을 말한다. 분명하게 뜻을 밝히 드러내지는 않고 암시만 해준다. 가령 예를 들면, "나는 벌레다"(시 22:6), "하나님은 반석이시다"(시 18:2)와 같은 것들을 일컬어 은유라 한다. 이 형태는 "가"와 "나"다 라는 방식으로 비유하는 것을 말하는데, 이 경우 "가"는 "나"와 같다는 뜻으로 쓰인다. 다른 형태의 은유들도 있다. "가의 나"와 같은 것이다. 예를 들면, "구원의 잔"(시 116:13) 같은 것이다. 이 은유는 구원을 잔으로 표현한 것이다. "불의의 떡"(잠 4:17)과 같은 것도 그런 것 중의 하나다. 또 다른 형태로는 "이 죽은 개가"(삼하 16:9)와 같은 것이 있다. 다윗의 왕권이 압살롬의 반역에 의해 흔들리게 되자, 이런 기회를 이용하여 자기의 배를 채우려는 자가 있었다. 그가 바로 므비보셋의 사환 시바였다(삼하 16:1-4). 그는 많은 선물을 가지고 황급히 도피하는 다윗을 찾아왔다. 다윗은 이러한 시바를 사려 깊은 자로 생각을 했을 것이다. 시바는 이를 노리고 므비보셋에 대해 묻는 다윗에게 거짓말을 했다. 시바가 말하기를 "이스라엘의 족속이 오늘 내 아비의 나라를 내게 돌리리라 하나이다"(삼하 16:3) 하였다. 므비보셋이 배은망덕하게 이 혼란을 틈타 왕위에 오르려 한다는 것이다.

다윗은 이 중상모략을 믿고 또 조사도 해보지 않은 채 그의 재산을 시바에게 주었다. 다윗이 바후림에 이르게 되었을 때 사울 족속 중의 한 사람인 게라의 아들 시므이가 나와 터무니없는 저주를 다윗에게 퍼붓는다(삼하 16:5-8). 그때 스루야의 아들 아비새가 나서며 다윗을 저주하는 시므이를 죽이겠다고 나선다. 그러면서 시므이를 가리켜 "죽은 개"라고 부른다(삼하 16:9). 아비새가 "이 죽은 개가 어찌 내 주 왕을 저주하리이까"라고 다윗에게 시므이를 죽이겠다는 동의를 구하며 한 말이다. 그러나 다윗은 아비새의 요청에 동의하지 않고 오히려 "저가 저주하는 것은 여호와께서 저에게 다윗을 저주하려 하심이니"(삼하 16:10)하고 하나님으로부터 오는 징계로 받아들인다. 아비새가 시므이를 "죽은 개"로 비유한 것은 경멸과 조롱을 담고 있다. 이 은유는 말하는 사람의 정서적 태도를 보여 줄 뿐 아니라 듣는 다윗에게도 동일한 감정을 환기시켜 시므이를 죽이라는 허락을 받아내려는 데 그 목적이 있다.

은유는 단지 말을 꾸미는 기술에 한정되지 않는다. 한 종류의 관점에서 이해하고 경험하는 은유는 인간이 세계에 눈을 뜨는 방식이기도 하다. 그러니까 은유는 세상을 보는 눈이라 할 수가 있다. 세상을 본다고 하는 것은 '뜻이 넘치는 세계'로 들어감을 뜻한다.

그 다음 비유법으로서 많이 사용된 것은 제유다. 제유란 일부로써 전체를, 특수한 것으로써 일반적인 것을 나타내는 표현법으로 그 반대를 뜻하는 경우도 있다. 예를 들면 "금테가 짚신을 깔본다"에서 금테는 신사를, 짚신은 촌놈을 뜻한다. "간판은 번듯하다"에서 간판은 얼굴을 대신하는 것이다. 성경에서 예를 들어 보겠다.

> 오만한 자들이 주의 목전에 서지 못하리이다
> 주는 모든 행악자를 미워하시며

거짓말하는 자들을 멸망시키시리이다
여호와께서는 피 흘리기를 즐기는 자와
속이는 자를 싫어하시나이다. (시 5: 5-6).

목전은 눈앞에 라는 뜻이다. 눈으로써 주 여호와 하나님을 가리킨다. 어찌 오만한자나 행악자 또는 거짓말하는 자가 하나님 앞에서 온전히 설 수 있으며 하나님의 사랑을 어찌 받을 수 있으며 어찌 하나님의 인정과 대접을 받을 수 있겠는냐하는 것이다. 그 사실을 제유법으로 또한 그렇게 표현하였다. 또 다른 예를 하나 더 들어보겠다.

그를 하나님(천사)보다 조금 못하게 하시고
영화와 존귀로 관을 씌우셨나이다.
주의 손으로 만드신 것을 다스리게 하시고
만물을 그 발아래 두셨으니(시 8:5-6).

손과 발은 신체의 일부이다. 그 일부를 가지고 전체를 뜻한다. 인간을 천사보다 조금 못하게 하시고 하나님께서 만드신 모든 것을 그로 하여금 다스리게 하시고 만물을 그의 발아래 두어서 지배하게 하셨다는 선언의 내용이다. 하나님의 크나큰 은총 중의 하나가 만물을 지배하고 다스릴 권리를 우리 인간에게 주셨다는 것이다. 그것이 외적인 하나님의 형상 중의 하나다. 그 반면 인간은 사실 하나님으로부터 막중한 의무와 책임을 요구받게 된 것이다.

이 제유법을 통해서 시편의 시인은 단순히 하나님의 손과 사람의 발을 보여주려 한 것이 아니고 손으로 지시되는 하나님의 창조와 발로 지시되는 사람의 영광스러운 만물의 지배권을 보여주고자 한 것이다. 여기서 제유는 하나의 새로운 진리에 대한 인식의 방법으로 사용되었다.

3) 수사법

서양의 수사(rhetoric)라는 말은 본래 모임에서 말하는 사람, 즉 청중을 앞에 둔 사람의 웅변술을 뜻했다. 웅변은 청중을 설득시키기 위한 말이다. 아테네의 공화정치 시대에는 각 시민이 모두 정치적 발언을 했고, 법적인 시비가 있을 때에는 자신의 변호사가 되었고(법정웅변) 어떤 인물의 업적에 대한 찬양, 또는 공격을 했기 때문에 자연히 말 잘하는 법을 각자가 다 잘 익혀야 하였다. 소피스트들 중의 일부는 말재간을 강조하여, 진리나 지식과 관계없이 말재간으로 상대방을 마음대로 조종할 수 있다는 말까지 하여, 소크라테스와 플라톤 같은 진리의 수호자에게 공격을 받았다. 아테네의 공화정치가 파멸한 후에는 웅변술은 쇠퇴하고 말보다는 글의 장식적 효과를 내는 방법인 수사법이 집중적으로 추구되었다.

수사법은 어떠한 말을 어떻게 부려서 말을 아주 묘하게, 아름답게, 재미있게, 힘 있게, 생각을 나타낼까 하는 것을 논한다. 그리고 그 목적은 사상과 감정의 효과적인 표현이라 할 수 있다. 그러나 이 사상과 감정의 표현 기술에는 두 가지 면이 있다. 산문 양식을 새로운 각도에서 연구하기 시작한 리처즈(I. A. Richards)에 의하면, 산문을 짓는 기술은 작문(composition)과 수사(rhetoric)의 두 가지 면에서 검토될 수 있다. 작문은 말의 객관적 사용에 관한 것이고, 수사는 말의 주관적 사용에 관한 것이다. 작문의 기술 만으로서는 어떤 소극적 문제는 이루어지겠지만은 적극적 문제를 얻기 위해서는 수사적 기술이 필요하다는 것을 그는 밝혀 놓고 있다.

한편 실제 통용되는 개념으로 말하면, 작문이란 말은 표현의 과정을 선, 색채, 운율, 혹은 언어와 같은 매체로서 파악하는 것이 아니라, 구도와 구성이라는 과정에서 파악하는 것이다. 간단히 말하면, 작문이란 주로 구조적 정비, 구성, 부분에 대한 전체의 조직을 가리키며, 수사란 그 작문을 설득력 있는 효과적인 것이 되도록 하기 위한 기술 혹은 기교를 가리킨다고 말할 수 있다.

그러나 작문과 수사는 반드시 구별되어 다루어지는 것은 아니다. 실제로 작문이 글의 구성을 의미한다 하더라도, 구성을 하기 위해서는 아무래도 전달로서의 효과를 고려하지 않을 수 없다. 따라서 작문과 수사가 그 정의로서는 구별되지만, 실제 문제로서는 구별하기 어려우며, 구별할 필요도 없는 것으로 생각한다.

글을 짓는다고 하는 것은 그저 단어들을 합산해 놓는 것이 아니다. 훌륭한 글, 독자를 감동시킬 수 있고 설득시킬 수 있는 글은 쓰는 사람의 세밀한 계산에 의해 쓰여진 글이 대부분이다. 치밀한 구도와 정확한 언어의 선택이 없이는 독자를 감동시키고 설득시킬 수 없기 때문이다. 이런 설득언어 장치를 우리는 흔히 수사법이라고 부른다.

성경도 언어로 기록되어 있는 하나님의 말씀이다. 그러므로 성경 기자들도 독자들을 감동시키고 설득시키기 위해 다양한 기법과 기교를 사용하였던 것이다. 따라서 성경은 자연 다중적인 의미로 쓰여졌다는 것을 알아야 한다. "다중적인 의미로 쓰여진 텍스트를 이해하기 위해서는 이해하는 눈을 키워야 한다. 특별히 성경은 문체가 매우 간결하므로 암시적이고 함축적이다. 성경 기자는 웬만해서는 드러내 놓고 도덕적 판단을 내리지 않는다. 만일 그렇게 한다면 무미건조한 설교나 진부한 도덕 또는 윤리 강연이 되었을 것이다. 이런 식으로는 독자들을 설득시키지 못한다. 고도의 설득의 기교를 동원하지 않고는 독자를 감동시키거나 진리에 공감하도록 하여 그것을 받아들이도록 할 수가 없을 것이다. 수사법이란 저자가 자신의 의도가 무엇인지를 알리기 위해 본문 가운데 깔아놓은 일종의 언어설득장치라고 할 수도 있다."[56] 성경을 문학적으로 탐구한다고 하는 것은 저자가 함축적으로 아주 교묘하게 깔아놓은 다양한 기법과 기교 및 수사를 찾아 그 의미를 깊이 이해하는 것이라 할 수 있다.

수사에는 여러 가지 기법과 기교가 포함된다. 아이러니(irony), 풍자(satire), 상징(symbol), 알레고리(allegory), 패러디(parody) 등과 같은 것들이 이에 포함된다.[57] 이 중에서 가장 빈번한 수사기법으로 사용되는 것이 아이러니, 풍자. 상징, 알레고리 등이다.[58] 아이러니와 풍자를 중심으로 수사적 기법을 살펴보겠다.

아이러니라는 말은 그리스어 "에리론"(eiron)에서 유래한다. 이 에이론은 고대 그리스 희극에 으레 등장하던 고정 인물 중의 하나였다. 에이론은 겉보기에는 약하고 세력도 없지만 꾀쟁이어서 역시 희극의 고정 인물이던 알라존(alazon)이라는 힘센 허풍장이를 살짝 골려주곤 하였다고 한다. 겉보기에는 아무런 특별한 데가 없지만 속으로는 대단한 힘을 발휘하는 인물 에이론의 뜻이 아이러니라는 추상명사에 살아남아 있다. 즉 아이러니는 겉으로 나타난 말과 실질적인 의미 사이에 괴리가 생긴 결과이다.

현대이론가들은 대체로 아이러니를 말의 아이러니와 극적인 아이러니로 크게 나눈다. 말의 아이러니는 겉으로 하는 말이 내용적으로 의도된 뜻과 다른 경우에 생긴 결과이다. 또는 허풍떠는 사람을 살짝 골려주는 의도나 조롱으로도 나타난다고 할 수도 있다.

갈멜산에서 바알 선지자 450명과 대결을 벌이던 엘리야가 바알 선지자들을 향하여 다음과 같은 조롱의 말을 퍼부었는데 그것이 곧 아이러니이다. "큰 소리로 부르라 그는 신인즉 묵상하고 있는지 혹은 그가 잠깐 나갔는지 혹은 그가 길을 행하는지 혹은 그가 잠이 들어서 깨워야 할 것인지"(왕상 18:27).

바알 선지자들이 먼저 엘리야와의 약속대로 송아지를 잡아 나무 위에 올려놓고 불의 응답을 바알에게 빌고 있었다. 아침 내내 바알 신의 이름을 부르면서 응답해 달라고 빌어도 아무 응답이 없자 위에서 인용한 것처럼 엘리야가 이들을 조롱하기 시작했던 것이다. 450인의 선지자들이 바알의 이름을 부르면서 "바알이여 우리에게 응답하소서"하고 미친듯이 소리를 지르고 규례를 따라 피가 흐르기까지 칼과 창으로 그들의 몸을 상하게 하면서 정오까지 그들 나름대로의 응답을 받으려고 절규 했으나 전혀 아무 소리도 없고 응답도 없었다. 그래서 엘리야가 그들을 향해 그렇게 조롱을 퍼부었던 것이다. 엘리야가 조롱한 것은 묵상하기도 하고, 잠깐 나가기도 하고, 길을 가기도 하고, 잠을 자기도 하는 신은 참 신이 아니라는 것을 아이러니를 통하여 비꼬았던 것이다.

극적인 아이러니는 작품의 주인공이 자기가 체험하는 사건이나 또는 의도하는 일이 종국적으로는 자기가 생각하는 것과는 전혀 딴판인데도 모르고 행동하는 것 같은 극적인 아이러니다. 욥기의 주인공 욥은 자기가 왜 그처럼 처절한 고통을 당하여야 하는지를 몰라서 더욱 괴로워하며 하나님께 항변하며 대어드는 것이다. 그러나 독자들은 그의 고통이 하늘의 회의에서 결정되어 이루어진 하나님의 시험이라는 것을 다 알고 있다. 당사자 욥은 모르는 것을 독자들은 알고 있다는 것 자체가 곧 극적인 아이러니인 것이다.

다음으로는 풍자에 대해 생각해보겠다. 풍자란 어떤 대상을 우스꽝스럽게 만들고 그것에 대하여 재미있어 하는 태도나 경멸하거나 분노하며 조소하는 태도를 자아내어 그 대상을 깎아 내리는 수사적 기법이다. 창세기에서 풍자를 찾는다면 대표적인 것이 라헬의 아버지 라반이 섬기던 드리빔을 훔쳐가지고 나온 사건을 들 수 있다.

"라헬이 그 드라빔을 가져 낙타 안장 아래에 넣고 그 위에 앉은지라. 라반이 그 장막에서 찾다가 찾아내지 못하매 라헬이 그의 아버지에게 이르되 마침 생리가 있어 일어나서 영접할 수 없아오니 내 주는 노하지 마소서 하니라 라반이 그 드리빔을 두루 찾다가 찾아내지 못한지라"(창 31:34-35).

여기 드라빔은 고대 메소포타미아 지역에서 널리 숭배되던 우상으로 한 가정의 가신(家神)이었다(삿 17:6). 그러나 "드라빔"은 이와 같은 종교적 성격 외에 이를 소유한 자에게 한 가정의 지배권과 재산 상속에 대한 합법적 자격을 부여하는 성격도 갖고 있었다. 라반이 이 드라빔을 찾으려 한 것도 사실은 야곱이 드라빔을 갖게 됨으로써 장차 자신의 모든 재산을 빼앗기게 되지 않을까 하는 염려 때문에서였다. 한편 이 드라빔은 훗날 이스라엘 백성들 가운데도 도입되어 널리 숭배 되었었는데(삿 18:14, 17, 20; 삼상 15:23; 19:13, 16), 스가랴 선지자는 그 드라빔을 가리켜 거짓 예언의 근원이라고 선포하고 그것을 숭배하는 자는 하나님의 심판을 면치 못하리라고 경고했다(슥 10:2-5).

야곱의 외삼촌 라반도 드라빔을 숭배하고 있었다. 라반의 가신인 드라빔을 라헬이 야곱과 함께 아버지 집을 도망쳐 나오면서 훔쳐가지고 나왔다. 이에 라반이 장막에서 그것을 찾다가 찾지 못하였기 때문에 그것을 찾으려고 추적해 왔다. 라헬은 그 드라빔을 낙타 안장 아래 넣고 그 위에 앉아서 생리(경수)가 나오므로 말에서 내려오지 못하겠다고 핑계를 댔다. 겉으로 볼 때는 라헬의 거짓말에 대한 단순한 이야기처럼 보이지만, 깊이 들여다보면 라반의 신과 야곱의 하나님 사이에 극명한 대조가 드러난다.

야곱의 하나님은 말할 것도 없이 인격적인 분으로서 역사를 창조해 나가시는 역사의 주인이시다. 반면에 라반의 가신인 드라빔은 아무런 힘도 없는 심지어 자신을 보호하지도 못하는 무능한 신이다. 오죽하면 생리가 흐르는 여인의 보호를 받아야하겠는가? 생리를 하는 여인은 이스라엘의 율법서에서는 부정한 것으로 간주되었다. 그럼에도 불구하고 라반의 신은 달리 선택할 여지도 없었다.

이처럼 풍자란 잘못이나 모순을 빗대어 웃으며 폭로하는 수사법이다. 그러나 이 수사법은 현실을 비판하는 것으로 그치는 것이 아니라 현실보다 나은 대안을 제시하려는 의도에서 나오는 것이다. 성경 기자들은 세속 사회의 현실 속에 드러나는 모순과 잘못을 비꼬면서 대신 하나님 나라를 대안 공동체로 제시하는 것이다.

김지찬 교수는 성경에 사용된 수사에 관해 이렇게 말하였다. “성경 기자는 독자로 하여금 스스로 이야기를 해석하도록 안내하는 수사학적 기법을 사용하였다. 단도직입적으로 이야기하기보다는 우회적으로 말함으로 더 큰 효과를 거두는 방법을 택한 것이다. 비판의 의도를 속으로 숨기고 시침을 떼면서도 날카로운 비수를 조용히 허리에 갖다 대는 아이러니, 잘못된 모순이나 현실의 부조리를 빗대어 비웃으며 폭로함으로써 은폐된 인간의 악과 어리석음을 드러내는 풍자 … 같은 언어 장치는 독자를 해석의 과정에 깊이 들어와 스스로 결론을 내리게 만드는 탁월한 설득의 장치이다."[59]

이렇게 볼 때에 우리는 성경 기자가 탁월한 언어의 장인이었다는 사실을 확실히 느낄 수가 있다. 성경을 문학적으로 탐구한다는 것은 어떻게 보면 성경에 사용된 비유적인 언어와 수사를 찾아 해석하는 것이라 할 수 있다.

4. 문학적 상상력의 탐구

네 번째로 성경을 문학적으로 탐구한다고 하는 것은 하늘나라의 오묘한 진리를 구상화해 주는 힘으로서의 거룩한 상상력을 추구해 보는 것이라 할 수 있다. 문학의 언어는 한 마디로 말해서 상상의 언어다. 신화비평을 체계화시킨 캐나다의 문학비평가 노드럽 프라이(Northrop Frye)는 사람이 사용하는 언어들을 "자기표현의 언어", "실용적 기술의 언어", "상상력의 언어" 등으로 나누어 설명했다. "자기표현의 언어"란 일상회화를 만들어내는 의식과 지각의 단계에서 사용되는 모든 언어들을 가리킨다. 곧 일상적 대화를 말하는 것이다. 거기에서 조금 더 나아가면 과학과 역사처럼 정보와 실제상의 지식을 전달하는 "실용적 기술의 언어"를 만날 수 있다고 하였다. 이것들은 교사나 설교자, 정치가나 광고업자, 변호사나 언론가와 과학자들이 사용하는 실용어나 기술용어라고 한다. 나아가 "상상력의 언어"는 시나 소설, 그리고 희곡과 같은 문학에

서 사용되는 언어를 가리킨다.[60)]

이런 상상력은 추상적인 것을 구상화시켜 주는 형성력으로, 어떤 사물이나 상황을 그림을 그리듯이 생생하게 그려주는 묘사력으로, 다양한 요소들을 엮어 짜 새로운 것을 만들어 내는 통일력으로 작용한다. 구체적으로 상상력의 이 세 가지 기능을 살펴보겠다.

1) 형성력으로서의 상상력

형성력으로서 작용하는 상상력은 주로 추상적인 개념에 상응하는 객관적인 상관물 곧 심상(image)을 찾아내서 구상화해 주는 힘으로 작용한다. 여기서 말하는 심상은 어떤 사물을 감각적으로 정신 속에 재생시키도록 자극하는 말을 뜻한다. 그러니까 감각적 체험과 관계가 있는 일체의 낱말은 모두 심상이 될 수 있다. 추상명사보다 보통명사, 감각적 지각을 암시하는 형용사 또는 부사로 수식된 명사와 동사는 심상이 될 가능성이 크다. 그러나 한 편의 글 속에서 그 말이 심상의 구실을 하도록 쓰여졌을 때, 즉 독자가 그것을 심상으로 파악하여야만 그 글의 전체적 의미를 보다 충실히 알 수 있게 되어 있을 때, 그것은 진정한 심상이 된다. 다시 말하면 그 심상이 심상으로 실현되기 위해서는 적절한 문맥에 들어 있어야만 한다는 말이다.

심상이란 말은 무척 광범위하고 다양하게 사용되지만 일반적으로는 형성력으로서의 심상과 묘사력으로서의 심상으로 구분하여 논의하는 것이 보통이다. 글을 읽거나 말을 듣고 독자 또는 청자의 마음에 생긴 감각적 재생 즉 마음에 떠오르는 그림(모습)을 일컬어 우리는 보통 심상이라 한다. 이것이 가장 보편적인 의미의 심상이다. 우리가 흔히 쓰는 심상이란 말은 여기에 해당된다. 성경에는 수없이 많은 심상들이 있다. 특히 시편에서 하나님을 묘사하고 있는 많은 방법들에 대해 잠시 생각해 보면, 하나님은 방패요, 요새요, 반석이요, 폭풍이요, 구름이요, 목자요,

용사요, 사수요, 전차 기수요, 왕으로 비유한 것 등이다. 이 비유적 표현들이 어떤 역할을 하는가를 이해하지 못한다면, 우리는 시편의 메시지 가운데 많은 것을 알아채지 못할 것이다.

시편 18편 1-2절을 보면 그런 심상들이 나온다.

나의 힘이 되신 여호와여
내가 주를 사랑하나이다.
여호와는
나의 반석이시요 나의 요새시오
나를 건지시는 자시오 나의 하나님이시오
나의 피할 바위시요 나의 방패시오
나의 구원의 뿔이시오
나의 산성이시로다.

여기서 이 글을 읽을 때 우리를 호위하시고 압제를 당할 때 막아주시며 적에게 쫓기고 있을 때 피할 수 있는 피난처가 되시는 여호와 하나님을 바위(반석), 방패, 산성과 같은 감각적인 사물로 비유하여 마음에 여호와의 강한 능력과 힘을 떠오르게 하고 있다.

또한 상상력의 기능 중의 하나는 추상적이고 개념적인 것을 구상화해 주는 것이다. 그 작업의 일환으로서 상상력은 교묘한 이미지와 상징과 비유 같은 그림 언어들을 가지고 형상화한다. 그림 언어는 추상 언어와는 달리 오감, 정서, 상상력의 수준에서 독자를 사로잡는다. 이미지는 우리의 감각에 직접 호소하는 언어이다. 우리는 이 이미지를 통해 보고, 듣고, 냄새 맡고, 맛보고, 느끼게 되는 것이다. 삼손 이야기를 예로 들어 보겠다.

삼손 이야기에는 "불"이라는 이미지가 자주 등장한다. 불레셋 사람이 삼손을 결박한 줄이 "불탄 삼"(삿 15:14)처럼 손에서 떨어지는가 하면, 불레셋 사람들은 삼손의 아내가 수수께끼(삿 14:14)의 해답을 알아내는

데 돕지 않으면 집을 불태워버리겠다고 협박한다(삿 14:15). 삼손은 장인이 자기 아내를 친구에게 주자, 화가 나서 여우 삼백 마리를 잡아 꼬리에 불을 붙여 불레셋 사람들의 곡식 밭과 과수원을 태운다(삿 15:4-5). 이에 불레셋 사람들은 올라와서 삼손의 아내와 장인을 불태워 죽인다(삿 15:6).

마침내 삼손은 들릴라의 꾀임에 넘어가 불레셋 사람들의 손에 잡혀 머리를 깎이고 포로가 되어 다곤 신전으로 끌려간다. 거기서 그는 다곤 신과 3,000 명의 적을 몰살시킨다. 여기에 이르러서는 불의 이미지가 나타나지 않으나, 불은 삼손 자체를 가리키는 환유적 상징이라 할 수 있다. 살아 있을 때보다 더 많은 적을 죽이고 죽는 삼손의 무서운 파괴력은 모든 것을 삼키며 스스로도 사라져 버리는 불의 모습과 같다 하겠다. 삼손의 이야기에 있어서 "불"의 이미지는 삼손의 일생을 요약하면서 주제를 강하게 구상화시킨 시각적 이미지인 것이다. 특히 "삼손"이라는 히브리어 이름의 뜻은 "작은 태양"이라고 한다. 그런 의미에서 삼손과 "불"의 이미지가 연결되는 것은 너무나 자연스러운 것 같다.

삼손의 이야기는 단적인 한 예에 불과하다. 성경의 기록자들은 하늘나라의 그 신비로운 진리를 생생한 이미지와 교묘한 비유들을 동원해서 형상화 내는데 뛰어난 솜씨를 보여주고 있다. 이런 힘으로 작용하는 것이 상상력이다.

2) 묘사력으로서의 상상력

말에 의해 전달되는 사물 일체가 묘사라 할 수 있다. 그러나 문학에 있어서 묘사란 보다 기술적이고 의도적인 것이다. 묘사 중에는 배경묘사와 인물묘사가 가장 중요하다 할 수 있을 것이다.

마태복음 5장 1-2절에서 예수의 제자 마태는 "예수께서 무리를 보시고 산에 올라가 앉으시니 제자들이 나아온지라. 입을 열어 가르쳐 가라대" "심령이 가난한 자는 복이 있나니 천국이 저희 것임이요"라고 스승 예수님의 교육 장면을 묘사하였다. 이 묘사를 산상수훈이라고 하고 황금율이라고도 하는데 너무나 생생하고 간결한 것이 특징이다. 이 묘사는 예수가 제자들에게 산상의 설교를 하시는 그 배경을 묘사한 것이다. 성경의 묘사는 간결한 것이 특징이다.

시편 113편을 읽어보자. 어떤 그림이 우리의 마음속에 형성되는가를 유의해 보라.

> 1 할렐루야
> 여호와의 종들아 찬양하라
> 여호와의 이름을 찬양하라.
> 2 이제부터 영원까지
> 여호와의 이름을 찬송할지로다.
> 3 해 돋는 데서부터 해 지는 데에까지
> 여호와의 이름이 찬양을 받으시리로다
> 4 여호와는 모든 나라 위에 높으시며
> 그 영광은 하늘보다 높으시도다.
> 5 여호와 우리 하나님과 같은 자 누구리요
> 높은 곳에 앉으셨으나
> 6 스스로 낮추사 천지를 살피시고
> 7 가난한 자를 먼지 더미에서 일으키시며
> 궁핍한 자를 거름 무더기에서 들어 세워
> 8 지도자들 곧 그 백성의 지도자들과
> 함께 세우시며
> 9 또 임신하지 못하던 여자를 집에 살게 하사
> 자녀들을 즐겁게 하는 어머니가 되게 하시는도다.
> 할렐루야.

4절에 보면 하나님이 장엄한 보좌 위에 앉아 계신 모습이 나온다. 진실로 하나님의 보좌는 매우 높아서 하나님은 거기서 세상 뿐 아니라 또한 하늘까지 내려다보신다. 그 다음 몇 절은 사람들을 향한 하나님의 동정을 강조하는 이미지를 그려나가게 한다. 하나님은 정말로 높은 곳에서 찬양을 받으시지만, 그 분은 또한 몸을 굽히셔서 가난하고 궁핍한 자들을 돌보신다. 6절과 7절에서 가난한 자들을 일으키시고 그들을 왕좌로 인도하시는 하나님의 모습이 아주 선명하고 현저하게 묘사되어 있다.

우리는 이 시편 113편을 통하여 한편으로는 하늘 왕좌 높은 곳에 앉아 계신 하나님을 보며, 또 다른 한편으로는 가난한 자들을 도우시는 하나님을 그려보게 된다. 마태복음의 다음 서술도 하나님의 통치와 보존하고 기르시는 능력을 묘사한 대목이다.

> 공중의 새를 보라
> 심지도 않고 거두지도 않고
> 창고에 모아들이지도 아니하되
> 너희 하늘 아버지께서 기르시나니
> 너희는 이것들보다 귀하지 아니하냐. (마 6:26)

영적인 존재로서 초월해 계시는 하나님의 섭리를 교리적인 개념 언어로 설명하지 아니하고 이미지 언어로써 감각적으로 묘사하였다. 이런 이미지 언어는 문학에서나 찾아 볼 수가 있다.

3) 통일력으로서의 상상력

상상력의 기능 중에 가장 눈에 띄는 것은 압축하고 통합하여 통일된 구성물을 만들어내는 것이다. 성경은 단 시일 내에 몇 사람에 의해 기록된 책이 아니다. 여러 사람에 의해서 써졌고 그 써진 환경과 조건이 다르다. 시대적으로도 수 천 년에 걸쳐 일어난 사건들을 다루고 있다. 또한 구약과 신약은 여러 가지 차이점을 보이기도 한다. 그러나 성경은 이러한 다양성에도 불구하고 통일된 흐름을 가지고 있다.

누가 뭐라 해도 구약과 신약을 통일적으로 보는 중요한 관점은 약속과 성취라는 도식이다. 다시 말해서 구약은 하나님의 약속이고 신약은 그에 대한 성취라는 것이다. 하나님은 아브라함과 이삭과 야곱에게 수많은 후손과 땅을 약속하였고, 하나님은 선지자들과 다윗 왕에게도 또한 약속하였다. 이 모든 약속들이 구약에서 하나씩 성취되는 것도 있고 그 성취가 신약으로 넘어오는 것도 있다. 그 예가 하나님의 나라와 메시아에 대한 약속이다. 그것은 이미 구약에서 약속된 것이지만 거기서 성취되지 아니하고 신약으로 넘어와서 그리스도에게서 성취되었다.

"우리가 구약 전체를 살펴보면, 우리는 약속에서 성취를 향하여 움직여 가는 대 역사 속에 참여하고 있다는 것을 발견하게 된다. 그것은 마치 커다란 시냇물처럼 흐르고 있다. 급히 흐르는가 하면 더러 잔잔한 역수에서 정지하기도 하는데 그래도 이 시냇물 전체는 보이지 않는 저 먼 곳의 목표를 향하여 쉬지 않고 흐르고 있는 것이다."[61] 이 약속이 달려가고 있는 이 역사의 끝은 예수 그리스도이다. 그리스도는 구약의 성취이며 거기에서 구약은 가장 높은 영광을 얻게 된다.[62] 다시 말하면 성경은 구속사적으로 통일이 되어 있다는 말이다.

이런 성경의 통일성은 하나님의 영감 없이는 불가능하다. 즉 다(多)를 일(一)로 환원하는 통일의 원리로서의 상상력에 의해서 이루어진 통일성이라 할 수 있다. 성경 기록자들의 상상력은 단순한 문학자들의 상상력하고는 다르다. 그것은 하나님의 영감에 의해서 촉발된 아주 성결한 상상력이다.

성경을 보면 신구약의 대응관계(對應關係)가 다른 어떤 책들과는 비교할 수 없을 정도로 일치되어 있음을 볼 수 있다. 율법은 복음과, 역사는 행적과, 시가는 서신과, 그리고 예언은 묵시와 서로 대응되는데, 이것은 우연의 일치가 아니고 양자간의 깊은 구조적 관련성을 보여주는 것이다. 이런 구조적 통일성도 하나님의 영감에 의해 점화된 히브리인들의 상상력에 힘입은 것이라 할 수 있을 것이다.

위에서 고찰한 바대로, 성경을 문학적으로 탐구한다고 하는 것은 문학적 상상력의 기능을 탐색해 보는 것이다.

5. 문학적 갈래와 체험의 탐구

다섯 번째로 성경을 문학적으로 탐구한다고 하는 것은 문학적 갈래 곧 장르와 작품 속에 담겨 있는 인생체험을 추구하는 것이라 할 수 있다. 먼저 작품의 양식을 이루는 장르문제부터 살펴보겠다.

음악에 기악, 성악 등의 구분이 있고, 미술은 또 회화, 조각, 공예 등으로 나뉘듯이 문학에도 작품을 이루는 기본 원리와 특성에 따라 구별되는 여러 종류가 있다. 이들을 가리켜 '갈래' 혹은 '장르' (genre)라 한다. 일반적으로 작가는 작품을 창작할 때 막연한 충동만으로 붓을 드는 것이 아니라 어떤 종류의 문학 양식이나 모형을 고려하면서 제재를 선택하고 표현방법을 구상한다.

또한 독자들은 그것이 어떤 유형에 속하는 것인가를 분별하고 이에 따른 기대를 잠정적인 기준으로 삼아 작품을 읽어나간다. 만약에 우리가 처음 대하는 어떤 작품이 소설인지 수필인지 구별되지 않는다면 그 이해는 무척 더디게 될 것이다. 이처럼 작자에게는 창작 행위의 모형을 제공하고, 독자에게는 이해의 틀을 마련해 주는 데에 모든 예술 장르의 기본적 효용이 있다할 것이다.

동서양의 문학사를 통해 어떤 시대에 존재했거나 아직도 살아 있는 문학 갈래들은 이루 다 헤아리기 어려울 만큼 많다. 우리나라의 문학사만을 보더라도 사뇌가(詞腦歌), 경기체가(景幾體歌), 시조, 가사, 신화, 전설, 민담, 가전(假傳), 몽유록(夢遊錄), 탈춤, 꼭두각시놀음 등을 포함하여 비교적 잘 알려진 갈래만도 40 종이 넘는다고 한다. 이처럼 역사상의 어떤 시기에 출현하여 오랫동안 존속, 발전하기도 하고 단명하게 사라지기도 하는 모든 갈래들을 역사적 갈래 또는 관습적 갈래라고 부른다.

이러한 역사적 갈래들은 수효가 너무나도 다양하기 때문에 문학 이론을 연구하는 학자들은 오래 전부터 그 모두를 적절하게 포괄할 수 있는 몇 가지 상위범주, 즉 큰 갈래를 설정하고자 했다. 실재했던 갈래들이 비록 많다고 하더라도 그 가운데서 어떤 것들은 서로 비슷한 성격과 원리를 가지고 있다. 따라서 이들을 공통 속성에 따라 몇 가지 큰 갈래로 묶는다면 문학현상을 좀더 질서 있고 명료하게 이해하는데 큰 도움이 될 터이기 때문이다.

그러한 노력의 결과 나타난 분류방법은 한두 가지가 아니지만, 그대 그리스 철학자 아리스토텔레스의 명저 『시학』에서부터 비롯한 서정, 서사, 희곡의 3분법이 가장 오랫동안 널리 통용되었다. 그러나 이 3분법은 시, 소설, 희곡처럼 상상적, 허구적 성격이 강한 문학만을 대상으로 한 것이어서, 수필, 전기, 기행, 일기, 회고록 등과 같이 생활 체험과 실세적 사실의 기록을 위주로 한 갈래들은 어디에도 넣을 수 없는 난점이 있다. 그래서 세 갈래에다 교술(敎述)이라는 갈래를 더해서 나누는 4분법을 택하게 되었다. 넷째 큰 갈래의 이름으로는 아직 일반화되지 않은 전문적 용어인 교술이라는 말을 피하여 수필, 또는 기록문학이라 부르기도 한다.

이렇게 설정된 서정문학, 서사문학, 희곡문학, 수필, 즉 기록문학의 네 가지 큰 갈래는 어느 시대, 어느 나라의 문학 양식을 설명하는 데에도 두루 쓰일 수 있는 이론적 틀이 된다. 그러나 성경은 순수한 문학이 아니어서 나름대로의 고유한 갈래들이 많이 들어 있다. 구약성경에는 수많은 문학 장르가 들어 있지만, 그 중에서도 가장 많이 채용된 장르는 역사와 전기, 시, 설화, 예언, 잠언, 강론, 묵시 등이다. 장르가 중요한 것은 어떤 본문을 해석할 때 우리가 그 본문의 장르를 어떻게 이해하는가에 따라 그 해석이 달라지기 때문이다.

문학 양식은 성경 해석에 있어서 결정적인 역할을 한다. 하나님께서는 그 자신의 메시지를 전달하시기 위해 영감을 통해 많은 문학 양식을 동원하셨다. 제일 많이 사용된 문학 양식은 신약에 더 많이 보이는 강론 형식이다. 강론이라 함은 객관적 진리에 대한 직접적인 논리의 전개나 설명을 의미한다. 바울의 서신들이 이 강론적인 형태의 대표적인 것들이다. 다음으로는 설화와 전기의 형태가 많다. 구약의 상당 부분과 사복음서는 이 이야기 즉 설화의 형태를 취하고 있다. 물론 이보다 더 많은 문학 양식이 있고, 또 더 상세하게 구분될 수도 있지만, 이 중 많은 것들이 중첩되기도 한다.

성경 66권은 하나님과의 관계가 파탄된 인간이 하나님의 사랑으로 회복되는 구속의 과정을 그 내용으로 하고 있는 서사양식이다. 그런 의미에서 성경은 하나님의 인간에게 내려준 복음이므로 여호와 하나님의 의지를 형상화한 양식이면서, 또 그성경은 인류가 구원으로 다가가는 노정을 담은 인간의 이야기이기도 하다. 그러므로 성경 66권에서는 하나님과 인간을 동시에 탐색할 수밖에 없다.[63]

양식은 형식적으로 구분할 수도 있고 내용적으로도 구분할 수도 있다. 이 많은 형식적인 또는 내용적인 양식들을 개별적으로 다 살펴볼 수 없고, 가장 많이 사용되는 무엇보다 중요하다고 생각되는 형식적인 양식들, 이야기, 설화(역사), 서사시, 비극, 서정시, 예언문학, 복음, 비유문학, 서한문학, 계시문학 등으로 나눌 수 있다. 성경은 대개 통합적 양식을 취한다는 것도 염두에 두어야 할 것이다. 성경을 문학적으로 탐구한다고 하는 것은 일차적으로는 이렇게 형식과 장르를 나누어 연구하는 것이라 할 수 있다.

두 번째로 성경을 문학적으로 탐구한다고 하는 것은 작품의 내용이 되는 인생체험을 탐색해보는 것이다. 그 까닭은 성경은 진리를 인생의 보편적인 역사와 체험양식을 빌어서 표현했기 때문이다. 이처럼 성경은 그 어떤 작품보다도 더 고귀한 신앙 감정과 다양한 인생체험을 다루고 있음을 발견할 수가 있다. 체험의 조직화와 감정의 질서화가 곧 문학이라고 한다면, 성경 이상 그런 문학적인 조건을 갖춘 작품은 세상에 어디에서도 찾아보기 힘들 것이다.

보통 문학은 정보와 지식을 제공해주는 책들과는 달리 인생체험을 인식시켜 주는 것이다. 다시 말해서 문학은 인간의 이해와 통찰력에 귀중한 형식을 제공한다고 할 수 있다. 문학은 우리로 하여금, 다소 주관적이기는 하지만, 실재의 본질을 파악하도록 도와준다. 문학 작품을 읽으면서 우리는 인식의 중요한 한 형식을 얻는다. 이것은 과학적 인식하고는 그 성격이 다르지만 마찬가지로 소중한 인식이다.

영국의 유명한 기독교 변증가인 루이스도 문학의 고유한 가치를 다른 사람의 시각을 통해서 인생을 보게 하는 것이라고 하였다.

"우리는 우리의 존재를 확장하기 위해 애를 쓴다. 우리는 우리 자신을 넘어서고 싶어 하는 것이다. 본성적으로 우리 모두는 자기 자신의 독특한 관점과 선별 기준을 가지고 있어서, 그 입장에서 전체의 세계를 바라본다. · · · 우리는 우리 자신의 입장에서뿐만 아니라 다른 사람의 눈으로 보고, 다른 사람의 상상력으로 상상하며, 다른 사람의 마음으로 느끼고 싶어 한다. 우리에게는 바라볼 창문이 필요하다. 이것은 내가 아는 한, 문학이 가진 특이한 가치요, 이점이다. 왜냐하면 문학은 우리 아닌 다른 사람의 체험으로 우리를 인도해 주기 때문이다. 나 자신의 시각만으로는 충분하지 않다. 다른 사람의 시각을 통해서 보아야 하는 것이다."[64)]

그런데 성경 속에는 수많은 신앙 선인들의 체험이 생생하게 기록되어 있다. 성경은 읽는 이들을 그 체험의 세계로 인도해 주게 되고, 우리는 그것에 공감을 느끼게 되어 삶의 의미를 재체험 하게 된다. 이런 점에서 우리는 성경의 높은 문학성을 인정할 수 있게 되는 것이다.

신약 성경 가운데 이런 이야기가 나온다. 한번은 어떤 청년이 예수님께 물었다. "누가 내 이웃입니까?" 이 질문에 답하는 한 가지 방법은 "이웃”의 정의를 내리고 그런 사람들에 대한 우리의 의무를 기술하는 것이다. 그것은 아마도 이런 답변이 될 것이다. “이웃은 우리가 만나게 되는 모든 궁핍한 사람들을 말한다. 이웃에 대한 우리의 의무는 나서서 그 사람의 필요를 채워주는 것이다.”

그러나 주님은 이런 방식으로 대답하지 않았다. 그 대신 주님은 한 가지 이야기를 들려 주셨는데, 그것이 바로 선한 사마리아인의 비유(눅 10:29-37)다. 이 이야기는 그 자체가 “이웃”에 대한 일종의 문학적 정의가 된다. 문학적 정의는 설명적 정의와 무엇이 다른가? 그 차이는 문학적 정의는 구체적이라는 사실에 있다. 그것은 추상적으로 말해 주기보다는 오히려 보여주고자 하는 문학적 충동을 따른다. ‘이웃’에 대한 정의를 내려 주는 것이 아니라 ‘이웃됨’에 대한 체험(인식)을 제공해 주는 것이다.

위에서 말한 바와 마찬가지로, 욥기를 통하여 우리는 고통당하는 비참한 한 인간의 모습과 그 고통을 겪으면서 좀 더 깊은 하나님의 체험을 갖고 더 성숙되는 숭엄한 장면을 보게 된다. 시편은 영롱한 여러 가지 신앙체험을 형상화 해주고 있어서 때로는 슬픔 중에서 위로와 환희를, 절망 중에서 용기를, 회의 중에서 굳센 믿음을, 비탄 중에서 찬송과 영광을 체험케 한다. 잠언은 오늘을 살아가는 우리에게 일상적인 삶의 지혜와 우리의 현실에 영원한 물음을 던져주는 슬기를 보여준다. 전도서는 이 우주의 모든 것을 두 시각으로 보게 하는 귀중한 인식의 눈을 열어준다. 더 나아가 그것은 두 시각을 통합해서 유기적인 결론 곧 지혜를 제공해 준다. 아가서는 뜨거운 남녀의 사랑을 통하여 참된 사랑이 무엇인지를 알게 해준다. 즉 인생의 고통, 희로애락 같은 감정, 지혜, 허무, 사랑 같은 근본적인 문제와 거기서 맞서게 되고 깊은 명상과 사색을 통하여 사랑하고, 용서하고, 이해하는 것 등등의 인생의 향기를 맛보게 된다. 그런 점에서 성경은 문학으로 보아도 손색이 없다.

이미 누차 말한 대로 문학은 가치 있는 인생체험의 기록이다. 인생체험은 오감(five senses) 없이는 이루어질 수가 없다. 우리가 일상적으로 만지고 냄새 맡고 보고 듣고 먹는 행위를 통해 이루어지는 느낌과 생각 따위를 체험이라 한다. 그러니까 삶 자체가 체험이라 할 수 있다. 그러나 시인의 체험과 보통 사람의 체험은 다르다. 어떻게 다른가? 시인의 체험은 보통 사람의 체험과는 달리 가치 있는 체험이다. 상상력으로 채질한 체험이다.

더욱 성경은 우리에게 풍부한 삶의 방식을 제공해 준다. 오늘날처럼 사회적 많은 문제들이 일어나고 있는 현실 속에서 우리는 시간과 정력을 진정으로 예술적인 일에 쏟지 못하고 있다. 그러나 우리는 풍부한 삶을 영위하기를 원하고 있다. 이 풍부한 삶은 물질과 세상 지식이 많을 때 이루어지는 것은 아니다. 그것은 하나님께서 피조물에게 부여해 주신, 그리고 성경의 기록자들이 그 속에 부여한 미를 기쁘게 인식하는 데서부터 시작되는 것이다. 아름다움과 즐거움이라는 속성은 우리의 풍성한 삶을 위하여 하나님께서 주신 것이기 때문에 원칙적으로 선하다. 하나님이 주신 다른 선물들과 마찬가지로 이것들도 또한 타락한 인간들의 손에 의해서 악한 목적으로 이용될 수도 있다. 그러나 그것은 근본적으로 나쁜 것은 아니다. 선물을 받았을 때 감사함으로 받아 누리는 것이 바로 우리의 소명인 것이다.

그리고 성경에서 이런 체험을 만나 재체험하게 되면, 그것은 우리의 의식을 고양시켜 준다. 읽는 사람들의 심성을 거칠게 하거나 덕성을 무너뜨려서 나쁜 쪽으로 이끌어 가는 저질 문학이 많이 있다. 그러나 영감의 소산인 성경은 우리의 의식을 높은 향기로 그윽하게 고양시켜 준다. 곧 우리 자신과 세계, 다른 사람들과 하나님에 대한 의식을 고양시키는 수단이 된다는 말이다. 성경은 우리로 하여금 우리 주변의 세계와 우리의 내면 세계에 대해 민감해지도록 만들고 새로운 느낌으로 바라보게 한다. 즉 성경은 우리 인생에게 살아 숨쉬는 감수성을 갖게 하여 주변에 대해서 따듯한 정감(情感)과 동정심을 갖게 해준다.

세계는 유한하지만 말씀은 무한하며, 세계는 사라질 것이나 말씀은 영원히 사라지지 않는다. 따라서 말씀과 연결되는 영혼과 역사는 영원의 영역에 도달하게 된다. 하나님의 감동으로 된 하나님의 말씀은 인생과 역사를 변혁하는 원리가 된다. 말씀과의 만남이 있을 때 인생과 역사에 새로운 지평이 열린다. 하나님의 말씀은 그 사랑하는 사람들에게는 미래를 여는 창문이 되며 생명의 양식이 되며 갈한 사람들에게는 생수가 되며 험한 세상을 갈 바를 몰라서 방황하는 사람들에게는 약도가 되며 어두운 세상에 살아가는 사람들에게는 빛이 되며 영전(靈戰)을 벌이는 사람들에게는 무기가 된다.[65)]

시대는 변해도 성경은 변하지 않으며 각 시대마다 취미와 관심은 바뀌어도 성경은 어느 시대에 있어서나 물려서 읽지 못하는 일은 없을 것이다. 성경은 지식보다는 우리에게 삶의 에너지를 주며 우리 천한 인생들을 높은 곳을 향하여 전진하게 하며 비상하게 하는 힘으로 작용할 것이다.

제3장 헤브라이즘의 본질

매슈 아놀드(Mathew Arnold, 1822-1888)가 『교양과 무질서』(*Cultture and Anarchy*, 1869)에서 "우리의 세계는 헤브라이즘과 헬레니즘이라는 두 세력점(勢力點) 사이에서 움직이고 있다"[66]고 말한 대로, 헤브라이즘과 헬레니즘은 서구문화의 두 개의 큰 창조적 전통이라 할 수 있다. 그에 따르면 히브리인은 율법과 그 속에 계시된 하나님의 뜻에 복종하는 이를테면 "양심의 엄숙성"(strictness of conscience)에 지배를 받는 민족이었고, 그리스인은 "의식의 자유"(spontaneity of consciousness)에 지배를 받는 민족이었다.[67] 다시 말하면 히브리인들은 인생을 행동(conduct)과 관련시켜 보았고, 그리스인들은 사고(thought)와 아름다움(beauty)과 관련시켜 보았던 것이다. 요컨대 그리스인들은 사물을 있는 그대로 보려했지만, 사색이나 지각보다는 행동을 중시하는 히브리인들은 그렇지가 않았다.

사실상 그리스인들이 육체나 욕망과 싸운 것은 그것이 "올바른 사고"(right thinking)를 방해한다고 믿었기 때문이고, 히브리인들이 그것과 싸운 것은 "올바른 행동"(right acting)을 방해한다고 믿었기 때문이었다.[68]

그리스인들의 관념에 의하면 "올바르게 사고할 때 인간은 행복할 것이다"라고 판단되었고, 히브리인들의 관념에 의하면 하나님을 경외하고 그의 계명을 준수하는 것이 복이 된다고 판단되었다(시 112:1). 다시 말하면 자기의 의사는 차치하고 하나님의 의사에 절대 복종하여 따르는 것이 행복하다고 하는 것이 헤브라이즘의 기본관념이요 본질인 것이다. 따라서 인간적 자유주의는 배격되었다. 인간은 언제나 피조물로서 창조주를 경외하고 그를 절대 신뢰하며, 바른 행동 즉 죄를 범하지 않고 살아가는 생활에 한없이 방해가 되는 육체나 욕망과 싸우며 엄격한 종교적. 윤리적 생활을 영위하여야 한다는 것이다. 그러므로 항상 극기하고 죄로부터 도피하고자 자율의 기강(紀綱)을 만들었으니 그것이 이른 바 "양심의 엄숙성" 이다.

이처럼 헤브라이즘이 하나님과 인간 사이의 정상적인 관계를 보존하려는 신중심주의요, 바른 행동으로 하나님의 축복을 받고자하는 종교적, 윤리적 충동이라 한다면, 헬레니즘은 어디까지나 인간중심주의이고 문화적 충동의 소산이라 할 수 있다. 인간을 기반으로 만사(萬事)를 사고하고 인간성을 긍정하며 인간의 이성과 지성을 무엇보다 존중하여 교양을 높이 쌓아올림으로써 스스로 자기완성에 도달하고자 하는 자족적(自足的) 또는 자율적(自律的) 문화주의가 곧 헬레니즘의 기본적 특색인 것이다. 이처럼 그리스인들은 인간중심주의이었기 때문에, 인간들이 살아가고 있는 지상을 가장 아름답고 살기 좋은 곳으로 보고, 현세적 생활을 향유하려고 하는 동시에 지상의 행복을 증대할 수 있는 일이라면 그것이 무엇이든 깊이 추구했고 또한 육체적 정신적 능력을 최대한으로 발전시켜 전체적 완성을 기하려 했던 것이다. 따라서 다른 민족들은 신이나 초자연적인 것에 깊은 관심을 가졌지만, 그리스인들은 인간과 그들의 이성 이외에는 관심을 두지 않았다. 비록 그리스 고전들 속에 신이나 괴물이 등장하지만 올림퍼스의 신은 물론 그 밖의 다른 신들도 보면 모두가 인간의 상상으로 만들어낸 인간적인 존재들인 것을 알 수 있다. 그러나 히브리인들은 인간성을 부정하고 하나님에 대한 절대 신뢰를 중심으로 하고 있었기 때문에 현세보다는 내세에 더 뜻을 두었고 육체적 능력을 발전시키기보다는 육체의 소욕을 멀리하고 극기하는 금욕사상에 더 철저했다. 그러나 기독교가 금욕주의와 동일시되어서는 안 된다.

단적으로 이런 헤브라이즘의 특색은 "여호와를 경외하는 것이 지혜의 근본이요 거룩한 자를 아는 것이 명철이니라" (The fear of the Lord is the beginning of wisdom, and the knowledge of the holy is understanding--Proverbs 9:10)한 말씀 속에 표명되었고, 헬레니즘의 특색은 "이성이 지도하는 곳에 진보가 있다" 고 한 플라톤 철학의 표어나 델포이[69]의 말 "네 자신을 알라" (Know thyself) 속에 표명돼 있다.

이 서구문화의 두 사상--헤브라이즘과 헬레니즘은 두 큰 창조적 전통으로, 세계는 이 두 세력점 사이에서 움직이고 있으며, 인간의 신념에 따라 어떤 때는 인간중심의 헬레니즘이, 또 어떤 때는 신중심의 헤브라이즘이 지배해 왔다.[70] 헬레니즘은 그리스 민족의 사상이요, 헤브라이즘은 히브리 민족의 사상이다. 인간중심적이요 현세적인 헬레니즘은 그리스 고전 문학 속에 집약되어 있고, 신중심적이요 내세적(來世的)인 헤브라이즘은 성경 문학 속에 구현되어 있다. 그리스의 고전 문학은 헬레니즘적이요, 히브리의 성경 문학은 헤브라이즘적이다. 이런 점에서 양대 문학의 성격이나 본질이 구별되는 것이다.

성경 문학의 내용면에서 가장 큰 특징을 이루고 있는 것은 이스라엘 민족의 사상, 즉 유일신교적(唯一神教的)인 종교사상이다. 모세가 받은 십계명 중의 제 일 계명이 "나 외에는 위하는 신들을 네게 있게 말지니라"(신 5:7)는 것이다. 여기에 나타나는 분위기는 그리스의 다신교적(多神教的) 분위기와는 전혀 다르다. 이스라엘인의 신은 나를 싫어하는 자에게는 아비의 죄를 그 후손 삼사 대까지 치르고, 나를 사랑하여 나의 명령을 지키는 사람에게는 그 후손 수천 대에 이르기까지 한결같은 사랑을 베풀리라(신 5:9-10)고 서약하신 질투의 신이었다. 이 정신은 그리스도가 말씀한 사랑의 정신에 의해서 보다 심화되었지만, 모든 것(萬事)을 하나님 중심으로 생각하고 행동하였다고 하는 점에 있어서는 구약시대로부터 신약시대에 이르기까지 동일했던 것이다. 성경의 말씀이 "태초에 하나님이 천지를 창조하시니라"(창 1:1)로 시작하여, "주 예수의 은혜가 모든 자들에게 있을지어다 아멘"(계 22:21)이라는 기도로 끝맺는 것은 결코 우연이 아닌 것이다.

성경 문학의 토운(어조, tone)는 무겁고 장중한 것이 특색인데, 그것은 주로 하나님에 관한 장중한 사건을 다루는데서 비롯되는 것이다. 그렇다고 성경 가운데는 아름다운 일과 선행만이 기록돼 있다고 생각해서는 안 된다. 원죄(原罪)로부터 시작해서 십자가로 끝나는 성경은 일종의 죄악사(罪惡史)라고 해도 과언이 아니다. 카인의 살인, 레멕의 축첩, 노아의 홍수, 아브라함의 거짓말과 축첩, 소돔과 고모라의 부패, 롯의 불윤, 에서와 야곱의 싸움, 에서의 살의, 야곱의 축첩, 요셉과 그 형제들의 증오, 다윗의 음행, 솔로몬의 사치와 음행, 유다의 배신, 베드로의 예수 부정 등 살인, 간음, 음행, 절도, 위증, 비방, 이루 말할 수 없는 추악상이 성경에는 기록돼 있다. 아브라함도 야곱도 다윗도 베드로도 인간으로서는 연약하기 그지없지만, 하나님의 은혜에 의해 의롭다함을 받고 구원받았다는 사실을 명백히 해 주고 있는 것이다. 그러므로 그들은 여호와를 경외하고 그의 계명을 지키는 것만이 행복한 것이라고 믿었다. 한 마디로 말해서 헤브라이즘의 본질은 신중심주의다.

제4장 성경의 문학적 특질

히브리 민족과 같은 원시 약소민족으로부터 세계적으로 위대한 감동의 문학이 탄생되었다고 하는 것은 매우 놀라운 일이라 아니 할 수 없다. 그러나 그들이 열렬한 종교민족이었다는 점을 고려한다면, 일단 우리의 의구심은 풀릴 수 있으리라고 생각한다. 왜냐하면 히브리민족은 원시 약소민족이기는 하지만, 열렬한 종교민족이었으므로, 하나님의 영감에 의해 촉발된 거룩한 상상력을 소유하고 있었기 때문이다. 어떠한 문학도 열렬한 종교적 감정과 상상력 없이는 만들어질 수가 없다는 것은 누구나 다 아는 사실이다.

종교적인 감정은 그것을 소유한 사람의 생활 영역에다 세로운 매력과 힘을 더해준다. 이런 의미에서 "종교란 고독한 상태에 처해 있는 개개의 인간이 그것이 무엇이던 신적인 것이라고 생각되는 것과 관계되어 있다는 사실을 인식할 때에 생기는 감정, 행위, 경험이다"[71]라고 한 종교 심리학자 윌리엄 제임스(William James, 1842-1910)의 정의는 타당한 것이다. 그래서 허버트 리드도 "종교란 근본적으로 우주에 대한 정서적인 자세를 의미한다. 그 사실을 인식하지 못하면 종교로부터 그 의미를 박탈하는 것이 될 것이다"[72]라 했다. 즉 "삶에 대한 인간의 전인적인 반응"(a man' s total reaction upon life), 그것이 종교라는 뜻이다. 다시 말해서 근원자와 결합함으로써 인간의 정서는 창조적인 것으로 고취되고 내적 생명은 심화, 확대될 수 있다는 것이다. 그래서 딘즈모어(Dinsmore)는 "종교는 그 자체 인간을 영원자와 직접 대면케 하고, 그 속에 가장 중요한 체험을 포함하고 있기 때문에 고결하고 정서적인 표현을 가능케 해주는 강력한 자극제가 된다"[73]고 했다. 이와 같이 종교는 인간의 영혼을 심화시키는 동시에 상상력과 정서를 강력히 자극하여 훌륭한 예술작품을 만들어내게 하는 자극제 노릇을 한다.

이런 의미에서 성경문학은 순전히 종교적 열정과 영감에 의해 점화된 히브리적 상상력에 의해 이룩된 감동의 문학이라 할 수 있다. 그것이 히브리 민족의 문학적 특질을 이루는 전체적 골격이지만, 여기서는 좀 더 세분해서 구체적으로 고찰해 보겠다.

1. 신중심적

이미 헤브라이즘의 본질을 논하는 자리에서 지적한 바와 같이, 성경 문학의 제일 특질은 신중심적(Theocentric)이라는 데 있다.

> 하늘이 하나님의 영광을 선포하고
> 궁창이 그의 손으로 하신 일을 나타내는도다.
> 날은 날에게 말하고
> 밤은 밤에게 지식을 전하니
> 언어가 없고 말씀도 없으며
> 들리는 소리도 없으나
> 그의 소리가 온 땅에 통하고
> 그의 말씀이 세계 끝까지 이르도다. (시 19:1-4)

시편 제19편은 하나님의 영광을 찬미하는 일종의 자연찬가(自然讚歌)다. 시인은 천체의 운동, 그것은 곧 자연의 아름다운 질서와 창조주의 위대함을 노래하는 천체음악이라고 믿었다. 물론 이런 천체음악에는 언어도 없고 귀에 들리는 소리도 없다. 왜냐하면 그것들은 인간의 언어와 소리로써 말하고 노래하는 것은 아니기 때문이다. 그러나 시인은 천체의 그 신비로운 화음을 들을 수 있었던 것이다. 그 천체음악은 하나님의 영광과 그 창조의 솜씨를 노래하는 것으로 이루어져 있다. 그 노래 자체가 곧 창조의 솜씨와 영광인 것이다. 하늘과 창공, 낮과 밤 모두 하나님께서 지으신 음악으로 시인은 보고 있다. 하나님께서 지으신 그 음악들이 그 지으신 이를 찬양한다. 이 천체음악은 하나님을 중심으로 그 지으신 세계를 신비로운 화음으로 노래한다.

셰익스피어(William Shakespeare)도 동일한 천체음악을 들을 수 있었다.

그대가 쳐다보는 별 중의 가장 작은 것일지라도
움직일 때는 천사와 같이 노래하지 않는 것이 하나나 있소.
아, 그러한 화음이 저 불멸의 영들 사이엔 있건만
그러나 삭아가는 이 흙투성이 옷 속에 영혼을
꾹 파묻어 두는 동안은 그 아름다운 노래를 들을 수가 없소.

-『베니스의 상인』V. I. 61-65.

시인은 숨은 언어와 소리로써 노래하는 자연의 합창을 들을 수 있다. 그러나 흙투성이 옷 속에 그 영혼을 파묻어 두는 한 그런 노래를 들을 수 없다는 것이다. 여기서 "불멸의 영들"이란 천사 또는 별을 지칭하는 것이고 "흙투성이 옷"이란 죄로 얼룩진 더러워진 육체를 뜻한다. 육체 속에 우리의 영혼을 묻어두는 한 우리는 깨끗하고 맑은 하늘의 음악을 들을 수가 없다.

히브리인들은 영혼을 육체 속에 묻어 두지 않았던 역사상 가장 경건한 민족이었다. 그러므로 그들은 천체음악을 들으며, 자연의 화음을 만들어내는 위대한 지휘자, 조물주 하나님 앞에 영광과 감탄의 찬미를 드렸던 것이다. 그들에 의하면 "자연은 결과에 대한 이름에 불과하고 그 원인은 신이었던"[74]것이다. 그러므로 결국 하나님이 선재하지 않으면 자연은 존재할 수 없다. 자연은 하나님이 이룩한 결과에 대한 이름에 불과하므로, 히브리인의 자연찬가는 곧 창조주의 위대함과 영광을 찬미하는 것과 다를 바 없다. 그러므로 그들의 문학은 자연 신중심적인 수밖에 없다.

그러나 자연과 신을 동일시하는 범신론적 입장하고도 다르고, "자연을 거쳐 자연의 신으로"라 한 알렉산더 포프(Alexander Pope)의 이신론적 입장하고도 다르다. 그들은 하나님의 초월성을 믿었기 때문에 창조주와 피조물을 엄격히 구별하는 동시에, 신에 의해 창조된 자연의 아름다움에 심취하여 그것을 탐미하지 않고, 어디까지나 피조물을 초월하여 있는 만물의 근원자를 추구했던 것이다. 이런 점이 일반 자연시인들과 다른 점이라 할 수 있다. 그래서 아모스는 "묘성(昴星)과 삼성(參星)을 만드시며 사망의 그늘을 아침으로 바꾸시고 낮을 어두운 밤으로 바꾸시며 바닷물을 불러 지면에 쏟으시는 이를 찾으라. 그의 이름은 여호와시니라"(암 5:8)라고 했다. 히브리인의 상상은 해가 솟아오르는 것을 보고

> 밤의 촛불은 다 타버리고, 즐거운 태양은
> 안개 낀 산마루 위에 발돋움하고 서 있다.
> -『로미오와 줄리엣』III. v. 9-10.

라고 노래한 셰익스피어의 환상적인 시에서 우리가 접하는 상상하고는 달리 신중심적으로 전개되는 것이 보통이다. 다음 시구와 위에서 인용한 셰익스피어의 시구를 비교해 보면 더욱 뚜렷해질 것이다.

> 공의로운 해가 떠올라서 치료하는 광선을 비추리니
> 너희가 나가서 외양간에서 나온 송아지 같이 뛰리라. (말 4:2)

셰익스피어의 작품에 나오는 태양은 우리가 일상적으로 자연의 세계에서 보는 그 해지만, 말라기 선지자가 말하는 "공의로운 해"는 모든 병을 고치시는 여호와 하나님을 지칭한다. 그 해가 치료하는 광선을 발하면 우리가 외양간에서 나오는 송아지처럼 뛰게 된다는 것이다. 그러므로 셰익스피어처럼 말라기 선지자는 단순히 자연의 아름다움을 노래한 것이 아니라 그 아름다움 뒤에서 움직이시는 하나님의 능력과 손길을 느끼며 노래한 것이라 할 수 있으므로, 이 시는 신중심적이라 할 수 있다.

2. 직관적

"초월적 세계에 대한 인식은 신의 피조물인 자연계시를 통하여 간접적으로 인식하거나 특별히 신의 은총에 의한 사건, 즉 특별계시를 통해 인식할 수 있는데, 이러한 인식은 논리적 인식이 아니라 직관적 인식, 영감적 인식, 즉 믿음을 통해서만 인식 될 수 있는 영역이다.

직관이란 합리적이고 논리적인 사유방식에 의하여 인식되는 존재인식이 아니라 전혀 개인적인 느낌과 확신으로 이루어지는 진실이다. 종교적인 신의 문제, 철학의 문제, 윤리의 문제 등 근원적이고 근본적인 문제들은 모두가 물질적이고 실증적인 과학의 영역을 넘어서는 것으로 이들에 대한 인식을 객관적 논리보다 개인적인 지혜의 순간적인 깨달음에서 가능하다. 그래서 이러한 깨달음이 신의 능력을 힘입은 것으로 인식할 때 이를 영감이라고도 한다. 영감은 신의 능력을 힘입어 범인의 사고나 과학적 사고로는 도저히 도달할 수 없는 진리나 진실을 발견하는 인식형상이다."[75]

『문학으로서의 영어성서』(*The English Bible as Literature*)의 저자 딘즈모어도 인류정신의 발전기를 세 단계로 나누면서, "히브리 정신은 분명히 그 작용에 있어서 직관적이다"[76]라 했는데, 너무나 탁월한 견해라 아니 할 수 없다. 특히 구약성경 가운데 "그리고"(and)와 같은 등위접속사가 많이 사용된 것이 히브리 민족의 사유방식이 직관적이라는 단적인 증거가 된다. "그리고"나 "그러므로"(therefore) 같은 접속사의 사용 빈도수가 많다는 것은 논리적인 결론보다는 도덕적, 윤리적 의무를 강조하기 위한 것으로, 그것이 곧 그들의 정신이 직관적임을 시사해 준다. 그리스인들은 추론(ratiocination)을 일삼지만, 히브리인들은 직관을 사랑했다. 그것은 전형적인 그리스인인 소크라테스와 히브리인 중의 히브리인인 예수를 대비해 보면 쉽사리 알 수 있다. 소크라테스는 독배를 마시기 앞서 "영혼의 본질과 사후의 삶"[77]에 대해 추론과 논증을 통해 결론에 도달했지만, 예수는 철학적 연역에 의해 그런 진리에 도달한 것이 아니라 직관적(intuitive)으로 그것을 파악했던 것이다.

또한 성서 전체를 통하여 "보라"(behold, look), "들으라"(listen, hear)와 같은 동사가 다수 사용된 것만 보아도, 히브리인들이 얼마나 보고 듣고 행하는 행위를 중시했는가를 알 수 있다.

> 공중의 새를 보라
> 심지도 않고 거두지도 않고
> 창고에 모아들이지도 아니하되
> 너희 하늘 아버지께서 기르시나니
> 너희들은 이것들보다 귀하지 아니하냐. (마 6:26)

씨를 뿌리거나 거두거나 곳간에 모아들이지 않는 공중의 새도 하늘에 계신 아버지께서 기르시는데, 하물며 그것들보다 귀한 사람을 돌보지 않겠느냐는 것을 논증하거나 추론하는 것이 아니라 "보라"는 것이다. 이것은 그들의 정신적 특질이 직관적이라는 것을 단적으로 입증해 준다.

"예수께서 무리에게 말씀하실 때에 그의 모친과 동생들이 예수께 말하려고 밖에 섰더니 한 사람이 예수께 여짜오되 보소서 당신의 어머니와 동생들이 당신께 말하려고 밖에 서 있나이다 하니 말하던 사람에게 대답하여 이르시되 누가 내 어머니이며 내 동생들이냐 하시고 손을 내밀어 제자들을 가리켜 이르시되 나의 어머니와 나의 동생들을 보라. 누구든지 하늘에 계신 아버지의 뜻대로 하는 자가 내 형제요 자매요 모친이니라 하시더라." (마 12:46-50)

마태가 "너희 눈은 봄으로, 너희 귀는 들음으로 복이 있도다"(마 13:16)라고 할 정도로 히브리인들은 보고 듣는 행위를 중시했다. 이는 곧 진리나 신은 논리적인 추론으로써 입증할 수 있는 것이라기보다는 직관에 의해 통찰하고 투시할 수 있는 것이라고 하는 그들의 정신적 특질을 보여준 것이다. 그리고 이것이 히브리 민족의 문학적 특질 가운데 가장 중요한 특질을 이루게 된다.

3. 구상적

"종교적 진실을 논리적으로 설명할 때는 고답적인 신학이 될 것이고, 사변적으로 증명할 때는 형이상학적인 철학이 될 것이고, 실천적인 당위를 강조할 때는 무미건조한 교훈이나 설교나 윤리학이 될 것이다. 그리고 문학으로 이를 표현할 때는 감동과 기쁨과 평화가 있을 것이다."[78] 물론 그와는 정반대의 경우도 있을 수 있다. 어쨌든 문학으로 종교적인 진실을 표현할 때는 문학의 속성상 아무래도 그 표현 자체가 구체적이고 감각적일 수밖에 없으니까 진리에 대한 더 구체적인 깊은 공감을 할 수 있을 것만은 틀림없다.

또한 사유방식만 보더라도 그리스인의 사유가 추상적이라면 히브리인의 사유는 구상적(concrete)이라 할 수 있다. 그러므로 히브리인들은 그런 사유의 언어를 아주 빈번하게 즐겨 사용하였다. 그것이 바로 성경 문학의 특질 중의 하나라 할 수 있다. 이사야 1장 18절만 보더라도 성경의 표현이 구체적이라는 것을 알 수 있다.

> 너희 죄 진홍 같을지라도
> 눈과 같이 희어질 것이요
> 진홍 같이 붉을지라도
> 양털과 같이 희게 되리라.

우리 인간의 진홍 같은 죄를 상상케 한다. 이런 구체적인 표현을 통하여 우리는 아담 이후 우리 인간이 얼마나 죄로 인하여 참담해졌는가를 그려보게 된다. 그러나 인간이 죄로 참담해지기는 했지만, 그 죄를 회개하고 예수를 믿으면 "눈"이나 "양털"과 같이 희게 되리라는 것이다. 죄와 구원의 교리를 추상적인 논리로 진술하는 것이 아니라 "진홍색"의 이미지와 "눈"이나 "양털"과 같이 "희게" 되리라고 하는 직유를 사용했다. 이런 이미지와 직유 또는 은유들이 마음속에 구체적으로 죄와 구원의 상(像)을 떠오르게 한다.

성경에는 이 시가에서 보는 것 같은 직유나 은유가 수없이 많이 사용돼 있다. 신구약에 나타난 직유를 수적으로 비교해 볼 때, 구약이 압도적으로 많고 신약에서는 마태복음과 요한 계시록에 제일 많다고 한다. 히브리 문학의 특색 중의 하나가 구상적이다 했을 때, 그것은 직유나 은유와 교묘한 이미지들이 많다는 것을 뜻한다.

> 천국은 마치 사람이 자기 밭에
> 갖다 심은 겨자씨 한 알 같으니. (마 13:31)
>
> 천국은 마치 여자가 가루 서 말 속에
> 갖다 넣어 전부 부풀게 한 누룩과 같으니라. (마 13:33)

위에 인용한 성경 구절은 마태복음 13장에 나오는 천국 비유다. 천국은 마치 "겨자씨"와 같고 "누룩"과 같다는 예수님의 비유다. 겨자씨는 바늘귀만한 크기의 것으로 사람의 눈으로 볼 수 있는 것 중에서는 가장 작은 씨다(막 4:31). 그러나 이것은 자라나면 모든 재배식물 중에서 가장 큰 것이 되고 큰 가지를 냄으로써 공중의 새들이 그 그늘에서 깃들일 수가 있다. 또한 누룩도 아주 미미한 것으로 많은 밀가루에 비하면 정말 보잘 것 없는 적은 것이다. 그러나 그것은 밀가루에 섞어서 반죽을 개가지고 하룻밤 동안 그대로 두면 그 반죽은 모두 발효되고 만다. 결국 이 두 비유(직유)는 하늘나라는 아주 작은 것으로부터 시작되지만 마침내는 크나 큰 나라로 확장된다는 것을 말해 주고 있다. 다시 말하면 평판도 없고 보기에도 가련한 소수의 무리가 예수를 따르지만, 예수는 그 소수의 무리들을 통해서 세상의 어느 제국보다 더 크고 강대한 나라를 세우신다는 것이다. 그 나라는 지상의 나라가 아니라 하늘에서 세워지는 하나님의 나라다. 하나님의 나라는 영계에 속하기 때문에 보이지가 않는다. 그러나 매우 오묘한 신비와 비밀을 갖춘 나라다. 그 진리를 구체적으로 이해하고 보도록 하기 위해서 히브리 시인들은 비유 즉 직유를 사용하였다.

실로 예수는 비유가 아니면 말씀하시지 아니 할 정도로(막 13:34) 많은 비유적 표현과 유추(analogy)를 사용했다. 그것은 "창세부터 감추인 것을 드러내기"(마 13:35) 위한 것, 즉 종교적 진리를 좀 더 구체적인 표현으로 제시하려는 데 있었다. 예수가 비유를 많이 사용한 것은 추상적이고 정신적인 진리를 구체적으로 묘사해서 당시의 어리석은 사람들에게 그것을 깨우쳐 주려는데 그 목적이 있었다.

성경의 많은 비유 가운데서 가장 애송되는 시를 하나 소개하겠다.

> 여호와는 나의 목자시니
> 내게 부족함이 없으리로다.
> 그가 나를 푸른 풀밭에 누이시며
> 쉴 만한 물 가로 인도하시는도다.
> 내 영혼을 소생시키시고
> 자기의 이름을 위하여 의의 길로 인도하시는도다.
> 내가 사망의 음침한 골짜기로 다닐지라도
> 해를 두려워하지 않을 것은 주께서 나와 함께 하심이라.
> 주의 지팡이와 막대기가 나를 안위하시나이다.
> 주께서 내 원수의 목전에서 내게 상을 차려주시고
> 기름을 내 머리에 바르셨으니
> 내 잔이 넘치나이다
> 내 평생에 선하심과 인자하심이 반드시 나를 따르리니
> 내가 여호와의 집에 영원히 살리로다. (시 23:1-6)

전체가 여섯 절로 구성된 이 짧은 시속에 많은 은유가 나온다. 시인은 여호와를 "목자"로, 축복의 땅을 "푸른 풀밭과 쉴만한 물 가"로, 정의의 생활을 "의의 길"로, 슬픈 인생을 "사망의 음침한 골짜기"로, 하나님의 돌보심을 "주의 지팡이와 막대기"로, 주의 축복을 "기름과 잔"으로, 불변의 신앙생활을 "여호와의 집에 영원히 살리로다"로 은유하였다.

여호와가 나의 목자라는 비유는 이리나 늑대 같은 맹수들로부터 보호하고 기르시고 인도하시는 분이라는 것이다. 또한 여호와의 집에 영원히 살게 하며 의의 길로 인도하시는 분이라는 말이다. 시편 23편에서 볼 수 있는 은유들은 절묘해서 우리의 감각적 상상을 깊게 해주고 풍부한 암시성을 담고 있어서 생명력을 더해 준다.

이밖에 히브리인들은 "눈은 눈으로, 이는 이로, 손은 손으로, 발은 발로, 덴 것은 덴 것으로, 상하게 한 것은 상함으로, 때린 것은 때림으로 갚을지니라"(출 21:24-25)는 말로 보복을, "아버지가 신 포도를 먹었으므로 그의 아들의 이가 시다고 함은 어찌 됨이냐"(겔 18:2)라는 말로 유전을, "구스(이디오피아)인이 그 피부를, 표범이 그 반점을 변하게 할 수 있느냐"(렘 13:23)라는 말로 외모의 불변성을, "그 사람은 광풍을 피하는 곳, 폭우를 가리는 곳 같은 것이며 마른 땅에 냇물 같을 것이며 곤비한 땅에 큰 바위 그늘 같으리니"(사 32:2)라는 말로 위대한 인물을 표현한 일이 있다.

이상의 비유적인 표현과 더불어 시의 구상성을 이룩한 것은 의인화의 기법이었는데, 특히 구약에서 그 예를 많이 찾을 수 있다.

> 산들과 언덕들이 너희 앞에서 노래를 발하고
> 들의 모든 나무가 손뼉을 칠 것이며. (사 55:12)

산과 들의 나무를 의인화시켜서 사람이 마치 노래를 부르듯이 노래하게 하고 마치 사람처럼 손뼉을 치게 한다.

시온이여 깰지어다 깰지어다 네 힘을 낼지어다.
거룩한 성 예루살렘이여 네 아름다운 옷을 입을지어다. (사 52:1)

어떻게 생명이 없는 시온이 깨고 아름다운 옷을 입을 수가 있겠는가? 그러나 여기서는 시온성과 예루살렘을 의인화해서 사람이 자다가 깨는 것처럼 또는 아름다운 옷을 입는 것처럼 구상화한다.

인애와 진리가 같이 만나고
의와 화평이 서로 입 맞추었으며
진리는 땅에서 솟아나고
의는 하늘에서 굽어보도다. (시 85: 10-11)

시편 85편은 이스라엘을 향한 징계를 멈추시고 용서의 은혜를 베푸신 하나님에 대한 감사와 찬양의 시다. 여기서 인애와 진리가 같이 만나는 것이나 의와 화평이 서로 입맞춤하는 것, 또한 진리가 땅에서 솟아나고 의가 하늘에서 내려다보시는 것 모두가 의인화의 기법을 통해서만 가능하다.

이 모두가 히브리인의 문학적 구상성(具象性)을 보여주는 단적인 예들이다. 문학 특히 시의 생명은 리듬과 비유적 표현에 있고, 상상을 자극하는 언어는 대체적으로 구체성이 풍부한 언어들이다. 아무리 추상적인 것을 전사(轉寫)하는 경우라 할지라도 시인은 가능한 한 구체성이 풍부한 언어와 비유를 사용하는 것이 보통이고, 그렇게 할 때 비로소 감동과 생생한 인상을 남길 수 있는 것이다. 만일 구체성이 없는 문장이라면 무미건조한 설교나 훈계로 그치고 말 수 밖에 없다. 성서의 추상적인 진리와 교훈에도 불구하고 무미건조한 맛을 느끼지 않게 되는 것은 히브리 문학이 지닌 바로 이런 특색 때문이다.

4. 감각적

히브리인의 사유가 감각적(sensuous)이라고 하는 것은 그들의 표현 중에 인체의 각 부분, 이를테면 머리(head), 목(neck), 눈(eyes), 입(mouth), 이(teeth), 혀(tongue), 팔(arms), 다리(legs), 손가락(fingers), 발톱(toes), 무릎(knees) 따위의 언급이 많은 것으로도 입증된다. 그 중에서 몇 가지만 예를 들어 보겠다.

> 주의 손가락으로 만드신 주의 하늘과
> 주께서 베풀어 두신 달과 별들을 보오니
> …………
> 주의 손으로 만드신 것을 다스리게 하시고
> 그 발아래 두셨으니. (시 8:3, 6)

하나님은 놀라운 솜씨로 이 세상을 창조하신 분이시다. 주의 손가락으로 마치 화가나 조각가처럼 그 솜씨를 발휘해서 만드신 주의 하늘을 볼 때 주님으로부터 지음 받은 것 중에서는 가장 뛰어나고 우월한 존재라고 하는 인간도 아무것도 아닌 것임을 느끼게 된다. 그래서 시인은 "사람이 무엇이관대"라고 하는 의문을 제기하는 것이다. 그러나 인간을 천사보다 조금 못하게 하시고 영화와 존귀로 관을 씌우시고 그들로 하여금 그 손으로 만드신 것을 다스리게 하시고 그 발아래 두어 지배하시는가를 생각하면, 그 크신 은혜 이루 말할 수 없이 그저 감사할 뿐이다.

신명기 33장 27절을 보면 "영원하신 하나님이 네 처소가 되시니 그의 영원하신 팔이 네 아래 있도다. 그가 네 앞에서 대적을 쫓으시며 멸하라 하시도다"라는 말씀이 있다. 여기서 사용된 "팔"은 한편으로는 우리 앞에서 대적을 쫓으시는 강력한 힘을 느끼게 하는가 하면 다른 한편으로는 위험 앞에서 어린 아이를 품에 안아 죽음을 무릅쓰고 보호하는 어머니의 품처럼 따스함을 느끼며 우리는 그 팔을 우리의 영원한 믿음의 처소로 삼고 이 세상 요란하고 어지럽지만 거기서 안식을 누리게 되는 것이다.

> 내 영혼아 네가 어찌하여 낙심하며
> 어찌하여 내 속에서 불안 해 하는 가
> 너는 하나님께 소망을 두라
> 그 얼굴의 도우심(구원)을 인하여[79]
> 내가 여전히 찬송하리로다. (시 42:5)

하나님은 영이시기 때문에 얼굴을 가지실리 없다. 그러므로 여기서 "얼굴의 도우심"이란 문자적으로만 해석해서는 잘 이해가 안 간다. 성경에서는 하나님의 얼굴을 보고 살 사람은 하나도 없음을 강조하고 있다(신 4:15; 요 1:18, 5:37; 딤전 1:17, 6:16). 구약에서 사용되는 "얼굴"이라는 단어는 문자적의 의미의 얼굴을 가리킨다기보다는 하나님의 임재를 가리키는 제유로 쓰이는 경우가 많다. 그러므로 "얼굴의 도우심"이라는 말은 직접 하나님의 얼굴을 바라보면 도우심을 받게 되리라는 뜻이 아니라 하나님의 임재가 가져다 줄 구원을 가리키는 것이다. 이 "얼굴의 도우심"이라는 표현을 통하여 사랑하는 우리를 찾아오셔서 물(죄의 탁류)에 빠진 우리를 건져주시고(구원) 보잘 것 없는 우리와 사랑을 나누시며 임마누엘 되셔서 어제도 오늘도 변함 없이 늘 우리를 위해 빌며 돕고 계시는 사랑의 하나님을 더욱 가깝게 느낄 수가 있다.

성경문학은 실로 간결하고 감각적이며 열정적인 문학 작품 중에서도 가장 으뜸가는 것이라 할 수 있다. 그것은 이미 인체의 각 부분을 다수 표현 속에 끌어들인 것만으로도 입증된 셈이다. 이처럼 그들은 감각적 요소로써 그들의 사상을 구체화하는 동시에 비소한 것과 영원한 것을 결합하여 형이상학적인 숭엄미(崇嚴美)를 자아냈던 것이다.

5. 단편적

히브리인의 문학적 특질로 "직관적"임을 앞서 말했거니와, 직관적이라함은 사물의 통찰 및 투시가 번갯불이 번쩍 치는 것처럼 섬광적이라는 뜻도 된다. 그 직관이 섬광적이라면 그 표현은 필연적으로 단편적(fragmentary)일 수밖에는 없다. 그러나 단편적이라 하는 것은 다른 면으로는 여운(餘韻)을 남기는 것이 되기도 한다. 그리스인들이 지성을 중시한다는 점에서 산문적이라면 히브리인은 여운을 존중한다는 점에서 시적이다. "단편적"이라 말은 "불완전"하고 "통일성"이 없는 것을 뜻하기도 하기 때문에 성경의 오류가 있다는 뜻으로 오인할 수가 있다. 그러나 모든 것을 순간적으로 마치 번개가 칠 때처럼 번쩍번쩍하는 순간순간에 통찰이나 투시가 이루어지지만, 그 순간 영감이 그 통찰 속에서 작용하기 때문에 그 통찰은 완전하고 유기적인 통일성을 갖게 되므로 오히려 장중한 맛과 긴 여운을 자아내는 것이다.

"태초에 하나님이 천지를 창조하시니라. 땅이 혼돈하고 공허하며 흑암이 깊음 위에 있고 하나님의 영은 수면에 운행하시니라. 하나님이 이르시되 빛이 있으라 하시니 빛이 있었고, 빛이 하나님의 보시기에 좋았더라. 하나님이 빛과 어두움을 나누사 하나님이 빛을 낮이라 부르시고 어둠을 밤이라 부르시니라. 저녁이 되고 아침이 되니 이는 첫째 날이니라." (창 1:1-5)

하나님의 천지 창조는 한 마디로 명령에 의해 엿 새 만에 이룩된 일이다. 그 엿새가 우리 인간의 시간으로 계산될 때는 어느 정도인지는 알 수 없지만, 어쨌든 명령하면 즉각 이루어졌고 기록자는 그 순간에 번개 치듯 영감을 가지고 그것을 통찰하였고 그 영감에 의해 완전하게 기록하였다. 밀턴의 『실낙원』의 내용과 문체가 아무리 장중하다고 하지만 제7

권의 창조이야기와 창세기의 이 대목을 비교해 보면, 도저히 성경이 주는 그런 간결하면서도 장중한 맛을 주지 못하며 이처럼 숭엄하고 여운이 길 수는 없다. 그렇다고 이 창조와 최후의 심판이 분리되는가? 그것은 하나님의 섭리 안에서 통일되고 웅장한 대서사시의 주제가 되는 것이다.

히브리 문학 속에 경구(警句), 잠언(箴言) 같은 아포리즘(aphorism) 문학이 많은 것만 보아도 그 특질 중의 하나가 단편적이라는 것을 알 수 있다.

6. 내적 독백과 수사적 질문

성경에서는 회자의 심리를 표현하는 수사적인 기법으로 독백 특히 내적 독백(內的 獨白)의 형식이 채용되었다.

"여호와께서 그 향기를 받으시고 그 중심에 이르시되 내가 다시는 사람으로 말미암아 땅을 저주하지 아니하리니 이는 사람의 마음이 계획하는 바가 어려서부터 악함이라 내가 전에 행한 것 같이 모든 생물을 다시 멸하지 아니하리니" (창 8:21).

여기서 보듯이 사람의 악한 행사와 계획 때문에 다시는 사람을 멸하지 않겠다는 여호와 하나님의 내심(중심)을 표출해 보여주고 있는 내적인 독백인 것이다.

어리석은 자는 그 마음에 이르기를
하나님이 없다 하는도다. (시 14:8)

어리석은 자는 마음속으로 하나님이 없다고 늘 독백을 한다는 것이다.

"심중에 생각하여 이르되 내가 곡식 쌓아 둘 곳이 없으니 어찌할까 하고 · · · 또 내가 내 영혼에게 이르되 영혼아 여러 해 쓸 물건을 많이 쌓아 두었으니 평안히 쉬고 먹고 마시고 즐거워하자 하리라 하되" (눅 12: 17, 19).

여기서 "심중에 생각하여" 말한 것이나 "내 영혼에 이르기를 여러 해 쓸 물건을 많이 쌓아 두었으니 평안히 쉬고 먹고 마시고 즐거워하자" 고 한 것은 마음으로 생각한 것을 자기의 영혼에게 하는 고백이므로 내적인 것이라 아니 할 수 없다. 또한 "오호라 나는 곤고한 사람이로다 이 사망의 몸에서 누가 나를 건져내랴" 로 시작되는 로마서 7장 24절-8장 8절도 내면적 고투(苦鬪) 끝에 고백하는 바울의 내적 독백이다.

이런 내적인 독백은 글을 읽는 사람들의 영혼을 울리고 흔들어 놓는 강한 전율과 여운을 남겨준다. 내적 독백 이외에 그들이 채용한 문학적 기법 중의 하나는 수사적 질문(rhetorical question))이다.

따먹지 말라고 금지된 "금단의 과실" 을 따먹고 나서 수치심을 느끼게 된 아담은 하나님의 시선을 피하여 나무 그늘 아래 숨어 있었는데, 하나님은 그를 찾아와서 "네가 어디 있느냐?" (창 3:9)는 말로 대화를 시작했다. 이런 문학적 기법은 다른 민족의 문학에서는 찾기 힘든 히브리 민족의 고유한 문학적 특질이라고 할 수 있다. 영시사상 이런 기법을 즐겨 쓴 작가는 윌리엄 블레이크(William Blake)라 할 수 있으며, "호랑이" (Tiger), "어린 양" (Lamb) 같은 그의 시가 그 대표적인 것이다. 이런 점에서 그는 성서의 영향을 많이 받은 시인임에 틀림없다.

동생 아벨을 살해한 카인을 향하여 하나님은 "네 아우 아벨이 어디 있느냐?" (창 4:9-10)라는 물음으로써 그가 행한 일에 대한 문제성을 제기했던 것이다. 또 전도서에는 "해 아래에서 수고하는 모든 수고가 사람에게 무엇이 유익한가" (1:3), "그 사람이 지혜자일지, 우매자일지 누가 알랴마는" (2:19)와 같은 의문형이 빈번히 사용되었고, 욥기에서도 하나님은 바람 속에서 욥을 향해 일련의 질문을 던졌다.

> 무지한 말로 생강을 어둡게 하는 자가 누구냐. (욥 38:2)
>
> 내가 땅의 기초를 놓을 때 네가 어디 있었느냐. (욥 38:4)
>
> 사망의 문이 네게 나타났었느냐. (욥 38:17)

이런 의문형의 빈번한 사용은 독자의 마음에 깊은 감명과 문제의식을 제기하려는 데 그 목적이 있고, 그 효과는 실로 지대한 것이다. 이런 의문문을 수사적 의문문이라 한다.

제5장 성경문학의 언어와 문체

1. 언어

구약 성경의 대부분은 히브리어(Hebrew)로 기록했지만, 그 일부분은 아람어(Aramaic)로 기록되었다(창 21:47; 스 4:8-6:18, 7:12-26; 단 2:4-7:28). 히브리어라는 명칭은 팔레스타인의 랍비들이 사용했으며(주전 130년경), 성경에서는 "가나안 방언"(사 19:18) 또는 "유다 방언"(왕하 18:26-28; 느 13:24; 사 36:13; 대하 32:18) 이라 했다.

1) 히브리어의 위치. 역사. 특징

(1) 위치

히브리어는 셈어족(Semitic)에 속하며,[80] 이 어족에는 다음과 같은 어족이 포함된다. 동셈어파(東셈語派)로는 바빌론어와 앗시리아어를 들 수 있고, 서셈어파(西셈語派)로는 북서셈어군(北西셈語群) 즉 아람어와 가나안어를, 그리고 남서셈어군(南西셈語群) 즉 아라비아어와 이디오피아어를 들 수 있다.

그러므로 히브리어는 셈어족 중에서도 북서셈어군, 그 중에서도 가나안어에 속한다. 가나안어는 다시 북가나안어, 남가나안어, 그리고 동가나안어로 나뉘는데, 모압어, 에돔어, 암몬어, 성경 히브리어 등은 남가나안어에 속하고, 아모리어는 동가나안어에 속한다.

(2) 역사

영어에 십볼렛(shibboleth)이라는 말이 있는데, 이것은 "사투리" 또는 "국적을 가르기 위하여 시험하는 말"을 뜻한다. 이 말의 출처는 사사기

12장에서 찾을 수 있다. 에브라임(Ephraimites)과 길르앗(Gileadites)이 전쟁할 당시 길르앗인은 먼저 요르단강을 건너가 도망치는 에브라임인을 살해하였는데, 우선 적인가 아닌가를 식별하기 위하여 "너는 에브라임인이냐?"고 물었다. 만약 그가 아니라고 하면, 그에게 "십볼렛"이라고 발음하게 했다. 그래서 바로 발음하지 못하고 "씹볼렛"(sibboleth)이라고 하면 길르앗 사람들은 곧 그를 잡아서 요르단 나루턱에서 죽였다. 이렇게 해서 죽은 사람은 42,000이었다(삿 12:5-6). 이 고사는 히브리어 중에도 사투리가 있었음을 입증해 주는 단적인 증거가 된다. 그러나 히브리어는 이스라엘 민족이 팔레스틴에 정주한 이후부터 사용하여, 아람어가 그것에 대치될 때까지 비교적 불변했던 언어였다.

이 히브리어에 아람어의 영향이 미친 것은 극히 장기간적인 현상이었다. 열왕기하 18장 26절에 의하면 주전 701년에는, 아람어는 외교용어(外交用語)였을 뿐, 민중은 대부분 그것을 이해하지 못하였지만, 주전 7세기에 이르러서는 양하지대(兩河地帶)의 일상어가 되었고, 바빌론 포로시대(주전 6세기) 이후 팔레스틴에 그 세력을 펴기 시작했다. 페르시아 시대에도 제국의 서부에서는 아람어가 공용어(公用語)로 히브리어와 함께 병용되었다.

그리스 시대 즉 주전 2세기경부터 히브리어는 문필용(文筆用)의 언어가 되었고, 종교행사 때가 아니면 학자들만이 사용하는 사어(死語)가 되었다. 그러나 히브리어가 사어가 된 데 대해서는 학자간의 의견이 일치하지 않는다. 버크랜드(H. Birkeland)나 그린츠(M. Grintz) 등은 히브리어가 예수 시대에도 하층계급의 언어였다고 한다.[81] 이에 대해 에머튼(J. A. Emerton)은 반론을 제시했다.[82]

예루살렘 성전이 파괴된 이후에도 히브리어는 랍비들이 사용했지만, 그것은 아람어의 영향을 많이 받았기 때문에, 본래의 히브리어와 구분해서 중기 히브리어라 한다. 19세기에 이르러 히브리어는 다수의 새로운 말을 첨가하여 현대생활에 적합한 언어로 개혁되었고, 그것이 현재

이스라엘 공화국의 국어가 되었다. 일반적으로 그것을 현대 히브리어라 한다.

(3) 특징

첫째 특징으로는, 히브리어는 일종의 혼성어(混成語)로서 다른 가나안어와 마찬가지로 알파벳(alphabet)을 사용한다는 것을 들 수 있다. 우가릿어(Ugarit)가 30자모(字母)를 사용한데 반하여, 히브리어는 22자음으로 구성되는 언어다.[83] 또한 다른 셈어족과 마찬가지로, 히브리어도 세 개의 자음문자(子音文字)의 결합에 의해 이루어지는 동사어근(動詞語根)을 그 밑바탕으로 하고 있다.[84] 이를테면 kohen에 있어서, k-h-n은 동사어근이고 o-e는 모음패턴(vowel-pattern)이다. 성경의 히브리어는 다른 셈어와 비교해 볼 때, 어휘수가 적고 문장구성도 발달하지 못했다고 한다. 히브리어에는 1050의 어근이 있고, 고유명사를 제외하면 5,000단어 정도가 사용되었다. 그 중에서 많이 사용된 것은 500단어라 한다. 그런가하면 한번 정도 사용된 말도 적지않은 모양이고, 그 의미 자체가 명확치 않은 것도 많다고 한다. 이런 외형적인 또는 문법적인 특징은 이 정도로써 줄이고 좀 더 본질적인 면에서 그 특징을 살펴보는 것이 좋을 성 싶다.[85]

둘째 히브리어는 본질적으로 간결소박하고 자연스러우며 구상적이다. 이것이 히브리어의 제일차적 특징이라 할 수 있다.

세째 히브리어는 장엄하고 숭고하며 운율적이다. 그리고 활력과 정열이 넘치는 언어이기 때문에 열렬한 감정을 표현하는데 가장 적합한 언어라 할 수 있다.[86]

넷째 히브리어는 모음이 없이 자음으로만 구성된 언어로 초기 모세시대에까지 거슬러 올라가는 이스라엘의 공식적 일상 언어였다.[87]

히브리어 자체가 이처럼 시적이므로, 그 언어에 의해 기록된 성서도 많은 부분이 산문적 기술로 되어있긴 하지만, 본질적으로는 시적인 것이다.

2) 아람어의 위치와 특징

"아람어"라고 하는 명칭은 열왕기하 18장 26절에서 찾을 수 있다. 아람어는 주전 1000년경부터 사용되기 시작하여 지금까지도 사용되고 있는 언어다. 아람어가 방언적으로 서로 다른 동아람어와 서아람어로 분류된 것은 비교적 후대의 일로서, 서아람어는 고(古)아람어의 직계라 할 수 있다. 성경의 아람어는 앗시리아, 바빌론, 페르시아 제국에서 주로 상용어(商用語)로 사용됐던 제국 아람어에 속한다.

성경의 아람어가 히브리어와 다른 점은, 주로 치찰음(齒擦音, sibilants)보다 치음(齒音, dentals)을 사용하고 있고, 많은 외래어를 수용하여 그 어휘가 풍부하여, 접속사의 종류가 많다는 것 등이다. 아람어는 히브리어만큼 시적인 데는 없지만, 법률가의 언어처럼 정확하고 명료하여서[88] 정확한 표현을 하는 데는 적합한 언어였다.

3) 헬라어의 위치와 특징

일찌기 복음서는 아람어로 기록되었던 모양이지만 곧 헬라어로 번역되었던 것이다.[89] 그러므로 신약문학의 언어는 전체적으로 헬라어라 해도 무방하다. 히브리어는 셈어족에 속하지만 그리스어는 세계 삼대어족(三大語族) 중의 하나인 아리안어족(Aryan family)[90]에 속한다. 그러나 신약 성경의 헬라어는 고전시대의 헬라어가 아니라 헬레니즘 문화의 영향을 받은 유대인의 헬라어였다. 헬레니즘 문화의 중심지는 북 아프리카의 알렉산드리아(Alexandria)였는데, 주전 3세기에 여기서 애굽의 왕 토레미 필라델프스(Prolemy Philadelphus)가 만든 헬라어역 구약 성경이 나왔다. 이 사실만으로도 신약의 언어가 헬레니즘의 영향을 받은 헬라어라는 것을 알 수 있다.

그러나 히브리어를 사용한 유대인도 있었던 것 같다. 그 일례로서 사도행전 21장 40절 "바울이 층대 위에 서서 백성에게 손짓하여 크게 조용히 한 후에 히브리 방언으로 말하여 가로되"라는 말씀을 들 수 있다. 또한 바울이 그리스도인들을 잡아 죽이기 위하여 다마스커스로 내려 가다가 환상 중에 들은 "네가 어찌하여 나를 핍박하느냐?"(행 26:14)하는 소리도 히브리 방언이었다고 한다. 이와 같이 신약에도 간혹 히브리 방언이 나오긴 하지만, 대체적으로 신약은 헬레니즘 문화의 영향을 받은 유대인의 헬라어로 기록되었다.

헬라어는 "고대 세계의 가장 완전한 언어"[91]로 히브리어에 비하여 매우 복잡하지만 역시 예술적인 언어라 할 수 있다. 요컨대 헬라어는 정확한 언어다. 언어의 정확성은 훌륭한 언어가 갖추어야 할 요건 중의 하나인 데, 그때에만 정확한 표현이 가능해지기 때문이다.[91]

그러므로 헬라어는 추상적이며 철학적인 사상을 표현하는데 가장 적합한 이상적인 언어였다. 그리스어를 사용한 문체나 형식에 관심을 두게 된 것도 이런 언어상의 요청 때문이었을 것이다.

2. 문체

마태복음에 "네 말소리가 너를 표명한다"(마 26:73, Your speech betrays you)는 말이 있다. 이 말은 사람의 말투(말소리)와 사람됨 사이에 깊은 관계가 있다는 뜻이다. 그래서 로버트 버튼(Robert Burton)은 『우울의 해부』(*The Anatomy of Melancholy*)에서 "확실히 문체는 그 사람을 표명한다" (It is most true, stylus virum arguit--our style betrays us)고 했다. 이것을 앞서 든 성서의 귀절과 비교해 볼 때, "말소리"(말투) 대신 문체(글투)라는 말을 대용했지만, 독창성이라는 점에서 보면 조금도

다를 바 없다. 그러니까 문체라고 하는 것은 인격과 독창성과 표현, 이 세요소가 서로 작용하고 융합하면서 스스로 조합되었을 때 이루어지는 것이라 할 수 있다.

여기서 독창성이란 인격이 갖고 있는 창조적 기능을 말하며, 그 기능에 의해 표현은 형성될 수 있다. 바꾸어 말해서 작가마다 다른 창조적 기능을 가졌으므로 그 사상이나 감정을 전달하는 표현법도 독자적일 수밖에 없다는 것이다. 이런 의미에서 문체란 한 작가의 특유한 감정이나 사상을 정확히 전달할 수 있는 언어적 특성이라고 한 미들튼 머리(J. Middleton Murry)의 정의는 높이 살만하다고 생각한다.[92] 요컨대 문체란 한 작가가 갖는 글 솜씨나 글 버릇을 가리키는 것이다. 그러므로 글투는 작가에 따라 또는 시대적인 변천에 따라 달라질 수밖에 없다.

그러면 성경 문학은 어떤 고유한 글투를 특색으로 하고 있는가를 살펴보겠다. 불행스럽게도 히브리어나 헬라어에 대한 지식이 없으므로 직접 원전(原典)을 사용할 수 없는 것이 유감스럽다. 그래서 궁여지책으로 흠정역성서(欽定譯聖書, Authorized versioin)를 텍스트로 쓰기로 했다. 따라서 원어의 스타일을 논하는 것이 아니라 영역성서의 글투를 논하는 격이 되겠지만, 그래도 원문의 스타일을 가장 근사하게 반영하고 있는 것이 흠정역성경이므로 어느 만큼은 성경 문학의 문체를 가깝게 이해할 수 있을 것이다.

성경에는 바울의 서신과 같이 다변적인 것도 있지만, 대체적으로 성경의 문체는 간결하고 고아하여 장중한 것이 그 특색이다.[93] 이런 강점이 흠정역성경에는 그대로 전수되어 있다. 예일대학의 교수였던 쿠우크(A. S. Cook)는 흠정역의 간결한 문체를 예증하기 위해서 『시편』 8편과 『햄릿』의 유명한 구절을 비교한 일이 있다.[94]

"· · · 땅, 이 훌륭한 구조도 나에게는 그저 황망한 곳처럼 느껴질 뿐이고, 하늘이라고 하는 기막히게 아름다운 천개도, 보게나, 저 찬란한 창공도, 불타오르듯 황금빛을 수놓은 장엄한 천장도, 아 내겐 다만 독기 서린 김 덩어리로밖에는 안 보이거든. 그리고 이 인간, 얼마나 절묘한 작품인가! 이성은 숭고하고, 능력은 무한하며, 자태와 거동은 뚜렷하고 훌륭하기 이를 데 없고, 행동은 흡사 천사 같고, 지혜는 신 그대로다. 세상의 정화, 만물의 영장은 바로 이를 두고 말함이 아니겠는가! 이런 인간이건만 내겐 쓰레기더미로밖에 보이지 않아. 인간의 꼴이 보기 싫단 말이야."

"・・・this goodly frame, the earth, seems to me a sterile promontory, this most excellent canopy, the air, look you, this brave o' erhanging firmament, the majestical roof fretted with golden fire, why, it appears no other thing to me than a foul and pestilent congregation of vapours. What a piece of work is a man! how noble is reason! how infinite in faculty! in form and moving how express and admirable! in action how like an angel! in apprehension how like a god! the beauty of the world! the paragon of animals! And yet, to me, what is this quintessence of dust? man delights not me." -*Hamlet*, 2. 2. 310-21

이것은 셰익스피어가 산문을 가장 숭엄한 운문의 단계에까지 끌어올린 문체라 하여 크게 찬사를 돌리는 구절이지만, 그 결점은 너무나 수사적이라는 데 있다. 그러면 시편 8편 3-6절까지를 인용하고 셰익스피어의 그것과 비교하여 보겠다.

주의 손가락으로 만드신 주의 하늘과
주의 베풀어 두신 달과 별들을 내가 보오니
사람이 무엇이기에 주께서 그를 생각하시며
인자가 무엇이기에 주께서 그를 돌보시나이까.
그를 천사(하나님)보다 조금 못하게 하시고
영화와 존귀로 관을 씌우셨나이다.

주의 손으로 만드신 것을 다스리게 하시고
만물을 그 발아래 두셨으니.

When I consider thy heaven, thy work of thy fingers,
The moon and the stars, which thou hast ordained;
What is man, that thou art mindful of him?
And the son of man, that thou visitest him?
For thou hast made him a little lower than the angels,
And hast crowned him with glory and honour.
Thou madest him to have dominion over the works of thy hands;
Thou hast put all things under his feet. -*KJV*, Psalms 8:3-6

여기서 "달과 별들"(moon and stars)은 셰익스피어의 "황금 빛"(golden fire)에 못지 않는 호소력을 갖고 있고, 『햄릿』의 "장엄한 천장"(majestical roof)은 다분히 수식적인 말이지만, 시편의 "하늘"(heavens)은 매우 간결한 단어로 호소력이 더 크다. 또한 시편의 "인간"(man)을 "천사보다 조금 못하게"(a little lower than the angels)로 본 것은 셰익스피어와 같이 "행동은 흡사 천사 같고"(in action how like an angel)라고 하는 것보다는 훨씬 간결하면서 더 강력한 효과를 주고 있다. 간결한 문체의 예로서 다른 성경의 구절을 들어 보겠다.

"닭이 곧 두 번째 울더라. 이에 베드로가 예수께서 자기에게 하신 말씀 곧 닭이 울기 전에 네가 세 번 나를 부인하리라 하심이 기억되어 그 일을 생각하고 울었더라."

"And the second time the cock crew. And Peter called to mind the word that Jesus said unto him before the cock crew twice, thou shalt deny me thrice. And when he thought thereon, he wept." -*KJV*, Mark 14:72.

이것은 예수가 유다의 배신으로 말미암아 대제사장에게로 구속되어 갈 때, 멀리서 그 뒤를 좇던 베드로가 대제사장의 하녀로부터 재차 예수와의 관계를 지적받고 나서 그것을 세 번 씩이나 부정한 뒤의 장면이다. 예수의 절대적인 신뢰와 사랑을 받고도 이에 대응하지 못한 베드로의 인간적 비애를 표시하는 말로서, "그는 울었다"(he wept)라는 단 두 마디의 말은 백 마디의 말로도 다 표현할 수 없는 그런 절실한 감정과 깊은 여운을 느끼게 한다. 사실 감정이 너무나 극에 달하면 많은 말을 할 수 없다. 그러므로 "그는 울었다"라는 표현은 베드로의 터질 것 같은 그 당시의 아픔을 잘 드러내 주는 말이라 할 수 있다. 마태복음 26장 75절에서는 동일할 사건을 그는 "밖에 나가서 심히 통곡하니라"(And he went out, and wept bitterly)라고 하였다. 이 말씀도 가슴치고 쓸어져 죽어도 시원치 않을 베드로의 절통한 심정을 잘 표현해 준 말이다. "통곡하니라"는 말 이외의 무슨 다른 말이 필요했겠는가!

이와 비슷한 표현은 사랑하는 소년 나사로(Lazarus)의 죽음을 슬퍼하시는 예수에 대해서도 사용되었다.

"마리아가 예수 계신 곳에 가서 뵈옵고 그 발 앞에 엎드리어 이르되 주께서 여기 계셨더라면 내 오라버니가 죽지 아니 하였겠나이다 하더라. 예수께서 그가 우는 것과 또 함께 온 유대인들이 우는 것을 보시고 심령에 비통히 여기시고 불쌍히 여기사 이르시되 그를 어디 두었느냐. 이르되 주여 와서 보옵소서. 예수께서 눈물을 흘리시더라."

"Then when Mary was come where Jesus was, and saw him, she fell down at his feet, saying unto him, Lord, if thou hadst been here, my brother had not died. When Jesus therefore saw her weeping, and the Jews also weeping which came with her, he groaned in the spirit, and was troubled, and said, where have ye laid him? They said unto him,

Lord come and see. Jesus wept." -*KJV*, John 11:32-35

"예수 우셨다"(Jesus wept)라는 구절은 성경 중에서도 가장 짧은 구절이지만, 이 구절 속에서 우리는 눈물의 미학(美學)을 발견할 수 있다. 성경을 살펴보면 예수는 세번 우셨다. 한 번은 자기의 조국, 예루살렘이 멸망할 것을 보시고 우셨다(눅 19:42-44). 그때의 예수의 심정을 표현하여 19장 41절에서는 "예수께서 우시며"(he wept over it)라고 간단히 남겼다. 그러나 그 이상 더 그의 단장의 슬픔을 표현할 길은 없었다. 또 한 번은 인류의 구속을 위해 십자가를 짊어져야 하는 사명을 놓고 고민하며 우셨다(히 5:7). 마지막으로 친구 나사로의 죽음을 보시고 우셨다(요 11:35). 이 눈물은 감상적인 눈물이 아니라, 친구의 죽음과 조국의 멸망, 그리고 자신의 사명 완수를 위해 흘리신 고결하고 아름다운 눈물이다. 그런데 그 아름다운 눈물을 더덕더덕 자꾸 덧입히면 누추해지고 진실성이 감소된다. "예수 우셨다"는 단 이 한 마디는 그의 심정을 충분히 표현해 주는 가장 짧지만 가장 적절한 말이었다.

성경은 주로 히브리어로 기록된 구약과 헬라어로 기록된 신약으로 구성돼 있지만, 헬라어도 결국은 히브리어(아람어)의 영향을 다분히 받은 것이기 때문에, 성경에는 전체적으로 히브리어적인 표현법이 반영되어 있다고 해도 과언이 아니다. 히브리어의 문구조(文構造)는 헬라어나 라틴어에 비해 종속구문(從屬構文)보다는 대체로 등위구문(等位構文)을 많이 사용하고 있다. 단문이나 등위구문은 간결한 표현법에 적합하지만, 복잡한 사상은 복문(複文)을 요구한다. 그러므로 단순한 사상이나 간결한 문체는 문법적으로 단순한 구조를 취한다는 것을 알 수 있다. 그 현저한 예가 등위접속사로 이어지는 단문(單文)의 병렬(竝列) 이를테면 느슨한 문장(loose sentence)을 많이 사용한 것이다.

"야곱이 죽을 쑤었더니 에서가 들에서 돌아와서 심히 피곤하여 야곱에게 이르되 내가 피곤하니 그 붉은 것을 내가 먹게 하라 한지라. 그러므로 에서의 별명을 에돔이더라. 야곱이 이르되 형의 장자의 명분을 오늘 내게 팔라. 에서가 이르되 내가 죽게 되었으니 이 장자의 명분이 내게 무엇이 유익하리요. 야곱이 이르되 오늘 내게 맹세하라. 에서가 맹세하고 장자의 명분을 야곱에게 판지라. 야곱이 떡과 팥죽을 에서에게 주매 에서가 먹으며 마시고 일어나 갔으니 에서가 장자의 명분을 가볍게 여김이었더라."

"And Jacob sod pottage: and Esau came from the field, and he was faint: and Esau said to Jacob, Feed me, I pray thee, with that same red pottage; for I am faint: therefore was the his name called Edom. And Jacob said, Sell me this day thy birthright. And Esau said, Behold, I am at the point to die: and what profit shall this birthright do to me? And Jacob said, Swear to me this day; and he swear unto him: and he sold his birthright unto Jacob. Then Jacob gave Esau bread and pottage of lentiles; and he did eat and drink, and rose up, and his way; thus Esau despised his birthright." -*KJV*, Genesis 25: 29-34

이것은 에서가 일시적 이익을 위해 영구적 권익을 포기한 유명한 구절로, 단 한 번씩만 사용된 for, therefore, then, thus를 빼놓으면 모두가 and로 주도된 단문으로 구성되어 있다.

이러한 접속사의 많은 사용(多用)을 수사학상 "접속첩용"(接屬疊用, polysyndeton)이라고 하거니와, or를 반복하여 박력 있는 문장을 구성한 예도 있다.

"누가 우리를 그리스도의 사랑에서 끊으리요. 환난이나 곤고나 박해나 기근이나 적신이나 위험이나 칼이랴. . . . 내가 확신하노니 사망이나 생명이나 천사들이나 권세들이나 현재 일이나 장래 일이나 능력이나 높음이나 깊음이나 다른 어떤 피조물이라도 우리를 우리 주 그리스도 예수 안에 있는 하나님의 사랑에서 끊을 수 없으리라."

"Who shall separate us from the love of Christ? shall tribulation, or distress, or famine, or nakedness, or sword. . . . For I am persuaded, that neither death, nor life, nor principalities, nor powers, nor things present, nor things to come, nor height, nor any other creature, shall be able to separate us from the love of God, which is in Christ Jesus our Lord." -*KJV*, Roman 8: 35, 38-39.

이와 반대로 성경에는 접속사를 생략한 "접속생략"(asyndeton)의 예도 볼 수 있다. 출애굽기 15장 9-12절 같은 것도 그런 예 중의 하나다.

상이한 주제와 사건은 모두 그것에 적합한 문체를 필요로 한다. 신의 이야기나 영웅소설은 엄숙하고 장중한 문체를, 풍자성이 강한 소설은 익살과 재치가 번득이는 문체를, 그리고 내면심리를 탐구하는 작품은 섬세한 내성적 문체를 요구하는 것이 보통이다.

그리어슨은 간명한 문체(plain style), 수식적 문체(decorative style), 장중한 문체(grand style)를 문학적인 문체로 보고, 거기에 제4의 문체로 과학적 문체(scientific style)를 거부하였다.[95] 문학 작품의 문체 중에서는 간명체가 과학체에 가장 가깝지만, 다만 소박한 문체라는 점에서만 유사할 뿐, 간명체는 과학체와는 달리 인간의 감정을 표현해 줄 수가 있다. 설화를 포함한 서사문학에서는 대부분 이 문체가 사용되며, 역사적으로도 가장 먼저 발달되었던 문체다. 반면 수식체는 고전어의 문체를 이입하여 발달된 것으로, 밀턴의 산문을 통하여 완성되었다고 할 수 있다. 그러나 소설의 문체가 발달하게 된 지반은 역시 간명체였다. 이 문체의 꾸밈없는 아름다움은 사람의 마음을 적나라하게 표출케 해 준다. 이런 문체의 발달에 절대적인 영향을 미친 것은 흠정역 성경이었으니, 역시 성경은 소설문체에도 많은 영향을 미쳤다고 할 수 있다.

각주)---------------

1) Kristian Smidt, *Poetry and Belief in the Work of T. S. Eliot* (London: Routledge and Kegan Paul, 1967), 54에서 재인용.
2) Walter Jackson Bate, ed., *Criticism: The Major Texts* (New York: Harcourt Brace Jovanovich, Inc., 1970), 43-49 참조.
3) 신국원, 『문화이야기』 (서울: 한국기독학생회 출판부, 204), 95.
4) 위 책, 96에서 재인용.
5) 리런드 라이컨 지음, 『상상의 승리』, 최종수 옮김 (서울: 성광문화사, 1982), 13-14 참조.
6) Augustine, *The City of God*, II. ch. 14; 라이컨, 14 참조.
7) Augustine, *Confession*, I. s. 27; 라이컨, 14에서 재인용.
8) Bate, ed., 97.
9) William Tyndale, "Answer to Sir Thomas More, in W. E. Campbell, Erasmus, Tyndale, and More" (London: Erye and Spottiswoode, 1949), 207.
10) William Perkins, "Of Writing," in Lawrence A. Sasek, *The Literary Temper of the English Puritans* (Baton Rouge: Louisiana State UP, 1961), 59.
11) Richard Baxter, *Treatise of Self-Denial*, in Sasek, 60.
12) Baxter, *Christian Directory*, in Sasek, 98.
13) *Ibid.*, 114.
14) Abraham Kuyper, *Lectures on Calvinism* (Grand Rapids: Wm. B. Berdmans Publishing company, 1975), 155; 최종수, 『문학과 종교의

대화』(서울: 성광문화사, 1987), 10에서 재인용.

15) 김지찬, "문학은 종교에 무엇을 기여하는가?", ??크리스챤라이프?? 1996년 9월호, 21.

16) T. S. 엘리엇 저, 『문예비평론』, 최종수 역 (서울: 박영사, 1974), 99-100.

17) Peter Wilward, *The Bible as Literature* (Tokyo: Kenkyusha, 1983), iii-iv.

18) 위 책, 3에서 재인용.

19) 위 책, 5.

20) 라이컨, 43.

21) 위 책, 47.

22) 위 책, 46.

23) 崔載瑞, 『文學原論z』 (서울: 春潮社, 1960), 6.

24) De Quincey, "Essay on Pope," in Art of Criticism, ed. P. R. Leider and R. Wittongton (Appleton Century, 1911), 449.

25) 성 어거스틴 지음, 『참회록』, 박재천 옮김 (서울: 기독태인문화사, 2001), 172-73.

26) 안토니는 아우구스티누스의 가장 가까웠던 두 친구 중의 한 사람이다. 그와 고향이 같고 명문의 출신이었다. 나이는 아우구스티누스보다 사실 조금 적었고 그에게서 배운 제자 벌이었다. 그러나 그들은 매우 가까웠다.

27) 성 어거스틴, 202-203.

28) 위책, 27.

29) 홍문표, "말씀의 나라, 시와 찬양의 나라," 『말씀과 문학』(장조문학사, 2002) 창간호(여름호), 26.

30) 위 책, 27.

31) 위 책, 28.

32) Lucretius, *De Rerum Natura* (Nature of Things), tr. by C. E. Bennet (Harmondsworth: Penguin Books Ltd., 1978), Bk. I. 925행 이후; Bk. IV. 1-25.

33) 이 문제에 대해 좀 더 자세하게 알고 싶은 분은 앞으로 나올 운암 조신권 교수 전집 8권 『영문학에 나타난 성경의 향기』를 참조하시기 바란다.

34) 좀 더 자세한 것을 알고 싶은 분은 앞으로 출간될 운암 조신권 교수 전집 『한국문학과 기독교』를 참조하시기 바란다.

35) 『베오울프』와 기독교적 전통에 대한 좀 더 자세한 내용을 알고 싶으면 앞으로 간행될 운암 조신권 교수 전집 9권 『정신사적으로 본 중세 영문학』을 참고하시 바란다.

36) 이상섭 지음, 『문학의 이해』(서울: 서문당, 1972), 39.

37) R. 하젤턴 지음, 『신학과 예술』, 정옥균 옮김 (서울: 대한기독교서회, 1983), 47.

38) 히브리인들에게 있어서 한 달란트는 3000세겔에 상당하는 돈의 무게 또는 그 단위를 말한다.

39) 조신권, "문학으로서의 성서," 『그 말씀』(서울: 도서출판 두란노) 1996년 9월호, 113.

40) Mary Ellen Chase, *Life and Language in The Old Testament* (New York: Pilgrim Press, 1955), 125.

41) 崔載瑞, 8.

42) Walter Pater, *Appreciations with An Essay on Style* (New York: Macmillan Company, 1942), 9.

43) *Ibid.*, 10.

44) *Ibid.*, 10.

45) DeWitt H. Parker, *The Analysis of Art* (New Haven: Yale UP, `1926), 31-62; D. W. Gotsachalk, *Art and the Social Order*, 2nd ed.. (New

York: Dpver Publications, 1962), 108-114.

46) 李商燮 著,『文學批評用語事典』(서울: 民音社, 1976), 81.

47) 라이컨, 57-61 참조.

48) 문학적 기교에 대해 자세하게 알고 싶으신 분은 앞으로 간행될 운암 조신권 교수 전집 2권 『성경의 문학적 접근방법 연구』를 참조하기 바란다.

49) M. H. Abrams,『文學用語事典』, 崔翔圭 譯 (서울: 大邦出版社, 1985), 123.

50) 김지찬 지음,『언어의 직공이 되라』(서울: 생명의 말씀사, 1996), 319.

51) 김지찬, 329.

52) 최종수 지음,『문학과 종교의 대화』(서울: 성광문화사, 1987), 42.

53) 김지찬, 105-106.

54) 위 책, 107.

55) 최갑종 지음,『예수님의 비유』(서울: 도서출판 이레서원, 2001), 89.

56) 김지찬, 261-66 참조.

57) 이 수사법에 대해 자세하게 알고 싶은 분은 앞으로 출간될 운암 조신권 교수 전집 2권『성경의 문학적 접근방법 연구』를 참조하기 바란다.

58) 주 57)에서 언급된 앞의 책을 참고하기 바란다.

59) 김지찬, 352-353; 좀 더 자세한 해설을 알고 싶으신 분은 앞으로 간행될 운암 조신권 교수 전집 2권『성경의 문학적 접근방법 연구』를 참조하기 바란다.

60) 김수중, "설교자에게 문학은 왜 유익한가,"『그 말씀』(서울: 도서출판 두란노) 1996년 9월호, 104.

61) 류순하 저,『성서의 이해』(서울" 숭실대학교 출판부, 1999), 65-66.

62) 위 책, 66.

63) 현길언, 『문학과 성경』(서울: 한양대학교 출판부, 2002), 115.

64) 라이컨, 30-31에서 재인용.

65) 장경철, 『하나님 공부하기』(서울: 낮은 울타리, 1998), 67 참조.

66) W. S. Johnson, ed., *Selections from the Prose Works of Mathew Arnold* (Massachusetts: The Riveside Press, 1973), 274.

67) Maey Ellen Chase, *Life and Language in The Old Testament* (New York: Humanities Press 1955), 56.

68) Johnson, 275.

69) 델포이(Delphi): 아폴로(Apollo) 신전이 있었던 그리스의 파르나쑤스(Parnassus) 산 남쪽에 사면에 있는 고대 도시다.

70) Johnson, 274.

71) William James, *The Varieties of Religious Experience* (London: Longmans, Green and Co., 1928), 31.

72) Herbert Read, *Phases of English Poetry* (London: Faber and Faber, 1948), 82.

73) C. A. Dinsmore, "The Hebrew Mind," in *Patterns of Reading and Writing*, ed. C. H. Conley (New York: Farber and Rinehart, Inc., 1937), 304.

74) William Cowper, "The Task," Bk. vi, 223-224, in *The Poetical Works of William Cowper*, ed., H. S. Milford (London: Oxford University Press, 1950), 224.

75) 홍문표, "히브리 민족과 문학," 『말씀과 문학』(서울: 창조문학사) 2003년 가을호 19-20.

76) Conley ed., 304.

77) *Ibid.*, 305.

78) 홍문표, 24.

79) 개역개정판에 는 "구주가 나타나 도우심으로 말미암아" 로 되어 있다.

80) Henry Kendall Booth, *The Background of the Bible* (New York, 1930), 13.

81) H. Birkeland, *The Language of Jesus* (Oslo, 1954); J. M. Grintz, "Hebrew as the Spoken and Written Language in the Last Days of the Second Temple," *Journal of Biblical Literature*, 79, 1960, 32-47 참조.

82) J. A. Emerton, "Did Jesus Speak Hebrew?," *Journal of Theological Studies*, 12, 1961, 189-202 참조.

83) J. D. Douglas, ed., *The New Bible Dictionary*, 710.

84) *Ibid.*, 710.

85) Booth, 20-21 참조.

86) Chase, 115.

87) Eugene H. Merrill 저, 『역사적 구약 개요』, 김인환 역 (서울: 총신대학교출판부, 1997), 21.

88) Booth, 21.

89) *Ibid.*, 22.

90) *Ibid.*, 13.

91) Laurence D. Lerner, *Englsih Literature* (London: Oxford University Press, 1954), 19 참조.

92) J. MIddle Murry, *The Problem of Style* (London: Cambridge University Press, 1960) 참조.

93) Chase, 120.

94) A. S. Cook, "The Authorized Version of the Bible and its Influence," in *Cambridge History of English Literature* (London: Cambridge University Press, 1909), 44.

95) H. J. C. Grierson, *Rhetoric and English composition* (Oliver Boyd, 1945), 44.

3
성경의 문학적 갈래

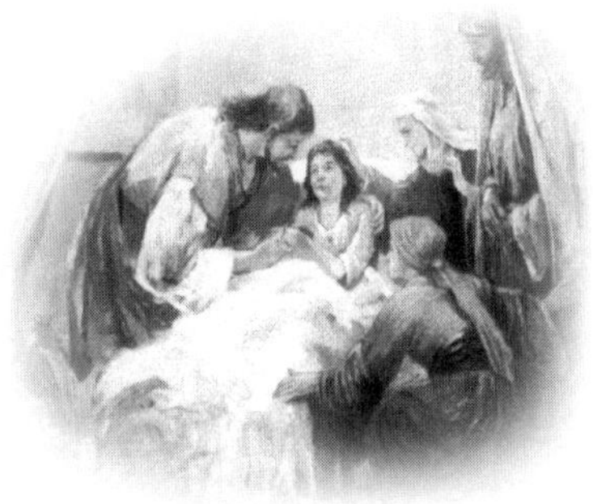

- 내러티브
- 서사시
- 서정시
- 짧은 스토리
- 예언문학
- 문학의 형식으로서의 복음
- 예수문악
- 바울의 문학
- 요한의 문학

장르(genre)라는 말은 원래 프랑스어로서 "종류"를 가리키는 말이다. 잡다한 현상을 이해하기 위해서 분류는 대단히 중요하고 빼놓을 수 없는 작업인 것이다. 문학의 장르론은 바로 문학이라는 잡다한 현상에 질서를 주기 위한 하나의 논의인데, 우리말로는 갈래라 하기도 하고 조금 다른 말로는 양식이라고 부르기도 한다.

이 문학의 갈래는 성경 해석에 있어서 결정적인 역할을 한다. 왜냐하면 시는 시답게, 설화는 설화답게 읽어야만 그 메시지를 바로 이해하게 되는데, 시에는 시법이 있고, 설화에는 설화법이 있어서, 그것을 알지 못하면 바른 해석을 할 수 없기 때문이다. 현대에 와서는 문학의 갈래를 무시하거나 경시하는 경우가 있지만, 성경을 연구하고 바로 해석하려고 하는 사람이 만일 그렇게 한다면, 그것은 옳은 일이 아닐 뿐 아니라 대단히 어리석은 일이라 아니 할 수 없다.

하나님께서는 그 자신의 메시지를 전달하시기 위해 영감을 통해 많은 문학 양식과 갈래를 동원하셨다. 이미 위에서 말한 바와 같이, 성경에서 제일 많이 사용된 문학 양식은 신약에 더 많이 보이는 강론 형식이다. 바울의 서신들이 이 강론적인 형태의 대표적인 것들이다. 다음으로는 설화와 전기의 형태가 많다. 구약의 상당 부분과 사복음서는 이 이야기와 전기의 형태를 취하고 있다. 이에 못지않게 많이 성경에 나타나는 양식이 시가다. 욥기, 시편, 잠언, 전도, 아가 등의 시가서와 대부분의 예언서 등이 이 형태를 취하고 있다.

이것은 형식적으로 구분할 수도 있고 내용적으로도 구분할 수도 있다. 그렇게 다양하고 수다한 형식적인 또는 내용적인 양식들을 개별적으로 다 다룰 수는 없고, 가장 많이 사용되고 중요하다고 생각되는 형식적인 양식들만을 갈래별로 나누어서 고찰하겠다. 성경의 양식으로 많이 나타나는 것들을 갈래별로 대별하면, 내러티브, 서사시, 극시, 서정시, 비극, 짧은 스토리, 풍자문학, 지혜문학, 예언문학, 복음, 바울의 서신문학, 요한의 문학(묵시문학) 등으로 구분할 수 있다. 물론 연구자에 따라 달리 구분할 수도 있을 것이다. 그리고 이 양식들을 살펴보려고 할 때 우선 염두에 두어야 할 것이 있다면, 그것은 성경의 책들이 전적으로 한 양식만으로 이루어진 것은 거의 없고 많은 부분이 통합적 양식을 취하고 있다는 것이다. 이런 점을 염두에 두면서 갈래를 따라가며 살펴보겠다.

제1장 내러티브

성경에는 수없이 많은 이야기들이 들어 있다. 어떤 학자에 의하면 "많게는 성경의 2/3의 분량이 이야기라고 보며 나머지 1/3의 비이야기체 본문도 이야기를 떠나서는 이해할 수 없다고"고 한다.[1] 이야기를 민속문화의 입장에서는 민담(folk tale)이라고 하지만 전문적이며 역사신학적인 입장에서는 내러티브(narrative)라고 부른다.

어느 민족이나 그들 나름대로의 고유한 내러티브가 전해지고 있다. 그러나 성경에 실려 있는 내러티브들은 참으로 특이하다. 왜냐하면 그들의 내러티브는 곧 그들의 고유한 신관과 인간관을 나타내기 때문이다.[2] 히브리 사람들은 평범한 일상생활 이야기 속에서 내면 깊은 곳에 활동하시는 신의 역사를 읽을 수 있었다. 인간에 대한 깊은 통찰력은 곧 우주적인 차원으로 옮겨져 인간 무대 배후에서 조용히 숨 쉬시는 신의 숨결을 듣도록 해주고 있다.

내러티브는 성경의 많은 양식들 중의 하나로 가장 많이 사용된 기법의 하나인 것이다. 독자들은 설화자의 이야기의 구성, 전개방법, 주인공의 성격, 주제의 발전, 이미지 서술방법, 동기부여 등 다양한 표현 방법을 통해 이야기의 의미를 찾게 된다. 또한 성경의 내러티브들은 인간적인 상황과 성품을 그대로 묘사하고 있다는 점에서 사람들의 이야기라고도 할 수 있지만, 개별적인 이야기를 통해 하나님의 "세미한 소리"(왕상 19:12)를 들려주는 하나님의 이야기이기도 하다.

이 내러티브들은 우리와는 때와 장소를 달리하는 히브리 사람들의 이야기이긴 하지만, 그것은 일반적인 이야기들과는 달라서 우리 모든 인간들의 이야기인 동시에 하나님의 이야기인 것이다. 성경에 나오는 일반적인 사람들의 이야기를 통해 하나님의 세미한 소리를 듣기를 바란다. 많은 내러티브들 중에서도 여기서는 가장 대표적인 내러티브 두 편만 다루겠다.[3]

1. 아브라함의 이야기

"아브라함의 이야기"를 구성하는 구조에는 적어도 네 가지 원리가 있다. 첫째는 전기적 연대기적 원리인데, 이는 아브라함의 조상들에 대한 계보로부터 시작해서 아브라함의 사망에 대한 기사로 끝을 맺는 이야기 전개 방식을 말한다. 둘째는 한 지역에서 다른 지역으로 끊임없이 이동하는 여행 모티브를 다루는 이야기의 한 양상을 말한다. 셋째로 이 이야기는 아브라함이 땅과 혈통을 찾아가는 추적 이야기를 말한다. 마지막으로, 이 이야기는 하나님이 아브라함에 대한 언약을 점진적으로 드러내는 계시의 원리를 바탕으로 구성되어 있다는 것이다. 이 원리들을 통합적으로 수용해서 나는 우선 이야기의 줄거리를 살펴보는 것으로부터 시작하겠다.

1) 플롯과 줄거리

노아의 맏아들인 셈의 자손 중에 데라(Terah)라는 사람이 있었다. 그는 바벨에서 그리 멀지 않은 우르(Ur)라는 도시에서 살았는데, 이 도시는 바빌론 제국 안에 있었다. 데라에게는 아브람, 나홀, 하란이라는 세 아들이 있었다(창 11:26-32). 그들이 우르에서 살던 때는 기원전 1800년경으로 그들은 풀이 많은 곳을 찾아다니며 양이나 그 밖의 가축들을 기르며 사는 유목민이었다. 갈대아 우르는 유프라테스가 페르시아 만으로 흘러들어가는 하구 근처에 있는 인류 문화를 최초로 밝혔던 수메르 문화의 중심지였다

발달한 도시교통을 비롯하여 관료기구와 무역, 설형문자로 기록된 엄청난 문서와 서적, 그리고 다신교와 범신론의 종교와 철학, 태양과 달을 숭배하는 신앙, 그 모든 것이 데라에게도 많은 영향을 끼쳤을 것이 틀림없다. 세 아들과 함께 우르에 살고 있던 데라는 그 어떤 불가사의한 충동

과 힘에 이끌려 부와 번영의 도시 우르를 떠나 사막 서쪽의 가나안으로 갈 결심을 하였다. 그러나 떠나기 얼마 전에 그의 아들 하란이 죽었다. 그리하여 데라는 하란의 아들인 손자 롯과 아들 아브람, 그의 아내 사래, 둘째 아들 나홀과 그의 아내 밀가, 그리고 가축들을 데리고 가나안을 향하여 길을 떠났다. 그 노정은 우선 유프라테스 강과 티그리스 강 사이의 대초원을 북서로 거슬러 올라가 도시 하란으로 갔다가 다시 지중해변의 폭 좁은 팔레스타인 녹지대를 지나 남으로 향하는 것이었다. 위험하기 짝이 없는데다가 식수 조달이 어려운 아라비아 사막을 피해서 가자면 초생 달 지대의 우회로를 이용할 수밖에 없었다. 그들은 일단 하란이라는 곳에 이르러 자리를 잡게 된다. 하란에서 살던 데라는 이백오 세에 죽었다.

데라가 산 시대, 다시 말해 기원전 1900년경의 하란은 동서남북으로 이어지는 대상로(隊商路)의 중심지요 정치 문화의 중심지이기도 하였다. 아버지를 이어 족장이 된 아브람은 오래도록 하란에 머물렀다. 그 동안 재산이 많이 늘어나서 양, 소, 염소, 당나귀 등의 가축이 많아지고 따로 이것들을 돌보는 종들도 필요해졌다. 둘째 아들 나홀은 아버지가 숨을 거둔 곳 하란을 고향으로 삼아 정주하기로 마음을 정했다.

그러나 아브람(창세기 11장으로부터 29장까지에 걸쳐서 나오는 믿음의 조상 아브라함의 본명)은 칠십오 세가 되던 해에 하나님의 부르심을 받았다. "너는 너의 고향과 친척과 아버지의 집을 떠나 내가 네게 보여줄 땅으로 가라. 내가 너로 큰 민족을 이루고 네게 복을 주어 네 이름을 창대케 하리니 너는 복의 근원이 될지라. 너를 축복하는 자에게는 내가 복을 내리고 너를 저주하는 자에게는 내가 저주하리니 땅의 모든 족속이 너를 말미암아 복을 얻을 것이라" (창 12:1-3).

이미 나이 75세가 된 아브람은 하나님이 이런 늙은이를 어디로 데려가려고 하는 것인지 불안했다. 또한 그에게는 대를 이어나갈 자식도 없었다. 그리고 평안히 살 수 있는 정든 하란을 떠난다는 것은 매우 어려운 일이었다. 하란은 가축들을 기르는 데 기후가 알맞았고 아브람은 그곳에서 족장으로서 존경을 받으며 살고 있었기 때문이다. 실로 어디로 가는지도 모르면서 떠난다고 하는 것은 큰 위험이 따르는 모험이었다. 그러나 그는 믿음으로 하나님의 명령에 따라 길 떠날 준비를 했다. 그리고 아브람의 조카인 롯(Lot)도 함께 가기로 했다. 그들의 길고 긴 여행은 사막과 황폐한 땅을 지나 계속되었고 괴로운 일도 많이 있었다. 더구나 하나님이 어디로 데리고 갈 지도 모르는 여행이었다. 그러나 믿음이 깊은 아브람은 하나님이 어디로 인도하든 따라가기로 했다.

마침내 가나안의 세겜 땅에 이르렀을 때 하나님은 "내가 이 땅을 네 자손에게 주리라" (창 12:7)고 말씀하셨다. 그곳에는 큰 상수리나무가 한 그루 있었는데, 아브람은 하나님이 나타나셨던 그 자리에 제단을 쌓고 하나님께 감사 기도를 드렸다. 그러나 그 지방에 마침 흉년이 들어서 아브람과 그 일가는 애굽 땅으로 옮겨 갈 수밖에 없었다. 그가 애굽이라는 남의 땅에 발을 들여 놓으므로 파라오(바로)에게서 자기 아름다운 아내 때문에 어려움을 당한 일도 있지만, 일반적으로는 이상적인 족장의 전형으로 묘사되고 있다. 조카 롯이 궁지에 몰렸을 때(엘람 왕에게 사로잡혀 갔을 때) 자신이 길러낸 사병 삼백십팔 명을 이끌고 나가 그를 구해 주었으며, 롯의 목자들과 아브람의 목자들이 서로 다툴 때 그는 롯에게 좋은 땅을 양보했으며, 또 소돔성의 멸망을 구원하기 위하여 하나님께 중보의 탄원을 드리기도 하고, 가정의 평화를 이루기 위하여 부득이한 처사이긴 했지만 이스마엘과 하갈을 내쫓기 전 그들의 먹을 것과 마실 것을 준비해 준 것 등은 모두 아브람이 이상적인 부족장의 모습을 보여 주는 실례들이다.

하나님은 아브람이 한 이런 일들을 보고 기뻐하여 환상 가운데 나타나 아브람에게 말씀하셨다. "아브람아 두려워 말라. 나는 너의 방패요 너의 지극히 큰 상급이니라" (창 15:1). 이에 아브람은 "주 여호와여 무엇을 내게 주시려나이까. 나는 자식이 없사오니 나의 상속자는 이 다메섹 엘리에셀이니이다"(창 15:2)라고 하였다. 여기서 언급한 "엘리에셀"은 아브람의 집에서 자란 가장 신임하는 종(창 24:2)이었다. 아브람은 자식이 없으므로 그 종 엘리에셀을 자신의 후사로 추천하게 되었던 것이다.

이렇게 아브람이 말하자 하나님은 그를 밖으로 데리고 나가 하늘의 별을 보여주며 말씀하셨다. "하늘을 우러러 뭇별을 셀 수 있나 보라. 또 그에게 이르시되 네 자손이 이와 같으리라"(창 15:5). 아브람은 속으로 웃었다. 이미 그의 나이 아흔아홉 살이요, 사래도 아흔 살이나 되어 아이를 낳기에는 너무 늙었기 때문이다. 그러나 하나님은 사래가 아들을 낳을 것이라고 아브람에게 말씀하셨다.

"나는 전능한 하나님이라. 너는 내 앞에서 행하여 완전하라. 내가 내 언약을 나와 너 사이에 두어 너를 크게 번성케 하리라. · · · 보라 내 언약이 너와 함께 있으니 너는 여러 민족의 아버지가 될지라. 이제 후로는 네 이름을 아브람이라 하지 아니하고 아브라함이라 하리니 이는 내가 너를 여러 민족의 아버지가 되게 함이니라"(창 17:1-5).

그리하여 "높은 가문의 사람"이라는 뜻인 아브람은 "많은 민족의 조상"라는 뜻인 아브라함으로 바뀌게 되었고, "나의 여왕"이라는 뜻인 사래는 "많은 민족의 어머니"라는 뜻인 사라로 불리게 되었다.

어느 무더운 날 오정(午正) 즈음, 아브라함은 마므레의 상수리나무 근처에 처 놓은 천막 입구에 앉아서 한낮의 뜨거운 열기를 피해 쉬고 있었다. 아브라함이 고개를 들어 보니 낯선 나그네 세 사람이 자기를 향해 걸어오고 있었다. 그 당시 관습에 의하면 나그네를 친절하게 대접하는 것은 유목민들의 가장 중요한 덕 중의 하나였다. 아브라함은 천막에서 달려 나가 나그네들 앞에 엎드려 절하며 그들을 맞이했다. 우선 먼지투성이가 된 발을 씻을 물을 가져왔다(창 18:4). 아브라함은 속히 사라가 만든 떡과 하인들이 만든 기름진 송아지 요리와 버터(엉긴 젖) 및 우유(창 18:6-8) 등을 가지고 와 정성껏 나그네들을 대접하였다. 아브라함이 베푼 이런 손님 후대의 모습은 그의 일상적인 신앙 인격을 드러내 보여주는 좋은 사례라 할 수 있다. 그는 실로 그 자신도 모르는 동안에(히 13:2) 하나님 앞에 겸손히 엎드려 경배했고, 또한 기쁜 마음으로 정성껏 하나님을 손님으로 모시게 되었다.

음식을 먹고 잠시 쉬고 난 나그네들은 아브라함에게 "네 아내 사라가 어디 있느냐"(창 18:9)고 물었다. 아브라함은 천막 안에 있다고 대답하였다. 그러자 그들 중의 하나가 아브라함에게 "내년 이맘때(1년 뒤) 내가 반드시 네게로 돌아오리니 네 아내 사라에게 아들이 있으리라"(창 18:10)고 말하였다. 천막 안에서 이 소리를 듣고 있던 사라는 속으로 웃었다. 왜냐하면 아브라함도 자기도 나이가 들대로 들어 아기를 갖는다는 것은 생각도 할 수 없는 처지였기 때문이었다.

나그네의 모습으로 아브라함을 찾아온 하나님은 사라가 웃는 것을 아시고 "여호와께 능하지 못한 일이 있겠느냐"(창 18:14)고 꾸짖었다. 사라는 갑자기 나그네들이 두려워졌다. 그래서 사라는 "내가 웃지 아니하였나이다"(창 18:15)라고 뚝 잡아뗐다. 하나님은 "아니라 네가 웃었느니라"고 말씀하시고 소돔을 향하여 떠났다.

하나님이 세우신 언약의 말씀에는 거짓이 없었다. 그 후 1년이 지나 아내인 사라는 아들을 낳았다. 그들은 크게 기뻐하며 하나님의 말씀대로 그 이름을 이삭이라 지어 주었다. 이삭이란 말은 "웃음"이라는 뜻인데, 그 말대로 이삭은 아브라함의 가정에 웃음과 기쁨을 가져다주었다. 이삭은 부모의 귀여움을 받으며 훌륭한 아이로 자랐다.

어느 날 하나님은 느닷없이 아브라함에게 이렇게 말씀하셨다. "네 아들 네 사랑하는 독자 이삭을 데리고 모리아 땅으로 가서 내가 네게 일러 준 한 산 거기서 그를 번제(burnt offering)로 드리라"(창 22:2). 아브라함은 심히 괴로웠으나 끝까지 하나님의 명령을 따르기로 했다. 그는 아침 일찍 일어나 나귀에 안장을 얹고 장작을 실은 다음 두 종과 아들 이삭을 데리고 모리아 산을 향해 떠났다. 모리아 산은 원래 여부스 사람 오르난(Ornan)의 타작마당(대하 3:1)이었는데 다윗이 그것을 그로부터 사들여 거기에다 그의 아들 솔로몬이 성전을 건축한 곳이다. 바로 이곳에서 백세에 얻은 자식을 번제물로 바치라는 지시를 아브라함은 받았던 것이다. 삼일 후에 모리아 산기슭에 도착하자 종들을 그 기슭에 남겨 둔 채, 아브라함은 이삭의 등에 번제물을 태울 장작을 지우고 자신은 양을 잡을 큰 칼과 불씨를 챙겨 들고 산으로 올라갔다. 아버지의 거동이 이상하게 느껴진 이삭은 아버지에게 물었다.

"불과 나무는 있거니와 번제할 어린 양은 어디 있나이까"(창 22:7).

"내 아들아 번제할 어린 양은 하나님이 자기를 위하여 친히 준비하시리라"(창 22:8). 이렇게 말은 했지만 아브라함의 마음은 천근 만근되는 양 무거웠다. 그러나 아브라함은 하나님이 일러주신 자리에 제단을 쌓고 장작을 얹은 다음 별안간 아들을 묶어 제단 장작더미 위에 올려놓았다. 그리고는 양을 잡을 때의 칼을 꺼내어 아들을 찌르려 했다. 이런 믿음과 순종으로써 아브라함은 믿음의 조상이 되었고 복의 근원이 되었다.

제단 장작더미 위에 묶은 아들을 올려놓았을 그때, 하늘에서 큰 소리가 들려왔다. "아브라함아 아브라함아, · · · 그 아이에게 네 손을 대지 말라. 그에게 아무 일도 하지 말라. 네가 네 아들 네 독자가지도 내게 아끼지 아니하였으니 내가 이제야 네가 하나님을 경외하는 줄을 아노라"(창 22:11-12). 그 소리를 듣고 아브라함이 고개를 들어보니 뿔이 덤불에 걸려 허우적거리는 숫양 한 마리가 눈에 띄었다. 아브라함은 곧 가서 그 숫양을 잡아 아들 대신 번제물로 드렸다.

아브라함은 그 곳을 "여호와 이레"라 이름 붙이고 아들과 함께 무사히 집으로 돌아왔다. 그때 또 다시 큰 소리가 들렸다. "네가 이같이 행하여 네 아들 네 독자를 아끼지 아니하였은즉 내가 네게 큰 복을 주고 네 씨가 크게 번성하여 하늘의 별과 같고 바닷가의 모래와 같게 하리니 네 씨가 그 대적의 성문을 차지하리라"(창 22:16-17). 여기 "네 씨가 그 대적의 성문을 차지하리라" 하였는데, 그 일차적 뜻은 아브라함의 후손인 이스라엘이 자기 원수들을 물리치고 그들의 성읍을 점령할 것이라는 것이다. 그러나 그보다 더 깊은 영적 의미는 장차 메시아를 통하여 그를 믿는 모든 성도들 즉 아브라함의 영적 후손들이 복음으로 세상을 점령하며 모든 암흑의 세력들을 극복할 것이라는 의미다(갈 3:7-9, 14).

나이 많은 아브라함은 아들 이삭을 자기가 살아 있을 때 결혼시키고 싶어 가장 나이 많고 믿을 수 있는 종에게 마지막으로 가장 중요한 수고를 해 달라고 부탁했다. 리브가라는 아리따운 아가씨를 며느리로 맞이했다. 이것이 아브라함의 이야기에 나오는 큰 줄거리다. 이 줄거리를 통해서 알 수 있듯이 "아브라함의 이야기"는 일반 영웅담과 다른 몇 가지 특징을 지니고 있다.[4)]

2) 보통사람으로 형상화된 아브라함

아브라함은 한 민족의 시조이면서 특히 여호와 하나님으로부터 선택받은 인물로서 흔히 믿음의 조상이라고 한다. 그렇다면 남다른 데가 있어야 하는 것이 보통이다. 그럼에도 불구하고 성경에서 아브라함은 영웅적인 인물로 형상화 되지 않고 보통사람의 일생담 양식에서 벗어나지 않는다.

보통사람처럼 여호와 하나님의 약속을 의심하고 믿질 않았다. 처음 아브라함이 가나안 땅에 이르렀을 때, 하나님은 아브라함에게 "내가 이 땅을 네 자손에게 주리라"(창 12:7)고 약속하셨다. 이것이 아브라함에게 주신 첫 번째 계시(revelation)이다. 이 계시의 내용은 창세기 13장 14-17절에서 보다 심화되고 확대된다. 아브라함이 롯의 의사를 존중하여 헤브론 땅을 거주지로 선택했을 때, 하나님은 "네 자손이 땅의 티끌 같게 하리니 사람이 땅의 티끌을 능히 셀 수 있을진대 네 자손도 세리라"고 약속함으로써 그의 계약은 확증되고 보다 구체적으로 발전된다. 나이 많은 자기에게 아들을 주실 것이라고 하는 약속과 그 씨가 하늘의 별처럼 땅의 티끌 같이 많게 하리라는 하나님의 약속을 그는 믿질 못했다. 이것은 아브라함의 인간적인 면모를 보여주는 대목이라 할 수 있다. 아브라함을 인간적으로 그리지 않고 초인간적으로 묘사했다고 하면 아마도 그 이야기는 신화적인 영웅담은 되었어도 지금까지도 매력을 주는 그런 인간미가 넘치는 이야기로 읽힐 수는 없을 것이다.

둘째로 그의 인간적인 또 다른 면모는 성(性)과 재물과 가족 관계에서 나타난다. 애굽으로 옮겨갔을 때 자기의 아내를 누이라 속여서 수모를 당했던 일 같은 것이 잘 입증해 준다. 누구나 위험을 닥치게 되면 거짓말을 하거나 그 이상의 더한 술수를 써서라도 모면하려고 하기 마련이다. 아브라함이 자기 아내를 누이라고 속였다고 하는 것은 가장 인간적인 면모를 보여준 대목이라 할 수 있다. 어떻게 생각하면 좀 수치스러운 행태이기는 해도 그런 수치스러운 행태 때문에 아브라함을 피가 있고 살이 있는 인간으로 한 작품의 주인공이 될 수가 있는 것이다.

또한 재물 때문에 조카 롯과 분쟁을 한 것이나 상속권을 물질과 결부시킨 것 같은 일(창 26:-27:)은 보통 사람의 의식이나 별다를 것이 없다. 보통사람들은 대개 자손의 융성과 물질의 풍요를 바라는데 아브라함도 예외 없이 그러했다. 그것이 아브라함도 보통사람이었다는 증거가 된다.

3) 여행모티브로서의 아브라함의 이야기

위의 줄거리를 보아서 알 수 있듯이 "아브라함의 이야기"는 하나님이 그 고향에서 아브라함을 불러내신 일부터 시작된다. 그가 아브라함을 불러 명령한 것은 "여행"(journey)을 떠나라는 것이다. 여행이란 원래 낭만적이면서도 모험과 위험이 따르기 마련이다. 왜냐하면 그것은 일종의 탐구(quest)의 과정이기 때문이다. 더구나 아브라함의 여행은 그 행선지조차 명확하지 않은 상태였으므로, 하나님의 언약(covenant)을 절대적으로 믿고 받아들이는 순종의 신앙 없이는 이루어질 수가 없었다. 약속의 땅(천국의 예형)과 후손을 바라며 찾아가는 아브라함의 추구는 하나님과의 계약 관계 위에 기초를 두고 전개된다. 그 계약은 스토리가 진행됨에 따라 점진적으로 구체적인 내용이 계시되는 것을 볼 수 있다. 따라서 하나님의 약속은 아브라함의 이야기를 구성하는 가장 기본적인 구조적 원리가 된다.

아브라함의 이향성(離鄕性)은 그의 일생 이야기의 특징이면서 동시에 선택받은 백성의 나그네성을 명시해주는 한 모형이 된다. 즉 이 세상은 잠간 머물다 가는 일시 거주지고 우리의 영원한 본향은 하늘나라라는 것이다. 그런 점에서 아브라함은 이스라엘 민족의 시조이면서, 동시에 하나님의 백성의 '대리자로서의 주인공' 의 역할을 대신한 인물이다.[5)]

4) "아브라함 이야기" 의 구조

아브라함에 대한 하나님의 약속은 일종의 계시이다. 그 계시는 점진적으로 구체화 되었다. 특히 이 점진적인 계시(progressive revelation)는 창세기 15장에서 더욱 구체화되는 것을 볼 수 있다. 이 경우 하나님은 아브라함의 친아들이 후사가 될 것과 그 후손들이 사백 년 동안 남의 나라에서 종살이를 한 후 4대만에야 가나안 땅을 차지하게 되리라는 것을 계시한다(창 15:13-21). 창세기 17장에 와서는 아브람이 아브라함(창 17:5)으로, 사래는 사라(창 17:16)로 바뀌게 되고, 하나님은 "계약 관계의 표"(창 17:11)로 할례(circumcision)를 제도화했다. 그리고 아들을 낳으면 이삭이라고 부르라는 계시를 내리신다.

이런 점진적인 계시의 절정은 아브라함이 모리아 산에서 이삭을 번제물로 드리는 마지막 장면에서 나타난다. 그 계시의 내용을 보면 "내가 네게 큰 복을 주고 네 씨가 크게 번성하여 하늘의 별과 같고 바닷가의 모래와 같게 하리니 네 씨가 그 대적의 성문을 차지하리라" (창 22:17)는 것으로 되어 있다.

이렇게 볼 때 이 설화에 있어서 가장 주된 관심은 하나님과 아브라함 사이에 맺어진 계약 관계라 할 수 있고, 그것이 중심적인 의미구조를 이루고 있다는 것을 알 수 있다. 이상과 같은 의미구조와 원리를 축으로 하여 플롯을 전개함에 있어서 자주 내적인 갈등 또는 투쟁이 나타나는데, 그 예를 들면 첫째 자연의 힘, 특히 기근과 관련되어 있음을 볼 수 있다. 아브라함이 가나안 땅에 이르렀을 때 그곳은 극심한 기근에 쌓여 있었다. 그래서 아브라함은 하는 수 없이 애굽으로 옮겨 갈 수밖에 없었다. 이로 인해서 아브라함의 탐구는 일단 좌절된다. 그리고 아브라함의 내면에는 갈등이 일어난다.

다음은 아브라함과 다른 인물들 사이에 나타나는 갈등을 들 수 있다. 아브라함은 자신의 생명의 위험을 느끼고 아내 사라에게 누이로 처신하도록 했는데, 그 결과 이집트의 파라오는 아리따운 사라를 궁정으로 불러들여 아내로 삼게 되었던 것이다. 그때 상황으로 보아서 아브라함은 슬기롭고 현명한 사람이었다고 할 수 있으나 결국은 난처한 입장에 빠져들었다. 그때 하나님은 파라오의 궁정에 재앙을 내려 아브라함과 사라를 보호했다. 아브라함은 믿음이 부족했지만 하나님은 은총으로 그 갈등을 극복하게 하여 계약 관계를 지속시켰던 것이다.

그러나 상황에 벗어나는 두 번째 사건은 하녀 하갈(Hagar)을 통해 자식을 얻으려 한 것이었다. 사라가 출산할 능력이 없다고 판단한 아브라함은 아내의 권고에 따라 하갈과 동침하여 이스마엘이라는 아들을 얻었다. 이것은 그때의 상황으로 보아 불가피하고 현명한 결단으로 돌릴 수도 있지만, 결국은 하나님의 약속을 불신한 처사라 할 수 있다. 이런 불신의 직접적인 결과로 단란하고 행복하던 가정에 불화(discord)가 일어난다. 사실상 하갈의 후손은 이스라엘 민족의 적이 된다. 그러나 하나님은 하갈과 이스마엘을 아브라함의 가정에서 추방시킴으로써 그 약속을 진실 되게 지켜간다.

믿음과 상황을 둘러싸고 벌어지는 또 다른 아브라함의 갈등은 그랄 땅에 정착해서 살 때 일어난다. 여기서도 아브라함은 그랄 왕 아비멜렉에게 아내 사라를 누이라고 했다가 변을 당한다. 그러나 하나님은 사라를 궁정으로 불러들인 아비멜렉의 꿈에 나타나 사라는 남편이 있는 몸이니 너는 죽으리라고 했다(창 20:3). 그래서 아비멜렉은 아브라함에게 양떼와 소떼와 함께 사라도 돌려주었다. 하나님은 이번에도 그 사건에 직접 개입하여 아브라함과 사라를 보호했다.

아브라함은 이와 같이 인간적 또는 도덕적 약점을 갖고 있으면서도 근본적으로는 하나님의 명령과 약속에 순응하는 믿음의 용장이었다. 결국 이 이야기는 인간은 누구나 연약하지만 믿음과 순종만 있으면 위대한 일을 성취할 수 있다는 것을 보여준 것이다.

5) 히브리적 화법

아브라함의 이야기를 특히 그가 믿음으로 이삭을 제물로 드리는 이야기와 관련하여 한 가지 살피고 넘어가야 할 것은 히브리적 화법(話法)의 특질이다. 오우엘바하(Erich Auerbach)는 그의 『미메시스』(*Mimesis*)에서 아브라함의 제사 이야기와 호메로스가 서술한 한 장면을 비교하면서, 히브리 화법의 특질을 면밀히 논하였는데, 그것은 이 설화의 새로운 해석법을 시사해 주고 있다. 호메로스의 『오디세이아』를 보면, 오디세우스가 자기 발을 씻어주는 늙은 시녀에 의해 들키는 장면이 있는데, 그 서술이 비길 수 없이 소상하다. 사건을 둘러싼 외적 상황이 극히 정확히 묘사되고, 부차적인 것들마저도 샅샅이 밝혀져 뚜렷한 윤곽을 드러내고 있다. 그저 지나가다가 꺼내서 좋을 말도 그냥 덮어두는 법이 없다. 그래서 눈으로 보고 손으로 만지는 듯한 느낌을 준다. 그것은 외적 상황에 있어서만 그런 것이 아니다. 등장인물들의 느낌이나 생각도 그대로 술회되어 있다. 한 마디로 호메로스가 뜻한 바는 일어난 일, 또 있는 일을 모두 어둠에서 건져 실감나게 보이려는 데 있었다.

그러나 성경의 이야기는 아무런 감각적 매력도 없이 전개되고 있다. 우선 첫머리로부터 일련의 물음을 그대로 내버려 둔다. 아브라함이 하나님의 불림을 받았을 때 그는 도대체 어디에 있었는가? 집에 있었는가, 들에 있었는가? 그 일은 낮에 일어났는가, 아니면 밤에 일어났는가? 또 무엇보다도 그 부름이 어떻게 이루어졌단 말인가? 일종의 신발현(神發現)의 형태를 취한 것일까, 아니면 안에서 들려오는 소리였을까? 그것도 아니면 꿈으로 나타난 것일까?

"여기 있나이다"라는 소리도 그렇다. 여기가 어디였는지에 대해 아브라함은 아무 말도 없다. 그것은 어떤 장소를 가리킨다기보다 하나님 앞에 선 아브라함의 도덕적 위치, 즉 듣고 행하려는 그의 용의를 가리킨다. 그런가 하면 머슴 둘을 데리고 사흘 길을 갔다고 했는데 여기서도 도중의 풍경을 비롯하여 모든 것이 불투명할 따름이다. 그야말로 짙은 안개 속을 걷고 있는 듯한 느낌이다. 사흗날 아브라함이 눈을 드니 그 곳이 멀리 보이더라는 말이 고작 전부이다. 다만 누가 무엇을 맡아서 가지고 가야 할 것이라던가, 또 제대를 짓고 나무를 쌓고 이삭을 묶어 제단에 눕히는 일이라던가 하는 것만 상세히 전할 뿐, 그밖에는 대체로 침묵으로 이어진다.

흔히 이것은 호메로스가 그처럼 탁월하게 구사한 온갖 표현법을 터득하지 못한 데서 오는 결점이라고 할 수 있을는지 모르나, 이런 표현 양식이야말로 은밀하고 독특한 화법이라 할 수 있다. 호메로스는 모든 것을 전면의 조명으로 밝혀 사물이나 말이나 느낌의 윤곽을 뚜렷이 드러내는 데 비해, 성경의 기록자는 선명한 감각을 추구하지 않았다. 오히려 감정의 표현을 극히 삼가면서도 무진한 감정을 불러일으키는 데 그 예술성이 있다. 말로 나타내지 않았는데도 명령을 들었을 때의 놀라움, 길을 가면서 느끼는 비통함, 걸음을 되돌리고 싶은 유혹, 이삭의 공포, 종국에 느끼는 말할 수 없는 기쁨 등이 말로 표현했을 때보다도 더 강렬하게 현존할 수 있다는 데 그 특색이 있는 것이다. 줄과 줄 사이에는 넓은 여백이 있는 것이 사실인데, 그 넓은 여백은 독자의 상상력으로 채워야 하는 것이다. 왜냐하면 이 이야기에 나타난 사상이나 감정은 단층적인 것이 아니고 심층적이요 중층적(重層的)인 것이기 때문이다.

이러한 심층적인 심리구조와 내면적인 중층성을 통합적인 감수성과 상상력으로 바로 파악해서 넓은 여백을 채워 넣을 때, 아브라함의 침묵과 묵종(默從)의 의미는 더욱 선명해질 것이다. 또한 그런 관점에서 볼 때, 아브라함의 내면적인 갈등에도 불구하고 하나님의 언약만 믿고 그 냉혹한 명령에 주저하는 빛 하나 없이 그대로 순종하는 믿음이 얼마나 존귀한 것인가를 알 수 있을 것이다.

2. 야곱의 이야기

창세기에는 여호와 하나님이 선택한 이스라엘 시조와 중간 시조들인 족장들의 일생담들이 들어 있다. 이 족장들의 기록은 히브리 역사이면서 동시에 문학이라 할 수 있다. 그 중의 한 사람이 야곱이다. 그의 일생담을 전기적 연대기적 원리에 따라서 정리해 보겠다.

1) 줄거리

이삭이 리브가를 아내로 맞아들였을 때 그는 마흔 살이었다. 그런데 결혼한 후 여러 해 동안 리브가는 아기를 낳지 못했다. 이삭은 열심히 하나님께 잉태하지 못하는 아내를 위하여 기도했다(창 25:21). 이삭은 결혼한 후 20년이 지나서, 60세 때에, 처음으로 아들을 얻었다. 리브가는 달이 차서 아기를 낳았는데 아들 쌍둥이이었다. 먼저 태어난 아기는 살결이 붉고 털투성이어서 그 이름을 "털이 많은 자"라는 뜻의 에서(Esau)라 하였다. 그것은 그의 야성적이고 육욕적인 성품을 보여주는 전조(前

兆)라 할 수 있다. 나중에 태어난 아기는 살결이 희고 털이 없었지만 형의 발꿈치를 잡고 나왔기 때문에 그 이름을 "발꿈치를 잡은 자"라는 뜻의 야곱(Jacob)이라 하였다(창 25:25-26).

그들은 점점 자라면서 서로 판이한 성격과 행동을 나타내 보였다. 에서는 들판을 돌아다니는 날쌘 사냥꾼이 되어 아버지가 좋아하는 "사냥한 고기"로 만든 음식을 대접하였으므로 그의 사랑을 받았다. 그러나 동생 야곱은 조용하고 차분한 성격의 소유자로서 천막(집안)에 거하면서 가정적이고 교양적이며 경건한 생활을 했기 때문에 모친 리브가의 사랑을 받았다(창 25:27-28). 이로 보건대 에서는 남성적인데 비해 야곱은 여성적이요, 내성적인 인물이었던 것을 알 수가 있다.

이러한 성격의 차이 때문에 두 사람은 쌍둥이면서도 서로 다른 인생길을 걷게 되었다. 에서는 성격상 밖에 나가 지내기를 좋아했고, 배가 고파 죽을 지경이 되어서야 집에 들어오곤 했다. 그렇기 때문에 그는 부모의 교육을 충분히 받을 수가 없었고, 야곱은 늘 집안에서 지냈기 때문에 부모의 감화와 교육을 충분히 받을 수가 있었다. 그러므로 야곱은 아브라함과 이삭에게 주어진 하나님의 약속이 얼마나 존귀한 것인지도 알게 되었던 것이다. 아버지 이삭은 날쌘 사냥꾼 에서를 더 사랑하였고 어머니 리브가는 성격이 차분한 야곱을 더 사랑하였다.

에서는 장남이었으므로 아버지 이삭이 죽고 나면 그의 뒤를 이어 족장이 되어서 하나님의 약속과 축복을 이어받는 장자권을 갖고 있었다. 그 당시 장자권을 가진 사람은 아버지로부터 유산을 물려받을 때 다른 형제들 몫의 두 배를 받게 되어 있었다. 특히 아브라함이나 이삭과 같은 족장의 가정에서 갖게 되는 장자권은 다른 가정의 경우보다 더 중요한 것이었다. 왜냐하면 재산뿐만 아니라 하나님의 갖가지 축복까지도 아버지의 유언을 통해 주어지기 때문이다. 그리고 족장이 장자에게 내려주는 축복의 유언은 오직 한 번밖에 할 수 없으며 취소할 수도 없는 것이었다. 아브라함의 자손의 경우, 장자권에는 하나님 백성의 선조가 되고 하나님이 주시겠다고 약속한 땅을 물려받을 권리도 포함되어 있었다. 그러나 에서는 하나님의 크나큰 축복이 따르는 장자권에는 별로 마음이 없었다.

리브가는 야곱을 더 사랑했기 때문에 어떻게 하든지 에서의 장자권을 야곱에게 잇게 하려고 마음먹고 있었다. 어머니의 생각이 그러했고, 야곱 자신도 아버지의 후사가 되고 싶어했다. 그래서 어머니 리브가와 야곱은 그런 기회만을 노리고 있었다. 그러던 어느날 평소와 마찬가지로 사냥에서 돌아온 에서는 배가 몹시 고팠다. 때마침 부엌에서는 동생 야곱이 죽을 끓이고 있었다. 에서는 야곱에게 "내가 피곤하니 그 붉은 것을 내가 먹게 하라"(창 25:30)고 부탁하였다. 이때 야곱은 붉은 팥죽 한 그릇을 줄테니 당장 장자권을 팔라고 했다(창 25:31). 배가 고픈 에서는 앞 뒤 가릴 것 없이 야곱이 끓인 팥죽 한 그릇에 그의 장자권을 팔아 버렸다. 이처럼 그는 상속권을 대수롭지 않게 여겼다. 그것은 하나님의 약속을 경홀히 여긴 것으로, 하나님은 이런 에서를 망령된 자 곧 믿음을 배반한 자라 했다(히 12:16).

이런 일이 있은 다음에도 변함없이 에서는 사냥을 하고 야곱은 양을 치며 살았다. 몇 년이 지나 에서가 마흔 살이 되던 해, 그는 언어도 다르고 혈통도 다른 헷 사람 브에리의 딸 유딧과 헷 족속 엘론의 딸 바스맛을 아내로 맞아들였다. 이삭과 리브가는 이 일로 마음이 몹시 상했다(창 26:34-35).

세월이 흘러 이삭은 나이가 많아져 앞을 볼 수 없을 만큼 눈이 어두워졌다. 언제 죽을는지 알 수 없게 된 이삭은 에서를 불러 "내 아들아 . . . . 내가 이제 늙어 어느 날 죽을는지 알지 못하니 그런즉 네 기구 곧 화살통과 활을 가지고 들에 가서 나를 위하여 사냥하여 내가 즐기는 별미를 만들어 내게로 가져와서 먹게 하여 내가 죽기 전에 내 마음껏 네게 축복하게 하라"(창 27:1-4)고 하였다. 이 말을 엿들은 리브가는 편벽된 사랑에 눈이 어두어 둘째 아들 야곱과 공모, 염소 새끼로 별미를 만들고 떡도 만들어 교활하게 이삭을 속여 에서가 받을 축복을 가로채기로 하였다. 에서는 털이 많은 사람이요, 야곱은 매끈매끈한 사람이었다. 그래서 야곱은 어머니 리브가가 시키는 대로 에서의 좋은 옷을 골라 입고 염소 새끼의 가죽으로 그 매끈매끈한 손과 목을 감추고 아버지 앞에 나가 그를 속여 축복해 줄 것을 요청했다. 그래서 이삭은 야곱이 만들어 온 별미를 먹고 나자 아무 생각없이 야곱을 옆으로 불러놓고 축복하며 자신의 후사가 될 권리를 주었다.

야곱이 아버지 방에서 나올 때 에서가 사냥길에서 돌아왔다. 그도 별미를 만들어 아버지에게로 들고 가 권하였다.

"아버지여 일어나서 내가 사냥한 고기를 잡수시고 마음껏 내게 축복하소서" (창 27:31)

"너는 누구냐?"

"나는 아버지의 아들 곧 아버지의 맏아들 에서로소이다."

"그러면 사냥한 고기를 가져온 자가 누구냐? 네가 오기 전에 내가 다 먹고 그를 위하여 축복하였은즉 그가 반드시 복을 받을 것이니라." (창 27:33)

"내 아버지여, 내게 축복하소서. 내게도 그리 하소서" (창 27:34).

에서는 소리 내어 통곡하면서 애원하였다. 그러나 한 번 하나님께 맹세하며 베푼 축복을 취소할 수는 없었다. 미칠 것 같은 에서는 아버지가 돌아가시기만 하면 동생을 죽여 버릴 작정이었다. 이것을 눈치 챈 어머니 리브가는 야곱을 몰래 자기의 오빠인 라반이 있는 곳으로 도망치게 했다. 야곱은 혼자서 먼 길을 떠났다. 그 여행은 험한 바위산과 사막을 지나야 하는 매우 힘든 것이었습니다. 긴 여행을 계속하던 중 어떤 한 곳에 이르러 그 곳에서 돌을 하나 주워 베개 삼고 그 자리에서 자다가 꿈을 꾸었다. 꿈속에서 높은 탑같이 생긴, 땅에서 하늘까지 닿는 사닥다리를 보았다. 그 위를 하나님의 천사들이 오르내리고 있었다. 그 천사들 가운데 하나님이 나타나시어 야곱에게 이렇게 말씀하셨다.

"나는 여호와니 너의 조부 아브라함의 하나님이요 이삭의 하나님이라. 네가 누워 있는 땅을 내가 너와 네 자손에게 주리니 네 자손이 땅의 티끌 같이 되어 서쪽과 동쪽과 북쪽과 남쪽으로 퍼져 나갈 지며 땅의 모든 족속이 너와 네 자손으로 말미암아 복을 받으리라. 내가 너와 함께 있어 네가 어디로 가든지 너를 지키며 너를 이끌어 이 땅으로 돌아오게 할지라. 내가 네게 허락한 것을 다 이루기까지 너를 떠나지 아니하리라" (창 28:13-15).

야곱은 다음날 아침 일찍 일어나 간밤에 베고 잤던 돌을 세워 작은 제단을 만들고 그 위에 기름을 붓고는 그곳을 "베델" 즉 "하나님의 집"이라고 불렀다. 그곳의 본래 이름은 루스(Luz)였다(창 28:18-19). 그 뜻은 아몬드(편도나무 : Amond tree)었다. 하나님은 이 꿈을 통해서 야곱이 에서를 대신하여 하나님의 약속과 축복을 받을 사람으로 뽑혔다는 것을 알려 주신 것이다.

벧엘을 떠나는 야곱의 마음은 한없이 기뻤고 그의 발걸음은 가벼웠다. 긴 여행 끝에 그는 외삼촌 라반이 살고 있는 하란 땅에 이르렀다. 그는 그 곳에서 당분간 살기로 했다. 외삼촌 라반은 기꺼이 야곱을 맞아 주었다. 라반에게는 두 딸이 있었다. 동생 라헬(Rachel)은 몸매도 아름답고 용모도 예쁜 미녀였다(창 29:17). 야곱은 라헬을 연모한 끝에 그녀를 아내로 삼기 위해 7년간 외삼촌의 일을 해주었다. 그러나 외삼촌 라반으로부터 속아 안력(眼力)이 부족한(창 29:17) 즉 총기가 좀 떨어지는 레아(Leah)를 맞게 되었고 라헬을 사모하는 야곱은 다시 7년간 외삼촌의 일을 해주기로 결심했다. 그리고 라헬을 아내로 맞았다.

레아는 르우벤, 시므온, 레위, 유다, 잇사갈, 스불론이라는 아들들과 딸 디나를 낳았다. 라헬의 하녀 빌하는 단과 납달리를, 레아의 하녀 실바는 갓과 아셀을, 그리고 라헬은 요셉을 낳았다. 야곱은 밧단아람에 사는 동안 열한 명의 아들들과 한 명의 딸을 자녀로 두게 되었다(창 35:22-26). 그 중에서도 라헬이 낳은 아들 요셉을 야곱은 가장 사랑하였다.

야곱은 레아와 라헬 두 아내를 맞은 대가로 십사 년 동안이나 라반의 집에서 머슴살이를 하면서 뼈빠지게 일을 했지만 보수는 한 푼도 받지 못했다. 그래서 그는 독립을 할 수가 없었다. 그 고생은 말로 다 할 수 없었다. 이윽고 아버지 집을 떠나온 지 20년이란 세월이 흘러갔다. 야곱은 그때서야 고향으로 떠나겠다고 말했다(창 30:25). 그러나 라반은 조금만 더 일을 해 달라고 하였다. 야곱은 더 이상 속지 않으려고 라반의 양떼와 염소떼 중에서 검고 얼룩지고 점이 있는 것은 자기에게 달라고 하였다. 라반이 생각하기에 그런 양이나 염소는 몇 마리 없었으므로 그렇게 하라고 하였다. 아버지 이삭의 양떼를 친 경험이 있는 야곱은 양과 염소를 교묘하게 길러내 양과 염소는 물론 나귀와 낙타도 많이 늘어나 재산이 많아졌다(창 30:37-43).

그리하여 아내와 자녀를 데리고 라반의 집을 나와 고향으로 향했다. 그 여행길에 야곱은 이상한 일을 만났다. 고향 땅 가나안에 가까이 요단강 지류인 얍복강을 건널 때에 있었던 일이다. 야곱이 진을 친 곳에 괴이한 풍문이 돌았다. 형 에서가 4백 명의 부하를 이끌고 야곱이 있는 곳으로 쳐들어온다는 것이었다. 옛날 형을 속인 일을 생각한 야곱은 버럭 겁이 났다. 야곱은 걱정이 되어 모든 재산과 하인들을 두 편으로 갈라놓았다(창 32:7). 만일 형의 부하들이 공격하여 한 편을 쳐죽이더라도 다른 한 편은 살아남게 하려는 의도에서였다. 야곱은 아내들과 자식들을 얍복강 건너편으로 보내놓고 천막으로 돌아와 하나님께 간절히 기도했다. "내 조부 아브라함의 하나님, 내 아버지 이삭의 하나님 여호와여 주께서 전에 내게 명하시기를 네 고향, 네 족속에게로 돌아가라. 내가 네게 은혜를 베풀리라 하셨나이다" (창 32:9).

마침내 저녁 해가 떨어지고 사막 위에는 캄캄한 어둠이 찾아들었다. 그 때 별안간 누군가가 야곱을 꽉 잡았다. 캄캄한 밤중이어서 상대가 누구인지 알 수는 없었으나 그는 대단한 힘을 가지고 있었다. 야곱도 질 수는 없는 일이었다. 맹렬한 기세로 씨름은 벌어졌으나 승부는 좀처럼 나지 않았다. 끝내 그 상대는 야곱이 휘감은 팔에서 빠져나갈 수 없음을 알아차리자 야곱의 엉덩이뼈를 쳐서 다리의 관절을 삐게 만들었다. 그래도 야곱은 상대를 놓아 주지 않았다. 그러는 동안에 날이 밝아왔다. 동이 밝아 오니 나를 놓아 달라고 했지만, 야곱은 그 말을 듣지 않고 복을 빌어 주지 않으면 놓아줄 수가 없다고 했다. 일이 이쯤 되자 그는 야곱에게 물었다.

"네 이름이 무엇이냐"

"(내 이름은) 야곱이니이다."

"네 이름을 다시는 야곱이라 부를 것이 아니요 이스라엘이라 부를 것이니 이는 네가 하나님과 및 사람들과 더불어 겨루어 이겼음이니라" (창 32:27-28).

야곱은 밤새 씨름을 한 끝에 하나님으로부터 축복을 받았다. 이때부터 야곱은 절름발이가 되었지만, 이스라엘이라는 새로운 이름을 얻었다. 야곱이 축복을 받은 그곳을 브니엘이라 이름 붙이고 절뚝거리며 떠날 때 해가 떠올랐다.

야곱이 고개를 들어 보니 마침 에서가 4백 명의 부하를 거느리고 오고 있었다. 그러나 야곱은 이제 무섭지가 않았다. 밤새도록 고생한 덕택으로 그의 마음이 굳게 단련되었고 또한 정결하게 되었기 때문이다. 그래서 그는 형 에서 앞으로 뛰어 나아가 일곱 번 절을 하면서 지난날의 잘못을 사과했다. 이것은 이 고장 사람들이 지위가 높은 사람을 대할 때 하는 인사 방법이었다. 본디 마음씨가 고운 에서는 동생이 오래간만에 돌아온 것을 보자 너무나 기뻐서 야곱을 껴안고 입을 맞추었다. 형제는 꼭 껴안은 채 울음을 터뜨렸다(창 33:4). 동생 야곱을 죽여 버리겠다고 벼르던 복수심은 온데간데없이 사라지고 사랑하는 마음으로 동생을 맞이하였다.

에서는 야곱에게 함께 가자고 하였으나(창 33:12) 야곱은 아이들과 가축들을 데리고 가야 했으므로 함께 갈 수 없다고 하였다. 그래서 에서는 다시 에돔으로 돌아갔고 야곱은 방향을 바꾸어 가나안으로 향했다. 야곱은 형 에서와 함께 살고 싶은 생각이 없었기 때문이다. 야곱은 세겜에 이르러 천막을 치고 거기에 머물렀다. 어느 날 하나님께서 야곱에게 나타나 말씀하셨다. "일어나 벧엘로 올라가서 거기 거주하며 네가 네 형 에서의 낯을 피하여 도망하던 때에 네게 나타났던 하나님께 거기서 제단을 쌓으라 하신지라"(창 35:1).

야곱은 가족을 이끌고 벧엘로 가서 제단을 쌓아 하나님께 바쳤다. 그때 하나님께서 나타나 "네 이름이 야곱이지마는 네 이름을 다시는 야곱이라 부르지 않겠고 이스라엘이 네 이름이 되리라 하시고 그가 그의 이름을 이스라엘이라 부르시고 하나님이 그에게 이르시되 나는 전능한 하나님이라 생육하며 번성하라. 한 백성과 백성들의 총회가 네게서 나오고 왕들이 네 허리에서 나오리라. 내가 아브라함과 이삭에게 준 땅을 네게 주고 내가 네 후손에게도 그 땅을 주리라"(창 35:10-12).

야곱과 그의 가족들이 벧엘을 떠나 에브랏으로 가던 도중에 임신 중이던 라헬이 아들을 낳았다. 그런데 라헬은 어렵게 아기를 낳다가 그만 숨을 거두고 말았다. 야곱은 아기 이름을 베냐민이라고 지어 주었다. 그는 사랑하는 라헬을 베들레헴에 묻고 고향인 마므레를 향해서 떠났다.

어머니 리브가는 벌써 죽고 없었으나 아버지 이삭만은 살아 계셔서 그를 반갑게 맞아 주었다. 이삭은 아들 야곱과 손자들과 함께 살다가 백여든 살에 세상을 떠났다. 에서와 야곱은 아버지 이삭을 막벨라 동굴에 묻었다. 이때부터 야곱은 이스라엘이라는 이름으로 이삭의 뒤를 이어 족장이 되었다. 그리고 그의 아들 열두 명은 이스라엘 열두 지파의 우두머리가 되었고, 그들과 그들의 자손들은 이스라엘의 자손이라 불리게 되었다. 이렇게 야곱의 이야기는 얽혔던 모든 사건들이 잘 풀리면서 행복된 결말로 끝난다.

2) 구조

야곱의 이야기는 창세기 25장 19절로부터 35장까지 기술되어 있는데, 그 줄거리를 훑어보면 서로 고리처럼 연결되면서 삼부(三部)로 전개되고 있음을 알 수 있다. 제1부는 부친의 집에서 함께 지냈던 초기생활로 이뤄져 있고, 제2부는 20년 동안 하란에서 보냈던 추방생활로, 제3부는 고향 땅으로 다시 돌아오게 되는 사건으로 구성되어 있다. 한 마디로 말해서 야곱의 일생은 그의 할아버지 아브라함과 마찬가지로 여행으로 이루어졌다고 해도 과언이 아니다. 브엘세바(Beersheba)에 있는 집을 떠나 벧엘(Bethel)로 가고(창 28:10-22), 후에는 세겜(Shechem, 창 33:18-20), 벧엘(35:6-7), 헤브론(Hebron, 창 35:27)으로 돌아온다. 세겜과 벧엘에서 아브라함이 그랬듯이(창 12:6-7; 12:8) 제단을 쌓는다. 생의 마지막에는 애굽으로 이주했다가 거기서 죽는다(창 46:-49:). 이 여행의 패턴에서 발견하게 되는 것은, 그 여행의 단계 때마다 하나님과의 만남이 이루어져, 그 신적 충격에 의해 유도 되어가고 있다는 것도 알 수 있다.

야곱의 초기생활을 지배하는 것은 리브가에게 계시된 하나님의 말씀(창 25:23)이다. 그 계시에 따르면, 에서와 야곱 형제 사이에 투쟁이 일어날 것과 결국은 야곱이 승리할 것이라는 것이다. 제2부의 스토리를 끌어가는 환상은 벧엘에서 받은 것으로(창 28:11-17), 야곱의 술수에도 불구하고 그의 자손이 번성할 것이라는 전통적 계약 관계가 그 중점을 이루고 있다. 그리고 고향으로 돌아오는 이야기에 있어서 중요한 것은 하나님의 천사와 씨름한 끝에 이스라엘이라는 이름을 새로 얻은 것이었다(창 32:22-31). 이렇게 볼 때 야곱의 이야기는 연쇄적 구조(circular structure)와 삼부적 전개(three-part movement) 및 유도적인 환상(vision) 즉 꿈의 틀로 짜져 있다고 할 수 있겠다.

3) 플롯

이 이야기의 사건을 이끌어 가는 플롯은 주로 갈등과 투쟁이라는 요소로 구성되어 있다. 야곱의 이야기에 있어서 주된 갈등은 가정의 불화, 특히 에서와 야곱이 태어나기 전에 시작된 동기간의 투쟁으로 집약될 수 있다. 리브가가 임신 중 "아이들이 그의 태속에서 서로 싸우는지라"(창 25:22)는 기록이 있는데, 이것을 통해 그 갈등은 이미 태어나기 전부터 시작되었다는 것을 알 수 있다. 그리고 그러한 투쟁은 에서와 야곱을 조상으로 하는 두 민족 사이에 적대 관계가 이루어질 것이라는 하나님의 예고 속에서 확대된다. 이와 같은 두 형제간의 갈등은 그들의 성격적 차이에서 연유되는 것이고, 그것은 결국 부모의 갈등으로 확산된다.

형제간의 갈등적 사건들 중에서 맨 먼저 꼽을 수 있는 것은 에서가 붉은 죽 한 그릇에 장자권(상속권)을 팔아넘긴 사건이다. 야곱은 모사꾼으로, 에서의 허기를 이용, 그에게 넓은 아량으로 음식을 주는 것이 아니고 그와 장자권을 놓고 흥정을 벌인다. 이 에피소드에 있어서 에서는 비난을 받아 마땅하다. 왜냐하면 그는 장자권의 영적 의미(하나님의 약속)를 가볍게 여겼기 때문이다. 영적 실재를 중시하는 믿음보다는 순간적인 충동에 따라 살아갔다는 뜻에서 에서의 가치 척도는 그릇된 것이었다. 이런 가치 척도 때문에 동기간의 싸움은 시작되었던 것이다.

장자권을 둘러싼 형제간의 투쟁은 눈 먼 아버지를 속여 축복을 빼앗는 이야기(창 27장) 속에서 그 절정을 이룬다. 이 충격적인 이야기의 중심적 요소로는 치열한 투쟁과 음모, 극적인 아이러니와 갑작스런 발견 등을 들 수 있다. 첫째 갈등은 두 쌍의 인물들 즉 이삭과 에서, 리브가와 야곱 사이에서 일어나고, 교묘한 음모는 리브가와 야곱에 의해 꾸며진다. 그리고 이야기의 기교 중에서도 가장 보편화되고 있는 극적인 아이러니로는 눈 먼 이삭이 위장한 야곱의 속임수에 걸려드는 장면을 들 수 있겠다. 야곱과 그의 아버지 사이에서 진행되는 대화라든가 그 아들의 정체에 대해 끊임없이 의심을 품는 이삭의 태도 따위에서 우리는 불안하고 마음 졸이게 하는 서스펜스(suspense)를 느끼게 된다. 그런 서스펜스는 에서가 사냥한 짐승을 가지고 돌아오는 장면에서 절정을 이루게 되고, 그것은 야곱의 교묘한 음모에 속았다는 이삭과 에서의 갑작스런 발견과 이어지면서 더욱 전율과 울분을 불러일으킨다. 이런 두 형제 사이의 투쟁은 에서가 야곱을 죽이려고 음모를 꾸미는 장면에서 더욱 강화되고 확대된다.

두 번째 갈등은 물질로 인한 장인 라반과의 갈등이다. 외삼촌 라반의 집으로 도피한 야곱은 외갓집에서 머슴처럼 살게 된다. 야곱은 교묘한 방법으로 많은 점박이 양들을 차지하자 라반의 아들들은 자기들의 아버지 재산을 빼냈다고 그의 부당성을 강조한다(창 31:2-3). 이렇게 물질 때문에 외삼촌이지 장인인 라반과 투쟁을 벌인다.

그 다음으로는 사랑하는 아내를 얻는 일로 해서 장인과 집요하게 신경전을 벌인다. 야곱은 부드러운 눈매를 하고 있는 외삼촌의 큰딸 레아보다는 몸매가 아름답고 용모가 예쁜 라헬을 더 사랑했다. 야곱은 여자의 성품보다는 외모를 더 좋아하는 사람이었다. 사랑하는 라헬을 얻기 위해 7면 동안을 뼈 빠지게 일하고 결국 라반의 핑계로 첫날밤은 레아와 지내게 되었다. 그러나 그는 라헬에 대한 집착을 버리지 않고 장인이요 외삼촌인 라반에게 따진다. 그리고 7년을 더 일하기로 하고 초래 기간이 지난 다음에 라헬과 결혼한다.

결과는 야곱의 가정에 불화가 일어났다. 두 자매는 야곱을 두고 서로 질투를 한다. 그것은 야곱이 레아보다는 라헬을 더 사랑했기 때문이다. 이런 불화는 야곱 당대에 끝이지 않고 형제들 간의 불화로 이어져 결국은 라헬이 낳은 요셉은 현제들의 미움을 받아 애굽으로 팔려가게 된다. 이 일은 하나님의 예정으로 이루어진 일이긴 하지만, 가족적 불행한 일이요 야곱 자신도 아들로부터 배신을 당하게 된다.

4) 여행을 통한 성숙

야곱의 이야기에 있어서 다음 단계는 생명의 위협을 느껴 도피하는 과정이라 할 수 있는데, 그것은 우리에게 있어서는 매우 친숙한 원형이 된다. 즉 그것은 일종의 가입의식(加入儀式)의 테마로, 젊은 주인공이 밤에 남몰래 위험스런 여행을 떠나 성년에 이르게 되는 것을 뜻한다.

야곱의 여행은 부조(父祖)의 고향 하란을 찾아가는 추적의 형태를 취한다. 그는 탐구의 목적지에 이르기 전에 매우 뜻 깊은 하나님과의 만남을 가지게 된다(창 28:10-17). 밤에 그는 땅으로부터 하늘까지 닿는 사닥다리가 놓이는 것을 꿈에 보았다. 흔히 문학에 있어서 꿈은 영적 계시의 도구가 된다. 그리고 천사들이 오르락내리락하는 사닥다리는 하나님과 야곱 사이의 영적 교제를 상징한다. 천사들이 매개자의 역할을 함으로써 하나님과 야곱은 연합된다.

뿐만 아니라 꿈은 보다 깊고 특수한 의미를 갖는다. 하나님은 사닥다리 꼭대기에 나타나 아브라함과 맺었으며 이삭에게 다시 확약했던 계약관계를 되풀이하여 들려주었다. 하나님은 야곱의 후손이 불어나서 널리 퍼질 것과 모든 족속이 그 후손을 통해 축복을 받게 될 것을 약속하면서, "내가 너와 함께 있어 네가 어디로 가든 너를 지키며 너를 이끌어 이 땅으로 돌아오게 하리라"(창 28:15)고 했다. 야곱은 부조의 하나님으로부터 계약의 상속자로 인정을 받게 된다. 그래서 야곱은 영적 의미에서 영적 성인에 가입되는 것이다.

하란에 24년간 머물다가 마침내 고향으로 돌아오던 중 얍복 강가에서 천사와 만나 밤새 씨름하고 나서 야곱은 이스라엘이라는 새 이름을 얻게 되는 것이다. 옛 사람 야곱은 형의 장자권을 붙잡았고(창 25:29-34), 그의 아버지의 축복을 잡았으며(창 27:1-29), 외삼촌 라반의 양과 가축을 붙잡은 사람이었다(창 30:25-43; 31:1). 그러나 귀향 도중 얍복 강가에서의 치열한 투쟁을 통해 옛 사람 야곱은 죽고 새로운 야곱이 탄생하게 된다. 새로운 야곱의 이름이 이스라엘이다. 그 표적이 바로 하나님의 천사로부터 환도 뼈를 얻어맞아 상한 힘줄이라 할 수 있다. 야곱과 에서가 회개하는 마지막 장면에서 화해는 이루어지고 그는 명실 공히 그 가문의 족장이 된다. 야곱의 이야기는 이와 같이 희극적 결말로 끝맺음됨으로써 실제로 하나님의 계약이 야곱에게 전수된 것을 보여준다.

3. 요셉의 이야기

요셉의 이야기는 창세기 37장에서부터 시작하여 50장까지 계속된다. 그 중에서 38장에 나오는 유다와 다말의 이야기와 에피소드처럼 중간에 들어와 있는 야곱의 일생에 속하는 부분 같은 것은 요셉의 기록과는 관계가 없는 듯한 이야기들이다. 그러나 이 이야기들도 "역시 요셉의 일생 중에 포함시켜 읽어도 무리가 없을 것이다. 왜냐하면 단순히 내용으로 봐서는 아무튼 요셉의 기록과 관계가 없는 듯하지만, 요셉의 일생에서 간과할 수 없는 문제와 긴밀한 관계를 갖고 있기 때문이다."[6] 나는 창세기 37-50장을 하나의 독립된 통일체로 보고 요셉 이야기의 구성을 살피고자 한다.

요셉의 이야기는 하나의 독립된 통일체이기는 하지만, 장소와 때를 달리하는 두 개의 행동으로 구성되어 있다. 그 일부는 요셉과 그의 가족과의 관계로 짜여 있고 다른 한 부분은 애굽에서 이루어진 그의 생활에 초점을 맞추고 있다. 이 요셉의 이야기는 그것을 읽은 사람들의 상상력을 오랫동안 사로잡는데 아마도 그것은 많은 전형적인 구상들을 다루고 있기 때문일 것이다. 이 구상들을 따라가며 그 구조와 이야기의 특징 등을 살펴보겠다.

1) 이야기의 구성

야곱에게는 열두 아들이 있었는데, 요셉은 열한 번째로 "노년에 얻은 아들이므로"(창 37:3) 어느 아들보다 더 사랑했다. 그래서 야곱은 그에게 장신구를 단 채색 옷(창 37:3)을 지어 입히곤 했다. 이렇게 아버지가 유별나게 그만을 더 편애하는 것을 보고 형들은 그를 미워했다. 더욱이 요셉은 두 번씩이나 꿈 이야기를 형들에게 하여 그 때문에 형들은 그를 더욱 미워하게 되었다.

그 꿈 이야기는 대충 이런 것이었다. 하나는 밭에서 곡식 단을 묶고 있는데, 요셉이 묶은 단이 우뚝 일어서더니 형들이 묶은 단이 그 둘레에 모여 절을 하더라는 것이었고, 다른 하나는 해와 달과 별 열 하나가 요셉에게 절을 하더라는 것이었다. 요셉의 꿈은 비록 두 개이지만, 근본적으로는 같은 것이라고 볼 수 있다. 즉 형들이 동생 요셉에게 무릎을 꿇을 것이라는 것이다. 이런 꿈 이야기를 들은 형들은 요셉을 미워했고, 기회만 있으면 요셉을 혼내주려고 생각했다.

요셉이 열일곱 살이 되던 어느 날, 형들은 세겜을 거쳐 도단에서 양떼에게 풀을 뜯기고 있었는데, 그때 요셉이 아버지의 심부름을 받고 그들을 찾아왔다. 평상시에 꿈장이라 하여 요셉을 미워하던 형들은 이때가 좋은 기회라 생각하여 그를 죽여 없애버릴 음모를 꾸몄다. 대부분은 요셉을 죽여 짐승이 잡아먹은 것처럼 꾸미자고 했지만, 맏형 루벤은 구덩이에 처넣되 죽이지는 말자고 했다. 맏형의 제의에 따라 그들은 옷을 벗기고 요셉을 물 없는 빈 구덩이에 처넣었다. 때마침 그들은 향고무와 유향과 몰약을 낙타에 싣고 애굽으로 가는 이스라엘 상인들에게 구덩이에서 끌어낸 요셉을 노예로 팔아 버렸다(창 37:25). 한편 아버지 야곱은 요셉이 들짐승한테 잡혀 먹힌 줄만 알고 슬퍼하며 자기 입은 옷을 찢고 베옷을 몸에 걸친 채 아들을 생각하면서 날마다 울기만 하였다. 야곱은 아버지 이삭을 속여 장자의 축복을 받아냈는데, 그 아버지는 아들의 옷을 알아내지 못했지만 야곱은 아들 요셉의 옷을 알아냈으나 결과적으로는 아들들에게 속은 것이다. 에커만은 아버지를 속인 야곱이 자기 아들들에게 속은 것이라고 보고 있다.[7]

요셉은 파라오의 한 신하인 경호대장 보디발(Potiphar)에게로 팔려갔지만, 다행히도 주인의 신용을 얻어 그 집안의 관리인이 되었다. 그런데 요셉은 "용모가 준수하고 아담한"(창 39:6) 사나이이기 때문에, 주인 보디발의 아내가 눈짓을 하며 그를 유혹하는 것이었다. 그러나 그는 주인의 신임을 생각하며, 그것은 하나님과 주인께 죄가 되는 것이라고 했다. 하루는 주인의 일을 돌보려고 집 안으로 들어갔을 때였다. 주인의 아내는 집안에 아무도 없는 것을 기회로 요셉의 옷을 붙잡고 침실로 같이 가자고 졸랐다. 그러나 요셉은 손에 잡힌 옷을 뿌리치고 밖으로 뛰쳐 나갔다. 그러자 그녀는 그 옷을 증거로 그가 자기를 강간하려고 했다고 남편에게 요셉을 교묘하게 중상했다. 보디발은 아내가 하는 말을 듣고 화가 치밀어 요셉을 감옥에 가두었다.

그러나 어디를 가나 요셉은 하나님의 돌보심으로 재능을 발휘할 수가 있었다. 그래서 그는 옥중에서도 간수장의 신임을 얻어 죄수들을 돌보는 감독역(監督役)이 되었다. 그 가운데는 왕에게 술잔을 드리는 시종장과 빵을 구워 올리는 시종장이 들어와 있었다. 어느 날 밤 그들은 각기 풀 수 없는 이상한 꿈을 꾸었다. 전자는 포도주에 대해, 후자는 빵에 대해 꿈을 꾸었던 것이다(창 40:9-19). 한 그루의 포도나무 옆에 서있자니 별안간 그 나무에 세 개의 가지가 돋아나고 그 가지마다 포도가 휘어지게 열리더라는 것이다. 그래서 그 사람은 포도를 따 가지고 왕의 잔속에 짜 넣고 바쳤다고 했다.

또 한 사람이 꾸었다는 꿈은 그 관리가 떡을 가득 든 광주리 세 개를 머리에 이고 왕궁에 가려고 하니 별안간 새떼가 하늘에서 내려와 그 떡을 먹어치웠다는 내용이었다. 요셉은 그들의 꿈을 풀어, 전자는 사흘 뒤에 풀려나 복직되고 후자는 사흘 뒤에 사형당할 것이라 했는데, 그 해몽은 그대로 적중했다. 본래의 관직으로 되돌아간 관리는 왕에게 아뢰어 요셉이 옥에서 풀려나도록 해 줄 것을 약속했다. 그러나 아무리 기다려도 요셉은 옥에서 풀려나올 수가 없었다. 그 후에도 2년 동안 요셉은 옥

중에서 고생을 해야만 했다.

2년 후 이번에는 애굽 왕이 불가사의한 꿈을 꾸었다. 살찌고 잘 생긴 일곱 마리의 암소를 여위고 볼품없는 일곱 마리의 암소가 잡아먹는가 하면, 토실토실 여물어가는 일곱 이삭을 갓 돋아 여물지 못한 일곱 이삭이 삼켜 버리는 그런 꿈이었다. 누구도 그 꿈의 뜻을 푸는 자가 없었다. 술잔을 드리는 시종장은 요셉을 까마득하게 잊어버리고 있엇지만, 왕의 꿈 이야기를 듣고서야 비로소 요셉을 생각하고 옥중에서 있었던 꿈 해몽 이야기를 왕에게 아뢰었다.

요셉은 곧 왕 앞으로 불려 나와 왕이 꾼 꿈의 뜻을 풀이하게 되었다. 요셉은 꿈을 풀어, 7년 동안의 풍작 뒤에 7년 동안의 흉작이 계속되리라 했다. 왕은 요셉의 해몽과 제안이 옳게 생각되어 곧 그를 총리로 삼았다. 삼십의 젊은 나이에 총리가 된 요셉은 그가 제안했던 대로 7년 동안 풍작이 계속될 때 그 오분의 일을 창고에 비축해 두어 그것으로 7년간의 기근을 메꿔 나갔다.

흉년은 이 지역에만 든 것이 아니라, 그 인접국가 모두가 마찬가지였다. 가나안도 역시 기근이 극심했다. 그래서 어디서든 곡물을 사들이지 않으면 안 되었다. 그 일을 위해 야곱은 십 명의 자식을 애굽에 보내게 되었다. 여기서 요셉과 그 형제들의 이야기는 다시 이어진다.

야곱의 열 아들은 애굽의 총리대신 요셉 앞에 나아가 얼굴을 땅에 대고 큰 절을 하였다. 요셉 자신이 꾸었던 꿈은 결국 거의 다 맞은 셈이었다. 요셉은 그들을 알아봤지만, 형들은 요셉을 곧 알아보지 못했다. 그러나 요셉은 현재 그들이 어떤 성격을 가지고 있는가를 알기 위해 전혀 모르는 체 하였다. 그리고는 간첩들이라 울러대고, 그렇지 않다면 한 사람을 보내어 고향에 남아 있는 동생을 데려 오라고 했다. 그들은 요셉을 괴롭혔던 죄의 대가라고 자기들끼리 수근 거리며 회한에 싸여 있었다. 이것을 본 요셉은 눈물을 금할 수 없었으나, 둘째 형 시몬을 인질로 잡아두고 고향의 베냐민을 데려온다는 조건아래 그들에게 양식을 팔았다.

그러나 그는 형들이 모르는 사이에 각자의 자루 속에 돈을 넣어 주었다.

야곱은 막내아들 베냐민을 내놓으려 하지 않았지만, 기근이 극심하여 다시 양식을 사올 수밖에 없는 처지라 하는 수 없이 베냐민을 딸려 보냈다. 그들은 선물을 마련하고 돈을 갑절로 준비하여 다시 요셉 앞에 나타났다. 그들을 맞은 요셉은 베냐민을 보고 그냥 애처로워 견딜 수가 없었다. 요셉은 그들을 자기 집으로 불러 나이 순서대로 앉히고 그들에게 잔치를 베풀어 주었다. 그리고는 자루에 양식을 가득 채워 주었다. 뿐만 아니라 그들이 모르는 사이에 자루마다 그들의 돈을 도로 넣어 주었고, 특히 베냐민의 자루에는 요셉이 항상 술을 따라 마시고 점을 치는데 사용하는 은잔을 넣어 주었다.

그리고 그들이 그 도시에서 멀리 가기 전에, 요셉은 집안 관리인으로 하여금 그들의 뒤를 쫓아서 은잔을 훔쳐간 것을 힐책케 하고 베냐민을 인질로 잡아오게 했다. 그들은 두려워 떨며 관리인을 따라 다시 요셉의 관저로 돌아왔다. 형제들은 눈물을 흘리면서, 늙은 아버지가 이 베냐민을 얼마나 사랑하고 있는지를 아뢰고 이 아이 대신 자기들을 노예로 삼을지언정 이 아이만은 꼭 돌아가게 해달라고 진정으로 간청했다.

마침내 요셉은 복받치는 감정을 억누를 길이 없어 통곡을 하며 자기가 요셉이라고 털어 놓았다. 요셉은 자기를 애굽으로 보낸 것은 그의 일족을 기근에서 구출해 내기 위한 하나님의 뜻에 의한 것이라고 했다.

그로부터 흉작이 계속되는 5년간 왕의 허락을 받아 그들을 애굽에 와서 살게 했다. 야곱과 그 자손들은 이스라엘에서 가까운 고센 지방에 정착하여 목축업을 하며 70년간을 지냈다. 야곱은 베냐민과 요셉을 축복하며 고센 땅에서 숨을 거두었다. 요셉은 아버지의 유언에 따라 그를 가나안에 장사지냈다.

어렸을 때의 요셉은 아주 건방진 면이 있어서 형들에게 미움을 받았으나 오랜 세월이 걸린 고생과 경험으로 이제는 생각이 깊고 어진 인간이 되었다. 그 후로도 요셉은 훌륭한 정치를 하여 국민들의 사랑을 받았다. 그는 백십 세까지 향수한 후 뼈라도 가나안 땅으로 가져다 묻어달라고 유언을 남기고 소천하였다.

2) 요셉의 성숙패턴과 구조

요셉의 이야기에 나오는 문학적인 패턴은 반복적인 사건의 연속을 통해서 팽팽하게 구성되어 있다. 이미 위에서 밝힌 바와 같이, 이 이야기에는 세 부류의 꿈들이 나오는데 각 부류마다 두 번의 꿈이 나온다. 가족 중에서 가장 우월한 요셉의 위치에 관한 꿈, 그들의 임박한 미래에 관한 떡 관원과 술 관원의 꿈, 풍년과 흉년에 관한 파라오의 꿈, 이러한 꿈들은 요셉이 구덩이에 던져지고, 노예생활, 그리고 감옥에 갇히게 되는 것과 밀접한 연관을 가지고 있으며, 또한 아버지의 총애 받는 아들과 형제들로부터 내던져진 자의 위치에서 감옥의 간수장을 거쳐서 마침내는 온 애굽 땅에서 파라오 밑에서 제2인자로써 군림하기까지의 요셉의 성숙과정과도 관련이 있다.

결국 요셉의 이야기는 많은 방해에도 불구하고 그의 젊음의 가능성을 인식한 한 젊은이가 성숙해 가는 전형적인 이야기라 할 수 있다. 따라서 위대하게 되리라는 꿈은 그의 형제들이 그에게 절을 했을 때 성취된 것일 뿐 아니라 보디발의 오른 팔로, 감옥의 간수장으로, 그리고 나중에는 파라오의 총리대신으로서 세력을 누리게 되었을 때에도 성취되었다. 반면에 형제들 간의 경쟁, 욕심, 성적인 유혹, 옥에 갇힘, 무시, 가족과 성공으로부터의 격리 등과 그가 접한 어려움들은 요셉이 얼마나 많은 그의 앞길을 가로막는 방해물들과 싸워야 했는가를 보여준다. 더구나 어머니들의 싸움으로 나누어진 가정의 심리적 상황, 아버지의 어린 아들을 향한 편애, 그 아들이 느끼는 독특한 역할, 형제들의 질투 등도 그가 서서히 성숙해 가고 발전해 가는 과정을 잘 보여주고 있다.

이렇게 볼 때, 요셉의 이야기 만큼 내용과 형식, 주제와 구조가 아주 교묘하게 서로 유기적으로 얽혀 짜진 이야기도 찾아보기 드물다. 요셉은 네 차례에 걸쳐 각기 다른 상황에서 지배적인 위치에 오르게 된다. 즉 그가 어렸을 적, 본가에서는 형들보다 우월한 입장에 있게 되고(창 37장), 보디발의 집에서는 그의 종들을 다스리는 위치에 있게 되며(창 39:4-6), 감옥에서는 동료 죄수들을 그리고 그 후에는 애굽의 땅을 관리하고 다스리는 위치에 오르게 된다(창 39:21-23, 41:39-41).

이런 단계 변화에 있어서 중요한 상징적 구실을 하는 것은 요셉의 옷(garment)이다. 형들은 요셉을 구덩이에 처넣기 전에 그의 옷을 벗겼고(창 37:23), 보디발의 아내는 유혹에 실패하자 그의 옷을 붙잡고 늘어져 그것을 이용하여 그를 고발했으며(창 39:12-18), 감옥에서 나와 파라오를 만날 때 요셉은 그의 옷을 갈아 입었고(창 41:14), 애굽의 총리대신이 되어 나라를 다스릴 때는 고운 모시옷을 차려 입었다(창 41:42). 여기서 그의 옷은 지배(dominance)와 변이(transition)의 상징이며, 그리고 각 단계의 변이가 있을 때마다 요셉은 박해와 보존을 상징하는 구덩이, 감옥 및 이집트의 땅에 감금된다. 이것은 하나의 역설(paradox)로써 죄 없는 수난자가 당하는 고투의 과정을 묵시적으로 보여준다.

요셉의 이야기를 해설하는데 있어서 또 다른 중요한 요소는 이미 말한 바 있는 꿈(dream)이라 할 수 있다. 이 이야기에 나오는 많은 꿈들은 요셉과 형들 사이에 벌어지는 갈등을 더욱 강렬하게 해주는가 하면, 요셉이 궁극적으로 성취할 성공을 예형적으로 예시해 주면서 요셉의 생이 처음부터 운명적이라는 것을 보여주고 있다. 이런 꿈의 기능으로 보아 요셉은 처음부터 하나님의 예언적 묵시 가운데서 살아가고 있음을 알 수 있다.

요셉의 초기 생활은 그의 아버지 야곱의 생활과 흡사하다. 형제간의 불화와 질투는 그를 구덩이에 던져 넣었다가 애굽의 노예로 팔아버리는 대목에 이르러 절정에 이른다. 애굽에 팔려간 요셉은 보디발의 아내의 유혹과 무고로 죄 없이 감옥에 갇혔다가 마침내는 애굽의 총리대신까지

되어 나라를 잘 다스리므로 국민들의 사랑을 받게 된다.

이것만 보더라도 요셉의 이야기는 U형태의 구조 즉 상승-하락-상승의 구조를 갖는다는 것을 알 수 있다. 고난 받는 종의 원형으로서의 요셉은 하락과정에서 위험스런 여행을 거치게 되고 그 과정을 거쳐 그는 정신적 및 사회적 성년에 입문하게 되는 것이다.

3) 고난 받는 종

요셉은 누구보다도 뛰어난 영웅적인 인물이다. 그는 용모가 준수하고 진실한 사람이요 엄청난 능력의 소유자였고 그가 처한 모든 생활에서 두드러진 인물로 모든 부모들이 원하는 아들이었다. 그런 모든 성공에도 불구하고 그는 고난 받는 종(suffering servant)으로서 묘사 되고 있는 인물이다.

고통 받는 종의 모티브를 전개하는 이야기에 있어서 주인공은 늘 당치않은 고통을 당하게 되고 그런 고통을 거쳐 그는 다른 사람들에게 큰 유익을 주게 된다. 요셉은 인류의 구세주가 되는 죄 없는 수난자(受難者)의 원형이라 할 수 있다.

고난 받는 종의 이야기에 나타나는 가장 중요한 주제는 인간의 고통을 뜻 깊게 보는 이념인 것이다. 왜 그것이 의미 있느냐 하면 하나님은 악과 인간의 고통을 이용하여 보다 큰 유익을 주기 때문이다. 요셉 자신이 그의 고난의 체험을 겪고난 후 이런 사실을 두 번이나 강조하고 있는 것을 볼 수 있다.

"당신들이 나를 이곳에 팔았다고 해서 근심하지 마소서. 한탄하지 마소서. 하나님이 생명을 구원하시려고 나를 당신들보다 먼저 보내셨나이다. 하나님이 큰 구원으로 당신들의 생명을 보존하고 당신들의 후손을 세상에 두시려고 나를 당신들보다 먼저 보내셨나니 그런즉 나를 이리로 보낸 자는 당신들이 아니요 하나님이시라. 하나님이 나를 바로에게 아버지로 삼으시고 그 온 집의 주를 삼으시며 애굽 온 땅의 통자로 삼으셨나이다"(창 45:5, 7-8).

이것은 요셉이 자기 정체를 형들에게 밝히면서 인생의 비극을 하나님은 역이용, 선한 길로 인도하신다는 것을 개진한 것이다. 그리고 야곱이 죽은 후 과거에 저지른 잘못으로 어떤 보응이라도 받을까 해서 형들이 두려워하고 있을 때, 요셉은 다시 다음처럼 말한다.

"당신들은 나를 해하려 하였으나 하나님은 그것을 선으로 바꾸사 오늘과 같이 많은 백성의 생명을 구원하게 하시며 하셨나이다"9창 50:20). 이런 깊은 뜻이 담겨 있는 수난에 비추어 볼 때, 요셉의 생애는 가히 운명적이라 할 수 있다. 요컨대 요셉은 인류에 대한 하나님의 구속적 목적에 따라 일생을 살았고, 그것은 미래를 예고해 주는 그의 꿈에서 지각할 수가 있다.

4) 서사적 사건이라 할 만한 요셉이야기

창세기(The Book of Genesis)를 토막토막 잘라 읽지 말고 계속해서 읽어보면, 여러 부분에서 문학적 감각으로 느낄 수 있는 그런 것을 느끼게 될 것이다. 긴 족보 이야기와 이주이야기를 거쳐 우리는 요셉(Joseph)이라는 인물과 마주치게 된다. 그렇게 되면 창세기의 5분의 1에 해당되는 비교적 긴 이야기가 요셉과 그 형제들의 관계로 집중되는 것을 볼 수 있다. 요셉은 처음부터 뛰어난 인물로 나타나는데, 심지어는 어린 시절부터 부친의 사랑을 독차지한 나머지 형제들의 미움을 받게 된다.

요셉과 그 형제들의 이야기는 창세기의 다른 이야기와 비교해 볼 때 획연히 다른 점이 있는데, 그것이 곧 역사와 서사시의 차이점이라 할 수 있다. 요셉은 매우 중요한 역사적 인물이다. 그러나 아무리 중요한 인물이라 하드라도 그의 역사를 기록하기로 한다면 단 한 장도 필요 없을 것이다. 그런데도 창세기의 5분의 1에 해당되는 긴 분량으로 취급되어 있다는 것은 단순히 우리에게 역사적 사실만을 보여주려고 했던 것이 아니라는 것이 반증 된다. 우리가 요셉의 설화를 읽으면서 흥미를 느끼는 것은 역사 그 자체 때문이 아니라 그 속에 담긴 스토리 때문이다. 이런 의미에서 요셉의 설화는 본격적인 서사시는 아니지만, 서사시적 사건(epic incident)이라고 할 수가 있다. 그것이 역사의 일부분이기 때문에 사건이 되는 것이고, 역사적 사실을 우리의 사상과 감정에 호소할 수 있도록 취급하였다는 점에서 서사시가 되는 것이다. 성경에는 이런 서사시적인 사시(史詩)가 아주 많이 있다.

성경은 위대한 하나님의 말씀인 동시에 위대한 역사적 기록이요 또한 문학서이기도 하다. 『환금가지』(Golden Bough)의 저자인 프레이저(Sir James George Frazer, 1854-1941)는 장려한 필치로 성경은 세계사라기보다는 세계사시(世界史詩)라고 하였다. 좀 길긴 하지만 그의 말을 직접 소개해두겠다.

"종교적 역사적 의의에 관한 문제를 모두 제거하면, 성경은 세계사는 아니지만 세계적 서사시다. 비유를 바꾸어 말하면, 성경은 천지창조로부터 이 모든 물질적인 세계가 결국 사라지고 난 후 정의가 영주하는 신천신지(新天新地)가 나타날 때까지의 모든 시대가, 장엄한 환상의 열을 지어 우리 앞을 움직여 가는 광대한 파노라마를 펼쳐보여 주고 있다. 이 장려한 배경, 즉 때로는 하늘의 빛으로 찬란히 빛나기도 하고 때로는 지옥의 불로 활활 타오르기도 하는 천태만변의 광경을 배경으로 해서, 우리는 인간이 역사의 무대 위를 걸어가며 그 작은 역할을 해나가는 것을 본다. 흙에서 왔다가 흙으로 돌아가는 것을 보고, 또 제국의 흥망성쇠도 본다. 바쁜 군중들의 밀집지였으나 지금은 황량하고 적적한 들짐승들의 소굴이 된 큰 도시들도 본다. 인간의 모든 열광-사랑, 희망, 기쁨, 고결한 노력, 고통, 죄, 슬픔 등이 여기 있다. 다음으로는 최후의 장면으로서, 우리는 장대한 백보좌와 그 앞에 모여 선 무수한 군중들을 보며, 최후의 심판이 선고되는 소리를 듣는다. 막이 내려짐에 따라 우리는 지옥의 불길과 하늘의 영광-천상 즉 이 세상과는 획연히 다른 세계, 근심도 죄도 슬픔도 전혀 없으며, 선자들이 수고를 그치고 쉬고, 하나님 자신이 우리 눈의 눈물을 깨끗이 씻겨주는 세계의 환상을 일견한다. 이것은 과학이나 역사가 아니라 적어도 깊은 인상을 주는 구경거리요 당당한 희곡이다. 비유 없이 말하면 그것은 고귀한 문학이다. 모든 고귀한 문학처럼 그것은 사람의 마음을 즐겁게 하고, 높여 주고, 위로를 해주는 힘을 갖고 있다."[8)]

인물로 볼 때에도 요셉의 이야기는 아주 뛰어난 내러티브의 형태를 취하고 있지만 서사적 사건이라 해도 잘못된 평가는 아닐 것이다. 아브라함이나 야곱에 비해 요셉은 영웅적인 면모가 두드러진 인물이다. 그에게도 실패와 불운이 다른 어느 인물 못지않게 많이 있었지만, 그 상황이 자신 때문이 아니었기에 결국에는 그 불운과 실패를 극복하고 인간적인 면에서 성공한다. 이런 점에서 요셉의 일생은 영웅의 일생에 가깝다. 영웅의 일생형은 비범한 인물이 외부세계에 의해 고통을 받고 해결하는 과정을 여러 번 되풀이하다가 결국에는 행복한 결말에 이르게 되는 구조의 이야기다. 더구나 그의 일생담은 신앙적으로 그가 하나님의 뜻을 좇아 살았기 때문에 하나님의 보호함으로 성공했다고 할 수 있었다. 이렇게 초인적인 힘이 요셉의 역사적인 사건에 개입한다는 점에서 전형적인 서사시는 아니지만 서사적인 사건이라 할 수 있다.

제2장 서사시

흔히 성경에는 서사시가 없다고 한다. 그러나 그런 판단은 잘못된 것이다. 주로 다음과 같은 두 가지 이유 때문에 성경에는 서사시가 없다고 하는 부정론이 나온 것 같다. 첫째는 문학연구 자체를 오도한 비평적 편견 때문이다. 다시 말해서 고전작품 이를테면 그리스나 라틴문학의 걸작품들만을 문학이라고 착각한 비평가들의 피해가 컸던 것이다. 그들은 심지어 셰익스피어까지도 창작가로 인정하려고 하지 않았던 것이다. 『일리아스』와 『오디세이아』를 기초로 해서 서사시의 개념을 구성한 그들이 성경을 볼 때 그와 유사한 서사시를 성경에서 찾는다는 것은 불가능한 일이다.

둘째 서사시는 허구와 관련돼 있는 것이라고 하는 잘못된 인식 때문이다. 이런 인식을 기초로 해서 볼 때, 성경의 어느 부분을 서사시라고 한다면, 그것은 성경이 곧 허구라는 것밖에 안 된다. 그러나 그것은 완전한 오해다. 시가 역사나 철학과 같이 사실 그 자체가 아니라는 것과 그 소재가 사실이 아니라는 것과는 전혀 별개의 문제이기 때문이다. 시도 역사와 마찬가지로 사실을 다룬다. 그러나 그 사실은 현실적인 것이 아니라 보다 이상적이고 상상적인 것이라 할 수 있다. 바로 이것이 문학과 역사의 근본적인 차이점이다.

서사시란 용어 속에는 두 가지 뜻이 내포 되어 있다. 첫째는 극적 재현과 대조해 볼 때 내러티브적(narrative)이라는 것이고, 둘째는 그 수법이 논증적이라기보다는 창조적이라는 것이다. 그런데 성경은 반 이상이 내러티브로 구성돼 있다. 이런 면에서 본다면 성경에 서사시가 있느냐 없느냐 하는 문제는 결국 성경의 내러티브 전체를 역사로 볼 것이냐 아니면 일반 서사시에서와 같이 우리의 감정과 예술적 감각에 호소하는 것으로 볼 것이냐 하는 데 따라서 좌우될 수 있다.

나는 성경의 많은 이야기들이 역사적이면서도 우리들의 감정과 감각에 강하게 호소 하는 서사시적인 요소를 갖고 있는 서사적인 사시(史詩)라고 생각한다. 그 중에서도 모세의 출애굽 이야기와 여호수아의 가나안 정복 이야기는 다른 일반 서사시에 비해 조금도 손색이 없는 서사시라고 할 수 있다. 이 이야기들이 서사시라는 것을 객관적으로 입증하기 위하여 먼저 서사시가 무엇인가를 알아야보아야겠다.

서사시란, 단적으로 말하면, 장중한 문체로 심각한 주제를 다루는 장편의 이야기로서 국가, 민족, 또는 인류의 운명과 직결되어 있는 한 위대한 인물(영웅)의 행위가 그 중심적 이야기 거리가 된다. 대게 서사시는 다음과 같은 관례들을 갖고 있다. 이런 관례들이 내러티브들 속에 들어있으면 서사시라고 할 수 있을 것이다.

서사시하면 그 관례로서 "주제 표명" 및 "시신(詩神)에의 기도" (invocation to Muses), "사건의 중심으로부터의 서술개시" (in medias res), "등장인물의 카탈로그", "전투이야기 삽입", "반복적인 표현", "서사시적 직유의 사용" 등을 그 특징으로 들고 있다. 그러나 이것들은 서사시의 기법적인 특징에 불과하고 서사시의 본질적 특성은 못된다. 그래서 좀 더 자세하게 서사시의 일반적인 특성을 들어보겠다.[9]

첫째 서사시의 주인공은 종족이나 국가 또는 인류의 운명이 좌우될 수 있는 위대한 국가 민족적이며 인류적인 영웅 또는 인물이어야 한다는 것이다. 그는 능력에 있어서는 물론 출생에 있어서도 비범하지 않으면 안 된다. 많은 경우에 있어 그는 신적인 요소도 갖게 된다. 베르길리우스의 주인공 아에네아스는 비누스 여신의 아들이며, 밀턴의 『실낙원』의 아담은 인류의 조상이다.

둘째 서사시의 사건이 벌어지는 배경은 세계적이며 우주적인 광대한 규모를 지녀야 한다는 것이다. 『실낙원』에 있어서는 우주 전체가 배경이 되며, 『오디세이아』에서는 당시의 천하였던 지중해 지역 전체가 배경이 된다. 많은 경우에 있어서 지옥과 천당도 포함된다.

일반적으로 서사시는 그 배경이 웅대하므로 잠깐 주제에서 벗어나는 많은 일탈적 삽화(逸脫的 揷話, digression)를 허용하게 된다. 그러나 전체로서의 통일을 잃어서는 안 된다. 노드롭 프라이는 서사시를 "중심이 있는 백과전서형식(百科全書形式)"이라 했을 때 바로 이 점을 지적한 것이었다고 할 수 있다.[10] 르네상스 서사시관에 따르면 서사시는 시간적. 공간적 지식 전체의 일람(compendium)이 아니면 안 된다. 『실낙원』을 전체 지식을 담고 있는 규범으로 규정한 것은 윌리엄 엠푸슨이었다.[11]

셋째 서사시는 긴 설화체로서 위대하고 진지한 주제를 갖추고 있어야 한다는 것이다. 서사시는 보편적 중요성을 갖는 큰 주제를 다루게 되므로 자연히 객관적이다. 저자는 개인적인 정서나 사상을 표현하려고 하지 않고 커다란 역사 공동체, 나아가서는 인류 전체의 이념을 기리는 입장을 고수한다. 또한 광범위한 배경 속에서 벌어지는 많은 부차적 영웅들의 행위를 다루므로, 소재가 다양하고, 전체적으로 보아 포괄적이다. 즉 한 민족집단의 종교, 군사뿐 아니라 풍속, 사회구조, 상공업, 교육, 과학, 사상 등 집단생활의 모든 면모가 언급되고 논의되고 비판될 여지가 있는 것이다.

넷째 서사시는 초인적 용기를 요구하는 행위로 구성되고, 그 행위는 초자연적 존재들이 적극적으로 참여하여야 한다는 것이다. 『실락원』에서 사탄과 천사들의 전쟁은 신들의 싸움답게 웅장하다. 오디세우스의 해상 방랑은 신들과의 투쟁도 포함된다. 신들이 인간들의 투쟁에 참여하는 적도 많다. 『일리아스』는 트로아 벌판애서 벌어지는 영웅적 인간들의 행위뿐 아니라 올림포스산 위의 신들의 투쟁도 된다.

다섯째 서사시는 본래 귀족적 청중에게 음송되던 것이므로 장중한 문체로, 또한 거기에 어울리는 운율로 구성되어야 한다는 것이다. 서사시인은 진지한 내용을 다루게 되므로 그 문체도 그 내용에 어울리는 숭고하고 장중한 것이어야 한다.

여섯째 서사시인은 그들이 속해 있는 부족과 민족을 향해서 그 사회집단의 최고의 가치 또는 신의 입장을 대신하는 대언자(prophets)로서 말한다. 그 때문에 그는 그 집단의 통일정신으로서의 숭고한 인격을 범례(範例)(exemplum)로 하여 노래한다.[12] 그렇기 때문에 그가 사용하는 언어는 그가 출생한 그 땅의 언어 즉 토박이 언어 (native language)이고 그 작품은 그가 속한 사회집단에 대한 애정(patriotism)을 다루는 것이 보통이다. 이와 같이 서사시인은 고결한 민족적 인격을 주제로 하여 노래하기 때문에 아량(magnanimity), 지혜(wisdom), 용기(fortitude), 절제(temperance)와 같은 플라톤적인 에토스 즉 고결한 윤리성이 요구된다. 이런 점에서 르네상스시기에 있어서 서사시는 귀족계급의 자제들의 신사교육을 목적으로 쓰여진 것이 일반적인 경향이었다.

주인공이 애국심과 윤리적 결백성을 지닌 범례가 된다는 것과 영적 여행의 구조를 갖는 역사 이야기라는 것과 그리고 지식의 일람이라는 점에서 서사시는 그 고유한 특징을 이룬다고 할 수 있고, 성경의 서사시적인 궤적을 추적하는데 있어서 하나의 지표가 될 수 있다. 이 관례들에 비추어 보며 성경에 나오는 내러티브들의 서사시적인 성격을 살펴보겠다.[13]

1. 영광의 탈출 서사시: 모세 이야기

출애굽의 서사시는 여러 가지 에피소드를 내포하고 있는 길이가 매우 긴 내러티브다. 우리는 이 설화를 일컬어 소위 출애굽의 서사시(Epic of the Exodus)라 부른다. 이 이야기의 내용은 주로 출애굽기 1장-24장과 민수기 10장-14장, 16장-17장 및 신명기 32장-34장에서 찾을 수 있다.

출애굽(Exodus)이라는 말은 그리스어에서 파생된 어휘다. 이 "엑서더스"라는 말은 '탈출'을 의미한다. 출애굽 사건을 다룬 출애굽기는 오경 중 두 번째 나오는 책으로서, 애굽에서 요셉이 사망하는 것으로부터 이스라엘 자손들이 황야에서 유대 성막을 건축하여 봉헌하기까지의 기간을 포함하고 있는데, 크게 3부분으로 나뉜다. 애굽에서 노예생활을 하던 때(출 1;1-15:21), 시내 산으로 가는 여정(출 15:22-19:25), 그리고 그곳에서 일어나는 여러 가지 사건들(20:-40:)로 구성된다. 첫 번째 두 부분에서는 모세(Moses)라는 한 비범한 인물이 주연의 역할을 하는 부분으로서 이야기 형식으로 되어 있다. 이 부분은 문학적 견지에서 보면 거의 창세기와 맞먹을 정도로 감동적인 이야기로 짜져 있다. 이스라엘의 자손들이 어떤 경로로 애굽으로 이주하게 되는 가부터 살피면서 출애굽 서사시의 세계를 탐구해 보겠다. 창세기에 보면 야곱의 열한 번째 아들 요셉은 배다른 형들의 미움을 사서 애굽으로 팔려가게 되는 것을 알 수 있다. 온갖 시련을 거쳐서 구사일생으로 목숨을 건진 요셉은 애굽왕 바로의 꿈을 잘 해몽하여준 결과로 마침내 애굽의 총리에 오르게 된다. 총리가 된 요셉의 배려로 흉년을 만나 위급한 야곱과 그 일족(一族)이 애굽으로 옮겨와 고센 땅에 자리 잡고 오랜 세월 동안 거기서 살아가게 된다. 세월은 흐르고, "요셉을 알지 못하는 새 왕" (출1:8)이 나라를 다스리게 되었는데, 그 왕은 라암셋(람세스 2세, 출 1:11)이었다. 그는 히브리 사람들의 수가 점점 많아져 큰 힘을 가진 민족이 되는 것을 두려워했다. 또한 그는 만일 전쟁이 일어날 때 그들이 우리의 적군과 힘을 합하여 우리에게 대항할지도 모른다고 생각했다(출 1:10).

그때부터 왕은 감독관을 두어 히브리 사람들을 노예로 만들어 강제로 심한 노동을 시켰다. 곡식을 쌓아 둘 창고나 건물을 짓는 일, 진흙으로 벽돌을 구워 내는 일, 큰 궁전과 신전, 제방 만드는 일 같은 것만 시켰다. 왕은 감독관을 불러 히브리 사람들에게 노동을 더 많이 시키라고 하였다. 히브리 사람들은 감독관들의 채찍과 힘들고 위험한 노동에 시달려 죽어가는 사람들이 날이 갈수록 많아졌다. 그래도 히브리 사람들의 수는 점점 늘어났고 더욱 강인해졌다.

히브리 사람들의 증가를 두려워한 애굽 왕은 히브리 산파 십브라와 부아를 불러 놓고, "너희는 히브리 여인을 위하여 해산을 도울 때에 그 자리를 살펴서 아들이거든 그들을 죽이고 딸이거든 살려두라" (출 1:16)

는 무서운 명령을 내렸다. 이것은 이스라엘의 씨를 말리려고 계획한 매우 잔혹한 술책이었다. 이때 나일강 가까이에 아므람이란 히브리 사람이 살고 있었다. 아므람은 제사를 대행하는 레위 집안 출신으로 그의 아내 요게벳 사이에 아론이라는 아들과 미리암이라는 딸을 두었고, 또 세 번째로 아들을 갖게 되었다.

양친은 이 아이의 생명을 구하려고 석 달 동안이나 애굽 관리들의 눈에 띄지 않도록 집 안에 숨겨 두었으나 더 이상은 숨겨 둘 수가 없게 되었다. 그래서 어머니 요게벳은 나무진(역청)을 칠하여 물이 스며들지 않도록 만든 갈대(파피루스) 바구니에 아이를 담아 강기슭의 우거진 갈대숲 속에 숨겨 두었다. 그로부터 얼마 지난 후, 바로의 딸 공주가 목욕하려고 시녀들과 함께 하수(河水)로 왔다가 갈대숲의 바구니를 발견하고 시녀들에게 가져오라고 하였다. 그 속에는 아주 귀여운 사내아이가 들어 있었습니다. 공주가 구한 유모는 바로 그 아이의 친어머니 요게벳이었다.

드디어 아이가 성장하자 유모는 그 아이를 공주에게 돌려주었고, 공주는 "강물에서 그 아기를 끄집어냈으므로" 모세라 불렀다(출 2:10). 모세는 공주의 보살핌 가운데 바로의 궁정에서 훌륭한 애굽식 교육을 받고 자라났다. 그러나 그의 혈관에는 히브리인의 피가 흐르고 있었고 그의 마음에는 자기는 히브리인이라는 의식이 강하게 자리 잡고 있었다. 그것은 친어머니 유모 요게벳의 가르침 때문이었을 것이다. 성년이 된 어느 날 모세는 자기 나라 사람들이 잔인하게 학대받는 것을 보고 그만 격분하여 애굽의 한 감독을 살해하였다. 이 사건이 일어난 것이 모세의 나이 40이 되는 해였다.

바로가 이 사건을 알게 되었을 때, 그는 곧 궁전을 떠나 애굽과 가나안 사이에 있는 미디안 땅으로 도망칠 수밖에 없었다. 미디안에 도착한 모세는 어떤 우물가에 앉아 있었다. 그때 미디안의 제사장인 르우엘(=이드로)의 딸 일곱 명이 양떼를 몰고 와 물을 먹이려고 하고 있었다. 그런데 목자들이 와서 그들을 내쫓고 자기들의 양떼들에게 먼저 물을 먹이려고 하였다. 이것을 본 모세는 그들에게 다가가 르우엘의 딸들이 몰고 온 양떼에게 먼저 물을 먹이게 해주었다.

딸들이 다른 날보다 일찍 우물가에서 돌아왔으므로 르우엘이 그들에게 물었다. "오늘은 어찌하여 이같이 속히 돌아오느냐?" (출 2:18). 그 딸들은 우물가에 있던 어떤 애굽 사람이 우리에게 행패를 부리는 목자들을 제치고 우리 양들에게 먼저 물을 먹이게 해 주었기 때문이라고 아버지에게 말하였다. 아버지는 "그 사람이 어디 있느냐? 너희가 어찌하여 그 사람을 버려두고 왔느냐? 그를 청하여 음식으로 대접하라" (출 2:20) 고 말씀하셨다. 딸들은 아버지가 시키는 대로 하였다. 모세는 르우엘의 집에서 음식을 먹고 머물러 살게 되었다. 얼마 후 모세는 르우엘의 딸 시뽀라(Zipporah)와 결혼하였고(출 2:21), 그 이후 40년 동안 거기서 장인의 양무리를 치면서 광야 생활을 하였다.

이 기간 동안 모세는 목자로서 시내 반도의 광야에 대해 익숙하게 되었고, 황폐한 땅에서 겪는 그 고된 삶과 양들을 인도하는 일에 관해서 많은 것을 알게 되었다. 여기서 배운 기술은 모세로 하여금 후일 이스라엘 사람들을 애굽으로부터 이끌어내어 시내 반도의 광야를 지나 가나안으로 인도해 가는 데 큰 도움을 주었다.

어느 날 양떼를 이끌고 풀이 많은 땅을 찾아 호렙 산기슭에 이르렀는데 거기서 불이 붙은 가시덤불을 보았다. 그런데 불꽃은 일고 있는데도 그 떨기나무는 전혀 타지 않고 있었다. 모세는 이상히 여겨 가시덤불 가까이 다가가는데 어디선가 자기를 부르는 소리가 들렸다. "모세야 모세야 · · · 이리로 가까이 오지 말라. 네가 선 곳은 거룩한 땅이니 네 발에서 신을 벗으라 · · · 이제 내가 너를 바로에게 보내어 너에게 내 백성 이스라엘 자손을 애굽에서 인도하여 내게 하리라" (출 3: 4-10). 이와 같이 모세는 불붙는 떨기나무 사이에서 극적인 민족 구출의 사명을 부여받았다. 그러나 모세는 그 소명 감당하는 것이 두려워 여러 차례 사양했다.

하나님께서는 사양하는 모세에게 "내가 · · · 반드시 너와 함께 있으리라. 네가 그 백성을 애굽에서 인도하여 낸 후에 너희가 이 산에서 하나님을 섬기리니 이것이 내가 너를 보낸 증거니라" (출 3:12)고 하셨다.

모세는 만일 내가 가서 하나님께서 나를 애굽으로 보내셨다고 했을 때, 그들이 나에게 묻기를 "그의 이름이 무엇이냐?" (출 3:13)고 물으면 그들에게 무엇이라고 할 것이냐고 물었다. 하나님이 모세에게 이르시기를 "스스로 있는 자가 나를 너희에게 보내셨다 하라" 고 말씀하셨다. 하나님께서는 여러 가지 이적(출 4:1-9)을 통하여 능력으로 그가 모세와 함께 하신다는 증거를 보여 주셨는데도, 모세는 더욱 사양하면서, "주여 나는 본래 말을 잘 하지 못하는 자라. 주께서 주의 종에게 명령하신 후에도 역시 그러하니 나는 입이 뻣뻣하고 혀가 둔한 자니이다" (출 4:10)라고 말하였다. 그러자 하나님께서는 노를 발하시며(출 4:14) 말 잘하는 네 형 아론과 함께 "지팡이를 손에 잡고" (출 4:17) 가라고 하였다.

하나님의 이런 말씀을 듣고서야 용기를 얻어, 모세는 형 아론과 함께 바로 왕에게로 달려갔다. 그러나 마음이 굳은 왕은 모세의 요구를 거절하였다(출 5:1-2). 그 때문에 모세는 하나님의 능력을 입증하기 위하여 열가지 재앙을 내렸다. 물을 피로 만들기도 하고, 개구리 소동을 일으키기도 하고, 티끌을 이로 만들기도 하고, 파리 떼의 소동을 일으키기도 하고, 생축(牲畜)을 심한 악질로 죽이기도 하고, 재가 온 땅의 티끌이 되어 독종(毒腫)으로 나타나게 하기도 하고, 우박을 퍼붓기도 하고, 메뚜기 소동을 일으키기도 하고, 온 땅을 흑암으로 덮기도 하였지만, 끝내 왕은 고집을 부렸다. 하는 수 없이 하나님의 지시대로 마지막 재앙으로 초태생(初胎生)을 죽이는 재앙을 내렸다.

그러나 하나님의 말씀대로 어린양의 피(벳전 1:19 참조)를 문설주에 칠한 이스라엘 사람들은 그 재앙에서 벗어날 수 있었다. 죽음의 천사는 약속대로 피의 표증이 있는 집 앞은 피하여 지나갔기 때문에, 이스라엘 사람들은 이 재앙에서 면제된 그날을 기념하여 유월절(Passover)을 지키게 되었다. 그날 밤 이스라엘 사람들은 모세와 아론을 선두로 하여 일제히 홍해 바다 건너편에 있는 광야를 향해 출발했다. 하나님께서는 모세의 일행이 길을 잃지 않도록 낮에는 구름 기둥으로, 밤에는 불기둥으로 인도해 주셨다(출 7:14-12:51).

애굽 왕 바로는 이스라엘 사람들이 애굽을 떠났다는 말을 듣자 마음이 변했다. 군대를 동원하여 그들의 뒤를 쫓아 이스라엘 백성을 잡아오라고 명하였다. 모세의 일행이 홍해에까지 왔을 때 애굽의 대군이 전차를 앞세우고 뒤쫓아 왔다. 앞에는 바다, 뒤에는 적의 대군이 쫓아오니 앞으로 나갈 수도 없고 물러설 수도 없고 정말 진퇴양난(進退兩難)이었다. 하나님의 명령대로 모세는 손에 든 지팡이를 바다 위로 내밀었다(출 14:16). 그러자 바다는 둘로 갈라지고 길이 트였다. 이렇게 해서 모세의 일행은 한 사람의 희생자도 내지 않고 바다를 건너갈 수가 있었다. 그러나 애굽 군대가 뒤따라 바다를 건너려고 하자 갑자기 바닷물이 밀려와서 그들은 높은 파도에 휘말려 장군도 병사도 전차도 모두 바다 속에 가라앉고 말았다. 그때서야 이스라엘 사람들은 하나님의 전능한 힘을 비로소 알게 되었고 마음속으로 모세의 지시에 따르게 되었습니다. 그리고 그들은 소리 높여 주를 찬양하였다(출 15:1-2).

홍해를 건넌 다음 더위에 시달려 가며 수르 광야로 들어선 모세와 이스라엘 백성들은 사흘 동안 길을 걸었으나 먹을 물이 없었다. 마라에 이르러 보니 물은 있었지만 써서 마실 수가 없었다(출 15:22-23). 모세가 하나님께 기도하였더니 하나님께서 나무 한 그루를 보여주셨다. 그 나뭇가지를 꺾어 물속에 넣었더니 쓴 물이 단 물로 변했다. 모두 물을 마시고 다시 여행을 계속해서 엘림에 있는 오아시스를 지나 시내 산과 엘림 중간에 있는 신 광야에 이르렀다(출 16:1). 그런데 먹을 것이 거의 떨어져 이스라엘 사람들은 모세와 아론에게 불평을 하였다.

"우리가 애굽 땅에서 고기 가마 곁에 앉아 있던 때와 떡을 배불리 먹던 때에 여호와의 손에 죽었더라면 좋았을 것을. 너희가 이 광야로 우리를 인도해 내어 이 온 회중이 주려 죽게 하는도다"(출 16:3).

이런 백성들을 보며 슬퍼하던 모세가 하나님께 간구했더니 저녁에는 고기를, 아침에는 떡을 내려 먹게 하겠다고 약속했다. 하나님의 약속 그대로 저녁때에 메추라기 떼가 천막으로 날아 들어왔다. 이스라엘 사람들은 오래 만에 그 메추라기 고기를 배불리 먹었다. 다음 날 아침에는 천막 주위에 이제껏 보지 못했던 이상한 것들이 가득 널려 있었다. 사람들은 "만나"라고 하는 이 빵을 모아들였다. 그리고 엿새째에는 여느 때의 곱절로 모았다(출 16:4-30). 그것은 그 다음날이 안식일이기 때문이었다.

그런데도 어떤 사람들은 이레째 되는 날에도 거두어들이려고 나갔다. 그러나 하나도 찾을 수가 없었다. 그때부터 사람들은 안식일에는 쉬면서 밖으로 나가지 않고 맛있는 벌꿀 과자와 같은 흰 만나를 먹었다. 이스라엘 백성들은 계속 걸어서 르비딤 근처에 천막을 쳤다. 그러나 그 곳에는 마실 물이 없었습니다. 백성들은 모세에게 또 다시 외쳤다.

"우리에게 물을 주어 마시게 하라"(창 17:2)

모세는 하나님이 가르쳐준 대로 호렙 산으로 가서 손에 잡은 지팡이로 반석(바위)을 쳤다. 그러자 크고 단단한 바윗돌에서 물이 흘러나왔다. 사람들은 마음껏 물을 마실 수 있었다. 이렇듯 하나님은 언제나 이스라엘 백성을 구해 주었다(출 17:1-7).

이스라엘 백성들이 르비딤에 있을 때 아말렉 사람들이 쳐들어왔다. 모세는 여호수아에게 명령하였다. "우리를 위하여 사람들을 택하여 나가서 아말렉과 싸우라. 내일 내가 하나님의 지팡이를 손에 잡고 산꼭대기에 서리라"(출 17:9)

여호수아는 모세가 시키는 대로 장정들을 뽑아 그들과 함께 싸우러 나갔다. 한편 모세와 아론과 훌은 산꼭대기로 올라갔다. 모세가 손을 들면 여호수아가 이겼고, 손을 내리면 아말렉 사람들이 이겼다. 그러나 모세는 팔이 점점 무거워지므로 같은 높이로 계속 들고 있을 수가 없었다.

그러자 아론과 훌은 돌을 주워 다가 쌓아 그 위에 모세를 앉게 하고 모세의 양 옆으로 가서 그의 손을 쳐들고 있었다. 그렇게 하여 해가 질 무렵에는 아말렉 군사들을 모두 쳐부술 수가 있었다(출 17:8-16). 모세는 단(壇)을 쌓고 그 이름을 여호와 닛시(Johovah-Nissi)라 하였다(출 17:15).

애굽을 떠난 지 3개월 후에 그들은 시내 산기슭에 도착했다. 이곳은 모세가 타오르는 불꽃 속에서 하나님의 음성을 들었던 곳이다. 모세는 일행을 산기슭에 머물게 하고 혼자서 하나님의 산으로 올라갔다. 산은 빽빽한 구름으로 뒤덮여 있었고 번개와 우래 소리가 땅을 흔들었다(출 19:16). 사흘이 되자 우래 소리는 더 크게 진동하고 시내 산 전체가 옹기집 연기 같은 연기로 휩싸였다(출 19:18). 하나님이 그 산위로 내려오신(강림) 것이었다. 모세는 땅에 엎드려서 하나님의 음성을 들었다. 하나님은 다음 도표에서 보는 것과 같은 열 가지 계명을 주셨다.

*** 모세가 받은 십계명**

순서	내용	관련성구
제일계명	너는 아 외에는 다른 신들을 네게 두지 말라	출 20:3
제이계명	너를 위하여 새긴 우상을 만들지 말라	출 20:4
제삼계명	너는 네 하나님 여호와의 이름을 망령되게 부르지 말라	출 20:7
제사계명	안식일을 기억하여 거룩히 지키라	출 20:8
제오계명	네 부모를 공경하라	출 20:12
제육계명	살인하지 말라	출 20:13
제칠계명	간음하지 말라	출 20:14
제팔계명	도적하지 말라	출 20:15
제구계명	네 이웃에 대하여 거짓 증거하지 말라	출 20:16
제십계명	네 이웃의 집을 탐내지 말라	출 20:17

이와 같은 십계명과 각종 율례(출 21:-23:)를 받으며 모세가 40일 40야

를 산 위에 머무는 동안, 산기슭에서 기다리고 있던 이스라엘 백성들은 더 이상 참지를 못하고 하나님 대신 다른 신을 만들기로 하였다. 그리하여 여자들이 몸에 지니고 있던 금 장식품들을 모두 모아서 금송아지 상을 만들었다. 그것은 예로부터 애굽 사람들이 풍작의 신으로 모시던 신이었다.

모세가 산에서 내려왔을 때 이스라엘 백성들은 그 상을 에워싸고 춤을 추고 있었다. 마치 애굽의 마을과 같은 소란을 피우고 있었다. 모세는 화가 나서 금송아지 상을 제단 위에서 내려 부숴버렸고 하나님으로부터 받은 돌판들을 산 아래로 던져 깨뜨려버렸다(출 32:19-20). 그리고 두 번 다시 이러한 일이 생기지 않도록 소란을 피운 무리를 엄하게 처벌하였다. 여호와 하나님을 믿지 않는 사람들을 함께 데리고 간다는 것은 위험한 일이었기에 모세는 무려 3천 명 가량을 죽이고 말았다(출 32:28).

사건이 매듭지어지자 모세는 다시 한 차례 시내 산에 올라갔다. 그는 십계명이 적힌 두 개의 돌판을 받아가지고 왔다. 이스라엘 백성들은 이 하나님의 가르침을 지키겠다고 맹세했다. 이로써 하나님과 이스라엘 백성 사이에는 새로운 언약이 맺어졌다. 그러나 해이해지기 쉬운 것이 인간의 마음이다. 그래서 모세는 여럿이 함께 예배할 신전이 있어야겠다고 생각했다. 그러한 이유로 시내 산으로부터 가지고 온 두 개의 돌판을 싯딤(아카시아) 나무로 만든 큰 상자에 넣고 그것을 "하나님의 법궤"(언약궤)라고 불렀으며 유형적인 하나님의 몸으로 삼았다. 그리고 그 위를 천막으로 덮고 소박한 장막 교회를 만들었다. 이것이 이름 높은 예루살렘 성전의 시초라 할 수 있다.

길을 떠나기에 앞서 언제나 모세는 이 언약궤를 선두에 세웠다. 그리고 이 상자 위에는 언제나 높은 구름기둥이 세워져 이스라엘 백성의 길을 안내해 주었다. 그러나 이스라엘 백성의 여행은 괴로운 것이었다. 무려 7천명이 되는 무리가 사막 속을 방황하며 간다는 것이 그리 쉬운 일이 아니기 때문이었다. 더구나 이스라엘 백성은 12지파로 나뉘어져 있었으므로 때로는 다툼도 일어났다. 그때마다 손에 잡은 지팡이로 기적을 행하여 어려운 문제들을 풀어 주었고, 또한 재덕이 겸전(兼全)한 돕는 자들을 세워서 처리하게도 하고 재판도 하게 하였다(출 18:13-20: 7).

온갖 역경을 뚫고 모세의 일행은 요단 강 근처에 이르렀다. 그러나 그 지방에는 예로부터 가나안 사람과 헷 사람과 아모리 사람들이 살고 있었다. 그러한 땅이 그렇게 쉽사리 이스라엘 백성의 손에 들어올 리가 없었다. 모세는 우선 형편을 알아보기 위해 12지파에서 한 사람씩 선발하여 요단 강 가까이에 있는 마을 가나안으로 들여보냈다. 열 두 사람의 정탐꾼들은 열심히 조사했다. 작은 시내까지 갔을 때 그들은 포도송이가 주렁주렁 달린 포도나무 가지 하나와 석류와 딸기를 따가지고 이스라엘 백성들이 있는 곳으로 와서 그 열매를 보였다. 이곳에서 모세는 정탐꾼을 가나안으로 파견했다. 이 중 열 명은 백성들을 두려워 떨게 하는 이야기를 가지고 돌아왔다(민 13:1-25).

이에 백성은 하나님의 능력을 잃어버리고 아우성쳤고 모세에게 대적했다. 더욱 이스할의 아들 고라와 엘리압의 아들 다단과 아비람, 벨렛의 아들 온이 짜고 여러 사람들 가운데서 뽑힌 250명의 우두머리들과 한패가 되어 모세에게 대들었다(민 16:1-2). 그들은 모세와 아론에게 이렇게 대들었다. "너희가 분수에 지나도다. 회중이 다 각각 거룩하고 여호와께서도 그들 중에 계시거늘 너희가 어찌하여 여호와의 총회 위에 스스로 높이느냐" (민 16:3).

모세는 고라와 그 한패들에게 말했다. "아침에 여호와께서 자기에게 속한 자가 누구인지, 거룩한 자가 누구인지 보이시고 그 사람을 자기에게 가까이 나오시게 하시되 곧 그가 택하신 자를 자기에게 가까이 나오시게 하시리니" (민 16:5).

이튿날 250명의 우두머리들은 모두 향을 지핀 향로를 들고 성막으로 모였다. 그러자 하나님은 사람들 앞에 나타나시어 모세와 아론에게 말씀하셨다. "너희는 이 회중에서 떠나라. 내가 순식간에 그들을 멸하려하노라" (민 16:21).

모세와 아론은 땅에 엎드려 부르짖었다. "한 사람이 범죄 하였거늘 온 회중에게 진노하나이까?" (민 16:22). 이렇게 간곡하게 빌자 하나님은 네 사람의 우두머리만 빼고는 모두 용서해주셨다.

이스라엘 백성들은 방황하던 나머지 신 광야로 들어가 가데스란 곳에 머물렀다(민 20:1). 모세는 가데스에서 에돔 왕에게 사자를 보내어 그 땅으로 통과하게 해달라고 간청했다(민 20:14-17). 그러나 에돔 왕은 그들을 지나가게 해주지 않았다. 그러자 이스라엘 백성들은 에돔쪽으로 가지 않고 호르 산으로 갔다(민 20:22). 산 위에서 아론이 죽어 그의 아들 엘르아살이 아론의 제사장 옷을 입고 모세와 함께 산을 내려왔다. 아론이 죽었다는 소식을 듣고 백성들은 30일 동안을 울면서 지냈다(민 20:23-29).

에돔의 땅을 지나지 않고 호르 산에서 홍해를 지나 나아갈 때 백성들은 지쳐서 하나님을 원망하며 거역했다. 그러자 하나님은 무서운 뱀을 백성들이 있는 곳으로 보냈다. 백성들은 모세한테로 와서 하나님께 빌어주기를 부탁했다.

그때 모세는 여호와께서 지시한 대로 이렇게 말했다. "불뱀을 만들어 장대 위에 매달아라. 물린 자마다 그것을 보면 살리라" (민 21:8). 이것은 하나님의 명령이었으므로 사라들이 장대 끝에 불뱀을 매달아 놓자 뱀에 물린 사람은 그것을 보고 죽지 않았다.

이스라엘 백성들은 아모리 사람의 나라에 가까운 브엘로 갔다(민 21:16). 모세는 아모리 사람의 왕인 시혼에게 사자를 보내어 그 땅으로 지나가게 해달라고 간청을 했다. 그러나 시혼 왕은 자기 나라를 지나가지 못하게 할 뿐만 아니라 군대를 동원해서 이스라엘 백성들에게 전쟁을 걸어왔다. 매우 치열한 전쟁이었으나 이스라엘 백성들은 칼을 잘 써서 이길 수 있었고 아모리 사람의 성읍과 마을을 빼앗기도 하였다(민 21:21-32).

그러던 중 가까운 곳에 있는 바산이라는 나라의 왕인 옥이 군대를 이끌고 이스라엘 백성들과 싸우려고 왔다(민 21:33). 이스라엘군과 바산군이 싸웠으나 옥 왕의 부하로서 살아남은 사람은 하나도 없었다. 이리하여 이스라엘 백성들은 이 땅도 자기네 것으로 만들 수가 있었다.

세월이 흘러서 이스라엘 백성들은 여리고 근처의 요단 강가의 모압 평야에 살고 있었다. 모압 왕 발락은 이스라엘 백성들이 바산과 아모리 두 나라를 빼앗은 것을 알고 있었으므로 자기 나라도 빼앗지나 않을까 걱정했다. 그래서 그는 대단한 영력을 갖고 있었던 발람(Balaam)에게 사자를 보내어 자기들을 위해 복을 빌어달라고 했다. 발람이 발락의 사자들과 함께 가는 것을 거절했을 때, 발락은 더 지위가 높은 사자를 보내어 "그대가 내게 말하는 것은 무엇이든지 시행하리니"(민 22:17)고 하였다.

발람은 하나님의 명령을 거역하지는 않았지만, 발락에게로 가는 것을 금하지 않을 때는 가서 금은보화를 요구할 작정이었습니다. 그는 꿈속에 "일어나 함께 가라. 그러나 내가 네게 이르는 말만 준행할지니라"(민 22:20)는 하나님의 명령을 듣고 그는 두 번째 사자를 따라 나섰다. 그러나 하나님은 신비로운 방법으로 그의 길을 가로막았다.

그의 가는 길 앞에 하나님의 사자가 칼을 빼들고 나타났다. 발람은 그것을 보지 못했지만, 그가 타고 가던 나귀가 보고 두려워하여 길에서 벗어나 밭으로 들어서자 발람은 채찍질 했다. 그러나 하나님의 사자는 포도원 사이 좁은 길에 서서 그의 길을 가로막았다. 그의 나귀는 그 사자를 보고 또 놀라 포도원 사이 좁은 길 좌우에 있는 담에다 발람의 발을 갖다 대고 부비었다. 발람의 발에 상처가 나자 화가 난 발람은 나귀에게 다시 채찍질을 했다. 이에 하나님의 사자는 더 나아가 좌우 어느 쪽으로도 전혀 피할 수 없는 곳에 섰다. 나귀는 그것을 보고 급기야는 발람의 발 밑에 엎드렸는데, 그것을 보지 못한 발람은 오히려 대노하여 가지고 있던 지팡이로 나귀를 내리쳤다.

이때 하나님께서는 나귀의 입을 열어 나타내셨다. 그때야 비로소 물질로 어두워졌던 그의 눈은 밝아졌고, 마침내는 하나님의 사자가 손에 칼을 빼어들고 곁에 서 있는 것을 본 발람은 그 앞에 무릎을 꿇었다. 천사는 발람에게 이렇게 말했다. "어찌하여 네 나귀를 이같이 세 번 때렸느냐. 보라 so 앞에서 네 길이 사악하므로 내가 너를 막으려고 나왔더니" (민 22:32).

발람은 무릎을 꿇어 사죄하고 하나님께서 원치 않으시면 돌아가겠노라고 하였다. 그러나 천사는 "가라. 내가 네게 이르는 말만 말할지니라" (22:35)고 명하였다. 발람은 발락에게로 갔으나 하나님의 명령대로 세 번씩이나 이스라엘을 위해 축복했다. 그리고 나서 그는 자기 나라로 돌아왔다(민 24:14, 25).

어느 덧 모세 일행이 떠나온 지 40년이란 세월이 흘렀다. 모세도 이미 120세나 되어 죽음을 바라보게 되었다. 그래서 그는 친구들을 불러 모아 놓고 "눈의 아들 여호수아에게 안수하였다" (신 34:9). 여호수아에게 하나님의 신이 충만하니 이스라엘 자손들이 그의 말을 순종하였다.

그리고 모세는 여러 친구들과 헤어져서 홀로 사해 동쪽 기슭에 있는 느보산으로 올라갔다. 느보산 꼭대기에 올라서니 아름다운 가나안의 평야가 멀리 눈앞에 펼쳐져 보였다. 40년이나 방황하는 동안 몇 번씩 꿈에 보이던 동경의 땅이었다. 모세는 그처럼 그리던 땅을 밟지 못한 채 느보산 꼭대기에서 눈을 감고 말았다(신 34:1). 신명기 3장 27절에서 말하고 있는 비스가(Pishah) 산은 느보산의 정상을 가리킨다.

지금까지 여러 에피소드를 포함한 출애굽의 역사를 상세하게 플롯을 중심으로 해서 살펴보았다. 그랬을 때 출애굽의 이야기는 전통적인 개념의 서사시에서 그다지 벗어나지 않는 서사시라는 것을 알 수 있었다.

서사시란 일반적으로 백과사전적인 형태로 된 아주 길이가 긴 이야기를 가리킨다. 사실, 서사시는 너무 광범위하고 너무나 중요한 주제와 가치관을 구체적으로 표현하고 있으므로 모든 세대를 망라해서 요약한 것이라고 말할 수 있다. 서사시는 전통적으로 민족적 관심이 강하게 나타나며, 역사에 관한 언급들이 많다. 구조로 말하면 서사시의 서사적 플롯은 정치 지도자로서 핵심이 되는 위대한 표준적 인물을 중심으로 통일성을 이루고 있다. 서사시에는 강한 교훈적 충동이 있다.[14]

출애굽의 서사시는 여러 가지 에피소드가 포함되어 있는 이스라엘 건국의 역사를 다룬 길이가 긴 설화다. 이런 점에서 출애굽의 이야기는 서사시라 해도 전혀 문제가 없다. 또한 출애굽의 서사시에 나오는 중심인물 모세는 민족적 영웅으로서 그 인물을 중심으로 해서 플롯이 통일되어 있다. 이런 점에서 출애굽의 이야기는 서사시라 할 수 있다.

일단 출애굽 이야기의 주인공 모세에 대해서부터 고찰해 보면 그가 얼마나 위대한 이스라엘의 역사적 인물이었는가 하는 것을 알 수 있다. 모세는 이스라엘 역사 상 가장 위대한 민족의 지도자(사 63:12)로, 믿음의 용사(히 23-31)로, 위대한 기도의 사람(시 99:6)으로, 그리고 율법을 받은 자로, 성막의 설계도를 받은 인물(출 20:1-17)로서 길이 기억된다. 신명기 기자는 그가 죽은 후 6세기 또는 8세기 후에[15] 그에 관하여 이렇게 적고 있다. "그 후에는 이스라엘에 모세와 같은 선지자가 일어나지 못하였나니, 모세는 여호와께서 대면하여 아시던 자요"(신 34:10). 정통파 학자들의 관점에서 보면 이처럼 하나님과 절친하다는 것은 모세가 큰 힘을 갖고 있다는 것을 입증하는 충분한 설명이 된다. "스피노자의 말대로, 모세는 신에 홈뻑 취한 사람이었다. 그리고 하나님의 도취를 확증함으로써, 히브리 민족 가운데 확고한 신앙이 창조되었다고 말하는 편이 옳을 것이다. 그 신앙은 곧 히브리 민족이 하나의 국가로서 그들의 삶의 불꽃이 꺼진 후에도 지탱해 갈 수 있었던 신앙인 동시에, 바로 오늘날 기독교의 모세가 되는 신앙인 것이다."[16] 모세는 겸손과 대담성을 균형 있게 갖춘 인물이었다. 그는 이스라엘 사람들을 노예 생활에서 구출하여 인도할 수 있는 능력이 과연 자신에게 있는지를 스스로 의심해 보는데서 보여주고 있듯이 겸손(출 4:10)한 반면, 자신에게 그들을 인도하여야 하는 무거운 짐을 지어주었다고 하나님을 질책할 수 있을 정도로 대담성도 갖고 있었다.[17] 그의 그 밖의 두 가지 특성 즉 급한 성미와 열정적인 정의감도 볼 수 있다. 모세가 한 히브리인을 매질하는 애굽인을 보고 그를 현장에서 살해하는 장면(출 2:11-12)과 이드로(Jedro)의 딸을 학대하는 목동을 추방하는 사건(출 2:16-17)이 그 대표적인 예라고 할 수 있다. 또한 모세는 이스라엘 민족을 이끌고 약속의 땅으로 들어가기 위해 기나긴 여행을 하는데, 그 동안 그는 자연 환경과 적대적인 종족 및 여행 집단의 반역과 불평불만 같은 장애물을 극복해 나갔다. 이처럼 그는 끈질긴 인내심을 갖고 있는 인물이었다. 이런 일을 행함에 있어서 가장 중요한 구실을 한 것은 하나님의 "지팡이" 이었다.

하나님은 모세에게 이스라엘 백성들을 애굽에서 해방하라는 명령을 내리실 때 "손에 지팡이" 를 들고 가라고 하였고, "이 지팡이를 손에 잡고 이것으로 이적을 행하라" (출 4:17)고 하셨다. 모세는 이스라엘 백성에게 유월절에 식사를 할 때에는 허리에 띠를 띠고 발에 신을 신고 지팡이를 손에 잡고 먹어야 한다고 명령하였다(출 12:11). 이처럼 "지팡이" 는 유랑 생활의 상징인 동시에 여호와 하나님의 능력과 보호와 인도의 상징이었다. 모세는 아내와 아이들과 함께 "하나님의 지팡이를 손에 잡고" (출 4:20) 애굽으로 돌아갔다. 모세와 아론은 하나님의 능력이 가득 찬 지팡이로 수많은 기적을 행하였다. 예를 들면 물을 피로 변하게 하고 우박을 내리고 번개를 치게 했다(출 7:17-21, 9:22-25). 이 지팡이의 의해서 홍해는 둘로 갈라지고 맛사와 므리바라는 곳에서는 바위에서 물이 솟아났다(출 14:16-31, 17:1-7). 이런 기적의 지팡이가 이스라엘의 자녀들이 가는 광야 여행의 행정(行程)을 따라서 가게 된다. 모세의 지팡이는 민족지도자로서 권능을 갖고 있는 자의 상징이었다.

광야 생활 중 지팡이를 손에 잡고 숙곳에서 발행하여 광야 끝 에담 장막을 칠 때까지 여호와 하나님께서 낮에는 구름기둥으로 그들의 길을 인도하시고 밤에는 불기둥으로 비추사 주야로 진행하게 하셨다. 구름기둥과 불기둥은 백성 앞에서 결코 떠나지 아니하였다.

서사시는 사실상 규모가 크고 길이가 길기 때문에 장구한 시대에 걸쳐 일어난 사건들과 가치를 다루게 된다. 전통적으로 서사시는 강렬한 민족주의적 관심을 갖고 있으며 많은 역사적인 관련성을 포섭하게 된다. 구조와 연관 지어 볼 때 서사시의 에피소드는 정치적 인물로서 등장하는 주인공을 중심으로 통일되며, 매우 강한 교훈적 성격을 갖는다. 서사시의 에피소드로서는 아말렉 사람들의 침입 이야기(출 17: 8-16), 이스라엘 사람들의 다른 신 만들기 사건(출 32:1-35), 고라패거리들의 반란(민 16:1-22), 시혼 왕이 싸움을 걸어온 사건(민 21:21-32), 발람의 이적행위 사건(민 22:2-24:25) 등이다. 이런 여러 에피소드들이 서사시적인 플롯 속에서 주인공을 중심으로 통일된다.

또한 서사시는 지상에서 일어나는 사건들 속에 참여하는 존재들 이른바 초자연적 장치를 이용하게 되고, 대부분 탐색(quest)의 구조를 갖는다. 이런 내용적 특성 이외에도 서사시는 전통적으로 고결한 문체(high style), 반복적 형식, 서사시적 직유 및 인유(allusion) 등을 채용한다.

이와 같은 전통적 규범이 되는 서사시의 특징들에 비추어 보더라도 출애굽의 이야기는 거의 손색이 없는 성경적 서사시라 할 수 있다. 애굽으로부터 탈출해서 가나안으로 이주하는 이야기로서 이스라엘 국가의 형성과 그 초기 역사에 나타나는 중요한 사건들을 기록한 것이므로 역시 강조점은 민족주의적인 관심에 두고 있다는 것을 알 수 있다. 그 이야기는 대체로 시가 아니라 산문적인 역사로 제시되며 역사적 암시와 인유로 채워져 있다. 일면 그것은 모세라는 규범적인 인물을 중심으로 통일되며 약속의 땅을 찾아가는 탐색의 양식을 취하고 있다.

또한 출애굽의 서사시는 강렬한 교훈적 성격을 강하게 풍기고 있으며 신적인 존재들도 그 속에 참여하고 있다. 다만 서사시의 전형적인 문체라 할 수 있는 고결한 문체나 반복적 형식 또는 서사시적 직유가 부족한 것이 흠이라 하겠다.

모든 유명한 서사시들 중에서 출애굽의 서사시와 유사한 것을 찾는다면 베르길리우스(Publius Vergilius)의 『아에네이스』(Aeneis)를 들 수 있겠다. 두 서사시는 한 나라의 형성을 노래하고 있으며 그 민족의 초기 역사를 깊이 생각해 볼 수 있게 한다. 또한 두 서사시는 공히 약속한 땅에 한 안정된 국가를 세우기 위하여 한 지리적 공간으로부터 다른 지리적 공간으로 일단의 무리가 이동하는 탐색 이야기로 그 민족의 지도자인 주인공을 중심으로 통일되어 있으며, 그 사회적 규범이 되는 가치와 미덕을 형상화하고 그것을 찬미하고 있다. 이런 점에서 두 작품은 유사성을 공유하고 있다.

이처럼 출애굽의 서사시와 다른 전통적 서사시 사이에 유사성이 있다 하더라도 근본적인 차이점만은 묵과할 수 없을 것이다. 대체로 전통적인 서사시는 인간적인 영웅을 찬미하고 미화하고 있다는 점에서 인본주의적이라 할 수 있다. 아에네이스, 아킬레스, 베오울프 같은 영웅들을 찬미하는 것도 따지고 보면 그들의 초인간적인 행동과 위공(偉功) 때문이다. 전통적인 서사시인들도 어쩌다 가끔은 신들을 찬미하는 때도 있지만, 어떤 경우에 있어서나 그들이 관심을 쏟는 것은 위업을 이룩하는 초인가적 노력이지 신 자체는 아니다.

전통적인 서사시의 영웅적 가치구조를 간단히 살펴보아도 알 수 있는 바와 같이, 분명 출애굽의 서사시는 전통적인 서사시에 비하면 서사시와 흡사한 일종의 반서사시(anti-epic)라 할 수 있다. 출애굽의 서사시를 훑어볼 때 어디서나 느끼는 것은 서사적인 가치가 전도되어 있다는 것이다. 즉 성서적 서사시는 인간을 찬미하는 대신 하나님께 영광 돌리고, 인간의 힘(능력)을 묘사하는 대신 인간의 약함과 죄악상을 표현하고, 민족을 초인간적인 힘을 가지고 승리로 이끌어 가는 영웅 대신 위험에 직면한 인간을 구원해 주시는 하나님의 전능적인 행위를 찬미하고 있다. 또한 서사시가 대상으로 하고 있는 민족을 찬양하는 것이 아니라 오히려 이스라엘 민족의 반역과 불신 및 불만을 강조하고 있다. 뿐만 아니라 전통적인 서사시에서는 육적인 투쟁에 역점을 두지만 성서적 서사시에서는 영적인 투쟁에 역점을 두고 있다.

출애굽의 서사시가 전통적인 서사시와는 다른 반서사시라는 것을 몇 가지 사례를 들어 입증해 보겠다. 가령 모세가 하나님의 소명을 받고도 주저하는 것이나, 언변이 없다고 다른 사람을 보내달라고 요청하는 것, 또는 자기가 가서 말하더라도 사람들이 믿지 않으리라고 한 것(출 4:1, 10) 따위는 모두 전통적인 영웅들의 언동과는 다르다 할 수 있다.

더욱이 애굽을 떠난 후 백성들에게 하는 모세의 말을 보면, 인간적인 영웅의 행위를 강조하고 찬미하는 전통적 서사시와는 달리 모든 서사시적 행위를 신에게 귀속시키는 것을 알 수 있다. "여호와께서 그 손의 권능으로 너희를 그곳에서 인도하여 내셨음이니라"(출 13:3). "여호와께서 너를 인도하여 가나안 땅 · · · 에 이르게 하시거든"(출 13:5). "너는 그 날에 네 아들에게 뵈어 이르기를 이 예식은 내가 애굽에서 나올 때에 여호와께서 나를 위하여 행하신 일로 말미암음이라 하고"(출 13:8). "여호와께서 그 손의 권능으로 우리를 애굽에서 곧 종이 되었던 집에서 인도하여 내실 새"(출 13:14). "여호와께서 애굽 나라 가운데 처음 난 모든 것은 사람의 장자로부터 가축의 처음 난 것까지 다 죽이셨으므로"(출 13:15). 요컨대 설화자는 인간적 영웅 대신 신을 찬미하고 있다는 말이다. 이와 같이 찬미의 대상을 역전시켰다는 점에서 반서사시라 할 수 있다.

이러한 반서사시적 주제는 이스라엘 민족의 고질적 원망과 변덕 및 영적 죄악으로도 나타난다. 약속의 땅 가나안으로 가는 길은 멀고 험한 여정이었지만, 애굽에서 구출해주신 하나님께 감사하고 그를 찬미하기보다는 위험을 당할 때 마다 또는 생존의 위협을 받을 때 마다 이스라엘 백성들은 모세와 하나님을 원망했으며, 애굽을 동경하며 우상을 만드는 불신의 의지를 노출했고, 서로 작당해서 반역을 도모하기도 하였다. 전통적 서사시에서는 서사시의 대상이 되는 민족을 이처럼 격하시키는 일이 거의 없다. 이로 보아도 출애굽의 서사시는 반서사시의 계열에 속한다는 것을 알 수 있다.

"모세와 그의 지팡이" 이야기가 일종의 반서사시지만 몇 개의 원형(archtype)을 내포하고 있다. 그 첫째는 모세의 어릴 때(출 2:1-10)를 둘러싼 이야기에서 발견되는 죽음—재생의 원형이다. 이 원형은 극화하기 위하여 설화자는 두 가지 대표적인 애굽인을 모세가 죽이는 사건(출 2:11-15)으로, 그것은 극화되기는 했지만, 죽음의 원형이 될 수 있고, 다른 하나는 모세가 미디안 땅으로 달아나 그 곳 우물가에서 횡포한 목동들에게 학대를 받고 있는 미디안 제사장의 딸들을 도와준 사건(출 2:15-22)으로, 그것은 재생의 한 원형이 될 수 있다.

이 두 에피소드를 표층적 의미구조로만 볼 때에는 상호 무관한 것 같지만, 원형적으로 보면 매우 깊은 뜻을 갖고 있다. 즉 억압당하고 있는 자들의 정신적 죽음과 예수(구원자)의 원형으로 수용되고 있는 서사적 주인공 모세의 도움을 통해 그런 구속에서 벗어나는 재생적 원형이 될 수 있다는 것이다.

두 번째로 발견할 수 있는 것은 변화와 구속의 보편적 상징이 되는 영웅의 원형이다. 이 원형은 일반적으로 세 단계—입문(initiation), 탐색(quest), 속죄양(scapegoat)—를 거쳐 완성된다. 그 첫째 단계는 영웅이나 서사적 주인공이 미성숙한 상태로부터 벗어나 사회적으로나 정신적으로 성숙한 어른다운 상태로 접어드는 것을 뜻하는데, 이런 입문(또는 가입)은 격리. 변화. 복귀의 단계로 이루어진다. 모세는 일단 애굽 사회로부터 격리된 후 소명(출 3:4:)을 통해 변화되고 이스라엘의 구원자로서 그들을 구하기 위하여 그들이 노예 생활을 하고 있는 애굽 사회로 다시 복귀하게 된다.

두 번째 단계는 영웅은 긴 여행을 떠나게 되는데, 이 기간 중에 왕국(약속의 땅)을 세우려고 견디기 어려운 장애물을 극복하여야만 하는 과정으로 흔히 탐색의 단계라고 한다. 모세의 경우, 그는 이스라엘 민족을 이끌고 약속의 땅으로 들어가기 위해 기나긴 여행을 하는데, 그 동안 그는 자연 환경과 적대적인 종족 및 여행 집단의 반역과 같은, 그 길을 가로막는 장애물을 극복해 가며 고통스러운 체험을 겪는다.

세 번째 단계는 종족이나 민족의 번영을 꾀하고 백성의 죄를 속죄하며 국토의 황폐를 풍요로 회복시키기 위해 제물로 죽어야만 하는 과정으로, 그 때의 희생 제물을 속죄양이라 한다. 모세의 경우, 민족 국가를 형성하고 백성들의 죄를 속하며 약속의 땅을 쟁취하기 위해 이스라엘의 속죄양이 됩니다. 모세가 속죄양으로서 내쫓기는 광야(사막)는 정신적 황폐와 절망 또는 죽음을 상징하는 또 하나의 원형이 된다. "모세와 그의 지팡이" 설화는 이런 영웅의 원형으로 구성되어 있다.

원형적으로 보아 세 번째로 중요한 의미를 갖는 것은 모세가 산에 올라가 초자연적 계시를 받는 것이다. 실제적으로 산정은 하늘과 땅이 맞닿는 지점으로 초자연적 존재와 만나는 곳이 된다. 아브라함은 모리아 산에서 이삭을 드리는 순종의 행위를 보였고(창 22:) 아론과 모세는 산 위에서 죽었으며(민 20:28; 신 34:1-6), 사무엘은 높은 언덕에서 제사를 드렸고(삼상 9:11-14), 엘리야는 산 위에서 하나님을 만났고(왕상 19:9-12), 그리스도는 높은 산 위에서 변화했으며(마 17:1-8) 감람산에서 하늘로 올라가셨다(행 1:6-12). 모세는 시내 산에서 이스라엘 민족의 법적인 기초가 되는 십계명을 받았다.

결국 이 이야기의 전체적 틀을 이루는 것은 죽음과 재생의 원형이라 할 수 있다. 하나님은 불신(不信)의 이스라엘 민족을 40년간 광야로 내몰아 방황하게 하고(민 14:26-35), 과거의 죄 된 생활에 젖어 있던 사람들의 죽음으로부터 정화의 단계를 거쳐 약속의 땅에 들어갈 만한 영적인 자격을 갖추었을 때 새로운 나라가 세워지게 된다는 것을 배우게 된다.

2. 가나안 정복의 서사시: 여호수아 이야기

여호수아와 가나안 정복이야기는 여호수아서 1장으로부터 12장까지에서 찾아볼 수 있다. 여호수아는 에부라임 부족에 속하는 인물로 본명은 호세아였다(민 13:16; 신 32:14). 그러다가 모세 시대에 와서 그 이름을 "하나님은 구원"이라는 뜻의 여호수아라고 고쳤다(민 13:16). 그는 모세와 밀접한 관련성이 있는 인물로, 모세의 명을 받아 아말렉 사람과의 격전을 지휘하여 빛나는 공훈을 세웠고(출 17:8-16), 모세의 측근자로서 장막 파수를 맡았으며(출 33:11), 모세가 시내 산에서 계명을 받을 때 그에게 시종을 들었다(출 24:13, 32:17).

후일 여호수아는 이스라엘 광야에 있는 동안 군대를 이끌 지도자로 선택되었고, 열두 명의 가나안 정탐꾼 중에서 하나님의 도우심으로 이스라엘이 그 땅을 정복할 수 있다고 믿었던 두 사람(여호수아와 갈렙) 중의 하나였습니다. 하나님께서 그들의 그런 믿음을 보시고 보상하였으므로, 애굽에서 출생한 모든 이스라엘 사람들 중 그들만이 살아서 가나안을 정복하게 되었다.

모세가 죽은 뒤(수 1:1), 그의 시종(侍從) 눈의 아들 여호수아는 하나님의 명령을 받들어 이스라엘 사람들을 가나안으로 인도하게 된다. 가나안은 이스라엘 자손들에게 하나님께서 주시기로 약속한 땅(수 1:2)으로서, 남으로는 아라비아 사막과 경계하고, 북으로는 레바논 산맥에 이르며, 동서로는 유프라데스 강에서 지중해 연안에까지 이르는 지역을 일컫는다(창 15:18). 원래 가나안은 이스라엘 사람들의 선조인 아브라함과 이삭이 살던 곳이다. 그러나 심한 흉년이 들어 이스라엘 사람들이 애굽으로 내려가 몇 백 년을 살다가 다시 들어가려고 했을 때의 가나안은 매우 달라져 있었다.

이스라엘 사람들은 가나안 사람들이 매우 높은 문화생활을 하는 것처럼 보였다. 그들은 성벽으로 둘러싸인 도시에서 살고 있었으며 천막이 아니라 집을 짓고 살고 있었다. 아름답게 만든 금, 은, 청동그릇, 장식품을 사용하면서 농사도 짓고 장사도 하고 있었으므로 자기들보다 훨씬 나은 생활을 하는 것 같았다.

특히 그중에서도 그 입구에 있는 여리고 성은 튼튼한 성벽으로 둘러싸여 있었고 그 수비가 대단히 엄중했다. 여호수아는 하나님의 도우심을 굳게 믿고 그 성을 쳐들어가기 전 두 사람을 뽑아 그곳을 정탐하고 오게 하였다. 두 사람은 여리고 성벽 주위를 여기저기 살펴보았다. 저녁이 되자 정탐꾼은 성벽 위에 있는 한 집으로 들어갔다. 그 집은 라합이라는 기생의 집(수 2:1)이었다. 수상한 사람이 라합의 집으로 들어가는 것을 보고 어떤 사람이 여리고 왕에게 일렀다. 여리고의 왕은 두 사람의 첩자가 스며들었다는 정보를 듣고 놀라서 라합의 집으로 부하를 보냈다.

"네 집에 들어간 사람들을 끌어내라. 그들은 이 온 땅을 정탐하러 왔느니라"(수 2:3). 여리고 왕의 부하들은 라합에게 소리쳤다. 그러나 라합은 정탐꾼들을 이미 숨겨 두었기 때문에 안심하고 그 부하들과 태연히 이야기를 할 수 있었다. "그 사람들이 내게 왔었으나 그들이 어디에서 왔는지 나는 알지 못하였고 그 사람들이 어두워 성문을 닫을 때쯤 되어 나갔으니 어디로 갔는지 알지 못하니라"(수 2:4-5).

라합이 살고 있는 집은 성벽에 붙어 있었다. 왕의 부하들이 성문 쪽으로 사라지자, 라합은 두 사람을 창문에서 밧줄로 달아내려 주면서 그들에게 "산으로 가서 거기서 사흘 동안 숨어 있다가 따르는 자들이 돌아간 후에"(수 2:16) 가라고 말하였다. 그들은 라합에게 "우리가 이 땅에 들어올 때에 우리를 달아내린 창에 이 붉은 줄을 매고 네 부모와 형제와 네 아비의 가족을 다 네 집에 모으라"(수 2:18)는 말을 남기고 떠나갔다. 라합은 두 사람을 멀리 떠나 보낸 후 창에다 붉은 줄을 매달았다. 두 사람은 산에서 사흘 동안 숨어 있는 동안 왕의 부하들은 두 사람을 계속 찾았으나 찾을 수 없었으므로 하는 수 없이 포기하고 성으로 돌아갔다. 그러자 두 사람은 산에서 내려와 강을 건너 여호수아한테로 돌아왔다. 무엇을 알아보고 왔느냐고 묻는 여호수아에게 두 사람은 "이 땅 모든 주민들이 다 너희 앞에서 간담이 녹나니"(수 2:9)라고 대답했다.

이 보고를 들은 이스라엘 백성들은 용기백배하여 여리고 성을 향하여 출발했다. 제사장들은 언약궤를 메고 앞섰다. 마침 추수 때였으므로 요단강은 둑에까지 물이 넘쳐흐르고 있었다. 그러나 언약궤를 멘 제사장들의 발이 물에 닿자마자 물은 흐름을 멈추고 둑과 같이 솟구쳐 올랐다. 언약궤를 멘 제사장들이 강 한복판 마른 땅에 서 있는 동안, 온 이스라엘 백성들은 마른 땅을 밟고 요단강을 건넜다.

이스라엘 백성들은 하나님의 지시대로 요단강에서 갖고 온 돌 열 두 개로 길갈에 기념비를 세우고, 행진하여 거의 여리고 성 가까이까지 나아갔다. 그때 여호수아가 하늘을 우러러 보니 그 곳에 칼을 뽑아 든 사람이 서 있었다. 그들은 하나님의 군대장관이었다. 여호수아는 엎드려 얼굴을 땅에 대고 절하며 "주여 종에게 무슨 말씀을 하려 하시나이까"(수 5:14)라고 물었다.

여호와 하나님의 군대장관은 여호수아에게 "네 발에서 신을 벗으라. 네가 선 곳은 거룩하니라"(수 5:15)고 하였다. 여호수아는 그대로 행하였다. 그런 그에게 군대 장관이 가르쳐 준 여리고 정복 방법은 사람의 상식으로서는 이해가 가지 않는 방법이었다. 하나님의 군대 장관이 시키는 대로, 이튿날 아침 사람들은 그 성을 한 바퀴 돌며 나팔을 불었다. 사람들은 이 일을 엿새 동안 반복했다. 이레째가 되는 날 여리고 사람들은 나팔 소리와 큰 고함 소리를 들었다. 그러자 여리고 성벽은 형편없이 부서져 허물어지고 말았다. 이스라엘 사람들은 그 성으로 쳐들어가 닥치는 대로 칼로 죽여 버렸다. 그러나 두 정탐꾼의 생명을 구해준 창녀 라합과 그 가족만은 약속대로 그 허물어진 성에서 구출하여 이스라엘 백성의 진지로 데리고 왔다. 여호수아는 성에 불을 질러 그 안에 있는 모든 것을 모조리 태워 버렸지만 라합의 목숨은 물론 세간까지 모두 찾아 주었다. 여리고 성의 사정을 정찰하러 갔던 두 사람을 숨겨준 공이 있었기 때문이었다. 실로 기생 라합은 형편 없는 죄인이었지만 믿음으로 구원을 얻었다.

그 후 여호수아의 명성은 온 땅에 널리 퍼졌지만, 그러나 전쟁이 쉽게 풀리지는 않았다. 여호수아는 하나님의 명령대로 건장한 장정 이삼천 명을 뽑아(수 7:3) 아이성을 공격케 했다. 그러나 어이없게도 대패했다. 그는 부하 장병 중에 누군가가 나쁜 짓을 하여 하나님께서 노하신 것이라고 생각하였다. 엄밀하게 조사해 보니 과연 그러했다. 여리고를 공격하기 전에, 하나님께서는 병사들에게 전리품을 멋대로 착복하지 말라고 엄격히 명령한 일이 있었다. 그럼에도 불구하고 아간이라는 병사가 수백 개의 금화와 은화, 그리고 아름다운 외투 한 벌을 몰래 훔쳐 숨겨두었던 것이다. 그래서 여호와 하나님은 아골 골짜기로 아간을 끌고 가서 돌로 쳐 죽이고 금화와 은화 및 외투는 불태워버리게 하였다.

그 후 여호수아는 틈을 타서 다시 아이 성을 공격했다. 이번에는 군대의 대부분은 골짜기에 숨겨두고 군사 삼만 명만 이끌고 성문을 향하여 진격했다. 첫 번 싸움에서 승리를 거두고 마음 놓고 있던 아이 성의 군사는 이스라엘군을 얕보고 성문을 연 채 진군해 왔다. 여호수아는 도망치는 척하며 그의 대군이 숨어있는 골짜기까지 유인해 온 다음 기습을 가했다. 좁은 골짜기에서 앞뒤로 공격을 받은 아이 성의 군대는 전멸했고, 아이 성은 보기 좋게 이스라엘 군사에게 점령당하고 말았다.

이렇게 해서 이스라엘 군사는 큰 성 두 개를 손에 넣게 되었다. 이쯤 되니 카나안의 옛 성주들은 공포에 떨었고 이스라엘의 위세는 더욱 치솟았다. 아이에서 별로 멀지 않은 곳에 기브온이라는 마을이 있었습니다. 기브온 사람들은 사신(使臣)들에게 헤어진 전대와 헤어지고 찢어져서 기운 가죽 포도주 부대를 나귀에 싣고 그 발에는 낡아 기운 신을 신고 낡은 옷을 입고 마르고 곰팡이가 난 떡을 가지고 여호수아를 찾아가게 했다(수 9:3-5). 기브온이 가난하다는 것을 알면 여호수아가 쳐들어오지 않을 것으로 믿었기 때문이다.

여호수아는 헌 옷을 걸치고 먼 곳에서 왔다고 하는 기브온의 사신들을 보고는 하나님의 지시도 받지 않은 채 그들과 우호관계를 맺고 그들의 목숨을 보장한다는 조약을 체결해 주었다. 실제로 사흘 뒤, 이스라엘 백성들이 기브온에 가보니 그렇게 먼 나라도 아니요 그렇게 가난한 나라도 아니었다. 속은 것이 틀림없지만, 이미 엄숙한 맹세를 했으므로 이스라엘 백성들은 그들의 목숨을 살려두는 대신 그 날로부터 나무를 패고 물을 길어 그들을 섬기게 했다.

남방 팔레스타인 왕들 중에서 가장 막강한 군력을 소유하고 있던 예루살렘의 왕 아도니세멕(수 10:1)은 여호수아가 기브온 사람들과 손을 잡은 것을 알고 대단히 두려워했다. 기브온은 부자이고 그 곳에 사는 사람들은 용감하기로 유명했기 때문이다. 그래서 예루살렘 왕은 이웃 나라의 네 왕들과 의논해서 같이 힘을 모아 기브온을 쳐부수려고 했다. 기브온 사람들은 성 밖의 진지에 있는 여호수아에게 사자를 보내어 도움을 청하였다(수 10:6).

여호수아는 전군을 동원하여 밤새도록 진군해서 그들을 기습했다. 치열한 전투가 벌어졌으나 다섯 왕의 군사는 여호수아의 호된 공격을 받고 혼비백산 달아났다. 그는 그 남은 적들을 모두 무찌르고 여호수아는 진지로 돌아왔다. 그러나 하솔의 왕 야빈은 여호수아에 대한 말을 듣고 동서남북에 있는 가까운 나라들의 왕들과 손을 잡고 이스라엘 백성들과 싸우기 위해 모여들었다. 그 군대는 바닷가 모래알처럼 많았으며 말과 전차도 엄청난 수였다(수 11:4). 그러나 하나님은 여호수아에게 말씀하시기를, "그들을 인하여 두려워 말라" 하셨다.

아주 큰 싸움이었으나 이스라엘 백성 이외에는 한 사람도 남지 않고 모두 죽었다. 그래서 여호수아는 모든 땅을 차지했고 그는 그 땅을 이스라엘의 열 두 부족에게 공평하게 나누어 주었다. 드디어 모든 전쟁은 끝났다. 여호수아는 세겜과 길갈 중간에 있는 길로에다 여호와 하나님의 성전을 세우고 이곳을 새 이스라엘 민족의 도시로 삼았다. 많은 나이를 먹은 여호수아는 하나님만을 섬기겠다는 백성들의 다짐을 받고 110세로 가아스 산 북쪽에서 잠들었다.

모세가 시작했던 약속의 땅을 찾아가는 탐구 여행은 여호수아가 그 땅을 정복함으로써 종결되었다. 이런 의미에서 "여호수아와 가나안 정복" 이야기는 모세로부터 시작되는 내러티브의 한 부가물로 보기 쉽다. 그러나 엄격히 말하면 "여호수아와 가나안 정복" 이야기는 출애굽 이야기의 필연적으로 이어지는 한 부분이 아니라, 그 자체로서 만족할 만한 종교적 가치를 가지고 있고 여호수아라는 인물을 중심으로 구성된 정복담(征服談)이라 할 수 있다.

"여호수아와 가나안 정복" 이야기는 표층 구조만을 보면 전쟁과 무차별한 학살을 다루는 세속적 영웅시 같이 보이지만, 심층구조를 보면 매우 심오한 종교 서사시(epic poetry)다. 가나안 정복은 단순히 지리적 공간을 탈취하기 위한 싸움이 아니라 영적 의미를 심화 확대시켜 주고 있는 하나님의 성전(holy war)인 것이다. 그러므로 이교적 우상 숭배에 젖어있는 가나안으로부터 근원적 죄악을 깨끗이 쓸어버린 후 그 곳을 하나님을 중심으로 하는 신민(信民)들의 주거지로 삼기 위해서는 어떤 잔악한 행위도 용납될 수밖에 없다.

완전한 가나안 정복이 일면 전투적인 여호수아로 말미암아 성취되었다고 하는 것은 이스라엘 백성이 처음부터 위험한 것으로 여겨서 적극적으로 배척하였던 혼합주의를 피하려는 민족적 자긍심과 의지를 표상한 것이라 할 수 있다. 다시 말하면 그것은 이 혼합주의, 다시 말하면 이방 종교에 동화되어 버리기 쉬운 경향을 가나안에 들어가기 전에 완전히 근절하여야 한다는 깊은 종교적 의미구조를 갖고 있다는 말이다. 가나안 정복 후에도 혼합주의를 근절하는 작업은 계속될 수밖에 없고, 그 때 비로소 여호와 하나님만이 주관하고 다스리는 성지(holy land)가 이룩된다는 신학적 의미도 또한 내포하고 있다. 이렇게 본다면 여호수아는 하나님의 도구로써 겉으로는 잔악해 보이지만 믿음이 강하고 죄를 죽도록 미워하는 매우 순종적인 전사(戰士)였다는 것을 알 수 있다.

지금까지 성경의 서사시류라고 생각되는 대표적인 것들만을 골라 다루었는데, 이것들은 고전서사시들과 비교해 볼 때 몇 가지 근본적인 차이점을 갖고 있다는 것을 발견할 수 있다. 호메로스는 주로 영웅 아킬레스나 오디세우스의 위대함과 업적을 취급하고 있지만, 구약 성경은 어디까지나 하나님과 선민 이스라엘 사이의 특별한 관계를 그 주제로 삼고 있다. 그러므로 서사시가 아무리 그 방법과 기술에 의해 결정된다 하드래도, 성경적 내러티브의 교훈적 특질은 다른 서사시에서는 발견할 수가 없다.

또한 성경의 서사시는 신화보다는 역사에 더 가깝다고 할 수 있을 뿐 아니라 역사 그 자체라 할 수 있다. 이것도 다른 서사시와 다른 점의 하나라 할 수 있다. 성경과 호메로스를 비교해 볼 때 또 다른 점은 반복적 요소라 할 수 있다. 호메로스에게 있어서는 반복이나 삽화는 기쁨을 주고자 하는 스토리 텔러의 한 기교에 불과하지만, 성경에서는 이야기로서 전달하고자 하는 메시지와 중요성을 강조하는 요소가 돼 있다. 또 하나는 아브라함이 이삭을 제물로 드리는 이야기에서 보는 바와 같이, 성경의 서사시는 대부분 장면이나 배경 묘사를 하지 않고, 인물의 특성 같은 것을 상세히 기술하지 않고 있다는 것이다. 그러므로 성경의 서사시를 읽을 때에는 독자들이 상상력을 가지고 그 공백을 채워 넣어야 한다. 그러나 그것이 어떤 점에서는 말을 많이 하는 것보다는 더 많은 감동과 중층적 체험을 갖게 한다.

제3장 서정시

히브리 민족은 원래 "노래를 좋아하는"[18] 매우 열정적이고 감수성이 강한 민족이었다. 그래서 그들은 일찍부터 그들의 신앙적 체험과 감정을 산문형식보다는 시적인 형식으로써 표출했던 것이다. 시란 서정을 담은 노래다. 다른 말로 말하면 노래하는 예술이 시다. 원래 『베어울프』(Beowulf) 의 서사시적인 노래로부터 영국의 시인이자 음악가인 토머스 캠피온(Thomas Campion, 1567-1620)의 연가에 이르기까지 모든 시에는 음악 반주가 따랐다.

"서정시"(Lyric)라는 말은 감정을 표현하는 종류의 시를 가리켜 부르는 말인데, 이 말은 이 시에 맞추어 연주하던 악기 리라(수금 Lyre)에서 왔다. 어떤 위대한 인물이나 사건을 기리는 송시(ode)는 헬라어로 '노래' 를 의미한다. 14행시를 가리키는 소네트(sonnet)도 원래 '작은 노래' 라는 뜻이다. 시와 음악이 분리된 것은 인쇄기가 발명된 후의 일이다. 시의 리듬, 시운(詩韻), 소리는 그 자체로 독립적인 음악을 만들어 내는 것이기는 하지만, 작가들은 인쇄된 종이에 글을 쓰기 시작하면서 현대시에 올수록 덜 음악적인 것이 되어 가고 있다.

다른 민족들도 모두 노래를 사랑하지만 히브리 민족만큼 그렇게 노래를 사랑한 민족은 없을 것이다. 그들의 노래 가운데는 세속적인 것도 있고 종교적인 것도 있지만, 그것이 세속적이든 종교적이든, 둘 다 이스라엘 민족의 공적인 생활에 있어서나 사적인 생활에 있어서 중요한 역할을 해왔다. 특히 그들의 시에 서정적인 특성을 부여한 것은 그들 특유의 종교적 감정이었다.

종교는 셈족 일반의 천부적 선물이기도 했지만 유목민족으로서 그들 생활의 필연성이 한층 그들을 종교적으로 되게 하였다. 그들이 사막에서 당하는 기근과 전쟁, 역병과 위험은 그들로 하여금 부단히 하나님을 신뢰하는 감정을 품게 하였다. 가나안을 침입한 이후에도 그들이 경험한 국민의 역사, 즉 왕국의 건설, 강국에 의한 정치적 압박, 망국의 비애, 회복의 희망과 같은 역사적 사건이 다감한 그들을 자극해서 한층 종교적으로 열렬하게 만들었다. 이러한 종교적 감정은 그들로 하여금 서정시적 감수성을 갖게 하였다.

히브리인들은 주관적인 감정의 소유자들일 뿐 아니라 그 감정을 객관적으로 또한 구체적으로 표현하는 능력을 갖고 있었다. 모든 시의 요건 중 하나는 그 감정을 구체적으로 또는 감각적으로 표현하는 것이다. 유명한 성경학자 스미스는 이렇게 말하였다.

"우리는 끊임없이 셈족의 시는 주관적이라는 말을 듣는다. 더욱 그것이 자기인식을 의미한다면 그러하다. 동시에 그것은 전적으로 실제적이다. 그것은 사물을 사상적 공상인 것으로 인식하지 아니하고 사물의 출현의 순간에 그것들의 인상을 느끼는 실제적인 관찰자로서 인식한다는 점에서 그러하다. 때문에 그들의 시는 현저한 서정시의 형태를 가지며 구체적이고 선명한 특성을 갖는다."[19)]

히브리인들은 산문의 형식으로 율법과 역사, 복음과 행적을 서술하기도 하였지만 많은 부분을 시의 형태로 표현하였다.

1. 히브리 초기 서정시

히브리 초기 시 하면 대개 창세기로부터 사무엘서까지의 책들 속에 보존돼 있는 시들을 일컫는다. 대부분 서정적인 노래들이지만, 교훈적이고 예언적이며 제례적(祭禮的)인 것도 없지는 않다.

1) 송가(頌歌)

고대인들은 자기들이 느낀 감정을 대개는 노래로 표시하였다. 삶의 기쁨이나 새로운 발견의 놀라움 또는 전쟁 승리의 환희 등을 숨김없이 노래로 표현하였던 것이다. 그들의 노래는 자연스럽고 자발적이며 천진난만한 순진성을 담고 있다. 이런 초기 민요 또는 송가로서는 "라멕의 노래 또는 검의 노래"(창 4: 23-24), "우물의 노래"(민 21: 17-18), "법궤를 운반하는 노래"(민 10: 35-36), "모압 계곡의 노래"(민 21: 14-15), "아모리족에 대한 조소가"(민 21: 27-31), "여호수아의 승리송"(수 10: 12) 등이 있지만, 역시 대표적인 것은 "모세와 미리암의 노래"와 "드보라의 노래"다.

(1) 모세와 미리암의 노래

"모세와 미리암의 노래"는 출애굽기 15장 1-21절에 나온다. 이 전승가(戰勝歌)는 고대 어떤 민족에게서나 발견되는 초기시 가운데 하나다.[20] 모세와 미리암의 노래도 이런 전승가 중의 하나인 것이다. 이 노래는 뒤에서 언급할 드보라의 노래와 가장 유사한 비교적 초기시 가운데서는 가장 우수한 것 중의 하나라 할 수 있다.

"이 때에 모세와 이스라엘 자손이 이 노래로 여호와께 노래하니"(출 15:1)라는 말이나 "아론의 누이 선지자 미리암이 손에 소고를 잡으매 모든 여인도 그를 따라 나오며 소고를 잡고 춤추니 미리암이 그들에게 화답하여 이르되 · · ·."(출 15:20-21)라 한 말을 보면, 이 노래의 주요부는 모세와 남성들이 노래하고, 후렴 부분은 미리암과 이스라엘 여인들이 불렀다고 봐야 할 것 같다.

> 너희는 여호와를 찬송하라.
> 그는 높고 영화로움이심이요,
> 말과 그 탄자를
> 바다에 던지셨음이로다. (출 15:21)

이 15장 21절은 우리가 흔히 찬송가나 밸라드(ballad)에서 볼 수 있는 것 같은 일종의 후렴(refrain)이라 할 수 있다.[21] 15장 21절은 1절 후반의 반복인 것이다.

산문 논픽션의 주 단위는 단락이고, 이야기 또는 희곡의 주 단위는 장면이지만 시의 주 단위는 행(行(행)이다. 모든 시에 다 규칙적인 리듬이나 운이 있는 것은 아니지만, 가장 실험적인 시라 할지라도 시는 모두 행으로 나열된다. 흔히 각 행마다 미리 정해 놓은 음절수나 리듬의 단위가 있다. 연결된 행은 대개 한데 묶여 연(stanza)이 된다.

역사적인 구원을 체험한 이스라엘 백성은 구원자 하나님을 노래로서 찬송한다. 이 노래의 구조는 서곡(prelude, 출 15:1-2)과 세 개의 연(stanza)--첫재 연(출 15:3-5), 둘째 연(출 15:6-10), 셋째 연(출 15:11-18)--으로 구성돼 있다. 각 연은 "여호와여"라는 돈호법(apostrophe)으로 시작되고, 그 다음에 구원의 주제가 제시된다. 이 주제는 출애굽기 14장에서 산문의 형식으로 취급되었던 것이다. 그러므로 14장의 주제 전개형식과 15장의 주제 전개형식을 비교해 보면 시와 산문의 차이점을 발견할 수 있다. 서정시의 기법 중의 하나라 할 수 있는 돈호법이 각 연의 서두에서 사용되었다는 점도 다르지만, 서정시의 다른 기법 중의 하나인 증대법(增大法)을 쓰고 있다는 점도 14장의 산문과는 다르다. 증대법이란 단순히 각 연의 시행수(詩行數)만이 증대되는 것이 아니라, 사건 자체가 각 연을 따라 점차적으로 발전되어 가는 것을 뜻한다.

첫째 연에서는 다만 이 시의 주제가 되는 사건만을 간단히 언급한다.

> 여호와는 용사시니
> 여호와는 그의 이름이시로다.
> 그가 바로의 병거와 그 군대를
> 바다에 던지시니
> 최고의 지휘관들이 홍해에 잠겼고
> 깊은 물이 그들을 덮으니

그들이 돌처럼 깊음 속에 가라앉았도다. (출 15:3-5)

현대식 전차와 비슷한 바로의 병거와 그 막강한 군대를 여호와께서 돌처럼 깊은 바다 속에 내려앉게 했다는 것이다. 당시의 애굽은 막강한 기마병들이 있었고 병거도 수없이 많았다. 이런 말과 그 군대 곧 애굽의 기마병들을 "용사"라는 이미지로 생생하게 비유된 여호와께서 바다에 내던지셨다는 것이다.

둘째 연에서는 보다 능력적인 사건이 자세히 묘사된다.

여호와여, 주(아도나이)의 오른 손이 권능으로 영광을 나타내시나이다.
여호와여, 주의 오른 손이 원수를 부수시나이다.
주께서 주의 큰 위엄으로 주를 거스르는 자를 엎으시니이다.
주께서 진노를 발하시니 그 진노가 그들을 지푸라기 같이 사르니이다.
주의 콧김에 물이 쌓이되
파도가 언덕 같이 일어서고
큰물이 바다 가운데 엉기니이다.
원수가 말하기를
내가 뒤쫓아 따라잡아 탈취물을 나누리라.
내가 그들로 말미암아 내 욕망을 채우리라.
내가 내 칼을 빼리니
내 손이 그들을 멸하리라 하였으나
주께서 주의 바람을 일으키시매
바다가 그들을 덮으니
그들이 거센 물에 납같이 잠겼나이다. (출 15:6-10)

즉 파도가 언덕 같이 일어나고(의인화의 기법) 큰물이 바다에 엉겼으나, 바람이 일어나 대적의 말들을 물속으로 납덩이처럼 갈아 앉게 했다는 것이다. 또한 주의 오른 손이 권능과 위엄으로 그들을 치시니 그들은 마치 초개 곧 지푸라기나 검불처럼 되었다는 것이다.

셋째 연에서는 이 사건을 묘사하는 것이 아니라 결론을 맺는다. 즉 광야에서의 주의 인도, 가나안 주민들의 겁에 질림, 열방들의 공포 등을 들어 여호와의 놀라운 능력과 기사를 찬미한다.

구원의 주제를 도입하는 서곡은 마치 깊은 물속에 뛰어들 때처럼 파문이 크고 충격적이지만, 그 뒤로 연속되는 각 연은 잔물결 같이 넓게 퍼지며 다양한 상상을 불러일으킨다. 아주 생생하고 분명한 이미지들을 가지고 묘사하여 주고 있음으로써 애굽 기병들의 파국 장면을 눈으로 보는 듯이 그려볼 수가 있다.

(2) 드보라의 노래

"드보라의 노래"는 사사기 5장에 나온다. 이 "드보라의 노래"는 히브리시 중에서도 가장 훌륭한 걸작이고, 지금까지 기록된 전승가 중에서도 최고의 위치에 놓을 수 있는 지극히 높은 수준의 시라 할 수 있다.[22] 그래서 모울튼 교수는 "성서의 노래 가운데서는 가장 정교하고 후대의 시에 끼친 영향도 막대하다"[23]라 했고, 췌이스 여사는 "히브리시 중에서 가장 위대하고 단순한 걸작이며, 지금까지 언어로 기록된 훌륭한 노래들 중의 하나다"[24]라 했다. 또한 비워도 "세계 문학사상 가장 훌륭한 시요, 이스라엘의 후기 전쟁시 중의 어떤 것보다도 시적인 힘이 우월하다"[25]고 했다.

이 전승가는 한 마디로 말해서 시스라의 패배와 죽음, 그리고 드보라의 승리를 찬양한 송가다. 드보라가 이 시의 작자는 아니지만, 요원의 불길처럼 타오르는 그녀의 애국심[26]은 곧 이 시를 쓰게 한 원동력이 되었던 것이다. 작자는 미상이지만 시스라에게 승리한 후 기록한 것이 분명하므로 저작연대는 대충 주전 1150-1100년경일 것이라고 추정한다.

이 시의 여주인공 드보라에 대해서는 아는 바가 그리 많지 않다. 다만 알 수 있는 것은 이스라엘의 훌륭한 여사사였다는 것과 소위 드보라의 나무로 알려진 종려나무(palm tree) 밑에 거했던 여선지라는 것뿐이다(삿 4:5). 여기서 종려나무는 하나님이 임재하시는 성소(sanctuary)의 상징으로 사용되었다. 기드온은 상수리나무 밑에서 밀 이삭을 떨다가, 미디안의 손에서 이스라엘을 구원하라는 사명을 받았고(삿 6:11-24), 모세는 불꽃이 이는 가시나무 떨기 속에서 하나님을 만나, "너는 가서 내 백성 이스라엘 자손을 애굽에서 건져 내라"라는 명령을 받았으며(출 3:1-12), 엘리아는 로뎀나무 아래서 잠을 자다가 천사의 도움을 받았고(왕상 19:1-8), 나다나엘은 무화나무 아래서 명상을 하다가 그리스도을 만났다(요 1:47-51). 이런 모든 사실로 미루어 볼 때, 드보라의 종려나무는 하나님이 그녀를 불러 선지자의 사명을 준 성소였고, 이스라엘의 여사사로서 백성들의 송사를 처리해 주었던 재판소이기도 했다.

아무튼 "드보라의 노래"는 이런 그녀의 종교적 열정과 열렬한 애국심을 담은 정교한 종교시지만, 이밖에도 이 시를 가치 있게 만드는 다른 조건이 하나 있다. 그것은 곧 다른 서정시와는 달리 설화성이 강하다는 것과 그 설화되는 스토리가 산문적 형태로 바로 앞 장(삿 4장)에서 취급되었다는 것이다. 때문에 사사기 4장과 5장을 주의 깊게 비교해 보면 설화적 서정시와 역사적 형태의 산문 사이에 현저한 차이가 있음을 발견하게 될 것이다.

아마도 구약의 여러 노래들 중에서 "드보라의 노래"만큼 친숙한 것도 드물겠지만, 일반적으로 이해하지 못하는 중요한 몇 가지 요소가 이 스토리 안에는 들어 있다. 그 중요한 몇 가지 요소란 무엇인가? 첫째는 가정적 요소다. 사사기 4장에서 취급한 역사는 이스라엘이 가나안의 왕 야빈(Jabin)의 지배 하에서 20년 동안 잔인한 억압을 받아온 장면으로부터 시작된다. 이런 서두의 장면을 통하여 느끼게 되는 것은 야빈의 압제야말로 사상 유례없는 것이 아니었던가 하는 것이다. "이십 년 동안 이스라엘 자손을 심히 학대했으므로 이스라엘 자손이 여호와께 부르짖었더라"(삿 4:3)는 역사적 기술 속에서 우리는 그런 가설의 근거를 찾을 수 있다. 일단 그런 가설 위에서 볼 때, "대로가 비었고 길의 행인들은 오솔길로 다녔도다. 이스라엘에 마을사람들(관원)이 그쳤으니 . . . ."(삿 5:6-

7)라는 구절의 의미는 새롭게 풀릴 수 있을 것이다. 다시 말해서 그것은 "이스라엘의 어머니"(삿 5:7) 드보라가 일어나 이스라엘 백성들을 일으켜 줄 때까지는 그저 넘어진 채 야빈의 발에 무참히도 밟히고 있었다는 사실을 밝혀 주는 것이 된다. 이렇게도 잔인하고 강력했던 압제 기구가 한 여성의 손에 의해 쉽사리 무너질 수 있었다는 데 놀라운 섭리가 있고, 그것은 사사기 5장 6절에서 바로 확인된다.

두 번째는 야엘(Jael)의 남편, 켄 사람(the Kenite) 헤벨(Heber)의 이야기와 관련되어 있다. 우리가 다 아는 바와 같이 켄 족속은 광야에서 이스라엘과 합류한 종족으로, 적어도 한 가지 점만 제외하고 나면 모든 면에서 이스라엘 민족과 다를 바가 없었다. 그 한 가지 점이란, 이스라엘 민족은 촌락이나 도시에 정주했는데 반해 켄 족속은 여전히 장막생활을 계속하고 있었다는 것이다. 그런데 사사기 4장 17절을 보면 압제자 야빈과 켄 사람 헤벨과는 서로 화친했던 것을 알 수 있다. 그리고 4장 11절을 다시 보면 헤벨이 자기 족속을 떠나 "케데스에 가까운 사아난님(Zaanaim) 상수리나무 곁에 이르러 장막을 쳤더라"고 했다. 바로 이곳은 바락(Barak)의 병력이 집결되어 있는 근접지였다. 또 4장 12절을 보면 "아비노암(Abinoam)의 아들 바락이 다볼산(mount Tabor)에 오른 것을" 시스라(Sisera)에게 고했다고 기록돼 있다. 이상의 몇 구절들을 종합해 볼 때, 지극히 평범한 것 같은 사실 속에서 깊은 의미를 찾을 수 있다. 즉 켄 사람 헤벨은 야빈과 시스라에게 매수된 스파이었다는 것이다. 그래서 그는 이스라엘 병력의 이동을 감시하기 위해서 그의 천막을 수시로 옮겨 쳤던 것이다. 그러나 헤벨의 천막에는 이스라엘의 어머니와 심정이 통하는 사람이 있었는데, 그가 다름 아닌 헤벨의 아내 야엘이었다. 마침 시스라가 도피해 왔을 때 평시에 남편의 계획을 알고 있었던 야엘은 이불 속에 숨겨 놓은 시스라를 천막 말뚝으로 박아 죽였던 것이다. 이는 남편의 스파이 행동을 막아 보고자 하는 신앙적 행위였다.

다음으로는 군사적 상황을 개관할 필요가 있다. 사사기 4장 3절을 보면 야빈은 철병거가 구백 대였다. 이에 비하면 이스라엘의 보병은 반수도 채 안 되었다. 그들의 유일한 희망은 기습전이었지만 그것마저 헤벨의 밀고로 탐지되었던 것이다. 이런 여러 점을 고려해 볼 때 이스라엘이 싸워 이길 승산은 전혀 없었다.

그러나 보라, 별들이 하늘에서 시스라와 싸우고(삿 5:20), 땅이 진동하고 비가 쏟아져 삽시간에 기손강이 범람하고 평원이 홍수의 바다가 되니 시스라의 군대는 그만 놀라 달아났다(삿 5:22). 이렇게 해서 단 하루만에 기적적으로 시스라의 군대는 패퇴케 되었고 이스라엘은 승산이 전혀 없는 싸움에서 승리할 수가 있었다. "드보라의 노래"는 바로 이런 하나님의 놀라운 은총을 찬미한 노래다.

지금까지는 이 노래의 주제를 살펴봤지만, 다음으로는 역사적 설화와 서정시 사이에 어떠한 형식적 차이가 있는가를 살펴보겠다. 우선 4장의 역사적 기술을 보면, 야빈의 압제, 드보라의 출현, 민족적 항거, 사령관 바락의 선택, 케데스로의 집결, 헤벨의 반역, 양군의 전투 등 모든 사건이 처음부터 끝까지 연속적으로 취급되어 있다. 그러나 5장의 노래를 보면, 설화의 연속성은 전혀 없고 다만 중요한 몇 부분만을 선정해서 집중적으로 읊고 있다. 이로 보아서 역사적 서술의 특색은 연속성에서 찾을 수 있고, 서정시적 기교는 집중(concentration)에 있다는 것을 알 수 있다. 가령 야빈의 압제를 "대로가 비었고 행인들은 소로로 다녔도다. 이스라엘에 마을 사람들(관원)이 그치고 그쳤더니"(삿 5: 6-7)는 단 두 줄의 회화적 필법으로 표현한 것이나, 드보라와 바락의 협상과정 같은 것은 생략한 채 카데스의 집결로 초점을 옮긴 것 등이 그것을 입증해 주고 있다.

시스라의 군대가 무서워 주저하는 족속들과 생명을 내걸 정도로 애국적 열정을 띤 족속들, 그리고 마음을 돌린 변심한 족속들을 열거하면서 카데스의 집결을 끝맺은 시인은 다른 서술은 일체 생략한 채 바로 전투 장면으로 옮겨 간다. 열왕들의 전투 참가, 별들의 싸움, 홍수가 난 평원을 내닫는 말 등은 집중적으로 노래하고 있지만, 전투 준비 과정 같은 것은 전혀 언급하지 않고 있다는 것이 그 특색이라 할 수 있다. 시스라의 암살 사건만 보아도 역사에는 전사의 도착, 살해 준비, 시스라의 수면, 야엘의 살해 등 논리적 연속성이 있다. 그러나 서정시에서는 바로 말뚝과 망치를 가지고 야엘이 시스라를 죽이는 장면으로 집중된다. 역사에서 보는 것 같은 설명은 없지만 그 장면 묘사가 하도 생생해서 우리는 야엘의 강타나 시스라의 몸부림 등은 눈으로 직접 보는 듯 그려 볼 수가 있다. 이와 같이 서정시는 역사의 서술방법처럼 일어난 사건을 연속적으로 기술하는 것이 아니라 중요한 몇 부분만을 골라서 집중적으로 생생하게 묘사해 주기 때문에, 다소 비약이 있긴 하지만 상상력에 호소하는 힘이나 감동력은 훨씬 더 크다.

두 번째의 서정시적 기교로서 들어야 할 것은 후렴과 돈호법에 의해서 설화가 자주 중단되거나 지연된다는 것이다. 즉 넉 줄의 서곡, 석 줄의 후렴, 여호와 하나님께 대한 긴 돈호가 설화되기 이전에 삽입된다는 것이다. 야빈의 압제 아래 있는 성읍의 황폐를 노래하는 때도 후렴에 의해 휴지(休止)가 생기고, 각 족속들의 집결 장면에서도 단 한 줄 뒤에 그들의 임무를 노래하는 4행연이 나온다. 그러나 적절한 후렴과 돈호법은 설화의 활력소가 될 수 있고 의미의 보강제가 되며 독자의 공감력을 돋구어 줄 수 있다. 아무튼 서정시적 기교의 하나는 중단(interruption)이라 할 수 있다.

셋째로 "드보라의 노래"가 갖는 가창(歌唱)의 구조에서 그 특색을 찾을 수 있다. 사사기 5장 1절에 "이날에 드보라와 아비노암의 아들 바락이 노래하여 가로되"라고 명시된 것을 보아, 이 노래는 교창(交唱)의 성격을 띠고 있다는 것을 알 수 있다. 더욱 이 교창은 두 사람이 주고받은 것이 아니라 드보라가 지휘하는 여성 합창단과 바락이 지휘하는 남성 합창단이 교창한 것이다.

6절에서는 비가조의 리듬으로 야빈의 압제를 남성들이 노래했고, 7절에서는 드보라의 여성들이 "나 드보라가 일어났고"라고 답창했다. 승리의 소식을 전하는 장면에서도 보면, 우선 남성들이

> 흰 나귀를 탄 자들
> 양탄자에 앉은 자들,
> 길에 행하는 자들아 전파할지어다. (삿 5:10)

라고 노래하고, 그 다음으로는 여성들이

> 멀리 떨어진 물 긷는 곳에서도
> 여호와의 공의로우신 일을 전하라.
> 이스라엘에서 마을 사람들을 위한 의로우신 일을 노래하라. (삿 5:11).

라고 노래했다. 남성들이 나귀를 타고 가거나 걸어가는 사람 또는 비싼 양탄자를 깔고 사는 지체 높은 관리들에게 그 소식을 전했을 것이라고 하는 것은 너무나 자연스러운 일이다. 동시에 여성들이 일상적으로 모여 하찮은 이야기가지도 주고받을 수 있는 우물 가로 나가 승리의 소식을 여성들이 전한다고 하는 것도 자연스러운 일이다. 그러므로 10절은 남성들의 노래고 11절은 여성들의 노래라 할 수 있다. 다음으로는 넉 줄의 돈호가 나오는데, 처음 두 줄,

> 깰지어다 깰지어다 드보라여
> 깰지어다 깰지어다 너는 노래할지어다. (삿 5:12).

는 남성들이 드보라를 향하여 성원한 것이고, 그 다음 두 줄,

> 일어날지어다 바락이여
> 아비노암의 아들이여, 네 사로잡은 자를 끌고 갈지어다. (삿 5:12)

는 여성들이 바락을 성원한 것이다. 13절로부터 18절까지 계속되는 부

족들의 칭호는 한 줄 한 줄 구분된다. 첫줄은 여성들에게 할애되어 드보라의 지역인 에브라임이 언급되고, 그 다음 두 줄 건너서는 바락의 지파인 스불론(Zebulun)이 언급된다. 15절의 첫 행은 여성들의 합창으로 드보라와 잇사갈(Issachar)이 연결되고, 두 번째 행은 남성들의 합창으로 바락과 잇사갈이 연결된다. 마지막 클라이맥스에서 남성들은 시스라의 실제적인 사실을 세밀하게 노래했고(5:24), 여성들은 시스라의 어머니와 용사들의 귀환을 기다리는 부녀자들의 마음을 여성적인 토운으로 노래하고 있다. 이렇게 이 노래는 두 합창단의 교창으로 전개되다가 마지막에는 코러스로 끝 맺혀 진다.

> 여호와여 주의 원수들은 다 이와 같이 망하게 하시고
> 주를 사랑하는 자들은
> 해가 힘 있게 돋음 같게 하시옵소서. (삿 5:31).

이런 교창의 예술적 효과를 일일이 설명할 필요는 없지만, 다만 한 가지 지적해 둘 것은 두 합창단의 총 합창(Tutti)에 의해 다양한 효과가 나타날 수 있다는 것이다. 그 중에서도 마지막 절의 총 합창은 매우 강력한 효과를 나타내고 있다.

"히브리 문학에서, 이른 시대건 늦은 시대건, 이 노래보다 자연스런 문학적 예술성을 보여주는 시는 찾아볼 수 없다. 필자의 강열한 애국심과 열렬한 신앙의 열정이 매 시행마다 훨훨 타올라 극적인 정점을 향하여 계속 비상한다. 이것은 이스라엘의 하나님을 찬양하는 옛 감사송(Te Deum)이며 동시에 제왕 뿐 아니라 하늘의 별들도 그리고 물이 불은 성스러운 강도 함께 싸우는 빼어난 전투내용이기도 하다. 이것보다 전쟁문학사에서 더 탁월한 시는 없으며, 그 이후에 나온 이스라엘의 어떤 전쟁시도 상상력과 표현에서 이것을 앞지를 수 있는 것을 찾아볼 수 없다."[27)]

2) 애가

고전문학에 있어서 애가(Elegy)는 6보격(hexameter)과 5보격(pentameter)의 대구로 구성되는 시를 가리켜 애가 또는 비가라 했다. 이 율격은 강렬한 감정을 표현하는데 적합했으므로 주로 연애시에 많이 사용되었고, 때로는 전쟁이나 또는 조롱조의 노래에 사용되었다. 그러나 여기서는 주로 비극적인 상황과 죽음을 주제로 다룬 슬픈 노래만을 애가에 포함시켜 다루겠다. 죽음을 주제로 한 시 가운데서도 그 내용이나 스타일이 단순한 것은 만가(挽歌 Dirge)라 한다. 구약에는 여러 개의 애가가 있지만, 그 중에서도 가장 유명한 것은 사울과 요나단의 죽음을 애도한 다윗의 시라 할 수 있다.

(1) 사울과 요나단에 대한 다윗의 애가

불레셋과의 전투에서 전사한 사울과 요나단을 애도하는 다윗의 애가(哀歌)가 사무엘하 1장 17-27절에 나온다. 활 쏘는 자 곧 불레셋 용사가 사울의 뒤를 따라 미쳐 그로 인해 중상을 입었고 할레 받지 않은 자들 즉 이방인들의 손에 죽임을 당하게 되는 모욕을 받기가 싫어 사울은 칼을 취하여 그 위에 엎드려져 죽었다. 불레셋 사람들은 사울과 그 세 아들 요나단, 아비나답(Abinadab), 멜기수아(Melchishua)를 포함한 많은 이스라엘 사람들이 길보아(Gilboa)산에서 죽은 것을 보고 사울의 머리를 베고, 그 갑옷을 벗기고, 자기들의 신당과 백성들에게 전파하기 위하여 그것을 불레셋 사람의 온 땅에 보내고, 그 갑옷은 아스다롯의 집에 두고, 그 시체는 벧산 성벽에 못 박았다. 이 소식을 들은 야베스(Jabesh)의 모든 장사들은 일어나 밤새도록 가서 사울과 그 아들들의 시체를 벧산 성벽에서 취하여 가지고 와 불사른 후 그 뼈를 가져다가 야베스 에셀나무 아래 장사 지내고 칠일 동안 금식하였다(삼상 32:1-13).

이 사실을 알게 된 다윗은 "슬픈 노래"(삼하 1:17)로 사울과 사랑하는 친구 요나단의 죽음을 애도하였다.

이스라엘아 네 영광이 산 위에서 죽임을 당하였도다.
오호라 두 용사가 엎드러졌도다.
이 일을 가드에도 알리지 말며
아스글론 거리에도 전파하지 말지어다.
블레셋 사람들의 딸들이 즐거워할까,
할례 받지 못한 자의 딸들이 개가를 부를까 염려로다.
길보아 산들아
너희 위에 이슬과 비가 내리지 아니하며,
제물을 낼 밭도 없을지어다.
거기서 두 용사의 방패가 버린바 됨이니라.
곧 사울의 방패가 기름부음을 받지 아니함 같이 됨이로다.
죽은 자의 피에서, 용사의 기름에서
요나단의 활이 뒤로 물러가지 아니하였으며,
사울의 칼이 헛되이 돌아오지 아니하였도다.
사울과 요나단이 생전에 사랑스럽고 아름다운 자이러니
죽을 때에도 서로 떠나지 아니하였도다.
그들은 독수리보다도 빠르고, 사자보다 강하였도다.
이스라엘 딸들아, 사울을 슬퍼하여 울지어다.
그가 붉은 옷으로 너희에게 화려하게 입혔고
금 노리개를 너희 옷에 채웠도다.
오호라 두 용사가 전쟁 중에 엎드러졌도다.
요나단이 네 산 위에서 죽임을 당하였도다.
내 형 요나단이여, 내가 그대를 애통함은
그대는 내게 심히 아름다움이라.
그대가 나를 사랑함이 기이하여 여인의 사랑보다 더하였도다.
오호라 두 용사가 엎드러졌으며
싸우는 무기가 망하였도다. (삼하 1:19-27).

"아 용사가 엎드려졌도다"라는 반복적 후렴은 애절하고 비통한 감회를 자아낸다. 세계 문학사상 많은 애가들이 있지만, 일명 "활의 노래"라고 불리는 이 노래만큼 간결한 것은 찾아보기 드물다. 이런 간결성은 다윗의 진실 됨에서 연유된 것이다. 독수리보다 더 날쌔고 사자보다 힘이 더 센 용사 사울이나 자기 영혼처럼 사랑했던, 또한 어느 여인의 사랑도 따를 수 없는 남다른 사랑을 주고받았던 친구 요나단을 생각할 때 그의 가슴은 미어지는 듯 했으리라. 그러나 다윗은 그런 애절한 비애의 감정을 억지로 꾸미려 하지 않고, 다만 잔인하게 살해당한 두 용사의 명예만을 나타내면서 담담한 어조로 표현했다. 인위적인 미보다는 자연미가 더 아름답고 감동적인 법이다. 오히려 간결한 언어와 담담한 어조로 그 슬픔을 표현한 그것이 더 진실 되고 감동적인 느낌을 준다. 이 애가는 규칙적인 비가조의 노래는 아니지만 다윗의 사랑과 슬픔의 감정을 꾸밈없이 진실 되게 표현한 그지없이 아름다운 노래라 할 수 있다.

이 애가 중에 "그들은 독수리보다 빠르고 사자보다 강하였도다"(삼상 1:23)라는 말이 나오는데, 이 말을 문자적으로만 받아들이면 이해하기가 어렵다. 독수리는 새들의 왕으로서 매우 빠르고 용감한 새다. 그 빠르기에 있어서는 어느 새도 따를 수가 없다. 그러므로 아무리 사울과 요나단이 빠르다고 독수리를 능가할 수 없다. 그러므로 이 표현은 사울과 요나단의 민첩성과 용맹을 칭찬한 하나의 과장법이라는 것을 알 수 있다. 예레미야 4장 13절 "그 병거는 회리바람 같고 그 말들은 독수리보다 빠르도다"라는 표현도 거의 동일한 과장적인 표현이다. 말들이 아무리 빨라도 독수리보다 빠를 수 없다. 그러나 적의 기병들의 무서운 기세를 과장하여 이런 식으로 비교한 것이다. 여기서 적이란 하나님께서 남편을 배반하고 행음하는 악녀(惡女)와 같은 남왕국 유다를 심판하기 위해 동원하시는 불레셋 군대를 말한다.

과장법은 허위도 날조도 아니다. 다윗이 요나단을 애도하는 입장에서 요나단이 독수리보다 빠르다고 했다고 해서 왜 거짓말 하느냐고 따질 사람은 하나도 없다. 만일 그렇게 하는 사람이 있다면 그 사람은 모잘라도 한참 모잘라는 사람이라 아니 할 수 없다.

(2) 압살롬에 대한 얘가

압살롬(Absalom)은 다윗의 셋째 아들(왕상 15:2, 10)로, 발끝에서 머리끝까지 흠잡을 데 없이 잘 생긴(삼하 14:25) 미남자였다. 그에게는 미혼의 다말(Tamar)이라는 누이동생이 있었는데, 다윗의 배다른 아들 암논(Amnon)이 그녀에게 강한 욕정을 품고 있었다. 그러나 다말은 아직 처녀여서 좀처럼 만나기가 어려웠다. 암논은 애만 태우다가 그만 상사병이 났다. 시므아라는 삼촌의 꾀많은 아들 요나답이 일러주는 대로 병든 채 누워 있다가 암논은 다말과 단 둘이 있게 되자 그는 다말을 겁탈한다. 그리고 나서는 다말이 몹시 싫어져 암논은 하인을 시켜 다말을 내쫓아 버렸다(삼하 13:1-18).

이 소식을 들은 다말의 친오빠인 압살롬은 언제든 복수하리라고 마음먹었다. 그로부터 이년이 지난 후 압살롬은 다윗의 아들 모두를 양털 수확 축제에 초청하는데, 그 자리에는 암논도 참석한다. 그가 술이 거나하게 취했을 때 압살롬의 하인들이 그를 살해하게 하고는 압살롬은 시리아로 피신했다. 그 후 삼년이 지났을 때 다윗의 마음은 압살롬에 대한 그리움으로 간절하게 됐다(삼하 13:38-39). 그래서 다윗은 요압을 보내어 압살롬을 데려 왔으나 이년간은 전혀 만나질 않았다. 결국 부자는 형식적으로 화해하나 압살롬은 늘 불만을 품고 있었다. 게다가 그는 야심만만하고 집념이 강한 성격의 소유자였다. 압살롬은 드디어 무력으로 왕위를 찬탈할 방법으로 전차와 말, 그리고 자기를 호위해 줄 50명의 대원을 확보하고 헤브론으로 진격하여 점령하고는 "압살롬이 헤브론에서 정권을 잡았다" 고 전령들을 시켜 널리 공표케 한다. 다윗이 신임하는 참모 중의 한 사람인 아히도벨(Ahithophel)을 포함하여 많은 사람들이 압살롬과 손을 잡는다.

군사적 참화를 두려워하여서인지, 아니면 전략적 요충지를 찾고 싶어서인지는 몰라도, 다윗은 가족과 제사장들인 사독(Zadok)과 아비아달, 레위사람들, 그리고 언약궤와 함께 예루살렘을 빠져나간다. 그리고 그는 사독과 아비아달이 궤를 다시 예루살렘으로 옮기도록 결정하고, 이 두 사람과 또 다른 충복인 후새(Hushai)를 정보를 제공하는 첩자로서 예루살렘에 머물도록 한다. 압살롬은 의기양양하게 수도로 입성한다.

다윗의 일행들은 계속 도주하여 요단 강을 건너 길르앗으로 간다. 아히도힐은 압살롬에게 12만의 군대를 자기에게 주어 다윗을 추적하도록 조언을 한다. 다윗 진영에서 도망친 탈주병으로 가장한 후새는 아히도힐의 의견에 반대하고 압살롬 자신이 이스라엘 전역에서 대군을 모아 직접 전투 지휘하라고 조언한다.

길르앗인과 암모사람들의 도움을 받아 다윗은 에브라임(Ephraim)의 산림에 방어진을 치고 반군을 쳐부술 준비를 한다. 전투가 시작되기 전 다윗은 그의 병사들에게 배신한 아들을 다치지 않도록 경고한다. "나를 위해서 젊은 병사, 압살롬 조차도 살살 다루어라." 전투가 막 시작되자마자 반군들은 창피할 정도로 완패한다. 전투 중 압살롬은 나귀를 타고 있었다. 그가 참나무 밑을 지나갈 때, 머리가 나뭇가지에 걸리지만 나귀는 그대로 달린다. 그는 나무에 매달린 채 속수무책이었다. 이 소식이 요압에게 전해지자 그는 쏜살같이 현장으로 달려가, 압살롬의 목숨을 다치게 하지말라는 다윗의 명령에도 불구하고, 3개의 화살을 압살롬의 가슴에 쏘아 죽게하고 그의 시체를 구덩이에 묻는다.

압살롬이 죽었다는 소식을 들었을 때, 다윗의 슬픔은 하늘이 내려앉는 듯하였다. 그의 입에서 나온 슬픔의 탄식은 모든 문학에서 보여주는 가장 가슴이 찢어지는 듯한 슬픔 중의 슬픔이었다. 다윗은 가슴이 미어지는 것 같아 성문위에 있는 골방으로 올라가 목 놓아 울며 이렇게 말했다.

내 아들 압살롬아
내 아들 내 아들 압살롬아
차라리 내가 너를 대신하여 죽었더면,
압살롬 내 아들아 내 아들아 하였더라. (삼하 18:33)

하도 가슴이 미어질 때는 말도 안 나오는 법이다. 그저 아들의 이름만 되풀이 해 부르면서 대신 죽지 못한 것을 한스럽게 생각하는 것을 보면 아버지로서의 그의 아픔이 얼마나 컸던가는 짐작하고도 남음이 있다. 아들들이란 늘 부모의 속을 썩혀드리고 때로는 거역하고 심지어는 반역하지만, 그런 아들이라도 다시 돌아오면 기뻐하고 불행을 당하면 슬퍼하는 것이 어버이다. 우리는 이 몇 줄 안 되는 애가 속에서 인간 다윗의 자애와 고결한 부성(父性)을 느끼게 되며 하나님 아버지의 유형적 모형 같은 것을 엿보게 된다. 비록 애가라 하나 아름답고 더할 나위 없이 정서를 순화시켜 주는 시적 진실성이 구현된 노래라 할 수 있다. 애가의 카타르시스를 여기서 맛보게 되는 것이다.

(3) 슬픈 노래 모음집: 예레미야의 애가

히브리어 성경에는 예레미야 애가를 '에카' 라고 이름 부쳐져 있다. '에카' 라는 말은 '슬프다' (애 1:1; 2:1; 4:1) 혹은 '어찌하여' 라는 뜻을 가진 단어로서, 극도의 슬픔과 놀라움을 표현하는 말이다. 이처럼 히브리어 성경이 본서의 이름을 '에카' 라고 부치게 된 것은 바로 이 말이 본서의 서두에 나오기 때문인데, 유대인들은 구약 성경의 제목을 붙임에 있어서 경경 각 권의 첫머리에 나오는 단어를 그대로 사용하는 것이 관례처럼 되어 있다.

한편 헬라어 70인역(LXX)에는 본서의 이름이 '트레노이' 로 부쳐져 있고, 라틴어 벌게이트(Vulgate)역에는 '트레니' (Threni)로 부쳐져 있는

데, 그 뜻은 역시 '비탄' 또는 '눈물들' 이다. 이와 같은 이름들에서 결국 영어 성경의 이름 예레미야 애가(The lamentation of Jeremiah)라는 이름으로 전수되었고, 그것을 한글 성경에는 그대로 번역하여 사용하였다.

본서 자체에는 기록자가 누구인지 나타나 있지 않다. 그러나 전통적으로 유대인들과 기독교에서는 애가의 저자를 예레미야(Jeremiah)로 받아들이고 있다. 즉 유대인들의 탈무드와 70인 역, 그리고 불가타 역에는 본서의 저자가 예레미야라고 언급되어 있다. 중세의 교부들이나 종교개혁자 존 칼뱅도 본서의 저자가 예레미야라는 것을 인정하였다. 본서와 예레미야서의 내용, 문체, 예루살렘 멸망 원인에 대한 견해, 및 주제 상의 유사성 때문에 대부분의 성경학자들은 이 두 책이 같은 기록자에 의해 쓰여 졌다고 보고 있다.

예레미야는 눈물의 선지자로 알려져 있는 인물이다. '예레미야' 라는 이름은 '여호와께서 세우신다' 라는 뜻이다. 그는 예루살렘 북쪽 4.8km 지점에 위치한 '아나돗' (Anathoth)에서 출생하였는데, 그의 아버지는 요시야 왕 때의 대제사장 힐기야(왕하 22:1-13)와 동명이인이었다.

예레미야는 대략 20 세로 추정되는 어린 나이 때, 즉 요시야 왕 13년인 주전 627년에 하나님의 부르심을 받아 예언 활동을 시작하였는데, 요시야 왕을 도와서 종교개혁의 일익을 담당하기도 하였다. 유다의 제16대 왕인 요시야(B.C. 640-609)가 즉위할 당시에는 강국이었던 앗수르가 점점 쇠약해져 가고 있었고, 바벨론은 아직 큰 세력을 떨치기 전이었으므로, 외부로부터의 위협은 그다지 우려할 바가 없었다. 그런데다가 요시야 왕이 펼친 종교개혁이 성과를 거두게 되었기 때문에 유다는 평온을 누릴 수 있었다.

그러나 요시야 왕이 죽은 후 유다는 앗수르, 애굽, 바벨론의 세 강국 사이에 끼여 혼란을 겪게 되었을 뿐 아니라, 뒤를 이은 왕들의 악행으로 백성들은 극도의 곤고에 처하게 되었다. 요시야 왕이 죽은 후에 예레미야는 유다의 회개를 촉구하며, 회개하지 않으면 멸망 받을 것이라고 예언함으로써 많은 배척을 받았고, 특히 침략자 바벨론에 대항하지 말고 차라리 그들을 섬기라고 권하다가 반역자로 몰리기도 하였다. 결국 유다의 제17대 왕 여호아하스는 애굽으로 끌려가 죽임을 당했고(왕하 23:34), 여호야김과 여호야긴 왕 때에는 바벨론 군대의 침입으로 백성들이 포로로 잡혀갔으며, 드디어 시드기야 왕 11년(B. C. 586)에 이르러 예루살렘 성이 바벨론 군대에 의해 함락되어 선전마저 약탈당하고 말았다.

바로 이러한 상황 아래서도 계속 예언하였던 예레미야는 숱한 위험과 핍박을 받으면서도 약 40년간이나 자신의 사명을 수행하다가, 예루살렘이 함락된 후 새로이 임명된 총독 그다랴가 피살되자 바벨론의 보복을 두려워한 요하난에 의해 강제로 애굽으로 끌려가 여생을 보내야 만 했다. 그는 예루살렘 멸망을 바라보면서 슬피 울며 경고하는 슬픈 노래가 바로 예레미야 애가다. 그 역사적 서술은 열왕기서나 역대기서에 나오지만, 감정적 표현은 본시에 가장 잘 나타난다.

애가는 다섯 개의 애가(哀歌)로 구성된 일종의 애가집으로, 그 일관된 기조는 "각성의 결과 흘리는 회개의 눈물"이라 할 수 있다. 제1장-4장은 각각 22연으로 구성되어 있으며, 답관체(acrostics)로 되어 있기 때문에, 히브리 알파벳의 순서대로 각 연의 첫 자를 배치하였다. 본서는 5장을 제외하고서는 답관체 형식을 취하고 있는데 이에 따라 1, 2, 4장은 22연으로 되어 있으며 특별히 3장의 경우는 알파벳의 한 글자가 3번씩 반복된 까닭에 66연으로 이루어져 있다. 그러나 1장은 완벽한 답관체의 형식을 따르고 있는 반면, 2, 4장의 경우는 '아인'과 '페'의 자리가 서로 뒤바뀌는 약간의 변칙을 보여주고 있다. 고대 히브리인들이 이와 같은 독특한 형식의 문장을 쓴 것은 그것을 널리 애송되게 하며 쉽게 외울 수 있게 만들기 위해서였다. 특히 애가에 이 시형이 사용된 것은 조국 멸망에 대한 슬픔을 더욱 히브리인들의 가슴에 사무치고 밀도 있게 하기 위해서였다.

이렇게도 엄격한 리듬구조 및 답관체 구조의 까다로운 조건들을 충족시켜야 하는 시작품들은 너무 인위적이어서 깊고도 격정적인 슬픔을 표현하기에 적합하지 않으리라고 혹자는 예상할지도 모른다. 확실히 이 시편들을 일컬어 "자연스러운 감정을 있는 그대로 꾸밈없이 분출시키고 있는 글이라고 할 수는 없다."[28] 또한 그런 의도에서 쓰여 진 것도 아니고, 그 대신 의식적이면서도 고된 작업의 결과 얻어진 정교한 예술 작품이다. 오히려 형식적으로 제한된 틀이 시의 예술성을 높여주는 바람직한 구속력으로 작용할 수도 있는 것이다.

이 애가는 주전 586년에 패망당한 유다의 예루살렘의 참상을 애도한 노래다. 지난날의 타락과 방종한 생활을 뉘우치며 흘리는 민족적 눈물의 결정체가 바로 이 애가인 것이다. 예루살렘 멸망을 계기로 해서 대오각성하고 죄악과 타락과 배신을 바로 "나의 일"로 생각하며 회개의 눈물을 흘리는 데 가치가 있고, 그래서 그 애조(哀調)는 한층 심각한 빛을 띠게 되는 것이다. 조국의 멸망도, 예루살렘의 함락도, 모두 우리들의 죄의 결과라고 한다(애 3:39-40). 그러므로 누구를 원망하려고도 하지 않는다. 다만 나의 죄를 회개하고자 하는 기분만이 감돌고 있을 뿐이다. 각 장의 주제는 공통이지만 그 관심의 초점은 각기 다르다.

제1연(장)에서는 한 때는 그렇게도 화려했던 수도, 거룩한 도성 예루살렘이 얼마나 비참하게 되었는가를 중점적으로 다루고 있다.

> 슬프다 이 성이여 전에는 사람들이 많더니
> 이제는 어찌 그리 적막하게 앉았는고.
> 전에는 열국 중에 크던 자가
> 이제는 과부 같게 되었고
> 전에는 열방 중에 공주였던 자가
> 이제는 강제 노동을 하는 자가 되었도다.
> 밤에는 슬피 우니
> 눈물이 뺨에 흐름이여

사랑하던 자들 중에 그에게 위로하는 자가 없고
친구들도 다 배반하여 원수들이 되었도다.
유다는 환난과 많은 고난 가운데에
사로잡혀 갔도다.
그가 열국 가운데에 거주하면서 쉴 곳을 얻지 못함이여
그를 핍박하는 모든 자들이 그를 뒤따라 잡았도다. (애 1:1-3).

시인은 슬픔으로 지친 도시를 여인에 비유하였다. 이 여인은 자기 백성들을 위하여 울고 있지만 그들은 모두 "꼴을 찾지 못한 사슴같이" 흩어졌다. 그러나 그녀는 불행한 일을 당해 마땅하다. "자신의 치맛자락을 더럽혔기" 때문이다. 그래서 그렇게도 붐비던 도성은 쓸쓸해졌고, 길에는 사람들의 발길이 끊기고 성문은 돌 더미로 주저앉고(애 1:4), 처녀 같던 시온의 모든 영광은 이제 다 떠나갔다고 탄식한다(애 1:6). 제사장들은 탄식하며 처녀들은 근심하며(애 1:4) 지도자들은 목장을 잃은 양처럼 떠돌며(애 1:6), 이방 오랑캐들(바벨론 군사들)이 거룩한 성소를 짓밟고(애 1:10), 거리에는 굶주린 무리들이 보물을 주고 먹을 것으로 바꾸며(애 1:11), 바꿀 보물이 없는 제사장들과 장로들은 거리에서 먹을 것을 구하다가 넘어지고(애 1:19), 밖에서는 자식들이 칼에 맞아 죽고 집안에는 죽음만이 있는(애 1:20) 그런 곳이 예루살렘 성이라고 슬프게 탄식하며 이렇게 끝맺는다.

나의 탄식이 많고
나의 마음이 병들었나이다. (애가 1:22).

제2연(장)에서는 한층 더 비참한 광경이 생생하게 묘사된다.

내 눈이 눈물에 상하며
내 창자가 끓어지며
내 간이 땅에 쏟아졌으니

이는 딸 내 백성이 패망하여
어린 자녀와 젖 먹는 아이들이
성읍 길거리에 기절함이로다.
그들이 성읍 길거리에서 상한 자처럼 기절하여
그 어머니들의 품에서 혼이 떠날 때에
어머니에게 이르기를
곡식과 포도주가 어디 있느냐 하도다. (애 2:11=12)

더욱 제사장들과 선지자들은 성소에서 살육 당하고(애 2:20) 늙은이와 어린이는 길바닥에 엎드려지고 처녀와 소년들은 칼에 맞아 죽어 넘어졌다고 한다(애 2:21).

이런 처절한 수난은 여호와 하나님의 진노의 결과이므로 눈물을 강물처럼 흘리며 밤잠을 자지 않고 일어나 그 마음을 주의 얼굴 앞에 물 쏟듯 쏟으며 주를 향하여 손을 들라고(애 2:19) 권한다.

초저녁에 일어나 부르짖을지어다.
네 마음을 주의 얼굴 앞에 물 쏟듯 할지어다.
각 길 어귀에서 주려 기진한 네 어린 자녀들의 생명을 위하여
주를 향하여 손을 들지어다 하였도다. (애 2:19).

제3장은 예레미야와 유사한 점이 많으며, 시편 특히 88편, 143편과 비교되는 구절도 있다. 여기서는 시인 자신의 처참한 모습을 여러 가지 말로 표현하고 있다.

그는 여호와의 노하신 매에 맞아 고생을 당하는 자이며(애 3:1) 칠 흙 같은 어둠 속을 헤매며(애 3:2) 자기 자신을 한없이 저주하며 치는 자이다(애 3:3). 그 결과 자기의 살과 가죽은 쇠하였고(애 3:4), 죽은 지 오래 된 자와 같이 되었다(애 3:16). 그는 돌담을 높이 쌓아 나갈 수도 없고(애 3:9) 무거운 사슬에 묶여 꼼작할 수 없으며(애 3:7), 갈 길도 막히고(애 3:9) 기도도 막힌 자가 되었다는 것이다(애 3:8). 과녁과 같은 존재로 화

살에 쏘인 자 같으며(애 3:12), 사자에게 찢긴 자 같으며(애 3:11), 백성의 조롱거리요(애 3:14), 쓴 풀로 배를 불리고 소태 즙만 마시는 자요(애 3:15), 조약돌에 이들이 부서진 자요 재를 온몸에 뒤집어 쓴 자이다(애 3:16). 그는 완전히 평화도 행복도 잃어버린 사람이며 완전히 소망이 끊어진 자다(애 3:17, 18).

이러한 고난은 다만 여호와의 진노로 말미암아 온 것이므로 그 사랑 다함없고 그 자비 아침마다 새롭고 그 진실함 그지없는(애 3:22) 선을 베푸시는(애 3:25) 여호와께 돌아가 회개하자고 한다.

> 우리가 스스로 우리의 행위를 조사하고
> 여호와께로 돌아가자.
> 우리의 마음과 손을 아울러
> 하늘에 계신 하나님께 들자. (애 3:40-41).

제4장에서는 다시 예루살렘 시민들의 참혹한 모습을 노래한다. 정금 같은 시온의 아들들이 이제는 토기장이가 만든 질항아리 같은 자가 되었고(애 4:2), 목말라 죽어가는 어린이가 있지만 아무도 돌보는 자 없으며(애 4:4), 진수성찬 먹던 자가 문전걸식을 하고 비단옷을 입고 다니던 자가 쓰레기통 주변을 배회한다. 그렇게 배회 하면서도 부끄러운 줄을 모르게 되었다는 것이다(애 4:5). 또한 전에는 수려하던 젊은이들, 얼굴은 눈보다 더 희고 몸은 산호보다 더 붉었던 이들이 지금은 그 얼굴이 숯보다 검고 그 가죽이 뼈에 붙어 막대기같이 마랐으니 거리에서 알 사람이 없었다(애 4:8). 무엇보다 그의 가슴을 찢듯이 아픈 것은 여인이 자기 자식을 삶아 먹어 배를 불리는 것이라 한다.

> 칼에 죽은 자들이 주려 죽은 자보다 나음은
> 토지소산이 끊어지므로
> 그들은 찔림 받은 자들처럼 점점 쇠약하여 감이로다.

딸 내 백성이 멸망할 때에
자비로운 부녀들이 자기들의 손으로
자기들의 자녀들을 삶아 먹었도다. (애가 4:9-10).

예루살렘이 이처럼 적군에게 패망한 것은 선지자들과 제사장들이 죄로 인한 것이라 한다(애 4:13).

제5장에서는 슬픔을 애도하는 것보다는 속에서 눈물의 기도를 드리는 것이 내용으로 돼 있다. 시온의 부녀자들과 처녀들은 능욕을 당했으며(애 5:11), 소년들은 맷돌을 걸머지며, 아이들은 섶을 지나다가 넘어지고(애 5:13), 그들의 기업도 다 이방 오랑캐에게로 돌아갔고(애 5:2), 목숨을 이어가기 위하여 은을 주고 물을 마시고 값을 주고 땔감을 사고(애 5:4), 주림의 결과로 피부가 아궁이처럼 검게 되어(애 5:10) 이스라엘의 호화스럽던 생활을 상징하는 면류관은 이미 그 머리에서 떨어지고 말았다고 한다(애 5:16). 이런 수치는 "열조의 죄" 때문이라고 고백하고 시인은 회개하는 마음으로 이렇게 기도한다.

여호와여 우리가 당한 것을 기억하시고
우리가 치욕을 살펴보옵소서. (애 5:1).

여호와여 우리를 주께로 돌이키소서.
그리하시면 우리가 주께로 돌아가겠사오니
우리의 날들을 다시 새롭게 하사
옛적 같게 하옵소서. (애 5:21).

지금까지 주제를 분석해 본 바와 같이 이스라엘의 죄에 대한 실감을 매우 애상적이고 꾸밈이 없는 간결한 문체로 묘사해 주고 있다. 예루살렘 멸망은 비상한 불행이요 슬픔이었다. 그러나 그것은 비상한 행복이기도 했다. 왜냐하면 이로써 그들은 자기들의 죄를 각성하고 겸손히 여호와 하나님의 긍휼과 자비를 구하며 그만을 앙망하게 되었기 때문이다. 그래서 우리는 이런 불행을 행복 된 불행이라 한다.

이 애가는 주전 586년에 패망당한 유다의 예루살렘의 참상을 애도한 노래다. 지난날의 타락과 방종한 생활을 뉘우치며 흘리는 민족적 눈물의 결정체가 바로 이 애가인 것이다. 예루살렘 멸망을 계기로 해서 대오각성하고 죄악과 타락과 배신을 바로 "나의 일"로 생각하며 회개의 눈물을 흘리는 데 가치가 있고, 그래서 그 애조(哀調)는 한층 심각한 빛을 띠게 되는 것이다. 조국의 멸망도, 에루살렘의 함락도, 모두 우리들의 죄의 결과라고 한다(애 3:39-40). 그러므로 누구를 원망하려고도 하지 않는다. 다만 나의 죄를 회개하고자 하는 기분만이 감돌고 있을 뿐이다.

아무튼 예레미야 애가는 아주 밀도 있게 잘 짜여 진 애가다. 상세하게 묘사되어 있는 많은 문구들 그리고 생생하고도 다채로운 표현들과 더불어 이렇듯 격렬한 슬픔의 표출은 이 작품을 "이제까지 쓰여 진, 인간의 고뇌를 나타내는 책 가운데 가장 가슴을 쥐어 찢는 듯한 이야기 중의 하나"[20]로 만들었다.

3) 교훈시

이스라엘 사람들은 속담(proverb), 수수께끼(riddle) 등을 즐겨 사용했는데, 그것들은 대체로 교훈적인 것이 특색이다. 이런 지혜문학적인 성격을 띤 속담과 수수께끼들을 교훈시로 묶어 다루려 한다.

(1) 속담(俗談)

"옛 사람들이 흔히 말하기를"(삼하 20:15), 또는 "엣 속담에 이르기를"(삼상 24:13) 등으로 보아 이스라엘에는 구전적인 지혜로운 격언이 다수 있었다는 것을 알 수 있다. 그 중에서도 대표적인 것은 사무엘상 10장 12절, "사울도 선지자들 중에 있느냐 하더라"(삼상 10:12)는 말씀이다. 사울은 사무엘로부터 기름부음을 받았는데, 그 때부터 새 마음을 갖게 되었고, 하나님의 영이 크게 임함으로 예언을 하게 되었다(삼상 10:9-10). 그 이전에 사울을 알던 사람들이 사울이 선지자들과 함께 예언하는 것을 보고 서로 이르기를 "사울도 선지자들 중에 있느냐" 고 물었다. 그 질문이 구전되어 속담으로 남게 되었던 것이다.

이 말은 사울의 모습이 종교적인 면에서 눈에 드러날 정도로 급작스럽게 변화된 사실을 가리키고 있다. 이 말은 후에 이스라엘 사람들 사이에 속담이 되어 어떤 사람이 종교적, 윤리적으로 크게 변화하여 다른 사람이 된 것을 가리키는 데에 사용되었다. 이 속담의 출처는 사무엘상 19장 18-24절에도 설명되고 있다.

사무엘상 24장 13절에는 "악은 악인에게서 난다" 는 속담이 있다. 이는 다윗을 시기하여 두루 쫓아다니며 죽이려하던 사울에게 다윗이 엔게디 굴에서 한 말이다. 엔게디 굴에서 다윗은 사울을 죽일 수 있었는데도 죽이지 않고 "그의 겉옷자락" 만을 가만히 베었다. 다윗이 이렇게 행한 목적은 자기의 무죄를 입증하기 위한 것이고 사울의 증오심을 완화시키기 위한 것이었다. "악은 악인에게서 난다" 는 속담은 사람이 어떤 자인지는 그의 행위를 보아 알 수 있다는 뜻이다. 이러한 원리는 "열매로 나무를 알 수 있다" 고 하신 예수님의 말씀과 일맥상통하는 것이다. 마태복음 12장 35절에서는 "선한 사람은 그 쌓은 선에서 선한 것을 내고 악한 사람은 그 쌓은 악에서 악한 것을 내느니라" 고 하였다. 누가복음 6장 43절에서는 "못된 열매 맺는 좋은 나무가 없고 또 좋은 열매 맺는 못된 나무가 없느니라" 하였고, 야고보서 3장 11-12절에서는 "샘이 한 구멍으로 어찌 단 물과 쓴 물을 내겠느냐. 내 형제들아 어찌 무화과나무가 감람 열매를, 포도나무가 무화과를 맺겠느냐. 이와 같이 짠 물이 단 물을 내지 못하느니라" 라고 하였다. 결국 이 속담이 의미하는 것은 사람됨에 의해서 그 행동이 결정되며 심은대로 거둔다는 말이다.

에스겔 16장 44절에는 "어머니가 그러하면 딸도 그러하다 하리라" 는 속담이 있다. 여기서 말하는 이스라엘의 "어머니"는 헷 족속이다(겔 16:3). 헷 족속은 가나안의 후손들로(창 10:5) 가나안 땅의 일곱 족속 중 하나이며(신 7:1), 바알과 아스다롯을 섬기며 살았다. 바알은 페니키아와 가나안인의 남신으로 여신 아세라(아스다롯)와 함께 숭배되었다. 바알의 제사 의식은 음란하고(민 25:1-5) 광란적이며(왕상 18:26) 사람을 제물로 드렸다(렘 19:5). 이런 헷 족속이 사는 가나안 땅에 새로 거주한 이스라엘은 그들을 노예 생활 가운데서 이끌어 내어 출애굽시켜 주신 여호와 하나님을 잊고 먼저 살던 원주민들과 조금도 다름없이 우상 숭배를 그대로 답습하였다(삿 2:11-15; 3:5-7; 8:33). 그래서 하나님은 본절의 속담을 통해 이스라엘의 부패를 지적하신 것이다. 이것은 우리에게 신자들의 신앙 생활은 주변 환경에 영향을 많이 받으므로 항상 조심할 것을 가르쳐 준다. 이 속담은 조소와 경멸을 표시할 때 보통 쓰인다.

에스겔 18장 2절에는 "아버지가 신 포도를 먹었으므로 그의 아들의 이가 시다고 함은 어찜 됨이냐"라는 속담이 나온다. 바벨론에 포로된 유다인들은 아버지가 저지른 죄 값이 아들에게까지 미친다고 주장하며 하나님의 심판을 불평했다. 그러나 이 속담은 아버지가 지은 죄를 자식이 똑같이 범하면서도 회개하지 않을 경우 심판받는다는 말씀과(출 20:5; 34:7; 레 26:39) 자식은 아비의 죄 때문에 죽지 않는다는 말씀을 혼돈한 것이다(신 24:16). 본 속담은 에스겔 선지가 당시 유대인들의 잘못된 관념 즉, 현재 유다가 고통을 당하는 이유가 조상들의 죄 때문이라는 생각으로 자신들의 죄를 부인하는 그들의 잘못을 지적하고, 그들로 하여금 모든 사람은 하나님께 대하여 각자 개인적 책임을 지니고 있음을 인식시키기 위하여 사용한 것이다.

잠언에는 많은 수수께끼 형태의 격언들이 있다. 이를테면 17장 12절, "차라리 새끼 빼앗긴 암곰을 만날지언정 미련한 일을 행하는 미련한 자를 만나지 말 것이니라" 같은 것이다. 새끼 빼앗긴 암곰을 만나는 것은 너무나 위험한 일이다. 그러나 그보다 더 위험한 일은 미련한 일을 행하는 어리석은 자를 만나는 것이다. 미련한 행위에 대한 경고라 할 수 있다.

잠언 21장 9절에는 "다투는 여인과 함께 큰 집에서 사는 것보다 움막에서 사는 것이 나으니라"는 격언이 있다. 현숙한 여인을 만나는 것이 인생의 큰 축복인 반면(잠 18:22) 악한 아내는 남편에게 큰 장애 요인이 된다. 이스라엘의 가옥 구조는 여러 집들이 아파트처럼 한 데 붙은 형식이었으며, 넓고 평평한 지붕은 공동 이용되었다. 여기에 나오는 "움막"은 지붕의 한 모퉁이를 가리킨다. 따라서 악처와 동거하느니 차라리 혼자 지붕에서 비, 바람 맞는 것이 더 낫다고 하는 것이 표면적 의미며, 더 깊은 이면적 의미는 하나님께서 짝 지워 주신 부부간의 화목, 나아가서는 그리스도의 몸 된 교회와 동일시되는 가정의 화평을 강조하는 것이다.

잠언 20장 10절에는 "한결같지 않은 저울추와 한결같지 않은 되는 다 여호와께서 미워하시느니라"는 격언이 있다. 이 속담은 이중 저울에 관해 언급하고 있다고 할 수 있다. 즉 당시의 부정한 상인들은 교묘한 방법으로 이중 저울을 사용함으로써 고객들을 기만하여 부당 이득을 취했던 것이다. 당시만 하더라도 저울은 오늘날처럼 엄격히 규격화, 표준화되지 않았기 때문에 쉽사리 속이고 속을 우려가 다분히 있었던 것 같다. 이런 사실을 배경으로 해서 이런 격언 형태의 잠언이 생겨나게 되었다.

(2) 삼손의 수수께끼

수수께끼도 이스라엘 사람들이 사용했던 문학형태 중의 하나였다. 그 중에서도 가장 오래고 대표적인 것이 삼손의 수수께끼다.

삼손은 소렉(Sorek) 골짜기에 사는 한 이름 모를 블레셋 여자를 사랑하게 되었다. 삼손은 그녀와 결혼하기 위하여 가다가 딤나의 포도원에서 사자를 찢어 죽이고 거기서 꿀을 따 먹었다. 그 여자와의 결혼 잔치는 칠일 계속되었는데, 그때 삼손은 이런 수수께끼를 잔치 손님들에게 냈다. "먹는 자에게서 먹는 것이 나오고/강한 자에게서 단 것이 나왔느니라"(삿 14:14). " 이것이 무엇인가"라고 하는 것이 수수께끼다.

삼손의 수수께끼는 병행법의 형식을 갖춘 히브리 특유의 병행시(竝行詩)로 표현되었기 때문에 다음처럼 도표화해 보면 좀 더 이해하기 쉽다.

먹는 = 강한 자 → 사자
↓ ↓ ↓
먹는 것 = 단 것 → 꿀

이 도표를 보면서 다른 짐승을 잡아먹는 짐승 중에서 강한 동물은 무엇이며, 먹는 식물 중에서 가장 단 음식은 무엇이냐는 뜻의 문제로 압축될 수 있다는 것을 알 수 있다. 그러나 불레셋 여러 사람들이 머리를 맞대고 풀려고 하였으나 그들은 그것을 풀 수가 없었다. 왜냐하면 그것은 항간에 널리 퍼져 있었던 이야기가 아니라 삼손의 개인적 체험의 의해서 만들어진 것이기 때문이다. 그들은 삼손이 그들의 값진 의복을 탈취하기 위해 계략을 꾸민 것으로 단정을 내리고 삼손의 아내를 위협하여 그 대답을 알아내었다. 그들은 삼손에게 이렇게 대답했다.

무엇이 꿀보다 달겠으며
무엇이 사자보다 강하겠느냐. (삿 14:18)

삼손은 이 대답을 듣고 당시 인기 있던 율격을 이용해서 풍자적인 말로 대꾸했다.

너희가 내 암송아지로 밭 갈지 아니 하였더라면
내 수수께끼를 능히 풀지 못하였으리라. (삿 14:18)

삼손은 30명의 불레셋인들이 자기 아내를 위협한 결과 수수께끼를 풀었음을 눈치 채고서 그들의 범법 행위를 비유적으로 비난하고 있다. "암소"는 흔히 생식, 노동, 복종 등의 이미지로 부각된다(신 28:4; 욥 21:10). 그리고 당시 히브리인들의 여성관에 의하면 여자는 마땅히 결혼하여 자녀를 낳고 집안일을 잘 돌보며 남자에게 철저하게 순종하여야 했다. 이러한 맥락에서 자기 아내를 "암송아지"로 비유한 것은 매우 자연스럽다 할 수 있다. 즉 나의 사랑을 매수해서 이용하지 않았더라면 그 수수께끼를 풀 수 없었을 것이라는 것이다. 실로 명답이다.

(3) 우화

우화(fable)는 주로 동물들의 행동과 성격을 묘사한 이야기를 통하여 사람들에게 교훈과 풍자를 주는 것으로서, 문장이 간결하고 명쾌해서 누구에게나 즐거움을 주는 그런 이야기다. 우화의 대가는 이솝이다. 그의 우화는 아주 짧지만 서두와 결말이 있는 하나의 독립된 이야기들이다. 이것들은 긴 이야기 속에 들어 있는 삽화거나 단순한 비유가 아니다.

그러나 성경의 우화는 대부분 긴 이야기 속에 삽화로 끼어 넣은 그것 자체만으로는 이야기가 되지 않는 단순히 비유로 쓰인 경우가 많다. 가령 밑에서 설명할 나단의 우화는 그것 만으로서는 독립된 하나의 이야기가 될 수 없고, 그 비유만 단독으로 떼어서 읽으면 무슨 뜻인지도 알 수 없다. 그것은 다윗 이야기 중에서도 밧세바와 관련된 스토리 안에 교훈적이거나 풍자적인 목적 때문에 끌어들인 하나의 비유인 것이다. 또한 요담의 우화도 세겜 사람들의 잘못된 왕의 선택과 그들이 당한 형벌을 풍자하기 위해 설화자가 끌어들인 비유다.

이솝의 우화는 재미있으면서도 그 재미 속에 삶의 교훈과 민담의 요소를 담고 있는 것이 보통이지만, 성경의 우화는 재미보다는 교훈을 목적으로 채용된 비유가 많고, 그것도 종교적 색채가 강한 것이 그 특색이라 할 수 있다. 성경의 우화는 이스라엘의 신앙전통이 복합적으로 형성되어 고유한 모습으로 발전된 양상을 띠고 있기 때문에 타 문화권에서 발견되는 일반 내러티브와는 다른 특성을 가지고 있다.

성경 우화에 나타나는 세계관은 대부분 인간의 삶이 하나님의 섭리와 관련을 맺고 있으며 그 섭리에 위배되는 모든 것은 악한 결과를 초래한다는 것을 골자로 하고 있다. 그러므로 성경의 우화들은 여호와 하나님 신앙의 관점에서 이해하지 않으면 그 참 모습을 알 수 없다.

가) 나단의 우화

성경의 많지 않은 우화 가운네서도 우리의 눈길을 끄는 재미있는 우화가 하나 있다. 그것은 사무엘하 12장 1-4절이다. 이스라엘의 초대 임금인 사울(Saul)이 죽자 이새의 막내아들인 다윗(David)이 정식으로 이스라엘의 왕이 되었다. 그때 다윗의 나이 서른이었으나 그 후 40년간 나라를 잘 다스렸다. 그리고 다윗은 견고한 시온 성을 점령하여 다윗의 성이라고 이름 붙였다. 또한 다윗은 실로에 있던 하나님의 궤를 나라의 중심지인 예루살렘으로 옮기고 그 곳을 이스라엘의 도읍으로 삼았다. 그러나 다윗은 그의 권력이 점점 더해지면서 마음 내키는 대로 행하는 버릇이 생겼다. 어느 날 저녁 무렵에 궁전 옥상을 거닐다가 다윗은 목욕을 하고 있는 한 아름다운 여인을 보게 되었다.

그 여인은 우리아라는 군인의 아내였다. 다윗은 그 여인 밧세바를 궁전으로 데려다가 정을 통한 뒤 돌려 보냈는데 얼마 안가 그녀에게는 태기가 있었다. 그 사실을 안 다윗은 전선의 우리아를 불러들여 밧세바와 동침케 해서 그 비밀을 감추려 했다. 그러나 우리아는 들판에서 야영을 하고 있는 군사들을 생각할 때 도저히 자기만이 집으로 돌아가 아내와 더불어 편히 쉴 수가 없었기 때문에 그는 집으로 돌아가지 않고 대궐 문간에서 근위병들과 함께 지냈다. 이 사실을 안 다윗은 군대장이던 요압에게 편지를 띄워 다음 전쟁 때는 우리아를 가장 격렬한 전쟁터로 보내라고 했다. 요압은 다윗이 시킨 대로 우리아를 격전지로 보냈고, 우리아는 급기야 강적과 싸우다 전사했다.

밧세바는 남편이 죽었다는 소식을 듣고 몹시 슬퍼했다. 남편을 잃은 슬픔이 가실 때쯤 다윗은 사람을 시켜 밧세바를 궁전으로 데리고 와 아내를 삼았다. 다윗이 한 짓에 몹시 화가 난 하나님은 예언자 나단을 보내어 다음과 같은 우화로써 다윗을 크게 꾸짖었다.

"한 성읍에 두 사람이 있는데 한 사람은 부하고 한 사람은 가난하니 그 부한 사람은 양과 소가 심히 많으나 가난한 사람은 아무것도 없고 자기가 사서 기르는 작은 암양 새끼 한 마리뿐이라 그 암양 새끼는 그와 그의 자식과 함께 자라며 그가 먹는 것을 먹으며 그의 잔으로 마시며 그의 품에 누우므로 그에게는 딸처럼 되었거늘 어떤 행인이 그 부자에게 오매 부자가 자기에게 온 행인을 위하여 자기의 양과 소를 아껴 잡지 아니하고 가난한 사람의 양 새끼를 빼앗아다가 자기에게 온 사람을 위하여 잡았나이다"(삼하 12:1-4)

이 말을 들은 다윗은 몹시 화를 내며 하나님의 이름으로 "이 일을 행한 사람은 마땅히 죽을 자라"고 하였으며, 양을 네 배로 갚아야 한다고 거침없이 말하였다. 다윗은 그것이 자신을 가리키는 이야기인 줄 몰랐기 때문에 이 같은 거침없는 선언을 했던 것이다. 이것이 바로 나단이 바라는 바였다. 만일 이 우화가 다윗의 행동을 가리키는 것인 줄 다윗이 눈치 챘다면 이렇게 선언하지는 않았을 것이다.

그러나 그 다음 순간 예언자 나단은 벌떡 일어나 무서운 소리로 "왕이시여! 당신이야말로 염치없는 사나이요. 당신은 우리아의 아내를 왕비로 맞아들이기 위하여 그 우리아를 죽이지 않았소. 하나님은 반드시 당신과 당신의 가족을 처벌할 것이오"라고 말하였다. 나단의 말을 듣고 다윗은 그 이야기가 바로 자신의 이야기임을 알아차린다.

나단은 다윗으로 하여금 그 자신 많은 양과 소(많은 궁정의 후궁들)를 소유한 부자인데도 불구하고 자기의 딸이나 아들처럼 아끼는 암양 새끼 한 마리(밧세바)를 가지고 있는 가난한 사람(우리아)의 소유를 빼앗아 가로챈 죄인이라는 것을 시인하도록 하기 위해서 이런 비유담의 형태를 취했던 것이다. 더욱이 처음에는 다윗에 관한 이야기라는 것을 드러내지 않음으로써, 다윗이 전혀 의심하지 않고 자기의 감정을 드러낼 수 있도록 한 것이다. 결국 나단의 우화는 다윗의 양심에 호소하여 자기 죄를 고백할 수 있도록 자연스럽게 유도하는 효과를 거두었다.

나단의 우화는 이런 점에서 나단의 목적을 성취시킨 트로이아의 목마와 같은 노릇을 하였다고 할 수 있다. 우리는 오랜 옛날에 소위 트로이아 전쟁이라는 긴 싸움이 있었다는 것을 잘 알고 있다. 이 전쟁은 트로이아와 그리스 사이에 벌어진 싸움으로 10년간 계속된다. 그리스 군이 트로이아 시를 처음 포위한 지 거의 10년이 지났건만, 트로이아는 여전히 강했던 것이다. 성벽들은 손상되지 않은 채 서 있었는데, 그것은 한 번도 공격다운 공격을 받지 않았기 때문이다. 대개 싸움은 먼 거리에서 일어났다. 그리스군은 이제 트로이아 성을 함락하기 위해서는 그들의 군대를 트로이아 안으로 침투시켜 트로이아인들을 기습하지 않으면 불가능하다는 것을 깨닫기 시작하였다. 그 결과 오디세우스의 간교한 지혜에 따라 목마(木馬)를 만들었던 것이다. 이것을 트로이아의 목마라 하며 세계 7대 불가사의 중의 하나라는 것을 우리는 대부분 알고 있다. 오디세우스는 능숙한 목수로 하여금 수많은 군인들이 들어갈 수 있는 속이 텅 빈 거대한 목마를 만들도록 하였다. 그리고는 그 속에 많은 군인을 잠복시켜 성문 밖에 놓아두고 그리스군은 퇴각하는 것처럼 위장을 했다. 트로이아인들은 그 목마가 자신들의 성을 무너뜨릴 것이라고는 전혀 의심하지 않고 그것을 성 안으로 끌어 들인다. 그러나 목마의 문이 열리는 순간 그 속에 잠복해 있던 그리스의 군사들이 빠져 나와 토로이아를 불 질러 함락시켰던 것이다. 이처럼 나단의 이야기를 아무 상관없는 태도로 듣다가 별안간 그것이 자기 이야기로 바뀌면서 다윗의 삶이 벌거벗긴 채로 드러나는 순간 다윗은 토로이아 성처럼 함락당할 수밖에 없었다. "내가 여호와께 죄를 범하였노라"(삼하 12:13)라고 철저한 고백할 수 있게끔 나단의 우화는 트로이아의 목마 노릇을 하는 힘을 드러낸다. 이것이 우화의 힘이라 할 수 있다.

나) 요아스의 우화

성경의 대표적 우화로는 사사기 9장 7-15절에 나오는 요담의 우화(Jotham' s fable)를 들 수 있다. 그러나 구약의 세계에서 다루었으므로 여기서는 생략한다. 유대 왕 아마시야가 이스라엘 왕 요아스에게 사자를 보내어 서로 대면하자는 요청을 했다. 이 소식을 듣고 요아스는 이런 우화적인 비유로 답변했다.

"레바논 가시나무가 레바논 백향목에게 전갈을 보내어 이르기를 네 딸을 내 아들에게 주어 아내로 삼게하라 하였더니 레바논 들짐승이 지나가다가 그 가시나무를 짓밟았느니라"(왕하 14:9).

요아스는 아마시야를 레바논의 가시나무에 비유하면서 에돔을 쳐서 교만해진 그의 주제넘은 태도를 책망하는 동시에 무서운 줄 모르고 날뛰다가 스스로 멸망을 초래하지 말라고 풍자했다. 그러나 아마시야가 그의 충고를 듣지 아니하므로 요아스는 하는 수 없이 그의 군사를 이끌고 나가 벳세메스에서 싸움을 벌였다. 마침내 아마시야는 패하여 도망하니 요아스는 그를 추격하여 사로잡고 예루살렘으로 진격 성벽을 헐고 성전과 왕실 금고에 있는 금은과 세간을 탈취한 후 많은 사람을 볼모로 잡아가지고 사마리아로 돌아 왔다.

요아스가 죽은 뒤에도 아마시야는 15년을 더 생존하였으나 결국은 예루살렘의 무리가 모반하여 라기스에서 그를 죽였다(왕하 14:19). 이런 역사적 사건에 비추어 볼 때 이 우화는 더욱 깊은 뜻을 갖게 된다. 보잘것없는 무가치한 자들이 정권을 잡고 요동하지만 스스로 멸망을 자처할 뿐이라는 것이다.

다) 요담의 우화

요아스와 그가 정략적으로 사용한 우화는 이미 사사시대에 요담이 세겜 사람들에게 말한 비유와도 비슷하다. 요담의 우화와 요아스의 우화와는 아무런 관계가 없다. 다만 그 비유와 풍자성이 비슷하다고 생각하기 때문에 여기서 같이 다루려고 한다. 여기에 나오는 요담은 기드온의 말째 아들을 가리킨다. 그리고 그 기사는 사사기 9장 7-15절에 실려 있다.

사사 기드온이 죽은 후 세겜에 있는 기드온의 첩이 나은 아들인 아비멜렉이 세겜 사람들을 현혹하여 이들의 마음을 샀다. 그리고는 기드온의 아들 70인을 죽이고 스스로 세겜의 왕이 되었다. 이때 기드온의 아들 가운데 오직 요담만이 무사히 피신할 수 있었다. 요담이 형제들이 죽고 아비멜렉이 세겜의 왕이 된 것을 듣고는 세겜인들에게 다음과 같은 창의적인 우화로 그들이 내린 결정의 어리석음을 꾸짖었다.

하루는 나무들이 자신들의 왕을 뽑아 세우려고 감람나무를 찾아갔다. 감람나무는 나무들에게 귀한 열매와 기름을 내서 하나님과 사람을 영화롭게 하고 기쁘게 하는데 새삼스럽게 나무들 위에 올라가 잘난 체하면서 요동하겠느냐고 그들의 요청을 거절한다. 그래서 나무들은 무화과나무를 찾아가서 자기들의 왕이 되어달라고 간청하였다. 그러나 무화과나무도 달고 아름다운 실과를 버리고 새삼스럽게 나무들의 왕이 되어 요동하겠느냐고 거절한다. 나무들은 다시 포도나무를 찾아가 자기들의 왕이 되어달라고 요청한다. 포도나무 역시 하나님과 사람을 기쁘게 하는 새술을 버리고 어찌 나무들의 왕이 되어 요동하겠느냐고 그 요청을 거절한다. 그래서 하는 수없이 나무들은 가시나무를 찾아가 자기들의 왕이 되어달라고 간청했다. 그러자 가시나무는 즉시 그대들이 나를 왕으로 삼으려면 "내 그늘에 와서 피하라"고 한다. 그렇지 않으면 가시나무에서 불이 나와서 레바논의 백향목(착한 사람의 표상)을 사를 것이라고 위협한다.

이 이야기에서 보는 바와 같이 감람나무, 무화과나무, 포도나무 등은 나름대로의 귀한 재능을 하나님과 이웃을 위해 사용하며, 분수를 넘어 과욕에 빠지지 않는 겸허하고 선한 신앙의 인간상을 대변하고 있다(롬 12:3). 그리고 가시나무는 아무런 자격이나 재능이 없음에도 불구하고 협박 공갈로 왕위를 서슴없이 가로챈 아비멜렉과 같은 무익하고 악한 사람을 비유하고 있다(시 12:8; 전 10:6).

나무들은 자기들을 다스릴 왕을 찾고 있었다. 감람나무와 무화과나무와 포도나무는 왕으로 추대 받았음에도 이를 거절하였으나 열매도 맺지를 못하는 아무런 쓸모없는 가시나무가 "그의 그늘" 즉 보호와 약속을 내세워 자기에게로 오라고 했다. 사실상 가시나무는 저주를 상징하는 나무(창 3:18)로 먹을 만한 열매도 태양 볕을 가려 줄 만한 잎도 없다. 다만 땔감으로 아궁이에 들어갈 그런 나무일뿐이다. 그럼에도 불구하고 굳이 가시나무더러 왕이 되어달라고 나무들이 요청한 것은 스스로 파멸을 자초하는 행위였다. 그리고 이는 하나님의 섭리와 간섭을 배제하고 인간적 취향과 욕구에 따라 스스로 절대적 보호망을 만들고자 하는 부단한 인본주의적인 노력을 상징하고 있다. 이러한 무모한 요청에 대해 가시나무는 마치 기다렸다는 듯이 선뜻 나섰으며 심지어 위협하는 자세를 보이기까지 하였다. 이처럼 지극히 우매하고 무모한 대중들의 여망은 자기 분수도 모르는 파렴치한 지도자의 허세와 결탁하여 서로의 멸망을 초래하게 된다. 요담은 이 우화를 통해 가시나무가 내세운 제안과 나무들의 무모한 요청의 어리석음을 다 같이 풍자하였다.

왕이 될 자격도 없는 자가 스스로 왕이 되고, 지키지도 못할 약속을 남발하면서 허세를 부리는 모습은 지탄을 받아 마땅하다. 더욱이 세겜인들은 별 볼일 없는 가시나무의 그늘을 믿고 의지하는 우매함을 범하고 있다. 즉 그들은 아비멜렉과 언약을 맺고 그로부터 기대하는 축복보다는 저주가 더 많다는 것을 모르는 어리석고 무지한 사람들이다.

요담의 우화는 직접적인 효과를 거두지는 못했다. 그것은 요담의 우화를 듣고도 세겜인들이 어떤 변화를 보이지 않았기 때문이다. 그러나 설화자가 의도하는 목적을 달성하는 데는 성공했다. 왜냐하면 요담의 이야기를 듣고도 세겜인들이 변화하지 않았기 때문에 결국은 세겜인들과 아베멜렉이 나중에 싸우다 함께 멸망하기 때문이다. 이처럼 요담의 우화는 세겜인들에게 직접적인 효과를 주지는 못했지만 설화자의 의도를 극화하고 사건의 전개를 끌고 나가는 원동력이 된다.

2. 찬미가

찬미가는 어떤 사람이나 사물을 찬양하여 부른 노래(시)나 작품을 일컫는다. 이것은 구체적인 인물을 찬양하는 것이기도 하지만, 좀 더 정확하게 말하자면 일반화된 인물형의 성격을 찬양하는 것이라고 말하는 편이 오히려 옳다.[30]

시편 1편은 경건한 사람으로 일반화된 인물형의 성격을 찬양한 찬미가다. 경건한 사람의 내적 성품과 그러한 내적 성격이 밖으로 나타난 증거를 묘사하는 것으로 찬미가는 이루어져 있다.

> 복 있는 사람은
> 악인들의 꾀를 따르지 아니하며
> 죄인들의 길에 서지 아니하며
> 오만한 자들의 자리에 앉지 아니하고
> 오직 여호와의 율법을 즐거워하여

그 율법을 주야로 묵상하는도다.
그는 시냇가에 심은 나무가
철을 따라 열매를 맺으며
그 잎사귀가 마르지 아니함 같으니
그가 행하는 모든 일이 다 형통하리로다.
악인들은 그렇지 아니함이여
오직 바람에 나는 겨와 같도다.
그러므로 악인들은 심판을 견디지 못하며
죄인들이 의인들의 모임(회중)에 들지 못하리로다.
무릇 의인들의 길은 여호와께서 인정하시나
악인들의 길은 망하리로다. (시 1:1-3)

시편 제1편은 시편 전체를 대변하는 탁월한 서시라 할 수 있다. 이 짧은 시에서는 인생의 오직 "두 가지 길" 즉 선과 악 밖에 없다고 독자에게 경고하면서 양자선택을 촉구하고 있다. 양자선택을 촉구한다고 하기는 했지만, 사실상 의의 길을 가는 사람은 복되고 악의 길을 가는 사람은 불행하다는 것을 밝히 보여주는 지침시라 할 수 있다.

처음 세 절에서는 의인의 속성과 그가 받을 보상에 대하여 이야기하면서 복 있는 사람을 찬미하고 있다. 의인 즉 경건한 사람은 악인의 충고를 따르지 않으며 죄인의 길에 서지 않고, 오만한 자나 냉소적인 자와 어울리지 않는 대신 하나님의 율법을 즐거워하며 그 율법을 주야로 묵상한다. 즉 성경을 끊임없이 읽고 그 의미를 묵상하며 겸손하게 살아가는 사람을 하나님께서는 "시냇가에 심은 나무처럼" 번성하도록 도와주실 것이라 한다.

악인은 이와는 정반대다. 그는 하나님의 심판을 견디지 못할 것이며, 의인의 회중에 들지 못할 것이다. 다만 악인은 세차게 부는 바람에 날리는 겨와 같이 거룩하신 하나님의 앞에서 쫓겨나게 될 것이다.

시인은 의인의 길로 행하는 자를 복되다고 찬양하고 악인의 길을 걷는 자는 저주를 받을 것이라고 노래하고 있다.

시편 15편도 1편과 마찬가지로 일반화된 인물형의 성품을 찬양하고 있다.

> 여호와여 주의 장막에 머물 자 누구오며
> 주의 성산에 사는 자 누구오니이까.
> 정직하게 행하며 공의를 실천하며
> 그의 마음에 진실을 말하며
> 그의 혀로 남을 허물하지 아니하고
> 그의 이웃에게 악을 행하지 아니하며
> 그의 이웃을 비방하지 아니하며
> 그의 눈은 망령된 자를 멸시하며
> 여호와를 두려워하는 자들을 존대하며
> 그의 마음에 서원한 것은 해로울지라도 변하지 아니하며
> 이자를 받으려고 돈을 꾸어 주지 아니하며
> 뇌물을 받고 무죄한 자를 해하지 아니하는 자이니
> 이런 일을 행하는 자는 영원히 흔들리지 아니하리이다. (시 15:1-5)

시편 제15편은 예배 준비를 위한 시로서 시온 산에 계시는 하나님을 만나로 가는 사람은 매일 자신의 생활을 살펴야 한다는 것이다. 1절에서는 두 가지 질문 같이 보이나 하나의 질문이라 할 수 있는 질문 곧 하나님의 임재 앞에 나아가길 원하는 사람의 본성은 어떠하여야 하는가를 다루고 있다. 그 본성의 적극적인 세 가지 요건은 다음과 같다. 첫째는 정직하게 행하는 것 즉 하나님 앞에서 온전하게 살아야 한다는 것이다. 둘째는 공의를 일삼아야 한다는 것인데, 이는 곧 하나님이 세운 율법(성경)을 따라 바른 사회생활을 하여야 한다는 것이다. 셋째는 마음에 진실을 말하여야 한다는 것인데, 이는 곧 전심으로 진실을 품고 말하며 살아가야 한다는 것이다. 이런 요건을 갖추고 살아가는 자가 성전에 들어갈 수 있는 자로서 찬양을 받아 마땅하다 한다.

그 다음으로는 소극적인 요건 몇 가지를 제시하고 있다. 그 혀로 남을 중상모략하지 말아야 하고 그 가까운 친구를 헐뜯거나 비방하지 말아야하며, 이웃의 잘못이나 불행을 조롱하거나 비웃는 일을 하지 말아야 한다는 것이다. 이런 사람이 거룩한 성산에 오를 수가 있다.

나머지 절에서는 망령된 자 곧 하나님의 율법(성경)을 무시하는 사람을 멸시하고 하나님을 경외하는 자를 존대하며, 서원한 것이 있으면 무슨 일이 있어도 지키며, 고리대금을 하거나 뇌물을 받지 않는 사람은 성산에 오를 수가 있다. 이런 일을 행하는 자는 "영원히 흔들리지 아니한다"는 것이다. 이런 자는 곧 영원한 구원에 참여하게 되며 찬미의 대상이 된다.

일반화된 인물형의 성격을 찬양하는 또 다른 찬미가가 잠언 31장 10-31절까지다. 잠언 12장 4절에서 "어진 여인은 그 지아비의 면류관이나 욕을 끼치는 여인은 그 지아비의 뼈가 썩음 같게 하느니라"고 한대로 가정의 행복의 요소는 어진 아내가 살림을 할 때 가능하다는 것이다. 잠언 31장 10-31절은 일종의 이런 어질고 현숙한 아내론이라 할 수 있다. 여기서 말하고 있는 현숙한 아내는 검소하고 헌신적인 여인을 말한다. 현숙한 아내는 남편에게 늘 충실한 그의 면류관이요(잠 12:14), 진주보다 더 귀하다(잠 31:10). 그런 아내를 남편은 편안히 신뢰한다(잠 31:10). 왜냐하면 그는 자기 아내의 사랑과 이기심을 초월한 애정 속에서 엄청난 보배를 발견하기 때문이다. 이 보배는 어찌나 엄청난지 어떠한 상황하에서도 그를 궁핍하게 만드는 법이 없다. 그녀의 영향은 일생 동안 선하게 미친다. 살림을 잘 함으로써(잠 31:11), 집을 세워나가게 된다(잠 14:1). 현숙한 아내는 남편에게 선을 행할 뿐, 비방하거나 깎아내리는 일은 하지 않는다(잠 31:12).

다음에는 선량한 아내의 가사 역할에 대한 묘사로서, 가족들의 생활에 필요한 것들을 부지런하게 준비해 주는 것을 강조하고 있다.

그는 양털과 삼을 구하여
부지런히 손으로 일하며
상인의 배와 같아서
먼데서 양식을 가져오며
밤이 새기 전에 일어나서
그 집 사람에게 음식을 나누어 주며
여종들에게 일을 정하여 맡기며
밭을 살펴보고 사며
자기의 손으로 번 것을 가지고 포도원을 일구며
힘 있게 허리를 묶으며 그 팔을 강하게 하며
자기의 장사가 잘 되는 줄을 깨닫고
밤에 등불을 끄지 아니하며
손으로 솜뭉치를 들고
손가락으로 가락을 잡으며. (잠 31:13-19)

현숙한 아내는 아침 일찍 일어나 양털과 삼으로 손수 배를 짜서 식구들의 옷을 지어 입힌다. 그리고 가난한 자들에게 구제의 손길을 편다(잠 31:20). 이는 실로 현숙한 아내는 재덕을 겸비한 봉사와 섬김을 큰 기쁨으로 아는 여인이라는 것을 알게 한다. 슬기로운 아내는 절약과 예견(豫見)으로 남편의 재산을 계속 늘려 나간다. 그녀는 자기 지경(地境)을 넓히며 포도원을 가꾸는 일을 즐겁게 감당한다(잠 31:16). 포도원을 가꾸는 일은 즐거운 봉사이다. 왜냐하면 포도 열매는 성경 전체에서 즐거움을 상징하기 때문이다. 이런 즐거운 봉사를 하기 위해 현숙한 아내는 일하러 나가면서 헐겁게 흘러내리는 옷을 끌어 올려 바짝 조임으로써 발의 활동을 자유롭게 하고 자기 손으로 해야 할 일을 힘 있게 수행한다. 그녀의 수고는 많은 이익을 가져오고 그녀의 등불은 밤에도 꺼지지 않는다.

현숙한 아내는 한손으로는 솜뭉치를 들고 다른 손으로는 긴 양털 가락을 잡아 빙빙 돌려 실을 짠다. 그녀는 식구들이 추울 때 입을 수 있도록 따스한 양털로 홍색 옷 즉 "값비싼 겉옷들"[31]을 마련해 주었다. 그녀는 가족을 따뜻하게 입히는 데에는 인색하지 않았다. 현숙한 여인은 이처럼 근면과 절약으로 간곤한 자들과 궁핍한 자들을 사랑으로 보살피는 베품의 삶을 산다(잠 31:19-21).

현숙한 아내는 세마포(고운 베옷)와 자색 옷을 지어 입었는데, 그것은 25절에서는 "능력과 존귀로 옷을 삼고 후일을 웃으며"라고 풀어서 설명하였다. 세마포는 삼으로 만들며 자색은 조개에서 추출하는 염료이다. 그녀가 입은 옷은 그 가족이 부유하다는 증거였다. 그러나 이것은 마음과 행실의 의로움과 하나님과 동행하는 사람만이 지니는 우아한 위엄을 옷 입듯 입었다는 상징성을 갖는다. 그러므로 후일에 기뻐하게 될 것이라 한다(잠 31:22, 25). 다시 말하면 그녀는 가족들을 위해 노후 대책을 잘 세워 예비했기 때문에 "후일(미래)을 웃으며" 자신 있게 맞게 되리라는 것이다.

현숙한 아내의 검약(儉約)과 적합한 판단력이 남편으로 더욱 신용과 존경을 받게 한다. 그 땅의 장로들 사이에 앉은 그의 위치는 그가 재판관 혹은 행정관의 자격으로 성문에 앉아 있다는 것을 암시한다(잠 31:23). 그녀는 분명히 공격적이고 경쟁적이지만[32] 남편의 지도력을 약화시키는 것이 아니라 그것을 높이는 역할을 감당한다. 그녀는 남편을 존경하며 그를 출세시킨다.

현숙한 아내는 신앙생활에 있어서도 영적인 권위 즉 능력과 존귀를 갖고 있었으므로(잠 31:25), 지혜와 인애의 법으로 남을 가르칠 수 있고(잠 31:26), 노동의 신성을 교육할 수 있으며(잠 31:27), 자식들과 남편이 칭찬할 만한 모범적인 인물이 될 수 있을 것이다(잠 31:28-29). 이런 그녀의 헌신적이고 현숙한 삶의 비결은 곧 여호와를 경외하는 데 있었던 것이다. 여호와를 경외하는 여자로서 그 여자는 남편(잠 31:28)과 남들에게(잠 31:31) 칭찬 받는다. 그 여자는 성실성과 부드러움으로 인하여 남편과 함께(잠 31:23) 공공연히 존경 받는다. 성문에서 여자가 칭찬받는 것은 이스라엘에서 흔한 일이 아니다. 그러나 비범한 여자는 비범한 인정을 받았다.

여기 나오는 현숙하고 능력 있는 아내는 종들(잠 31:15)과 투자 자산(잠 31:16) 및 무역상의 이익(잠 31:18, 24) 등 상당한 재산을 가진 집안의 사람으로서 비범한 여인이었지만 그녀의 성품은 일반적이었다. 이를테면, 부지런히 일함(잠 31:13, 17, 27), 남편을 신뢰하고 그의 신뢰를 받음(잠 31:11, 12, 28, 29), 식구들에 대한 관심과 준비(잠 31:21, 27), 관대함(잠 31:20)과 인애(잠 31:26) 같은 덕성들은 일반 사람들이 다 가질 수 있는 일반적인 성품들인 것이다. 이런 덕성들은 명예, 칭송, 성공, 고귀한 인격과 삶의 즐거움을 가져다준다. 그녀는 부지런하고 계획성이 있는 가정의 관리자로, 유력한 무역인으로, 가족들의 옷을 손수 만들어 제공하는 부지런한 직공(織工)으로, 궁핍한 자들을 돕는 유덕한 자선가로, 지혜를 가지고 삶을 이끌어 가는 생의 길잡이로서 묘사되는가 하면 남편의 행운과 입지를 향상시키는데 크게 기여한 현처로 또한 소개 된다. 가정에 어진 아내와 따뜻한 어머니가 없으면 그 가정은 이미 행복이 불가능하다.

여기서 시인은 외형적 행위의 아름다움보다 내면적 영적 성실성이 더 가치 있는 것으로 찬양한다. "고운 것도 거짓되고 아름다운 것도 헛되나 오직 여호와를 경외하는 자는 칭찬을 받을 것이라"(잠 31:30). 그리고 마지막으로는 현숙한 아내는 반드시 보상을 받을 것이라는 것을 강조한다. "그 행한 손의 열매가 그에게로 돌아갈 것이요 그 행한 일을 인하여 성문에서 칭찬을 받으리라"(잠 31:31).

신약성경에도 여러 가지 찬미가가 기록되어 있다. 그 중에서도 요한복음 서두 부분(요 1:1-18)은 육신을 갖추고 세상에 오신 그리스도에 대한 찬양의 시로서 너무나 감동적인 시구다. 여기서 강조하는 것은 추상적 성육신이 아니라 육신을 입은 하나님이신 그리스도이다. 요컨대 이 시는 그리스도의 구체적인 역할을 찬양한다. 여덟 개의 연으로 나눌 수 있는 이 시에는 전통적인 여러 가지 찬미 형식이 보인다.

1연에서는 그리스도의 인간적인 계보로 서술을 시작하는 다른 복음서 작가들과는 달리 육신을 갖춘 그리스도의 훌륭한 신적인 계보로부터 서술을 시작한다.

> 태초에 말씀이 계시니라
> 이 말씀이 하나님과 함께 계셨으니
> 이 말씀은 곧 하나님이시니라
> 그가 태초에 하나님과 함께 계셨고. (요 1:1-2)

요한복음서의 작가 요한은 창세기 1장 1절 "태초에 하나님이 천지를 창조하시니라"는 말씀을 인유하여 육신을 갖춘 그리스도를 하나님의 최초의 천지창조 행위와 연결시킨다. 이 작가가 예수를 말씀이라 불렀을 때 그리스도의 지위를 하나님으로부터 인간들에 대한 계시로 밝히신 것이라 할 수 있다.

2연에서는 만물이 모두 그리스도를 말미암지 않고서는 존재하지 않는다는 사실을 강조하고 있다.

> 만물이 그로 말미암아 지은 바 되었으니
> 지은 것이 하나도 그가 없이는 된 것이 없느니라. (요 1:3)

둘째 행의 부정적인 문장으로서 첫째 행의 긍정적인 진술의 균형을 잡으면서 첫행의 진리를 진술하며 강조하였다. "그로 말미암아"와 "그가 없이는"라는 표현은 대구법으로서 역시 그의 만물창조의 한 역할을 담당하셨다는 사실을 강조하고 있다.

3연에서는 그리스도가 우리들의 생명 되심을 밝히면서 찬양한다.

> 그 안에 생명이 있었으니

이 생명은 사람들의 빛이라
빛이 어두움에 비취되
어두움이 깨닫지 못하더라. (요 1:4-5)

이것은 빛과 어두움이라는 상반된 구체적인 이미지를 사용해서 영적 전쟁에 참여해서 승리함으로써 우리 인간들에게 생명을 주는 그리스도의 역할을 찬양한 것이다. 이 연은 또한 점증법이라는 수사적인 장치도 사용되었는데, 연속되는 각 구절들이 선행구절들에서 결론으로 사용한 개념으로 다시 시작하여 행수만이 아니라 의미가 점진적으로 강화되는 것을 볼 수 있다. "그 … 생명," "생명 … 빛," "빛 … 어두움," "어두움 … (그것)" 등으로 연결되는 수사적인 기법이다.

4연에서는 육신을 갖춘 그리스도는 하나님이 보내신 자라는 것을 증거함으로써 그의 위엄을 찬양한다.

하나님께로부터 보내심을 받은 사람이 있으니
이름은 요한이라
그가 증언하러 왔으니
곧 빛에 대하여 증언하고
모든 사람으로 자기로 말미암아 믿게 하려 함이라
그는 빛이 아니요
이 빛에 대하여 증언하러 온 자라. (요 1:6-8)

이 구절에 함축된 메시지는 왕권에 관한 것이다. 왕들에게는 그 도착을 선포하기 위하여 앞에 가는 통보자가 있었기 때문이다. 이 절에 계속되는 빛의 이미지는 영적 진리와 의의 상징으로 사용된 것이다.

5연에서는 육신을 입은 그리스도가 그의 이름을 믿는 사람들에게는 영생을 주는 구속 사역을 한 것에 대해 찬양한다. 그 사역은 그리스도의 사역 중 가장 찬양을 받아 마땅할 만한 부분이다. 그래서 가장 길다.

참 빛 곧 세상에 와서 각 사람에게 비추는 빛이 있었나니
그가 세상에 계셨으며
세상은 그로 말미암아 지은 바 되었으되
세상이 그를 알지 못하였고
자기 땅에 오매
자기 백성이 영접지 아니하였으나
영접하는 자 곧
그 이름을 믿는 자들에게는
하나님의 자녀가 되는 권세를 주셨으니
이는 혈통으로나 육정으로나
사람의 뜻으로 나지 아니하고
오직 하나님께로부터
난 자들이니라. (요 1:9-13)

그리스도가 세상을 창조했다는 인유는 소위 그를 믿는 죄인들에게 영적 생명을 주는 위대한 두 번째 창조행위로 나타난다. 이러한 구속 행위를 묘사하는 데 사용된 이미지 즉 "하나님의 자녀가 되다(나았다)"는 그것이 창조행위라는 사상 자체를 강화해주고 있다.

6연에서는 육신을 입으신 그 사실 자체를 찬양한다.

말씀이 육신이 되어
우리 가운데 거하시매
우리가 그 영광을 보니
아버지의 독생자의 영광이요
은혜와 진리가 충만하더라. (요 1:14)

이 연은 그리스도가 인간으로 이 세상에 사는 동안 그가 증거한 신성한 속성들을 칭송함으로써 육신을 입은 그리스도를 찬양한다.

이 시의 7연에서는 세례 요한의 말을 사용하여 뛰어난 예언자도 그리스도에게 미치지 못함을 단언하며 찬양한다.

요한이 그에 대하여 증언하여 외쳐 이르되
내가 전에 말하기를
내 뒤에 오시는 이가 나보다 앞선 것은
나보다 먼저 계심이니라 한 것이
이 사람을 가리킴이라 하니라. (요 1:15)

그리스도가 세례 요한보다 먼저 계셨다는 것은 그리스도가 영원히 존재한다는 것을 암시한 것이다. 그리스도가 태초에 하나님과 함께 계셨다는 말씀과 같이 이 진술은 육신을 갖춘 그리스도의 거룩한 신적인 계보를 찬양한 것이다.

이 찬미의 마지막 연은 사람을 하나님의 은혜와 인정을 받게 하는 그리스도의 행위를 찬양하는 것으로 끝을 맺는다.

우리가 다 그의 충만한 데서 받으니
은혜 위에 은혜러라.
율법은 모세로 말미암아 주신 것이요
은혜와 진리는 예수 그리스도로 말미암아 온 것이라.
본래 하나님을 본 사람이 없으되
아버지를 품속에 있는
독생 하신 하나님이
나타내셨느니라. (요 1:16-18)

모세를 통하여 계시한 율법보다 우위에 있는 그리스도의 계시를 찬양한다. 그리스도가 인간에게 하나님을 나타내는 데 없어서는 안 될 계시자임을 주장하면서 주를 찬양한다.

다음에 드는 고린도전서 13장도 추상적인 성격을 찬양하는 산문으로 된 찬미가다. 그 주제는 사랑이다. 그리스도인의 삶에서 없어서는 안 될 요소인 사랑에 대한 찬양으로 찬미가가 시작된다.

"내가 사람의 방언과 천사의 말을 할지라도 사랑이 없으면 소리 나는 구리와 울리는 꽹과리가 되고 내가 예언하는 능이 있어 모든 비밀과 모든 지식을 알고 또 산을 옮길만한 모든 믿음이 있을지라도 사랑이 없으면 아무것도 아니요 내가 내게 있는 모든 것으로 구제하고 또 내 몸을 불사르게 내 줄지라도 사랑이 없으면 내게 아무 유익이 없느니라." (고전 13:1-3)

"방언과 천사의 말"을 할지라도 내가 사랑이 없으면 아무것도 아니요 "모든 비밀," "모든 지식," "모든 믿음"도 사랑이 없으면 아무것도 아니며, "내게 있는 모든 것"으로 구제하여도 사랑이 없으면 아무 유익이 되지 않는다는 것이다.

이 담화의 다음 부분(고전 13:4-7)은 사랑의 성격과 사랑의 행위를 열거함으로써 찬양한다. 여기서는 사랑이 의인화되며 대구법이 고루 퍼져 있다.

"사랑은 오래 참고 사랑은 온유하며 시기하지 아니하며 사랑은 자랑하지 아니하며 교만하지 아니하며 무례히 행하지 아니하며 자기의 유익을 구치 아니하며 성내지 아니하며 악한 것을 생각지 아니하며 불의를 기뻐하지 아니하며 진리와 함께 기뻐하고 모든 것을 참으며 모든 것을 믿으며 모든 것을 바라며 모든 것을 견디느니라."

긍정적인 것에 대한 묘사로부터 시작해서 피하여야할 것을 묘사하다가 마지막에 가서는 사랑의 긍정적인 행위를 설명하면서 사랑의 행위를 찬양한다.

결론부분(고전 13:8-13)은 세 가지 영적 은사 곧 "예언, 방언, 그리고 지식"도 폐하지만 대조적으로 영원히 지속되는 세 가지 영적인 성격이 있다. "그런즉 믿음, 소망, 사랑 이 세 가지는 항상 있을 것인데"(고전

13:13), 그 중의 제일은 "사랑" 이라고 결론지으면서 사랑을 찬양한다.

히브리서 11-12:2에서는 믿음이 찬미의 대상이 된다. 여기에서는 찬양되어야 할 성격이 정확하게 무엇인가를 간단히 정의하는 것으로 찬미를 시작하고 있다. "믿음은 바라는 것들의 실상이요 보이지 않는 것들의 증거니" (히 11:1절). 두 번째 절에서는 그러한 믿음에는 신성한 인정이 있다는 사상을 덧붙인다. "선진들이 이로써 증거를 얻었느니라." 3절에서 시작되는 찬미의 주된 부분은 믿음의 강력한 행위에 대한 목록이다. 이 목록의 예술성은 도입하는데 사용된 반복 공식에서 기인된다. "믿음으로 …" 이러한 구절로 문장이 반복되는 것에는 목록이 진행됨에 따라 엄청난 누적 효과가 발생한다. 이 목록의 기저에 깔려 있는 구조의 원리는 역사적 연대기다. 구약역사를 통해 진행되는 믿음의 선진들 곧 아벨(4절), 에녹(5절), 노아(7절),아브라함(8-19절), 출애굽과 정복을 겪으며 살았던 이스라엘 백성(29-31절), 사사와 왕들(32절)로 이어졌다. 작가는 찬미의 대상 즉 믿음을 히브리 청중들의 민족 역사의 주요시기에 연결시킴으로써 엄청난 긍정적 반응을 불러 일으켰다.

이 목록은 순수하면서도 화려한 수사로 독자로 감탄케 하며 끝을 맺는다. 믿음의 행위들이 셀 수 조차 없을 만큼 많으므로 작가는 그것을 세려고 조차 하지 않는다. "내가 무슨 말을 더 하리요 기드온, 바락, 삼손, 입다, 다윗 및 사무엘과 선지자들의 일을 말하려면 내게 시간이 부족하리로다" (히 11:32). 그 다음에 강력한 믿음의 행위가 대구법으로 잘 묶여서 표현되어 있는 것을 본다.

"그들은 믿음으로 나라들을 이기기도 하며 의를 행하기도 하며 약속을 받기도 하며 사자들의 입을 막기도 하며 불의 세력을 멸하기도 하며 칼날을 피하기도 하며 연약한 가운데서 강하게 되기도 하며 전쟁에 용감하게 되어 이방 사름들의 진을 물리치기도 하며 여자들은 자기의 죽은 자들을 부활로 받아들이기도 하며 또 어떤 이들은 더 좋은 부활을 얻고자 하여 심한 고문을 받되 구차히 풀려나기를 원하지 아니하였으며 또 어떤 이들은 조롱과 채찍질 뿐 아니라 결박과 옥에 갇히는 시련도 받았으며 돌로 치는 것과 톱으로 켜는 것과 시험과 칼로 죽임을 당하고 양과 염소의 가죽을 입고 유리하여 궁핍과 환난과 학대를 받았으니(이런 사람은 세상이 감당하지 못하느니라) 그들이 광야와 산과 암혈과 동굴과 토굴에 유리하였느니라." (히 11:33-38)

믿음의 행위들에 대한 목록은 앞뒤가 맞지 않게 뒤죽박죽 섞여 있다. 그러나 히브리서 11장에 나열된 구약의 모든 영웅들은 패배하기 쉬운 이 세상을 살아가는 우리 인생에게 배움을 촉구하면서 찬미를 마무리한다(히 12:1-2).

"이러므로 우리에게 구름 같이 둘러싼 허다한 증인들이 있으니 모든 무거운 것과 얽매이기 쉬운 죄를 벗어 버리고 인내로써 우리 앞에 당한 경주를 경주하며 믿음의 주요 또 온전하게 하시는 이인 예수를 바라보자. 그는 그 앞에 있는 기쁨을 위하여 십자가를 참으사 부끄러움을 개의치 아니하시더니 하나님 보좌 우편에 앉으셨느니라." (히 12:1-2)

믿음의 영웅들을 "증인들"이라 부른 것은 그들이 하나님을 믿는다는 실체와 가치를 증언한다는 사상을 전해주고 있는 비유다. 이러한 구약의 인물들을 "구름 같이 둘러싼" 증인이라고 하는 것은 광야를 통해서 이스라엘 백성들을 인도하기 위하여 하나님이 사용하였던 구름기둥에 대한 은근한 암시라 할 수 있다. 이런 함축을 통하여 보여주는 것은 믿음의 영웅들은 후세의 신자들을 위한 안내자요 모델로서 도움이 되도록 예정된 사람들이라는 것이다. 물론 우리가 바라보며 나아가야 할 최종적인 대상 모델은 예수 그리스도다.

3. 전원시

전원시란 시골의 전원지대를 배경으로 해서 양치기들이나 시골 사람들이 등장해서 사건을 전개해 나가는 문학 양식을 일컫는다. 전원문학에서 양치기는 이상적인 인물의 상징으로 흔히 사용되었고, 또한 문명생활의 해를 받지 않는 도덕적으로 완벽함의 모델이었다. 창세기 2장 4절에서 우리는 "아벨이 양치는 자"였음을 알게 되며, 그는 하나님이 인정한, 영적으로 완전무결한 사람의 상징으로 묘사되어 있다. 다윗은 히브리 문학에서 "여호와의 마음에 맞는 사람"(삼상 13:14; 행 13:22)이라 불렸던 양치기였다. 예수의 탄생은 비천한 양치기들에게 먼저 알려졌는데, 이는 양치기들을 더욱 이상화한 것이다.

더 나아가서 양치기가 양떼들에게 지도력을 행사하는 것처럼 성경문학의 양치기들은 영적 지도력을 갖춘 사람을 나타낼 때 흔히 사용되었다. 시편 78편 52절에서는 "자기 백성은 양같이 인도하여 내시고 광야에서 양떼같이 지도하셨도다"라 하였고, 시편 100편 3절에서는 "우리는 그의 것이니 그의 백성이요 그의 기르시는 양이로다"라 하였다. 예레미야는 다음과 같은 말로 부패한 종교지도자들을 훈계하였다. "여호와의 말씀이니라. 내 목장의 양 떼를 멸하며 흩어지게 하는 목자에게 화 있으리라 . · · · 내가 그들을 기르는 목자들을 그들 위에 세우리니 그들이 다시는 두려워 하거나 놀라거나 잃어버리지 아니하리라"(렘 23:1, 4). 이사야는 오실 메시아에 대해 이렇게 예언하였다. "그는 목자 같이 양 떼를 먹이시며 어린 양을 그 팔로 모아 품에 안으시며 젖먹이는 암컷들을 온순히 인도하시리로다"(사 40:11). 예수께서는 "나는 이스라엘 집의 잃어버린 양 외에는 다른 데로 보내심을 받지 아니하였노라"(마 15:24)고 자신의 사역에 대해서 말하였으며. 베드로에게 사역의 임무를 말하면서 "내 어린 양을 먹이라"(요 21:15), "내 양을 치라"(요 21:16), "내 양을 먹이라"(요 21:17)고 말하였다.

마지막으로 고전문학에서는 양치기는 시인 즉 노래를 짓는 자를 가리키기도 하였다. 그 주요한 예가 문자 그대로 양치기(목자)-시인이었던 이스라엘의 대표적인 시인 다윗과 양치기와 시인의 역할을 조화시켰던 아가서의 연인인 솔로몬이라 할 수 있다. 요컨대 전원문학에 있어서 양치기는 이상적인 인물의 상징이었고, 도덕적으로 완벽함의 모델이었으며, 종교지도자로, 때로는 시인이기도 하였다.

때로 전원문학에서는 이상적인 사랑 특히 양치기와 양치기소녀의 이상적인 사랑의 공간으로서 전원지대가 제공되는 경우가 많다. 아가서에 보면 사랑하는 사람이 자기 애인을 목가적 세계에 어울리는 말로 이상적인 삶 곧 서로 사랑하고 성취하는 삶으로 초대하는 경우를 본다. 그 대표적인 예는 아가서 2:10-13과 7:10-13이다. 그 중에서 2:10-13만 인용하겠다.

> 나의 사랑하는 자가 내게 말하여 이르기를
> 나의 사랑, 내 어여쁜 자야
> 일어나서 함께 가자.
> 겨울도 지나고 비도 그쳤고
> 지면에는 꽃이 피고
> 새의 노래할 때가 이르렀는데
> 비둘기의 소리가 우리 땅에 들리는구나.
> 무화과나무에는 푸른 열매가 익었고
> 포도나무는 꽃이 피어 향기를 토하는구나.
> 나의 사랑, 나의 어여쁜 자야
> 일어나서 함께 가자. (아 2:10-13)

또 다른 형식은 시골이나 자연의 이미지를 사용하여 사랑하는 사람의 아름다움과 순결함을 찬양하는 시이다. 그러한 예들은 아가서에 많이 있는데, 2:1-3, 4:1-5, 12-15, 5:12-13, 7:1-9 등이다. 이 중에서 4:12-15만 인용해 두겠다.

내 누이, 내 신부는
잠근 동산이요
덮은 우물이요
봉한 샘이로구나.
네게서 나는 것은
석류나무와 각종 아름다운 과수와
고벨화와 나도풀과
나도와 번홍화와 창포와 계수와
각종 유향목과 몰약과 침향과
모든 귀한 향품이요.
너는 동산의 샘이요
생수의 우물이요
레바논에서부터 흐르는 시내로구나. (아 4:12-15)

"나의 누이"라는 표현은 근동지방에서는 가장 사랑하는 이를 부를 때 쓴 말이다. "잠근 동산," "덮은 우물," "봉한 샘"은 모두가 사랑하는 여인의 순결함을 찬미한 병행적인 표현이다. 동산에 비유되는 그 여인의 풍요로움과 아름다움을 나타내기 위하여 쓰인 전원적인 이미지가 각종 과수와 꽃들이다.

세 번째 종류는 시골 이미지와 은유를 사용해서 사랑의 기쁨을 단순히 묘사하는 것이다. 그 예로서는 아가서 1:14, 16-17, 2:3, 16, 4:16, 5:12-13, 6:2-3 등이다. 그 중에서 1:16-17만 인용해 두겠다.

내 사랑하는 자는 내게 속하였고
나는 그에게 속하였도다.
그가 백합화 가운데에서 양 떼를 먹이는구나.
내 사랑하는 자야 날이 저물고
그림자가 사라지기 전에 돌아와서
베데르 산에서의 노루와 어린 사슴 같을지라. (아 2:16-17)

두 사랑하는 사람의 연합과 그 연합을 통하여 누리는 기쁨을 여러 전원적 이미지를 가지고 표현하였다.

전원 환경은 낭만적 사랑의 감정을 위한 이상적인 환경이기 때문에 오랜 세월 동안 전원시를 사랑에 관해 쓰는 수단으로 사용되었다. 자연 환경에 대한 긍정적 성격은 사랑의 아름다움을 더 한층 강화해주며, 자연의 감각적 즐거움은 낭만적 감정으로 바뀔 수도 있다.

전원문학의 또 다른 지류는 전원시를 선한 삶 곧 이상적인 삶의 찬양으로 이용하는 것이다. 그 대표적인 것이 시편 23편이다. 시편 23편은 너무나 유명하고 많이 이용되는 것이므로 여기서는 생략하고 호세아 14:4-7을 예로서 들겠다.

> 내가 그들의 반역을 고치고
> 기쁘게 그들을 사랑하리니
> 나의 진노가 그에게서 떠났음이니라
> 내가 이스라엘에게 이슬과 같으리니
> 그가 백합화 같이 피겠고
> 레바논 백향목 같이 뿌리가 박힐 것이라.
> 그의 가지는 퍼지며
> 그의 아름다움은 감람나무와 같고
> 그의 향기는 레바논 백향목 같으리니
> 그 그늘 아래에 거주하는 자가 돌아올지라.
> 그들은 곡식 같이 풍성할 것이며
> 포도나무 같이 꽃이 필 것이며
> 그 향기는 레바논 포도주 같이 되리라. (호 14:4-7)

미래에 하나님의 사랑과 축복이 회복되는 모습이 목가적인 이미지로 그려져 있다. 하나님의 축복을 상징하는 데에 사용된 이러한 푸른 초원의 원형을 전형적으로 보여주는 좋은 예다.

마찬가지로 이사야 41:18-19은 자연의 이미지들을 사용하여 하나님께서 자신의 백성을 구원하신다는 사실을 묘사해주고 있는데, 그 이미지들은 이스라엘 백성의 시골이나 전원 배경에서 나온 것이다.

> 내가 헐벗은 산에 강을 내며
> 골짜기 가운데에 샘이 나게 하며
> 광야가 못이 되게 하며
> 마른 땅이 샘 근원이 되게 할 것이며
> 내가 광야에는 백향목과
> 싯딤나무와 화석류와 들감람나무를 심고
> 사막에는 잣나무와
> 소나무와 황양목을 함께 두리니. (사 41:18-19)

전원의 언어로 그려지는 이런 식의 미래의 황금시대는 성경문학에서 독특한 것이다. 대조적으로 이교의 문학에서는 앞으로 도래할 행복한 천년왕국 같은 것에 대한 언급은 전혀 없이 황금시대란 먼 과거에 존재했던 것으로만 그리고 있다.

누가복음에 나오는 잃어버린 양의 비유도 목가적 전통을 따르고 있는 일종의 전원문학이라 할 수 있다.

> "너희 중에 어떤 사람이 양 백 마리가 있는데 그 중의 하나를 잃으면 아흔 아홉 마리를 들에 두고 그 잃은 것을 찾도록 찾아내기까지 찾아다니지 아니 하겠느냐. 또 찾은즉 즐거워 어깨에 메고 집에 와서 그 벗과 이웃을 불러 모으고 말하되 나와 함께 즐기자 나의 잃은 양을 찾아내었노라 하리라. 내가 너희에게 이르노니 이와 같이 죄인 하나가 회개하면 하늘에서는 회개할 것 없는 의인 아흔 아홉으로 말미암아 기뻐하는 것보다 더하리라." (눅 15:4-7)

한 마리 잃어버린 양을 찾는 선한 목자에 대한 묘사는 매우 간단하고 짧지만 수많은 인간들의 상상력을 불러 일으켜 왔다. 그 이미지는 기독교적 복음을 요약해 보여주고 있다.

4. 신앙서정시 모음집: 시편의 시

시편은 히브리인들의 심오한 종교체험을 상상적인 언어로 아름답게 그려놓은 신앙서정시집이다. 다른 말로 말하자면, 시편은 성경 속에 있는 일종의 문학적 성소라 할 수 있다. 왜냐하면 그곳은 하나님이 특별한 방법으로 그의 거룩한 백성들과 만나 교훈의 말씀과 그의 기묘한 지혜를 주시는 반면, 그의 백성들은 거기서 그분을 만나 그에게 새 노래로 찬양을 올리거나 가슴 터질듯 한 비탄을 토로하며 눈물의 기도를 드리는 곳이기 때문이다. 시편이 그리스도인들에게 엄청난 호소력을 갖는 것도 이처럼 하나님과 친밀하게 사귀며 예배하는 경건한 신앙생활과 관련이 있기 때문이다. 그래서 수많은 고난 성도들과 신앙심이 깊은 성도들은 시편의 시들을 악기에 맞추거나 목청을 높여서 즐겁게 노래했고, 또 마르틴 루터나 존 칼뱅 같은 신앙 용사들은 그것을 즐겨 애독했었다. 실로 시편은 "다양하고 찬란한 풍부함"[32]으로 가득 찬 신앙시 모음집이다.

마르틴 루터는 시편 118편을 가장 사랑했다고 한다. 그래서 그는 "이 시는 나의 시다. 나는 이 시를 소중히 택한 내 시라고 하고 있다. 나는 이 시를 사랑한다. 물론 나의 위로요 생명인 성경 전체를 사랑하지만 이 시편은 내 마음에서 가장 가까운 시이며, 나는 진실로 나의 시라 부르기에 조금도 주저하지 않는다. · · · 이 시는 나의 친구요 이 세상 모든 시간과 권세보다 나는 더 사랑 한다"라고 했다. 그는 118편 이외에도 2편, 4편, 46편, 110편 등을 특히 사랑했다.

또한 그는 이렇게 말했다. "시편에서 다음 두 가지 사실이 강하게 인상을 주고 있음을 말하고 싶다. 첫째 우리 자신이 어떻게 하나님의 말씀과 진리로 말미암는 믿음으로 살며 싸우며 행하며 길림을 받을 가함과 둘째로 우리 육체는 고민하고 쇠하고 죽어가나, 또한 믿는 자에게는 이렇게 죽어가는 자가 어떻게 살 수 있는가를 보여 주는 것이다. · · · 그러므로 우리는 이 시편이 얼마나 사랑스럽고 귀한 책인가를 알게 되며 그 속에서 가르치는 교훈, 위로, 격려, 환희 등 우리 마음에 소원하는 모든 것을 얻을 수 있다."

종교개혁의 거성 존 칼뱅도 1557년 6월에 발간한 시편 주석 책에서 이런 말을 하였다. "나는 이 책을 영혼의 모든 부분의 해부학이라고 부른다. · · · 이는 이 책에서 사람이 가질 수 있는 모든 감정 그 어느 것이라도 빠짐없이 거울처럼 다 볼 수 있기 때문이다. · · · 사람이 가지는 모든 고통과 비애, 공포와 의심, 희망과 불안, 걱정과 환란 즉 사람이 가질 모든 내면생활이 여기 나타나도록 성령께서 일하셨다. · · · 시편 이외의 다른 곳에서 하나님을 찾는 것은 우리의 안전을 가져오는 확실한 방법이 아니다. 우리를 잘못으로 인도하지 않고 보다 나은 생으로 끌고 가는 원리를 우리는 시편 이외에서 찾아 볼 수 없다. · · · 한 마디로 말하자면 시편에서 우리는 인간이 하나님 안에서 안식을 얻고 그에게서 오는 행복만을 찾도록 가르치고 어떤 고난 속에서라도 다만 하나님만 믿고 의지하여 그 도움을 구하라는 것을 가르쳐 주는 하나님의 선을 찾는 동시에 우리와 하나님 사이에 끊어진 교제를 회복시키고 우리를 그 안에서 편히 쉬게 하는 사죄의 은총을 자유로이 받을 수 있는 확신을 가르쳐 주기 때문에 영원한 구원을 얻는 지식 중에 하나도 부족함이 없는 것을 이 책에서 배울 수 있음을 알 수 있다."

이처럼 시는 산문보다 더 직접적으로 전인(全人)에게 호소하며, 전인적인 반응을 요구한다. 즉 시편의 시는 우리의 지성을 훈련시켜 주기도 하고, 우리의 감정을 불러일으켜 주며, 우리의 의지를 지도하며 우리의 상상력을 자극해 준다. 바로 이것이 전인적인 호소와 감동을 통해 우리에게 미치는 영향으로 나타나는 반응이라 할 수 있다. 아마도 이런 이유 때문에 선지자들도 의사소통의 수단으로서 시편의 시를 더 자주 사용하였던 것 같다. 특히 선지자들은 청중들의 주의를 사로잡고 그들에게 자신들이 전하는 메시지가 긴급한 것이라는 것을 설득하여야 했기 때문에 시편의 시를 더 많이 이용하였던 것이다. 오늘날도 우리가 믿음을 갖고 시편을 읽을 때, 우리는 단지 지식만 얻게 되는 것이 아니라, 변화도 받게 된다. 또한 시는 읽는 사람에게 즐거움을 주는데, 더욱 소리 내어 읽거나 노래할 때, 그 미려한 선율의 울림과 은혜로운 감동, 그리고 약동하는 삶의 충동과 신비로운 전율을 맛보게 된다. 이것이 시가 값없이 신앙 성도들에게 주는 고귀한 선물이라 할 수 있다.

(1) 시편의 이름

히브리어로 시편을 "세펠 테힐림"(Seper Tehillim)이라고 하는데, 그것은 "찬양의 책"(The Book of Praise)라는 뜻이다. 시편 속에는 하나님, 인간, 자연, 그리고 역사에서 일어난 인간의 희로애락을 노래로 표시하고 있는 것이 대부분이니까 그 이름은 적당하다고 할 수 있다. 그러나 노래가 기도의 형식으로 돼있기 때문에 "기도의 책"(The Book of Prayer)라고 해도 무방하다. 그러나 아무리 넓은 의미로 시편을 해석한다고 하더라도, 모든 시편을 다 기도로 취급할 수는 없으므로 "찬양"이라고 이름 붙이는 것이 더 적절하다.

(2) 시편의 성격

시편은 거룩하고 찬란한 시와 노래들을 모아놓은 일종의 신앙서정시 모음집이다. 사실상 시편의 시들은 대부분 기도문에 해당된다. 사실상 시편은 기도문과 예배 음악, 그리고 공적 예배나 개인적 예배에 낭독하거나 부르기 위한 시들로 구성되어 있다. 물론 시편의 모든 시들이 다 성전에서 불려 졌던 것은 아니다. 어떤 것들은 개인적인 용도로 사용되다가 점차 공적 예배를 위한 용도로 사용된 것도 있다. 그러나 시편은 오늘날 교회에서 사용되는 찬송가와는 사뭇 다르다. 시편은 찬송가라기보다는 기도문에 더 가깝다고 할 수 있다.[33]

(3) 시편의 저자

제목이 없는 이른 바 "고아시"(Orphan Psalms) 1, 2, 10, 33, 43, 71, 91, 93-97, 99, 104-107, 111-119, 135-137 등 29편을 제외한 모든 시에는 제목이 있고, 각 시편 앞에는 모세, 다윗, 솔로몬, 아삽, 에즈라인 헤만, 에즈라인 에단, 코라 같은 이름이 붙어 있어서 종래에는 그들을 작자로 보아왔다. 그러나 현대의 많은 비평가들은 표제와 저작설의 역사적 가치를 부정하려고 한다. 부정적인 비평이 있기는 하지만 시편 중의 많은 부분을 다윗이 썼을 가능성은 충분하다. 첫째 다윗은 음악과 시의 재능을 가진 인물이었고(삼상 16:14-23), 둘째 다윗은 풍부한 상상력과 열정적 종교 감정을 소유한 사람이었으며, 셋째 다양한 체험의 소유자였기 때문이다. 이밖에 아삽의 시가 11편(50, 73-82), 코라 자손의 시가 10편(42, 44-49, 84, 87-88), 솔로몬의 시가 2편(72, 127), 헤만의 시가 1편(88), 에단의 시가 1편(89), 모세의 시가 1편(90) 등이다. 1-2, 10, 33, 66-67, 71, 91-100, 102, 104-106, 107, 111-121, 123, 125-126, 128-130, 132, 134-137, 146-150편 등 총 48편은 작자미상의 시들인데, 이것들도 다윗의 저작일 가능성이 많다. 일반적으로는 73편만 다윗이 썼을 것이라고 하지만, 위에서 말한 저자미상의 시들을 다윗이 썼다고 가정한다면, 시편 150편중에서 다윗이 근 70%를 직접 썼거나 수집한 것으로 보아야할 것이다. 그러나 이에 대해서는 이론이 아주 많다.

다음으로는 『시편』의 년대기 문제를 생각해 보아야 하겠다. 시편의 모든 시를 포로시대(주전 580년경) 이후의 작품으로 보는 학자들도 있지만, 그것은 너무나 극단적이어서 받아드릴 수 없다. 만일 시편의 주요 작가를 다윗이라고 본다면 시편 중 어떤 시들은 주전 1000년경에 창작되었다고 할 수 있다. 왜냐하면 다윗의 년대를 주전 1002-962로 보기 때문이다. 물론 137편 같은 것은 포로시대의 산물이니까 주전 580년경의 것이라 보아야겠고, 126편 같은 것은 귀환 당시의 기쁨을 노래한 것이니까 주전 536년경의 작이라고 보아야할 것이다. 그리고 시편의 서시라 할 수 있는 1편은 가장 늦은 시니까 주전 200년경에 쓰여진 것으로 보인다. 이렇게 볼 때 시편의 모든 시는 주전 1000년에서 200년 사이에 기록된 것이 틀림없다.

(4) 시편의 표제

시편의 표제 또는 머리말을 연구하는 것은 사실상 결론이 없는 연구라 할 수 있다. 우리가 표제를 연구해 봐도 다른 어떤 것들과 연결할 수 있는 아무런 근거가 없다. 표제라는 것은 매우 흔한 것의 단순한 지시에 불과하고 단순한 제안에 불과하다.[34] 그러나 시편 대부분에는 표제가 붙어 있으므로 연구에서 배제시킬 수도 없다. 그런 뜻에서 여기서는 시편의 표제와 다른 표시에 대해 간단하게 살펴보겠다.

가) 시의 성격을 지시하는 표제들

찬양(Mizmor)—57개의 시에 이 제목이 붙어 있는데, 히브리어의 '미즈몰'은 "줄을 뜯는다"는 뜻이니까, 특히 이 말이 붙어 있는 시들은 악기의 반주에 맞추어 찬양할 시라는 성격을 지시하고 있다. 그 중에서도 네 번은 구체적인 악기가 거명된다(시 33:2; 98:5;144:9;147:7).

노래(Shir)—29개의 시에 이 제목이 붙어 있는데, 악기의 반주에 따라 부르라는 뜻이 아니라 음성으로 부르라는 뜻이다. 이 표제는 단독으로 쓰이는 경우보다는 연합해서 쓰이는 경우가 더 많다. 실제적으로 13회는 미즈몰과 연합해서 사용되었고, 15회는 성전에 올라가는 노래라고 하는 시들 120편-134편에서 말롯(malot)과 연합해서 사용되어 있다. 이 노래는 일반적으로 예루살렘을 향해 올라가는 순례자들이 부른 노래로 알려져 있다. 나중에 이 단어는 성전으로 올라가는 15개의 성전 계단 각 층에서 노래 부르는 자 15명이 부르던 노래에 사용되었다.

마스킬(Maskil)—13개의 시에 이 제목이 붙어 있는데, 그 사용된 경위는 동일하지 않다. 그러나 32, 42-45, 52-55, 74, 78, 88-89, 142편 등을 보아서 교훈적이거나 명상적인 성격을 가진 시에 사용되었던 것 같다. 그러나 이들 가운데 시편 32편과 78편을 제외하면 대부분의 시는 '교훈적' 시와는 거리가 멀다고 한다. 크라우스는 이 동사의 어근(skl)을 분사로 사용하여 레위인들의 활동을 묘사한 역대 하 30:22를 근거로 '숙련되고 지적이며 예술적인 방식으로 노래와 찬양을 제시하는 것' 을 마스길이라 하였다. 이 시들이 레위인들이 부른 것이라면, 분명 그들은 음악적 완성도가 높은 노래를 불렀을 것이므로 크라우스의 말이 옳다.

믹담(Micdam)—16, 56-60편 등 6개의 시에 나오는데, 이 말도 마스킬과 같이 음악적 용어이긴 하자만 그 확실한 뜻은 알 수 없다. 그러나 여러 학자들의 견해를 종합해 보면 이 말은 "황금" 같이 귀한 즉 주옥과 같은 시라는 뜻도 되고, "겸손하고 진실하고 흠이 없는" 신비로운 시라는 뜻도 된다. 또 어떤 학자는 속죄의 시편을 가리킨다고 하기도 한다.

식가욘(siggaion)—이 용어는 시편 7편에만 있다. 이 말은 "실수하다" "방황한다"라는 동사에서 온 명사로서, 이 말이 붙은 시는 대부분 탄식과 같은 여러 가지 감정을 나타내는 시를 가리킬 수도 있고 열광적인 파격성을 보이는 시들을 가리킨 수도 있다.

기도(Tephilloth)—17, 86, 90, 102, 142편의 시에 이 말이 보이는데, 이들은 모두가 기도시들로서 탄식시를 나타낼 때 쓰였다.

찬송시(Tephillah)—145편에 이 제목이 붙어 있는데, 이 시는 제목 그대로 찬송시다.

나) 음악적 지시를 하는 표제들

영장(chief musician 지휘자)에게—이 용어는 55, 66, 67편 등 시편에서 55회 그리고 하박국 3장 19절에 사용되었다. 이 말이 붙은 시는 공중예배 때 지휘자가 참고한 시들인 것 같다.

셀라(Selah)—"셀라"라는 말은 제목은 아니지만 음악적 지시를 위한 말이기 때문에 여기서 취급한다. 이 말은 150편 중 39개의 시에 71회 사용되었다. 이 말의 뜻은 확실하지 않지만, 고래로부터 내려오는 해석에 따르면, "크게 연주하라"는 뜻으로 볼 수도 있고, "지금까지 말한 모든 것은 영원불멸의 것이라"는 뜻일 수도 있다. 또 "소리를 높여라", 셀라 앞의 말이 끝났을 때 "간주하라"라는 지시라고도 한다.

다) 악기명을 표시한 표제들

현악—4, 6, 54, 55, 67, 76편 등에 나온다. 이 시들은 줄 있는 악기(ginoth라는 악기) 즉 타악기와 바람을 이용한 악기를 제외한 악기 곧 현악기의 반주에 맞추어 불러야할 노래하는 것이다.

관악(Nehiloth)—5편에 이 제목이 나오는데, 이 시는 피리에 맞추어 노래하여야 한다는 뜻이다. 피리는 공중 예배 때 사용된 일이 있다(왕상 1:40, 이사야 30:29).

라) 곡조명을 표시한 표제들

뭇랍벤에 맞춘 노래(almuth labben)—9편에 이 제목이 붙어 있다. 이 말은 여러 점으로 보아 "높은 여성의 목소리"로 불러야 한다는 것이다. 그러나 히브리인들의 예배시에는 여성이 합창자로 참여하지 안 했다고 하니 그것이 문제다.

그미닛에 맞춘 노래(al-hash-shminith)—"여덟번째에 의해서"라는 뜻인데, 이것을 70인역에서는 한 옥타브 낮추어서 부를 곳이라고 했으나 히브리인의 음계에는 8음계가 없다고 하니 그것이 문제다. 그래서 G선상의 아리아 처럼 12줄을 가진 거문고의 제 여덟째 줄로써 노래할 것이라고 한다.

깃딧에 맞춘 노래(al-haggittith)—8, 81, 84편에 이 제목이 붙어 있다. 깃딧(Gittith)이라는 말은 가드(Gath)에서 온 형용사인데, 가드 사람의 악기 또는 그들이 잘 부르는 멜로디에 맞추어 불러야 한다는 것이다.

여두둔의 법칙을 의지하여 한 노래(al-yehuthun)—39, 62, 77편에 이 제목이 붙어 있다. 여두둔은 다윗이 조직한 성가대의 대장인 것 같다. 39편의 제목을 보아 알 수 있다. 그가 인도한 가창대를 "여두둔"이라 했다(대상 16:41, 25:1, 3). 이 제목을 가진 시는 여두둔의 성가대와 특별히 관련이 있는 시들이다.

마) 어떤 유명한 노래의 첫 귀절을 표시하여 그 노래의 곡조를 부를 것을 지시한 표제들

아엘네사할에 맞춘 노래—22편. "새벽 사슴"(The Hind of the Dawn)이라는 뜻인데, 그 당시에 잘 알려진 노래의 이름으로 그 가락에 맞추어 노래 부르라는 것이다.

수산에듯에 맞춘 노래(al-shushan-eduth)—60편. 이 말은 "증인의백합화"(The Lily of Witness)라는 뜻이다. 이 시는 사랑의 노래라고 함이 타당하다.

요낫 엘렘 르호김에 맞춘 노래(al-yonath-elem Rehogim)—56편. "멀리 앉아 있는 울지 않는 비들기"(The Dove of the far-off terebinths)라는 뜻이다. 이것은 성전에서 멀리 옮김을 받은 사람들이 부르는 노래다.

알 타쉬헤트에 맞춘 노래(al-tashheth)—57-59, 75편. 이 말은 "멸하지 말라"(Destroy it not)는 뜻이다. 포도를 눌러 짤 때 부른 노래에 붙인 제목이다.

마할낫에 맞춘 노래(al-mahalath)—53편. 이 말의 뜻은 확실치 않으나 "병"(sickness)이라는 어근에서 온 듯하다. 따라서 이 시는 병중에 신음할 때 부르라는 것이다.

바) 예배의식에 관계된 표제들

(i) 안식일의 찬송시—92편. 안식일을 위해 선택해 부르는 시다.

(ii) 기념하게 하는 시—38, 70편. 이 시들은 기념할만한 희생절에 부르는 시다.

(iii) 성전 낙성가—30편. 성전 헌당식 때 무르는 노래다.

(iv) 성전에 올라가는 노래—120-134편. 제2성전의 여자들이 서는 뜰에서 레위 사람이 서는 남자들의 뜰까지 열다섯 발자국을 옮겨 놓는다고 하는데, 이 15개의 시는 그 한 발자국을 대표한다. 즉 열다섯 개의 노래를 부르며 성전에 올라가는 것이라 한다. 또 어떤 사람들은 바빌론에서 포로들이 예루살렘으로 올라가는 것이라 했으며, 또 어떤 사람들은 유대인들이 명절에 시온산으로 올라갈 때 부른 노래라 하였으나 120, 124, 125, 130, 131편 등은 그렇지가 않다.

사) 수집, 편찬, 저자를 표시하는 표제들

모세의 시—90편.

다윗의 시—제1권:37편. 제2권:51-65, 68-70편. 제3권:86편. 제4권:101, 103편. 제5권: 108-110, 122, 124, 131, 133, 138-145편.

솔로몬의 시—72, 127편.

아삽의 시—50, 73-83편.

코라의 시—42-49, 84, 87-88편.

헤만의 시―88편.
에단의 시―89편.

(5) 시편의 형식적 특질

시편은 산문이 아니고 운문 곧 시다. 시편은 단순한 시가 아니라 서정시다. 서정시는 원래 노래로 불렸거나 수금이나 칠현금에 맞추어 낭송되었다. 시편에 악기에 대한 이야기가 많이 나오는 것도 그러한 이유에서다. 서정시는 다른 사람들이 들을 수 있도록 입 밖에 내어 말하는 성격을 두드러지게 갖고 있다. 서정시는 '나' 또는 복수 '우리'라는 대명사를 사용하여 자신의 목소리로 말하는 것이 보통이다.

시의 목적은 논리적인 서술로 사상을 전달하려는 것이 아니라 감정에 호소해서 정서를 불러일으키려는데 있다. 그러므로 지나친 분석으로 시 자체의 자발적인 선명한 인상을 침해하도록 해서는 안 된다. 오히려 정서적인 체험을 시 자체가 전달할 수 있도록 고요히 그리고 자연스럽게 받아들여야 한다. 둘째로 시는 내적인 혹은 정신적인 체험을 구체적인 리듬이나 이미지 또는 심볼로 표현하고 있다는 것을 알아야 한다. 그러므로 표면적 구조만을 가지고 시를 이해하려고 하지 말고 그 표면구조 밑에 숨은 속뜻이나 영원한 실재를 찾아내도록 하여야 한다. 셋째로 시편이 히브리인들의 고유한 문화에서 유래된 시라면 그들의 고유한 구조적 원리를 갖게 되리라는 것도 잊어서는 안 된다. 특히 그들의 운율구조는 명심해야 한다. 시가 가진 일반적인 성격 가령 언어, 리듬, 운, 절 등이 히브리 시가에도 나타나지만, 히브리시는 시론상으로 주목을 끄는 몇 가지 특징을 갖고 있다. 그 중에서도 가장 두드러진 것이 이른바 병행법(또는 대구법, parallelism)이라는 것이다.

가) 병행법

병행법을 사고의 음율(thought rhythm) 또는 의미의 음율(rhythm of sense or idea)이라고 하는데, 이것은 히브리 시에서만 발견되는 것은 아니지만 가장 두드러지게 나타나는 것이 역시 히비리시다.

이 시법(詩法)은 문법구조의 반복 또는 단어의 반복 등에도 나타나지만, 중심적으로는 사상(또는 의미)의 반복을 말한다. 병행법이란 한 시행에 있어서 개별적인 하나의 용어나 사상의 단위가 다른 행에 같은 내용의 용어나 사상 단위가 나타나는 것을 말한다. 병행법의 가장 중요한 특징은 시의 귀절체(verse-members)인데, 그 귀절체의 기본적인 병행양식에 따라 일곱 가지의 기본 형태로 나누게 된다.

(i) 동의적 병행법

동의적 병행법(synonymous parallelism)은 둘 또는 그 이상의 유사한 개념들을 표현하기 위하여 단어는 다르지만 유사한 구문을 사용하여 그 의미를 강조하는 시법이다.

> 나의 대적이 어찌 그리 많은지요,
> 일어나 나를 치는 자가 많으니이다. (시 3:1)

첫 귀절체의 "대적"이라는 말과 둘재 귀절체의 "나를 치는 자"는 말이, 그리고 "많은지요"와 "많으니이다"라는 말이 서로 동의적 평행을 이룬다. 그러면서 그 의미가 강화되고 읽는 사람의 머리에 오래 남게해 준다.

> 여호와여 주의 장막에 머무를 자 누구오며,
> 주의 성산에 사는 자 누구오니이까. (시 15:1)

여기서는 “장막”과 “성산”이, “머무를 자”와 ”사는 자“가 병행되어 나왔다. 히브리 원어로 볼 때 “머물라”라는 말은 일시적인 체류를 뜻하고 “산다”라는 말은 영구적인 체류를 뜻하지만 야훼의 전을 떠나지 않는다는 점에서는 공동이니까 그 뜻은 동일하다. 이렇게 같은 뜻이 병행되는 시를 동의적 병행법이라고 한다. 1:5, 19:1, 21:1, 90:3-4, 100:4, 105:23, 114:3도 동의적 병행법으로 이루어져 있는 에들이다.

(ii) 반의적 병행법

반의적 병행법(antithetic parallelism)은 서로 상반되거나 대조되는 두 사상을 유사한 구문을 통해서 표현하는 경우와 같이 대립되거나 첫 귀절체는 긍정적으로 말하나 둘째 귀절체는 부정적으로 말하여 서로 사상이 반립 되는 시법이다.

> 의인들의 길은 여호와께서 인정하시나
> 악인들의 길은 망하리로다. (시 1:6)

여기서 첫 귀절체의 ”의인들의 길“과 둘재 귀절체의 ”악인들의 길“을, ”인정한다“와 ”망한다”를 대조시켜 한 가지 사상 이를테면 의인의 길은 영원하고 악인의 길은 망한다는 사상을 보다 선명하게 표현해 주고 있다.

> 풀은 아침에 꽃이 피어 자라다가
> 저녁에는 시들어 마르나이다. (90:6)

꽃이 피어 자라는 것은 긍정적이지만 그것이 시들어 마르는 것은 부정적이다. 서로 반립 하는 사상을 대조시켜 인생의 덧없음을 부각시키는 동시에 그것을 통하여 영원을 사모하게 한다. 반의적 평행법의 다른 예는 20:8, 23:4, 27:10, 32:10, 34:20, 37:9, 17, 21, 22, 28, 38:12-13, 39:56, 71:7, 118:10-13 등이다.

(iii) 종합적 병행법

종합적 병행법(synthetic parallelism)은 하나의 단위 사상을 유사한 다른 단위 사상으로 보완 확장하는 시법이다. 이 논리의 연속은 원인-결과 또는 결과-원인으로 나타난다.

> 여호와여 나는 가난하고 궁핍하오니
> 주의 귀를 기울여 내게 응답하소서. (시 86:1)

이 병행법은 첫 귀절체가 원인이 되고 둘째 귀절체가 결과가 된다. 이것은 엄밀한 의미의 사상적 병행을 이루고 있지 않으므로, 그레이 같은 학자는 『히브리시의 형태론』에서 형식적 병행법이라고 했다.

> 여호와여 일어나소서
> 나의 하나님이여 나를 구원하소서.
> 주께서 나의 모든 원수의 뺨을 치시며
> 악인의 이를 꺾으셨나이다. (시 3:7)

이 시는 네 개의 귀절체로 구성된 것인데, 첫째 둘째가 동의적이고 세째 네 째가 또한 동의적이다. 첫 번째 그룹에서는 하나님의 구원이 임하기를 기구하는 반면에 두 번째 그룹에서는 원수의 멸망을 예고하고 있다. 따라서 후자는 전자의 반대되는 사상을 표시하고 있다. 이처럼 동의와 반의가 종합적인 병행을 이루어 하나님의 주권적 행사와 그 자혜를 보여 주고 있는 것이다.

내 의의 하나님이여 내가 부를 때에 응답하소서
곤란 중에 나를 너그럽게 하였사오니
내게 은혜를 베푸사 나의 기도를 들으소서. (시 4:1)

첫째 귀절체와 세 째 귀절체가 동의적이고 둘째 귀절체는 그 동의적 사상의 이유를 설명해 주고 있다. 이밖에 1:3, 4:7, 18:6, 27:3, 80:12, 91:5-6, 93:3-4 등이 있다.

(iv) 상징적 병행법

상징적 병행법(emblematic parallelism)은 첫째 귀절체의 사상을 둘째 귀절체 안에서 비유적 표현 즉 직유나 은유에 의하여 충족 종결시키거나 재현시키기도 하는 시법이다.

악인들은 그렇지 아니함이여
오직 바람에 나는 겨와 같도다. (시 1:4)

의인들은 시냇가에 심은 나무 같아서 계절을 따라 열매를 맺으며 시들지 않고 그 하는 모든 일이 형통하지만, 악인들은 그렇지 않아서 즉 바람에 나는 겨와 같아서 그 일이 모두 헛될 것이라는 것이다.

하나님이여 사슴이 시냇물을 찾기에 갈급함 같이
내 영혼이 주를 찾기에 갈급하나이다. (시 42:1)

주를 찾기에 목말라 하는 사람을 시냇물을 찾기에 갈급한 목마른 사슴에다 비유하고 있다. 이외에도 103:11-13 같은 것이 있다.

(v) 계단적 병행법

계잔적 병행법(stairlike parallelism)은 사상적 발전을 나타내기 위하여 단어들이나 그 상당어구들을 약간의 추가된 내용과 함께 반복하는 시법을 말한다. 이 유형의 병행법을 사닥다리, 또는 점층적 병행법이라고도 한다.

너희 권능 있는 자들아
영광과 능력을 여호와께 돌리고 돌릴지어다.
여호와께 그의 이름에 합당한 영광을 돌리며
거룩한 옷을 입고 여호와께 예배할지어다. (시 29:1-2)

첫 귀절체의 "영광과 능력을 여호와께 돌릴지어다"라는 사상은 그것으로 완결되지 않고 그 다음 귀절체의 사상 즉 "" 영광"으로 넘어가는 출발점 역할을 하고 있다. 그리고 그것은 한 시행에서 종결되지 않고 그 다음 시행으로 확장되어 "그의 이름에 합당한 영광"을 "거룩한 옷을 입고서"돌려야 한다는 의미로 심화된다. 이렇게 어떤 사상이 점진적으로 발전해 나가는 시법을 단계적 평행법이라고 한다. 이러한 예로는 2:6, 3:2-3, 25:1-7, 92:9, 93:3 등을 둘 수 있다.

(vi) 내성적 병행법

내성적 병행법(introverted parallelism)은 내성적인 문제를 병행적으로 나열하거나 4개의 귀절체로 이루어지는 시문에서 제1귀절체과 제4귀절체, 제2귀절체와 제3귀절체의 구문이 서로 대응되는 시법을 말한다. 이 시법은 내측 전위적 병행법이라고도 한다.

악을 행하는 너희는 다 나를 떠나라
여호와께서 내 울음 소리를 들으셨도다.
여호와께서 내 간구를 들으셨음이여,

여호와께서 내 기도를 받으시리로다. (시 6:8-9)

여기서 보면 "악을 행하는" 이라고 하는 사상에다 초점을 모아 시인의 깊은 내적인 반성을 요구하고 있다.

나) 후렴운

후렴운(後斂韻, refrain)은 엄격히 말하면 시운의 하나로 볼 수는 없지만, 그 기능이 유사하기 때문에 여기서 취급해 둔다. 동일한 시행 또는 시구 또는 단어가 연의 끝 또는 중간의 일정한 장소에 되풀이해서 나타나는 현상을 후렴운 또는 후렴이라 한다. 히브리 시가에도 이런 후렴운을 가진 시들이 여러 있다.

여호와 우리 주여
주의 이름이 온 땅에 어찌 그리 아름다운지요.
주의 영광이 하늘을 덮었나이다.
주의 대적으로 말미암아
어린아이들과 젖먹이들의 입으로 권능을 세우심이여
이는 원수들과 보복자들을 잠잠하게 하려 하심이니이다.
....
여호와 우리 주여
주의 이름이 온 땅에 어찌 그리 아름다운지요. (시 8:1-2, 9)

이 시에 있어서 중심 사상은 "주의 이름이 온 땅에 아름답다"는 것이다. 이 사상을 강조하고 보다 장엄한 기분을 돋구어주기 위해서 "여호와 우리 주여"라는 후렴을 사용한 것이다.

여호와의 소리가 물 위에 있도다.
영광의 하나님이 우렛소리를 내시니

여호와는 많은 물 위에 계시도다.
여호와의 소리가 힘 있음이여
여호와의 소리가 위엄차도다.
여호와의 소리가 백향목을 꺾으심이여
여호와께서 레바논 백향목을 꺾어 부수도다.
그 나무를 송아지 같이 뛰게 하심이여
레바논과 시룐으로 들송아지 같이 뛰게 하시도다.
여호와의 소리가 화염을 가르시도다.
여호와의 소리가 광야를 진동하심이여
여호와께서 가데스 광야를 진동시키시도다.
여호와의 소리가 암사슴을 낙태하게 하시고
삼림을 말갛게 벗기시니
그의 성전에서 모든 것들이 말하기를 영광이라 하도다. (시 29: 3-9)

여기서는 "여호와의 소리"를 반복 사용하여 그 힘차고 위엄 가득하며 능력 있는 하나님을 기리고 있다. 시편 136편 같은 데서는 "그 인자하심이 영원함이로다"라는 말을 26회나 반복하고 있다. 이와 같이 히브리 시가에서도 후렴은 그 시의 기분과 사상을 심리적으로 통합하고 또 구조적으로 종합하는 기능적 역할을 하고 있다.

다) 시편의 이미지

성경의 시들은 이미지(image)들이 풍부하다. 시편에서 하나님을 묘사하고 있는 많은 방법들에 대해 잠시 생각해 보면, 하나님은 방패요, 요새요, 반석이시요, 폭풍이요, 구름이요, 목자요, 용사요, 사수요, 전차 기수요, 왕으로 비유해 표현하고 있다. 이 비유적 표현들이 어떤 역할을 하는가를 이해하지 못한다면, 우리는 시편의 메시지 가운데 많은 것을 알아채지 못할 것이다.

이미지란 무엇인가? 시 한편을 읽고 있노라면 마음에 그림이 형성된다. 그 마음의 그림(mental picture)을 이미지라고 한다. 시편 113편을 읽어보자. 어떤 그림이 우리의 마음속에 형성되는가를 유의해 보라.

할렐루야
여호와의 종들아 찬양하라
여호와의 이름을 찬양하라.
이제부터 영원까지
여호와의 이름을 찬송할지로다.
해 돋는 데서부터 해 지는 데까지
여호와의 이름이 찬양을 받으시리로다
여호와는 모든 나라 위에 높으시며
그 영광은 하늘 위에 높으시도다.
여호와 우리 하나님과 같은 자 누구리요?
높은 위에 앉으셨으나
스스로 낮추사 천지를 살피시고
가난한 사를 진토에서 일으키시고
궁핍한 자를 거름 무더기에서 드셔서
방백들 곧 그 백성의 방백들과
함께 세우시며
또 잉태하지 못하던 여자로 집에 거하게 하사
자녀의 즐거운 어미가 되게 하시는도다.
할렐루야. (시 113:1-9)

4절에 보면 하나님이 장엄한 보좌 위에 앉아 계신 모습이 나온다. 진실로 하나님의 보좌는 매우 높아서 하나님은 거기서 세상 뿐 아니라 또한 하늘까지 내려다보신다. 그 다음 몇 절은 사람들을 향한 하나님의 동정을 강조하는 이미지를 그려나가게 한다. 하나님은 정말로 높은 곳에서 찬양을 받으시지만, 그 분은 또한 몸을 굽히셔서 가난하고 궁핍한 자들을 돌보신다. 6절과 7절에서 가난한 자들을 일으키시고 그들을 왕좌로 인도하시는 하나님의 모습이 떠오른다. 우리는 이 시편 113편을 통하여 한편으로는 하늘 왕좌 높은 곳에 앉아 계신 하나님을 보며, 또 다른 한편으로는 가난한 자들을 도우시는 하나님을 그려보게 된다.

시인들이 자주 사용하는 비유적 표현들이 어떤 역할을 하고 있는가를 파악하는 것이 시편을 이해하는데 매우 중요하다. 이미지의 유형으로서 대표적인 것만 들고 예를 들어 보겠다.

* 직유

직유(simile)는 비유법 중의 하나로 "견주는 것"과 "견주어지는 것"과를 분리한 꼴로써 비교하는 것이다. 즉 무엇 무엇 "같은", "처럼", "듯이", "마냥", "인양" 등과 같은 접속들로 주되는 사물을 그와 비슷한 부(副)되는 사물에 직결시켜 양자의 유사성이나 유사 상태임을 가리키어 점점 주되는 사물의 뜻을 강화하는 비유법이다.

> 하나님이여 사슴이 시냇물을 찾기에 갈급함같이
> 내 영혼이 주를 찾기에 갈급하나이다. (시 42:1)

이 직유는 물을 찾는 목마른 사슴을 하나님 안에서 만족을 찾는 시인과 비교한다. 물은 사막지대에서 목마른 사슴에게 있어서는 생명이다. 시인의 하나님에 대한 그리고 말씀에 대한 갈급함이 자기 생명을 보존하려고 필사적인 동물에다 비교하고 있다. 그것은 그의 생명인 물을 찾는 것이다. 그러나 시 42편 7절을 보면 "주의 폭포소리에 깊은 바다가 서로 부르며/주의 모든 파도와 물결이 나를 휩쓸었나이다"라 하였다. 여기서는 물을 찾다 그가 발견한 것은 생명을 주는 물이 아니다. 이때의 물은 곧 죽음과 낙망을 상징한다.

> 여호와 내 하나님이여 내가 주께 피하오니

나를 쫓아오는 모든 자들에게서 나를 구원하여 내소서.
건져낼 자 없으면
그들이 사자 같이 나를 찢고 뜯을까 하나이다. (시 7:1-2)

이 직유는 나를 쫓는 적과 사자를 비교한다. 둘 다 매우 힘이 세고 잔혹한 것이 특징이다. 그러나 시 37편 1-2절을 보면 적을 무서운 맹수 사자에 비교하는 것이 아니라 속히 베임을 당할 풀이나 곧 쇠잔해 버릴 채소에다 비교하고 있다. 이렇게 직유를 잘 이해하고 나면 그 냉용이 훨씬 풍성해진다.

* 은유

은유(metaphor)는 어떤 사물을 비유 또는 설명하는 경우에 본래의 뜻은 숨기고, 겉으로는 다만 비유하는 형상만을 내어놓는 비유법인 것이다. 다시 말하면 분리시키는 것과는 반대로 두 낱의 사물을 한 데 포함하여 버리는 방법인 것이다. 하나의 의미를 다른 의미 안으로 끌어들이는 것이다.

여호와는 나의 목자시니
내게 부족함이 없으리로다. (시 23:1)

여호와는 나의 목자이고 나는 그의 양이라는 것이다. 목자는 그의 양떼와 아주 독특한 관계에 있다. 목자와 그가 돌보고 있는 말 못하는 짐승들 사이에는 사람들 사이에서는 찾아보기 어려운 우정이 솟아난다고 한다.

온 종일 그는 먹이를 구하기 위해 으르렁대는 짐승들이나 약탈자의 무리들이 양떼들을 해치지 못하도록 주의 깊게 지킨다. 그는 양떼들이 급류로 인해 놀라지 않도록 잔잔한 물가로 인도하여 물을 먹인다. 그리고 밤에는 그들을 안전한 우리로 몰고 온다. 일 년 중 어떤 계절에는, 그는 자기 집이나 사람들이 자주 다니는 곳에서 더 멀리 떨어진 곳으로 양떼를 인도한다. 거기에서 그는 낮에는 더위에 그슬리고 밤에는 이슬로 흠뻑 젖으면서 그들과 함께 살아간다. 만일 양 한 마리가 다른 양떼를 따라 오지 못하면 그는 그 양을 가슴에 안고 걷는다. 그의 양떼 중 하나가 길을 잃으면 그는 찔레와 가시덤불에 남겨 놓은 털 뭉치에 의해 그 양의 뒤를 밟아서 찾을 때까지 탐색한다. 위험이 엄습하면 생명을 버릴 각오를 해야 한다. 목자들은 전투를 위해 무장한 전사들과 같이 보인다. 여호와는 나의 목자가 되셔서 선하게 인도하시기도 하고 위험에서 우리를 구해주신다는 것이다.

(6) 시편의 유형

시편을 일곱 유형으로 분류할 수 있다. 이러한 분류가 어떤 면에서는 중첩되기도 하고 다시 세부적으로 분류될 수도 있을 것이다. 그러나 이런 분류는 독자들이 시를 유용하게 사용하도록 이끄는 데 매우 도움이 된다. 시편 150편을 유형에 따라 분류하면 찬양시, 탄식시, 감사시, 신뢰시, 회상시, 지혜시, 제왕시로 나눌 수 있다.

가) 찬양시

찬양시(Hymns of Praise)는 여호와에 대한 찬양이 충일한 것임을 쉽게 알 수 있다. 이 찬양시는 거의가 다 비슷한 구조를 가지고 있다. (1) 찬양과 경배의 권유 (2) 하나님을 찬양하여야 하는 이유 (3) 찬양하라(=할렐루야)는 요청을 추가로 포함시키거나 그것으로 끝낸다.

온 땅이여 여호와께 즐거운 찬송을 부를지어다.
기쁨으로 여호와를 섬기며 노래하면서 그의 앞에 나아갈지어다.
여호와가 우리 하나님이신 줄 너희는 알지어다.
그는 우리를 지으신 이요,
우리는 그의 것이니 그의 백성이요 그의 기르시는 양이로다.
감사함으로 그의 문에 들어가며 찬송함으로 그의 궁정에 들어가서
그에게 감사하며 그의 이름을 송축할지어다.
여호와는 선하시니 그의 인자하심이 영원하고
그의 성실하심이 대대에 이르리로다. (시 100:1-5)

여기서 보면 권유의 대상은 온 땅이고 찬양의 방법으로는 기쁨으로 찬양하라고 한다. 그리고 찬양의 대상은 여호와이시다. 여호와는 우리를 창조하시고 우리를 기르시고 구원하시는 하나님이시므로 찬양하여야 한다고 한다. 다시 반복해서 찬양하라고 요청하면서 그의 선하심과 인자하심 및 성실함에 대한 확신을 표현하고 있다. 권유의 대상은 여러 가지만, 찬양의 방법도 여러 가지여서 거룩한 옷을 입고(29:2), 뛰놀며 노래하며(68:3-4), 새 노래로(96:1, 98:1), 소고치고 춤추며(150:4), 찬양하며(150:4), 나팔, 비파, 수금, 소고, 현악, 관악, 퉁소, 제금, 피리를 동원해서(150편) 찬양하라고 한다. 이 장르에 속하는 시로는 8, 19:1-6, 29, 33, 65, 69, 68, 96, 98, 100, 103-105, 111, 113, 114, 117, 135, 136, 145-150편 등을 들 수 있다.

나) 탄식시

탄식시(Laments)는 우울하고 침통한 분위기에 의해 규정된다. 이 탄식시는 시편의 기자가 커다란 재난에 빠져 하나님 외에는 하소연할 곳이 없는 상황에서 하나님께 울부짖는 것이다. 탄식시에는 세 가지 유형의 불평이 있음을 알 수 있다. (1) 자기 자신의 생각과 행동으로 인해 괴

로움을 당하는 경우(42:11, 43:5), (2) 그를 괴롭히는 다른 사람들(대적들)의 행동에 대해 불평하는 경우(42:3), (3) 하나님 자신에게 불평하는 경우(42:9)이다.

탄식시는 대체적으로 다음과 같은 일곱가지 요소로 구성된다. (1) 호소구(12:1, 17:1), (2) 하나님께 도움을 구하는 간청, (3) 불평(22:6-7), (4) 죄의 고백 또는 무죄 주장(69:5, 26:5), (5) 대적들에 대한 저주(109:8-9), (6) 하나님의 응답에 대한 확신, (7) 찬송 또는 축복(26:12).

탄식시는 개인 타식시와 민족 탄식시로 나눌 수 있다. 개인 탄식시로는 3-7, 13, 17, 22:1-21, 25-26, 27:7-14, 28, 31, 35, 38, 39, 40:11-17, 41:4-10, 42-43, 51-52, 54-56, 57:1-7, 59, 61, 63, 64, 69, 70, 71, 77:1-9, 86, 88, 102:1-11, 109, 120, 130, 139:19-24, 140, 141-143 등을 들 수 있다.

민족 탄식시로는 10, 12, 44, 58, 60, 68:28-31, 74, 79, 80, 83, 85:4-7, 89:46-51, 90:1-7, 123, 126:4-6, 129:5-8, 137 편 등을 들 수 있다.

다) 감사시

감사시(Thanksgiving Psalms) 는 기도가 응답된 것에 대해 하나님께 찬양을 올리는 것이다. 전형적인 감사시는 찬양시와 비슷한 방식으로 시작된다.

> 허물의 사함을 받고
> 자신의 죄가 가려진 자는
> 복이 있도다. (시 32:1)

시편의 기자는 이처럼 기도가 응답된 것에 대해 하나님께 감사를 드리면서 하나님이 그의 삶에 베푸신 위대한 일을 증언한다. 시편의 기자는 마침내 나머지 회중에게 자신과 함께 하나님께 감사를 드리자고 요구하기까지 한다.

> 주의 성도들아 여호와를 찬송하며
> 그의 거룩함을 기억하며 감사하라. (시 30:4)

감사시로는 18편 등을 들 수 있다.

라) 신뢰시

시편의 기자는 자주 자신이 하나님의 선하심과 그 권능을 신뢰한다고 표현한다. 최소한 아홉 개의 시편 즉 11, 16, 23, 27, 62, 63, 91, 121, 125, 131편 등을 신뢰시(Songs of Trust)라고 할 수 있다. 신뢰의 시에서 어떤 경우는 위험이 목전에 있음에도 불구하고 하나님을 신뢰한다고 한다(23:4). 이 신뢰의 시에서 하나님은 피난처(11:1, 16:1)로, 목자(23:1)로, 빛(27:1)으로, 반석(62:2)으로, 도우심(121:2)으로 비유된다.

마) 회상시

회상시(Songs of Recollection)는 하나님이 과거에 이루신 구속 행위들에 집중적으로 초점을 맞추고 있는 시들이다. 구속적 행위 가운데서도 자주 이용되는 사건은 출애굽 사건이요(77:16), 언약을 통해 다윗 왕조가 수립된 사건(89, 132편)이다. 이 장르에 속하는 시편의 예로는 78, 105, 106, 135, 136편 등을 들 수 있다.

바) 지혜시

지혜시(Wisdom Psalms)들은 서로 다른 결과를 낳는 삶의 방식을 대조하여 강조하는 시들이다. 한편으로는 하나님의 저주를 받는 악한 사람들이 있으며 또 한편으로는 하나님의 복을 받는 의로운 사람들이 있다는 것을 형상화한 시가 있다(1편). 몇 편의 시편들은 하나님의 율법의 아름다움과 놀라움을 묵상하는 것도 있다(19:7, 119:176). 하나님의 창조세계에 나타나는 질서에 매혹당하여 노래한 것도 있고(19:1), 인생과 신앙의 보다 회의적인 측면을 다룬 시도 있다(73:4).

사) 제왕시

시편에는 고대 이스라엘에서 매년 반복된 왕의 대관식을 축하하기 위해 쓰여진 시들이 많이 있다. 이 시들을 흔히 제왕시(Royal Psalms)라 한다. 이 제왕시들은 하나님을 왕이라고 선포한다. 인간으로서 왕의 자리에 오른 왕은 이 세상을 다스리시는 하나님의 대리자에 지나지 않기 때문이다. 그 예로는 2, 18, 20, 21, 45, 47, 72, 101, 110, 144:1-11 등이다.

(7) 시편의 주제

시편은 총 150편으로 이루어져 있는데, 대개 종교적 감정을 주된 주제로 삼고 있다. 찬양, 숭배, 경외, 기쁨, 슬픔, 낙심, 절망, 불안과 같은 감정들이 시편 전체를 통틀어 되풀이 되는 정서적 주제들이다. 그것들은 여러 문제를 제기하고 있지만, 그 종국적 주제는 "하나님이 세계를 통치하신다"는 것이다. 다시 말하면, 신앙의 눈으로 바라 본 세계의 조화와 모순의 결과 곧 종교적 체험이 노래로 엮어져 있다는 말이다. 그 결과 신앙의 눈으로 본 세계의 조화와 연결될 때에는 감사와 희열, 만족과 찬미 등으로 나타나지만, 이 세상의 부조리와 모순의 결과와 연결될 때에는 기원과 애소, 도고와 원한, 불만과 초조 등으로 나타난다. 그러나 "여호와 하나님께서 통치하신다"는 믿음이 깊게 뿌리박고 있어서, 처음에는 불만이나 원한 또는 절망이나 불안이 강렬하게 나타나다가도 각 시편의 종결부에 이르게 되면 한결같게 믿음의 회복에 의해 만족과 환희와 희열로 변하는 것을 볼 수 있다.

예를 들어, 제22편을 보면, 최초의 전반부(1-20절)에는 절망에 가까운 기원과 애소(哀訴)가 가득 차 있지만, 후반부를 보면 전반부와는 전연 달리 감사 찬미로 충만해 있다. 이러한 변화는 순전히 "하나님께서 세계를 통치하신다"는 믿음에서 연유된 것이다. 이것은 한 개의 예에 불과하지만, 동일한 현상을 어디서나 찾아볼 수 있다.

시편 150편 전체가 또한 간결하다. 서정시가 강렬한 순간적 감정을 표현하기 때문에 간결한 것은 너무나 당연하다. 시편은 이런 간결성으로 인하여 독립된 단위로 간주되어야 한다. 그것은 연속되는 이야기의 한 장이 아니라 그 전후에 나오는 시편들과 분리되어 완전히 독자적인 것이다. 또한 시편을 통하여 신학적 교리에 대한 설명을 보게 되리라고 예상해서도 안 된다. 왜냐하면 시편은 서정시이므로 종교적 체험의 정서적 측면을 표현해주는 것이기 때문이다.[35)]

이런 전제를 내세우기는 했지만, 시편 총 150편 전체를 하나하나 독립적인 것으로 다루며 그 다양한 정서적 주제를 살펴볼 수는 없기 때문에 크게 몇 개의 항목으로 나누어 거기에 신학적인 측면을 곁들여 종교적 체험과 함께 다루겠다.

가) 시편에 나타나는 하나님

"우리가 믿는 하나님은 도대체 어디에 계신가?"라고 묻는 사람들이 많다. 이에 대해 시편 115편에서는 이렇게 대답해 준다.

> 어찌하여 뭇 나라가
> '그들의 하나님이 이제 어디 있느냐' 말하게 하리이까
> 오직 우리 하나님은 하늘에 계셔서
> 원하시는 모든 것을 행하셨나이다 (시 115:2-3).

이 시편에 나타나는 하나님은 땅에 있는 것이 아니라 하늘에 계신 분이시다. 사람들이 만들어 낸 땅에 있는 신은 "입이 있어도 말하지 못하며 눈이 있어도 보지 못하며 귀가 있어도 듣지 못하며 코가 있어도 냄새 맡지 못하며 손이 있어도 만지지 못하며 발이 있어도 걷지 못하며 목구멍이 있어도 작은 소리조차"(시 115:5-7) 내지 못하는 그런 아무것도 할 수 없는 무능한 존재이다. 그런 존재를 우리는 우상이라 한다. 그러나 하늘에 계신 하나님은 "여호와" 즉 모세가 들은 "나는 스스로 있는 자"(출 3:14)라는 말의 시적인 표현으로, 자존자(自存者), 절대적 주권자를 뜻하는 것이다.

시편에 있어서 하늘에 계신 하나님은 무엇보다 인격적인 신으로 나타난다. 어떤 의미에서는 아주 초보적인 의인적(擬人的) 묘사에 의하여 그의 인격성은 노래된다. 즉 여호와는 시편 2편 9절에서 묘사된 것과 같은 그런 신으로 나타난다. 뇌성은 여호와 하나님의 목소리요(29: 3), 구름은 그의 술래고 바람은 그의 날개로 묘사된다(10: 3). 그러나 시편에 있어서 이러한 육체적 의인법은 심리적인 것으로 대신 되고 하나님에 대한 관념은 영적으로 심화된다(33: 15; 53:2-3; 102:17; 103:13).

하나님의 인격적 관념이 가장 잘 표현된 시구는 94편 9-11절이다.

> 귀를 지으신 이가 듣지 아니하시랴
> 눈을 만드신 이가 보지 아니하시랴
> 뭇 백성을 징벌하시는 이
> 곧 지식으로 사람을 교훈하시는 이가
> 징벌하지 아니하시랴.
> 여호와께서는 사람의 생각이
> 허무함을 아시느니라. (시 94:9-11)

여기서 하나님은 그가 지은 인류와 같이 자각적 존재로 묘사된다. 다른 한편 시편에 있어서 여호와 하나님은 초월적인 존재로 등장한다. 이 절대적인 초월자이신 하나님은 조용히 침묵을 지키며 숨어계시는 존재가 아니라 이 세상 만물과 우주를 창조한 존재로 현현하신다.

주의 손가락으로 만드신 주의 하늘과
주께서 베풀어 두신 달과 별들을 내가 보오니
사람이 무엇이기에 주께서 그를 생각하시며
인자가 무엇이기에 주께서 그를 돌보시나이까.
그를 하나님(천사)보다 조금 못하게 하시고
영화와 존귀로 관을 씌우셨나이다.
주의 손으로 만드신 것을 다스리게 하시고
만물을 그의 발아래 두셨으니
곧 모든 소와 양과 들짐승이며
공중의 새와 바다의 물고기와
바닷길에 다니는 것이니이다.
여호와 우리 주여 주의 이름이
온 땅에 어찌 그리 아름다운지요. (시 8:3-9)

창세기에 보면 하나님은 삼위와 함께 도모해서 천지를 말씀으로 창조하셨다. 실로 아름답게 선하게 창조하셨고 자기가 창조하신 것들 곧 해와 달과 별들이 질서정연하게 운행되는 것을 보고 그는 참으로 "좋다"는 찬탄을 토로하였다. 그리고 시편 104편 30절에서도 다음 같이 위대한 창조주 하나님을 송축하라고 노래하고 있다.

내 영혼아 여호와를 송축하라
여호와 나의 하님이여 주는
심히 위대하시며 존귀와 권위로 옷 입으셨나이다.
주께서 옷을 입음 같이 빛을 입으시며
하늘을 휘장 같이 치시며
물에 자기 누각의 들보를 얹으시며

구름으로 자기 수레를 삼으시고
바람 날개로 다니시며
바람을 자기 사역자를 삼으시며
화염으로 자기 사역자를 삼으시며
땅의 기초를 놓으사
영원히 흔들리지 아니하게 하셨나이다.
....
주께서 주신즉 그들이 받으며
주께서 손을 펴신 즉 그들이 좋은 것으로 만족하다가
주께서 자기 낯을 숨기신 즉 그들이 떨고
주께서 그들의 호흡을 거두신 즉
그들은 죽어 먼지로 돌아가나이다.
주의 영을 보내어 그들을 창조하사
지면을 새롭게 하시나이다. (시 104:1-5, 28-30)

이 천지를 창조하신 하나님은 하늘에 계신 초월신이시기도 하지만, 위의 시에서 보는 바와 같이 어느 곳에나 편재하셔서 철저하게 그 지으신 모든 것을 감찰하시고 주기도 하고 취하기도 하며 지금도 살아계셔서 역사하고 섭리하시는 인격적인 존재인 것을 명확하게 알 수 가 있다. 그 인격적인 하나님은 또한 전능하신 분이시다. 시편 139편에서 그 전능성을 잘 묘사해 주고 있다.

여호와여 주께서 나를 살펴보셨음으로 나를 아시나이다.
주께서 나의 앉고 일어섬을 아시고
멀리서도 나의 생각을 밝히 아시오며
나의 길과 눕는 것을 살펴보셨음으로
나의 모든 행위를 익히 아시오니
여호와여 내 혀의 말을 알지 못하시는 것이
하나도 없으시니이다.
주께서 나의 앞뒤를 둘러싸시고

내게 인수하셨나이다.
이 지식이 내게 너무 기이하니
높아서 내가 능히 미치지 못하나이다. (시139:1-6)

이 구절에 나오는 동사는 하나님의 지식에 초점을 맞추고 있다. "살펴보시고 · · · 아시나이다," "아시며 · · · 밝히 아시오며," "살펴보시며 · · · 익히 아시오니" "알지 못하는 것이 하나도 없으시니이다," "앞뒤를 둘러싸시고" 같은 동사를 유의해 보아야 한다. 따라서 시인에게 있어서 하나님의 지식은 "기이"한 것일 수밖에 없다.

이 시의 서두에 이미 나오는 병행법을 통하여 시인은 하나님은 전지하신 분이라는 것이 강조된다. 즉 시인은 "앉고 일어섬", "나의 길과 눕는 것", "앞뒤를 둘러싸시고"라는 대조적인 한 짝의 말로써 시인은 하나님의 전지성과 편재성을 역설하였다.

내가 하늘에 올라갈지라도 거기 계시며
음부(스올)에 내 자리를 펼지라도 거기 계시나이다.
내가 새벽 날개를 치며
바다 끝에 가서 거주할지라도
거기서도 주의 손이 나를 인도하시며
주의 오른손이 나를 붙드시리이다.
내가 혹시 말하기를 흑암이 반드시 나를 덮고
나를 두른 빛은 밤이 되리라 할지라도
주께서는 흑암이 숨기지 못하며
밤이 낮과 같이 비추이나니
주에게는 흑암과 빛이 같음이니이다. (시139:8-12)

어디를 가나 하나님은 거기 게시기 때문에 도피할 수 없다는 것이다.

그러나 바라보는 것으로 그치고 그 속마음이 공허하면 불만스러워 견딜 수 없게 되는 것이다. 즉 우리 속에 오셔서 내주하시며 우리의 사정을 살피기도 하시고 우리의 아픔을 같이 아파하시기도 하시는 내재적인 인격신에 대한 체험을 갖지 못하면 어딘가 우주에는 어두운 그림자가 드리우기 마련이다. 그래서 시인은 이렇게 노래하게 된다.

여호와께서 높이 계셔도
낮은 자를 굽어 살피시며
멀리서도 교만한 자를 아심이니이다.
내가 환난 중에 다닐지라도 주께서 나를 살아나게 하시고
주의 손을 펴사 내 원수들의 분노를 막으시며
주의 오른손이 나를 구원하시리이다.
여호와께서 나를 위하여 보상해주시리이다.
여호와여 주의 인자하심이 영원하오니
주의 손으로 지으신 것을 버리지 마옵소서. (시 138:6-8)

하나님은 높은 데 계시면서도 낮은 데 있는 인간을 내려다보며 돌보시고 손으로 지으신 모든 것을 버리지 않으시고 구원해 주시는 분으로 시인은 인식하였다. 그렇게 가깝고 친숙하고 다정하신 분으로 하나님을 인식하게 될 때, 밖으로 향하던 시선은 안으로 향하게 되고 그곳에서 우리 속에 내재하시는 하나님을 의식하게 된다.

하나님이여 주는 나의 하나님이시라
내가 간절히 주를 찾되
물이 없어 마르고 황폐한 땅에서
내 영혼이 주를 갈망하며
내 육체가 주를 앙모하나이다.
내가 주의 권능과 영광을 보기 위하여
이와 같이 성소에서 주를 바라보았나이다.
주의 인자하심이 생명보다 나으므로
내 입술이 주를 찬양할 것이라.
이러므로 나의 평생에 주를 송축하며

주의 이름으로 말미암아 나의 손을 들리이다.
골수와 기름진 것을 먹음과 같이 나의 영혼이 만족할 것이라.
나의 입이 기쁜 입술로 주를 찬송하되
내가 나의 침상에서 주를 기억하며
새벽에 주의 말씀을 작은 소리로 읊조릴 때에 하오리니
주는 나의 도움이 되셨음이라.
내가 주의 날개 그늘에서 즐거이 부르리이다. (시63:1-7)

한 밤 중에 고요히 명상할 때, 기도의 삼매경(三매境), 일심분란(一心不亂)의 경지에 이를 때, 하나님은 그 이상 저 멀리 밖에 있는 것이 아니라 나의 마음속에 내주하게 된다. 그 영혼의 지성서(至聖所 Sanctuary, Holy of holies)에 들어와 그는 사랑의 보금자리를 꾸미고 뜨거운 밀어를 나누게 되는 것이다. 그래서 시인은 "기름지고 맛있는 것을 먹음과 같이 내 영혼이 만족할 것이라" 고 하였다.

물론 우리는 어떤 곳에서도 하나님과 교통할 수 있다. 무엇을 하고 있더라도 그가 생명을 부어주고 계시다면 하나님과 교통하는 것이 된다. 그런 의미에서 "노동은 기도다"(Laborare est orare)라고 한다. 농부가 단단한 땅을 호미로 팔 때, 석공이 돌을 쫄 때, 거기에도 확실히 하나님의 손길의 접촉은 있다. 그러나 밀실에 들어가 기도삼매에 이를 때 우리는 보다 가까이서 하나님의 소리를 들을 수 있다.

한편 예언자들과 같이 다른 시편 작자들은 하나님을 정의의 신으로 믿고 윤리적 행위가 동반되지 않는 예배의 형식주의를 규탄하기도 하고(시 50:6-21), 사회적 죄악을 혐오하는 것으로 묘사하기도 한다(시 14:4, 52:3, 52:7, 55:9-11, 109:16-20). 그러나 시편에 있어서의 하나님은 빈틈없는 정의 일변도의 엄격한 재판관으로 나타나지는 않는다. 그보다는 하나님은 긍휼함이 많으신 사랑의 신으로(15:10, 57:3, 85:10, 186:15), 또한 아버지처럼 신실하고 불변하시는 분으로 묘사된다(27:10, 68:5, 89:27, 103:13).

나) 예배와 찬양

시편이 관심을 갖는 또 하나의 주요 부분은 예배와 찬양이다. 예배의 시는 전통적으로 "시온의 시"라 불려왔다. 시온은 다윗 시대의 역사 기록에 나타나는 명칭이다. 이곳은 여부스 사람들의 본거지였는데,[36] 다윗이 가나안 사람들에게서 빼앗아 수도로 정하고 "다윗 성"(삼하 5:7)이라 불렀다. 다윗은 시온성에 여호와의 궤를 가지고 와서 그것을 위하여 친 장막 "그 예비한 자리에"(삼하 6:17) 두었다. 솔로몬의 성전이 모리아 산에 지어졌을 때(대하 3:1), 그 궤는 축제가 진행되면서 신성한 장막으로부터 내와 성전의 "지성소" 안에다 영구히 안치시켰다(대하 8:1-6). 결국 "시온"이라는 이름은 그 성전, 그 성전이 있는 언덕, 그리고 예루살렘 성을 가리키게 되었다. 요컨대, 시온은 히브리 사람들의 예배의 중심지를 지칭한다.

시온은 여호와의 거룩한 산이며(2:6; 15:1; 43:3; 87:1; 99:9), 하나님이 거하시는 거룩한 장소이고(24:3), 또한 그가 임재하는 곳으로서 "거룩한 처소"가 된다(68:5; 76:2). 이 "거룩한 산" 위에 "여호와의 집"인 성전이 서 있다. 시편 5편 7절에서 시인은 "나는 주의 풍성한 사랑을 힘입어 주의 집에 들어가 주를 경외함으로 성전을 향하여 예배하리이다"라고 기도한다. 성소에서 여호와가 그의 말씀을 주시고(60:6; 108:7), 이곳으로부터 궁핍하고 곤고한 자들을 위한 그의 도움과 위로가 오는 것이다(20:2).

시온에 대한 모든 찬양의 배경으로 고려하여야 할 것은 그 성전에 하나님이 거하신다는 것이다. 시편 11편 4절에서는 "여호와께서는 그의 성전에 계시고"라고 진술하였다. 이와 비슷한 진술들이 많이 있다. "여호와여 내가 주의 계신 집과 주의 영광이 거하는 곳을 사랑하오니"(26:8), "내가 주의 권능과 영광을 보려 하여 이와 같이 성소에서 주를 바라보았나이다"(63:2), "여호와께서 시온을 택하시고 자기 거처를 삼고자 하여 이르기를 이는 나의 영원히 쉴 곳이라 내가 여기 거할 것은 이를 원하였음이로다"(132:13-14). 이처럼 성전에는 하나님이 거하기 때문에 그들은 그곳에 큰 중요성을 부여하였다.

예배에 대한 시편의 배경에는 또 하나의 현상, 즉 종교적 순례가 있었다. 이 여행의 대상은 대개 예루살렘의 성전이었다. 모든 남자들은 무교절(혹은 유월절), 칠칠절, 초막절(혹은 수장절) 등 일 년에 세 차례 예루살렘을 방문해야 했다. 히브리 문화에서 그러한 순례 여행이 널리 행하여진 것을 보면 우리가 시편에서 보는 바 왜 그렇게 예배에 대한 강조를 했는지 어지간히 이해가 될 수 있다. 사실, 많은 노래들이 예루살렘으로 가는 도중에 불린 것들이다.

히브리 경배자들이 성전에서 하나님을 어떻게 체험했는가에 대해서는 시편 27편의 여러 구절들이 잘 보여준다. 화자는 하나님에 대한 믿음을 표현한 후에(1-3절) 하나님과의 영구적인 교제를 희망한다고 말하였다. 그가 그러한 영구적인 연합을 어떻게 생각하고 있는지 주목할 만하다.

> 내가 여호와께 바라는 한 가지 일
> 그것을 구하리니
> 곧 내가 내 평생에
> 여호와의 집에 살면서
> 여호와의 아름다움을 바라보며
> 그의 성전에서 사모하는 그것이라. (시 27:4).

하나님과 연합한다는 것은 예루살렘에 있는 그의 성전에서 정규적으로 예배드리는 것이다. "내가 여호와께 청하였던 한 가지 일," "나로 생전에"라는 반복 구절은 시인의 희망이 어느 정도였는지를 전달해 준다. "여호와의 집"에 거한다는 말은 문자적으로 이해해서는 안 되고 오히려 성전에 계시는 하나님을 자주 찾아가서 예배드리고 싶다는 희망의 표현으로 보는 것이 더 옳다.

42편에서도 하나님께 대한 강렬한 사모의 마음을 다음처럼 표현하였다.

하나님이여
사슴이 시냇물을 찾기에 갈급함 같이
내 영혼이 주를 찾기에 갈급하나이다.
내 영혼이 하나님
곧 살아계시는 하나님을 갈망하나니. (시 42:1-2).

"네 하나님이 어디 있느뇨"(42:3) 라고 묻는 이교도들의 조롱에 절망하여 주야로 먹는 음식처럼 "눈물"(42:3)을 흘렸다. 그러나 조금 뒤로 가면 그 절망이 변하여 좀 더 희망적으로 주님을 바랄 것을 권고하면서 이 시를 끝낸다.

내 영혼아 네가 어찌하여 낙심하며
어찌하여 내 속에서 불안해 하는가.
너는 하나님께 소망을 두라.
나는 그가 나타나 도우심으로 말미암아
내 하나님을 여전히 찬송하리로다. (시 42:11)

43장 5절에서도 "너는 하나님을 바라라. 너는 내 얼굴을 도우시는 내 하나님을 오히려 찬송하리로다"는 반복으로 그의 열렬한 주님 뵈옵는 일에 지대한 관심을 쏟는다. 이처럼 시인은 처음에는 절망하지만 후반부에 이르면 새로운 희망을 안고 앞으로 전진 해 나가는 것을 볼 수 있다.

시인들은 자연계의 여러 현상들 가운데서 자유자재로 운행하시는 이런 무한한 능력의 소유자이신 초월신을 바라보며 찬양한다.

그가 또 하늘을 드리우시고 강림하시니
그의 발아래는 어두 캄캄하도다.

그룹을 타고 다니심이여
바람 날개를 타고 높이 솟아오르셨도다.
그가 흑암을 그의 숨는 곳으로 삼으사
장막 같이 자기를 두르게 하심이여
곧 물의 흑암과 공중의 빽빽한
구름으로 그리하시도다.
그 앞에 광채로 말미암아 빽빽한 구름이 지나며
우박과 숯불이 내리도다.
여호와께서 하늘에서 우렛소리를 내시고
지존하신 이가 음성을 내시며
우박과 숯불을 내리시도다.
그의 화살을 날려 그들을 흩으심이여
많은 번개로 그들을 깨뜨리셨도다.
이럴 때에 여호와의 꾸지람과 콧김으로 말미암아
물 밑이 드러나고
세상의 터가 나타났도다(18:9-15).

이와 같은 초월신을 바라보는 자의 내면에 일어나는 것은 경건한 복종과 예배의식이었다.

오라 우리가 굽혀 경배하며
우리를 지으신 여호와 앞에 무릎을 꿇자.
그는 우리의 하나님이시요
우리는 그가 기르시는 백성이며 그 손이 돌보시는 양이기 때문이라
너희가 오늘 그의 음성을 듣거든. (시 95:6-7).

높으시고 거룩하신 신을 뵈올 때 사람의 마음속에는 허리 굽혀 예배하고자 하는 엄숙한 기분이 일어날 수밖에 없을 것이다. 시인의 예배의 대상이 되는 하나님은 어디나 계시지만 특히 성전에 거하신다고 믿었기 때문에, 그곳에서 주를 뵙기를 "사슴이 시냇물을 찾기에 갈급함 같이/내

영혼이 주를 찾기에 갈급하다"(42:1)고 노래한다. 이스라엘인들에게 있어서 하나님의 얼굴을 보는 것은 에루살렘 성전에서 예배드리는 것이었다.

시인은 가치가 없는 것들보다 성전에서 하나님과의 연합을 더 좋아한다고 표현한다.

> 주의 궁정에서의 한 날이
> 다른 곳에서의 천 날보다 나은즉
> 악인의 장막에 사는 것보다
> 내 하나님의 성전 문지기로 있는 것이 좋사오니. (시 84:10).

이 진술은 한 날과 천 날, 하나님의 궁정과 다른 곳, 문지기와 장막의 주인, 그리고 성전과 사치스런 집의 대조를 통하여 큰 것을 무시하고 작은 것을 선택함으로써 진정으로 가치 있는 것이 무엇인가를 표현해 주고 있다. 그러므로 시인은 그 성전에 기쁨으로 나가며 여러 악기를 동원하고 여러 모양으로 하나님을 찬양하겠다고 노래한다.

> 온 땅이여 여호와께 즐거운 찬송을 부를지어다.
> 기쁨으로 여호와를 섬기며 노래하면서
> 그의 앞에 나아갈지어다.
> 여호와가 우리 하나님이신 줄 너희는 알지어다.
> 그는 우리를 지으신 이요,
> 우리는 그의 것이니 그의 백성이요
> 그의 기르시는 양이로다.
> 감사함으로 그 문에 들어가며
> 찬송함으로 그 궁정에 들어가서
> 그에게 감사하며 그의 이름을 송축할지어다.
> 여호와는 선하시니 그 인자하심이 영원하고
> 그 성실하심이 대대에 이르리로다. (시 100:1-5).

여호와는 우리를 창조하시고 우리를 기르시고 구원하시는 하나님이시므로 찬양하여야 한다는 것이다. 다시 반복해서 찬양하라고 요청하면서 그의 선하심과 인자하심 및 성실함에 대한 확신을 표현하고 있다. 찬양의 방법도 이미 앞에서 언급한 바와 같이 여러 가지여서 거룩한 옷을 입고(29:2), 뛰놀며, 노래하며(68:3-4), 새 노래로(96:1, 98:1), 소고치고 춤추며(150:4), 찬양하며(150:4), 나팔, 비파, 수금, 소고, 현악, 관악, 퉁소, 제금, 피리를 동원해서(150편) 찬양하라고 한다.

시편 121편은 "성전에 올라가는 노래"라는 공통의 제목을 가진 15편(120-134편) 중의 한 부분이다. 이러한 제목은 이 시들이 예루살렘으로 가는 순례자들이 노래한 시편임을 분명히 가리킨다. 이 시의 주요 구조적 원리는 위험이 따르는 순례 여행과 하나님의 보호를 대조시키는 것이다. "내가 산을 향하여 눈을 들리라"(121:1)는 진술은 곧 지상의 영역을 넘어 위를 향해 눈을 든다는 것인데, 그것은 초월자 하나님을 의지한다는 사실을 인정하는 것이다. 화자(순례자)는 질문하고 대답하는 형식으로 순례의 위험과 하나님의 보호를 확실하게 표현하고 있다.

> 내가 산을 향하여 눈을 들리라
> 나의 도움이 어디서 올까
> 나의 도움은
> 천지를 지으신 여호와에게서로다. (시 121:1-2)

하나님은 천지를 지으신 존재로 믿고 그 존재가 한 개인의 삶의 환경까지도 통제할 수 있다고 생각한다. 시인은 미끄러지고 헛딛는 사고들이 도처에 깔린 위험한 여행길에서도 하나님은 "너를 실족치 않게 하시며"(121:3), "너를 지키시리라"(121:3)고 노래한다.

> 여호와는 너를 지키시는 이시라
> 여호와께서 네 오른쪽에서

네 그늘이 되시나니
낮의 해가 너를 상하게 하지 아니하며
밤의 달도 너를 해치지 아니 하리로다
여호와께서 너를 지켜
모든 환난을 면하게 하시며
또 네 영혼을 지키시리로다..
여호와께서 너의 출입을
지금부터 영원까지 지키시리로다. (시 121:5-8)

5절에서 하나님을 "그늘"이라 부른 것은 살을 태울 듯 뜨거운 태양열로부터 여행자를 보호하는 나무의 비유를 사용한 것이다. 그리고 하나님을 여행자의 "우편"에 있는 "그늘"이라는 생각은 하나님은 주인을 수행하고 전투에 참가하여 관례상 주인의 우편에 서서 주인의 호신 무기를 갖추고 있는 전사(戰士)와 같다는 것이다. 다음 절에서는 예루살렘으로 가는 여행의 어려움으로 돌아간다. "낮의 해가 너를 상치 아니하며"라는 진술은 일사병과 일사병으로부터의 보호를 단언한다. "밤의 달도 너를 해치 아니 하리로다"는 진술은 달이 병의 원인이라 생각했던 옛사람들의 인식과 끊임없이 정신 장애와 달을 연관시켰던 생각에 대한 암시인 것이다. 여호와께서는 어떤 환난에서도 영혼을 지켜 지금부터 영원까지 보호하신다고 하는 진술에 이르면 산 정상이 보이게 되는 것이다.

시편에서 예배에 대한 개념에 관해 결론으로 말할 수 있는 것은 무엇인가? 하나는, 예배는 숭배(崇拜)라는 것이다. 이러한 종류의 예배는 자기중심이 아니라 하나님이 중심이 되며, 받는 것이 아니라 주는 것이 강조된다. 히브리 사람들에게 예배는 특정한 시간에 특정한 장소로 가는 것을 뜻했으며, 따라서 예배의 체험이라는 것이 축제의 느낌을 드러낼 때도 있다. 예배는 개인적인 동시에 공동체의 성격을 갖고 있다. 그것은 기쁨을 드러내는 것이다. 마지막으로 시편에서 예배는 서정적 양식으로 적절히 표현된 정서이기도 하다.

다) 시편에 나타나는 메시아

"시편에는 왕, 특히 다윗 왕을 노래하는 시들이 많이 있다. 학자들은 이 시를 제왕시(royal psalms)라고 부르나, 제왕이란 어감이 좋지 않기 때문에 나는 왕의 찬가로 부르고자 한다. 왕의 찬가란 왕의 아름다움과 위엄과 그 영광을 노래할 뿐 아니라 그의 비하와 수난과 시련을 묘사하고 있다."[37] 이 표현은 총신대학교 김정우 교수의 말이다. 대표적인 시로서는 2, 18, 20, 21, 45, 47, 72, 101, 110, 132, 144 편 등이 있다. 이 시편들에서 우리는 구약성경 특히 시편에 나타난 메시아사상을 볼 수 있다. 제왕시를 구별 짓는 유일한 특징은 "왕"이 중심인물로 등장한다는 점이다.

시편 2편은 제1편과 함께 시편 전체의 관문이 된다. 즉 시편의 세계로 들어가, 시편에 나타난 하나님을 만나기를 원하는 사람은 제1편과 제2편의 문을 통과하여야 하기 때문이다.[38] 하늘에 계신 우리 아버지 하나님은 "거룩한 산 시온"(시 2:6)에 그의 아들을 기름부음을 받은 자 즉 왕으로 세우셨다고 하였다(2:2). 여기 "기름부음을 받은 자"란 메시아 즉 그리스도를 일컫는 말이다.

시편 2편 1절에서 3절까지를 보면 "어찌하여 이방 나라들이 분노하며 / 민족들이 헛된 일을 꾸미는가/ 세상의 군왕들이 나서며 관원들이 서로 꾀하여/ 여호와와 그의 기름부음을 받은 자를 대적하며/ 우리가 그 맨 것을 끊고 그 결박을 벗어 버리자 하는도다"라는 말씀이 있다. 여기서 기름부음을 받은 자가 여호와 하나님의 통치를 내행하는 사명을 부여받는 데, 세상의 세력들이 그를 대적하여 반역할 것을 예시하여 준다. 하나님은 인간에게 반항할 수 있는 자유까지 주시지만, 인간의 반항이 영원한 목적을 결코 방해할 수는 없다. 하나님께서 "분을 발하며 진노하사 그들을 놀라게 할" (시 2:5) 것이며 하나님은 세우신 그의 왕을 통하여 그들을 복종케 하신다(시 2:9). 그는 왕으로서 오늘도 하늘의 시온의 보좌에 계시지만(히 12:22), 어느 날 그는 돌아와 다윗의 보좌에 앉아 통치하실 것이다(눅 1:32-33). 그래서 바울은 고린도전서 15장 25절에서 "저가 모든 원수를 그 발아래 둘 때까지 불가불 왕 노릇 하시리라" 하였다.

신약 기자들은 그 왕을 예수 그리스도로 믿었지만, 이 시인은 그런 왕이 역사적으로 누구라는 것은 밝히지 아니한다. 이 시인의 생각은 당시 이스라엘의 어느 왕이라고 믿기보다 장차 오실 메시아를 생각하고 있었다. 이 분의 권위 앞에 땅의 모든 왕과 통치자들은 굴복할 것을 요구한다. 철창으로 질그릇 부수듯 이 땅 위의 왕국과 그 왕들을 부술 수 있는 권위를 가지신 분으로 알고 있었다.

시편 22편, 23편, 24편을 흔히 메시아 시편이라 한다. 그 중에서 "십자가의 시편" 이라고 일컫는 22편은 메시야의 수난을 예언한 시이다. "내 하나님이여 내 하나님이여 어찌 나를 버리셨나이까 어찌 나를 멀리하여 돕지 아니 하시오며 내 신음하는 소리를 듣지 아니하시나이까" (시 22:1). 이 말씀은 미태복음 27장 46절 "제 구시쯤에 예수께서 크게 소리 질러 이르시되 엘리 엘리 라마 사박다니 하시니 이는 곧 나의 하나님 나의 하나님, 어찌하여 나를 버리셨나이까 하는 뜻이라" 와 병행을 이룬다. 또한 이사야 53장의 "고난의 종" 과도 그 맥을 같이 하고 있다.

아버지 하나님으로부터 버림을 받은(시 22:1-5) 예수는 사람들로부터 벌레처럼 취급을 받았다(시 22:6-10). 22편 11절에서 21절까지에서는 십자가에서 못 박혀 죽은 예수 그리스도의 처참한 모습을 눈앞에 보는 듯이 그려주고 있다. 십자가상에서 구세주의 힘이 감소하고 있는 것을 이렇게 묘사하였다. "나는 물같이 쏟아졌으며 내 모든 뼈는 어그러졌으며 내 마음은 밀랍 같아서 내 속에서 녹았으며 내 힘이 말라 질그릇 조각 같고 내 혀가 이틀에 붙었나이다 주께서 또 나를 죽음의 진토 속에 두셨나이다" (시 22:14-15)..

22편 16절 "악한 무리가 나를 둘러 내 수족을 찔렀나이다"는 확실히 십자가의 못 박히심을 묘사하고 있다. 예수님은 그의 손과 발에 있는 상처를 사용하셔서 제자들에게 나타나셨던 분이 바로 그분이라는 것을 입증하셨다(눅 24:36-40; 요 20:24-19). 22편 17절 "내가 내 모든 뼈를 셀 수 있나이다 저희가 나를 주목하여 보고"라는 묘사는 우리 주님이 지나가는 사람들 앞에 공공연히 드러내진 부끄러운 사실을 말하고 있다. 그는 예루살렘 밖 붐비는 장소에서 못 박히셨으며 지나가는 군중들은 그에게 침 뱉고 조롱하였다. 이 사실이 시 22편에 생생히 기록되어 있다. 시 22편이 십자가에 달려 돌아가신 예수님의 고난과 비애를 노래한 시라면 시 24편은 재림하실 영광의 주에 대해 노래하고 있는 시라 할 수 있다.

> 문들아 너희 머리를 들지어다
> 영원한 문들아 들릴지어다
> 영광의 왕이 들어가시로다.
> 영광의 왕이 누구시냐
> 강하고 능한 여호와시요
> 전쟁에 능한 여호와시로다.
> 문들아 너희 머리를 들지어다
> 영원한 문들아 들릴지어다
> 영광의 왕이 들어가시리로다.
> 영광의 왕이 누구시냐
> 만군의 여호와께서
> 곧 영광의 왕이시로다. (셀라) (시 24:7-10)

이 시는 오벧에돔의 집에서 언약궤를 시온 산의 다윗 성으로 옮겨 올 때, 그것을 축하하기 위해 지은 것으로 추정된다(삼하 6:12-19; 대하 15:2-27). 위에서 인용한 7절에서 10절은 언약궤가 성소로 운반되는 때, 그 언약궤가 상징하는 여호와의 영광 앞에 모든 것들이 부복해야 마땅함을 묘사하고 있는 것이다. 왜냐하면 진정 여호와는 영광의 왕이시요 강하고 능하시며, 전쟁에 능하신 자요, 만군의 여호와이시기 때문이다. 한편 이 시 24편은 승천하신 후 성부의 보좌 우편에 앉으신 주님의 승리와 영광을 예언적으로 노래하는 동시에 장차 영광의 주로 재림하셔서 다윗의 보좌에 앉아 통치하실 주님을 마음 문을 열고 받아들이라는 예언으로 볼 수도 있다. 영광의 왕이신 주님을 우리의 생애 가운데 모셔야 할 것과 그 앞에 마땅히 부복하면 생활의 기쁨이 있을 것을 예시한 것이다. 그러면 바로 그곳에 생명력이 충만하게 넘치게 된다. 그러면 어떤 사람이 그 성산에 올라가 거기 거할 수 있는가? 그 사람은 "손이 깨긋하며 마음이 정결하여 뜻을 허탄한 데 두지 아니하며 거짓 맹세치 아니하는 자"(24:4)라야만 한다. 즉 바른 삶을 살아가는 것과 문을 여는 행위는 통하는 것이다. 문을 열고 영광의 재림주를 맞이하는 자(교회)는 하나님의 영광을 그 온 몸과 마음에 가지게 된다. 그 영광이 우리들의 작은 섬광이 되어 가는 곳마다 그 영광을 들어내게 된다. 목자로서의 메시아를 노래한 시가 바로 23편이다.

여호와는 나의 목자시니
내게 부족함이 없으리로다.
그가 나를 푸른 풀밭에 누이시며
쉴 만한 물 가로 인도하시는도다.
내 영혼을 소생시키시고
자기 이름을 위하여 의의 길로 인도하시는도다.
내가 사망의 음침한 골짜기로 다닐지라도
해를 두려워하지 않을 것은
주께서 나와 함께하심이라.
주의 지팡이와 막대기가 나를 안위하시나이다.
주께서 내 원수의 목전에서 내게 상을 차려 주시시고
기름을 내 머리에 부으셨으니
내 잔이 넘치나이다.
나의 평생에

선하심과 인자하심이 반드시 나를 따르리니
내가 여호와의 집에 영원히 살리로다. (시 23:1-6).

23편은 항상 기민한 주의력과 피로를 모르는 열심으로 그의 양떼를 지키시는 우리 주 목자에 대해 말하고 있는 것이라 할 수 있다. 시 28편 9절에서도 "주의 백성을 구원하시며 주의 산업에 복을 주시고 또 그들의 목자가 되시어 영원토록 그들을 인도하소서"라고 하였고, 시 79편 13절에서는 "우리는 주의 백성이요 주의 목장의 양이니 우리는 영원히 주께 감사하며 주의 영예를 대대로 전하리이다"라고 하였다. "주는 나의 목자"라고 하는 표현에 있어서 그 "주"라는 칭호는 어디에서든지 언제나 여호와란 신비한 칭호를 대신하고 있다. 그러나 "주"라는 칭호는 신약에서는 예수 그리스도를 가리킨다. 그리고 예수님은 그 자신을 가리켜 "나는 선한 목자라"(요 10:11)라 하였다. 이 두 칭호 즉 영원하신 하나님에 대한 웅장한 칭호와 구속주에 대한 부드러운 칭호를 결합시켜 보면 그 의미가 더욱 뚜렷해진다. "여호와 예수"가 나의 목자가 되신다는 것이다. 여호와로서 그는 모든 능력을 가지고 계시며, 예수로서 그는 모든 긍휼을 가지고 계신다. 여호와로서 그는 온 세상을 붙드시고, 예수로서 그는 항상 살아계셔서 중개의 일을 하신다. 여호와로서 그는 지고한 만유의 주가 되시고 예수로서 그는 아직도 우리의 곁에서 이 세상의 좁은 길을 걸어가시면서, 우리 귀에 감미롭고도 부드럽게 "나의 양떼들아 두려워 말라"고 속삭여 주신다. 이 전능하시고 긍휼이 풍성하신 여호와와 예수와 함께 있으면 전혀 부족함이 있을 수 없다는 것이다. 왜냐하면 그것은 "그가 나를 푸른 초장에 누이시며, 쉴만한 물가로 인도하시기" 때문이다.

다시 말씀드리면, 첫째로 그것은 목자이신 주님은 그의 양떼들을 넘보며 으르렁거리는 사자나 늑대들을 목숨을 걸고 지켜주시기 때문이다. 위험이나 두려움의 순간에, "주님! 주님!" 하면서 부드럽게 그의 이름을 부르기만 하면 그는 곧 나타나서 모든 양이 알고 있는 음성으로 우리를 안아 주신다. 시편 121편 5절에서는 "여호와는 너를 지키시는 이라" 하였다.

둘째로 그것은 목자인신 주님은 충분한 음식을 준비해서 양떼들을 배불리 먹여주시기 때문이다. 배고픈 양은 눕지 않는다고 한다. 억지로 눕게 하려고 하면 실패하고 만다고 한다. 그러나 다량의 좋은 목초를 마련할 수 있는 목자는 새들이 양들의 등에 앉고 벌들이 그 주위에서 윙윙 거려서 잠을 잘 수 없는 그런 형편에서도 향기로운 풀숲에 눕게 할 수가 있다고 한다.

우리의 목자이신 주 예수 그리스도는 우리 마음의 목자요 우리 영혼의 목자이시다. 우리 마음이 굶주리고 목마를 때 우리 마음의 양식과 물을 주시고, 우리 영혼이 굶주리고 목마를 때 내 영혼이 먹고 마실 진리의 양식을 주시고 생명수 샘물을 주신다. 이것을 시인은 "내 영혼을 소생시키시고 그 이름을 위하여 의로운 길로 이끄신다" 고 노래한다. 이것은 여호와 하나님이 우리의 목자가 되시어 우리의 지친 영혼에 생기를 주시는 분이시라는 것을 단적으로 표현해 준 말씀이다.

또한 우리의 목자 되시는 주님은 사망의 음침한 골짜기를 통과할 때에도 우리를 의의 길로 인도하신다. 이처럼 주의 인도, 주의 보호, 주의 위로를 받는 양떼들은 이 양떼를 해치려는 원수들이 아무리 날뛰고 들끓어도 염려할 필요 없다. 오히려 목자이신 주님이 우리를 해치려는 원수들 앞에 큰상을 차려서 우리를 흡족하게 대접하시고 우리 머리에 기름을 발라 귀하고 아름답게 꾸며주시니 우리가 받을 잔이 넘치지 않을 수 없다. 우리는 어디서 이런 귀하고 아름다운 체험을 할 수 있는가? 그것은 주님의 전에서만 가능하다. 왜냐하면 주님의 전은 우리가 받아야 할 하나님의 선하심과 인자하심을 평생 허락 받을 수 있는 곳이기 때문이다.

라) 자연과 율법과 인간을 노래한 시

(i) 자연(自然)을 노래한 시

시편의 또 하나의 토픽은 자연이다. 루이스는 시편 작가들이 자연에 접근하는 방법 두 가지를 지적한다.[39] 첫째로 시편 작가들은 농경민족이었기 때문에, 그들은 자연에 대해서 공리주의적이면서도 심미적인 인식을 하였다. 둘째로 자연의 창조자는 초월자 하나님이시기 때문에, 그 자연은 하나님의 계시인 동시에 하나의 미적 성취로 인식하였다.

시편 8편은 피조물에 계시된 하나님의 영광을 화제로 삼고 있다. 이 자연시의 의도는 하나님을 찬양하는 것이다. 그것은 성경에 있는 모든 자연시에 널리 퍼져있는 하나님 중심적 자세에 대한 명백한 지표라 할 수 있다.

여호와 우리 주여
주의 이름이 온 땅에 어찌 그리 아름다운지요.
주의 영광이 하늘을 덮었나이다.
....
주의 손가락으로 만드신 주의 하늘과
주께서 베풀어 두신 달과 별들을 내가 보오니
사람이 무엇이기에 주께서 그를 생각하시며
인자가 무엇이기에 주께서 그를 돌보시나이까. (시8:1-4)

"여호와 우리 주여"라는 두 번의 외침은 강한 감정을 전달하고 있다. 그가 주장하는 중요한 견지는 자연이 자연의 영광이 아니라 하나님의 영광을 드러낸다는 것이다. 그 장엄함이 "온 땅에" 드러난다는 말을 덧붙인 것은 자연에 나타나는 하나님의 영광이 일정한 지역에 국한되는 것이 아니라 보편적인 영광이라는 사실을 지시하고 있다. 그리고 자연은 신성한 산물 즉 하나님이 이룬 예술적 업적이라는 히브리 사람들의 확신을 아름답게 그리고 있다. 사실, 손으로 세상을 만든다는 표현에서 보듯이 하나님은 의인화의 용어를 사용하여 인간처럼 그려지고 있다. 이런 장엄하고 위대한 자연에 비하면 인간은 왜소하다는 것이다. 그럼에도 불구하고 이어지는 시구를 보면 그 모든 것들을 지배할 수 있는 권한을 인간에 주신 하나님께 찬양을 돌리는 것이다.

시편 19편은 자연에 나타나는 주의 영광을 노래한 시다. C. S. 루이스는 이 시를 "시편 중에서 가장 위대한 시이자 이 세상 최고의 서정시 중의 하나"[40]라고 한 바 있다. "문학적 형식으로 말하자면 자연의 아름다움을 노래하는 자연시"[41]라 할 수 있지만, 그러나 이 시는 단순한 자연을 예찬한 낭만시가 아니라 그 자연 속에 나타나는 하나님의 영광을 찬미한 신앙서정시다.

여기에 나타나는 주제는 자연이 아니라 그 자신을 계시하시는 하나님의 위대함이다. 계시는 두 영역에서 일어나는 데, 이 시편에서는 그 두 영역을 다 찬양하고 있다. 전반부(1-6절)에서는 자연에 나타나는 하나님의 계시를 찬양하는데 반해, 후반부(7-14절)에서는 그의 율법(말씀)에 나타나는 그 자신의 영광스러운 계시를 찬양하고 있다. 여기서는 우선 전반부에 대해서만 살펴보겠다.

> 하늘이 하나님의 영광을 선포하고
> 궁창이 그의 손으로 하신 일을 나타내는도다.
> 날은 날에게 말하고
> 밤은 밤에게 지식을 전하니
> 언어도 없고 말씀도 없으며
> 들리는 소리도 없으나
> 그의 소리가 온 땅에 통하고
> 그의 말씀이 세상 끝까지 이르도다.
> 하나님이 해를 위하여
> 하늘에 장막을 베푸셨도다.

해는 그의 신방에서 나오는 신랑과 같고
그의 길을 달리기 기뻐하는 장사 같아서
하늘 이 끝에서 나와서 하늘 저 끝까지 운행함이여
그의 열기에서 피할 자가 없도다. (시 19:1-6)

이 시의 서두 "하늘이 하나님의 영광을 선포하고"는 천체의 계시를 지시하는 것이고, 이어지는 "궁창이 그 손으로 하신 일을 나타내는도다"는 첫 귀절체와 동일한 메시지를 나타내는 동의적 대구법이다. 즉 이 진술은 자연은 계시이며, 하나님의 선물이며, 하나님과는 다르지만 하나님의 행위의 흔적을 지니고 있다는 것을 표현해 주고 있다. "날은 날에게," "밤은 밤에게" 말하게 하는 것은 무생물을 인간의 속성이 있는 것으로 의인화해서 기염을 토하게 만든 것이다. 그리고 낮과 밤을 나타내는 두 구절은 "날은 날에게," "밤은 밤에게"를 되풀이함으로써 자연 계시의 영속적인 순환 과정으로 만든다.

천체의 움직임이 "말한다"라고 표현했던 시인은 3절에서는 역설을 사용하여 "언어가 없고 들리는 소리는 없으나"라고 한다. 이러한 역설에 대한 해답은 낮과 밤 모두가 계시하지만 침묵에 싸여 계시한다는 사실에 있다. 천체에는 움직임이 있으며, 그러한 움직임은 질서, 힘, 지성, 그리고 섭리와 같은 원리를 함축하고 있으나, 그들의 움직임 자체는 침묵이라는 것이다. 따라서 그들의 메시지는 언어 없이 전달된다.

그 다음 구절에서는 자연의 계시가 보편적임을 표현한다. 즉 그 계시가 "온 세상에 통하고" "세상 끝까지" 전재한다는 것이다. 그 다음 초점은 하늘로부터 태양으로 좁혀진다. "하나님이 해를 위하여 하늘에 장막을 베푸셨도다"(4절)라는 진술은 곧 태양의 영예로운 역할을 강소한 것이라 할 수 있다. 태양의 움직임은 두 직유를 통하여 극화되면서 흥분시키는 감정적 연상을 넘치게 한다. 즉 떠오르는 해의 그 찬란함과 넘치는 기쁨을 보며 신부의 품에서 쉬고 나오는 신랑의 기쁨과 그 쾌활함에다 비유하였고, 또한 해가 날마다 동에서 서로 빠르게 항해하는 그 속도를 보며 마라톤 선수에다 비교하였다. 이 비유는 밤에는 바다에서 쉬고 곧 신부의 품 안에서 자다가 아침이 되면 태양신은 자기에게 맡겨진 일을 하러 떠나는 것으로 전해 내려오는 일종의 전설에다 근거를 두었다.[42]

"하늘 이 끝에서 나와서/ 하늘 저 끝까지 운행함이여/ 그의 열기에서 피할 자가 없도다" (시 19:6)라는 진술은 태양의 움직임에 대해서 정보를 제공하고자 하는 것이 아니라 태양이 매일 움직이는 것의 신비와 장엄함에 대한 경이로움을 표현한 찬미라 할 수 있다. 많은 사람들은 특히 애굽 사람들은 태양이 하나님인 줄로 믿고 있었지만, 시인을 포함한 이스라엘 사람들은 태양을 신으로 받들지 아니하고 하나님께서 만들어 하늘에 두신 하나님의 대리자로 보며 찬미하였다. 그것은 "하나님이 해를 위하여/하늘에 장막을 베푸셨도다" 라는 표현 속에서 찾을 수가 있다. 하나님의 창조법칙에 따라 해는 한 치의 오차도 없이 돌고 돌며 빛과 열기를 인간에게 주고 있는데, 그런 주기적인 반복 운동을 통하여 그 놀라운 하나님의 섭리 질서와 그 우주 안에 침투되어 있는 일반적인 은총을 체험하게 하는 것이다. 시인은 이처럼 체험한 자연의 질서에 나타나는 하나님의 능력과 영광을 찬미하였다. 따라서 이 시는 자연 자체를 찬미한다기보다는 그 자연을 만들고 그것을 움직이는 하나님의 위대함을 찬미한 시라 할 수 있다.

모울튼이 "폭풍우의 노래"[43]라고 부르는 시편 29편은 폭풍우 속에서 체험하는 하나님의 존재와 권능을 찬양한다. 이 시의 첫 부분(1-2절)은 찬양 요청으로서 기대하는 마음을 불러 일으킨다.

> 너희 권능 있는 자들아 영광과 능력을
> 여호와께 돌리고 돌릴지어다.
> 여호와께 그의 이름에 합당한 영광을 돌리며
> 거룩한 옷을 입고 여호와께 예배할지어다. (시 29:1-2).

"너희 권능 있는 자들아" 하고 천사들에게 하나님 찬양을 요청하고 있다. 그 효과는 천사와 같은 고결한 자만이 하나님에게 적절한 찬양을 돌릴 자격이 있다는 사실을 암시하는 것이다.

3-9절은 폭풍우가 진행되는 상황을 묘사하는데, 폭풍우는 하나님이 수행하는 일련의 행위로서 간주된다.

> 여호와의 소리가 물 위에 있도다.
> 영광의 하나님이 우렛소리를 내시니
> 여호와는 많은 물 위에 계시도다.
> 여호와의 소리가 힘 있음이여
> 여호와의 소리가 위엄차도다.
> 여호와의 소리가 백향목을 꺾으심이여
> 그 여호와께서 레바논 백향목을 꺾어 부수시도다.
> 그 나무를 송아지 같이 뛰게 하심이여
> 레바논과 시룐으로 들송아지 같이 뛰게 하시도다.
> 여호와의 소리가 화염을 가르시도다.
> 여호와의 소리가 광야를 진동하심이여
> 여호와께서 가데스 광야를 진동시키시도다.
> 여호와의 소리가 암사슴을 낙태하게 하시고
> 삼림을 말갛게 벗기시니
> 그의 성전에서 그의 모든 것들이 말하기를 영광이라 하도다. (시 29:3-9)

3-4절에서는 폭풍우의 소리가 강조되고, 5절에서는 폭풍우가 동쪽으로 불면서 땅을 덮치고 숲의 나무들을 부러뜨린다고 묘사한다. 그리고 6절에서는 나뭇가지가 흔들리는 것을 동물들이 뛰는 모습에 비유하여 "그 나무를 송아지 같이 뛰게 하심이여/ 레바논과 시룐으로 들송아지 같이 뛰게 하시도다" 라 하였다. 소리와 바람에 대한 묘사에 덧붙여서 번개에 대한 묘사도 있다. "여호와의 소리가 화염을 가르시도다" (시 29:7).

폭풍우가 심해짐에 따라 폭풍우는 삼림 지역을 넘어 들판으로 움직이는 것으로 그려진다(시 29:8). 마지막 9절에서는 폭풍우에서 나타나는 하나님의 영광에 대한 인간적 반응을 극적으로 표현하고 있다. 즉 "여호와의 소리가 암사슴으로 낙태케 하시고/ 삼림을 말갛게 벗기시니/ 그 전에서 모든 것이 말하기를 영광이라 하도다" 하였다. 그리고 10-11절에서는 하나님이 이 자연을 지배하는 왕이라고 노래하는 것으로 고요하게 정적으로 가라앉도록 끝맺는다.

시편의 자연시를 대개의 문학의 자연시와 결부시키려는 시도를 한다면, 흥미있는 결과가 나타난다. 자연시는 일반적으로 자연에 대한 두 가지 모순적 혹은 어떤 경우에는 상보적 해석을 보여준다. 자연은 때때로 법, 규칙, 질서, 그리고 이성과 동등한 것으로 취급되지만, 다른 경우 그것은 충동, 본능, 자발성, 그리고 에너지와 동일시된다. 이러한 두 가지 경향은 각각 전통적인 해석과 낭만적인 해석이라 부를 수 있다. 성경의 자연시는 첫 번째 전통과 관련되는 경우가 많다. 따라서 시편에서 자연은 질서 있는 것, 법의 한계 내에 있는 것, 그리고 하나님의 의도하는 계획에 따라 움직이는 것으로 되풀이하여 묘사된다. 시편의 몇몇 구절은 함축적으로 자연이 본능적이며, 충동적이고, 자발적임을 긍정하지만, 자연의 낭만적 관점이라 부를 만한 것은 시편에는 거의 없다.

시편의 작가들은 사실상 자연보다는 하나님에게 더 사로잡혀 있다. 그들은 규칙이나 에너지, 도처의 흔한 주제에 관한 이야기보다 하나님이 자연을 창조한 것과 자연에 자신을 계시한 것에 관해서 더욱 많은 말을 하는 것이 확실하다.

(ii) 율법(律法)을 노래한 시

율법을 노래한 시 중의 대표적인 것은 시편 1편, 19편과 119편 등이다. 시편 1편은 퍽 낯 설은 주제를 다루고 있는 시라 할 수 있다. 1편의 주제는 "복 있는 사람은 … 오직 여호와의 율법을 즐거워하며 그의 율법을 주야로 묵상하는도다"라는 구절에서 보는 바와 같이 율법이다. 예수 그리스도의 복음을 모르고서는 복음서로 들어갈 수 없는 것처럼 여호와의 율법을 모르고는 시편의 세계 속으로 들어갈 수 없다는 뜻이다. 시편 속에 나타난 하나님을 만나기 원하는 사람은 먼저 율법에 헌신해야 한다.[44] 시편 1편에서 시인은 율법을 복스러운 소식으로 받아들이고 있다. 시편 19편의 시인도 율법을 정금보다 더 귀한 것으로 받아드렸다. 시편 19편은 3부로 잘 짜진 훌륭한 서정시다. 19편 1-6절에서 시인은 하나님의 자연 계시를 찬미하였지만, 7-10절에서는 하나님의 문자 계시를 찬미하였는데, 시편 작가의 시대에 있어서 그것은 주로 율법을 가리켰다.

> 여호와의 율법은 완전하여 영혼을 소성시키며
> 여호와의 증거는 확실하여 우둔한 자를 지혜롭게 하며
> 여호와의 교훈은 정직하여 마음을 기쁘게 하고
> 여호와의 계명은 순결하여 눈을 밝게 하시도다.
> 여호와를 경외하는 도는 정결하여 영원까지 이르고
> 여호와의 법도는 진실하여 다 의로우니. (시 19:7-9).

예술적 교묘한 병행법으로 이루어진 이 시구에서 시인은 율법을 완전하고, 확실하고, 정직하고, 순결한 여호와의 법 즉 하나님의 계시로 보았다. 그러므로 그것은 생명, 지혜, 환희, 광명을 준다고 한다. 중요한 것은 율법이 빛을 준다는 것이다. 그 빛은 깨끗하고 영원하고 달콤하다. 그것은 빛나고 엄격하고 깨끗하고 의기양양하다. 우리는 이 시인이 마지막 부분에서 자신의 "드러나지 않은 잘못"에 대한 인식을 표현하고 있다는 점을 첨가할 필요가 있다. 그가 사막에서 해를 피해 숨으려고 하지만 해가 손바닥 만 한 그늘에서도 기어이 그를 찾아내는 것처럼 율법은 그의 영혼이 숨으려는 곳이 어디든지 간에 찾아내고 있음을 고백하고 있다. 이렇듯 번잡하고 구속적인 율법 속에서 놀라운 은총을 체험한 시인은

금 곧 많은 순금보다
더 사모할 것이며
꿀과 송이꿀보다 더 달도다. (시 19:10)

라는 결론에 이르렀다.

이 율법 속에서 시인은 아름다움과 달콤함과 고귀함을 느낀다고 하였는데, 그것은 질서에 대한 기쁨이며 규칙적이고 경쾌한 춤처럼 사물을 "있는 그대로" 두는 것에 대한 기쁨과 같은 것이다. 요사이 너무나 도덕의 가능성을 부인하는 경향이 많이 있다. 그러나 기독교 윤리의 달콤한 합리성(sweet reasonableness of the Christian ethics)을 19편의 시인처럼 깨달아야 한다.

시편 119편도 역시 율법에 대한 찬미다. 루이스는 그의 『시편 사색』에서 "이 시편은 모든 시편 중 가장 짜임새 있고 가장 잘 다듬어져 있다. . . . 시편 119편은 오랫동안 조용한 시간에 한뜸한뜸 수를 놓듯이, 마치 숙련된 장인이 여가를 즐기면서 만든 작품과 같다"[45]고 말하였다.

시편 119편은 시편 중에서 가장 긴 장이다. 가장 길 뿐 아니라 그 예술성에 있어서도 뛰어나다.[46] 첫째로, 이 시는 알파벳 시(답관체)다. 히브리어에는 22개의 알파벳이 있는데, 여기에서는 한 알파벳이 8행으로 되어 있어서 모두 176절이다. 둘째로, 이 시의 주제는 하나님이 주신 율법, 즉 토라지만 이것을 다양한 단어로 표현하였다. 다시 말하자면 "법, 증거, 법도, 율례, 계명, 판단, 말씀" 등으로 나타난다. 이 용어들은 독특한 의미를 갖고 있지만, 율법의 다양한 측면을 프리즘처럼 비추어 주고 있다. "법"은 사람의 가르침과 하나님의 가르침 , 좀 더 구체적으로는 율법책을 가리킨다. 그 다음 "증거"는 하나님께서 자신의 뜻으로 엄숙히 선언하신 도덕적, 종교적 규칙을 가리키고, "법도"는 교훈, 훈계, 금지령을 뜻하며, "율례"는 기록되고 새겨진 것을 가리킨다. "계명"은 권위 있게 부여하는 구체적인 명령이고, "판단"은 재판의 결정으로 만들어진 선례와 법칙을 말하며, "말씀"은 하나님께서 자신의 뜻을 사람에게 게시해 준 성경 말씀을 뜻한다.[47] 세 번째 특징은 다양한 문학적 형식을 다 사용하였다는 것이다. 이 시편의 중심적인 형식은 찬양과 애가이며, 좀 더 상세하게 보면, 감사, 기도, 죄고백, 신앙고백, 지혜 등이다. 이런 시의 형식이 시편 119편에 다 담겨 있다.[48]

이렇게 1단계에서는 율법을 위에서 말한 것과 같은 7가지로 별칭하고 나서, 제2단계(9-15절)에서는 이 시의 목적을 서술하고 있다. 적극적 목적은

> 청년이 무엇으로 그 행실을 깨끗하게 하리이까
> 주의 말씀만 지킬 따름이니이다. (시 119:9)

라는 시구 속에 나타나 있다. "청년이 무엇으로 깨끗케 하리이까" 하는 질문에 답을 주는 것은 119편 9절 하반 절이다. 즉 "주의 말씀을 따라 삼가"야 한다는 것이다. 율법은 등불이며 안내자이다(119:105). 우리 인생에는 우리를 포위하고 있는 세속문화가 보여주는 것처럼 수많은 길이 있다. 시인이 주님이 주신 방향이나 혹은 주의 다스림을 진실하다고 말하는 것은 다른 것이 아니라 이것이 살아있고 정당하며 견고하다는 것이다. 따라서 젊은이에게 하나님의 율법을 교훈하는 것은 무엇보다 그들의 순결을 보존케 하려는 데 있다. 그리고 그 소극적 목적은

> 내가 주께 범죄하지 아니하려 하여
> 주의 말씀을 내 마음에 두었나이다. (시 119:11)

라는 표현 속에 나타나 있다. "여호와께서는 온갖 것을 그 씌움에 적당케 지으셨나니(잠언 16:4)라고 말한 바와 같이, 인간에게는 하나님이 정한 목적이 있다. 이 목적을 도외시하는 것이 근본적으로 죄라 할 수 있

다. 젊은이에게 하나님의 율법을 가르치는 것은 이런 목적을 바로 인식하고 그것을 시종 관철해 나가도록 하는 데 있다.

다음으로는 이 율법을 가르치는 동기가 술회된다. 첫째는 "주의 손이 나를 만들고 세우셨사오니/ 내가 깨닫아 주의 계명들을 배우게 하소서" (시 119:73)라고 말한 바와 같이, 자기를 창조한 조물주의 뜻을 알리려는 데 있다. 그러면 자연 인간의 목적이 무엇인가도 알게 된다. 둘째는 "고난당하기 전에는 내가 그릇 행하였더니/ 이제는 주의 말씀을 지키나이다" (시 119:67)라고 한 바와 같이, 과거에 있어서 율법을 배우지 않아 심한 고통을 당한 경험이 있기 때문이다.

그 다음으로는 율법에 대한 시인의 태도가 서술된다. 그 태도 중의 첫째는 묵상이요(119:97), 둘째는 상담이요(119:133), 세 째는 즐거움이다 (119:77, 92). 여기서 "묵상한다"는 것은 시편 1편 2절 "복 있는 사람은 주의 법을 즐거워하며 밤낮으로 그것을 묵상하는 자"라고 하는 말에서 보듯이, "묵상한다"는 것은 "노력하는 것" 혹은 "연습한다"는 것으로서 명백하게 율법에 순종한다는 뜻이 아니라(물론 순종하겠지만) 오히려 율법을 연구한다는 것이다. 물론 여기서 율법은 단순히 십계명만을 의미하지는 않고 레위기, 민수기, 신명기에 담겨 있는 모든 율법 즉 종교법, 도덕법, 시민법, 형법, 헌법까지를 말한다.[49] 율법을 깊이 생각하는 사람은 "이 율법책을 네 입에서 떠나지 말게 하며 주야로 그것을 묵상하여" (수 1:8)라는 여호수아에게 준 주님의 명령을 따른다.

옛날 유대인들이 "율법을 즐거워한다"고 말한 것은 오늘날 우리가 역사, 물리학, 고고학을 좋아한다는 것과 부분적으로 같은 의미를 내포한다. 따라서 여기서 좋아한다는 것은 자신이 좋아하는 과목을 좋아하는 것처럼 아주 자연스러운 것이지, 그렇게 도덕적인 것은 아닌 것 같다. 물론 그들은 율례를 온전히 지키지 못하고 있으며 지킬 수도 없다. 그러나 그 율례를 지키기 위한 노력은 노예 같은 두려움에서 나온 것이 아니다. 하나님의 율법에 새겨진 주님의 뜻의 질서는 아름답다. 그것을 인간의 일상생활 속에 가능한 적용하려고 노력하는 것 외에 무엇을 할 수 있단 말인가? 그는 이 율례를 즐거워하고(시 119:16) 보물을 찾듯이 연구한다(시 119:14). 그것은 음악처럼 감동을 주며 그것은 그의 노래가 된다(시 119:54). 그것은 꿀맛 같고(시 119:103) 금은 보다 귀하다(시 119:72). 인간이 눈을 뜨면 뜰수록 율례 안에서 풍성한 것을 발견하며 기이한 것을 보게 된다(시 119:18).

이렇게 주의 말씀을 체험한 마음에는 다음과 같은 기도가 자연 용솟음쳤다.

> 내 영혼이 진토에 붙었사오니
> 주의 말씀대로 나를 살아나게 하소서. (시 119:25).

주의 말씀을 맛보고 배우고 배울수록 점차 일상생활 속에 묻혀 있는 자기 영혼의 불만족감을 느끼기 마련이다. 그래서 시인은

> 나의 눈을 열어서
> 주의 율법에서 놀라운 것을 보게 하소서. (시 119:18)

라고 다시 기도를 드렸던 것이다. 실로 자기 내면생활에 충실하고자 하는 자는 누구나 영적인 욕구를 만족시키기 위하여 이런 기도를 하기 마련이다.

전체가 176절로 구성된 이 시는 "내가 보니 모든 완전한 것이 다 끝이 있어도/ 주의 계명들은 심히 넓으니이다(시 119:96)라는 느낌으로 요약된다. 율법을 배우면 배울수록 한없이 넓다는 영탄이 저절로 우러나오는 법이다.

(iii) 인간(人間)을 노래한 시

히브리 시인들은 하나님을 주야로 묵상하며 사모하였다. 그러나 일단

그들의 눈을 자신들의 내부로 향하여 그 존재성을 살펴볼 때, 하나님의 영원성에 비하면 너무나도 유한하고 과감성이 부족하다는 것을 깨닫고 무상함을 통감한다. "내 날이 기울어지는 그림자 같고/ 내가 풀의 쇠잔함 같으니이다./ 여호와여 주는 영원히 계시고/ 주에 대한 기억은 대대에 이르리이다"(시 102:11-12). 이런 감정을 표현한 대표적인 시가 39편과 90편이다. 여기에 나타나는 특성은 그들이 인생의 무상을 통감할수록 여호와 하나님에 대한 신뢰감은 더욱 진지해졌다는 것이다.

인간의 연약함을 통감하는 반면에 인간의 존엄성을 또한 인정하였다. 그들은 인간이 연약한 존재이기는 하지만 놀라운 하나님의 피조물인 것을 믿었다(시 119:73, 139:14). 특히 인간은 하나님의 형상대로 신묘막측(神妙莫測)하게 창조된 존엄한 존재라는 것이다. 인간의 존엄성을 노래한 시가 많이 있지만 그 중에서도 히브리인의 인간관을 가장 잘 표현해 준 시는 8편이다.

> 사람이 무엇이기에 주께서 그를 생각하시며
> 인자가 무엇이기에 주께서 그를 돌보시나이까.
> 그를 하나님(천사_보다 조금 못하게 하시고
> 영화와 존귀로 관을 씌우셨나이다.
> 주의 손으로 만드신 것을 다스리게 하시고
> 만물을 그의 발아래 두셨으니. (시 8:4-6).

"그를 하나님(천사)보다 조금 못하게 하시고/ 영화와 존귀로 관을 씌우셨나이다"라는 시적인 표현은 곧 "하나님의 형상대로 사람을 창조하셨다"(창 1:27)는 산문적 내용의 반향이라 할 수 있다. 이것은 기독교적 인간관의 기초가 된다. 하나님의 형상에 대한 설명은 구구하지만 인간은 이성적 자유인이요, 원초적으로는 완전한(비록 상대적이기는 하지만) 존재요, 자연의 지배를 천부로 받은 존재라는 것이다. 이런 점에서 다른 동물들과 구별되고 또 그런 점에서 우월하다. 그러므로 인격을 존중하고 생명을 천하보다 귀하게 보는 것이다.

그러나 인간은 영과 육으로 구성된 복합적 존재로 천사보다는 조금 못하고 하등동물보다는 우월한 이원적 존재(二元的 存在)다. 그러므로 늘 이원적 고뇌와 긴장을 갖기 마련이다. 물론 이런 고뇌는 타락 이후 육체가 됨으로써 더욱 심각하게 되었다.

이런 인간을 노래한 시는 개인적 방면을 노래한 것과 사회적 방면을 노래한 것으로 구분해 볼 수 있다. 우선 개인적 방면을 노래한 시로는 139편 같은 것을 들 수 있다. 여기서 시인은 전능하신 하나님께서 기이하게 만드신 인간의 존재성을 내성하며 그의 위대한 창조의 신비를 다음과 같이 노래한다.

> 주께서 내 내장을 지으시며
> 나의 모태에서 나를 조직하셨나이다.
> 내가 주께 감사하옴은
> 나를 지으심이 심히 기묘하심이라.
> 주께서 하시는 일이 기이함을 내 영혼이 잘 아나이다.
> 내가 은밀한 데서 지음을 받고
> 땅의 깊은 곳에서 기이하게 지음을 받은 때에
> 나의 형체가 주의 앞에 숨겨지지 못하였나이다.
> 내 형질이 이루어지기 전에
> 주의 눈이 보셨으며
> 나를 위하여 정한 날이 하루도 되기 전에
> 주의 책에 다 기록이 되었나이다. (시 139:13-16).

지극히 위대한 여호와의 예지의 빛 가운데 둘러싸인 존재, 하나님의 놀라운 지식의 영역을 한 치도 빠져나갈 수 없는 생존임을 시인은 인식하게 된다. 근본적으로 인간은 다른 동물에 비해 뛰어난 존재이기는 하지만, 전능자 앞에서는 아무 것도 할 수 없는 지극히 무력하고 티끌만치 작은 존재라는 것을 깨닫게 되는 것이다. 이런 인식에 도달한 자는 겸손해질 수밖에 없고 자기를 떠받드는 자기숭배자(自己崇拜者)는 될 수 없다.

다시 139편 13-17절을 보면 이렇게 창조의 신비와 그 행사의 경이로움에 놀라 겸손해질 수밖에 없었던 시인은 "내게 무슨 악한 행위가 있나 보시고/ 나를 영원한 길로 인도하소서"(시 139:24)하고 기도했던 것이다.

이렇듯 무한하고 전능하신 하나님을 그들은 인식하고 있었기에 어떤 역경 중에서도 목마른 사슴처럼 그를 사모하며 그를 의지했던 것이다.

> 하나님이여 사슴이 시냇물을 찾기에 갈급함 같이
> 내 영혼이 주를 찾기에 갈급하나이다.
> 내 영혼이 하나님 곧 살아계시는 하나님을 갈망하나니
> 내가 어느 때에 나아가서 하나님의 얼굴을 뵈올까. (시 42:1-2).

이렇게 하나님을 목말라하고 전적으로 의지하는 자의 이상적 인격을 15편에서 다음과 같이 서술하고 있다.

> 여호와여 주의 장막에 머무를 자 누구오며
> 주의 성산에 사는 자 누구오니이까.
> 정직하게 행하며 공의를 실천하고
> 그의 마음에 진실을 말하며
> 그의 혀로 남을 허물하지 아니하고
> 그의 이웃에게 악을 향하지 아니하며
> 그의 이웃을 비방치 아니하며
> 그의 눈은 망령된 자를 멸시하며
> 여호와를 두려워하는 자들을 존대하며
> 그의 마음에 서원한 것은 해로울지라도 변하지 아니하며
> 이자를 받으려고 돈을 꾸어 주지 아니하며
> 뇌물을 받고 무죄한 자를 해하지 아니하는 자이니
> 이런 일을 행하는 자는 영영히 흔들리지 아니 하리이다. (시 15:1-5).

올바른 생활노선을 갖고 모든 도덕률에 합당한 생활을 하며 주의 말

씀에 확신을 갖고 정당한 윤리생활을 하는 자만이 성산에 오를 자격이 있는 자로, 그런 자는 영원히 흔들리지 않으리라는 것이다.

그러나 현실적으로 보면 이런 이상적인 인간은 별로 없고 모두가 주께 범죄 한 슬픈 존재만이 있을 뿐이라고 한다.

> 무릇 나는 내 죄과를 아오니
> 내 죄가 항상 내 앞에 있나이다.
> 내가 주께만 범죄 하여
> 주의 목전에 악을 행하였사오니
> 주께서 말씀하실 때에 의로우시다 하고
> 주께서 심판하실 때에 순전하시다 하리이다.
> 내가 죄악 중에서 출생하였음이여
> 어머니가 죄 중에서 나를 잉태하였나이다. (시 51:3-5).

시편 14편 1-3절에서는 좀 더 구체적으로 "치우친 자" 즉 하나님을 아는 길에서 탈선하는 자, 하나님이 없다고 하는 어리석은 자, 그래서 도덕적으로 부패한 자들만이 가득하다고 한다. 그러나 시인은 죄의식을 느끼며 괴로워만 하는 것이 아니라 죄로 인하여 하나님과 분리된 영적 교제의 회복을 희망하며 깊은 눈물을 뿌리며 회개하는 것이다. 대표적인 회개의 시편은 6, 32, 38, 51, 102, 130, 143 등이다. 이 중에서도 시편 51편은 깊은 감화와 감동을 주는 그런 시다.

> 하나님이여 주의 인자를 따라 내게 은혜를 베푸시며
> 주의 많은 긍휼을 따라 내 죄악을 지워주소서.
> 나의 죄악을 말갛게 씻으시며
> 나의 죄를 깨끗이 제하소서.
> 무릇 나는 죄과를 아오니
> 내 죄가 항상 내 앞에 있나이다.
> ....
> 보소서 주께서는 중심에 진실함을 원하시오니

내게 지혜를 은밀히 가르치시리이다.
우슬초로 나를 정결케 하소서 내가 정하리이다
나의 죄를 씻어 주소서 내가 눈보다 희리이다.
내게 즐겁고 기쁜 소리를 들려 주시사
주께서 꺾으신 뼈들도 즐거워하게 하소서.
주의 얼굴을 내 죄에서 돌이키시고
내 모든 죄악을 지워주소서.
하나님이여 내 속에 정한 마음을 창조하시고
내 안에 정직한 영을 새롭게 하소서.
나를 주 앞에서 좇아내지 마시며
주의 성령을 내게서 거두지 마소서.
주의 구원의 즐거움을 내게 회복시켜 주시고
자원하는 심령을 주사 나를 붙드소서.
그리하면 내가 범죄자에게 주의 도를 가르치리니
죄인들이 주께 돌아오리이다. (시 51:1-13).

이 회개의 시편을 통하여 흐르는 일관된 하나의 위대한 종교적 진리는 인자하신 하나님께서는 우리 죄인들을 위해 회개의 문을 열어 놓아 두셨다는 것이다. 특히 시편 32편과 51편에서는 죄에 대한 인간의 깊은 비애를 노래하는 동시에 죄악을 도말해 주시고 구원의 즐거움을 회복시켜 달라고 하는 애원을 노래한다.

이런 현실적으로 죄를 범한 인간이 영원히 흔들리지 않는 이상적인 인간이 되려면 뼈 속 깊이까지 회개하고 용서함 받은 후 늘 하나님을 사모하여 그만을 의지하는 길 밖에는 없다. 그런 신앙의 조화에 이른 자만이 "독수리 같이 새롭게" 될 수 있다(시 103:3-5).

시편의 시인들은 죄의 대가로 인간들은 고통을 당하고 있지만(시 94:12, 119:67, 71), 고난을 당하는 것이 주의 율례를 알게 하는 하나님의 교훈이므로 유익하다고 한다. 이스라엘 사람들은 "고통은 긴 순간이다"라는 오스카 와일드(Oscar Wilde)의 『옥중기』(獄中記)의 첫 구절이 실감될 정도의 기나긴 고통과 절망 속에서도 무한하고 영원하신 하나님을 찾아 사모함으로써 그들은 고통을 극복하고 새로운 용기 있는 삶을 이어갈 수가 있었다. 그것은 이 고난의 밑바닥에서도 하나님만은 자기를 버리지 않을 것을 믿기 때문이다. 그래서 시인은 다음과 같이 자신을 달랬던 것이다.

> 내 영혼아 네가 어찌하여 낙심하며
> 어찌하여 내 속에서 불안하여 하는가
> 너는 하나님께 소망을 두라.
> 나는 그가 나타나 도우심으로 말미암아
> 내 하나님을 오히려 찬송하리로다. (시 42:11).

인간의 가능성이 다 끊어진 때 그가 할 일은 두 가지다. 하나는 하나님을 원망하고 죽는 것이고 다른 하나는 하나님을 절대적으로 의지하는 것이다. 시편 22편의 시인은 후자의 길을 택한 대표적인 사람이다. 인간의 절망적 상태란 사람과 사정에 따라 다르다고 할 수 있지만, 가장 견딜 수 없는 것은 인간들에게 버림을 받았다는 고독과 소외감이 아니라 이제는 하나님도 자기를 버리고 말았다고 생각하는 때이다. 그래서 22편의 시인은 이런 심경을 이렇게 토로했던 것이다.

> 내 하나님이여 내 하나님이여 어찌하여 나를 버리셨나이까
> 어찌 나를 멀리하여 돕지 아니하시오며
> 내 신음 소리를 듣지 아니하시나이까. (시 22:1).

그러나 이 시인은 하나님을 단념하거나 하나님의 처사에 대하여 불만을 표시한다거나 그의 섭리에 대한 항거의 태도를 보이지는 않는다. 이 비탄의 부르짖음은 마지막 숨결을 모으며 나머지 한 방울의 피가 말라 버리기 전에 자기의 전심전력을 기울여 의지할 것은 오직 그이뿐이라는 심경에서 부른 노래이다. 완전히 자신의 운명을 하나님의 손에 내맡기는 것이다. 그것은 자기 선조들의 신앙도 이런 의지신앙이었다는 것을

밝히고 있기 때문이다.

> 우리의 조상들이 주께 의뢰하고
> 의뢰하였으므로 그들을 건지셨나이다.
> 그들이 주께 부르짖어 구원을 얻고
> 주께 의뢰하여 수치를 당하지 아니하였나이다. (시 22:4-5).

신앙과 의뢰심으로 이룬 자기 민족의 신앙전통을 자랑스럽게 말하고 있는 것이다.

다음으로는 인간의 사회적 방면을 노래한 시들을 살펴보겠다. 133편의 시인은 이상적 사회를 다음과 같이 묘사하고 있다.

> 보라 형제가 연합하여 동거함이
> 어찌 그리 선하고 아름다운고
> 머리에 있는 보배로운 기름이
> 수염 곧 아론의 수염에
> 흘러서 그 옷깃까지 내림 같고
> 헐몬의 이슬이 시온의 산들에 내림 같도다
> 거기서 여호와께서 복을 명령하셨나니
> 곧 영생이로다. (시 133:1-3).

시편 133편은 "성전에 올라가는 노래"로서 평상시 이스라엘 남자들이 제사 드릴 목적이나 풍요로운 절기, 예루살렘에 모여드는 때에 예루살렘의 순례자들이 성전을 바라보면서 드린 것이기도 하고, 또한 "성전에 올라가는 노래"라는 제목이 붙어있는 시 120편부터 134편까지에 있는 시들은 대부분이 이스라엘의 황금기가 끝나고 쇠퇴할 무렵, 그 중에는 바벨론 포로에서 귀환하여 예배하러 성전에 올라가면서 피폐해진 예루살렘 성전을 보면서 부른 노래들이다.

이 시에는 형제들이 갈리고 다투는 것은 바람직하지 않다는 기본 입장이 깔려 있다. 특히, 포로로 잡혀가 하나님께서 그들에게 기업으로 주신 땅을 떠나 뿔뿔이 흩어져 있는 것은 좋지 못하다고 생각하였다. 이스라엘 공동체가 이루기를 바라던 소망이 바로 "형제가 연합하여 동거하는 것" 이었다. 그 소망을 두 비유로 표현하였다. 첫째 비유는 제사장 아론의 머리에 있는 기름(향기로운 기름)이 그의 수염을 타고 내려와 옷깃까지 적시는 이미지이다. 형제가 동거하는 데서 오는 아름다움이 이런 모습이라면 현대인들은 잘 이해 안될 수도 있겠지만, 당대의 상황에서 이 모습은 아름다움과 위엄과 거룩함의 표로 이해되었다. 형제의 동거함을 향기 나는 기름에 비유한 것은 향기 나는 하나님의 은혜가 흘러내리는 예배의 장소에 하나님의 가족이 모여 있는 것이 마치 이런 기름의 흐름과 같기 때문이다. 그만큼 그것은 거룩하고 아름답다는 것이다.

두 번째 비유는 팔레스타인 북쪽에 위치한 해발 3,000미터의 헐몬 산의 이슬이 시온의 산들에 내리는 이미지이다. 하나님께서 이스라엘 공동체에 내리시는 하나님의 은혜는 헐몬의 이슬이 무덥고 건조한 지방에 내려 기분을 상쾌하게 하는 것과 같다는 것이다. 종종 선지자들도 하나님의 은혜의 상쾌함을 이러한 이미지로 표현하곤 하였다. "내가 이스라엘에게 이슬과 같으리니 저가 백합화같이 피겠고 레바논 백향목 같이 뿌리가 박힐 것이라" (호 14:5).

이처럼 서로 거듭난 형제(신자)들의 연합과 우애를 기초로 하는 평화로운 공동체를 이상적인 사회로 보았다. "수염을 타고 옷깃까지 흘러내리는" 라던가 또는 "헐몬 산의 이슬 같고 시온 산줄기를 타고 내리는 이슬과도 같구나" 라는 비유는 진정한 형제들의 연합과 우애는 위로부터 하나님이 주시는 축복이라는 것이다. 이로 보아서 가장 이상적인 사회는 하나님 중심주의 사회라는 것을 알 수 있다. 그러나 그 현실적인 사회는 어떠한가?

여호와여 도우소서 경건한 자가 끊어지며
충실한 자들이 인생 중에 없어지나이다.
그들이 이웃에게 각기 거짓을 말함이여
아첨하는 입술과 두 마음으로 말하는도다. (시 12:1-2).

하나님의 사랑을 받을 만한 경건한 자도 인격이 견실하여 신뢰할 만한 충실한 자도 없는 사회가 되었다는 것이다. 다만 허언과 이설(異說)을 일삼고 아첨과 배신을 밥먹듯 하는 자들만이 우굴 거리는 타락한 사회상을 보여 주고 있다.

그러므로 교만이 그들의 목걸이요
강포가 그들의 옷이며
살짐으로 그들의 눈이 솟아나며
그들의 소득은 마음의 소원보다 많으며
그들은 능욕하며
악하게 말하며
높은데서 거만히 말하며
그들의 입은 하늘에 두고
그들의 혀는 땅에 두루 다니도다. (시 73:6-9).

악하고 교만하고 강포하고 견실하지 못하며, 부와 권력을 한손에 쥐고 인간을 능욕하고 인권을 압제하는 불의의 삶을 살고 있지만, 그는 항상 살찌고 강건하고 하늘과 땅에 대하여 큰 소리만 치고 있다는 것이다. 이에 비하여 진실을 따르고 선을 행하려 하며 공의의 삶과 정직하게 살려는 사람은 수난과 압제, 비인간적인 대접을 받고 사는 모순된(부조리한) 사회가 되었다고 한탄한다. 그러나 정의의 하나님은 결코 끝까지 침묵하지 않을 것임을 확신하고 있다. 그렇기 때문에 37편의 시인은 인간의 모순과 사회의 부조리 때문에 불평하는 일로 하여 손해 보지 말라고 권고하며, 정의의 심판을 조용히 기다리라고 한다. 인간은 어떤 사회의 모순 속에서도 "자기 성실을 먹고사는 것" 이 가장 바람직한 일이라고 한다(시편 37:3-9).

그리고 2편에서는 이상적 사회관과 현실적 사회관 사이의 괴리를 극복하기 위하여 하나님이 통치하는 메시아 왕국의 실현을 희망하고 있다.

어찌하여 이방사람들이 분노하며
민족들이 헛된 일을 꾸미는가
세상의 군왕들이 나서며
관원들이 서로 꾀하여
여호와와 그의 기름 받은 자를 대적하며
우리가 그 맨 것을 끊고
그 결박을 벗어버리자 하는도다. (시 2:1-3).

그때는 완전한 정의가 실현되리라는 것이다. 그러므로 그 때까지 조용히 기다리며 자기 성실을 일삼는 것이 최선의 길이 될 것이라고 권고한다.

(iv) 예언적, 제사적, 현인적 사상을 노래한 시

마르틴 루터가 "시편은 작은 성경이다"라고 한 바와 같이, 시편에는 성경의 모든 사상이 다 포함되어 있다. 구약 사상은 대체로 세 유형의 사상 즉 예언적 사상과 제사적 사상 및 현인적 사상으로 구분할 수 있다. 예전적 사상은 종교의 윤리적, 도덕적 방면을 중시하고 비교적 희생과 형식을 경시한다. 반면 제사적 사상은 형식과 희생을 제일로 하고 윤리적 방면을 제이차적인 것으로 본다. 그리고 현인적 사상은 교훈과 사색을 중시한다. 그러면서 그들은 각기 의지와 정서와 지성에 호소한다. 그러면 이 세 유형의 사상을 항목별로 간단히 살펴보겠다.

(a) 예언적 조류의 시

예언적 조류의 시는 다시 본류적인 것과 아류적인 것으로 구분해 볼 수 있다. 본류적인 것은 주로 윤리적인 색채가 농후한 반면 종말적인 경향은 미약하고, 아류적인 것은 그와 반대로 종말적인 경향이 농후하고 윤리적인 것은 그 속에 포섭돼 있다.

예언적 사상은 무엇보다 먼저 윤리적인 요구를 고조하고 소극적으로는 제의를 배격한다. 그 대표적인 것은 시편 51편이라 할 수 있다.

> 주께서는 제사를 기뻐하지 아니하시나니
> 그렇지 아니하면 내가 드렸을 것이라.
> 주는 번제를 기뻐 아니하시나이다.
> 하나님께서 구하시는 제사는 상한 심령이라.
> 하나님이여, 상하고 통회하는 마음을
> 주께서 멸시하지 아니하시리이다. (시 51:16-17).

심각한 죄의 자각과 성결한 심성을 요구한 후 이런 강열한 윤리적 요구를 했다는 점에서 더욱 가치가 있다.

한 걸음 나아가 시인은 타락한 제의적 행위를 풍자하고 있다.

> 나는 네 제물을 때문에 너를 책망하지는 아니하리니
> 네 번제가 항상 내 앞에 있음이로다. (시 50:8).

이것은 제사제도를 반대한 것이 아니고 제사의 예식적 행위로만 만족할 뿐 심령적으로는 전혀 열납하지 않는 제사행위를 통박한 것이다.

의례적이며 형식적인 제사나 제물이 하나님 앞에 무가치한 이유는, 첫째 제사나 제물은 다 하나님의 것이고(50:9-12), 둘째 제물의 고기를 식료품으로 삼지 않는다는 것이다(50:13). 구약시대의 제물은 다만 예표적인 것으로 장차 오실 그리스도의 희생을 지시하고 있다. 그러므로 의식적 제사보다는 신앙과 순종이 더 중요하다.

사실상 하나님께서 강렬하게 요구하시는 것은 '감사의 제사' 를 드리라는 것이다. 또한 항상 '상한 심령' 을 요구하신다고도 했다. 이 감사의 제물과 상한 심령은 외형적인 제물이 아니라 인간의 영혼 깊은 데서 발현되는 것이다. 즉 시인은 내면적 신앙행위를 요구하고 있는 것이다.

> 하나님을 잊어버린 너희여 이제 이를 생각하라
> 그렇지 아니하면 내가 너희를 찢으리니 건질 자 없으리라.
> 감사로 제사를 드리는 자가 나를 영화롭게 하나니
> 그 행위를 옳게 하는 자에게 내가 하나님의 구원을 보이리라. (시 50:22-23).

이것은 종교적 행위의 윤리성을 요구한 것이다.

다음으로는 묵시록적 사상을 보여주는 예언적 아류시를 살펴보겠다. 이 사상의 특징은 적극적으로는 미래에 대한 열렬한 대망으로, 소극적으로는 현재에 대한 강렬한 불만으로 나타난다. 현재에 대한 불만의 원인은 수많은 불의한 사람들의 발호와 권력자의 압제에 있고, 미래에 대한 대망의 인력(引力)은 메시아의 강림과 축복이 충만한 하나님나라의 도래에 있다.

현대에 대한 불만을 표시한 시로는 3-7편으로 이어지는 연속시들을 들 수 있다. 3편에서는 자신의 주위에 있는 적의 상태를 이렇게 노래하고 있다.

> 여호와여 나의 대적이 어찌 그리 많은지요
> 일어나 나를 치는 자가 많으니이다. (시 3:1).

이 동의적 대구법이 보여주는 것은 수많은 적들의 현실적 박해다. 그러나 그런 중에서도 시인은 자리에 들면 자나 깨나 여호와께서 이 몸을 붙들어 주신다는(3:5) 확신 아래 비교적 평온한 아침을 맞을 수가 있었던 것이다. 또 시편 4편에서는 "내가 평안히 눕고 자기도 하리니/ 나를 안전히 거하게 하시는 이는 오직 여호와시니라"(4:8)라고 하여 신뢰에 가득 찬 저녁을 맞을 수 있었음을 시사하고 있다.

이런 구원을 바라는 시인의 기원은 5편으로 나감에 따라 더욱 강렬해진다.

> 여호와여 나의 말에 귀를 기울이사
> 나의 심정을 헤아려 주소서.
> 나의 왕, 나의 하나님이여
> 내가 부르짖는 소리를 들으소서
> 내가 주께 기도하나이다. (시 5:1-2)

이런 절실한 기도를 드리면 반듯이 응답을 해주실 것으로 믿었다.

> 여호와여 아침에 주께서 나의 소리를 들으시리니
> 아침에 내가 주께 기도하고 바라리이다. (시 5:3)

박해의 어두운 밤에 드리는 열렬한 기도는 반듯이 이루어져 축복의 아침이 올 것이라고 믿었던 것이다.

그러나 박해는 날로 극심하여 육체적 고통까지도 느끼게 되었던 것 같다.

> 여호와여 내가 수척하였사오니 내게 은혜를 베푸소서
> 여호와여 나의 뼈가 떨리오니 나를 고치소서.
> 나의 영혼도 심히 떨리나이다
> 여호와여 어느 때까지니이까. (시 6:2-3)

뼈가 쑤시고 영혼이 떨리는 상태가 됐건만, 여호와의 구원은 지체되기 때문에 시인은 다시 "내가 탄식함으로 피곤하여/밤마다 눈물로 침상을 띄우며/ 내 요를 적시나이다"(시 6:6)라고 고통의 한밤체험을 노래했던 것이다.

시편 7편에서도 "건져낼 자 없으면/ 그들이 사자 같이 나를 찢고/ 뜯을까 하나이다"(시 7:2)라 한 것을 보면 여전히 박해의 상태는 계속되었던 것을 알 수 있다. 그러나 '새벽' 이 가까워짐에 따라 고뇌의 시인에게도 새로운 힘이 더해진다. 그래서 그는 "여호와여 진노로 일어나사/내 대적들의 노래를 막으시며 나를 위하여 깨소서/ 주께서 심판을 명령하셨나이다./ 여호와께서 만민에게 심판을 행하시오니/ 여호와여 나의 의와 나의 성실함을 따라/ 나를 심판하소서/ 악인의 악을 끊고 의인을 세우소서./ 의로우신 하나님이 사람의 마음과 양심을 감찰하시니이다" (시 7:6, 8, 9)라는 말로 정의의 하나님을 바라보며 위안을 얻었다.

3편에서는 '고뇌의 아침' 으로 시작했던 시인은 7편에서는 '축복의 아침' 으로 끝맺었다. 그 사이 묵시문학적 불만을 표시하는 특징어라 할 수 있는 '여호와여, 어느 때까지 지체하시렵니까?' 라는 말이 반복된다.

이런 불만시와 상대되는 것으로 메시아에 대한 대망을 현재적인 것으로 보는 시가 있다. 우선 시인은 전세계를 통치하시는 하나님을 보았다.

> 여호와께서 다스리시나니 땅은 즐거워하며
> 허다한 섬은 기뻐할지어다. (시 97:1).

또한 국민을 통치하시는 하나님을 보았다.

> 여호와께서 다스리시니 만민이 떨 것이요
> 여호와께서 그룹 사이에 좌정하시니 땅이 흔들릴 것이로다. (시 99:1).

대자연을 통치하시는 하나님도 또한 보았다.

> 여호와께서 통치하시니 세계가 굳게 서고
> 흔들리지 않으리라
> 그가 만민을 공평하게 심판하시리라 할지로다.
> 하늘은 기뻐하고 땅은 즐거워하며
> 바다와 거기에 충만한 것이 외치고
> 밭과 그 가운데에 있는 모든 것은 즐거워 할지로다
> 그 때 숲의 모든 나무들이 여호와 앞에서

즐거이 노래하리니. (시 96:10-12).

이렇게 앞으로 올 미래세계를 눈앞에 보듯이 그렸다. 결국 시인은 이렇게 최후의 단정을 내렸다.

그가 임하시되 땅을 심판하려 임하실 것임이라
그가 의로 세계를 심판하시며
그의 진실하심으로 백성을 심판하시리로다. (시 96:13).

현재에 대한 불만도 강하지만, 미래의 이상세계를 동경하는 욕구는 더 강하다. 이런 대망의 신앙은 곧 기독교의 정의의 승리를 확신하는 신앙으로 이어지는 전통이 되었다.

나) 제사적 조류의 시

이 제사적 조류의 시는 의식과 희생을 존중하는 반면 윤리적 방면을 부차적인 것으로 생각한다. 예언적 조류의 시에서는 "하늘은 나의 보좌요 땅은 나의 발판이니" (사 66:1)라고 하는 식으로 보기 때문에 하나님이 거할 처소 즉 하나님의 전 같은 것에는 크게 관심을 두지 아니하고 "일어나 빛을 발하라" (사 60:1)라고 하는 윤리적 요구를 앞세우지만, 형식과 희생을 존중하는 시인들은 하나님의 전에 더 큰 관심을 쏟고 있다.

내가 여호와께 바라는 한 가지 일
그것을 구하리니
곧 내가 내 평생에 여호와의 집에 살면서
여호와의 아름다움을 바라보며
그의 성전에서 사모하는 그것이라.
여호와께서 환난 날에 나를 그 초막 속에 비밀히 지키시고
그의 장막 은밀한 곳에 나를 숨기시며

높은 바위 위에 두시리로다.
이제 내 머리가 나를 둘러싼 내 원수 위에 들리리니
내가 그의 장막에서 즐거운 제사를 드리겠고
노래하여 여호와를 찬송하리로다. (시 27:4-6).

성전을 그리워하는 마음과 그곳에서 여호와 하나님과 한평생 사귐을 갖기를 앙망하는 노래다. 그것은 위험을 당할 때마다 그를 구원해 주신다고 믿었기 때문이다.

또한 예언적 시인들은 자연을 바라보며 "저는 정의와 공의를 사랑하심이여/세상에 여호와의 인자하심이 충만 하도다"(33:5)라고 했지만, 제사적 시인들은 "하나님이여 우리가 주의 전 가운데서/ 주의 인자하심을 생각하였나이다"(48:9)라 했다. 그들은 이처럼 성전 뿐 아니라 그에 따르는 제물에 대해서도 깊은 관심을 표명했다.

내가 번제물을 가지고 주의 집에 들어가서
나의 서원을 주께 갚으리니
이는 내 입술이 낸 것이요
내 환난 때에 내 입이 말한 것이니이다.
내가 숫양의 향기와 함께 살진 것으로
주께 번제를 드리며 수소와 염소를 드리리이다. 셀라 (시 66:13-15).

그들은 여호와 하나님의 구원에 대해 진심으로 감사하는 표상으로 희생제물을 드리려 했던 것이다.

이 성전에 나아가 희생제물을 드리기 위해서는 당연히 제사드릴 때 입는 옷(제복)이 필요했다. 그래서 시 29편의 시인은 "거룩한 옷을 입고 예배할찌어다"(시 29:2)라 했다. 이 성의(聖衣)는 역대기하 20장 21절에 나오는 "거룩한 예복"과 동의어라 할 수 있다. 그러한 승리의 표상인 성의를 입고 성전에 나아가 희생제물로 봉사할 때 주의 성전에서는 "영광"(시 29:9)의 개선가가 울려 퍼지게 된다. 이 시인들은 일체의 민족적 생활을 제식화(祭式化)하지 않고서는 만족할 수가 없었다.

주의 권능의 날에 주의 백성이 거룩한 옷을 입고
즐거이 헌신하니
새벽이슬 같은 주의 청년들이 주께 나오는도다.
여호와는 맹세하고 변치 아니 하시리라
이르시기를 너는 멜기세덱의 서열을 따라
영원한 제사장이라 하셨도다. (시 110:3-4).

여기서 멜기세덱은 왕으로 오셔서 통치하실 분, 멜기세덱의 반차를 좇아오실 영원한 제사장 메시아를 지칭한다.

다) 현인적 조류의 시

현인적 조류의 시는 이스라엘을 대상으로 하지 않고 전 세계의 인류를 대상으로 하고 있다. 그 대표적인 것은 49편이다.

뭇 백성들아 이를 들으라.
세상의 거민들아 귀를 기울이라
귀천빈부를 막론하고 다 들을지어다.
내 입은 지혜를 말하겠고
내 마음은 명철을 작은 소리로 읊조리리로다.
내가 비유에 내 귀를 기울이고
수금으로 나의 오묘한 말을 풀리로다. (시 49:1-4).

이 시는 지혜문학의 성격이 농후하다. "사람들아 내가 너희를 부르며/ 내가 인자들에게 소리를 높이노라" (잠 8:4)라는 말과 비교할 때 훨씬 더 그 부르는 소리가 높고 웅장하다.

그러면 전 세계의 백성들을 부르는 목적은 무엇인가? 그 목적은 78편에서 찾을 수 있다.

> 이는 우리가 들어서 아는 바요
> 우리의 조상들이 우리에게 전한 바라.
> 우리가 이를 그들의 자손에게 숨기지 아니하고
> 여호와의 영예와 그의 능력과 그가 행사신 기이한 사적을
> 후대에 전하리로다. (시 78:3-4)

즉 과거로부터 전해 내려오는 전통적인 교훈을 현재의 시점에서 미래와 연결지어 전수하겠다는 것이다. 진정한 교육은 과거에 머무는 것이 아니다. 과거를 기초로 해서 미래를 내다보도록 가르치는 것이다. 진정한 개혁주의적 정신을 보여주고 있다고 할 수 있다.

그러면 그 목적의 달성 방법은 무엇인가? 그것은 "내 백성이여, 내 율법을 들으며/내 입의 말에 귀를 기울일지어다"(시 78:1)는 노래 속에 나타난 대로의 교훈의 방법이라 할 수 있다. 영감은 정시적이지만 교훈은 지성적이고 이지적이다. 이런 사색을 통하여 제시하는 문제는 무엇인가? 그것은 49편 3-4절에서 이미 본 바와 같은 지혜(wisdom)와 명철(understanding)과 오묘한 말(dark saying)을 제시하여 그것을 사색케 하는 데 있다. 그러므로 그들이 볼 때, "존귀하나 깨닫지 못하는 사람은/멸망하는 짐승 같도다"(시 49:20). 문제는 오묘한 세계를 깨닫지 못하는 자는 짐승과 같다는 것이다. 사람의 목적은 "수금을 타서 오묘한 말"을 해석하는 데 있다. 인생은 과학적 합리적 이념만을 가지고서는 풀 수가 없다. 이 점을 개달은 것이 지혜문학적 시인들이었다.

시편 강해를 끝내면서 무엇보다 말하고 싶은 것은 시편은 시이며, 시는 노래하기 위한 것이지, 교리적 논문도 아니고 더구나 설교도 아니라는 것이다. 그러니까 시편을 읽으면서 지식을 얻으려 하는 것보다는 시인들의 다양하고 매우 소중한 인생체험을 재체험해 보는 것이 더 중요하다. 더욱 시편을 감상할 때 시편 시인들이 드러내고 있는 세 가지 독특

한 특질들을 인식하여야 한다는 것이다.

첫째 인식하여야 할 것은 시인들의 깊고 순수한 자연에 대한 사랑이다. 시편의 시인들은 한결같이 자연 속에서 하나님의 솜씨와 음성을 보고 듣고 있음을 알 수가 있다. 이 세계를 이처럼 장엄하고 아름답게 만드는 것도 알고 보면 하나님의 임재하심 때문이라는 것이다. 그러나 자연의 미를 관조하고 묘사함에 있어서 워즈워스(Wordsworth)나 셸리(Shelley)나 키츠(Keats) 같이 자기 자신들을 그 자연 속에 묻어버리고 말지는 않는다. 시인들은 그것을 보고 곧 그것을 배후로 접어놓고 그 배후에서 움직이는 하나님의 역사하심과 그 움직임의 신비를 노래하고 있다. 그것을 제일 먼저 독자들은 인식하고 시편을 읽어야 한다.

둘째로 인식하여야 할 것은 열렬한 거룩함이나 성결과 아름다움을 늘 동일시하고 있다는 사실이다. 키츠라는 영국의 19세기 낭만파 시인이 "미는 진리고 진리는 미다"라고 한 것처럼 가장 높은 미의 형태는 영적이고 윤리적이며 너무나 아름답다. 그것은 영혼과 미가 영원한 음악과의 조화를 이룬 것과 같다. 그러므로 최고의 시인들은 시편의 시인들과 같이 참(의)를 열렬히 추구하여야 한다. 이런 감정의 추구가 그들의 시에는 차고 넘치며 충만하다는 것을 알아야 한다.

셋째로 인식하여야 할 것은 어떤 세상의 연인도 다윗이 하나님을 목말라하고 갈급함 같이 그렇게 자기의 연인을 그리워할 수가 없다. 또 어떤 정복자도 그의 빛이요 구원이요 삶의 반석이요 피난처 되신 하나님 안에서 즐거워하는 것만큼 의기양양하게 승리를 노래한 일이 없다. 무엇보다 모든 시의 사명은 희열(기쁨)을 더해주는데 있다. 그리고 이런 희열과 기쁨은 사랑 없이는 이루어질 수가 없다. 그러므로 연애시가 가장 우리의 마음을 울리는 것이다. 시편은 이 세상의 많은 저속한 연애시하고는 비교할 수 없는 그런 하나님을 애인처럼 사랑하고 그를 목말라하며 그리워하는 지고하고 숭고한 연애시다. 매일 시 한 편씩을 읽고 묵상하고 암송하면 삶 자체가 윤택해지고 아름다워질 것이다.

제4장 짧은 스토리

일정한 사건을 갖춘 이야기를 소설이라 하는데, 긴 것은 장편이고 짧은 것은 단편이다. 우리는 소설을 통해 수많은 사람들의 갖가지 경험과 운명에 관한 이야기를 접하게 되며, 차마 중간에 책을 놓지 못하도록 하는 재미와 더불어 깊은 감명을 받기도 한다. 이런 이야기를 구성해 주는 요소는 셋인데, 그것은 사건과 플롯(Plot), 인물(성격=character)과 관점, 배경(setting) 등으로 구성된다.

사건은 이것 없이 이야기가 꾸며질 수 없기 때문에 가장 중요한 요소다. 그러나 우리는 사건을 너무 협소하게, 즉 육체적인 행동이라는 제한된 의미로만 생각하지 않도록 주의하여야 한다. 채트맨은 사건이 말, 생각, 그리고 느낌이나 감정도 포함된다는 것을 강조하였다.[50]

사건들로 이야기가 구성되는 것은 틀림없지만, 그것들 전체가 통일을 이루어 하나가 되지 못하면 좋은 이야기가 될 수 없다. 사건들을 하나의 전체를 지향하여 유기적으로 짜놓은 것을 플롯이라 한다. 그러니까 플롯이란 전체를 구성하기 위한 부분들의 적절한 배치라 할 수 있다. 흔히들 플롯을 이야기 줄거리(narrative)고 생각하나, 이야기 줄거리는 문학적으로 처리되기 이전의 소재에 지나지 않는다.[51] 플롯이 곧 소재는 아니다. 플롯은 소재의 의미 있는 배열이다. 플롯은 작품에 따라 천태만상이지만 몇 가지 유형으로 대별 할 수 있다.

작품에서 인물의 성격을 구현해 내는 것을 인물 또는 성격구성(characterization)이라고 한다.[52] 작품에 등장하는 인물들의 성격은 작품마다 다르지만, 소설에 있어서 성격구성의 근본적 방법은 다음 몇 가지로 구분된다.

첫째로, 작가가 직접적인 설명을 통하여 인물의 성격을 제시한다. 인물의 본격적 등장에 앞서 그를 길게 소개하는 것이다. 둘째로, 인물의 행동을 통해 그의 성격이 드러나게 하는 방법도 있다. 작가는 설명을 안 붙이지만 독자가 추리력과 상상력을 동원하여 특정된 행동을 통하여 나타나는 인물의 성격을 파악하도록 하는 것이다. 셋째로, 역시 작가가 성격에 대한 설명을 하지 않는 방법으로서, 외적 행동과 그 상황이 한 인물의 내적 자아에 미치는 충격이나 또는 영향을 제시함으로써 그 인물의 성격의 세밀한 특질을 보여주는 것이다.

이 성격은 우선 성격의 변화 정도에 따라 평면적 성격과 입체적 성격으로 나눌 수 있다. 전자는 성격이 일정하게 고정되어서 사건 진행에 따라 변화가 없는 예측 가능한 유형이고 후자는 경험의 전개와 축적에 따라 성격이 달라지는 다양한 성격을 소유한 유형이다. 포스터는 전자와 같은 인물을 평면적 인물(flat character)라 하였고, 후자와 같은 인물을 입체적 인물(round character)라 하였다.[53)]

작중의 사건이 전개되는 시간적 공간적 환경을 배경이라 한다. 모든 행위는 일정한 상황 속에서 벌어지는 것이므로 배경의 이해 또한 작품을 바르게 감상하는데 긴요하다. 사건이 진행되는 지리적 내지 물리적 장소 및 위치와 환경을 일차적인 의미의 배경이라 할 수 있다. 그러나 배경은 실제적인 장소만 가리키는 것이 아니고, 등장인물의 생활상이나 사회 심리적, 종교적, 도덕적 상황도 가리킨다. 또한 시간, 계절, 시대도 배경이 된다. 배경은 단순히 사건이 진행되는 환경일 뿐 아니라 작품 전체의 분위기를 규정하며, 때로는 의미 있는 깊은 상징성을 띠기도 한다. 또 배경은 등장인물들의 모습을 보여주고, 갈등을 해소시키며, 이야기의 틀을 마련해 주는 일을 한다.

성경에는 일정한 사건을 갖춘 아주 흥미진진한 짧은 이야기들이 있다. 그것들은 현대의 본격적인 단편 소설들은 아니지만 비교적 잘 짜진 재미있으면서도 유익하고 감동적인 짧은 스토리들이다. 구약성경에 있어서는 룻기와 에스더서 같은 것들이 그런 것들이다. 이 작품들은 뛰어난 배경들, 심리적으로 잘 묘사된 등장인물들, 그리고 긴장감을 고조시키는 줄거리들을 갖추 고 있다.

1. 룻의 이야기

룻기는 구약의 역사서(歷史書) 중의 하나로서 총 4장으로 이루어진 구속사(救贖史)에 편입되는 보아스와 룻의 사랑 이야기라 할 수 있다. 이 이야기는 사사 시대(룻 1:1)를 배경으로 하고 있다. 사사 시대란 여호수아의 사후부터 왕정시대가 시작될 때까지에 해당하는 약 3세기 반가량의 기간을 의미한다. 이 시대에는 미디안을 비롯한 이방민족의 침입이 잦았고 안으로는 우환이 밀어닥쳐 말할 수 없는 고통을 겪고 있었던 시기다. 또한 우상숭배와 종교적 혼합주의 및 사회적 불의가 말로 다 표현할 수 없을 정도로 성행하고 있었던 시대였다.

바로 이때 베들레헴에 엘리멜렉[54]이라는 사람과 그의 아내 나오미가 살고 있었다. 그들에게는 말론과 기룐이라는 두 아들이 있었다. 엘리멜렉 일가는 유복(有福)하게 살았었으나 베들레헴 일대가 흉년으로 시달리게 되었을 때 재산을 모두 잃게 되었다. 그리하여 그들은 고향을 떠나 모압(Moab) 땅으로 이사를 갔다. 모압 땅에서 그들은 열심히 일하며 행복하게 살았다. 그러나 얼마 지나지 않아 돌연 엘리멜렉이 죽었다. 그 뒤 두 아들은 모압 여자를 아내로 맞이하였는데, 그 하나는 오르바요, 다른 하나는 룻이었다. 오르바와 룻은 남편과 함께 10년가량 열심히 살았으나 불행하게도 그들의 남편도 죽고 말았다.

그 무렵 유다 땅에는 다시 풍년이 들었다. 그 소식을 전해들은 나오미는 말도 잘 통하지 않는 이방 땅에서 사느니보다 고향으로 가서 사는 편이 낫겠다고 생각했다. 나오미는 고향으로 돌아갈 결심을 하고 어느 날 두 며느리를 불러 앉히고 이젠 "너희는 각기 너희 어머니의 집으로 돌아가라"(룻1:8)고 말하였다. 그러자 기룐의 아내 오르바는 정든 고향을 떠나기 싫어 모압에 남을 생각으로 떠나갔고 말론의 아내 룻은 시머어니를 어디든지 따라가겠다고 나섰다.

어머니께서 가시는 곳에 나도 가고
어머니께서 머무는 곳에 나도 머물겠나이다.
어머니의 백성이 나의 백성이 되고
어머니의 하나님이 나의 하나님이 되시리니
어머니께서 죽으시는 곳에서
나도 죽어 거기 묻힐 것이라.
만일 내가 죽는 일 외에 어머니를 떠나면
여호와께서 내게 벌을 내리시고
더 내리시기를 원하나이다. (1:16-17)

위에 이용한 룻의 시적인 고백에서 보듯이 구약 시대에도 이방인이라 할지라도 이스라엘 백성이 될 수 있는 길은 열려져 있었음을 알 수 있다. 이스라엘은 여호와를 믿는 신앙 공동체였기 때문에 이방 남자는 할례를 통해서, 이방 여자는 신앙 고백을 통해서 이스라엘 백성 가운데 편입될 수가 있었다. 이스라엘 사회는 폐쇄적이 아니라 오히려 개방적인 성격을 띠고 있었다. 하나님께서 이스라엘의 이방화(異邦化)는 금했으나 이방의 이스라엘화는 환영하였다. 룻은 그모스를 섬기는 비록 이방 여인이었지만 여호와에 대한 신앙 고백을 통해서 이스라엘 백성의 일원이 되었다.

룻은 시어미니 나오미를 모시고 베들레헴을 향하여 길을 떠났다. 그들은 긴 여행 끝에 보리 추수기(3, 4월경)에 베들레헴으로 돌아왔다. 따라서 대부분의 남자들은 밭으로 나가고 베들레헴 성읍에는 부녀자들만 남아 있었을 것이다. 그러나 룻은 생계를 이어가기 위해 밭에 나가 추수하는 일꾼들 틈에 섞여서 매일 이삭을 주었는데, 공교롭게도 그 밭은 엘리멜렉의 친척벌이 되는 보아스(Boaz)의 것이었다. 어느 날 보아스는 밭에서 일하는 룻을 보고 한 머슴에게 물었다. "이는 누구의 소녀냐" 하니, 이에 사환이 대답하기를 "이는 나오미와 함께 모압 지방에서 돌아온 모압 소녀"(룻 2:6)라 하였다. 보아스는 룻을 몹시 측은하고 귀엽게 여겨 룻에게 말하였다. "여기서 떠나지 말고 나의 소녀들과 함께 있으라 . . .

. 내가 그 소년들에 명령하여 너를 건드리지 말라 하였느니라"(룻 2:8-9). 식사 때가 되자 보아스는 룻을 불러 함께 식사를 하자고 권했다. 보아스가 주는 밀청대를 배불리 먹고 남은 음식을 가지고 룻은 마을로 돌아왔다. 그날따라 룻이 주운 이삭은 보통 때 주은 1주일분보다도 많았다. 그것은 보아스가 머슴들에게 명하여 보릿단에서 이삭을 떼내어 흘려주도록 했기 때문이었다.

추수하는 젊은이들이 곡식을 거두어 수레에 높이 싸놓았고 그 뒤로 룻이 다른 여인들과 더불어 따라가며 떨어진 이삭을 주었다. 룻은 보아스가 베푼 호의에 대해 사실 그대로 시어머니 나오미에게 말했다. 나오미는 보아스가 룻에게 호감을 가지고 있음을 대단히 기뻐했다. 그래서 나오미는 보아스가 시키는 대로 하라고 룻에게 일러 주었다. 룻은 보아스의 따뜻한 배려 밑에서 추수가 끝날 때까지 보아스 집안의 아낙네들과 어울려 다니며 이삭을 주워 시어니를 모시며 살았다. 보리 추수가 끝날 무렵 나오미는 룻에게 말했다. "내가 너를 위하여 안식할 곳을 구하여 너를 복되게 하여야 하지 않겠느냐 . . . 보아스는 우리의 친척이 아니냐. '그가 오늘 밤에 타작마당에서 보리를 까불리라. 그런즉 너는 목욕하고 기름(향수)을 바르고 의복을 입고 타작마당에 내려가서 그 사람이 먹고 마시기를 다하기까지는 그에게 보이지 말고 그가 누울 때에 너는 그 눕는 곳을 알았다가 들어가서 그 발치에 이불을 들고 거기 누우라. 그가 네 할 일을 네게 알게 하리라"(룻 3:1-3).

룻은 어머니가 이른 대로 타작마당에 숨어 있었다. 보아스는 실컷 먹고 마시고 나서 보리가리 옆에서 잠이 들었다. 룻은 살며시 나와 보아스의 발치에 누웠다. 한밤중에 보아스는 한기를 느껴 잠에서 깨어 보니 웬 여자가 발치에 누워 있었다. "네가 누구냐?" "나는 당신의 여종 룻이오니 당신의 옷자락을 펴 당신의 여종을 덮으소서. 이는 당신이 기업을 무를 자가 됨이니이다"(룻 3:9). 보아스는 두려워하는 룻에게 "두려워 말라 내가 네 말대로 네게 다 행하리라"(룻 3:11) 하였다.

룻이 보아스의 발치에서 하루 밤을 보내고 아침에 일어나자 보아스는 룻에게 말했다. "네 겉옷을 가져다가 그것을 펴서 잡으라"(룻 3:15). 룻이 겉옷을 가져다가 펴서 잡자 보아스는 보리 여섯 됫박을 퍼 담아 주었다. 룻은 그것을 가지고 나오미한 테로 돌아갔다. 나오미는 룻의 모든 이야기를 듣고 말했다. "이 사건이 어떻게 될지 알기까지 앉아 있으라. 그 사람이 오늘 이 일을 성취하기 전에는 쉬지 아니하리라"(룻 3:18).

나오미와 룻은 사람들에게 엘리멜렉이 유산으로 남겨 준 밭을 팔겠다고 말했다. 모세의 법에는 대를 이어갈 자손이 없는 미망인의 땅을 살 권리는 미망인의 친척에게 있었으며, 그 땅을 사는 친척은 그 미망인과 결혼을 해야 하는 규정이 있었다. 친척 중에서도 가장 가까운 인척 순위에 따라 우선권이 주어지며, 그가 이 권리를 포기할 때에는 다음으로 가까운 친척이 그 권리를 갖게 되어 있었다. 엘리멜렉과 가장 가까운 친척이 자기 재산만 손해 볼 것이라고 생각해서 그 권리를 포기하는 표시로 신발 한 짝을 벗어 보아스에게 주었다. 보아스는 그 신발을 받아들고 장로들에게 가서 증거를 보이고 그들 앞에서 나오미의 밭을 사고 룻과 결혼을 하였다. 보아스와 룻은 물론 나오미도 오랫 동안 매우 행복하게 살았다. 룻은 보아스의 아내가 되어 아들을 낳아 그 이름을 오벳이라 했다. 이 오벳의 아들이 이새이고 이새의 아들이 다윗인데, 그의 혈통을 통하여 예수 그리스도가 탄생하게 되는 것이다.

보아스와 룻의 사랑 이야기는 단순한 남녀의 사랑 이야기가 아니라 구속사에 편입되는 거룩한 사랑의 이야기이다. "떡집"(house of Bread)이라는 뜻을 갖고 있는 베들레헴은 예루살렘에서 남방으로 약 8킬로미터 떨어진 곳에 있는 고원지대로서, 영적으로는 하나님의 나라 또는 교회의 모형이 된다. 그런데 예루살렘의 사람들과 사사들은 우상숭배와 성적 음란 및 여호와의 명령에 순종치 않는 죄를 지었다(삿 2:16-17). 출애굽하여 가나안을 점령하고 살면서 여호와 제사를 멸시하고 바알(태양신, 남근의 상징)과 아사다롯(여신, 음부의 상징)을 풍년을 들게 하는 농사의 신으로 섬긴 것이다(민 22:41, 삿 2:13, 왕상 16:31-32). 이런 죄로 인하여 하나님은 이스라엘을 징계하셨는데, 그 내용이 곧 흉년이었다. 그 결과 엘리멜렉의 가족은 모압으로 이주하게 된다. 이것은 신자의 영적인 타락을 의미하고 완전한 세속화를 뜻한다.

모압은 요단 건너편 사해 동편에 있는 풍요한 땅이다. 창세기 19장 36-38절에 따르면 롯의 큰 딸이 아버지 롯에게서 낳은 아들 모압이 세운 나라다. 이 모압은 우상(그모스)숭배가 극심했고(민 25:29), 선민을 무척 괴롭혔으며(민 22:1-25, 대상 19:1-6), 매우 교만하고(사 16:6-7), 하나님과 관계가 전혀 없는(신 23:3) 멸망의 땅(렘 48:42, 겔 25:8-11)이었다. 이런 기록들로 미루어 볼 때 모압은 영적으로 이 세상과 이 세상 것들을 표상한다. 엘리멜렉이 베들레헴에서 모압으로 이주했다고 하는 것은 일시적인 괴로움을 구실로 삼아서 축복의 땅을 버리고 이 세상으로 내려간 것을 뜻한다. 모압으로 내려간 결과 결국 죽음과 낭패와 실망을 당하게 되었던 것이다(사 51:12).

베들레헴이 다시 풍년들었다는 소식을 듣자마자 나오미를 따라 베들레헴으로 온 룻은 효심을 다하여 시어머니를 잘 모셨다. 그 일로 말미암아 보리밭에 나가 이삭줍는 일을 마다하지 않았고 열심히 시어머니를 섬기다가 유력한 인물(룻 2: 1-) 보아스를 만나게 된다. 영적으로는 보아스는 주님의 모형이 된다. 그는 재산도 많고 용맹하고 존경할만한 위인었다는 점에서 유력한 인물이었던 것이다(룻 2:1). 또한 그는 예의 바른 사람(룻 2:14)이었다.

보아스가 영적으로 우리의 구속자인 그리스도의 모형이라면 룻은 그리스도의 신부인 교회요 선택받은 하나님의 백성의 모형인 것이다. 불쌍한 사람을 안식할 곳으로 인도하는 전도자의 역할을 한 나오미의 중개로 보아스와 룻은 보리밭에서 만나 서로 사랑하게 되고 마침내 결혼을 한다. 보아스는 아주 유력한 사람이므로 복잡한 회의와 절차를 밟지 않고도 룻을 소유할 수가 있었을 것이다. 그러나 그는 합법적인 절차를 밟았다. 그것은 양심에 꺼리끼는 일을 하지 않겠다고 하는 확고한 결의의 표시이고 하나님의 말씀을 준수하는데 모범을 보인 것이다. 이런 합법적인 절차를 밟아 보아스와 룻은 한 몸이 되었다.

룻이 보아스의 품에 안기던 날 밤, 하나님은 룻의 태속에 한 생명을 심었다. 태어난 아들은 나오미가 맡아 길렀다. 엘리멜렉의 대를 이어야 하기 때문에 법적으로는 나오미의 아들이었던 것이었다. 이름은 오벳이라고 지었다. 세월이 흘러 오벳은 성인이 되었다. 그의 맏아들은 이새였고 또 이새는 저 유명한 다윗 왕을 낳았다. 다윗 왕에서 헤아려 28대손 예수 그리스도가 태어나는 것이다. "여호와께서 젊은 여자로 말미암아 네게 상속자를 주사 네 집이 다말이 유다에게 낳아 준 베레스의 집과 같게 하시기를 원하노라 하니라"(룻 4:12)고 기록된 대로, 룻은 베레스의 후손인 보아스를 통하여 예수 그리스도의 조상이 되는 것이다. 이렇게 온 인류의 구세주는 이스라엘이 아닌 모압 여인을 어머니로 하여 이방의 피를 타고 태어나게 된다.

이 이야기의 이런 구속사적인 의미도 중요하게 보아야 하지만, 그 예술성도 낮게 평가해서는 안 된다. 이 이야기의 탁월성은 무엇보다도 이야기 전체를 통해 나타나는 부드럽고, 고요하고, 고상한 분위기, 절묘하고도 미묘하게 세부적인 내용을 다루는 기술, 초지일관 유지되는 긴장감 등에서 비롯된다고 생각한다.

이 이야기의 물리적인 배경은 베들레헴과 모압이다. 이 장소들이 사건 발단의 현장이니까 중요하지 않다고 할 수는 없다. 그러나 그보다 더 중요한 것은 시대적인 배경이다. 이 이야기는 "사사들이 치리하던 시대", 다시 말하면 유대인들이 언어와 행실에 있어서는 물론, 그들의 관습을 준수함에 있어서도 가장 훌륭했었으리라고 여겨지는 그런 시대를 배경으로 하고 있다. 옛날 이스라엘 중에는 "모든 것"을 사거나 교환하는 일을 확정지을 때 그 사람이 신 한 짝을 벗어서 이웃에게 주는 관습이 있었는데, 그것이 룻기에서 그대로 지켜지고 있다. 즉 룻기 4장 7절을 보면 엘리멜렉과 가장 가까운 친척이 자기는 엘리멜렉의 유산을 살 권리를 포기한다는 뜻으로 신을 벗어 보아스에게 넘겨주었고, 보아스는 그것을 증거물로 삼아서 룻과의 결혼을 매듭짓는 것을 볼 수 있다. 이 한 사실만으로도 이 시대가 관습을 잘 지켰던 시대라는 것을 알 수 있다. 또한 그때는 가족 간의 신의가 가장 잘 지켜지던 모범적인 시대였으므로 젊은이들은 노인을 공경했으며 재산권은 엄격히 지켜지고 있었다. 그 밖에도 조상 대대로 지켜 내려온 밭과 타작마당에서 이루어지는 작업 등 시골풍경이 이 작품의 배경을 이루고 있다.

등장인물로는 엘리멜렉, 나오미, 말론, 기룐, 오르바, 룻 등이 나오지만 역시 중심인물은 룻과 보아스, 그리고 나오미다. 엘리멜렉, 말론, 기룐은 모압에서 일찍 죽었으니까 말 할 것도 없고, 벧을레헴으로 돌아올 때 오르바도 시어머니의 권유에 따라서 모압에 그대로 남았으니까 사건의 중심에서 제외된다. 이 여러 인물들 중에서 그래도 가장 중요한 인물은 룻이라 할 수 있다. 룻은 매우 가성적인 여성이었고, 종교적 신심도 깊은 여성이었다. 그녀가 모압 사람들이 섬기던 신을 버리고 시어머니의 종교를 선뜻 따른 것만 보아도 알 수 있다. 여성으로서의 룻의 매력은 깜짝 놀랄 만큼 아름다운 용모에 있었던 것이 아니고, 홀시어머니를 헌신적으로 모신 지극한 애정과 효심, 죽은 남편의 어머니를 따라 종교가 다른 이국땅으로 온 일, 그리고 홀시어머니와 함께 살아가기 위해 체면 같은 것을 가리지 않고 남의 밭에 나가 밀 이삭을 주은 일 등과 같은 곤경을 극복해나간 그 강인함, 히브리민족의 하나님을 주저 없이 받아들인 결단력 같은 그런 내면적인 부드러움(유연성)에서 찾을 수 있다.

보아스는 중년의 남자였던 것으로 사료된다. "가난하든 부유하든 간에" 젊은이를 좇아가지 아니하고 자기에게로 나온 룻을 바라다보며 놀라움을 금하지 못하는 것을 보면 어딘지 모르게 중년의 쓸쓸함까지 느끼게 한다. 그는 많은 이스라엘 사람들과는 달리 모세의 율법을 지켰던 의로운 사람이었다. 즉 레위기 19장 9-10절에서 명한 "이삭 남겨두기"와 레위기 25장 23-24절에서 명한 "기업 무르기"의 율법을 그대로 지킨 사람이었다. 또한 그는 경건하고, 명예로우며, 책임감이 강하여 충분히 신뢰할 수 있는 사람이다. 추수꾼들과 주고받는 처음 인사(룻 2:4)만 보더라도 그가 친절하며, 타인에게서 사랑을 듬뿍 받는 사람임을 알 수 있다.

그런데 나오미는 룻이나 보아스 만큼 그리 쉽게 이해되는 인물이 아니다. 그녀는 남편을 따라 이국땅으로 떠났으나 고국에 양식이 풍부하다는 소식을 들은 직후에(룻 1:6) 베들레헴으로 돌아올 결심을 하는 것 같은 일만을 보면 아주 과단성 있고 어려움을 힘차게 뚫고 나가는 개척정신을 소유한 그런 어머니로 이해된다. 그녀는 또한 기략이 뛰어난 시어머니요 중매장이기도 하다. 3장 3절에서 그녀는 보아스가 식사를 마치고 기분이 좋아질 때까지 그에게 접근해서는 안 된다는 것까지 룻에게 일러주는 것만 보아도 알 수 있다. 자신의 불행에 대하여 감상적이고 과장된 태도를 보인 적도 있긴 하지만(룻 1:20), 나오미는 근본적으로 겸손한 여인이므로 모든 어려움을 하나님의 뜻으로 받아들인다.

작가의 인물묘사의 능력은 사뭇 뛰어나다고 할 수 있다. 그는 주요 등장인물과 뛰어나게 고매한 성품을 갖지는 못한 평범한 사람들을 대조시킴으로써, 주요 등장인물들의 고상한 미덕을 기술적으로 돋보이게 하고 있다. 룻보다 덜 헌신적이었던 나오미의 다른 며느리 오르바로 인해 룻의 헌신이 부각되며, 자신의 문제에 보다 더 주의 깊게 행동했던 엘리멜렉의 다른 친척으로 인해 보아스의 관용이 더욱 돋보이게 된다.

그리고 이 이야기는 모든 비평가가 지적하듯이 아주 잘 짜진 구성을 가지고 있다. 그 플롯을 보면, 배경설명, 자극적인 순간, 고조되는 행동, 전환점, 뒤따르는 엉킴, 클라이맥스, 종결 따위로 이루어져 있다. 이 이야기에 있어서 배경설명은 사건의 발단이 되는 베들레헴의 기는, 모압으로의 이주, 엘리멜렉과 두 아들의 죽음, 모압에 머무는 동안의 슬픈 세 과부들의 생활 등으로 구성된다. 자극적인 순간은 나오미와 룻이 함께 베들레헴으로 돌아오는 것이고, 고조되는 행동은 전원적인 분위기 속에서 룻과 보아스 사이에 싹튼 로맨스라 할 수 있다. 전환점은 나오미가 두 연인을 한밤중에 타작마당에서 만나도록 주선해 주었을 때 나타나게 되고, 그 뒤에 따르는 엉킴은 룻이 시어머니가 지시한 대로 실천하는 대목에서 엘리멜렉의 다른 가까운 친척관의 관계에서 간단히 나타난다. 클라이맥스는 보아스가 합법적인 절차를 밟아 룻과 정식으로 결혼하는 것이고 그 나머지는 종결이 된다.

이 이야기는 비극으로 시작해서 주인공이 모든 난관을 극복하고 행복한 결말로 끝내는 아주 전형적인 훌륭한 이야기의 구성을 갖고 있다. 비록 단편적이기는 하지만 룻의 이야기는 클라이맥스를 향해 점진적으로 흥미를 이끌어 나가는 진행과정에서 인간의 관심사를 자연스럽고 신중하게 표현했다는 데 구성상 그 특색이 있다. 고향으로 돌아온 나오미가 예전의 이웃들로부터 환영을 받는 것, 룻이 나오미를 생각하여 점심을 먹고 남은 것을 집에 가져오는 일, 한 과부의 복지를 위해 마을의 장로들이 염려하는 것, 아기가 태어났을 때 흥분을 감추지 못하는 여인들, 이 모두가 그 좋은 예가 된다.

또한 이따금 독자의 긴장감을 고조시키는 새로운 요소들을 작가는 첨가하는 일을 또한 잊지 않는다. 모압 여인인 룻이 유다 땅에서 잘 살아갈 수 있을까? 그녀가 젊은이들의 희롱의 대상으로 희생되는 것은 아닐까? 보아스는 그의 의무를 감당할 것인가? 더 가까운 친척이 나오미의 계획을 망치지나 않을까? 독자들은 이 모든 의혹들을 물리칠 수가 없다. 이런데서 독자는 서스펜스를 느끼게 되는 것이다. 마지막으로 저자는 룻의 존재가 히브리 역사에서 차지하는 진정한 의미를 매우 간결하게, 마치 연대기를 쓰듯 이야기함으로써 의외의 결말로 또한 독자를 깜짝 놀라게 할 뿐 아니라,[55] 이 사랑 이야기의 참뜻이 어디에 있는가를 잘 보여주고 있다. 이 이야기는 감정인 호소력은 좀 약하다고 할 수 있을지 모르지만 아름다운 감동을 주기에는 충분한 문학적 요소를 다 갖추고 있는 작품이다.

2. 에스더의 이야기

바벨론의 왕 느부갓네살은 예루살렘으로 쳐들어가 많은 사람을 바벨론으로 끌고 왔다. 그들은 바벨론에서 수십 년 동안 귀양살이를 했다. 그러던 중 페르시아의 왕 고레스가 바벨론을 멸망시켜 유대인들에게 예루살렘으로 돌아가도 좋다는 명령을 내렸다. 그래서 많은 유대인들이 예루살렘으로 돌아갔지만 그대로 바벨론에 머물러 사는 유대인들도 꽤 있었다. 그들 중의 하나가 바로 모르드개(Mordecai)였다.

그 당시의 페르시아 왕은 아하수에로(Ahasurus=Xerxes 크세륵세스, 주전 486- 465)이다. 그는 인도(파키스탄)에서 구스(이디오피아)까지의 1백 27도를 다스리고 있었다. 나라를 다스리기 시작한 지 삼 년째 되던 해, 왕은 각 도의 귀족과 방백(지방 관리)들을 모아놓고 자신의 부귀와 혁혁(赫赫)한 위엄을 드러내 보이려고 1백80일 동안 잔치를 베풀었다. 그것이 끝나자 왕은 또다시 수산 성의 백성들을 위해 이레 동안 잔치를 열었다. 잔치가 끝날 무렵, 왕은 와스디(Vashti) 왕후의 아름다운 모습을 여러 사람에게 보여 주고 싶어 몇 차례 사람을 보내어 왕후에게 잔치에 참석하라고 명령했다. 그러나 부인들을 따로 초대하여 잔치를 벌이고 있던 왕후는 초대에 응하지 않았다. 화가 난 왕은 이러한 일 때문에 왕후와 이혼을 하였으며 이 사실을 나라 안 곳곳에 알렸다(에 1장).

이런 일이 있은 지 얼마 지나지 않아서 신하들은 왕에게 새 왕비를 맞이하라고 권하였다. 왕이 이 의견을 받아들이자, 신하들은 전국 각 도에 관리들을 보내어 "아리따운 처녀들"(에 2:2)을 뽑아 들이라는 명령을 내렸다. 그 때 수산 성에는 모르드개가 살고 있었는데, 그는 하나님의 법대로 사는 용기 있는 사람이었다. 그에게는 부모 없는 사촌 누이가 있었다. 그 이름은 에스더(Esther)였다. 에스더는 몸매도 아름다웠고 용모도 단정하였다. 모르드개는 이 에스더를 왕비 간택 자리에 내보내었다. 왕은 다른 어느 아가씨들보다도 에스더에게 마음이 끌렸다. 왕은 에스더가 유대 사람이라는 것을 몰랐다. 그래서 왕은 에스더의 머리에 면류관을 씌우고 와스디를 대신하여 왕비를 삼은 뒤 호화로운 잔치를 베풀었다. 어느 날 모르드개는 왕에게 큰 불만을 품고 있던 두 신하가 왕을 죽이려고 음모를 꾸미고 있는 이야기를 우연히 들었다. 모르드개는 이 사실을 못 들은 체하고 지나칠 수 없어서 에스더를 통하여 즉시 이 사실을 왕에게 알렸다. 왕은 두 신하를 불러 심문을 하였다. 그 결과 왕을 죽이려고 음모하였다는 사실이 드러났다. 왕은 그들을 반역자로 사형에 처하는 한편 모르드개에게 고마워하면서 왕실의 일을 낱낱이 적어두는 관리에게 이 일을 적어두라고 명령하였다(에 2장).

왕의 대신 중에는 하만(Haman)이라는 사람이 있었다. 그는 여러 가지 방법으로 왕의 신임을 얻어 대신들 중에서 제일 높은 총리 자리에 앉게 되었다. 페르시아에서는 신을 섬기듯이 왕을 섬기고 있었다. 그때부터 하만은 왕의 신임을 빙자(憑藉)하여 자기에게도 무릎을 꿇어 절을 하게 하였다. 모든 사람이 다 그에게 절을 하였지만, 오직 유대인 모르드개만이 절하지 않았다. 주위의 사람들이 왕의 명령을 거역하는 것은 옳지 못하다고 권유했지만, 끝내 그의 뜻을 굽히지 않았다. 마침내 당시 실권자(實權者)였던 하만에게 그 사실이 알려졌다. 하만은 언제든지 기회가 오면 그를 없애버리기로 작심하였다(에 3장).

어느 날 모르드개가 유대인이라는 사실을 알게 된 하만은 유대인 모두를 진멸하기로 결심하였다. 그래서 그는 왕 앞에 나아가 왕의 법을 무시하고 그들 자신들의 법과 풍습만을 따르는 유대 민족을 진멸해달라고 요청하였다. 왕은 반지를 손에서 빼어 하만에게 주며 "너의 소견에 좋을 대로 행하라"(에 3:11)고 하였다.

하만은 왕을 빙자하여 모든 지방 관리에게, "아달월(12월) 13일 하루 동안에 모든 유대인을 젊은이 늙은이 어린이 여인들을 막론하고(가리지 말고) 죽이고 도륙(屠戮)하고 진멸하고 또 그 재산을 탈취하라"(에 3:13)고 영을 내렸다. 이 소식을 전해들은 모르드개는 옷을 찢고 굵은 베옷을 걸친 다음, 재를 무릎 쓰고 단식하고 기도하며 울면서 거리를 돌아다녔다. 한편 왕궁에 사는 에스더는 모르드개가 이상한 옷차림을 하고 울며 거리를 돌아다닌다는 소문을 듣고 사람을 보내어 그 까닭을 물었다. 모르드개는 유대인을 모두 죽이라는 왕의 명령이 내려졌으니 유대인을 살리기 위해 왕에게 애원하라는 말을 에스더에게 전하였다. 이 말을 들은 에스더는 몹시 당황하였는데, 그것은 자기 힘으로서는 그런 일을 할 수가 없었기 때문이다. 페르시아의 법에는 어떤 사람이든지, 비록 왕후라 하더라도 왕이 부르지 않으면 왕 앞에 나아가지 못하게 되어 있었고, 이 법을 어기는 사람은 사형을 당하게 되어 있었다(에 4장).

에스더는 모르드개에게 사람을 보내어 그런 힘이 자기에 없다는 것을 알렸다. 그러나 모르드개는 물러서지 않고 에스더가 보낸 사람에게 다시 "네가 왕후의 자리를 얻은 것이 이때를 위함이 아닌지 누가 알겠느냐"(에 4:15)라고 하였다. 모르드개의 말을 들은 에스더는 "죽으면 죽으리이다"(에 4:16)라는 일사의 각오로 왕에게 나아가기로 결심하였다. 에스더는 유대인들과 함께 단식하고 기도한 다음 화려하게 몸단장을 하고 왕 앞에 나아갔다. 뜻밖에도 왕은 손에 잡았던 금홀(金笏)을 그녀에게 내밀어 반갑게 맞아 주었다. 왕은 왕후에게, "에스더여 그대의 소원이 무엇이며 요구가 무엇이냐 나라의 절반이라도 그대에게 주겠노라"(에 5:3)라고 말하였다. 에스더는 왕에게 왕을 위하여 잔치를 베풀려 하는데 선히 여기시면 하만과 함께 참석해 달라고 간청하였다. 하만은 왕후가 베푸는 잔치에 자기만을 초청받은 것을 매우 기뻐하며 돌아왔으나 궁궐 문에 있으면서도 절을 하지 않는 모르드개를 보고는 그만 분노하여 그를 매달아 죽일 오십 규빗(23미터)이나 되는 나무를 세웠다(에 5장).

한편 왕은 잠이 오지 아니하므로 역대 일기를 가져다가 읽게 했다. 그 기록에 따르면 왕의 내시 빅다나와 테레스가 왕을 암살하려는 것을 모르드개가 고발하여 왕의 생명을 구했다고 적혀 있었다. 왕은 이 기록을 보고 모르드개에게 어떤 농공행상이 있었느냐고 물었다. 그러나 아무 것도 베푼 것이 없다는 대답을 듣고, 왕은 하만에게 일러 그의 머리에 왕관을 씌우고 거리로 다니며 왕이 존귀케 하고자 하시는 사람은 이렇게 된다라고 외치게 하였다(에 6장).

이런 왕명을 받은 하만은 기가 막혔지만 그대로 시행할 수밖에 없었다. 그의 아내와 가까운 친구들은 하만에게 큰 액운이 돌아오리라고 예고했지만, 그는 이 일을 미쳐 생각도 해보지 않고 에스더가 베푸는 둘째 날 잔치에 나아갔다. 왕은 술을 마시며 에스더에게 "왕후 에스더여 그대의 소청이 무엇이냐 곧 허락하겠노라"(에 7:2)고 재촉했다. 이것은 아하수에로 왕이 조건 없이 에스더를 사랑했기 때문에 이루어질 수 있는 일이었다.

에스더는 왕에게 "내 생명을 내게 주시고 내 요구대로 내 민족을 내게 주소서 나와 내 민족이 팔려서 죽임과 도륙함과 진멸함을 당하게 되었나이다"(에 7:3-4)라고 애걸하였다. 왕은 "이런 일을 심중에 품은 자가 누구며 그가 어디 있느냐"라고 따져 물었다. 에스더는 "대적과 원수는 이 악한 하만이니이다'(에 7:6)라 하였다(에 7장).

크게 노한 왕은 모르드개를 죽이려고 세운 오십 규빗의 나무 장대에 하만의 목을 달게 했다. 왕은 유대인의 생명과 재산은 보호하라는 조서를 내리고 모르드개를 하만의 자리에 앉힌(에 8장) 반면, 수많은 하만의 자손들과 그들의 원수들은 죽이도록 하였다. 유대인들은 그들의 원수를 죽인 것을 큰 기쁨과 영광으로 생각하고, 아달월 (서양력으로는 3월) 14일과 15일을 영구히 기념할 기쁨의 날로 정하고, 이날에는 잔치를 베풀고 서로 즐기며 서로 예물을 교환하며 가난한 자를 구제케 하였다(에 9장). 이 날은 부림절(the days of Purim)이라 한다. 그 이후 모르드개는 왕 다음가는 높은 자리에 앉았고 왕후 에스더는 왕의 많은 사랑을 받으며 살았다(에 10장).

이 이야기는 전 10장으로 이루어진 에스더서 전 편에 나온다. 이 이야기는 두 위대한 인물을 중심으로 구성한 일종의 민족적 서사시라 할 수 있다. 그 하나는 에스더의 양부인 모르드개요, 다른 하나는 이 이야기의 주인공인 에스더다.

모르드개는 예레미야 못지않은 신앙의 투사였고 하나님의 법대로 살아간 용기 있는 사람이었다. 그는 철두철미 애국자로서, 페르시아 왕에게 뿐 아니라 유대인들에게도 충성을 다하며, 너무나 고상하기 때문에 하만 같이 오만불손한 자에게는 절을 할 수가 없었다. 에스더도 자신의 미모와 명민한 지혜로써 자기 백성을 구한 민족적 여걸 즉 유대 민족의 대표자였다.

비록 하나님이라는 이름은 이 이야기에는 한 번도 나오지 않지만, 이 이야기 속에 전개되는 사건 안에 하나님은 존재하며 그 속에서 역사하시는 하나님의 섭리를 찾아볼 수 있다. 유대국의 한 무명 소녀가 바사(페르시아) 제국의 왕후로 간택되었으며(에 2:15-18), 모르드개의 충성스러운 행적이 궁중 일기에 기록되었고(에 2:19-23), 한 달 동안이나 에스더를 부르지 아니했던 아하수에로 왕이 그녀를 반겼으며(에 5:2), 왕이 불면증에 시달리며 역대 일기를 읽던 중 모르드개의 공적을 알게 되었으며(에 6:1-3), 모르드개를 달아 죽이기 위하여 만든 나무에 오히려 적그리스도의 상징인 하만 자신이 달렸으며(에 7:9-10), 그리고 왕이 새 조서를 내려 유대인들로 하여금 승리를 거두도록 한 사실(에 9:1-19) 등 이 모든 예외적인 사건들은 하나님의 섭리에 의해 이루어진 것이었다. 여기서 에스더는 자기 백성을 구해내는 중보자의 역할을 하고 있음을 알 수가 있다.

이 책의 줄거리는 사건이 비극의 가능성을 향하여 내려갔다가 갑자기 헤피 엔딩으로 마감하는 U자형의 구조를 가지고 있다. 민족의 원수인 하만의 악함과 독재자인 아하수에로 왕의 둔감함을 포함한 장애물들을 결국 극복한다. 그 결과로 나타나는 구출의 이야기는 세 단계로 이루어져 있음을 알 수 있다. 처음 두 장은 왕이 와스디 왕비를 거부하고 에스더와 결혼하게 되는 이야기인데, 이것이 하만과 유대인 사이에 일어나는 갈등에 대한 배경이 된다. 3장에서 7장까지의 이야기는 하만이 모르드개와 유대인들을 대적하여 꾸미는 음모와 이에 대응하는 유대인들의 음모가 단계적으로 나타난다. 그리고 마지막의 세 장은 이 투쟁의 후일담 즉 유대인의 구원에 대한 이야기다. 이 이야기는 긴장이 계속 고조되다가 그것이 풀어지는 기본적인 리듬을 가지고 있다.

등장인물들의 배역도 또한 줄거리의 통일성을 부여한다. 중심에는 이 책의 주인공인 에스더가 있는데, 그녀는 실로 용모가 수려하고 뛰어난 용기가 있는 인물이다. 직업이 조신(朝臣)인 모르드개는 전형적으로 여주인공의 부수적인 역할로 등장한다. 그는 이야기의 줄거리 상 반드시 필요한 인물이기는 하지만, 이야기의 진행에 있어서 여자 주인공의 종속적인 역할을 할 뿐이다. 아하수에로 왕은 풍자적인 인물로서 나타날 때마다 웃음거리가 된다. 와스디 왕비는 바람둥이며 어리석은 사람으로서의 왕의 특성을 강조하기 위하여 등장하는 인물이다. 그리고 하만은 악마적인 악한으로서 통제 불능의 오만함을 가지고 있으며 복수에 굶주린 인물로 나타난다. 이런 인물들은 유기적으로 잘 구성돼서 이야기 줄거리를 통일하는 역할들을 한다.

그리고 구조와 인물배치 이외에 이 이야기에서 돋보이는 것은 이야기의 설화적 기교 중의 하나라 할 수 있는 구성(plot)이다. 여기서 플롯은 발단, 투쟁, 결말로 전개된다. 발단의 단계는 가난한 유다 민족의 환경과 대조를 이루는 호화로운 왕궁의 잔치, 왕의 초청을 거절하는 왕후 와스디의 반응, 에스더의 왕후 간택 따위를 설명하는 것으로 이루어져 있다. 그 다음으로는 구성상의 투쟁이 나오는데, 개인적으로는 아하수에로 왕과 와스디 왕후, 하만과 모르드개 사이에 벌어진다. 그것은 개인적인 충돌로 그치지 않고 하만의 군대와 유대 민족의 투쟁으로 확대된다. 더욱 악의 세력을 극복하기 까지 따르는 많은 장애물이 거기에 끼여 있어서 독자가 체험하는 서스펜스는 결말 부분까지 연속된다. 유대 민족을 구해달라는 모르드개의 간청을 받고도 에스더가 주저하는 것이나 왕의 허락 없이 왕궁에 나갈 수 없다는 것은 사건 해결을 어렵게 만드는 장애적인 요소가 되지만, 에스더가 법을 어기고 왕에게 접근하는 장면에서 일대 전기가 마련된다.

그러면서도 두 번씩 잔치를 베풀면서 점진적인 방법으로 에스더는 왕에게 접근하는데, 이것은 구성을 더욱 복잡하게 만드는 요소가 되어 클라이맥스를 지연시켜 독자의 불안감과 긴장감을 한층 고조시켜준다. 두 번째 베푼 잔치 때 에스더가 왕에게 자기 민족을 구해달라고 요청하면서 이 이야기의 절정은 이룩된다. 그 절정은 시적 정의를(poetic justice) 통하여 정서적 극치에 달한다. 그 시적 정의는 첫째로 간신들의 음모에 잘 속아 넘어가기도 하지만, 그의 면전에서 악행이 들통 나면 가차 없이 지위고하를 막론하고 칙령을 내려 바로 잡는 그런 왕이 역대 일기로부터 모르드개가 세운 공로를 알아내고 하만을 시켜 그의 적 모르드개를 높여 주게 한 것이고, 둘째로 모르드개를 죽이기 위해 세워놓은 나무 장대에 모사꾼 하만 자신이 달려 죽게 한 것이며, 셋째로 모르드개가 왕 다음 가는 높은 자리에 올라 왕이 하만에게서 찾은 인장 반지를 받게 됨으로써 구체적으로 이루지는 것을 볼 수 있다.

부림절의 확실한 근거를 제시하는 일에 관심의 초점이 모아지고 있는 제9장에 이르기까지 이야기는 지속적으로 독자의 긴장감을 더해간다. 에스더가 왕후로 간택될 것인가? 만일 그렇다면 그녀는 왕의 변덕으로 어이없이 폐위된 와스디보다 더 잘 해 나갈 수 있을까? 모르드개는 하만의 적의로부터 무사히 살아남을 수 있을까? 유대 민족은 말살될 것인가? 이 이야기의 작가는 독자의 흥분 상태가 가장 고조되는 순간에 언제나 장면을 바꿈으로써 교묘하게 독자를 긴장케 하는 기법을 쓰고 있다.

작가는 상황을 아이러닉하게 만드는 기교에 있어서도 뛰어나다. 사건들은 악당들이 계획한 것과는 정반대로 일어난다. 하만은 자신이 세운 교수대에서 처형되며, 유대인들을 멸종시키기 위한 날을 정하기 위해서 제비를 뽑지만, 그 날에 그 백성이 살육을 당한다. 그는 또한 그의 부인과 친구들 앞에서 자신의 명예를 과시하지만, 24시간이 못되어 그들의 욕설을 듣게 될 뿐이다. 마침내 하만은 에스더의 발을 잡고 자비를 구하지만, 이러한 행동은 도리어 그가 에스더를 겁탈하려는 의도가 있는 것인 양 의혹을 사게 만든다.

이 이야기는 훌륭한 이야기가 갖고 있는 많은 문학적 요소들을 구비하고 있다. 그 중에서도 잘 짜인 행복한 결말로 끝나는 희극적 구성은 높이 평가할 만하다.

제5장 예언문학

그리스인들은 철학자를 존경하고 로마인들은 정치가를 존경했지만, 히브리인들은 예언자들을 찬양했다. 히브리인들의 존경의 대상이 되었던 예언자들 중에는 문서를 써서 남긴 소위 기록예언자들도 있지만, 그렇지 못한 예언자들도 있다. 주전 8세기 이전에 활동을 했던 소위 초기 예언자들은 어떤 독자적인 문서도 남기지 못 했는데, 그 중에는 사무엘(삼상 3:20), 나단(삼하 12장), 미가야(왕상 22장), 엘리야(왕상 17-19장), 엘리사(왕하 2-8장) 등이 포함된다. 이들 외에도 구약성경에는 예언자라는 이름으로 소개되는 인물들이 또 있는데, 아브라함(창 20:7), 모세(신 18:18), 아론(출 7:1), 미리암(출 15:20), 드보라(삿 4:4), 시므이(삼하 18장), 아히야(왕상 11-29장), 훌다(왕하 22: 14-20) 등이 이에 속한다.

반면 주전 8세기 중반부터 예언활동을 하기 시작한 후기 예언자들은 그들의 독자적인 기록 문서들을 갖고 있는데, 그 중에는 이사야, 예레미야, 에스겔, 다니엘 등의 4대 예언자와 호세아 요엘, 아모스, 오바댜, 요나, 미가, 나훔, 하박국, 스바냐, 학개, 스가랴, 말라기 등 12명의 소 예언자들이 포함된다. 대 예언자와 소 예언자의 분류는 책의 분량에 따른다. 이사야, 예레미야, 에스겔은 다른 소 예언서를 모두 합친 것보다 분량이 많다. 다니엘은 가장 큰 두 소 예언서인 호세아와 스가랴를 합친 것과 비슷하다.

예언자들을 시대별로 분류하면, 13명의 예언자는 히브리 민족이 멸망할 때까지 예언활동을 했고, 다른 3명은 바벨론 포로로부터 돌아와 예루살렘이 회복된 이후부터 예언활동을 했다. 이 민족의 복구는 주전 536-444년에 있었는데, 학개, 스가랴와 말라기와 같은 예언자들이 활동을 했다.[56] 그 나머지는 히브리 민족이 멸망할 때까지 활동을 했던 예언자들이다. 이 민족의 멸망은 두 기간으로 분리된다. 북왕국은 주전 734-721년에 몰락했는데, 요엘, 요나, 아모스, 호세아, 이사야, 미가와 같은 예언자들이 활동을 했다. 남왕국은 주전 606-586년에 몰락했는데, 예레미야, 에스겔, 다니엘, 오바댜, 나훔, 하박국, 스바냐와 같은 예언자들이 활동을 했다. 또한 예언자들이 그 메시지를 보낸 대상별로 분류하면 다음과 같다. 이스라엘 민족에게는 아모스와 호세아가, 니느웨 사람들에게는 요나와 나훔이, 바벨론에게는 다니엘이, 바벨론의 포로들에게는 에스겔이, 에돔 사람들에게는 오바댜가, 유다 민족에게는 요엘, 이사야, 미가, 예레미야, 하박국, 스바냐, 학개, 스가랴, 말라기 등이 각각 예언의 메시지를 보냈다.[57]

초기 예언자들은 하나님의 영감을 받아 힘찬 예언활동을 하기는 했지만, 유감스럽게도 그들은 하나님으로부터 받은 말씀을 문자로 기록하여 남기지 못했다. 우리가 다 아는 바와 같이, 다만 그들의 말과 행적은 단편적으로 전수되어 사무엘서나 열왕기서에 아주 짤막한 기록으로 남아 있을 뿐이다. 그러므로 우리가 예언문학이라 할 때 그 대상이 되는 것은 흔히 말하는 후기 예언자들의 기록문서들이다. 예언문학을 각 예언서별로 세분하여 살펴보기 전에 먼저 예언문학을 이해하는데 도움이 될 만한 개론적인 사항들을 살펴보는 것이 좋겠다.

1. 예언자와 시대

예언자들은 구체적인 역사무대 위에 살면서 그 시대와 밀접한 관계 아래서 예언활동을 전개하였다. 그러므로 "예언자들의 시대 이해는 그 예언서 이해를 위한 소중한 지침서의 구실을 한다."[58]) 예언자들의 시대는 크게 두 분수령으로 구분된다. 하나는 포로전기시대이고, 다른 하나는 포로시대를 포함한 포로후기시대다. 북 왕국 이스라엘과 남 왕국 유다에서 활동을 했던 예언자들로는, 요엘(주전 840-830), 요나(주전 790-770), 아모스(주전 780-740), 호세아(주전 760-720), 이사야(주전 745-695년), 미가(주전 740-700), 예레미야(대략 주전 626-586년) 등이 포로전기

시대 예언자들이다. 다니엘(주전 606-534), 에스겔(592-570)과 같은 예언자는 바벨론과 바벨론으로 사로 잡혀간 포로들을 상대로 해서 주전 597-570년 사이에 예언활동을 하였다. 그리고 포로 시대에 활동을 한 예언자들로는 스바냐(주전 639-608), 하박국(주전 606-586년), 나훔(주전 630-610), 오바댜(주전 586) 등이 있다. 또 주전 538년 이후 포로로부터 풀려나 팔레스타인으로 다시 귀환하여 활동한 포로후기시대 예언자들로는 학개(주전 520-516), 스가랴(주전 520-516), 말라기(주전 450-400) 등이 있다. 그 밖의 예언자들의 경우 우리는 그들의 활동연대를 정확히 알 수가 없다.

위에서 이미 말한 바와 같이, 예언자의 시대를 파악하는 것은 예언자의 메시지의 흐름을 파악하는 데 큰 도움이 된다. 바벨론 포로 이전에 활동을 한 예언자들은 대체적으로 왕국의 멸망과 백성들이 포로로 잡혀간 일을 이스라엘과 유다 백성에게 내리신 하나님의 심판으로 보고 회개를 촉구하였다. 이 시대의 예언자들을 가리켜 흔히 심판의 예언자들이라 하는데, 그 중에는 아모스, 호세아, 이사야(1-39장), 미가, 예레미야, 에스겔(겔 1-32장) 등이 포함된다. 그러나 정작 하나님의 말씀대로 나라가 망하고, 성전이 무너지고, 땅마저 빼앗기는 포로기가 시작되자, 예언자들의 메시지는 그 성격을 달리하여 구원을 선포하게 된다. 즉 성전의 회복, 민족의 회복, 땅의 회복을 다짐하고 선언하는 희망의 예언자들이 등장한다.[59] 에스겔과 같은 예언자가 그러한 예언자다. 포로 후기라고 말하는 그 다음시대는 심판과 구원을 번갈아 가며 다시 선포하였는데, 그것은 그 시대의 정치적, 사회적, 종교적 혼란기의 영향 때문이라고 할 수 있다. 그들은 한결같게 심판의 경고와 구원의 위로를 선포하였다.

본격적인 예언활동은 주전 800경부터 주전 400년경까지 약 사백년간의 기간에 걸쳐서 이루어졌다. 제일 먼저 북 이스라엘 말기(末期)에는 예언자 아모스와 호세아가 활동하였다. 이 시기는 북 왕국 이스라엘이 여로보암 2세 시절 최고의 번영기를 누리던 때부터 주전 722년에 앗수르에 의하여 멸망할 때까지를 말한다. 이 시대로 말하면, 경제적으로는 부유하였지만 빈부의 차이는 심해졌고, 또 종교사회적으로는 지도자로부터 백성들에 이르기까지 총체적으로 부패하고 타락하여 도덕이 문란해졌으며, 하나님의 언약을 버리고 형식적인 신앙만이 판을 치던 그런 시대였다.

북왕국 이스라엘에 대하여 오래 참으시던 하나님께서 마침내 심판의 칼을 드실 때가 되었던 것이다. 그래서 예언자 아모스와 호세아를 보내어 백성들에게 경고하시고 회개를 촉구하였다. 또 하나님은 한편으로 그들의 적국이었던 앗수르의 수도인 니느웨 성에도 예언자 요나를 보내어 심판을 선포하셨는데, 아이러니 하게도 니느웨는 금식하고 회개하였는데 반해, 이스라엘은 귀담아 들으려고도 하지 않았다.

북왕국 이스라엘의 말기는 남 왕국 유다의 웃시야 왕 때로부터 시작해서 히스기야 왕 때까지에 이르는 그 기간에 해당된다. 이때 남 유다에서는 예언자 이사야와 미가가 활동하였다. 남 유다 역시 히스기야 왕 전후에 솔로몬 시대를 능가하는 제2전성기를 누렸지만, 하나님의 언약은 형식적 종교 행위로 인하여 사라질 위기에 놓이게 되었으며, 백성들은 영적으로 타락하고 유다주의 문화가 붕괴되는 위기를 맞게 되었다. 이사야 같이 유능한 예언자가 열심히 사역했음에도 불구하고 유다는 심지가 다 된 촛불처럼 점점 희망을 잃어가고 있었다. 이때 하나님께서는 앗수르에 예언자 나훔을 보내어 심판을 선포하셨는데, 이는 이방인을 포함한 전 인류를 구원하시고자 하시는 하나님의 계획과 뜻을 나타내신 것이었다.

북왕국 이스라엘이 멸망한 후에 남왕국 유다만 남았다가 그들도 결국 주전 586년에 바벨론에 의하여 멸망하고 만다. 남 유다가 멸망으로 내리달리는 시대인 요시야 왕 때부터 시드기야 왕 말기(末期)에까지 예언자 예레미야와 하박국 그리고 스바냐가 활약하였다. 이때는 유다의 격동기라고 할 수 있었는데, 예언자들은 심판과 구원에 대하여 언급하면서 지금 당장 회개하고 하나님께 순종하자고 부르짖었다. 특히 예레미야의 경우 하나님의 심판은 이미 돌이킬 수 없게 되었으므로 하나님의 심판을 받아들여 바벨론에 항복할 것을 선포하다가 매국노의 누명을 쓰기도 하였다.

드디어 남유다마저 멸망당했을 때, 북쪽의 이스라엘은 이민족의 이주정책으로 혼합되어 단일민족의 동질성을 잃어버리고 사마리아 족이 되고 말았으나, 그래도 남 유다는 하나님의 백성으로 남아 있었다. 하나님께 불순종하고 율법을 저버리고 우상숭배를 한 결과로 인하여 나라를 빼앗기고 온 세상을 떠도는 거지와 같은 모습이 된 유대인들은 그제야 비로소 자신들의 실체를 깨달아 알게 되었다.

멸망 직후에 제사장과 서기관을 비롯하여 지도자급에 해당하는 자들과 백성들 중에서도 유능한 사람들은 모조리 바벨론에 포로로 잡혀갔다. 빼앗긴 땅 팔레스타인에 남은 자들은 힘없고 소외된 백성들뿐이었다. 그때 거기 남아서 활동한 선지자는 요엘과 오바댜이었다. 오바댜는 에돔에 대하여 심판을 선포하면서 유다가 언젠가 회복될 것을 예언하였다.

포로로 잡혀간 사람들 중에도 예언자가 있었다. 그들은 바벨론에서 활동하였는데, 바로 다니엘과 에스겔이다. 다니엘은 바벨론의 총리가 되어 정치에 참여하기도 하면서 꿈의 해석으로 하나님의 계획을 보여주었다. 에스겔은 많은 환상을 통해 영적 이스라엘의 회복과 메시아 왕국의 메시지를 선포하였다. 새로운 성전의 개념과 새로운 예배 그리고 새로운 생명이 무엇인지 환상을 통해 보여주었다.

마지막으로 포로 귀환시대에 활약한 예언자들이 있다. 바사 왕 고레스가 바벨론을 정복하고 유다 민족에게 본토로 돌아가도 좋다는 칙령을 내렸다. 이때부터 바사 제국 시대에 세 번에 걸친 귀환이 있게 된다. 1차 귀환 때는 무너진 하나님의 성전을 다시 짓는 일이 급하였다. 이때 활약한 예언자가 학개와 스가랴이다. 1차 귀환을 영도한 지도자는 스룹바벨과 대제사장인 여호수아였는데, 성전을 짓던 중 아닥사스다 1세 때 방해로 중단되었다. 그러다가 다리오 1세 때 학개와 스가랴의 독려로 다시 중건되어 마침내 주전 516년에 성전이 완공되었다.

2차 귀환은 에스라가 영도하였는데, 그는 유다가 멸망한 가장 큰 이유는 하나님의 법을 버렸기 때문이라고 판단하여 율법 회복과 이방족속과의 혼인을 강하게 금지시킨다. 돌아온 유다족속들은 팔레스타인 땅에서 대대적인 종교개혁을 감행하였다. 이때부터 매우 유대인들이 매우 율법적인 사람들이 되어가기 시작했다.

3차 귀환은 느헤미야가 영도하였는데, 그는 종교지도자라기 보다 정치지도자라고 할 수 있는 인물이다. 아무튼 그는 무너진 예루살렘 성벽을 수축하고 유다 왕국이 회복되기를 강하게 소망하며 에스라와 더불어 유대인들의 회복에 앞장섰다.

끝으로 예언자 말라기는 유다 백성들이 포로에서 귀환하여 새 성전을 짓고 율법을 회복하며 하나님께 일시적으로 순종하다가 또다시 그 열정이 식어가고 있는 어느 때 활동한 것으로 여겨진다. 하나님께서 은혜를 베푸셔서 어느 정도 안정기에 접어들면 곧 타락하는 것이 이스라엘의 모습이었다. 그 후 신약 시대까지 예언자는 더 이상 없었다.

2. 성경적 예언의 본질

예언자하면, 미래의 일을 점치고 예고하는 사람들로 생각하기 쉽지만, 사실상 그것이 예언자들의 기본적인 임무나 기능은 아닌 것이다. 예언자라는 말은 헬라어 프로페타스(prophetas)에서 유래된 것으로 다른 사람(특히 하나님)을 대신해서 말하는 사람 곧 대언자라는 뜻이다. 히브리어의 나비(nabi)도 대변자(spokesman)라는 뜻이다. 그러니까 예언자들의 주된 임무는 미래의 일을 예고하는 것이 아니라, 하나님의 뜻을 그 백성들에게 선포하는 것이었다.

따라서 그들은 "(너는) 가서 이 백성에게 이르라"(사 6:9) 또는 "가서 내 백성 이스라엘에게 예언하라"(암 7:15)와 같은 하나님의 위임을 받아 그것을 대언하였다. 즉 예언자들은 하나님의 사자(messenger)로서 하나님에게서 온 말씀을 전하는 전령 곧 말씀의 심부름꾼이라는 것이다.

이러한 예언자들의 메시지는 하나님으로부터 온 메시지일 뿐 아니라 하나님과 그의 언약, 그의 뜻, 그의 심판, 그의 구원, 장차 올 하나님 나라에 관한 메시지인 것이다. 예언자 아모스는 "이스라엘아 네 하나님 만나기를 예비하라"(암 4:12)고 선포하였는데, 이 말씀 속에 성경적 예언의 본질이 잘 드러나 있다. 즉 예언자가 과거를 논하든, 현재를 논하든, 미래를 논하든지 간에 그는 하나님을 인간이 알고 체험할 수 있는 가장 진실 된 실재(實在)로 제시하려고 했다는 것이다. 그러므로 성경적 예언임을 가장 잘 나타내주는 중요한 표지는 그것이 지닌 하나님 중심적인 성격이다.

간혹 예언자들 중에는 "바람주머니"(렘 5:13)처럼 내용이 없는 말을 떠들어 대는 거짓 예언자들도 있었지만, 대부분의 진실 된 예언자들은 하나님을 위하여 말하고 하나님의 뜻을 설명해주는 사람들이었다. 참 예언자와 거짓 예언자의 구분은 예언자가 말한 것이 이루어지지 않으면 거짓 예언자이고 그 말이 이루어지면 참 예언자로 볼 수가 있다(신 18:17-22). 아마샤나 하나냐도 하나님의 이름으로 예언을 선포하였다. 그러나 그들의 말은 이루어지지 않았으므로 거짓 예언자이었다.

이 참 예언자들은 대부분 의식이 있는 상태에서 하나님의 사자를 만나 말씀을 듣거나 혹은 하나님의 말씀이 직접 그들에게 임하여 예언을 하는 경우가 많다. 예를 들어 열왕기하 20장 1-6절을 보면, 히스기야 왕이 병들어 죽게 되었을 때 진실과 전심으로(왕하 20:3) 통곡하며 기도하자 하나님의 말씀이 바로 이사야에게 임하는 것을 볼 수 있다.

또 무의식상태에서도 하나님의 말씀이 임하는 경우도 볼 수 있다. 즉 잠을 잘 때 꿈(Dream)을 통하여 하나님께서 말씀을 주시기도 하고(민

12:6), 환상(Illusion)을 볼 수도 있게 함으로써 비밀을 깨닫고 예언을 하게 하신다. 성경에서는 환상을 이상(異像)이라고도 하는데, 이는 의식이 있는 상태에서 볼 수도 있고 무의식상태에서 볼 수도 있다. 많은 경우 환상은 꿈속에서 주어지는 것이다. 구약의 요셉과 다니엘은 꿈속에서 환상을 보고 예언을 한 것으로 유명하다. 그밖에도 많은 선지자들이 환상을 통하여 예언을 하였다.

그리고 황홀경(ecstacy)을 통하여 환상을 보고 예언을 하는 경우도 있다. 황홀경이란 잠을 자지 않는 의식의 상태에서 갑자기 무의식 세계로 빠져 들어가 경험하는 현상이라 할 수 있다. 그래서 그것을 무아지경이라고도 말한다. 그러나 예언자들이 갖는 황홀경은 보통의 경우처럼 자기를 완전히 잊어버리고 비합리적 방법으로 날뛰는 것과는 달리, 그들의 정신력이 상승되거나 영적 능력이 아주 극도에 달했을 때 하나님으로부터 환상이나 말씀을 받게 되는 것을 말한다. 바울 사도가 다메섹으로 가는 도중 홀연히 빛과 소리로 임하신 주님을 만났는데, 그 때 다른 사람들은 뇌성 치는 소리와 번쩍이는 빛만 보았을 (행 9:7, 행 22:9) 뿐이지만, 바울은 분명한 의식 속에서 하늘로부터 비춰는 빛을 보고 또 주님의 음성을 또렷하게 들을 수 있었다. 이는 황홀경 상태에서 주님을 만난 경우라 할 수 있다.[60]

3. 성경적 예언의 메시지

위에서 말한 바와 같이, 예언의 형식은 대개 세 가지로 나뉘지만, 그 내용은 거의 동일하며 심판과 구원으로 집약된다. 즉 하나님께서는 백성들에게 심판을 하신다는 것을 선포하는 동시에 그들에게 구원도 베푸실 것을 예언하신다. 예언자들은 예언할 때 임박한 심판과 회개를 선포하고 구원도 함께 선포함으로써 남은 자들에 대한 소망을 버리지 않았다.

구약의 모든 예언 중에서 가장 중요한 예언은 심판에 관한 예언이다. 이 심판에는 멸망과 회복의 양면성이 있을 뿐 아니라, 단회적인 심판이 아닌 몇 차례에 걸친 심판이 오버랩(Overlap)되어 예언되는 것임을 알 수 있다.

첫 번째는 북 왕국 이스라엘에 대한 멸망의 예언이다. 하나님께서는 예언자 아모스와 호세아를 통하여 북 왕국 이스라엘에 대한 심판을 예고할 때, 그들에 대한 회복의 메시지도 함께 전파하게 하셨던 것이다. 그 때만 해도 그들에게는 선택의 여지가 있었다. 그들이 회개하고 순종한다면 하나님께서 심판을 돌이키시거나 적어도 심판의 시기를 늦출 수 있는 기회가 충분히 있었다. 그러므로 심판과 구원의 예언이 동시에 선포되었다. 그러나 이사야가 예언(28장)할 때는 회복의 메시지는 없었다. 이미 그들의 죄악은 심판을 부르기에 충분한 양을 채우고도 남음이 있었기 때문이다.

두 번째는 남 왕국 유다에 대한 멸망의 예언이다. 이사야를 비롯한 미가, 예레미야, 스바냐와 같은 예언자들이 이런 예언을 하였다. 이들은 여호와의 날을 예언하였는데, 이는 주전 586년에 예루살렘이 함락당하고 남 왕국 유다가 멸망하며 하나님의 성전이 파괴되리라는 예언인 것이다. 그 날에 하나님께서 불순종한 많은 백성들을 심판하시지만, 그러나 남은 자들에 대해서는 구원의 손길을 펴신다는 메시지도 동시에 선포하게 하셨다. 이 예언은 그 후 신약시대로 내려와서 주후 70년에는 로마에 의해 예루살렘이 완전히 초토화되고 성전이 파괴될 것까지도 포함하고 있다.

세 번째는 유다 왕국이 멸망한 후에 닥쳐올 하나님의 두려운 날에 대한 예언이다. 요엘을 비롯하여 다니엘, 에스겔, 스가랴 등이 그 전무후무한 심판의 날을 예언하였다. 그 날은 야곱 족속의 환난의 날로서, 이 날에 그들은 전에 보지 못했던 그러한 큰 환난을 겪게 될 것이라는 것이다. 그 날은 바로 주후 70년의 예루살렘의 멸망을 예고한 것인 동시에 주님께서 마태복음 24장에서 예언하신, 육적 이스라엘에게는 무서운 심판이 되지만 영적 이스라엘에게는 회복이 이루어지는 구원성취의 날의 도래를 예고한 것이기도 하다. 즉, 영적 이스라엘인 교회가 승리하는 날이 된다는 뜻이다.

그리고 그 날은 궁극적으로는 인류 최후의 심판과 성도의 마지막 승리의 날의 예표이기도 하다. 즉, 예루살렘의 파괴를 예언한 여호와의 날은 일차적으로 역사를 통해 이루어질 뿐 아니라, 영적으로는 시공간이 완성되어 영원한 나라가 드러나는 최후의 순간을 의미하는 것이다. 이처럼 예언에는 시간의 다중적 성취가 포함되어 있다.

4. 예언서의 탐구

이미 위에서 말한 바와 같이, 예언자들은 이스라엘 백성들이 어려움과 어둠 속에 처해 있을 때 때로는 채찍을 들고 때로는 눈물로 호소하였고 또 구원의 길로 안내하기도 하였다. 그러나 그들은 자기 생각과 결단으로 이러한 일을 하였던 사람들이 아니라 하나님의 소명을 받고 그 백성을 향하여 구원하기 위한 길을 안내하였던 사람들이었다.

주로 주전 8세기에서 시작하여 5세기까지 약 400년 동안 그들은 이스라엘 백성들과 함께 고통을 나누면서 살았고 그 고통 속에서 하나님의 음성을 알렸던 것이다. 그런 예언자들 중에는 독자적인 기록들을 남긴 대 예언자 4명과 소 예언자 12명이 포함된다. 그 중에서 북왕국 이스라엘의 요나, 아모스, 호세아와 남왕국 유다의 예레미야, 오바댜, 요엘, 이사야, 미가, 나훔, 하박국, 스바냐 등은 포로 이전에 활동을 했고, 에스겔과 다니엘은 포로기간 중에 활동을 했으며, 학개, 스가랴, 말라기는 포로 이후에 활동을 하였다.

이 16명의 대소 예언자들을 전부 한 자리에서 다루기란 쉬운 일이 아니므로 그 중에서도 여기서는 몇 명만 선별해서 다루겠다. 즉 포로 이전에 활동을 했던 이사야와 요엘만을 다루겠다. 그 밖의 예언자들에 대해서는 본 운암전집 3권 『구약의 세계: 재미있고 신나는 성경 이야기』를 참고하기 바란다.

1) 메시아 왕국을 선포한 예언자: 이사야

이사야는 그의 민족이 세계에 대한 메시아의 민족이 된다는 생각을 철저히 불어넣었으므로 그를 메시아의 예언자라고 한다. 그는 장차 그의 민족을 통하여 위대하고 놀라운 축복이 하나님으로부터 모든 민족에게 이를 것이라고 믿고 있었고 그것을 중점적으로 예언하였다. 신양성경에서는 이사야가 그리스도의 영광을 보고 그에 대해서 말했다고 기록하였다(요 12:14).

유다 왕 웃시야가 죽던 해 주전 739년부터 시작하여 요담, 아하스, 히스기야 시대를 거치면서 사십 년 이상을 이사야(Isaiah)는 줄곧 예언활동을 하다가 주전 680년 므낫세 왕에게 순교 당하였다고 한다. 그의 본격적인 예언 활동은 아하스의 통치하에서 시작되지만 주로 히스기야 시대에 이루어졌다고 해도 과언이 아니다.[61]

이사야는 웃시야 왕이 죽던 해에 드높은 보좌에 앉아 계시는 하나님을 보고 부름을 받았다. 그는 소명을 받던 순간을 이렇게 묘사하고 있다.

> 스랍들이 모시고 섰는데
> 각기 여섯 날개가 있어
> 그 둘로는 그 얼굴을 가리었고
> 그 둘로는 그 발을 가리었고
> 그 둘로는 날며
> 서로 불러 이르되
> 거룩하다 거룩하다 거룩하다

만군의 여호와여
그 영광이 온 땅에 충만하도다 하더라. (사 6:2-3)

"불타는 자들" 이라는 뜻을 갖고 있는 스랍천사들의 네 날개는 하나님을 높이고 예배하기 위하여 사용되고 두 날개는 봉사를 위하여 사용되었다. 따라서 그들의 날개들은 예배와 봉사로 신앙 생활을 시작하여야 한다는 것을 표상해 주고 있다. 또한 경건심은 연기로 가득 찬 성전 터를 흔들 만치 크고 우렁찬 스랍들의 노래 소리로 표현되어 있다(사 6:4). 연기는 여호와 하나님께서 나타나실 때에 언제나 함께 하시는 것이다. 왜냐하면 하나님은 인간의 죄를 샅샅이 꿰뚫어 보실 수밖에 없기 때문이다. 그러나 하나님은 참아 인간의 죄를 그대로 보실 수가 없으시다. 그러므로 하나님이 나타나실 때에는 연기가 따르게 된다. 이사야서 6장은 하나님의 임재와 위력을 강렬하게 느끼게 해주는 기록이라 할 수 있다.

높이 들린 주의 환상과 말로 다 할 수 없이 빛나는 거룩함 속에서 이사야는 자기 자신의 실상을 발견할 수가 있었다.

화로다 나여 망하게 되었도다
나는 입술이 부정한 사람이요
입술이 부정한 백성 중에 거주하면서
만군의 여호와이신 왕을 뵈었음이로다 하였더라. (사 6:5)

아모스는 환상 중에 불의한 세상을 보았고, 호세아는 환상 중에 부정한 아내를 보았지만 이사야는 자기 자신의 내면을 보았다. 이 사회는 무엇보다 먼저 내면부터 성화되어야 한다는 것이다. 그때에 스랍들 가운데 하나가 제단에서 화저(火箸)로 핀 숯을 집어 가지고 날아 와서 그것을 이사야의 입에 대고 말하였다. "보라 이것이 네 입에 닿았으니 네 악이 제하여졌고 네 죄가 사하여졌느니라" (사 6:5).

이것은 옛날 사람들이 귀중하다고 생각하는 것을 하나님께 바칠 때에는 그것이 불결한 것이면 제사장에게 가져다가 불에 한번 그슬려서 하나님께 드리던 방법을 이용한 것이다(민 31:22-). 따라서 그것은 정결의 표상이 된다. 불은 타오르며 정화시키고 확대 변형시킨다. 이사야는 이로써 옛 사람을 벗고 새 사람이 되었다.

이렇게 새 사람이 된 이사야는 주의 목소리를 듣는다. "내가 누구를 보내며 누가 우리를 위하여 갈꼬?" 그 때에 이사야는 "내가 여기 있나이다"(사 6:8)라고 응답하였다. 그 결단의 순간에 이사야는 하나님의 심판을 전달하라는 소명을 받았다(사 6:9-10). 그러나 그는 하나님의 사랑이 최후에는 승리한다고 믿었다.

이런 의미에서 그는 복음적 신앙의 예언자였으며 이스라엘의 성자였다. 복음적 신앙의 예언자 이사야의 눈에 비친 현실은 모두가 잘못된 일뿐이었다.

> 하늘이여 들으라
> 땅이여 귀를 기울이라
> 여호와께서 말씀하시기를
> 내가 자식을 양육하였거늘
> 그들이 나를 거역하였도다.
> 소는 그 임자를 알고
> 나귀는 그 주인의 구유를 알건마는
> 이스라엘은 알지 못하고
> 나의 백성은 깨닫지 못 하는도다 하셨도다.
> 슬프다 범죄 한 나라요 허물 진 백성이요
> 행악의 종자요 행위가 부패한 자식이로다.
> 그들이 여호와를 버리며
> 이스라엘의 거룩한 이를 만홀히 여겨
> 멀리하고 물러갔도다.
> 너희가 어찌하여 매를 더 맞으려고

패역을 거듭하느냐.
온 머리는 병들었고 온 마음은 피곤하였으며
발바닥에서 머리까지 성한 곳이 없이
상한 것과 터진 것과 새로 맞은 흔적뿐이거늘
그것을 짜며 싸매며
기름으로 부드럽게 함을 받지 못하였도다. (사 1:2-6)

하늘과 땅을 증인으로 부르는 것으로 보아서 이사야의 예언은 고발의 형태를 취하고 있다는 것을 알 수 있다. 이사야가 증인 앞에서 고발하는 죄는 무엇인가? 첫째 그것은 소나 나귀보다도 못한 반역행위(사 3:8; 5:24; 30:9)라 할 수 있고, 둘째로는 악취 나는 제물이나 드리고 피 묻은 손으로 기도할 때 치켜들며 의로운 체 하는 위선(사 1:11-15; 5:20; 29:13; 32:7)이라 할 수 있다. 세 번째로 그가 고발한 것은 지도자들의 부정부패와 인권유린(사 1:17, 23; 3:12-15; 5:7, 23; 10:1-2)이었다.

이런 이스라엘의 현실적인 죄악상을 보며 이사야는 격앙된 어조로 이스라엘의 땅은 쑥밭이 되고 도시들은 잿더미가 되리라고 예언하였다. 이는 이스라엘에 대한 하나님의 심판을 선포한 것이다. 그러나 그는 보수적인 태도만을 지키지 않고 진취적인 정신으로 미래를 내다보며 "남은 자"(사 45:20)는 구원을 받을 것이라고 했다. 우리가 잘 알듯이 하나님께서는 오른 손을 붙들고(사 41:13) 신랑이 신부를 사랑하듯이 남은 자들에게 사랑을 베풀어 주시리라고 그는 예언하였다. 따라서 사람들은 오실 사랑의 구세주 메시야를 기다리게 되었다.

이는 한 아이가 우리에게 났고
한 아들을 우리에게 주신 바 되었는데
그 어깨에는 정사를 메었고
그 이름은 기묘자라, 모사라. 전능하신 하나님이라.
영존하시는 아버지라. 평강의 왕이라 할 것임이라.
그 정사와 평강의 더함이 무궁하며

또 다윗의 왕좌와 그의 나라에 군림하여
그 나라를 굳게 세우고
지금 이후로 영원히 정의와 공의로
그것을 보존하실 것이라.
만군의 여호와의 열심히 이를 이루시리라. (사 9:6-7)

이처럼 이사야는 위대한 꿈을 보여 주었고 황금시대의 이상을 선포 하였다. 그때에는 전쟁과 반역도 없고 부정부패와 인권유린도 없으리라는 것이다. 이런 사상은 보다 높은 차원으로 승화된다.

이새의 줄기에서 한 싹이 나며
그 뿌리에서 한 가지가 나서 결실할 것이요
그의 위에 여호와의 영 곧 지혜와 총명의 영이요
모략과 재능의 영이요
지식과 여호와를 경외하는 영이 강림하시리니
그가 여호와를 경외함으로 즐거움을 삼을 것이며
그의 눈에 보이는 대로 심판하지 아니하며
그의 귀에 들리는 대로 판단하지 아니하며
공의로 가난한 자를 심판하며
정직으로 세상의 겸손한 자를 판단할 것이며
그의 입의 막대기로 세상을 치며
그의 입술의 기운으로 악인을 죽일 것이며
공의로 그의 허리띠를 삼으며
성실로 그의 몸의 띠로 삼으리라.
그 때에 이리가 어린 양과 함께 살며
표범이 어린 염소와 함께 누우며
송아지와 어린 사자와 살진 짐승이 함께 있어
어린아이에게 끌리며
암소와 곰이 함께 먹으며
그것들의 새끼가 함께 엎드리며
사자가 소처럼 풀을 먹을 것이며

젖 먹는 아이가 독사의 구멍에서 장난하며
젖 뗀 어린아이가 독사의 굴에 손을 넣을 것이라.
내 거룩한 산 모든 곳에서
해됨도 없고 상함도 없을 것이니
이는 물이 바다를 덮음 같이
여호와를 아는 지식이 세상에 충만할 것임이니라. (사 11:1-9)

여기서 이사야는 하나님께서 처음에 하늘과 땅과 만물을 지으셨을 때 동물들과 사람이 함께 평화롭게 지나던 것을 생각하였다. 그러나 인간은 죄를 지었고, 그 죄는 만물에게까지 영향을 끼쳤다. 모든 만물이 인간의 죄로 인해 악화되고 저주를 받게 되었다. 그래서 모든 질서가 혼란해지고 파괴되고 말았다. 그러나 이사야는 장차 임할 구원은 다 모든 것을 원상태로 회복할 것이고, 그 영향은 전체에 미칠 것이라고 보았다. 그리고 이런 천상적인 유토피아가 형성될 때에는 인간이 죄를 버리는 것 같이 짐승들도 그 야성을 버리게 될 것으로 그는 믿었다.

그것은 사람의 열심이나 노력에 의해서 이루어지는 것이 아니라 하나님의 은혜에 의해서 이루어지는 것이다. 하나님의 의와 정의가 실현되고 인간이 그것을 누리게 되는 것은 "고난의 종"을 통해서만 가능하다고 보았다.

그가 찔림은 우리의 허물 때문이요
그가 상함은 우리의 죄악을 때문이라.
그가 징계를 받으므로 우리는 평화를 누리고
그가 채찍에 맞으므로 우리는 나음을 받았도다.
우리는 다 양 같아서 그릇 행하여 각기 제 길로 갔거늘
여호와께서는 우리 무리의 죄악을
그에게 담당시키셨도다.
그가 곤욕을 당하여 괴로울 때에도
그의 입을 열지 아니하였음이여

마치 도수장으로 끌려가는 어린 양과
털 깎는 자 앞에서 잠잠한 양 같이
그의 입을 열지 아니하였도다.
그가 곤욕과 심문을 당하고 끌려갔으나
그 세대 중에 누가 생각하기를
그가 살아 있는 자들의 땅에서 끊어짐은
마땅히 형벌 받을 내 백성의 허물 때문이라 하였으리요.
그는 강포를 행하지 아니하였고
그의 입에 거짓이 없었으나
그의 무덤이 악인들과 함께 있었으며
그가 죽은 후에 부자와 함께 있었도다.
여호와께서 그에게 상함을 받게 하시기를 원하사
질고를 당하게 하셨은즉
그의 영혼을 속건제물(贖愆祭物)로 드리기에 이르면
그가 씨를 보게 되며 그의 날은 길 것이요
또 그의 손으로 여호와께서 기뻐하시는 뜻을 성취하리로다. (사 53:5-10)

하나님은 사랑의 신이므로 그의 외아들 예수를 구주로 보내어 그를 믿는 자들을 구원하리라고 믿었다. 이 구세주 탄생에 대한 예언 기록은 흔히 제2의 이사야가 썼다고 하지만 이사야의 구원 신앙과 어긋나는 것은 아니다. 또한 예언자가 신앙을 통하여 본 것은 구원받은 세계와 새로 지어진 인간의 미래만이 아니었고 유다의 역사에 나타나는 실제적인 문제이기도 했다. 이런 점에서 우리는 이사야를 신앙의 정치인으로 보게 된다. 유다 왕 아하스 시대에 아람과 이스라엘은 힘을 합쳐 예루살렘을 쳐들어 왔다. 그 소식을 들은 왕과 백성의 마음은 바람에 휩쓸린 수풀처럼 흔들렸다. 그래서 아하스 왕은 앗수르 왕에게 사자를 보내어 아람과 이스라엘이 유다를 치려 한다는 것을 알리고 구원을 청했던 것이다.

이 때 아하스 왕 앞에 나타나서 강력하게 충고한 사람이 이사야였다.

너는 삼가며 조용하라.

> 르신과 아람과 르말리야의 아들이 심히 노할지라도
> 이들은 연기 나는 두 부지깽이 그루터기에 불과하니
> 두려워 말며 낙심하지 말라. (사 7:4)

그러나 아하스 왕은 이사야의 충고에 귀를 기울이지 않고 앗수르의 강력한 힘을 빌려서 아람과 이스라엘의 군대를 내쫓으려고 했다.

아하스의 생각대로 앗수르의 대군은 아람과 이스라엘을 쳐부수어 주었다. 그러나 앗수르 군대는 그것으로 그치지 않고 유다에까지 쳐들어와서 난폭한 행동을 자행하고 급기야는 유다도 자기 나라의 지배하에 두고 말았다. 그 후로는 이스라엘이나 유다는 매년 수많은 금과 은을 앗수르 왕에게 바치지 않을 수 없게 되었다.

그 때문에 국민은 무거운 세금을 내야했고 노예와 같은 작업을 하며 고생하지 않으면 안 되게 되었다. 더구나 백성들 중에는 앗수르인의 흉내를 내며 태양과 별을 예배하는 사람들까지 생겨나게 되었다. 이런 꼴을 본 이사야는 머지않아 유다와 이스라엘이 멸망하고 말 것이라고 예언했다. 그의 예언대로 이스라엘은 멸망하고 유다는 위급한 사태에 처하게 되지만, 전능하신 하나님께서는 앗수르를 물리치고 그 원수의 손에서 또한 구원하실 것이라고 예언하였다(사 37:1-).

뿐만 아니라 그는 유다 민족이 시련을 겪을 때 메시아가 와서 모든 사람에게 욕을 당하고 수치를 당하면서도 우리의 죄를 짊어지고 구주가 되리라고 예언했다(사 53장). 이는 예수의 생애를 예시한 것이며 그 예언은 후일에 성취되었던 것이다. 이와 같이 이사야는 메시아의 구속 사역에 대해 많이 말하고 있기 때문에 종종 복음적 예언자라고 불리기도 한다. 이런 구약의 복음서라고 하는 이사야서를 쓴 저자가 이사야다.

이사야(Isaiah)는 유다의 운명이 풍전등화와 같았던 주전 701년의 앗수르 왕 산헤립의 유다 침략 때 매우 중요한 역할을 담당했던 예언자다(사 36-37장 참조). 그는 그 시대에 살았던 다른 예언자들과는 대조적으로 유다의 정치에 깊이 연루되어 있었다. 그의 이런 정치적 관심은 그가 선지자 나단처럼 자유자재로 궁전을 드나드는 것에서 알 수 있다. 그렇다고 해서 이사야가 어느 특정한 왕의 통치와 외교정책을 돕거나 협조한 것은 아니다. 대체적으로 그는 왕들의 정책에 문제를 제기하는 차원에서 정치적인 개입을 했던 것이다.

이사야는 예루살렘에서 태어나 그곳에서 자랐으며 교육 또한 그곳에서 받은 것으로 추정된다. 유태인들의 유래에 의하면 이사야의 아버지 아모스는 아마사 왕(주전 796-767)의 형제였다. 그가 왕족이었는지 아닌지는 확실히 알 수가 없지만, 평민이 아니었다는 것만은 확실하다.

이사야는 결혼을 했었고(사 8:3), 최소한 두 아들을 두었었다. 그의 아내도 여선지자(사 8:3)로 불렸고, 그의 두 아들의 이름은 스알야숩과 마헬살랄하스바스였다. 두 아들의 이름은 상징적인 예언을 의미했다. 스알야숩은 "남은 자는 돌아오리라"라는 뜻으로 심판 후에 임할 하나님의 구속을 예언하는 이름이었으며, 마헬살랄하스바스는 "먹이가 서둘러 사라진다" 또는 "노획물이 빨리 없어진다"를 의미했다. 두 아들의 이름은 한결같이 머지않아 다가올 하나님의 심판을 전제로 하고 지은 것이었다. 이사야가 예언자로 부름을 받기 전에 어떤 일에 종사하고 있었는지는 확실치가 않다. 다만 많은 학자들이 그는 서기관이었을 것으로 추측을 하고 있을 뿐이다. 성경을 살펴보면 여러 예언자들이 왕들의 역대기를 기록한 것으로 밝히고 있다(대하 12:16; 13:22; 20:34). 그리고 이사야도 웃시아 왕의 역대기를 정리한 것으로 기록되어 있다(대하 26:22). 만일 그가 웃시아 왕의 서기관이었다면, 그는 그 당시의 관례대로 왕실의 아이들을 가르치는 선생 역할을 겸했을 가능성도 농후하다.

그가 육적으로 어떤 혈통이었는지는 확실히 알 수 없지만 영적으로는 하나님의 큰 예언자였다는 것만은 부인할 수 없는 사실이다. 이사야는 인격적으로나 정치적 수단으로나 웅변으로나 또는 널리 퍼진 그의 감화력으로나 그와 비교할만하고 대등한 그런 예언자는 없었다. 앞서도 말한 바와 같이, 이사야는 유태인의 전설에 의하면 므낫세 왕 초기시대 때 그에 의하여 톱으로 두 동강이 나서 순교했다.

그가 쓴 이사야서는 히브리 예언의 에베레스트 산에 비교할 수 있는 66권으로 구성된 책으로서, 한 권의 축소판 성경이라 할 수 있다. 예언자들의 셰익스피어라 할 수 있는 이사야는 복음을 선포한 구약의 사도라고 일컬어지고 있다. 일명 구약의 신학 책이라고 불리는 이사야서는 신학자들로부터 평신도에 이르기까지 다양한 계층의 사람들로부터 꾸준한 찬사와 사랑을 받아오고 있는 책이다. 이처럼 이사야서가 사랑을 받아오게 된 이유는 여러 가지가 있다.

첫째, 이사야서는 구약의 어느 책보다도 깊이 있고 다양한 신학을 내포하고 있기 때문이다. 둘째, 이사야서의 기품 있는 문장력과 문체 및 다양한 표현력은 히브리시의 최고 수준에 속하기 때문이다. 셋째, 마치 신약시대와 예수님의 탄생을 예고하듯이 이사야서는 메시아와 그의 시대에 대하여 많은 예언을 포함하고 있기 때문이다.

이 이사야서는 2부 구성을 갖고 있는데, 그 제1부 1-39장에서는 심판이 선포된다. 유다를 비롯하여 유다 주변 여러 나라들, 그리고 궁극적으로는 온 세계에 이르기까지 부도덕하고 우상숭배에 빠진 모든 민족들을 하나님께서 반드시 심판하리라는 경고가 들어 있다. 제2부 40-66장에서는 여호와 하나님의 영광과 긍휼, 그리고 은혜가 묘사된다. 메시아가 오는데, 그가 십자가를 질 것이며, 마침내 주권자로 면류관을 쓰게 될 것이다. 그가 친히 죄에 대한 하느님의 심판을 짊어질 것이며, 유대인과 이방인 모두에게 희망을 줄 것이라 한다. 이를 다시 세 단락으로 나누어서 좀 더 자세하게 그 내용을 살펴보겠다.

첫 단락은 모든 민족들에 하나님의 심판을 선포한다. 먼저 유다 사람들이 심판의 대상이다(1-12장). 그리고 주변 여러 나라들에 대한 하나님의 신탁들이 선포되는데, 심판의 대상이 좁은 지역에서 넓은 지역으로 점차 확대된다. 이는 모두 11개 나라들, 즉 바벨론, 앗수르, 블레셋, 모압, 다메섹(시리아), 구스(에티오피아), 에돔, 아라비아, 예루살렘(유다), 두로 등이다.

둘째 단락은 주전 701년의 앗수르의 유다 침공을 돌이켜보고, 바벨론의 유다 침공을 예견한다. 유다가 앗수르에 사로잡히는 것은 모면했으나(36-37장, 왕하 18-19장), 바벨론의 손을 피하지는 못할 것이다(38-39장, 열왕하 20장). 히스기야 왕이 바벨론의 사신들에게 보물창고를 열어 보여준 것은 유다 왕국의 포로가 될 운명을 예시한 실책이었음을 예언자는 명시한다.

셋째 단락은 소망과 회복에 대한 하나님의 약속들로 유다 백성을 위로한다. 그 소망의 근거는 하나님의 주권과 위엄이다(40-48장). 이 9개 장(章) 216개 절(節) 중 115개절이 하나님의 위엄과 능력을 노래한다. 하나님은 유다를 멸한 바벨론을 심판할 것이다. 그리고 그 회복은 메시야의 오심으로 완성될 것이다(49-57장).

고난의 종으로 올 그 메시야가 성도들의 죄악을 갚아줄 것이며, 온 땅에 평화와 정의가 넘치게 할 것이다. 그러므로 자신의 죄를 인정하고 그를 믿는 자에게는 구원의 은총이 주어질 것이다(58-66장). 그날에 예루살렘은 회복될 것이고, 이스라엘의 국경은 확장될 것이며, 메시야는 시온에서 다스릴 것이다. 이사야의 예언은 궁극적으로 종말론적(終末論的)인 하나님의 나라의 완성을 보여준다. 그는 한마디로 구약예언의 최고봉에서 신약의 완성을 내다본 우주적 역사의 예언자였다.

다음으로는 이사야서의 문체적 특색을 간단히 살펴보겠다. 그 첫째로 표현의 간결성과 선명성을 들 수 있다. 이사야의 생생한 문체는 표현의 간결성에서 직접 나타나기도 하고 대조의 형태를 취하기도 한다. 그 예로서 이미 인용한 바 있는 이사야서 1장 2-3절을 들 수 있는데, 여기서 이사야는 하늘과 땅, 여호와와 인간, 인간과 짐승을 대조시키고 있다. 더욱 이사야는 눈으로 직접 보듯이 생생하게 그려내는 비유적 표현력을 갖고 있었다. 이처럼 생생하게 그려내는 그의 묘사력을 잘 들어내 보여

주는 한 예를 들어 보겠다.

"슬프다 많은 민족이 소동하였으되 바다 파도가 치는 소리같이 그들이 소동하였고 열방이 충돌하였으되 큰물이 몰려옴같이 그들도 충돌하였도다. 열방이 충돌하기를 많은 물이 몰려옴같이 하나 주께서 그들을 꾸짖으시리니 그들이 멀리 도망함이 산에서 겨가 바람 앞에 흩어짐 같겠고 폭풍 앞에 떠도는 티끌 같을 것이라. 보라 저녁에 두려움을 당하고 아침이 오기 전에 그들이 없어졌나니 이는 우리를 노략한 자들의 몫이요 우리를 강탈한 자들의 보응이니라" (사 17:12-14)

우리는 위의 인용문을 읽으면서 많은 민족과 열방이 파도가 뛰노는 것처럼 소동을 벌이고 큰 물결이 몰려오는 것처럼 충돌하는 모습을 그려볼 수가 있다. 그러나 하나님께서는 밀려오는 거대한 세력들을 바람 앞의 겨처럼 또는 폭풍 앞의 티끌처럼 날려보는 모습이 선하게 보이도록 묘사하였다.

이사야는 기민한 상상력을 발휘하여 적절하고도 오랫동안 기억에 남는 비유적인 표현들을 풍부하게 사용하고 있으며, 여러 다양한 감정 상태를 매우 광범위하게 나타내고 있다. 예컨대 불의에 대한 분노(사 1:21-25), 오만과 교만에 대한 냉소(사 3:26-26), 하나님의 거룩함 앞에서 느끼는 경외심(사 6:1-5), 장차 메시아 시대에 보게 될 주의 선하심과 영광을 찬양하는, 넘쳐흐르는 기쁨(사 12:2-6) 등의 다양한 감정을 포괄적으로 표현하고 있는 것이다.

또 다른 생생한 묘사는 이사야서 31장 4-5절에서 볼 수 있다. "큰 사자나 젊은 사자가 자기의 먹이를 움키고 으르렁거릴 때에 그것을 치려고 여러 목자를 불러 왔다 할지라도 그것이 그들의 소리로 말미암아 놀라지 아니할 것이요 그들의 떠듦으로 말미암아 굴복하지 아니할 것이라. 이와 같이 나 만군의 여호와가 강림하여 시온 산과 그 언덕에서 싸울 것이라 새가 날개 치며 그 새끼를 보호함 같이 나 만군의 여호와가 예루살렘을 보호할 것이라. 그것을 호위하며 건지며 뛰어넘어 구원하리라 하셨느니라" (사 31:4-5).

시온을 위해 싸워 주시며 지켜 주시는 용맹하신 여호와 하나님을 사냥한 것을 물고 으르렁거리는 사자나 하늘을 날며 그 새끼를 지켜주는 수리에 비유한 것은 실로 놀랍고 생생한 묘사라 아니 할 수 없다.

두 번째 특색으로 그의 유머(humor)를 들 수 있다. 우선 패악한 시온의 여성들을 질책하는 장면을 들어 보겠다. "시온의 딸들이 교만하여 늘인 목, 정을 통하는 눈으로 다니며 아기작거려 걸으며 발로는 쟁쟁한 소리를 낸다 하시도다" (사 3:16). 이런 오만스럽고(늘인 목) 우상 숭배를 일삼으며(정을 통하는 눈으로 다니며) 공공연하게(발로는 쟁쟁한 소리를 낸다) 사치와 열락을 즐기던 여인들의 머리에 버짐(딱지)이 먹고(사 3:17) 대머리처럼 머리가 밀리고(사 3:24) 온갖 패물과 아름다운 옷이 벗겨져(사 3:19-23) 하체가 드러나게 되는(사 3:16) 수치를 당하는 날을 묘사한 대목을 읽으면서 우리는 웃음을 터뜨리지 않을 수 없다.

또한 아람 왕 르신과 그의 아들 르말리야(베가)가 연합하여 유다를 쳐들어 왔다는 소식을 듣고 아하스가 바람에 휩쓸린 수풀처럼 흔들리고 있을 때, 이사야는 아하스에게 "연기 나는 두 부지깽이 그루터기" (사 7:4)와 같은 그들을 보고 겁내지 말라고 명령하였다. 여기서 적을 "부지깽이 그루터기" 에다 비교한 것은 그들(적군)의 무기력함을 나타낸 것으로 웃음을 자아내며 또한 아하스에게는 큰 위로를 주었다. 그리고 앗수르 왕을 "이발사" 에 비유하면서 그가 "삭도" (면도칼)를 가지고 유대인들의 머리털과 수염을 깎으리라고 했다(사 7:20). 하나님께서는 앗수르나 애굽을 심판의 도구로 사용하셨는데, 여기서는 앗수르가 바로 유대인의 머리털과 수염을 깎는 삭도가 되는 것이다. 후에는 이 삭도는 유다를 함락(주전 586)한 바벨론을 가르키기도 하였다(겔 5:1). 이런 표현 속에서 우리는 익살스러운 요소를 발견할 수 있다.

이사야는 나귀와 낙타 등에 보화를 잔뜩 싣고 애굽으로 원군을 요청하러 가는 정치인들을 힐책하면서 애굽은 "가만히 앉은 라합"(사 30:7)이라 하였다. "거만" 또는 "자랑"이란 뜻을 가지고 있는 이 "라합"은 마귀의 힘이나 괴물을 상징하고 있다. 이렇게 볼 때 라합이란 단적으로 말하면 애굽이나 바벨론처럼 하나님을 대적하는 원수 사단을 상징하는 총칭이라 할 수 있다. 그러니까 "가만히 앉은 라합"이란 애굽은 전혀 움직일 힘조차 없는 세력이므로 이스라엘에게 아무런 도움도 되지 못한다는 뜻이다. 여기서 또한 야릇한 해학성을 발견할 수 있다.

셋째 특색은 숭엄미를 들 수 있다. 여호와 하나님의 심판을 예고하는 다음과 같은 표현 속에서 그의 숭고한 믿음이 장엄하게 나타나는 것을 볼 수 있다. "너희는 바위틈에 들어가며 진토에 숨어 여호와의 위엄과 그 광대하심의 영광을 피하라"(사 2:10). 팔레스타인 지방의 지질학적 특징 중의 하나는 석회석으로 된 바위가 많다는 것이다. 이 석회석 바위는 용식(溶蝕) 작용으로 인한 많은 종유동을 가지고 있는데, 이 종유동이 종종 유대인들의 피신처가 되었다. 그들은 위험을 느낄 때마다 이 바위 굴 속에 들어가 피신하곤 했다고 한다(삿 6:2; 삼상 13:6; 22:1). 그런데 유대인들은 이방의 침입은 두려워하면서 하나님의 진노는 두려워하지 않았다. 이사야는 이처럼 하나님을 두려워하지 않는 유대인들을 향하여 바위틈에 피하라고 외침으로써 이방의 침입보다 하나님의 진노가 극심함을 현실감 있게 묘사해 주고 있다. 이 현실감 있는 하나님의 진노에 대한 묘사를 통하여 우리는 놀라운 두려움과 떨림을 느끼지 않을 수 없다. 그것이 바로 숭엄감이라 할 수 있다. 그러니까 숭엄감이란 질서나 균형감을 느끼게 할 수 있도록 잘 계산해서 구사한 말에서 나오는 것이 아니고 때에 맞게 밖으로 던진 말들의 완성에서 오는 엑스타시(exstasis)를 가리킨다고 할 수 있다.

이사야서 8장 9-10절속에서도 동일한 전율감 같은 것을 느낄 수 있다. "너희 민족들아 함성을 질러보아라. 그러나 끝내 패망하리라. 너희 먼 나라 백성들아 들을지니라. 너희 허리를 동이라. 그러나 끝내 패망하리

라. 너희 허리에 띠를 띠라. 그러나 끝내 패망하리라. 너희는 함께 계획하라. 그러나 끝내 이루지 못하리라. 말을 해 보아라. 끝내 시행되지 못하리라. 이는 하나님이 우리와 함께 계심이니라." 이사야는 이방 나라를 향하여 너희가 아무리 훤화(연합)하여도 나의 백성 유다는 영원히 멸망시킬 수 없을 것이라고 예언하였다. 왜냐하면 그것은 여호와 하나님께서 그들과 함께 하시기 때문이라는 것이다. "끝내 패망하리라"는 말의 반복적인 사용은 가슴을 서늘하게 해준다. 그런 전율감을 이사야서 30장 27절-33절에서도 느낄 수 있다.

마지막 특징으로 들 것은 적절한 비유(메타퍼)를 많이 쓰고 있다는 것이다. 한 예만을 들겠다. "그 때에 맹인의 눈이 밝을 것이며 못 듣는 자의 귀가 열릴 것이며 그 때에 저는 자는 사슴같이 뛸 것이며 말 못하는 자의 혀는 노래하리니 이는 광야에서 물이 솟겠고 사막에서 시내가 흐를 것임이라. 뜨거운 사막이 변하여 못이 될 것이며 메마른 땅이 변하여 원천이 될 것이며 승냥이의 눕던 곳에 풀과 갈대와 부들이 날 것이며 거기에 대로가 있어 그 길을 거룩한 길이라 일컫는바 되리니 깨끗지 못한 자는 지나가지 못하겠고 오직 구속함을 입은 자들을 위하여 있게 될 것이라. 우매한 행인은 그 길을 범치 못할 것이며 거기에는 사자가 없고 사나운 짐승이 그리로 올라가지 아니하므로 그것을 만나지 못하겠고 오직 구속함을 얻은 자만 그리로 행할 것이며 여호와의 속량함을 받은 자들이 돌아오되 노래하며 시온에 이르러 그들의 머리 위에 영영한 희락을 띠고 기쁨과 즐거움을 얻으리니 슬픔과 탄식이 사라지리로다" (사 35:5-10).

35장 5절의 문자적인 의미는 예수께서 하신 "소경이 보며 · · · 복음이 전파된다 하라" (마 11:4-5)는 말씀과 일치한다. 6-7절은 메시아 왕국의 성격을 비유로 표현한 것이다. 메시아 왕국이 도래하면 저는 자가 사슴같이 뛰고 벙어리의 혀는 노래하리라는 것이다. 그리고 광야에서는 물이 솟겠고 사막에서는 시내가 흐를 것이라고 하였다. 생명체가 존재하지 않는 광야에서 물이 솟는다고 하는 것은 생명체가 존재할 수 있게 되겠다는 것이며, 시내가 흐른다는 것은 광야가 기름진 축복의 땅으로 변모한다는 것이다. 즉 죽음의 암운(暗雲)이 감돌던 세상에 은혜가 넘치는 곳으로 변모되리라는 의미이다. "뜨거운 사막이 변하여 못이 될 것이며 메마른 땅이 변하여 원천이 될 것이며"하는 표현은 일종의 점층법으로서 장차 도래할 그리스도 왕국에 넘쳐 날 은혜의 정도가 점점 더 깊어짐을 강조한 것이다. 8-10절에서는 죄에서 해방된 자들이 기쁨과 즐거움으로 생명의 길에 들어설 것을 말하는 동시에 당시 포로에서 해방된 백성들이 약속의 땅 가나안으로 들어오게 될 것을 이중적으로 말하고 있다. 실로 아름답고 교묘한 비유적 표현들을 여기서 찾을 수가 있다.

이와 같이 이사야서는 하나님의 위엄으로부터 시작해서 용서하시는 사랑으로 끝나는 숭고한 이념을 뛰어난 문학적 기교로 형상화하고 있다.

2) 여호와의 날을 선포한 예언자: 요엘

요엘서는 전통적으로 한 저자가 다 기록한 것으로 인정되어 왔지만, 1870년경부터 요엘서의 문학적인 단위는 단일한 것이 아니라는 것을 증명하려는 시도가 계속되었다. 그러나 본서의 저자는 요엘(Joel)이라는 것이 일반적인 견해다. 요엘이라는 이름은 "여호와는 하나님이시다"라는 뜻이다. 구약성경 가운데는 14명의 요엘이라는 인물이 나온다. 그 가운데서 본서의 저자 요엘은 브두엘의 아들로서 예언자였다.

요엘은 일차적으로 예루살렘과 유다를 향하여 예언을 선포하였으며 아마도 남왕국 예루살렘 주변에서 살았던 것 같다(욜 2:1, 23, 32; 3:16-20). 그는 솔로몬 성전에 관하여 정확한 지식을 갖고 있었음을 보여주고 있다(욜 2:14, 17). 요엘 1장 9절 "소제와 전제가 여호와의 성전에서 끊어졌고 여호와께 수종드는 제사장은 슬퍼하도다"라는 말을 보아서도 알 수가 있다. 그러나 그가 제사장들을 향하여 통렬히 비판하는 점을 볼 때 그 자신은 제사장이 아니었던 것 같다.

요엘이 예언한 연대를 명확하게 확정짓는 것은 불가능한 일이다. 요엘서 본문에 따르면 그는 가장 초기의 선지자이거나 아니면 가장 후기에 속한 선지자인 것 같다. 우리들에게 있어서 이 문제는 그리 중요한 것이 못된다. 일반적으로 그는 가장 초기에 속한 선지자로 본다. 그렇게 본다면 그가 예언한 연대는 아마 유다 왕 요아스의 시대인 주전 830년경이었을 것이다.

요엘의 중심메시지는 "여호와의 날"이라는 표현 속에 나타난다. "여호와의 날"이란 적그리스도의 날이나 사단의 날에 대조를 이룬다. 그 날은 대환란과 함께 시작되어 천년왕국에 이어진다.[62] "여호와의 날"이라는 말은 요엘서에 다섯 번(욜 1:15; 2:1, 11, 31; 3:14) 나타난다. 요엘서에서 이 날은 "크고 두려운 날"(욜 2:31)로 묘사되어 있다. 이사야서(2장), 아모스서(5장), 스바냐서(1, 2장)에도 이 날이 언급되어 있다.

이 날은 유대인들에게는 축복과 해방의 날이지만 여호사밧 골짜기에 모인 하나님을 믿지 아니하는 모든 나라 사람들에게는 하나님의 심판과 정죄의 날이다(욜 3:1-8). 이 최후의 심판에 유다와 예루살렘에는 구원이 나타나고 애굽과 에돔에는 철저한 파괴가 있을 것이다(욜 3:9-21).

이상에서 말한 것이 요엘서의 내용이다. 요엘서 1장 1절로부터 2장 27절까지의 내용이 장차 발생할 일들에 대한 것인지 이미 있었던 일에 대한 보고인지를 알 필요가 있다. 또 요엘서에 나타난 메뚜기가 정말 메뚜기인지 어떤 것에 대한 비유적 설명인지도 알아야 한다. 이런 질문에 대한 답변은 요엘서에서 찾아보아야 한다. 옛 주석가들은 처음 두 장의 예언은 장래에 대한 것이요 처음 메뚜기 떼에 대한 것을 계시록 9장 3절로부터 11절에 나타나는 계시적 동물과 같은 것으로 생각했고, 2장에 나타나는 메뚜기는 북방에서 올 백성들에 대한 비유로 생각했다. 그러나 대다수의 현대 신학자들은 그런 해석은 건전하지 못하고 본문의 본의를 어긴다고 생각한다. 그래서 처음 두 장의 이야기는 사실로 있었던 이야기로 생각할 수밖에 없다.

서상한 바와 같이, 처음 두 장에는 참혹한 메뚜기 재앙과 한재에 대한 이야기가 기록되어 있다. 히브리인들은 실제로 있었던 메뚜기 재앙을 물질적 또는 경제적인 사실로만 생각하지 아니하고 그 속에 종교적인 의미가 있다고 생각했다. 메뚜기 뒤에는 자연만물을 다스리시는 여호와께서 계셔서 자기의 의를 드러내기 위하여 메뚜기를 내려 보내는 것이라고 믿었다. 히브리인들은 모든 일들은 여호와께서 직접 섭리하여 일어난다고 생각했다. 곧 여호와는 발생하는 작고 큰일의 원인이요 근원이라는 것이다.

히브리인들은 하나님께 제물을 드릴 수 없을 정도로 심한 재앙을 내리심으로 하나님께서 이스라엘 백성을 미워하신다는 것을 나타내셨다. 그들이 범한 죄악이 하나님과 그들 사이를 갈라놓았다. 하나님께 재물 드리는 것이 중단되었다고 하는 것은 하나님과의 관계가 끊어졌다는 것을 의미했다. 그렇기 때문에 옛 상태를 다시 회복하기 위해서는 하나님 앞에 겸손히 회개하고 하나님의 용서를 빌어야만 했다. 요엘은 "너희는 옷을 찢지 말고 마음을 찢고 너희 하나님 여호와께로 돌아올지어다"(욜 2:13)라고 말했다. 이것은 이 당시 이스라엘 사람들이 자기들의 진실을 보이기 위하여 옷을 찢는 일을 행하였는데, 그것도 마음을 찢지 않고서는 무익하다는 것을 경고한 말이었다. 요엘이 요청한 것처럼 마음을 찢고 하나님께로 돌아올 때에 하나님께서는 그의 "영을 남종과 여종에게" 부어줄 것이며 그들에게 "이적을 하늘과 땅에" 베풀어 주실 것이라고 하였다(욜 2:28-29).

사실 요엘이 이처럼 암울하고 처절한 예언을 했을 때만 해도 유다는 모든 것이 형통하였다. 먹을 것이 풍족하고 만사가 태평했던 유다 백성들은 예언자의 경고가 귀에 들어오지 않았다. 그래서 유다 백성들은 죄가 결국 그들을 파멸에 이르게 할 것이라는 하나님의 경고와 선지자의 예언을 외면했었다.

요엘서 2장 29절로부터 3장 21절까지에는 마지막 심판에 대한 계시적 환상이 기록되어 있다. 이런 최후 심판 때에도 인간이 마음을 돌이켜 회개하고 하나님께로 돌아설 때 하나님께서 자신의 마음을 심판에서 돌이키시리라고 요엘은 선포한다.

보라 그날 곧 내가 유다와 예루살렘 가운데에서
사로잡힌 자들을 돌아오게 할 그 때에
내가 만국을 모아 데리고 여호사밧 골짜기에 내려가서
내 백성 곧 내 기업인 이스라엘을 위하여
거기에서 그들을 심문하리니
이는 그들이 이스라엘 나라들 가운에데 흩어 버리고
나의 땅을 나누었음이며
또 제비 뽑아 내 백성을 끌어가서
소년을 기생과 바꾸며 소녀를 술과 바꾸어 마셨음이니라.
....
해와 달이 캄캄하며 별들이 그 빛을 거두도다.
여호와께서 시온에서 부르짖고
예루살렘에서 목소리를 내시리니
하늘과 땅이 진동하리로다. (욜 3:1-3, 15-16)

요엘은 남유다왕국이 죄로 인해 멸망하게 될 것임을 예언했을 뿐 아니라, 하나님께서는 회개하면 모든 것을 용서하시고 유다를 구원해 주실 것도 예언하였다. 우리가 처할 마지막 심판 때에도 하나님의 은혜는 그 가운데 획연하게 나타나실 것이라고 요엘은 예언하기도 하였다.

누구든지 여호와의 이름을 부르는 자는
구원을 얻으리니 이는 나 여호와의 말대로
시온 산과 예루살렘에서 피할 자가 있음이요
남은 자 중에 나 여호와의 부름을
받을 자가 있을 것임이니라. (욜 2:32)

여기서 보는 것처럼 그러니까 여호와의 날은 심판의 날인 동시에 구원의 날이었던 것이다. 이 주의 날에는 모든 자연 전체가 완전한 변화를 경험할 것인데(욜 2:30-31), 그 중에서도 주의 날이 오기 전에 많은 이적들이 발생될 것이라는 것이었다. 그 중에서 앞으로 발생할 "피와 불과 연기 기둥"(욜 2:30)은 신약의 종말론적인 입장에서 보면 전쟁과 지진과 기근 등으로 해석될 수 있다(막 13:7-8). 다른 예언서와 마찬가지로 요엘서는 재앙의 예언과 더불어 장래를 밝히 보여주는 희망의 예언으로 구성되어 있다. 즉 구원 받을 남은 자들이 있다는 것이다.

지금까지는 요엘서의 메시지를 중심으로 해서 고찰해보았거니와 이제부터는 그 문학적 특색을 간단히 살펴보겠다. 요엘은 예언자인 동시에 시인에 아주 가까운 사람이었다고 할 수 있다. 그는 충분한 시인적인 자질과 기교를 그의 작품을 통하여 보여주고 있다.

첫째 요엘이 보여준 그의 문학적 특색은 독특한 수사적인 기교를 많이 사용하고 있다는 것이다. 즉 속 깊고 그러면서도 몸서리 쳐질 정도로 아주 날카로운 비유나 상징들을 사용하여 예언하고 있음을 볼 수 있다. 그 일 예로서 요엘서 1장 4절을 들겠다. "팥중이가 남긴 것을 메뚜기가 먹고 메뚜기가 남긴 것을 느치가 먹고 느치가 남긴 것을 황충이가 먹었도다." 여기 나오는 "팥중, 메뚜기, 느치, 황중"은 메뚜기의 종류들을 가리킨다. 메뚜기를 표시하는 말은 히브리어로 아홉 가지인데, 그 중에서 네 가지만이 여기서는 사용되었다. 이 비유적인 상징은 서로 다른 기간과 간격을 두고 나타날 네 종류의 메뚜기 떼들이 발휘할 그들의 엄청난 파괴력과 마침내 그 파괴력에 의하여 여호와 하나님의 땅(욜 3:2) 곧 유다가 초토화되고 피폐하게 될 것을 형상화해 주고 있다. 네 종류의 메뚜기 떼가 번갈아 나타나 남아 있는 것을 송두리째 먹어 피폐케 하듯이 각기 다른 유다나라의 적대세력들이 유다 땅을 번갈아 가며 침입하여 초토화 시킬 것을 눈으로 보듯이 그려주고 있는 장면이다.

또 다른 한 실례를 요엘서 1장 6절에서 찾아보겠다. "다른 한 민족이 내 땅을 올라왔음이로다. 그들은 강하고 수가 많으며 그 이빨은 사자의 이빨 같고 그 어금니는 암사자의 어금니 같도다." 메뚜기 떼의 유다 땅 침입을 장차 침입해 올 북방 민족과 비유하여 묘사한 장면이다. 여기서 말하는 북방 민족은 흑해의 동북쪽이며 아랄해의 동편 지역인 스키디아와 동일시되는 북방의 강력한 민족 곧 마곡인들을 가리키는 것 같다(잠 30: 25-28). 앞으로 쳐들어 올 북방민족은 단지 자연에 재해를 가져다주는 메뚜기 떼보다는 더 강한 사자와 같다는 것이다. 여기서 비유로 사용한 사자의 이와 암사자의 어금니는 땅과 수확물을 파괴하는 메뚜기의 능력보다 더 큰 힘으로써 앞으로 침입할 군대들의 피비린내 나는 파괴력을 은유적으로 묘사한 것이다. 이 얼마나 사실적인 묘사인가! 위에서 인용한 구절들의 묘사들을 살펴볼 때, 요엘은 시인적인 뛰어난 기교를 충분히 갖고 있었다는 것을 알 수 있다..

둘째 요엘이 보여준 그의 문학적인 특색은 요엘의 생생한 묘사력이다. 메뚜기 재앙과 한재로 인해 전 국토는 황폐하여져서 온 백성들은 피폐하게 되었는데, 요엘은 그 피폐상황을 한 눈에 볼 수 있도록 그렇게 생생하게 그려주고 있다.

> 취하는 자들아 너희는 깨어 울지어다.
> 포도주를 마시는 자들아 너희는 울지어다.
> 이는 단 포도주가 너희 입에서 끊어졌음이니
> 다른 한 민족이 내 땅에 올라왔음이로다.
> 그들은 강하고 수가 많으며
> 그 이빨은 사자의 이빨 같고
> 그 어금니는 암사자의 어금니 같도다.
> 그들이 내 포도나무를 멸하며
> 내 무화과나무를 긁어 말갛게 벗겨서 버리니
> 그 모든 가지가 하얗게 되었도다. (욜 1:5-7)

또한 요엘서 2장 4-11절에서는 임박한 여호와의 날에 있을 메뚜기 떼의 침입을 군대와 비유해서 다음처럼 묘사했는데, 이 부분에서도 우리는 그의 뛰어난 묘사력을 찾아 볼 수가 있다.

> 그의 모양은 말 같고 그 달리는 것은 기병 같으며
> 그들이 산꼭대기에서 뛰는 소리는
> 병거 소리와도 같고
> 불꽃이 검불을 사르는 소리와도 같으며
> 강한 군사가 줄을 벌이고 싸우는 것 같으니
> 그 앞에서 백성들이 질리고,
> 무리의 낯빛이 하얘졌도다.
> 그들이 용사 같이 달리며
> 무사 같이 성을 오르며
> 각기 자기의 길로 나아가되
> 그 줄을 이탈하지 아니하며
> 피차에 부딪히지 아니하고
> 각기 자기의 길로 나아가며
> 무기를 돌파하고 나아가나 상하지 아니하며
> 성중에 뛰어 들어가며
> 성위에 달리며 집에 기어오르며
> 도둑 같이 창으로 들어가니
> 그 앞에서 땅이 진동하며 하늘이 떨며
> 해와 달이 캄캄하며 별들이 빛을 거두도다.
> 여호와께서 그의 군대 앞에서 소리를 지르고
> 그의 진영은 심히 크고
> 그의 명령을 행하는 자는 강하니
> 여호와의 날이 크고 심히 두렵도다.
> 당할 자가 누구이랴. (욜 2:4-11)

위의 묘사는 산꼭대기로 날아와 성안으로 침투하는 메뚜기 떼를 군대 특히 기마병과 전차병에다 비유하였다. 여기서 요엘은 이 메뚜기 떼가 주의 날의 전조가 될 것을 암시하고 있다. 이 군대의 힘이 너무나 막강해서 땅이 진동하고 별들이 빛을 거둘 정도로 크고 두려울 것인데 그런 크고 두려운 군대에게 명령을 내릴 수 있는 이는 하나님뿐이시라는 것이다. 그러므로 모든 백성들이 회개하고 하나님께 다시 순종하기만 하면 땅은 다시 풍성한 열매를 맺게 되고 백성들은 구원을 받을 수 있게 된다고 하였다. 또한 하나님의 영이 언약을 선포하고 백성들의 원수가 패망하게 되면, 전 우주가 다시 거룩하여지는 영원한 평화의 시대가 도래하게 된다고 하였다. 요엘서 2장 28절에서는 "그 후에 내가 내 영을 만민에게 부어 주리니 너희 자녀들이 장래 일을 말할 것이며 너희 늙은이는 꿈을 꾸며 너희 젊은이는 이상을 볼 것이며"라고 하였는데, 이 말씀에 따르면 하나님께서는 회개하고 돌아오는 모든 믿는 자들에게 성령을 부어주고 구원해 주실 것이라는 것이다.

요엘서의 문학적인 특색은 위에서 말한 바와 같이 아주 생생한 묘사와 극적인 과장 및 비유적인 표현들을 사용하고 있다는 데서 찾을 수 있다. 그 외에도 요엘서는 참된 예언이 다 그런 것처럼 심판과 구원이라고 하는 예언의 패턴을 충실하게 좇고 있다는 것과 회개한 사람들에게 부어주실 성령을 강조함으로써 구약에다 신약의 빛을 던져 주는 미래적 예시구조에서 그 특색을 찾을 수가 있다.

신약으로 접근해서 살펴볼 때, 옛 예언자들에게 권능을 주었던 바로 그 하나님은 교회에게도 그 권능을 부여하셨다는 것을 알 수 있다. 교회 역시 성령이 임한 후에 하나님에 대해서 증거 할 권능을 부여받았던 것이다(행 1:18). 오순절에 베드로가 설교를 할 때 요엘서 2장 32절에 호소한 것은 참으로 잊을 수 없는 장면이라 할 수 있다(행 2:21). 이런 구성은 탁월한 시인만이 할 수 있다. 이런 점에서 요엘은 시인적인 자질과 기량이 충분히 있었다고 본다.

제6장 문학의 형식으로서의 복음

지금까지는 구약성경을 권별(劵別)로 고찰하지 아니하고 양식적인 분류법에 따라 구약문학의 세계를 살펴봤다. 이제부터는 신약성경을 전통적인 분류법에 따라 네 장르, 즉 복음, 역사, 서신, 묵시로 구분하여 고찰하겠다. 그 중에서도 신약성경의 첫 머리에 놓인 마치 금자탑과도 같은 복음서로부터 살펴보겠다.

1. 복음의 세계

복음서란 곧 마태복음, 마가복음, 누가복음, 요한복음을 말한다. 이 4복음서는 성경 중에서도 다른 부분을 모두 합한 것보다 더 중요하다. 아니 그것은 이 세상의 모든 책을 합친 것보다도 더 중요하다. 왜냐하면 그것은 우리가 그리스도를 알지 못하는 것보다 다른 모든 것을 알지 못하는 것이 낫기 때문이다.[63] 4복음서의 앞에 있는 구약성경은 메시아 왕국의 출현을 예언한 것이고 그 뒤에 있는 것들은 그것을 설명해주고 있다.

복음서의 저자는 마태, 마가, 누가, 그리고 요한이다. 마태는 세리였고, 누가는 의사였으며, 요한은 어부였다. 그러나 마가는 그 직업이 무엇이었는지 알려져 있질 않다. 마태와 요한은 예수의 제자였고, 마가는 베드로의 동역자였다. 마가복음은 베드로가 마가에게 수없이 말한 것을 기록한 것이다. 또한 누가는 바울의 동역자였으니까, 바울이 로마제국을 돌아다니며 전파하는 것을 듣고, 누가 자신이 직접 조사하여 기록한 것이라고 생각한다.

복음서의 기록연대는 바울서신보다는 다소 뒤진 것으로 보는 것이 정설이다. 마태복음은 처음엔 히브리어로 썼다가 주후 60년경에 헬라어로 완성했다고 한다. 마가복음은 주후 60년에서 70년 사이에 로마에서 기록하였으며, 누가복음은 주후 60년경 바울이 가이사랴 감옥에 있을 때

에 기록하였다. 그리고 요한복음은 물론 이설은 있지만 주후 90년경에 기록된 것으로 본다.[64]

복음서의 저자들은 서로 동역자들 사이로서, 흔히 같이 여행을 다니며 복음을 전파하였고, 때로는 같은 지역에 얼마동안씩 같이 있기도 하면서 그리스도에 관한 이야기들을 서로 공유하였던 것이다. 그래서 그들은 모두 같은 이야기를 전할 수가 있었다. 그러나 그들의 복음서 기록의 관점과 경향은 서로 다르다. 이와 같이 복음서 기자들은 같은 이야기를 다른 순서로 말하기도 하고, 세세한 부분에서 서로 다르게 전하기도 한다. 그들은 모두 같은 사실을 전하고 있지만, 사실을 바라보는 관점이 각각 달랐던 것이다.[65] 이처럼 예수 그리스도를 바라보는 서로 다른 이런 관점을 요한계시록 4장 7절에 나오는 네 가지 생물 사자, 소, 사람, 독수리와 연관 지어 비유하기도 한다. 즉 마태복음은 사자에, 마가복음은 소에, 누가복음은 사람에, 그리고 요한복음은 독수리에 비유된다.

이런 비유에서도 보는 바와 같이, 예수의 제자였던 마태는 유대인들에게 예수가 약속된 메시아로서 사자로 상징되는 유대인의 왕이라는 사실을 확신시키기 위하여 복음서를 기록했다. 복음전도자들의 동역자였던 마가는 로마인들에게 예수가 소처럼 순종하며 섬기는 자이자 구세주임을 확신시키기 위하여 복음서를 기록했다. 누가는 그리스 친구였던 데오빌로에게 예수가 하나님이자 완전한 인간임을 확신시키기 위하여 복음서를 기록했다. 누가는 무엇보다 '예수의 인간되심' 이라는 관점에 맞추어 복음서를 기록했기 때문에 누가복음을 사람에다 비유하는 것이다. 또한 누가는 사도행전을 기록하여 그의 친구였던 데오빌로 각하에게 바치기도 하였다. 요한은 마태, 마가, 누가와는 달리 독수리처럼 높게 날아올라(1:1) 높은 영성을 가지고 예수의 신성을 강조한다. 그래서 요한복음을 독수리에 비교하는 것이다.

재언하면 마태는 그리스도의 '메시아 직분' 에 초점을 맞추었고, 마가는 예수를 '섬기는 지도자' 로 묘사했으며, 누가는 예수를 완전한 신이

자 인간으로 묘사하되, 그리스도의 인성에 초점을 맞추었다. 그런가하면 요한은 예수의 신성에 초점을 맞추고 있다. 이와 같이 복음서 기록자들의 관점은 서로 달랐지만, 네 복음서에서 전하는 메시지는 하나다. 그 메시지가 무엇인가? 그것은 바로 복음이다. 그래서 복음의 세계를 간단하게 살펴보겠다. 복음의 세계를 고찰하는 것은 문학으로서의 복음이 담고 있는 내용을 살펴보는 것이라 할 수 있다.

1) 복음

성경은 신구약 합쳐서 66권이다. 구약은 오실 메시아에 대한 예언을 담고 있고 신약은 그 예언의 성취를 실증적으로 설명해 주고 있다. 구약(舊約)은 "옛 약속"이라는 뜻이고, 신약(新約)은 "새 약속"이라는 뜻이다. 여기서 말하는 약속이란 하나님이 이스라엘 민족에게 준 약속을 말한다.

구약은 하나님과 이스라엘 민족 사이에 맺어진 율법을 기초로 한 행위계약(行爲契約)이고, 신약은 사랑을 기초로 한 은혜계약(恩惠契約)이다. 그러니까 하나님과 인간의 특별한 관계를 보여주는 이 약속은 구약 성경에서부터 시작된 것을 알 수가 있다.

하나님께서는 일부 천사들의 타락 이후 그 자리를 채우기 위하여 인간을 자기의 형상대로 창조하였다. 그리고 나서 그는 그들을 에덴동산으로 데리고 가서 거기에 두고 살게 하면서 그 동산에 있는 모든 것을 관리하고 다스리며, 무엇이든지 다 먹을 수 있으나 그 중앙에 있는 선악을 알게 하는 나무의 열매 즉 선악과(善惡果)는 먹지 말라고 하는 명령을 내리셨다. 만일 먹는 날에는 정녕 죽으리라는 것이었다. 이것이 하나님께서 아담과 하와와 맺은 최초의 언약이었다. 하나님의 명령은 곧 율법이었고, 그 명령에 순종하면 영원히 살며 하늘나라의 영원한 축복을 누릴 수 있으리라는 것이었다. 그러나 인간은 간교한 뱀으로 위장한 사단의 꾐(誘惑)에 넘어가 타락하게 된다. 이런 인간의 불순종으로 인하여 하나님과의 언약은 깨지게 되고 이 세상엔 죄와 죽음, 그리고 슬픔과 온갖 고통 및 불행이 들어오게 된다. 그때부터 인간은 에덴을 잃고 방황하게 되었다. 또한 타락으로 말미암아 인간은 연약해 져서 이때부터 바르게 살수가 없었고, 하나님의 명령에 불순종한 인간은 영원히 죽을 수밖에 없는 존재로 전락하게 되는 것이다.

그러나 하나님의 사랑은 그것을 참을 수 없었다. 그래서 자신의 독생성자(獨生聖子)인 예수를 보내어 대신 죽게 하시고 그를 믿는 자마다 영생을 얻게 하신 것이다(요 3:16). 이렇게 구약에서부터 시작되었던 행위계약은 말소되고 새로운 은총(사랑)의 계약을 맺게 하셨다. 새로운 언약은 영적인 이스라엘인이 될 수 있는 인간들과 맺은 것으로서 믿음 곧 순종을 기초로 한다. 믿음 없이는 그 엄청난 재난인 죄와 죽음의 법에서 풀려날 수 있는 사람은 하나도 있을 수 없다.

조지 허벗이라는 17세기 영국의 신실한 신앙의 시인은 위에서 간단하게 서술한 계약사상을 다음과 같이 시로서 노래하였다. 그 시의 제목은 "속죄" (Redemption)이다. 아래에다 소개해 두겠다.

오랫동안 부유한 영주의 소작인이면서,
　번영하지 못했던, 나는 대담해지기로 마음먹고,
　그분에게 청원했다, "낡은 임대가 많은 토지를 취소하고
새 임대 작은 토지를 달라"고.

하늘에 있는 그의 장원에서 나는 그분을 찾았다.
　그곳 사람들이 내게 말했다, "그분이 최근에
　그가 오래전 지상에서 값비싸게 사두었던
땅을 손에 넣기 위해 떠났다" 고.

나는 즉시 되돌아왔다, 그리고 그분의 위대한 탄생을 알고서,
　따라서 그를 사람들이 많이 모이는 곳,

도시, 극장, 정원, 공원과 궁정에서 찾았다.
드디어 나는 들었다, "도적들과 살인자들의 거친 떠들어대는 소리와
환성을." 거기서 나는 그분을 보았는데,
그분은 즉시 "네 청원이 허락되었노라" 고 말씀하시곤 돌아가셨다.

이 시에서 허벗은 은혜가 풍성한 하나님을 부유한 중세 장원의 영주에다 비교하였고 인간을 그 영주의 땅을 소작료를 내고 빌려 농사짓는 소작인에게 비유하였다. 이 영주에 비유되는 하나님과 맺었던 임대료가 많은 낡은 임대계약은 곧 행위계약을 말한다. 그 행위계약은 짐이 너무나 무거워 감당할 수 없으므로 소작인으로 비유되는 인간은 담대하게 용기를 내어 임대료가 작은 토지계약을 새롭게 맺자고 청원을 드렸다. 그것이 곧 신약인 은혜계약이다. 허벗은 인간이 하나님께 강청해서 임대차계약이 변경된 것으로 묘사하였으나, 실은 하나님께서 인간을 불쌍히 여겨 사랑으로 바꾸신 것이었다.

그 은혜계약은 사랑을 기초로 한 것이므로, 행위계약보다는 짐이 가벼운 계약이었다. 그 계약에 따라 하나님께서 친히 아들의 모습으로 이 세상에 와서 인간의 죄를 대속하시기 위하여 십자가에서 죽음심으로써 완성하였다. 이것이 복음이다. 복음이란 헬라어로 "유앙겔리온" 이라 하는데, "기쁜 소식" 이라는 뜻이다.

하나님이 세상을 이처럼 사랑하사 그의 독생자를 구세주로 보내주셔서 그를 믿는 자마다 영생을 누리게 하셨다는 것 이상 더 기쁜 소식이 또 어디 있겠는가? 그러나 예수 그리스도께서 죽은신 것으로 그의 생이 끝났다면 인간은 영생을 누릴 수가 없다. 그가 죽으셨다가 삼일 만에 사망권세를 이기고 살아나셨으므로 하나님의 한량없는 사랑을 우리 인간이 누릴 수 있게 된 것이다.

그러니까 복음의 내용은 예수가 구세주로 하나님의 뜻에 따라 세상에 오셨다는 것(成肉身), 33년 간 이 세상에 사시면서 많은 세상고초 당하시다가 마침내 하나님의 구원섭리에 따라 십자가에서 죽으시고 삼일 만

에 부활하셨다는 것, 그리고 하늘로 다시 올라가(昇天) 믿는 자들이 있을 곳을 예비하고 공중으로 재림하여 앞으로 들려올려질 성도들과 거기서 혼인잔치를 하고 마귀의 세력을 쫓아내게 될 일과 공중으로 들려 올리워진 성도들과 함께 지상으로 내려와 적그리스도의 군대들과 큰 싸움을 벌여 그 세력들을 무찌르고 천년왕국을 세워 다스리는 일 및 최후 심판을 하는 일 등으로 이루어진다. 이 이상 더 신나고 기쁜 소식은 있을 수 없다.

조지 허벗이 노래한 대로 하나님께서 복음을 받아들이려는 사람들에게 요구하시는 것은 회개와 믿음뿐이다. 연약한 사람의 몸을 입고 이 세상에 오신 예수를 믿고 회개를 통해 죄 사함을 받으면 구원을 받게 되고 하나님의 나라에 들어갈 수가 있다는 것이다.

2) 회개

구원의 소극적인 조건이 회개고 적극적인 조건이 믿음이다. 예수께서 세상에 오셔서 선포하신 복음 곧 기쁜 소식의 첫 마디는 "회개하라 천국이 가까이 왔느니라"(마 4:17)였다. 복음서 기자들은 한결같이 "회개하고 복음을 믿으라"(막 1:12)는 예수의 첫 선포를 기록하고 있다. 죄인 된 더러운 인간들이 구원을 받고 천국에 들어갈 수 있는 소극적인 조건이 회개다. 그 적극적인 조건이 믿음이라 할 수 있다.

회개란 말은 그릇된 생활에서 선한 생활로 되돌아간다는 도덕적인 의미를 지니는 것이 보통이다. 가령 어떤 사람이 다른 사람에게 상처를 입혔을 때, 그가 대단히 죄송스러운 마음을 갖고 사과하고 그 상처받은 사람에게 보상하기 위하여 최선을 다한다면 그것은 일반적인 의미의 회심이라 할 수 있다. 그러나 예수님께서 "회개하라 천국이 가까웠느니라"고 했을 때의 그 회개는 그런 일반적인 의미의 회개하고는 다르다.

우리 인간이 구세주 예수를 영접하고 회개를 통하여 중생할 때까지는 이방인이요 죽을 수밖에 없는 죄인이었다. 시편의 기자가 노래한 바와 같이 "선을 행하는 자가 없으니 하나도 없도다"(시 14:3) 그대로였다. 하나님이 오시기전에는 인간이 죄와 이기적인 욕망 속을 방황하고 하나님으로부터 멀리 떨어져 나가 있었다.

이솝 우화에 보면 꿀 냄새를 맡고 찾아온 파리가 꿀단지 속에 들어가 꿀을 빨아 먹는데, 몸무게 때문에 발이 서서히 꿀 속으로 내려앉는 것을 느끼면서도 한 입만 더, 아니 이번만 더 하다가 날개가 꿀에 들러붙게 되었다. 뒤늦게 날아갈 길이 없음을 깨달은 파리는 "아! 꿀맛 때문에 파리 목숨 죽는구나"하고 탄식하였다고 한다. 쾌락과 불같은 욕망의 끝은 죽음으로 이어지는 경우가 대부분이다. 특히 죄악이 주는 꿀맛 같은 달콤함은 더욱 위태하기 그지없다.

이처럼 죄의 길과 멸망의 길로 달려가고 있는 인생을 불쌍히 여겨 하나님께서는 책망을 통하여 그의 잘못을 깨닫게 하고 회개하면 용서해 주시는 것이다. 요한복음 16장 8절을 보면 "그가 와서 죄에 대하여, 의에 대하여, 심판에 대하여 세상을 책망하시리라"는 말씀이 있다. 하나님께서는 양심과 성령을 통하여 죄를 깨닫게 하고 회개하여 구원받기를 원하신다.

참된 회개는 단순히 잘못을 뉘우치는 것이 아니라, 죄에 대하여 책망하시는 성령님의 음성을 겸손하게 받아들이고 죄에 대하여 경건한 슬픔을 가지며 자기의 죄를 자발적으로 버리고 하나님을 따르도록 우리의 삶을 돌이키는 것을 말한다. 우리는 죄인이지만 회개하고 복음을 믿으면 용서가 이루어지고 하나님의 사랑의 은총에 힘입어 하늘나라에 들어갈 수 있다고 한다.

밀턴의 『실낙원』을 보면 하나님께 불순종하여 죽게 되었던 인간이 회개하므로 잃었던 하나님의 형상을 되찾게 된다고 묘사되어 있다.

그들(아담과 하와)은 심판받은
곳으로 돌아가 하나님 앞에 공손히 엎드려,
같이 죄를 겸손히 고백하고
용서를 빌며, 거짓 없는 슬픔과 온유한
겸손의 표정으로, 뉘우치는 마음에서
우러나오는 눈물로 땅을 적시고,
한숨으로 하늘을 메운다. (10. 1098-1104)

참다운 회개는 구원에 이르는 은혜라 할 수 있지만, 자신의 죄를 인식하고, 그것을 통회자복하는 것으로 완결되는 것은 아니다. 참다운 회개는 죄를 원통히 여기고 미워함으로써 죄에서 떠나 악을 거절하고 신에게로 돌아가서 전심갈력하여 그에게만 순종하는 것이라 할 수 있다. 이러한 참다운 회개 없이는 하나님의 은혜의 보좌에서 머리 떨어져 나왔던 타락했던 인간이 구원에 이를 수는 없다. 회개하고 하나님께로 돌아가면 하나님께서는 사랑으로 용서하고 돌아온 탕자처럼 다시 자신의 아들로 삼으신다는 것이다. 그러므로 회개는 기쁜 소식이 된다.

회개를 통하여 구원의 희망을 갖게 되는 장면이 다니엘 데포의 『로빈슨 크루소』에도 표현되어 있다. 『로빈슨 크루소』의 주인공 로빈슨 크루소는 아버지의 집을 떠나 떠돌다가 브라질에 정착하여 커피 농장을 경영하여 돈을 많이 번다. 그러나 그의 방랑벽은 그를 브라질에 길게 정착하도록 버려두질 않았다. 그래서 그는 브라질을 떠나 배를 타고 항해하다가 그만 난파 당한다. 아버지의 집을 떠나 방랑을 한 것이 죄다. 이 죄의 결과 난파를 당하데 된다. 난파에서 혼자 간신히 살아나 그는 무인고도에 표류하게 된다. 그는 그 고도(孤島)에서 살아가기 위하여 난파선에서 쓰던 물건들을 힘이 자라는 대로 하나씩 건져내어 모아 두었다. 그 속에는 한 권의 성경도 있었다.

어느 날 아침에 그 성경을 끄집어내어 신약성경으로부터 열심히 읽기 시작하였다. 로빈슨 크루소의 7월 4일 자 일기에는 그때의 사실이 다음과 같이 생생하게 기록이 되어 있었다.

"매일 아침저녁으로 몇 장이든 마음이 내키는 대로 읽기로 한 것이다. 성경을 정독하기 시작한지 얼마 안 되어 내 과거의 생활이 얼마나 죄 많은 것이었던가를 더욱 심각하고 절실하게 반성하게 되었다. 전에 꿈꾼 장면이 되살아나고 '이 모든 일을 겪고도 회개하지 않는가?' 라고 하던 꿈속의 말이 마음을 침통하게 찔려왔다. '회개함과 죄 사함을 주시려고 그를 오른 손으로 높이사 임금과 구주로 삼으셨나니라' (행 5:31)라는 성경말씀을 읽을 때는 '하나님께서 나를 회개하게 해주소서' 하고 열심히 빌었다. 나는 성경을 내려놓고 두 손과 가슴을 하늘로 쳐들어 환희에 가득 찬 자신을 잊고 큰 소리로 외쳤다. '예수님, 다윗의 아들 주 예수여, 지극히 높으신 임금이시며 구세주이신 주여, 제게 회개를 주시옵소서!'

이것은 진정한 의미에서 내 생에 처음 드린 기도라고 말할 수 있을 게다. 이제 나는 내 처지를 생각하며, 하나님이 내 기도를 들어주리라고 기대하기 시작한 것이다.

이제 전에 말한 '나를 부르라. 내가 너를 건지리라' 는 성경말씀을 전과 다른 의미로 생각하기 시작했다. 그때에는 구원이라면 오직 내가 빠져 있는 함정으로부터 벗어나는 것이라고 생각했다. 이 섬은 함정으로서의 장소가 넓기는 하지만 내게 하나의 감옥이며 세상에 있을 수 있는 최악의 사태를 의미했다. 이제 내 과거를 돌아보면, 공포감이 우러나고 죄는 더없이 무거웠다.

'내 영혼이 모든 삶의 기쁨을 저버려도 죄의 짐에서만은 구원받게 해주소서!' 하고 하나님께 빌었다. 삶의 고독은 아무것도 아니었다. 이 외로운 삶으로부터 해방시켜 달라고, 또는 그런 생각을 해며 드린 기도는 별로 없었다. 이것은 내 죄로부터 구원된다는 엄청난 일에 비교하면, 전혀 고려할 만한 문제가 되지 못한다. 다만 여기서 덧붙여 누구에게든 권고해 주고 싶은 말은, 인간이 만사의 진정한 의미를 깨닫게 되면, 곤궁으로부터의 구원보다 죄로부터의 구원에서 훨씬 큰 축복을 발견한다는 것이다."

로빈슨 크루소는 이렇게 처음으로 진정한 기도를 하나님께 드리며 자기가 지은 죄를 자복하고 통회하며 하나님께 용서를 빌었다. 하나님의 긍휼을 힘입어 용서를 받은 크루소는 절망과 고독의 얽매임과 아픔으로부터 풀려나 날마다 하나님께 감사하며 열심히 살았고 어느 금요일에 해안을 거닐다가 이름도 없는 식인종에 가까운 미개인을 만나게 된다. 금요일에 만났다 하여 그의 이름을 프라이데이(Friday)라 하였고, 그에게 로빈슨은 글을 가르쳐주고 복음을 통하여 교화해서 크리스천으로 개심시켜 가지고 28년 6개월 만에 영국으로 다시 돌아온다.

로빈슨 크루소처럼 큰 죄인이라 할지라도 회개하고 하나님께로 다시 돌아와 예수를 구주로 영접하고 그 복음을 믿기만 하면 하나님의 나라에 들어갈 수가 있다. 이런 의미서 회개는 복음이 되는 것이다.

3) 하나님의 나라

성경 중에는 하나님의 나라(kingdom of God)와 천국(Heavenly kingdom)과 하늘의 왕국(kingdom of heaven)이라는 세 용어가 섞여서 나온다. 이 용어들에 대한 분명한 인식을 갖지 못한 채 성격해석을 하게 되면 짐짓 오류를 범할 가능성이 많다. 이 세 영역은 다 같이 하나님께서 다스리신다는 점에서는 공통점이 있지만, 세부적인 면에서는 차이가 있다.

그러면 "회개하라 천국이 가까웠느니라"(마 3:2)라고 광야의 소리로서의 요한이 먼저 외쳤고 그 뒤를 이어 공생 중에 예수께서 선포했던 천국은 어떤 나라인가? 예수께서 제자들을 데리고 마을에서 마을로 다니면서 가는 곳마다에서 "회개하라. 하늘나라가 가까웠다"라고 외쳤을 때, 이 말을 듣는 사람들은 누구나 수군거리기 시작하였다. "이 새 예언자가 무엇을 말하고 있는 것이냐?" 고.

그것은 그때까지는 하나님의 나라를 종말론적인 견해로 받아들여 미래에 성취될 것으로 이해했는데, 예수께서는 그것을 앞으로 다가올 미래적인 것이 아닌 현재의 사실로 말하였기 때문이었다. "그러나 내가 하나님의 성령을 힘입어 귀신을 쫓아내는 것이면 하나님의 나라가 너희에게 임하였느니라"(마 12:28; 눅 11:20)라고 하신 예수 자신의 말씀이 그 사실을 분명히 하고 있다. 이 말씀을 새겨볼 때 전에는 일어나지 않았던 일이 지금 일어나고 있다는 것이고, 그것은 곧 하나님의 주권이 이 지상에서 발효되고 있다는 뜻이 되는 것이다. 즉 죄와 질병, 가난과 저주 및 고통이 하나님의 주권 아래 복종하게 되고 그 죄와 죽음의 법에서 풀려나 자유하게 되었다는 것이다. 곧 그 나라는 하나님을 왕으로 모시게 되는 나라라기보다는 현재 행사되고 있는 하나님의 주권과 직면하게 되는 나라다. 예수 그리스도의 성육신 탄생 그 자체가 예수의 나라의 시작인 것이다.

가난한 사람, 병든 사람, 저주 아래 있는 사람, 죄 아래 있는 사람, 고통을 당하는 사람 곧 악하고 어두운 세력들이 빛 되신 예수가 임마누엘로 오심으로써 그 빛의 세력 아래서 쫓겨나게 되고 그리스도의 지배와 권한 밑에 복종하게 되었다는 것이다. 하나님의 주권과 통치가 이루어지는 곳이 곧 하나님의 나라다.

하나님이신 예수 그리스도가 이 세상에 오셔서 우리 죄를 대신 짊어지고 형벌을 받아 죽지 않으셨다면 우리는 결코 하나님의 나라를 볼 수 없을 것이다. 우리는 오직 믿음으로만 구원을 받을 수 있다. 겸손한 마음으로 주를 영접해 드리고 그를 믿고 성령으로 영안이 열리면 그분의 나라가 우리 마음속에 임한 것을 볼 수 있고 누릴 수가 있다.

예수가 그의 복음으로 전한 하나님의 나라는 이 세상에서 시련과 고통을 겪은 보상으로서의 사후의 세계라고만 하시지 않고 이 세상에서 어떠한 형태로 존재하고 있는 것으로 말씀하고 있다. 즉 인간이 자기의 약함이나 그 밖의 괴로움이나 고통을 하나님이 인간을 깨끗이 하려고 주시는 시련으로 받아들일 수가 있다면 그 마음과 정신은 변하고 하나님의 지배와 통치 아래 있는 하나님의 나라로 눈을 돌리게 된다는 것이다. 그렇게 되면 인간의 눈에는 빈곤이나 슬픔, 굶주림, 목마름, 학대, 그리고 박해로써 비치는 것도 풍요로운 것, 위로, 배부름, 자유로 보이게 된다는 것이다. 다시 말하면 이 세상의 사막은 비록 사막일지라도 기쁨에 넘친 장미원으로 바뀌게 된다는 것이다,

영국 빅토리아 시대의 종교시인이었던 프랜시스 톰슨(Francis Thomson)은 "하나님의 나라"라는 시에서 이렇게 아름답게 노래하고 있다.

오 보이지 않는 세계여, 우리는 그대를 보며,
오 만질 수 없는 세계여, 우리는 그대를 만지며,
오 알 수 없는 세계여, 우리는 그대를 알며,
이해할 수는 없어도 우리는 그대를 붙잡는다!

물고기는 태양을 찾기 위해 하늘로 날아오르는가,
독수리는 하늘 찾기 위해 땅으로 뛰어내리는가—
저 하늘에서 당신 소식을 들었느냐고
운행하는 별들에게 물어보아야 하다니?

회전하는 천체가 희미해 보이는 것도
우리의 마비된 감각이 비상하는 곳도 아니다—
우리들이 귀를 기울이기만 한다면, 떠다니는 날개가
바로 우리들의 흙 덧문을 두드리리라.

천사들은 옛 위치를 지키고 있으나—
다만 돌을 굴리고 날개를 쳐라!
그렇다, 찬란한 광채를 놓지게 되는 것은

바로 그들, 그대들의 외면한 낯 때문이다.

그러나 (더 슬플 수 없을 만큼 슬플 때)
부르짖으라—그러면 그대의 그처럼 아픈 상실 위에
하늘과 췌어링 크로스 사이에 세운
야곱의 사닥다리로 천사들이 왕래하는 모습이 비치리라.

그렇다 나의 영혼, 나의 딸이여, 밤에
부르짖으라-—하늘의 치맛단을 비어 잡고서,
그때에 그리스도는 게네사렛 호수가 아닌
테임즈 강 위로 걸어오시리라!

마음의 눈을 뜸으로써 우리 주위에 어디에나 있는 하나님의 나라를 볼 것이라는 것이다. 누가복음 17장 20-21절에서 예수께서는 하나님의 나라는 볼 수 있게 임하는 것이 아니요 우리 안에 있다고 한다. 물질적인 욕망의 세계는 어디서나 불화와 갈등을 일으키고 정신적인 욕망의 세계는 조화와 사랑, 그리고 희망을 가져다준다. 바로 이것이 우리가 지상에서 체험하는 하나님의 나라다.

예수께서는 갈릴리 해변에서 복음을 전하시는 중에 이런 말씀을 하셨다. "때가 찼고 하나님의 나라가 가까이 왔으니 회개하고 복음을 믿으라 하시니라"(막 1:15). 하나님의 나라가 임하는 것은 인간의 태도 여하에 달려있는 것이 아니라 하나의 역사적인 사건으로 사람들이 회개하던 안하던 간에 그것은 현재 속에 다가 왔다는 것이다. 누가복음 10장 9절-11절에서도 예수는 제자들에게 사람들의 병을 고쳐 주며 하나님의 나라가 다가왔다고 선포하라고 하였다. 곧 하늘나라는 예수 그 자신과 더불어 왔다는 것이다.

이렇게 세상 속으로 들어오신 하나님의 나라 곧 예수님을 구주로 믿고 성령을 모심으로써 우리 속에 임하게 된다. 이와 같이 예수님의 나라 곧 천국은 여기 있다 저기 있다 할 수 있는 것이 아니고 바로 우리들 마음 가운데 있는 것이다. 우리 마음속에 천국이 들어오면 성령의 능력으로 의의 열매가 맺히고 평강과 기쁨이 넘치는 생활을 하게 된다. 이런 의미에서 예수님의 나라는 복음이 되는 것이다.

4) 탄생

예수의 이야기는 네 복음서에 기록되어 있는데 그의 탄생을 말하고 있는 것은 마태복음(1:18-2:23)과 누가복음(1:26-2:20) 뿐이다. 이 두 복음서에 따르면 예수가 태어난 것은 헤롯 왕 때이다(마 2:1; 눅 3:1). 여기서 말하는 헤롯왕은 헤롯 대왕을 말하고 있다. 그는 주전 4년에 사망했다. 그러면 예수는 주전 4년 그 이전이거나 그 해에 태어났다고 볼 수 있다.

헤롯 왕 때에 팔레스타인의 북쪽에 있는 갈릴리 지방에는 나사렛이라는 마을이 있었으며 거기에는 마리아라는 아가씨가 살고 있었다. 마리아의 부모는 다윗 왕의 후손이었으나 일찍 죽었다. 마리아의 친척들은 마리아를 젊은 목수인 요셉과 결혼을 시키기로 하여 마리아와 요셉은 정혼한 사이였다. 요셉은 마리아와 약혼만 하였지만 함께 살지는 않았다. 그런데 마리아가 아기를 가졌다는 사실을 알고 요셉은 매우 놀랐다. 그는 이 일이 성령에 의해 이루어진 것인 줄 모르고 있었다. 요셉은 의로운 사람이었으므로 마리아가 아기를 가졌다는 사실을 다른 사람에게 알리지 않고 남몰래 헤어져야겠다는 생각을 하였다. 그 때 하나님의 사자가 나타나 이렇게 말하였다

"다윗의 자손 요셉아, 네 아내 마리아 데려오기를 무서워하지 말라. 그에게 잉태된 자는 성령으로 된 것이라. 아들을 낳으리니 그 이름을 예수라 하라. 이는 그가 자기 백성을 그들의 죄에서 구원할 자이심이라" (마 1:20-21). 그래서 요셉은 마리아를 아내로 맞이했고 얼마 안 되어 예수가 태어나게 되었다. 요셉은 그 아기의 이름을 하나님의 사자가 지시

한 대로 예수라고 하였다.

요한이 태어난 지 6개월쯤 되었을 때, 로마 황제 디베료 가이사가 인구 조사를 하라는 명령을 내렸다(눅 3:1). 그래서 유대인들은 제각기 자기 본고장으로 등록을 하러 가지 않을 수가 없었다. 나사렛에 살던 마리아와 요셉도 길을 떠났다. 다윗의 후손인 요셉은 다윗 왕의 고향인 베들레헴으로 가야 했다. 나사렛에서 베들레헴까지는 거의 3일쯤 먼지가 나는 길을 걸어가야 한다고 한다. 언제 아기를 낳게 될지 모르는 마리아에게 이 여행은 매우 힘든 것이었다.

해가 이미 서산으로 기울어 가는 저녁 무렵, 거리는 온통 멀리서 온 사람들로 붐비고 있었다. 요셉은 재빨리 숙소를 찾기 시작했다. 그러나 여관마다 모두 만원이었다. 여관뿐 아니라 일반 가정집에서도 빌려 줄 방이 없다고 거절을 당하였다. 요셉과 마리아는 간신히 마구간을 얻어 거기에 유하게 되었다. 그날 밤, 마리아는 마구간에서 사내아기를 낳았다. 예수께서 이처럼 베들레헴 마구간에서 나신 것은 선지자 미가의 "메시아 예언"(미 5:2)을 성취한 것이다. 예수의 탄생은 단순한 인간의 태어남과는 달리 매우 깊은 영적인 의미가 있다. 마리아가 예수를 낳는 날 밤, 들에서는 목자들이 양을 치고 있었다. 별안간 하늘이 낮처럼 밝게 빛나더니 음성이 들려왔다. "무서워하지 말라. 보라 내가 온 백성에게 미칠 큰 기쁨의 좋은 소식을 너희에게 전하노라. 오늘 다윗의 동네에 너희를 위하여 구주가 나셨으니 곧 그리스도 주시니라. 너희가 가서 강보에 싸여 구유에 뉘여 있는 아기를 보리니 이것이 너희에게 표적이니라"(눅 2:10-11).

그 음성이 그치자 하늘에서는 기쁨에 찬 노래 소리가 들려왔다. 그 노래 소리가 멀어지고 빛도 사라지니 주위는 다시 어둠에 싸였다. 목자들은 막 꿈에서 깬 듯한 기분으로, "우리 함께 베들레헴으로 가보세" 이렇게 되뇌며 발길을 재촉하였다. 베들레헴은 집집마다 문이 잠겨 있었고 주위는 고요히 어둠에 싸여 있었다. 어느 한 곳에 이르자 마구간에서 불

빛이 새어나와 목자들이 마구간에 들어가 보니 하늘에서 들려온 음성대로 구유 안에 강보에 싸인 아기가 새근새근 잠자고 있었다. 목자들은 이 일을 보고 깜짝 놀랐으나 그들의 마음에는 구주가 나셨다는 생각으로 기쁨에 넘쳤다. 목자들은 서로 이 기쁜 이야기를 나누며 다시 들로 되돌아갔다.

하늘에서는 천군이 그 천사들과 함께 하나님을 찬양하여 이르기를 "지극히 높은 곳에서는 하나님께 영광이요 땅에서는 하나님이 기뻐하심을 사람들 중에 평화로다"라 하였다(눅 2:14). 존 H. 라이스라는 시인은 "아기, 아기 예수"라는 시에서 아기 예수의 거룩한 탄생을 이렇게 노래하였다.

예수, 아기 예수, 동정녀가 낳으셨네.
구유의 요람에 누워 강보에 싸이셨네.
영접하는 이 없이 아기 예수,
예수, 아기 예수, 하나님의 아들
아 땅의 어둠을 찾아 오셨네.

천사들이 기뻐 찬양함이여,
천사들이 "땅위에 평화!"를 외칠 때
하늘은 영광의 빛으로 가득 하였네.
예수, 아기 예수, 얼마나 기쁜 소식인가.
정녕 구세주 탄생하셨네!

멀리서 예수의 별을 보고
귀중한 황금과 유향과 몰약의 예물 가지고
박사들이 찾아와 예수께 경배했네.
헤롯이 두려워 떨었지만
성스러운 아기 죽일 수 없었네.
예수, 아기 예수, 우리의 왕
우리의 목자시며 자비로우신 구세주.

예수, 아기 예수, 하나님의 아들이요 사람의 아들
가난하게 되시어 고난 받으셨으니
우리를 구원하신 이 예수밖에 없네.
우리를 사랑하신 이 예수밖에 없네.
성스럽고 정의로우시며
고결하시고 완전하신 희생.
예수의 아름다운 보혈의 속죄로
하나님과 죄인이 예수 안에서 만나네.
예수, 아기 예수, 그 길에 십자가 있네.
죄인을 위하여 이 땅에 오셨으니
십자가 고난을 지고 오셨네.

요셉과 마리아는 예수가 난지 8일이 되어 모세의 율법에 따라 할례(割禮) (창 17:12)를 받게 하였고, 40일이 되는 날에는 예루살렘에 있는 성전으로 가서 결례(潔禮 레 12:1-8) 즉 헌신례(민 18:15-16)를 드렸다. 요셉은 모세의 율법에 정해져 있는 대로 이 예식을 올릴 때 쓸 예물로 비둘기 한 쌍을 준비하였다. 부자들은 양을 바치기로 되어 있었지만 요셉과 같이 가난한 사람들은 비둘기 한 쌍을 예물로 바쳐도 된다는 규정이 있었다(눅 2:21-23). 마리아와 요셉 외에도 아기를 성전에 데리고 와서 하나님께 바치려는 부부들이 있었다. 그러나 성전에서 일하는 제사장들과 성경을 가르치는 학자들 및 성전에 들어가 있는 많은 사람들 중 그 어느 누구도 검소한 차림으로 성전에 올라간 마리아와 요셉을 눈여겨보고 있는 사람은 없는 것 같았다.

예루살렘에 사는 한 노인이 성전으로 들어왔다. 그 노인의 이름은 시므온이었다. 그는 구세주를 간절히 기다리며 끊임없이 기도하며 의롭고 경건하게 살아가는 사람이었다. 이 시므온이 성령의 지시를 받아 성전에 들어왔을 때 마리아 품에 안겨 있는 아기 예수를 보았다. 시므온의 눈에는 기쁨의 눈물이 넘쳐흘렀다. 시므온은 마리아에게서 아기 예수를 받아 안고 감격하여 떨리는 목소리로 하나님을 찬송하였다.

주재(主宰)여 이제는 말씀하신 대로
종을 평안히 놓아 주시는도다.
내 눈이 주의 구원을 보았사오니
이는 만민 앞 예비하신 것이요
이방을 비추는 빛이요
주의 백성 이스라엘의 영광이니이다. (눅 2:29-32)

시므온의 이 같은 말을 들으며 예수의 부모는 감격과 놀라움을 숨기지 못하고 서 있었다. 마리아를 처다보며 시므온은 "이는 이스라엘 중 많은 사람을 패하거나 홍하게 하며 비방을 받는 표적되기 위하여 세움을 받았고"(눅 2:34)라고 하였다.

시므온이 이 말을 마치기도 전에 안나라고 하는 여자 예언자가 성전으로 들어왔다. 예언자 안나는 84세나 된 할머니이었는데, 젊어서부터 매일 단식을 하며 성전에 와서 하나님을 섬기며 살아 왔다. 안나 할머니도 아기 예수를 보고 하나님을 찬미하였고, 구원을 기다리고 있는 모든 사람에게 이 아기 예수 이야기를 하였다. 예식을 마치고 마리아와 요셉은 그 날 일어난 여러 가지 일들을 생각하면서 집으로 돌아갔다.

이 무렵 동방의 나라에서도 세 사람의 박사가 이상한 별이 하늘에 나타난 것을 보고 그 별을 따라 멀리 사막을 넘어서 예루살렘으로 왔다. 그들은 예루살렘에 도착하자, "유대인의 왕으로 나신 이가 어디 계시냐. 우리가 동방에서 그의 별을 보고 그에게 경배하러 왔노라"(마 2:2)고 만나는 사람이면 누구에게나 물었다. 예루살렘에는 이 소문이 쫙 퍼져 있었다.

헤롯은 세 사람의 박사가 새 왕을 찾아다닌다는 소문을 듣고 깜짝 놀랐다. "동방의 박사라는 자들이 이스라엘 왕으로 태어난 아기에게 경배하러 왔다고? 내가 있는데 나 말고 누가 왕이 된다는 거야!" 헤롯은 제사장과 학자들을 불러 그들에게 물었다. "구주가 태어났다고 하는데 그 곳은 어디인가?" "베들레헴일 것입니다. 구주가 태어나는 곳은 다윗 왕의 고향인 베들레헴이라"(마 2:5-6 참조)고 예언자들이 써 놓았다. 학자들은 예언자 미가의 말을 헤롯왕에게 읽어주면서 대답했다. 헤롯왕은 동방박사 세 사람을 불러놓고 베들레헴으로 가서 그 아기를 만나거든 알려달라고 했다. 자기도 경배하러 가야겠다는 것이었으나 그것은 그 아이를 잡아 죽이려는 속셈에서 나온 것이었다. 박사들은 헤롯을 만난 후 그를 떠나 베들레헴으로 발걸음을 재촉하였다. 동방에서 보았던 그 별은 앞서 인도하여 가다가 아기 있는 곳에 이르러 머물러 섰다. 집안에 들어와 아기와 그 모친 마리아가 함께 있는 것을 보고 박사들은 엎드려 경배하고 보물 함을 열어 황금과 유향과 몰약을 예물로 바쳤다(마 2:11).

새 임금을 만나본 세 명의 박사는 고향으로 되돌아가게 되었는데 꿈에 천사들이 나타나 헤롯왕에게로 가지 말라고 했다. 그래서 그들은 예루살렘을 지나지 않고 다른 길로 되돌아갔다. 헤롯왕은 박사들의 소식을 기다리다 못해 더 이상 참을 수가 없어 가혹하기 짝이 없는 명령을 내렸다. 그것은 곧 베들레헴에 있는 두 살 미만의 사내아이를 모두 죽이라는 것이었다. 그러나 이 명령이 떨어지기 며칠 전 요셉은 주의 사자로부터 현몽을 받았다. "헤롯이 아기를 찾아 죽이려 하니 일어나 아기와 그의 어머니를 데리고 애굽으로 피하여 내가 이르기까지 거기 있으라"(마 2:13).

요셉은 그날 밤중으로 예수와 마리아를 데리고 먼 길을 떠났다. 그 후 헤롯왕은 사람을 보내어 베들레헴과 그 모든 지경 안에 있는 두 살 밑의 사내아이를 모두 다 죽였다. 애굽에서 몇 해를 보낸 요셉에게 주의 사자는 다시 나타나 꿈으로 알려 주었다. "아기와 그의 어머니를 데리고 이스라엘 땅으로 가라. 아기의 목숨을 찾던 자들이 죽었느니라"(마 2:20).

그래서 요셉은 예수와 마리아를 데리고 이스라엘 땅으로 돌아왔다. 고국에 돌아온 그들은 베들레헴으로 가지 않고 나사렛 마을로 향했다. 예수는 소년 시절을 바로 이 한 작은 가난한 마을 나사렛에서 평범하게 지냈다. 예수가 나사렛에서 어떻게 그 소년시절을 보냈는지는 자세히 알 수 없지만 다만 열두 살 때의 일만은 기록으로 남아 있다.

그 때는 유월절 축제 때였다. 유월절이란 것은 이스라엘 백성이 모세의 지도 아래 애굽을 탈출하고자 했을 때 일어났던 장자 죽이는 재앙에서 면제된 것을 기념하기 위해 지키는 유대교의 중요한 행사이다. 예루살렘의 거리는 각지에서 몰려든 사람으로 인산인해를 이루고 있었다. 예수도 유월절을 지키기 위해 부모와 함께 예루살렘으로 갔다. 소년 예수는 화려한 거리 풍경을 신기한 눈으로 바라보면서 부모와 함께 성전으로 예배드리기 위해 들어갔다.

예배가 끝난 후 요셉과 마리아는 귀향길에 올랐으나 예수는 예루살렘에 남아 있었다. 하루가 지난 후에야 예수가 없어진 것을 안 그의 부모들은 부랴부랴 예루살렘으로 되돌아갔다. 그들은 예루살렘 성전 속에 있는 예수를 발견하였다. "어찌하여 우리에게 이렇게 하였느냐. 보라 네 아버지와 내가 근심하여 너를 찾았노라"(눅 2:48)라고 어머니 마리아가 달려와 말하였다. 그러자 예수는 오히려 이상하다는 표정으로 말하는 것이었다. "어찌하여 나를 찾으셨나이까? 내가 내 아버지 집에 있어야 될 줄을 알지 못하셨나이까?"(눅 2:49)

예수는 지혜와 키가 자라나 하나님과 사람에겐 더욱 총애를 받게 되었다(눅 2:52). 그러나 그는 정식 학문을 닦은 흔적은 없다. 그러면서도 그는 그의 설교 중에 많은 구약 성경의 구절을 인용하고 있다. 그것은 정식 교육을 받지 않았다 해도 독서량이 많았다는 증거가 된다.

이 무렵 광야에서는 한 힘찬 소리가 들려왔다. "회개하라. 천국이 가까웠느니라." 이 충격적인 소리를 외친 사람은 요한이라는 인물이었다. 모든 죄를 회개하고 깨끗한 마음을 갖지 않으면 결단코 구원을 얻을 수 없다는 것이다. 그리고 죄를 용서받기 위해 세례를 받으라고 했다. 요한은 요단강에서 죄를 회개하고 나오는 자들에게 세례를 베풀었다. 잘 아는 바와 같이 사람들은 요한을 구주라고 생각했지만, 요한 자신은 그렇겐 생각지 않았다. 그는 열렬히 환호하는 군중들에게 그들이 대망하는 구주(메시아)가 곧 오시리라고 했다.

예수는 요한에게 간청하여 세례를 받았다. 세례를 받고 물에서 올라와 보니 하나님의 성령이 예수 위에 비둘기같이 내리는 것이 보였다. 그리고는 하늘로부터 한 소리가 들려왔다. "너는 내 사랑하는 아들이라 내가 너를 기뻐하노라"(눅 3:22). 예수는 이 음성을 듣고 하나님의 아들로서의 사명감을 강렬히 느끼며 성령에 이끌려 황량한 광야로 나갔다. 거기서 예수는 40일 동안 밤낮으로 아무것도 먹지 않고 깊은 사념에 잠겨 기도를 했다. 예수는 마침내 배고픔에 지치고 그 몸은 심히 피로했다. 그때 예수 앞에 나타난 것이 마귀였다. "네가 만일 하나님의 아들이거든 이 돌들에게 명하여 떡덩이가 되게 하라"(눅 4:3).

마귀는 이렇게 말하며 예수를 유혹했다. 만일 돌을 가지고 떡을 만들 수 있다면 예수는 배고픔을 면할 수 있었을 것이고 굶주린 사람들도 구제할 수가 있었을 것이다. 그러나 예수는 마귀에게 이렇게 대답하였다. "사람이 떡으로만 살 것이 아니요 하나님의 입으로 나오는 모든 말씀으로 살 것이라"(마 4:4).

그러나 마귀는 물러가지 않고 예수를 다시 예루살렘 성전 꼭대기로 데리고 가서 거기에 세우고 유혹하는 것이었다. "네가 만일 하나님의 아들이거든 여기서 뛰어 내리라." 이에 대해서도 예수는 단호하게 말하였다 "주 너의 하나님을 시험하지 말라"(마 4:7).

이 말을 듣자 이번에는 예수를 높은 곳으로 이끌고 올라가서 세상 모든 나라와 그 영광을 보여주며 마귀는 말하였다. "네가 만일 내게 엎드려 경배하면 이 모든 것을 네게 주리라." 예수는 조금도 망설이지 않고 이렇게 대답했다. "사탄아 물러가라. 기록되었으되 오직 하나님께 경배하고 그만 섬기라"(마 4:10).

얼마 뒤 마귀는 예수의 곁을 떠났고, 그는 갈릴리로 되돌아갔다. 그때 세례 요한은 이미 헤롯왕에게 붙잡혀서 옥에 갇혀 있었다. 세례 요한으로부터 세례를 받고 하나님의 증거를 통하여 자기는 하나님의 아들이라는 깨달음을 새롭게 하였고 광야에서의 40일 간의 마귀 유혹을 통하여 공적인 생애의 준비를 마친 예수는 요한이 간 자리를 매구면서 천국 복음을 전파하기 시작하였다. 그는 공적인 생활을 통하여 주로 많은 병자를 고치시고 남을 섬기고 무지한 자들을 가르쳐 깨우치시고 마지막에는 십자가에 달려 돌아가 우리를 구원하셨다.

5) 병 고치심

하나님의 나라가 가까웠다고 선포하는 예수의 행동은 매우 극적이었기 때문에 그 선포는 멸망의 선고 그 이상이었다. 실망에 싸이고 죄의식에 눌리고 병과 고통에 얽매인 사람들을 대할 때 예수의 마음 가운데는 그들에게 기쁨을 주고, 용서해 주고, 고쳐 주고 싶은 의욕이 끓어올랐던 것이다. 예수께서 어디로 가든지 그러한 독특한 사건들이 벌어져 많은 사람들이 그의 주위에 모였고 또 대단한 인기가 그의 하시는 일에 집중되었다. 예수의 명령으로 악령들은 사귀 들렸던 사람에게서 쫓겨났다. 사람들은 이를 보고 놀라서 말하기를 "이는 어찜이냐. 권세 있는 새 교훈이로다. 더러운 귀신들에게 명한즉 순종하는도다 하더라"(막 1:27)라고 하였다. 마가는 특히 어느 날 저녁의 이야기를 우리에게 들려주고 있다. "저물어 해질 때에 모든 병자와 귀신 들린 자를 예수께 데려오니 온 동네가 문 앞에 모였더라. 예수께서 각색 병든 많은 사람을 고치시며 많은 귀신을 내어 쫓으시되 귀신이 자기를 알므로 그 말하는 것을 허락하지 아니하시니라"(막 1:32-34).

병을 고쳐줌으로 말미암아 생긴 인기로 많은 사람들이 따르는 것이 예수께는 심각한 문제가 아닐 수 없었다. 예수께서는 이런 종류의 활동이 자기의 복음전도에 나쁜 영향이 될 것을 근심하였다. 그래서 그는 가버나움에서 병을 고쳐주고 난 다음 새벽 일찍이 한적한 곳을 찾아서 하늘 아버지께 이 문제에 대하여 땀을 흘리고 애쓰며 기도하였다(막 1:35-

53). 제자들이 그를 발견했을 때 예수께서는 거기에 남아서 병 고치기를 계속하는 것보다는 오히려 다른 동네로 가야하겠다고 결심하고 있었다. 이것은 바로 그가 하여야할 일의 성격을 강조한 것이라 할 수 있다.

특히 유대인들은 여러 가지 병들을 사귀의 장난으로 간주하였다. 나병, 천식, 후두염, 심장병 등은 푸닥거리로써 사귀를 내어 쫓는 방법으로 고치려 하였다. 한번 바알세불 즉 귀신의 왕의 힘으로 사귀들을 내쫓는다고 비난할 때 예수께서는 내가 바알세불을 힘입어 귀신을 쫓아내면 너희들은 누구를 힘입어 쫓아내느냐?(마 12:27)라는 반문으로 대답한 일이 있다. 이런 비난과 반문 속에서 우리는 유대인 제사장들이 직무를 수행할 때 병 고치는 일까지도 하지 않으면 안 되었다는 사실을 명백히 알 수가 있다.

그러므로 병 고치는 행동은 종교에 종사하는 사람들에게는 보통 있는 일이었다. 예수께서 만일 그의 종교적 가르침에 병 고치는 능력을 같이 하지 않았더라면 그 시대에 맞지 않았으므로 환영을 받을 수가 있었을런지가 의문스럽다. 어찌해서 예수께서는 메시아로서의 자기 사업의 일부로 병 고침을 포함하였을까? 궁금하지 않을 수 없다. 그것은 예수님께서 병 고치는 활동을 하나님 나라의 좋은 소식의 일부로 인식하신 데서 연유된 것이다. 그런데 예수께서는 그 요소를 이사야의 예언에서 보았던 것이 틀림없고, 또한 그것을 자기에게 적용시켰다(사 35:5-6).

"그 때에 맹인의 눈이 밝을 것이며 못 듣는 사람의 귀가 열릴 것이며 그 때에 저는 자는 사슴같이 뛸 것이며 말 못하는 자의 혀는 노래하리니 이는 광야에서 물이 솟겠고 사막에서 시내가 흐를 것임이라" (사 35:5-6).

사람들이 예수께서는 바알세불의 힘을 입어 사귀들을 내쫓는다고 비난했을 때 "그러나 내가 하나님의 성령을 힘입어 귀신을 쫓아내는 것이면 하나님의 나라가 이미 너희에게 임하였느니라" (마 12:28)라는 말씀으로 그 논쟁을 끝냈다. 병 고치는 일은 예수에게 있어서는 메시아로서 자기가 가져 올 복음의 중요한 일부분이었던 것이다.

병 고치려는 충격은 인간 생활에 있어서 하늘에 계신 아버지의 사랑을 실제화하려는 욕망에서 비롯된 것이라 할 수 있다. 우리는 이것을 예수께서 고향인 나사렛 동네를 방문한 데서 찾아 볼 수 있다. 누가는 마태와 마가의 기록에다 예수께서 이사야서(61:1-2)에서 읽었다는 기록을 다음과 같이 덧붙이고 있다.

"주의 성령이 내게 임하셨으니 이는 가난한 자에게 복음을 전하게 하시려고 내게 기름을 부으시고 나를 보내사 포로 된 자에게 자유를, 눈 먼 자에게 다시 보게 함을 전파하며 눌린 자를 자유롭게 하고 주의 은혜의 해를 전파하게 하려 하심이라 하였더라"(눅 4:18-19). 예수께서 이 구절을 읽으신 후 그들에게 이미 이사야의 예언이 응하였음을 말하였고 또 그것이 바로 그 자신에 관한 것임을 명백히 하였다(눅 4:21).

예수의 병 고치심이 그가 메시아라는 것을 보여주는 또 하나의 다른 증거가 있다. 그 증거는 제자들이 전도여행을 시작하려 할 때 그들에게 준 교훈에서 찾을 수 있다. 예수께서 그들을 내어보낼 때 더러운 귀신을 다스릴 수 있는 권능을 제자들에게 주었다고 하였다(눅 6:7). 이에 대하여 누가는 병 고치는 힘을 주었다고 하였다(눅 9:11). 마태는 한걸음 더 나아가서 모든 병 고치는 권능을 주었다고 하였다(마 10:1). 이것은 예수가 메시아라는 증거를 제시해 준다.

예수께서 취급하신 병은 어떤 종류의 것이었을까요? 첫째 그것은 사귀 들린 병이다. 그 예로서 일곱 사귀가 나간 마리아가 있었다(눅 8:2). 사귀 들린 마리아는 전통적으로 음탕한 여인을 대표하지만, 여기서는 차라리 광기(狂氣)에 사로잡혀 있었다고 봄이 더 타당할 것 같다. 4복음서에 마리아라는 이름을 가진 여성이 여럿 나오고 있지만 여기서 말하는 사귀 들렸던 마리아는 막달라 마리아를 가리킨다.

그 다음으로는 수르보니게 여인의 딸이 있다. 그의 어머니는 이방인으로서 뛰어난 믿음을 표시하였으므로 그녀의 강열한 병고침의 요구는 묵살되지 않았다(막 7:24-30). 예수께서는 사역 초기로부터 회당에서 큰 소리로 부르짖는 사람에게서 사귀를 쫓아냈다. 이런 행사가 사람들에게 결국 놀라움을 주었다. "다 놀라 서로 물어 이르되 이는 어찜이냐. 권세 있는 새 교훈이로다. 더러운 귀신들에게 명한즉 순종하는도다 하더라" (막 1:27)

다음은 가장 큰 강적이었던 거라사인에게 들어갔던 사귀(군대마귀)를 내어 쫓은 일이다(막 5:1-20). 그 사람은 자기에게 많은 귀신이 들려 있음을 확신하였기 때문에 자기 이름을 군대라고 했다. 그 군대마귀는 예수님께 자기들을 돼지에게 보내줄 것을 간청한다. 그것은 황무지를 헤매기보다는 동물 속에 들어가 사는 것이 더 낫다고 판단했기 때문이었다. 사귀가 쫓겨나가는 여러 경우를 살펴보는 것은 흥미 있는 일이다. 병자는 굉장한 고통을 느끼고 잠시 동안 근육이 몹시 꾀인다고 한다. 그 다음에는 기진맥진해지거나 또는 기절 같은 상태로 땅에 쓰러진다고 한다(막 1:26; 9:26). 이것은 사귀가 쫓겨나가는 것을 강력하게 거부할 때 육체 속에서 일어나는 투쟁의 반영이라 할 수 있다.

예수의 병 고치시는 일은 사귀를 내어 쫓는 것만으로 그치지는 않았다. 고침을 받은 자 중에는 여러 가지 병이 포함되어 있다. 그 중에는 꼬부라져서 바로 서지 못하는 여인이 있었다(눅 13:11-17). 간질병의 소년(막 9:14-29), 문둥병자(막 1:40-45), 동시에 깨끗해진 열 명의 나병환자 중 한 사람(눅 17:11-19), 지붕을 통하여 내려 보내진 중풍병자(막 2:3-12), 못 가에 있던 힘없는 병자(요 5:1-18) 등도 있었다. 몇 번 맹인을 고쳐준 것도 여기에 포함된다. 맹인 거지 바디메오(막 10:46-52), 천천히 보게 한 벳세다의 맹인(막 8:22-26), "다윗의 자손이여 우리를 불쌍히 여기소서"하고 소리 질렀을 때의 다른 두 사람(마 9:27-31), 또 나면서부터 앞을 못보는 사람(요 9장)들이 모두 여기에 속한다.

예수께서 손 마른 사람(막 3:1-5), 고창병 든 사람(눅 14:1-6), 열병 앓던 시몬의 장모(막 7:31-37), 혈루증 있는 여인(막 5:25-34), 동산에서 귀가 떨어진 대제사장의 종 등을 고쳐주었다(눅 22:50-51). 이와 같은 여러 기록이 있으며 이 외에도 예수께서 죽은 사람을 살리셨다는 기록이 세 번 있다. 야이로의 딸(막 5:21-24, 35-43), 나인성 과부의 아들(눅 7:11-17) 그리고 나사로(요 11장). 이러한 예에서 우리는 예수님께서는 사귀 들린 자를 비롯하여 어떤 병이라도 고치셨다는 것을 알 수 있다.

이런 병 고치는 그의 행동도 여러 가지로 다르게 나타난다. 사귀를 내쫓을 때 예수께서는 보통 명령을 하셨다(막 1:25). 문자 그대로 병이 물러갈 것을 명하였다. 때로 예수께서는 명령대신 육체를 사용하기도 하였다. 즉 맹인의 눈을 만졌다(막 8:23-25). 자신의 손을 귀를 듣지 못하는 자의 귀에, 또는 벙어리의 혀에 얹었다(막 7:33). 진흙과 춤을 섞은 것을 나면서부터 앞을 못보는 사람을 고칠 때에 사용하였다(요 9:6). 또 한편 그가 병자로 하여금 어떤 행동을 하라고 요구를 하면 가끔 그렇게 하는 동안 병자의 병은 나았다. 가령 열 나병환자에게 그들의 깨끗함을 제사장들에게 가서 보이라고(눅 17:14)한 것이라든지, 중풍병자에게 자기의 상을 거두라고 한 것(막 2:11), 그리고 맹인에게 실로암 못에 가서 눈을 씻으라고 명한 것 등이 그런 경우이었다(요 9:7).

예수의 병 고치는 일은 예수의 자신의 치료하는 능력과 그 방법이 문제라기보다는 병자들이 예수를 향하여 취한 태도에 달려 있었다. 이 태도를 가장 잘 표현할 수 있는 말은 믿음이다. 이런 믿음은 여인이 예수의 옷자락을 만지고 나음을 얻은 경우에서 볼 수 있다(막 5:34). 예수를 따라가며 "다윗의 자손이여 우리를 불쌍히 여기소서" 하고 소리 지르던 두 소경에게 예수께서는 "너희들은 내가 이 일을 능히 할 것으로 믿느냐" 고 물었다. "주여 그러하오이다라" 고 그들은 대답하였다. 그래서 예수께서는 그들의 눈을 만지며 "너희 믿음대로 되라" 하시며 그들의 눈을 띄워 주었다(마 9:27-31). 복음서들은 병 고침을 가능하게 한 믿음의 태도가 예수께 집중되어 있음을 표시하고 있다.

어느 날 귀신 들린 딸을 가진 가나안 여자 하나가 예수를 찾아왔다. 그녀는 예수를 붙들고 자기 딸을 구해 달라고 요청했다. 그러나 예수는 다음과 같은 말로 거절했다. "나는 이스라엘 집의 잃어버린 양 외에는 다른 데로 보내심을 받지 아니 하였노라"(마 15:24). 그런데도 그 여자는 결사적으로 예수를 부르며 애걸했다. "주여 저를 도우소서." 예수는 다시 대답했다. "자녀의 떡을 취하여 개들에게 던짐이 마땅치 아니하니라"(마 15:26). 그러자 여자가 말했다. "주님의 말씀이 옳습니다만 개들도 제 주인의 상에서 떨어지는 부스러기를 먹나이다."

이 말을 들은 예수는 그 여자의 두터운 믿음에 감동되어 이렇게 말씀했다. "여자야, 네 믿음이 크도다. 네 소원대로 되리라"(마 15:28). 가나안의 여자는 이 말을 듣고 집으로 돌아갔다. 돌아가 보니 예수의 말씀대로 딸은 건강한 몸으로 어머니를 기쁘게 맞았다. 이 사건은 이방에게까지 복음이 전파될 것을 미리 보여준 것으로 깊은 의미를 갖다.

예수가 많은 병을 고쳐주시고 기적을 행하신 것은 단순히 청중들에게 놀라움을 주기 위해서라기보다는 그런 병 고침과 기적 행하심을 통하여 그들을 복음의 세계로 이끌어 들이고자 하는 데 그 목적이 있었다고 할 수 있다. 병을 고친다고 하는 것은 죄를 사할 능력이 있음을 의미한다. 치유와 용서는 하나님의 특권이다(막 2:7). 그리고 예수께서 병자를 고치신 사실이 믿음의 눈으로 볼 때는 예수님이 메시아라는 증거가 된다고 할 수 있다(눅 13:1-; 요 9:2-3).

19세기 미국의 시인인 롱펠로우(Henry Wadsworth Longfellow, 1809-1882)는 예수의 많은 병 고치심 중에서도 소경 바디메오의 눈뜨는 장면을 "소경 바디메오"라는 시에서 이렇게 감동적으로 묘사했다.

누구를 기다리나 눈먼 거지 바디메오
어둠이 드리운 여리고 성문 가에
무리들이 몰려 온다, 그 떠드는 소리–
"나사렛 예수다!"
폐부를 찌르는 듯 크나큰 외침 소리,
"예수여, 나를 불쌍히 여기소서."

예수를 따르는 무리 그 수를 더하고
제각기 꾸짖는다, "조용해, 바디메오."
그러나 그 소리에 아랑곳없이,
거지의 외침 소리가 날카롭게 울린다.
이윽고 사람들, "안심하고 일어서게,
예수께서 그대를 부르신다"전한다.

무리들 고요히 지켜보는 가운데 그리스도는
"그대는 무엇을 원하고 있는가?"
소경은 대답한다, "보는 것입니다,
주여, 감긴 내 눈을 뜨게 해 주오."
예수는 대답한다. "안심하고 가라,
그대의 믿음이 너를 구원했니라."

눈이 있으면서도 어둠과 비참 속에 앉아,
올바르게 보지 못하는 자여,
이 힘찬 세 마디 말씀을 기억 하여라,
"예수여, 나를 불쌍히 여기소서."
"안심하라, 일어나라."
"안심하고 가라, 그대의 믿음이 너를 구원했니라."

6) 기적

예수께서 병을 고치시고 기적과 이사를 행하신 것은 예수가 메시아이심을 스스로 나타내신 것이다. 메시아로서 병 고치심과 기적 행하심은 그의 특권 중의 하나라 할 수 있다. 먼저 "바람과 바다"를 잔잔케 한 기적(마 8:23-27; 막 4:35-41)을 살펴보겠다.

한 번은 해가 질 무렵, 예수께서 배에 오르자 제자들도 곧 그의 뒤를 좇았다. 그들은 배를 타고 떠났다. 노를 저어 호수 중간쯤에 이르렀을 때, 갑자기 세찬 바람이 불기 시작하더니 높은 파도가 배를 삼킬 듯이 덮쳐 왔다. 그 때 예수는 뱃고물을 베개 삼아 깊이 잠들어 있는 상태였다. 제자들은 바람이 세고 파도가 높이 일면 배가 부서진다는 사실을 너무나 잘 알고 있었다. 그래서 겁이 난 그들은 곤하게 자고 계시는 예수를 깨웠다. 그리고 그 제자들은 예수님께 "주여 구원하소서 우리가 죽겠나이다"(마 8:25)라고 구원을 요청하였다.

그러자 예수께서는 제자들에게 "어찌하여 무서워하느냐, 믿음이 작은 자들아"(마 8:26)라고 꾸짖으시면서 일어나서 바람과 사나운 파도를 꾸짖었다. 이에 바람과 바다가 순종하였다(마 8:27). 그들은 두려워하고 놀라면서 서로 수군거렸다. "이이가 어떠한 사람이기에" 바람과 바다까지도 순종하는가?

죽은 야이로의 딸을 살리신 기적(막 5:35-43)도 있다. 예수가 회당장 야이로의 집으로 가던 도중이었는데 어떤 사람이 와서 야이로에게 말했다. "당신의 딸이 죽었나이다. 어찌하여 선생을 더 괴롭게 하나이까"(막 5:35). 이 말을 들은 예수는 야이로에게 "두려워 말고 믿기만 하라"고 말씀하셨다. 그리고는 베드로와 야고보 그리고 요한만을 데리고 야이로와 함께 그의 집으로 갔다. 가서 보니 집안 식구들은 울고 있었고, 아이가 죽었다는 소식을 듣고 몰려온 동네 사람들로 집 안이 아주 시끄러웠다. 예수는 이것을 보시고 그들에게 말하기를 "너희가 어찌하여 떠들며 우느냐. 이 아이가 죽은 것이 아니라 잔다"(막 5:39)말씀하시자, 그들은 입을 삐죽이며 비웃었다(막 5:40).

예수는 아이의 부모와 세 제자만을 데리고 방으로 들어가 아이의 손을 잡고 말했다. "달리다굼 하시니 번역하면 곧 내가 네게 말하노니 소녀아 일어나라 하심이라"(막 5:41). 그러자 죽었던 야이로의 딸이 즉시 일어났다. 예수는 너무 놀라서 아무 말도 못하고 어리둥절해하는 부모에게 이 일을 아무에게도 말하지 말라고 한 다음 "소녀에게 먹을 것을 주라"고 말씀하시고 떠나갔다. 회당장 야이로는 잘 알려진 대로 실로 믿음의 사람이었다. 그 믿음이 예수 그리스도를 통하여 딸을 죽음으로부터 살아나게 하였던 것이다.

수많은 기적과 이사 가운데서 소위 "오병이어(五餠二魚)의 기적"(마 14:13-21; 막 6:30-44; 눅 9:10-17)을 실례로 들지 않을 수 없다. 예수가 갈릴리의 여러 곳으로 파견했던 12명의 제자들은 거의 한 달이 지나자, 출발 때와 마찬가지로 짝을 지어 돌아왔다. 그들은 자기들이 가르친 일, 사람들의 병을 고쳐 준 일, 악령 들린 사람들에게서 악령을 몰아 낸 일 등을 예수께 보고하였다. 예수께서는 보고를 들으시고 배를 타고 떠나사 따로 빈들에 가셨다. 무리들이 그 소식을 듣고 빈들에 많이 몰려 와 있었다. 이것을 본 예수는 목자 없는 양 같은 백성들을 보고 불쌍히 여기사 그 중에 있는 병인을 고쳐 주셨다(마 14:14).

저녁때가 되자 제자들은 예수에게 말했다. "이곳은 빈들이요 때도 이미 저물었으니 무리를 보내어 마을에 들어가 먹을 것을 사 먹게 하소서"(마 14:15). 그러자 예수께서는 "갈 것 없다 너희가 먹을 것을 주어라"라고 하였다. 제자들은 "우리에게 있는 것은 떡 다섯 개와 물고기 두 마리뿐이니이다"라고 하였다. 예수께서는 무리를 잔디 위에 앉히시고 떡 다섯 개와 물고기 두 마리를 가지시고 하늘을 우러러 축사하시고 떡을 떼어 제자들에게 주셨다. 제자들이 그것을 무리에게 나누어 주니 배불리 먹고 남은 조각이 열 두 바구니에 가득찼다고 하였다.

클라크(Leslie Savage Clark)라는 무명의 신앙 시인은 "생명의 빵"이라는 시에서 예수님의 그런 기적의 행사를 다음과 같이 묘사했다.

> 그는 굶주림이 어떤 것인지 잘 알고 계셨다.
> 그러기에 따라오는 수천 명 무리들을
> 힘주고 키우시기 위하여
> 물고기와 빵을 나누어 주셨다.
>
> 그는 돼지먹이 콩을 헤칠 정도로
> 굶주림을 느끼는 영혼의 아픔을 잘 알고 계셨다.

때문에 찢긴 살과 그 사이에서 떨어지는 피를
산 빵과 산 피로서 우리에게 주셨다.

사도들은 자신의 선생님이 인기가 올라가자 신이 났다. 그러나 예수는 제자들에게 배를 타고 가버나움으로 가라고 말한 다음, 무리들을 다 보내신 후 산으로 올라가 기도하였다.

날은 이미 저물었고 제자들이 탄 배는 호수 한가운데쯤 저어 가고 있었다. 제자들은 배 위에서 그 이상한 오병이어 사건에 대해서 계속 이야기를 하고 있었다. 이야기에 정신이 팔려서 잔잔하던 호수에 물결이 이는 줄도 몰랐다. 그런데 갑자기 세찬 바람이 불어오더니 파도가 높아져 아무리 노를 저어도 배가 앞으로 나아가지를 않았다. 제자들이 한창 파도와 싸우고 있는데 배 뒤편에서 예수님께서 바다 위를 걸어오고 있었다. 이것을 본 어떤 제자가 "유령"(마 14:26)이라고 소리를 질렀다.

예수는 가까이 다가오시사 "안심하라 내니 두려워 말라"(마 14:27)고 말씀하셨다. 베드로가 나서며 "주여 만일 주님이시거든 나를 명하사 물 위로 오라 하소서"라고 요청했습니다. 예수님께서는 "오라" 하였다.

베드로는 배 위에서 내려 물 위를 걸어갔다. 그러나 그는 바람과 파도가 거센 것을 보고 가라앉을 것 같아 겁이 났다. 겁을 먹는 순간 베드로는 물속으로 빠져들기 시작했다. 베드로는 황급하게 "주여 나를 구원하소서"(마 14:30)라고 외쳤다. 예수께서는 베드로의 손을 잡아 물속에서 끌어올리며 "믿음이 작은 자여 왜 의심하였느냐"(마 14:31)라고 꾸짖었다. 예수가 베드로와 함께 배에 올라가자 바람은 잔잔해졌고 배는 어느새 건너편 기슭에 닿아 있었다.

배에 있던 사람들은 예수께 절하며 "진실로 하나님의 아들이로소이다"(마 14:33)라는 신앙 고백을 하였다.

예수를 따르는 많은 무리들은 그의 가르침과 능력과 기사를 보고 놀라며 그를 하나님의 아들로 믿는 신자가 되었다. 그러나 예수에 대해 적의를 품고 있는 바리새인들이나 헤롯의 무리들은 어떤 구실을 만들어서라도 그를 잡아 죽이려 했다. 예수가 그렇게 많은 기적과 이사(異事)를 행하신 것은 단순히 대중들의 인기를 끌기 위한 것이 아니라 메시아로서 그가 가지고 계신 구원의 능력을 물리적으로 보여준 것이라 할 수 있다.

7) 십자가와 속죄

우리의 구주(救主)라는 말은 "우리 구원의 주인"이라는 뜻이다. 신약의 모든 책들은 구원이 예수 그리스도의 오심으로 성취되었다고 주장한다. 아직도 구원은 근본적으로 구약에서와 마찬가지로 역사 안에서 이루어지는 하나님의 구원행위를 의미한다. 그 구원행위로 하나님은 그의 백성을 멸망에서 구원하시고 또한 그의 백성들에게 장차 올 위대한 구원을 보증하신다. 그러므로 전 신약은 "구원에 이르는 하나님의 능력"(롬 1:16)인 복음을 선포하는 일에 관심을 갖고 있다.

특히 공관복음서(마태복음, 마가복음, 누가복음)에 보면 예수의 전도는 구원의 역사에 관심을 두고 있다. "인자의 온 것은 잃어버린 자를 찾아 구원하려 함이라"(눅 19:10). 공관복음서에 따르면 예수 자신의 사명은 잃은 자 혹은 이스라엘의 잃은 양에 관심을 갖는 것이라고 가르치고 있다(마 10:6; 15:24; 18:12-14; 눅 15:3-10). 예수의 구원 사역은 예루살렘으로 들어 가시면서부터 시작된다고 할 수 있다. 이 사실이 여러 가지 사건과 비유들을 통하여 나타나므로 논리적으로 보다는 서술적으로 설명할 수밖에 없다.

갈릴리 호숫가에서 복음을 전하다가 한번은 고향 나사렛을 찾은 일이 있었다. 안식일에 그는 소년시절부터 다니던 회당에 가서 이사야서에 기록된 말씀을 읽은 다음 그 속에 예언된 메시아가 바로 자기라고 가르치신 일이 있다. 그러나 고향 사람들은 그것을 인정하지 않고 수근 거리며 말했다. "이 사람이 요셉의 아들 예수가 아니냐"(눅 4:22). 예수는 그들이 믿지 않는 것을 이상히 여기며 이렇게 말했다. "선지자가 고향에서 환영을 받는 자가 없느니라"(눅 4:24). 이 무렵부터 예수의 고뇌는 더욱 심해갔다. 즉 예수가 고향으로 찾아가 구주로서의 자기 정체성을 확인하려고 하였는데, 고향 사람들은 예수를 구주로 보는 것이 아니라 목수의 아들로 보는 것이다.

어느 날 요단 강 상류지방으로 올라가던 도중 예수는 12제자에게 이런 질문을 던졌다. "사람들이 인자를 누구라 하느냐"(마 16:13) "더러는 세례 요한, 더러는 엘리야, 어떤 이는 예레미야나 선지자 중의 하나라 하나이다"(마 16:14). 제자들의 이 말을 듣고 예수는 다시 물었다 그러면 "너희는 나를 누구라 하느냐?"(마 16:15)

이에 베드로가 선뜻 나서며 이렇게 대답했다. "주는 그리스도시요, 살아계신 하나님의 아들이시니이다"(마 16:16). 예수는 베드로의 고백을 듣고 매우 기뻐하면서도 자신이 그리스도인 것을 아무에게도 알리지 말라고 했다. 그러나 제자들에게만은 앞으로 자신이 걸어가야 할 길을 말하지 않을 수가 없었다. 나는 머지않아 예루살렘으로 가야하는데, "(거기 가면 틀림없이) 장로들과 대제사장들과 서기관들에게 많은 고난을 받고 죽임을 당하고 제 삼 일에 살아나리라"(마 16:21)고 예수는 제자들에게 가르쳤다.

제자들은 이 뜻하지 않은 예수의 말씀을 듣고 깜짝 놀랐다. 그들은 예수가 그리스도라는 것을 의심하지는 않았지만, 이 그리스도야말로 머지않아 이스라엘의 왕이 되어 이 세상을 다스리게 될 것이라고 생각하고 있었다. 그렇게 되면 자기들도 각기 높은 자리에 앉게 되리라 믿었는 데, 예루살렘에 가셔서 죽어야 한다니 청천벽력이 아닐 수가 없었다. 베드로는 자기도 모르게 이렇게 눈물로 호소하였다. "주여, 그리 마옵소서. 이 일이 결코 주께 미치지 아니하리이다"(마 16:22).

그러나 예수는 베드로를 크게 나무라며 이렇게 말씀하셨다. "사탄아

내 뒤로 물러가라. 너는 나를 넘어지게 하는 자로다. 네가 하나님의 일을 생각하지 아니하고 도리어 사람의 일을 생각하는도다"(마16:23)

예수는 제자들을 엄히 타이르시고 나서 이렇게 말씀하셨다. "누구든지 나를 따라오려거든 자기를 부인하고 자기 십자가를 지고 나를 좇을 것이니라. 누구든지 제 목숨을 구원하고자 하면 잃을 것이요, 누구든지 나를 위하여 제 목숨을 잃으면 찾으리라. 사람이 만일 온 천하를 얻고도 제 목숨을 잃으면 무엇이 유익하리요. 사람이 무엇을 주고 제 목숨을 바꾸겠느냐"(마 16:24-26). 예수는 이미 자신에게 어떤 운명이 찾아 올 것을 미리 알고 계셨다. 그러나 그를 따르는 제자들은 예수가 이스라엘의 왕이 될 날만을 기다리며 각기 높은 자리를 차지할 꿈만을 꾸었던 것이다.

유월절이 가까워오자 예수는 제자들과 함께 예루살렘을 향해 길을 떠났다. 얼마 뒤 예수와 그의 제자들은 요단강을 건너 여리고에 도착했다. 여리고에서 예루살렘까지는 지척이었다. 이 여리고에는 삭개오라는 세리장이 살고 있었다. 그는 부자였으나 세리라는 직업 때문에 남들로부터 미움을 받고 있었다. 삭개오는 메시아로서 평판이 높은 예수가 이곳으로 지나간다는 말을 듣고 그 모습이라도 한 번 보기를 원했으나 키가 작아서 사람들에 둘러싸인 예수를 볼 수가 없었다. 하는 수 없이 삭개오는 길옆에 있는 뽕나무에 올라갔다. 예수는 뽕나무 위에 있는 삭개오를 보고 다음과 같이 말씀하셨다. "삭개오야, 속히 내려오라. 내가 오늘 네 집에 유하여야 하겠다"(눅 19: 5).

삭개오는 급히 내려와서 기꺼이 예수를 맞이했다. 사람들은 이것을 보고, "저가 죄인의 집에 유하러 들어갔도다"(눅 19:7)라고 수군거렸다. 그러나 삭개오는 예수를 만난 후 새 사람이 되었다. 그래서 그가 가진 재산의 반을 가난한 사람에게 나누어 주고. 세금을 받을 때 부정과 토색한 것이 있으면 4배나 갚겠다고 예수께 약속을 했다.

하나님의 용서가 필요함을 알며 예수의 복음에 응답한 사람은 죄인들이었지 율법을 따르는 바리새파 사람들이 아니었다. "세리들과 창녀들이 너희보다 먼저 하나님의 나라에 들어가리라"(마 21:31). 주인(메시아)의 큰 잔치(=하나님의 나라)에 참석한 손님들은 시내의 거리와 골목에서 함께 모여든 가난한 자들과 장애자들과 눈 먼 자들과 다리를 절룩거리는 자들로 구성된다는 것이다(눅 14:16-24).

따라서 구원은 죄의 용서, 하나님과의 화해, 그리고 거기서 흘러나오는 평화를 의미한다. "네 믿음이 너를 구원하였으니 평안히 가라"(눅 7:50). 회개와 개심은 이런 의미에서 구원과 화해를 얻기 위한 조건이며, 이것을 위에서 언급한 "삭개오 이야기"에서 찾을 수가 있다. 삭개오는 죄인이었지만 회개와 믿음을 통해서 예수님의 용서를 받고 구원을 얻을 수 있었다. 그러나 가장 율법을 잘 지키며 선한 일을 행했다고 자랑하던 바리새파 사람들은 구원은 커녕 오히려 예수님의 심한 책망을 받았다.

예수와 그 일행은 제자들이 예수의 명령에 따라 동네에서 끌고 온 나귀를 타고 유월절 축제 때 예루살렘에 들어가게 된다. 예루살렘 성전에 이르렀을 때 그 경내는 제물로 바칠 비둘기와 양을 파는 상인들로 꽉 차 있었다. 예수는 이 광경을 지켜보다가 모두 내쫓으며 외쳤다. "내 집은 기도하는 집이라 일컬음을 받으리라 하였거늘 너희는 강도의 소굴을 만드는도다"(마 21:13). 예수는 노기에 차서 돈 바꾸는 자들의 상을 뒤엎고 비둘기와 양을 몰아냈다. 상인들은 화가 났지만 예수의 위세에 눌려 어쩔 수가 없었다.

제사장과 율법학자와 장로들이 몰려와서 대들었다. "네가 무슨 권세로 이런 일을 하느냐 또 누가 이 권위를 주었느냐"(마 21:23). 예수도 이에 위압적으로 반문했다. "나도 한 말을 너희에게 물으리니 너희가 대답하면 나도 무슨 권위로 이런 일을 하는지 이르리라 요한의 세례가 어디로서 왔더냐. 하늘로부터냐 사람으로부터냐"(마 21:24-25).

제사장들은 대답을 하지 못했다. 하늘에서 왔다고 하면 어찌하여 그를 믿지 않고 죽였느냐며 추궁할 것이고, 사람에게서 왔다고 하면 요한을 선지자로 믿고 있는 군중들이 대들 것이기 때문이었다. "나도 무슨 권위로 이런 일을 하는지 너희에게 이르지 아니하리라"(마 21:27). 그리고 나서 예수는 군중을 향하여 설교를 했는데, 그 설교는 4일 동안 계속되었다. 그 설교 가운데 이런 비유가 들어 있었다.

한 집 주인이 포도원을 만든 후 농부들에게 세를 주고 여행을 갔다가 수확 때가 가까워오자 그 수확을 받으려고 종들을 농부에게 보냈다. 농부들은 수확을 주기는커녕 하나는 심히 때리고, 하나는 돌로 패고 하나는 죽여 버렸다. 그 주인은 이 소식을 듣고 전보다 더 많은 다른 종들을 보냈다. 그런데 이번에도 농부들은 같은 짓을 했다. 후일 주인은 자기 아들을 보내면서 이번에는 농부들이 그 아들을 공경하리라고 생각했는데, 농부들은 의논하기를 이는 상속자니 죽이고 그 유산을 우리가 차지하자 하고 아들을 붙잡아 포도원 밖으로 내쫓은 뒤 죽여 버렸다.

예수께서는 이렇게 비유를 설명하시고는 군중들에게 물으셨다. "그러면 포도원 주인이 올 때에 이 농부들을 어떻게 했겠느냐"(마 21:40).

"이 악한 자들을 전멸하고 포도원은 제 때에 열매를 바칠 만한 다른 농부들에게 세로 줄지니이다"(마 21:41). 이것은 두말할 것도 없이 제사장들과 바리새인들을 비유로 말한 것이었다. 그 다음 날은 더욱 직접적인 말로 그는 그들을 공격 했다. "화 있을진저 외식하는 서기관들과 바리새인들이여 회칠한 무덤 같으니 겉으로는 아름답게 보이나 그 안에는 죽은 사람의 뼈와 모든 더러운 것이 가득하도다. 이와 같이 너희도 겉으로는 사람에게 옳게 보이되 안으로는 외식과 불법이 가득하도다. . . . 뱀들아 독사의 새끼들아 너희가 어떻게 지옥의 판결을 피하겠느냐"(마 23:27-28, 33).

예수는 바리새인과 서기관들을 "위선자" "외식하는 자" "소경이 소경을 인도하는 자" "회칠한 무덤" "독사의 새끼들" 따위로 부르며 그들의 거짓됨을 비판했다. 그러나 제자들은 예수의 생각을 깊이 깨닫지 못했던 것 같다. 바래새인들과 서기관들은 위선자들로서 자기들이 가장 선한 일을 많이 행하고 있다고 자랑하였지만 그들은 독사의 새끼들로서 예수를 물어 죽이려는 자들이었을 뿐이다. 예수를 전혀 구주로 받아들이지 않았던 것이다.

한번은 예수가 성전에 나가 설교를 하고 있을 때 제사장과 바리새인들은 간음하는 현장에서 붙잡은 여자를 끌고 와서 이렇게 물었다. "선생이여 여자가 간음하다가 현장에서 잡혔나이다. 모세는 율법에 이러한 여자를 돌로 치라 명하였거니와 선생은 어떻게 말하겠나이까"(요 8:4-5). 만일 예수가 이 여자를 죽이지 말라고 하면 모세의 율법을 어긴 것이 되니 율법을 지키지 않은 죄로 예수를 체포할 수가 있었다. 바리새인과 율법학자들은 어떻게든 예수의 입에서 그를 체포할 수 있는 구실이 나오기를 바라면서 이런 수단을 썼던 것이다. 그러나 예수는 조용히 몸을 굽히더니 땅 위에 무엇인가를 쓰고 있었습니다. 그것을 본 바리새인들과 율법학자들은 예수에게 다그쳐 물었다. 그러자 예수는 조용히 일어나 이렇게 말씀하셨다. "너희 중에 죄 없는 자가 먼저 돌로 치라"(요 8:7).

그들은 예수의 말을 듣고 양심의 가책을 느껴 한 사람 두 사람 그곳을 떠나가고 나중에는 예수와 그 여자만이 남게 되었다. 예수는 조용히 일어나 여자 이외에 아무도 없는 것을 보고 여자에게 말씀하셨다. "여자여 너를 고발하던 그들이 어디 있느냐. 너를 정죄한 자가 없느냐"(요 8:10). "주여 없나이다." "나도 너를 정죄하지 아니하노니 가서 다시는 죄를 범하지 말라"(요 8:11).

예수는 이렇게 말하고 그 여자를 용서한 후 돌려보냈다. 그러나 바래새인들과 율법학자들은 어떻게 해서든 예수를 결코 용납하지 않았고 오히려 어떻게 하든지 잡아 죽일 계략을 짰다. 예수도 자신의 죽음이 불원간 닥쳐올 것을 짐작했든지 이런 말을 한 일이 있다. "인자가 영광을 얻을 때가 왔도다. 내가 진실로 진실로 너희에게 이르노니 한 알의 밀이 땅에 떨어져 죽지 아니하면 한 알 그대로 있고 죽으면 많은 열매를 맺느니라"(요 12:23-24).

이 무렵 예루살렘 성전을 중심으로 제사장과 율법학자 그리고 바리새인들은 힘을 합쳐 구주라고 자칭하는 예수를 잡아 죽이려고 혈안이 되어 있었다. 그때 마귀에게 예수의 12 제자 중의 하나인 유다가 넘어가고 말았다. 그는 은 30냥을 받고 예수를 그들에게 팔아버렸다. 그 다음 날은 유월절의 첫날이었다. 예수는 그 날 저녁 식사를 12 제자들과 함께 했다. 이것을 최후의 만찬이라고 한다(막 14:17-31).

최후의 만찬이 끝나자 예수는 제자들과 함께 찬미하며 감람산으로 가서 피와 땀을 흘리며 기도했다. "내 아버지여 만일 할 만하시거든 이 잔을 내게서 지나가게 하옵소서. 그러나 나의 원대로 마옵시고 아버지의 원대로 하옵소서"(마 26:39). 그때 몽둥이와 검을 가진 제사장의 무리들이 다가왔다. 그 무리 속에서 유다가 나타나 예수에게 입을 맞추었다. 그 신호를 받고 무리들은 예수에게 달려들어 밧줄로 묶었다. 이것을 보고 있던 제자 중 한 사람이 검을 뽑아 대제사장의 종을 쳐 귀를 떨어 뜨렸다. 그러나 예수는 그를 꾸짖으며 말했다. "네 칼을 도로 칼집에 꽂으라. 칼을 가지는 자는 다 칼로 망하느니라"(마 26:52).

예수가 잡혀가는 것을 본 제자들은 다 도망쳐 버렸다. 다만 베드로만이 멀찍이 예수를 좇아 대제사장 가야바의 집 뜰에까지 갔다 그러나 예수가 예언한 대로 그는 대제사장의 하속들에게 세 번이나 예수를 부인했다. 대제사장 가야바에게 끌려간 예수는 그들 앞에서 재판을 받게 되었다. 대제사장 가야바는 예수에게 물었다. "네가 하나님의 아들 그리스도인지 우리에게 말하라"(마 26:63). 이에 예수는 분명히 대답했다. "네가 말하였느니라. 그러나 내가 너희에게 이르노니 이 후에 인자가 권능의 우편에 앉아 있는 것과 하늘 구름을 타고 오는 것을 너희가 보리라"(마 26:64).

이 말을 듣고 예수를 죽일 구실을 찾고 있던 가야바는 옷을 찢으며 이렇게 말했다. "그가 신성 모독하는 말을 하였으니 어찌 더 증인을 요구하리요 보라 너희가 지금 이 신성 모독하는 말을 들었도다" (마 26:65). 그 자리에 있던 모든 사람들은 한결같이 예수를 죽이라고 외쳤다. 이렇게 해서 예수는 사형언도를 받게 되었다. 그러나 사형을 집행하는 데는 로마에서 파견된 총독의 허락을 받지 않으면 안 되었다. 그래서 장로들은 예수를 총독 빌라도에게로 끌고 갔다. 빌라도는 예수를 취조했으나 로마의 법률에 저촉되는 것을 찾아 내지 못했다. 예수는 제사장이나 장로들이 여러 가지 죄상을 들었지만 이상할 정도로 아무 말도 하지 않았다. 빌라도는 예수에게서 아무런 잘못을 찾아낼 수가 없었다. 그래서 그를 때려서 놓아주려고 했다. 그러나 군중들은 일제히 소리 질렀다. "이 사람을 없이 하고 바라바를 우리에게 놓아 주소서" (눅 23:18). 이 이상 더 빌라도는 예수를 옹호할 수 없었다. 그래서 군중들에게 다시 물었다. 무리들은 다시 이렇게 외쳤다. "그를 십자가에 못 박게 하소서 십자가에 못 박게 하소서" (눅 23:21). 그래서 하는 수없이 빌라도는 군중들의 뜻대로 예수를 십자가에 못 박게 했다.

예수는 죄수복을 입고 머리에는 가시관을 쓴 채 무거운 십자가를 지고 채찍을 맞으며 처형장인 골고다(해골이라는 뜻) 언덕을 향하여 걸어갔다. 막달라 마리아와 작은 야고보의 어머니인 마리아 그리고 그 밖의 여자들이 그 뒤를 따르고 있었다. 언덕에 이르자 예수는 다른 두 명의 강도 사이에서 벗겨진 채 십자가에 달리고 손과 발에는 못이 박혀졌다. 제사장들과 장로들은 예수를 쳐다보며 조소했다. 예수와 함께 나란히 달려있던 오른쪽 강도까지도 그를 비웃었다. 그러나 예수는 이렇게 말했다. "아버지여, 저들을 사하여 주옵소서. 자기들이 하는 것을 알지 못함이니이다" (눅 23:34).

정오가 되기 전에 십자가에 달렸고 창에 찔렸으며, 숨을 거둔 것은 오후 3시경이었다. 그 사이에 태양은 빛을 잃었고 온 누리는 어둡게 되었다고 한다. 최후로 예수는 다음과 같은 말을 남기고 운명 하였다. "아버지여, 내 영혼을 아버지손에 부탁하나이다" (눅 23:46). "엘리 엘리 라마

사박다니" 이를 번역하면 "나의 하나님, 나의 하나님 어찌하여 나를 버리셨나이까"(막 15:34).

밤이 되자 한 대의원이 빌라도의 허락을 받고 예수의 시체를 가져다가 정성껏 세마포에 싸서 바위굴에 판 묘지에 장사지내고 큰 돌로 입구를 막아놓았다. 이 대의원은 아리마대 요셉으로서 전부터 예수를 존경하며 그의 가르침을 받아왔던 사람이었다. 그 무렵 예수를 은 30냥에 적의 손에 넘겼던 유다는 돈을 성전의 연보 궤에 집어던지고 목매달아 죽고 말았다.

예수가 운명한지 사흘 째 되던 날 아침, 미명에 막달라 마리아 등 세 여자가 예수의 몸에 뿌리기 위해 비싼 향유를 가지고 묘지를 찾아갔다. 그들이 묘지에 도착해 보니 묘의 입구를 가렸던 돌이 치워져 있었고 묘 안에는 눈보다 더 흰 옷을 입은 젊은이가 앉아 있었다. 젊은이는 깜짝 놀라는 세 여자를 보고 말했다.

"놀라지 말라. 너희가 십자가에 못 박히신 나사렛 예수를 찾는구나. 그가 살아나셨고 여기 계시지 아니하니라. 보라, 그를 두었던 곳이라. 가서 그의 제자들과 베드로에게 이르기를 예수께서 너희보다 먼저 갈릴리로 가시나니 전에 너희에게 말씀하신 대로 너희가 거기서 뵈오리라" (막 16:6-7).

세 여자는 제자들이 있는 곳으로 달려가서 이 이야기를 했지만 제자들은 믿으려고 하지 않았다. 그러나 베드로만은 이 말을 듣더니 한걸음에 묘지까지 달려갔다. 과연 묘지에는 예수의 시체를 쌌던 흰 헝겊만 있을 뿐이었다. 베드로가 다녀간 후에 막달라 마리아가 다시 찾아와서 묘지 밖에서 울고 있었다. 제일 먼저 그녀에게 예수님은 나타나셨지만 믿지를 아니했다. 막달라 마리아는 제자들에게로 가서 예수가 부활하셨다는 소식을 전했다. 이 이야기는 예루살렘에 있는 제사장들과 장로들에게로 전해졌다.

그 날 엠마오라는 마을로 가던 두 제자에게 예수는 나타났고, 호수에

배를 띄우고 그물을 던지고 있는 제자들에게도 나타났다. 얼마 후 오순절에 제자들은 예루살렘에 모여 다시 한 번 그 최후의 만찬을 했던 2층에서 조용한 기도를 올리고 있었다. 기도를 하던 도중 제자들은 이상한 영(성령)을 받고 서로 위로하며 예수의 복음을 전하기로 결심들 했다. 그 때 예수는 모여든 군중과 제자들을 축복하면서 조용히 하늘로 올라갔다.

예수 그리스도는 그를 구주로 인정하지 않는 바리새인들과 장로들과 서기관들의 합작된 공모로 인하여 죄 없지만 십자가에서 죽게 되었고 부활하사 승천하는 일련의 사건을 통하여 구원을 이루었다. 죄인들은 오직 예수를 믿기만 하면 구원을 받을 수가 있다. 예수는 우리의 구주가 되신다. 이것이 복음의 핵심 메시지다.

8) 부활

예수 그리스도께서는 자신이 가르치셨던 십자가에 대한 교훈을 몸소 십자가를 지시는 행동으로 인간들에게 그대로 실천해 보이셨다. 그가 실천해 보인 행동을 우리는 흔히 수난 또는 속죄라 한다. 그 수난의 단적인 표현인 십자가 사건은 어두운 면 곧 갈보리에서 당한 그리스도의 고난과 죽음을 뜻하고, 그 결과로 나타나는 밝은 면 곧 십자가상에서 고통을 당하시고 피를 흘리심으로써 인간을 죄의 굴레와 질곡에서 해방시킨 구원을 뜻한다. 그래서 그리스도의 십자가상의 죽으심을 흔히 역설적인 표현을 써서 행복한 타락(Felix Culpa)이라 한다. 그 까닭은 예수 그리스도는 죽어 무덤 속에 묻히는 것으로 끝난 것이 아니라 영광스러운 부활을 통해 구원을 성취하고 새 생명을 보장했기 때문이다. 그래서 행복한 전락(죽음)이라 한다. 그의 슬픈 죽음은 곧 재생의 씨앗이 되고 많은 열매를 맺게 되는 생명나무가 된다.

그리스도는 죽음을 이기시고 부활하심으로서 영원의 생명세계의 문을 열어 놓았다. 그러므로 우리의 신앙 가운데 그리스도의 부활을 믿는 것은 구원과 영생에 이르는데 있어서 필수적인 요건이 된다. "네가 만일 네 입으로 예수를 주로 시인하며 또 하나님께서 그를 죽은 자 가운데서 살리신 것을 네 마음에 믿으면 구원을 받으리라"(롬 10:9)고 한 대로 예수의 부활은 구원에 이르는 신앙의 내용이며, 기독교의 근본 진리이고, 예수가 전한 복음의 핵심이 되는 것이다(고전 15:1-4).

부활신앙이 없으면 믿음 자체가 헛되고 헛된 것이 되고 만다. "그리스도께서 다시 살아나신 일이 없으면 너희의 믿음도 헛되고 너희가 여전히 죄 가운데 있을 것이요"(고전 15:17)라고 말씀하신 대로 부활신앙과 속죄는 긴밀하게 연결되어 있음을 알 수 있다. 부활사건과 직면하는 사람은 절망과 낙망의 수렁에서 헤쳐 나와 새 생명의 소망과 의로운 세계를 행하야 부활의 날개를 달고 날아오를 수가 있다. 조지 허벗의 "부활절 날개"라는 시를 소개해 두겠다.

풍성이 인간을 창조하셨던 주님이시여,
비록 어리석게도 인간을 잃긴 했어도
점점 더 타락하여
인간이 아주 가난하게
될 때까지
당신과 함께
오, 저를 일으켜 주소서
종달새처럼, 조화롭고 아름답게
오늘 당신의 승리를 노래하게 하소서
그러면 강하(降下)가 내 마음을 더욱 비상시킬 것입니다.

저희 어린 시절은 슬픔에서 시작되었나이다.
그리고 언제나 질병과 수치심으로
당신은 죄를 벌하셨나이다.
그래서 저는
여위였나이다.

당신과 함께
저를 하나 되게 하소서
오늘 느끼게 하소서 당신의 승리를.
왜냐하면 저희 날개를 당신 것에 접붙이면
고뇌가 제 마음의 비상을 더욱 높여 줄 것입니다.

예수의 부활을 처음에는 제자들도 믿지를 못하고, 유령이 나타난 것으로 알았다. 그래서 부활하신 예수님께서는 제자들에게 "어찌하여 두려워하며 어찌하여 마음에 의심이 일어나느냐. 내 손과 발을 보고 나인 줄 알라. 또 나를 만져 보라. 영은 살과 뼈가 없으되 너희 보는 바와 같이 나는 있느니라"(눅 24:38-39)고 말씀하셨다. 그 순간 그들은 전보다 더 생생하고 빛나는 모습으로 나타나신 그리스도를 볼 수가 있었다. 그 순간 그들에게서는 슬픔과 낙망은 다 살아지고 기쁨과 소망의 날개가 다시 돋아나기 시작하였다. 결국 그들은 예수가 하나님의 아들이시오 구세주인 것을 알게 되었다.

이처럼 예수님께서는 죽은 자 가운데서 다시 살아나신 후 여러 다른 사람들에게 여러 차례 나타나 보이심으로 그의 부활이 사실임을 확인시켜 주셨다(고전 15:4-8). 즉 앞에서 이미 말한 바와 같이, 부활하신 예수께서는 막달라 마리아와 다른 여자들에게, 베드로에게, 엠마오로 가던 두 제자들에게, 도마가 빠진 부활주일 저녁에, 도마가 함께 있던 다음 주일 밤에, 갈릴리 바닷가의 일곱 제자들에게, 500여 심도들에게, 그리고 승천하시는 날에 모인 120여명의 사람들에게 각각 나타나 보이셨다. 이 이상 더 확실한 예수 부활의 증거가 또 어디 있겠는가?

죽었다가 다시 살아난 이후의 몸은 부활체(復活體)를 가졌기 때문에 음식을 먹을 수도 있다. 예수님께서는 제자들이 보는 앞에서 음식을 잡수셨다(눅 24:41-45). 그러나 부활의 몸은 깊은 관련이 있기는 하지만 근본적으로는 현대 살아 있는 우리들의 육체와는 동일하지가 않다. 그래서 가까이서 예수님을 따르던 막달라 마리아가 부활의 주님을 보고도 그를 알아보지 못하고 동산지기로 생각했으며(요 20:14-15), 엠마오로 내려가던 두 제자들도 길에서 예수님을 만나 함께 동행 하며 이야기를 나누었지만 알아보질 못했었다(눅 24:16). 또한 무서워 떨며 모여 있던 마가 요한의 다락방을 찾아오신 예수를 제자들이 영으로 생각할 정도로 (눅 24:37) 부활하신 예수님의 모습은 변해 있었다.

부활의 몸은 시간과 공간의 제한을 받지 아니하지만 전적으로 순수한 영이라 할 수는 없다. 부활체는 성화된 몸이므로 늙거나 병들거나 죽거나 하지 않는다. 그것은 하늘의 천사들이 죽을 수 없음과 같다(마 22:30). 굳게 닫힌 방안의 문도 열지 않고 들어갈 수 있으며(요 20:19), 같이 동행하다가 갑자기 일행 중에서 사라질 수도 있는(눅 24:31) 몸이 부활체다. 가고 싶은 곳이면 어디나 마음대로 갔다가 원할 때면 언제라도 사라질 수 있는 부활체는 현재 우리의 육체가 시간과 공간의 제한을 받는 것과는 다르다. 이렇게 부활하신 예수께서 부활의 첫 열매(고전 15:23)가 되셔서 장차 있을 우리 신자들의 부활을 보증해 주셨다. 이것이 복음 곧 기쁜 소식인 것이다.

부활은 죽음의 문을 여는 열쇠요 영생의 하나님의 나라로 날아오를 수 있는 날개가 된다. 우리는 부활의 사건을 논리적으로 설명할 수가 없다. 그러나 예수 그리스도는 확실하게 부활하셨고 40일 동안 지상에 계시다가 원래 계셨던 자리 곧 하늘로 올라가셨다.

9) 승천

예수께서 유대인 관원인 니고데모와 이야기를 나누실 때 자신을 가리켜 "하늘에서 내려온 자 곧 인자(人子)"라는 말을 하셨다(요 3:13). 예수는 하늘에서 내려온 자고 우리는 땅에서 난 자들이다(요 3:31). 다시 말해서 예수는 위에서 나신 분이고 우리들은 아래에서 난 사람들이다(요 8:23).

태초로부터 로고스로 존재하시던 하나님의 아들이 인간의 구원을 위해 땅에 내려오셨고 십자가 위에서 구원을 이루신 후에 다시 하늘로 올라가셨다. 이를 그리스도의 승천(昇天)이라 한다. 부활과 승천은 예수의 신성을 확실히 증명해 보여주는 징표다. 예수의 가르침을 바로 이해하지 못한 제자들이 수군거리고 있을 때, 예수께서는 "너희는 인자가 이전에 있던 곳으로 올라가는 것을 본다면 어떻게 하겠느냐"(요 6:62)라고 물으시며 그들을 책망하신 일이 있다. 여기서 예수께서 제자들에게 책망조로 하신 말씀은 바로 자기가 장차 "이전 있던 곳" 즉 하늘로 다시 올라가실 것을 표명하신 것이다.

부활하신 예수께서는 제자들과 함께 베다니 앞까지 나가셔서 손을 들어 축복하시고 나서 그들을 떠나 하늘로 올라가셨다고 누가는 증언하고 있다(눅 24:50-51). 사도행전 1장 9절에서도 "그들이 보는데 올려져 가시니"라고 기록되어 있다.

고대 영국의 종교시인으로 알려진 키네울프는 "십자가의 꿈"이라는 작품에서 십자가의 승리와 죽음을 통하여 승리를 거두고 영광중에 하나님의 왕국으로 돌아오시는 예수 승천의 장면을 다음과 같이 장엄하게 노래하였다.

> 그는 우리를 구속해 주셨으며, 생명과 하늘의 집을
> 주셨도다. 그곳에서 불(형벌)을 참고 견딘 자들에게
> 축복과 기쁨의 희망이 되살아났도다. 힘세고 능력이 있으신
> 하나님의 아들은 그 위대한 공적으로 승리하셨도다.
> 전능하신 유일한 통치자 주님께서 하나님의 왕국으로
> 오실 때, 많은 영혼들과 함께 주님께서 자기의
> 보좌로 돌아오실 때, 그 전에 영화롭게 살고 있던
> 모든 천사들과 성도들이 함께 기뻐했도다.

하늘에 오르신 예수는 하나님의 보좌 우편에 앉아 계신다(막 16:19). 자기 몸으로 영원한 속죄의 제사를 드리신 예수 그리스도는 하늘에 오르신 후에도 중보의 기도를 드리는 대제사장의 직무를 감당하고 계신다. 즉 지금도 우리를 위하여 간구하시며(롬 8:34), 날마다 범하는 우리의 죄를 위하여 상시(常時) 하나님 앞에서 대언자, 즉 변호사의 자격으로 중보하고 계신다(요일 2:1).

예수님의 승천은 죄와 죽음이 있는 땅에 사람의 몸을 입고 내려 오셨던 지상 생활에 종지부를 찍고 하나님 우편으로 높임을 받으시게 된 것을 의미한다. 땅에 오셔서 33년을 사시던 예수님은 우리의 죄를 지시고 십자가에서 죽으신 후 장사된 예수의 몸은 땅 아래 있는 곳(엡 49) 곧 무덤에 머물렀고, 그 영혼은 죽은 자의 영이 가는 음부에까지 내려가셨었다(벧전 3:19).

삼일 만에 부활하신 예수님은 40일 간 땅에 계시다가 하나님께서 지극히 높여주심으로써 하나님의 보좌 우편에 앉게 되셨고 모든 이름 위에 뛰어난 이름을 얻게 되셨다(빌 2:9). 만물을 회복하실 때까지 즉 재림의 날까지 예수께서는 하늘에 계시게 된다(행 3:21). 부활의 몸을 가지신 예수님은 승천하셔서 하늘에 계시지만 그는 지금도 다른 보혜사 성령을 보내시어 신자들과 함께 계시며 그들을 보호하시고 인도하신다. 승천하시기 전에 하신 말씀인 "볼지어다 내가 세상 끝날까지 너희와 함께 있으리라"(마 28:20)라는 약속을 따라 우리가 지금도 예수님과 동행하며 교제하는 놀라운 은혜를 누리고 있는 것이다. 이것이 곧 복음이다.

10) 성령

승천하시면서 예수께서는 최후의 만찬 때 약속했던 보혜사 성령 곧 진리의 영을 아버지께 간구하여 보내주셨다(요 14:16-17). 흩어졌던 제자들이 다시 예루살렘으로 돌아와 마가 요한의 어머니 마리아의 다락방에 모여 예배하며 기도하고 있을 때 예수께서 약속했던 보혜사 성령이 불같이 임하였다. 이때는 부활한지 50일째가 되는 날이었다. 우리는 이 날을 오순절이라 한다. 오순절 날의 성령 강림은 초대교회의 시발점이 된다.

오순절 날에 임하신 이 성령은 "하나님의 영"이라고도 불린다. 고린도전서 2장 11절에서는 하나님의 일은 하나님의 영외에는 아무도 알지 못한다고 하였다. 그리스도의 이름으로 치욕과 핍박을 받으면 영광의 영, 곧 하나님의 영이 그 위에 계신다고도 하였다(벧전 4:14). 하나님의 영이신 성령을 때로는 "그리스도의 영"이라고도 한다. 로마서 8장 9절에서는 "만일 너희 속에 하나님의 영이 거하시면 너희가 육신에 있지 아니하고 영에 있나니 누구든지 그리스도의 영이 없으면 그리스도의 사람이 아니라"고 했다.

예수 자신은 성령을 "다른 보혜사"(保惠師)라고 부르셨다. 즉 "보혜사 곧 아버지께서 내 이름으로 보내실 성령"(요 14:26)이라고 말씀하셨다. 보혜사란 한자의 뜻대로라면 보호하고 은혜를 베푸시는 스승이라는 말인데, 헬라어로는 "파라클레토스"고 우리 옆에서 위로하시는 성령을 가리킨다.

보혜사 성령은 또 "진리의 영"이라고도 한다. 즉 예수께서는 요한복음 14장 16-17절에서 "내가 아버지께 구하겠으니 그가 또 다른 보혜사를 너희에게 주사 영원토록 너희와 함께 있게 하리니 그는 진리의 영이라"고 말씀하셨다. 성령은 그 외에도 여호와의 신(사 11:2), 그 아들의 영(갈 4:6), 영광의 영(벧전 4:14)이라고도 불린다.

성령의 사역은 많지만 인간의 구원과 관계 지어 본다면 죄를 깨닫게 하고 책망하시며 죄인으로 하여금 회개하도록 인도하신다(요 16:8). 이처럼 성령은 인간을 구원하시는 중생의 사역뿐 아니라 깨끗하게 하시는 성결의 역사도 이루신다. 오순절 날에 성령의 충만함을 받은 베드로 사도는 "너희가 회개하여 각각 예수 그리스도의 이름으로 세례를 받고 죄

사함을 받으라 그리하면 성령의 선물을 받으리니"(행 2:38)라고 하였다. 성령은 인간의 영을 살리실 뿐 아니라 충만하게 하심으로 신자의 마음을 깨끗하게 하신다(행 15:8-9). 그래서 존 R. 라이스라는 시인은 "오소서 성령이여"라는 시에서 이렇게 노래하고 있다.

능력, 예수께서 위로부터 약속하신 전능하신 힘이여!
영혼으로 승리케 하고 죄에서 구원받게 하는 능력이여,
오, 하나님의 숨결이여 내 맘에 오사
가련히 방황하는 자에게 외쳐 증거 하게 하소서.

오순절 성령께서 오사
제자들로 충만케 하며
많은 자들이 그리스도에게 돌아오게 하며
죄 사함 받아 구원 얻기까지 권능을 베푸셨으니
우리도 성령으로 충만케 하소서.

사탄에 의해 어두워진 자들로 죄를 깨닫도록 깨우쳐 주소서!
하나님의 성령의 사역은 바로 이때에
사람의 능력보다 큰 줄을 알지니
사람들이 두려워하며 떨고 있는 동안
보이지 않는 지옥 권세는
성령의 전능한 힘으로 산산조각 나도다.

벌거벗고 열매 없는 그리스도인들인 우리는
주의 능력 받지 못할 때 고생하나이다.
들은 황폐해져 하나님의 능력을 기다리나니,
오, 성령이시여.
오셔서 사탄의 높은 곳을 무너뜨리소서.
밤이 되기 전에 우리의 영혼들을 거두소서.

우리의 심령이 갈하므로

우리가 주를 기다리나이다.
우리에게 가장 절실한 이것을 위해
우리가 진심으로 구하나이다.
하나님의 기름 부음심이 있어
우리가 말씀으로 사람들을 인도하며
열매 풍성한 씨앗들을 널리 뿌리리이다.

성령이여! 오소서. 나를 충만케 하소서.
내가 당신을 원하오며 내가 당신을 구하나이다.
성령이여! 오서서. 나를 충만케 하소서.
주여! 거룩한 영으로 나를 충만케 하소서.

우리가 간절히 사모하고 간구하기만 하면 성령은 우리들의 심혼 속에 머물면서 진리를 밝히 깨닫게 하시고 더러운 죄를 깨끗하게 해주시며 복음의 증인으로 살게 인도해 주신다. 성령을 거시리지 않으면 우리들의 마음에 임재 하셔서 거룩함으로 채워주시고 거친 것들을 제거해 주시며 돌 같이 굳은 마음을 녹여 주셔서 온유하고 겸손하게 만들어 주신다. 예수 그리스도께서 다른 보혜사 성령을 보내 주신 것은 놀라운 복음의 은총이라 아니 할 수 없다.

11) 재림

하늘로 승천하셨던 예수께서 '다시 오신다' 또는 '두 번째 오신다' 라는 말을 신학적으로는 재림(再臨)이라 한다. 초림(初臨) 때에도 많은 사람이 하나님의 약속을 따라 예수 그리스도의 출생을 기다리고 있었다(눅 2:38). 하나님의 때가 왔을 때 예수께서는 여자의 몸을 통해 육신을 입고 태어나셨다. 하나님의 약속을 믿는 말세성도들은 지금도 성경에 기록된 대로 예수께서 다시 오실 것을 기다리고 있으며 예수의 재림을 신앙고백의 중요한 부분으로 받아들이고 있다.

예수께서는 승천하실 때 직접 다시 오시겠다고 제자들에게 약속하셨다. “가서 너희를 위하여 거처를 예비하면 내가 다시 와서 너희를 내게로 영접하여 나 있는 곳에 너희도 있게 하리라”(요 14:3). 예수께서 승천하실 때 그 곁에 있던 천사들도 그것을 예언하였다. “너희 가운데 하늘로 올려지신 이 예수는 하늘로 가심을 본 그대로 오시리라”(행 1:11).

예수의 재림 때에 죄인들은 심판을 받겠지만(딤후 4:1) 구원에 이르는 믿음을 가진 신자들은 완전하고도 영원한 구원을 얻게 된다. 따라서 그리스도의 재림은 성도들에게는 가슴을 설레게 하는 소망이 되며 간절히 학수고대(鶴首苦待)하는 날이 될 것이다(요일 3:3; 벧후 3:12). 그 때는 알 수 없지만 주님의 신실한 약속은 틀림없이 지켜질 것이므로 주님 맞을 준비를 갖추고 있으면 된다. 에바 그레이라는 시인은 주님의 재림을 기다리며 사모하는 마음을 “그의 복된 재림을 기다리며”라는 시에서 다음과 같이 노래하였다.

> 나의 구주를 갈망함이 있음을
> 나는 감출 수 없습니다.
> 그를 보고 싶은 열망이 있음은
> 그 날까지 결코 사라지지 않을 것입니다.
> 하늘로서 나와 내려오실
> 그를 고대할 그때에
> 그는 그의 모든 위대함 가운데 오실 것입니다.
> 나를 높은 곳에 있는 집으로 데려가실 것입니다.
> 그때야, 내 갈망과 열망은 끝나고
> 그가 있는 곳에서 영원토록 그와 함께 거할 것입니다.

장차 임할 재림의 그날 까지 예수께서는 하나님 보좌 우편에 앉아 계신다(히 10:12). 재림이 없다고 주장하는 사람들도 있지만 하나님의 약속은 신실하므로 반드시 이루어질 것이다. 복음의 완성을 위해서라도 재림은 반드시 있을 수밖에 없다. 그 때는 정확하게 알 수 없지만 그 시기는 그 징조를 통해 알 수 있게 하셨다. 마태복음 24장 33절에서 "이 모든 일을 보거든 인자가 가까이 곧 문 앞에 이른 줄 알라"(마 24:33)고 하였다. 그러면 그 징조가 무엇인가?

민족이 민족을 치는 전쟁과 기근과 지진(마 24:7) 등은 종말과 재림의 때가 가까웠음을 알게 하는 가장 단적인 증거다. 또한 거짓 선지자와 이단적 주장이 넘치면(마 24:11) 재림이 가까웠음을 인식하여야 할 것이다. 뿐만 아니라 불법(마 24:12)과 교통의 발달(단 12:4) 및 지식의 발달(단 12:4) 등도 뚜렷한 말세의 징조가 된다.

가난하고 겸손한 모습으로 오셨던 초림 때와는 확연히 다르게 예수는 위엄이 당당한 왕의 자격으로 심판주로 세상에 다시 오신다. 예수께서는 승천하실 때 구름을 타고 가셨는데, 다시 오실 때도 같은 모양으로 오신다고 했으니(행 1:9-11) 재림하실 때도 구름을 타고 오실 것이다(마 24:30). 또한 예수께서 승천하실 때와 마찬가지로 다시 오실 때도 천사들과 함께 오실 것이다(행 1:10; 마 16:27; 25:31; 살후 1:7).

초림의 예수는 어떤 면에서는 매우 초라한 모습이었지만 재림하실 때는 승리자의 모습 곧 만왕의 왕으로 오신다(계 19:11). 재림은 단 한 번밖에 없는 사건이지만 그 과정은 두 단계로 나뉘게 된다. 땅으로 오시기 전에 공중에 오셔서 머무시는 단계가 있고, 다시 땅으로 오시는 단계가 있다.

예수 그리스도께서 공중에 오실 때, 제일 먼저 일어나는 일은 죽은 성도들이 영광스러운 부활의 몸으로 살아나게 되는 것이고(롬 6:5), 그 다음으로 살아 있던 성도들이 변화하여 영화로운 몸을 입게 되는 것이다(고전 15:50). 이들은 공중으로 끌어 올려져 거기서 주를 영접하게 되고 어린 양 되시는 그리스도의 신부로서 그로 더불어 혼인잔치에 들어가게 된다. 공중에 권세잡고 있던 마귀가 땅으로 내어 쫓김으로 땅에는 마귀가 주동이 된 큰 환난이 있게 된다. 이를 대환난이라 하는데 전무후무(前無後無)한 큰 환난으로 전 지구상에 임할 것이다(마 24:21; 단 12:1).

재림의 둘째 국면은 공중에 올라갔던 성도들과 함께 그리스도께서 땅에 오시는 단계다. 이때는 모든 사람들이 볼 수 있도록 영광중에 구름 타고 나팔소리와 함께 오신다. 땅으로 오신 예수께서는 적그리스도와 그의 군대와 큰 싸움을 벌이게 되는데 이를 아마겟돈 전쟁이라 한다(계 16:16; 19: 17-21). 마침내 온 세상을 미혹하던 마귀가 잡히고 천년 동안 무저갱(無底坑)에 갇히게 된다. 이 땅위에서는 천년왕국을 건설하고 예수 그리스도께서 왕이 되어 다스리게 된다. 천년왕국 기간에 효력을 잃었던 땅이 지력(地力)을 회복하게 되고(사 32:15), 식물(사 55:13)과 동물(사 11:6-9)이 창조 때와 같이 회복되고 또한 인간의 수명(사 65:20-22) 및 육체가 회복된다)(사 35: 5-6).

천년왕국이 지난 다음에 심판을 받기 위해 죽은 죄인도 다시 살아나서 자기들의 행위를 따라 심판을 받게 된다(계 20: 13). 이 심판에서 마귀와 죄인들이 영원히 불이 타는 지옥에 던져질 것이다(계 20: 10, 14-15). 이 심판을 최후의 심판이라 한다. 또 크고 흰 보좌에 앉으신 심판주로부터 최후의 선고를 받아 지옥에 던져지는 심판이기 때문에 백보좌(白寶座) 심판이라고도 부른다(계 20:11).[66]

재림을 위해 준비하고 기다리고 있는 성도들은 복 될 것이다. 그러므로 재림도 매우 기쁜 소식이 된다.

2. 복음서의 서술적 특징

지금까지 복음서의 중심 내용을 요목별로 나누어 살펴보았다. 이제부터는 복음서의 서술적 특징을 살펴보겠다. 여기서 말하는 "복음"이라는 문학 형식은 신약 성경에서나 발견할 수 있고 세계 다른 어떤 문학 범주에서도 찾을 수 없는 아주 독특한 문학 형식이라 할 수 있다. 복음서(마태, 마가, 누가, 요한복음)는 위대한 인물의 생애와 업적에 초점을 맞추고 있다는 점에서는 구약의 중요한 설화들과 동일하다. 즉 그런 점에 있어서는 아브라함의 이야기나 야곱, 요셉, 기드온, 삼손, 룻, 그리고 에스더의 이야기들과 복음서에 나오는 예수의 이야기[67]는 조금도 다르지 않다.

그러나 구약의 내러티브와 신약의 이야기를 구성하는 플롯과 구조가 다르다. 구약의 중요 인물들의 이야기들은 연쇄적으로 일어나는 관련된 사건들로 구성된 구조를 갖고 있으며 동일 인물들이 이야기의 처음부터 끝까지 거의 같은 배역으로 등장한다. 심지어는 인물들이 잠깐 동안 일시적으로 등장할 때에도 그 플롯을 이루는 연쇄적 사건들에 반드시 어떤 영향을 미치는 그런 관계로 나타나는 것이 보통이다. 한 마디로 말해서 구약 성경의 위대한 인물들의 내러티브는 단일 플롯으로 이루어져 있다 할 수가 있지만, 복음서의 내러티브는 일종의 이야기 선집이라 할 수 있다. 따라서 복음서의 내러티브는 구약의 내러티브들보다 구조가 연쇄적이질 않고 좀 더 분리되어 있다고 할 수 있다. 특히 공관복음서의 내러티브는 삽화적인 면이 강하다. 복음서에 나오는 단편적인 이야기들은 대개 구약의 내러티브만큼 내러티브 전개에 영향을 주지 않기 때문에 재배열될 수도 있고 뺄 수도 있다. 즉 복음서에서는 한 번 등장했던 인물들이 구약에서처럼 연속적으로 나오질 않고 다음에는 그 이야기에서 빠지는 경우가 많다. 구약 성경에 나오는 이야기들은 통일된 문학적 내러티브라 할 수 있다면, 복음서의 내러티브는 그리스도의 변화많은 삶을 삽화적으로 설명하는 일종의 이야기 선집이라 할 수 있다.

구약 성경의 내러티브 중에도 모세, 다윗과 다른 왕들, 사무엘, 엘리야, 엘리사의 이야기 같은 것들은 대부분 복음서의 삽화식의 분리 구조로 되어 있지만, 대개는 다른 역사적 자료들과 뒤섞여 있는 것이 보통이다. 이러한 자료는 한 개인의 전기가 아니라 한 국가나 한 시대의 역사와 관련된 것들이다. 그러므로 구약의 내러티브에 있어서는 한 개인에 대한 이야기라 할지라도 그것은 다른 일반 영웅설화에서처럼 독립된 것으로 취급되어 있질 않고 좀 더 큰 역사적 개관의 일부로 취급되어 있다.

그러나 복음서에 나오는 이야기는 예수에게 초점이 집중되어 있으므로 그의 이야기는 역사적 자료와 관계없이 계속된다. 이렇게 역사적 사건보다는 한 개인에게 지속적으로 전력을 기울이는 것이 복음서를 구약성경의 내러티브들과 다르게 만들어 주는 요소가 된다. 복음서의 내러티브는 역사적 개관으로 구체적인 표현을 입고 나타나는 전기물보다는 그 표현이 좀 더 집중적이다.

주인공에 대한 성격묘사도 복음서를 독특하게 만드는 또한 다른 한 요소가 된다. 구약의 내러티브에 나오는 주인공은 대부분 모범적인 인물로 묘사되지만, 복음서에 나오는 주인공인 예수는 단지 그들의 모범적인 인물로만 묘사되는 것이 아니라 세상의 구세주로 등장하며 그의 삶의 대부분을 죄를 용서하거나 기적을 행하는 일에 바치는 그런 인물로 묘사된다. 더욱 두드러진 점은 주인공의 가르침을 강조하고 있다는 것이다. 다른 문학작품에 나오는 영웅들에게도 신에 가까운 아주 높은 지위가 주어질 수 있지만, 그런 인물들은 대부분 문학적인 허구이거나 보통 사람들과는 먼 그런 인물로 나오게 된다. 그러나 복음서의 주인공인 예수는 완전한 인간인 동시에 완전히 신적인 존재로 나타나며 역사적 맥락의 중심부에 자리 잡고 있는 인물로 나온다. 복음서도 성경 문학의 다른 대부분들과 마찬가지로 역사적 사건을 기록하고는 있지만, 예수의 역사는 흔히 말하는 세상 역사와는 다르게 반역사적이라는 것이다. 즉 그는 세상역사에서 흔히 보는 것처럼 정치적인 왕이 되어 통치하기보다는 고난 받는 종이 되며, 군사력을 가지고 적에게 승리하기보다는 범죄자로서 처형당한다. 구약의 영웅설화와 다른 점이 있다면 이런 반 영웅적인 요소라 할 수 있다. 예수는 단순한 힘으로써만 위대한 그런 인물이 아니고 세상적으로는 아무런 힘도 없는 구세주다.

복음서의 인물은 자기 자신이 자기 자신을 하나님으로 선언한다는 점에서도 독특하다 할 수 있다. 다른 전통적인 문학적 영웅은 존경하고 따를 만한 귀감으로서 이상적으로 표상되지만, 복음서의 작가들은 작품의 주인공을 단지 이상적인 인간으로만 표상되는 것이 아니라 예수 자신이 자신을 소개하는 바와 같이 그를 하나님 자신으로 선언하고 있다. 인간적 영웅에 불과한 사람이 죄를 용서하거나 사람들에게 자기를 구세주라고 믿으라고 말한다면 그를 따를 자도 없고 믿을 자도 없을 것이다. 그래서 그 당대의 사람들 특히 고위층들은 그를 가히 미친 사람이거나 신성모독자라고 생각하였던 것이다. 그 세대의 사람들이 그 진리를 모르는 무지에 사로잡혀 있었다기보다는 알면서도 그들의 체면과 세력 박탈감과 전통에 집착하여 억지를 부리는 참담한 억지철학에 사로잡혀 있었다. 그래서 그들은 그를 십자가에 처형하였다. 그런데 예수 자신은 그의 삶을 그들의 억시철학까지도 용서하고 하나님이면서도 인류의 구속을 위하여 십자가에 달리셨다가다 부활하심으로 결국 하나님 자신이라는 것을 입증하였던 것이다.

그러면 문학의 형식으로서의 복음서의 기본적인 특징은 무엇인가? 한마디로 말해서 복음서는 이야기의 선집으로서, 일반 설화 이상으로 심각한 사건들로 가득 차 있다는 것이다. 그러나 복음서에 나오는 그 많은 이야기들의 가장 중심적인 의도는 다름 아닌 예수와 그가 한 일을 설명하고 찬양하는 데 있다. 그러므로 언제나 예수가 복음서 모든 작가들의 표현의 배후에서 움직이는 힘으로 나타난다. 그러므로 복음서에서는 무엇보다 먼저 예수의 삶과 그 의미를 파악하고 그를 찬양하는 것이 우선인 것이다. 그것이 문학의 형식으로서의 복음서의 단적인 특징이라 할 수 있다. 문학형식으로서의 복음서에 나타나는 기록은 전체가 예수에 관한 이야기다. 복음서에 나오는 예수의 이야기는 역사적 발전이나 놀라움 보다는 극적인 구조를 갖고 있다는 것이 그 특징이다. 다시 말해서 짧은 내러티브들이나 말씀들이 반복되고 쌓여가면서 복음의 절정을 이룬다는 말이다. 그 짧은 내러티브들이나 말씀 사이의 연결은 매우 느슨

하지만, 그 반복적 효과는 누진적으로 예수의 이야기를 극적으로 몰고 가며 결과의 불가피성을 강조해 주고 있다.

예수 이야기의 전체 구조를 볼 때, 그것은 구출 이야기의 틀, 즉 구약성경에 나타나는 과거지향적인 재연(再演)과 미래지향적인 희망을 표현하는 이야기의 틀 속에서 이루어졌다고 할 수 있다. 이 내러티브에 있어서 초기 예수는 이스라엘과 동일시됨으로써, 그는 이스라엘의 약속과 희망이 되며, 제자들까지도 그는 이스라엘 왕국을 세우고 세세토록 왕노릇 하며 백성을 구해줄 지상적 메시아라고 생각했다. 그러나 그 다음 이야기로 넘어가면서부터 예수는 하나님의 나라와 그것을 구현하는 도구로 쓰이고, 끝에 가서는 그의 별난 운명을 재연하는 것을 사명으로 삼는 모습으로 나타나게 된다. 따라서 예수 이야기의 절정은 그의 수난과 부활 이야기에서 찾을 수 있다.

죽은 자의 부활을 믿는 새로운 묵시문학적 신앙의 의미 가운데서 우리는 예수의 이야기는 끝이 있는 이야기가 아니라, 끝이 없는 이야기라는 것을 확인 할 수 있게 된다. 그러므로 그 이야기는 과거의 사실로서 끝나는 것이 아니라, 오늘 속에 새로운 미래로 존재하며 희망을 던져주고 있다. 이와 같이 복음서의 내러티브는 미래 지향적이라는 점에서 그 독특한 가치를 갖는다. 그러므로 이 이야기들을 말한다고 하는 것은 하나님을 믿는 것과 기능상 동일한 것이라 할 수 있다.

제7장 예수의 문학

1. 시인으로서의 예수

예수는 정식으로 수사학(修辭學)을 배운 일도 없고 또 다윗처럼 직접 시를 쓰신 일도 없다. 그러나 그의 근 140종에 달하는 비유(Parable)와 산상 설교(The Sermon on the Mount, 마 5장-7장)나 설화 같은 것들을 보면 매우 시적이다. 이런 작품들 속에 예수의 풍부한 상상력과 시적인 자질이 잘 나타나 있다. 그래서 오스카 와일드는 "그는 상상력이 풍부하다. 그의 자질의 밑바닥에는 예술가의 자질과 같은 것 즉 강렬하고 불꽃 같은 상상력이 있었다"라 했다. 이런 오스카 와일드의 주장은 틀림없이 옳다고 생각한다. 오스카 와일드가 한 말의 옳음을 입증하기 위해서 복음서에 나오는 아래의 실례를 들어서 설명하겠다.

"목숨을 위하여 무엇을 먹을까 무엇을 마실까 몸을 위하여 무엇을 입을까 염려하지 말라. 목숨이 음식보다 중하지 아니하며 몸이 의복보다 더 중하지 아니하냐. 공중의 새를 보라 심지도 않고 거두지도 않고 창고에 모아들이지 아니하되 너희 하늘아버지께서 기르시나니 너희는 이것들보다 귀하지 아니하냐. 너희 중에 누가 염려함으로 그 키를 한 자라도 더 할 수 있겠느냐. 또 너희가 어찌하여 의복을 위하여 염려하느냐. 들의 백합화가 어떻게 자라는가 생각하여 보라. 수고도 아니 하고 길쌈도 아니 하느니라. 그러나 내가 너희에게 말하노니 솔로몬의 모든 영광으로도 입은 것이 이 꽃 하나만 같지 못하였느니라." (마 6:25-29)

여기 나오는 28절 "들의 백합화가 어떻게 자라는가 생각하여 보라. 수고도 아니 하고 길쌈도 아니 하느니라"에 대해서는 토마스 카라일이 『영웅, 영웅숭배론』에서 다음과 같이 평한 일이 있다. "이 세상에서 들은 최고의 소리로 이렇게 말하였다. '들의 백합화를 보라. 그것들은 수고도 하지 않고 길쌈지도 하지 않는다. 그러나 솔로몬도 이 꽃 한송이만큼 화려하게 차려 입지 못하였다.' 그것은 가장 깊은 미(美)의 심저(深底)를 일견한 것이다. '들의 백합화' —초라한 들판에 피였으나 지상의 군왕보다 더 아름다운 옷으로 차려 입은 그 백합화. 내면적 미의 대해(大海)로부터 그대를 내다 보는 그 아름다운 눈! 이 황량한 대지가 표면적으로 융단 같이 보이고 사실 또 그렇다 할지라도, 그 본질이 내면적으로 아름답지 않다면, 어떻게 이런 아름다운 것을 만들어 낼 수가 있었겠는가?"[68] 여기서 "내면적 아름다움"이란 무엇을 두고 한 말일까? 그것은 아름다운 것을 아름답게 내다보는 맑고 아름다운 시인의 눈과 같은 "마음의 눈"을 가리킨다고 생각한다. 분명히 예수는 풍성한 상상력과 사물을 아름답게 바라보고 감지하는 심미안(審美眼)을 갖고 계셨다고 할 수 있다.

위에서 든 예문에서 보는 바와 같이, 예수의 언어는 은유와 상징으로 흠뻑 젖어 있다. 시적 상상력이라는 자원을 사용하여 인간의 한 경험 분야를 끌어내서 다른 것을 설명하는 것이다. 예수에 따르면, 사람들을 하나님에 대한 믿음으로 부르는 것은 추수할 일꾼을 모으는 것과 같았다(마 9:37-38). 제자들을 사악한 세상으로 보내 사역하게 하는 것은 "양을 이리 가운데로"(마 10:16) 보내는 것과 비슷한 일이었다. 예수는 위선적인 바리새인들을 "회칠한 무덤 같으니 겉으로는 아름답게 보이나 그 안에는 죽은 사람의 뼈와 모든 더러운 것이 가득하며"(마 23:27), "평토장한 무덤 같아서 그 위를 밟는 사람이 알지 못하는"(눅 11:44) 사람들에 비유했다.

다음 구절은 복음에로 초정하는 예수의 말씀인데, 그 토운(tone)에는 인류의 왕자다운 풍격이 반영돼 있다.

"수고하고 무거운 짐 진 자들아 다 내게로 오라 내가 너희를 쉬게 하리라. 나는 마음이 온유하고 겸손하니 나의 멍에를 메고 내게 배우라. 그리하면 너희 마음이 쉼을 얻으리라." (마 11:2829)

여기서 "나의 멍에를 메고 내게 배우라"는 말은 유대인 사회에서는 스승과 제자 사이의 훈육 관계를 가리킬 때 늘 사용했던 관용적 표현이다. 한편 예수는 우리의 스승으로서 참 구원을 주지 못하는 세상 멍에(율법 멍에)를 내어 버리라고 하시는데 이는 곧 예수 자신의 선하고 즐거운 멍에를 대치시켜 주시기 위함이었다. 당시 팔레스타인의 멍에는 혼자 메는 것이 아니라 꼭 짝(pair)이 되어 두 사람이 함께 메었는데, 예수께서 주신 멍에를 멘다고 하는 것은 곧 예수와 함께 메는 것이 되는 것이다. 그러므로 예수의 멍에는 가볍고 "쉼"(만족, 평안, 휴식, 즐거움)을 주게 된다는 것이다. 이처럼 예수는 매우 함축적인 시어(詩語)를 택하여 늘 말씀하셨다. 그것은 일부러 지어서 되는 것이 아니고 인격이 성숙되고 어느 정도는 타고나야만 가능하다고 생각한다.

다시 시적 정서가 풍부한 예로 그리스도가 세례 요한을 평한 산문시를 인용해 보겠다.

"너희가 무엇을 보려고 광야에 나갔더냐. 바람에 흔들리는 갈대냐. 그러면 너희가 무엇을 보려고 나갔더냐. 부드러운 옷 입은 사람이냐. 부드러운 옷 입은 사람들은 왕궁에 있느니라. 그러면 너희가 어찌하여 나갔더냐. 선지자냐를 보기 위함이었더냐. 옳다 내가 너희에게 이르노니 선지자보다 더 나은 자니라." (마 11:7-9)

여기서 예수는 "광야, 바람, 갈대, 부드러운 옷"과 같은 일반 사람들에게 아주 친숙한 이미지를 선택해서 선지자보다 나은 자 곧 세례 요한을 소개하고 있다. 적절한 이미지를 골라내는 일을 하는 것이 상상력이 하는 일 중에서 대표적인 일이라 할 수 있다. 그런 의미에서 예수의 시적 상상력은 매우 풍부하고 맑고 깨끗했음을 알 수 있다.

위에 든 몇 군데 예만 보드라도 예수의 시적 상상력이 풍부한 분이었음을 알 수 있다. 예수는 탁월한 상상력을 가졌을 뿐 아니라, 늘 노래와 자연을 사랑했다. "그들이 찬미하고 감람산으로 나아 가니라" (마 26:30; 막 14:26) 라는 기록을 보아도 예수는 시와 노래를 사랑했던 것이 틀림 없다. 그리고 예수는 산문화된 곧 구태의연하고 따분한 생활에 젖어 있는 군중들의 생활을 벗어나서 시간을 있을 때면 늘 한적한 곳을 찾아가 휴식을 취하시며 자연 속에서 영감을 받았다(마 6:6; 막 6:46; 눅 4:42, 5:16; 요 10:40). 바이런은 " 인간보다는 자연을 더 좋아 한다 "(I like nature better than man)라 하였지만, 예수는 인간을 사랑하기 때문에 자연을 사랑했고, 거기서 예술적 체험을 하셨던 것이다. 이처럼 예수는 자연을 예술로서 즐겼던 시인적 자질이 풍부한 성숙한 인격자였다.

예수의 종교는 누구나 경험할 수 있는 극히 단순하고 간명한 종교였다. 그는 자신이 체험한 종교적 진리를 당시 유행하던 스토아 철학이나 플라톤 또는 아리스토텔레스의 이름을 인용하여 논한 일은 한 번도 없고 오히려 단순한 비유를 들어 말하였다. 마태복음서에 기록된 비유가 64종이고, 마가복음서에는 24종, 누가복음서에는 41종, 그리고 요한복음서에는 8종이 있다. 실로 예수는 비유가 아니면 말씀하시지 않을 정도였다(마 13:13, 34-35). 그러나 비유문학에 대해서는 따로 취급할 것이므로 여기서는 예를 들어 설명하는 일은 피하겠다. 다만 이렇게도 많은 비유를 사용했다는 것은 그가 시적 천재였다는 것만을 지적해 두겠다. 이 점은 바울과 비교해보면 더욱 뚜렷해진다. 바울은 훌륭한 학자요 심오한 철학을 가진 사람이었지만, 바울의 서신 가운데는 단 10여종의 비유만이 나온다. 이로 보아도 예수는 시인적 자질이 풍부한 시적 천재였음을 알 수 있다.

예수의 언어는 구체적이요 회화적(繪畵的)이었다. 원래 시는 추상적인 추론(推論)이 아니라, 구체적인 사실로써 보편성을 암시하는 것이라 할 수 있다. 밀턴이 시를 가리켜 "그렇게 기묘하고 섬세하지는 않지만, 보다 단순하고 감각적인 묘사가 풍부하며 감정에 호소하는 것" 이라 한 것은 천고불멸(千古不滅)의 명언이다. 예수가 비유를 많이 사용한 것도 보다 추상적이고 정신적인 진리를 구체적으로 묘사해서 어리석은 자들에게 그것을 깨우쳐 주려는 데 있었다. 예수는 비유를 많이 사용한 것도 보다 추상적이고 정신적인 진리를 구체적으로 묘사해서 어리석은 자들에게 그것을 깨우쳐 주려는 데 있었다. 예수는 그의 설교나 비유에서 뿐 아니라, 그 밖의 다른 곳에서도 사실을 상상적으로 파악해서 보다 정교하고 구체적인 언어로 표현했다. 예를 들어 그는 "영원자" (The Eternal) 라는 표현대신 "너희 아버지" (Your Father)라는 말을 사용했고, "인류" (Humanity)라는 말 대신 "너희 형제들" (Your brothers)라는 말을 썼다. 또한 "자연의 과정" (The process of nature)이라는 말 대신에 "백합화, 그것이 어떻게 자라는가" (lilies, how they grow)라 하였다. 또 그의 "운명" 을 "쓴잔" 이라고도 했다.

예수는 수학자(數學者)나 법률가(法律家)와는 달리 가능한 한 예술적 효과를 낼 수 있는 표현법을 사용했다. 그 일예로 과장법(誇張法)을 들 수 있다.

"너희 믿음이 작은 까닭이니라. 진실로 너희에게 이르노니 만일 너희에게 믿음이 겨자씨 한 알 만큼만 있어도 이 산을 명하여 여기서 저기로 옮겨지라 하면 옮겨질 것이요 또 너희가 못할 것이 없으리라" (마 17:20).

"네가 점심이나 저녁이나 베풀거든 벗이나 형제나 친척이나 부한 이웃을 청하지 말라 . . . 잔치를 베풀거든 차라리 가난한 자들과 몸 불편한 자들과 저는 자들과 맹인들을 청하라" (눅 14:12-13).

"낙타가 바늘귀로 들어가는 것이 부자가 하나님의 나라에 들어가는 것보다 쉬우니라"(마 19:24).

"만일 네 오른 눈이 너로 실족하게 하거든 빼어 내버리라 . . . 또 만일 네 오른손이 너로 실족하게 하거든 찍어 내버려라"(마 5:29-30).

예수께서는 또한 역설도 자주 사용하였다. 예를 들어 그는 이렇게 주장한다. "내 멍에는 쉽고 내 짐은 가벼움이라"(마 11:30). 역설의 효과는 물론 그것을 듣는 사람이 그 명백한 모순을 어떻게 해석하느냐에 달려 있다. 이 경우에서 예수는 순종을 멍에와 짐으로 상징하여서 그에게 순종하는 사람이 자유와 구원을 얻게 된다는 것을 주장하고 있는 것이다. 자기를 따르는 사람들에게 영생을 얻게 위한 조건으로서 자신을 부인할 필요성을 강조하는 데에서도 그는 역설적 진술을 하였다. "누구든지 제 목숨을 구원하고자 하면 잃을 것이요 누구든지 나를 위하여 제 목숨을 잃으면 찾으리라"(마 16:25). 다른 사람을 섬기는 일의 이상형은 "너희 중에 누구든지 크고자 하는 자는 너희를 섬기는 자가 되고 너희 중에 누구든지 으뜸이 되고자 하는 자는 너희 종이 되어야 하리라"(마 20:26-27)라고 말하는 그리스도의 진술에 담겨있는 반면에, 하나님의 심판 기준은 성공에 대한 세상의 평가와는 반대되는 것이라는 성경적 상식은 "먼저 된 자로서 나중 되고 나중 된 자로서 먼저 될 자가 많으니라"(막 10:31)는 예수의 기념비적 진술에서 만들어졌다. 또 다른 경우에서 예수는 제자들에게 "누구든지 첫째가 되고자 하면 뭇사람의 끝이 되며 뭇사람을 섬기는 자가 되어야 하리라"(막 9:35)고 말하였다. 여러 가지 점에서 전통적인 자에게 도전하는 역설이 그리스도가 전하는 메시지의 근본적인 성격이었음이 분명해지고 있는 것이다.

예수의 문학적 천재성은 그의 뛰어난 시적 비유에서 뿐 아니라 그의 웅변 능력에도 나타난다. 그 좋은 예가 산상수훈으로, 그 안에는 여러 가지 문학 형식이 등장한다. 그것은 어조 면에서 지혜롭고 권위 있는 인물이 제자들 가운데 앉아 교훈을 주는 구약 성경의 지혜문학과 비슷하다. 이 설교의 많은 부분이 종교적 타락에 대한 풍자적 공격이다. 그리스도인에 대한 종합적 묘사를 하고 있다는 점에서 이 설교는 "인물"로 알려진 장르와 닮은 점이 있다. 이 강화는 때때로 이상향을 그리는 문화의 본보기로 간주되기도 하는데, 그러한 평가는 이 설교가 그리스도가 와서 이룩했던 완벽한 영의 나라에서 취할 일반 행동 원리의 대강을 기술하고 있기에 이 작품에 대한 적절한 것이며, 이 설교는 일종의 취임 연설이다.

이 강화를 시작하는 팔복은 이 세상의 문학에서 매우 유명한 구절의 하나이며, 성경에서 가장 정형화되어 있는 구절의 하나다.

> 심령이 가난한 자는 복이 있나니 천국이 그들의 것임이요
> 애통하는 자는 복이 있나니 그들이 위로를 받을 것임이요
> 온유한 자는 복이 있나니 그들이 땅을 기업으로 받을 것임이요
> 의에 주리고 목마른 자는 복이 있나니 그들이 배부를 것임이요
> 긍휼히 여기는 자는 복이 있나니 그들이 긍휼을 여김을 받을 것임이요
> 마음이 청결한 자는 복이 있나니 그들이 하나님을 볼 것임이요
> 화평케 하는 자는 복이 있나니 그들이 하나님의 아들이라 일컬음을 받을 것임이요
> 의를 위하여 박해를 받은 자는 복이 있나니 천국이 그들의 것임이라
> 나를 말미암아 너희를 욕하고 박해하고 거짓으로 너희를 거슬려 모든 악을 말할 때에는 너희에게 복이 있나니
> 기뻐하고 즐거워하라 하늘에서 너희의 상이 큼이라 너희 전에 있던 선지자들도 이같이 박해하였느니라. (마 5:3-12)

팔복의 문학 장르는 복 받을 사람 곧 인물에 대한 묘사다. 핵심주제는 복을 받을 사람의 성격을 중심으로 해서 다양한 미덕들이 구성되어 있다. 대부분의 문학이 행복의 모델로서 유명해지는 것, 출세하는 것, 성공하는 것을 내세운다. 대조적으로 팔복은 그에 대항하여 심령이 가난한 자, 애통하는 자, 온유한 자, 의에 주리고 목마른 자, 긍휼히 여기는 자,

마음이 청결한 자, 화평케 하는 자, 의를 위하여 박해를 받을 자를 내세운다.

또한 예수는 깊은 사상을 사람들에게 보다 깊게 심어 주고 또 강렬한 인상을 남겨 주기 위해서 히브리 시인들이 즐겨 사용했던 평행법(parallelism)을 썼다.

여우도 굴이 있고 공중의 새도 거처가 있으되
인자는 머리 둘 곳조차 없다 하시더라(마 8:20).

너희를 영접하는 자는 나를 영접하는 것이요
나를 영접하는 자는 나를 보내신 이를 영접하는 것이니라(마 10:40).

자기 목숨을 얻는 자는 잃을 것이요
나를 위하여 자기 목숨을 잃는 자는 얻으리라(마 10:39).

이와 같이 나중 된 자로서 먼저 되고
먼저 된 자로서 나중 되리라(마 20:16).

그러므로 내일을 위하여 염려하지 말라.
내일 일은 내일 염려할 것이요(마 6:34).

내가 세상에 화평을 주러 온 줄로 생각지 말라.
화평이 아니요 검을 주러 왔노라(마 10:34).

이처럼 예수는 동의적, 반의적, 종합적 평행법을 가장 적절하게 사용하여 예술적 효과를 나타냈다. 지금까지 간단히 살펴본 바와 같이 예수는 여러 면에서 시인적 자질이 풍부한 인물이었음을 알 수 있다.

2. 비유

비유(Parable)는 예수의 독특한 문학형식이라 할 수 있다. 비유라는 헬라어 "파라볼레"(Parabole)는 "사물을 나란히 놓는다"는 뜻이다. 그러므로 비유의 기본적인 이념은 비교(comparison)에 있다.[69] 따라서 비유는 구약의 "마샬"(mashal)과 같이 잠언, 수수께끼, 속담, 신탁, 조소의 노래 등을 다 포함할 수 있다. 그러나 복음서에 사용된 문학형식으로서의 비유는 그 전통적인 개념을 넘어서 일정한 이야기식의 교훈을 일컫는다.

그렇지만 이 비유는 세속적인 교훈과는 다른 종교적 또는 도덕적 진리를 취급한다는 점에서 우화(Fable)와 다르고, 진리와 실례를 뒤섞지 않고 뚜렷하게 병치해서 비교한다는 점에서는 알레고리와도 다르다.[70] 또한 직유라고 하는 짧은 비유도 포함될 수는 있지만 일단 예수의 비유문학에서는 제외시킨다.

서상한 바와 같이 비유는 다른 문학형식하고는 아주 다른 예수의 독특한 문학 형식이다. 문학이란 곧 체험의 표현이지만, 진리와 체험은 구별되어야 하고 이 양자는 동일시될 수 없다. 물론 문학이 그 사명을 다하려면 사람의 삶에 공명을 불러일으키고, 어디선가 그 진실성이 입증되어야 한다. 비록 그것이 먼 옛날의 이야기일지라도 오늘을 살아가고 있는 사람들의 절실한 삶의 자리를 말해줄 때, 그 문학은 독자를 끌어 잡아당기는 힘을 갖게 되고 시간을 초월해서 오랫동안 존속하게 되는 지속성을 확보하게 되는 것이다. 예수의 비유는 바로 이런 생명력을 갖고 있다. 그것은 시간을 달리하고 장소를 달리해도 그 생명력을 잃지 않고 읽는 사람들에게 공감을 주고 그 실존을 일깨워주는 동시적 체험을 갖게 해 준다. 이런 의미에서 비유문학(譬喩文學)은 위대한 힘(감동)의 문학이라 할 수 있다.

비유는 철학적 논의도 교리적 서술도 아니다. 그렇기 때문에 논리적인 일정한 설명도 없고 체계적인 교리도 제기하지 않는다. 다만 인생의 체험을 바탕으로 해서 사람의 표상성에 호소하고 있다. 따라서 비유가 주는 한 상황의 그림을 풍부한 상상력으로 이해하고 그것을 자기의 책임으로 다시 그려놓지 않으면 안 되는 것이다.

시편의 시인은 "내가 입을 열고 비유를 베풀어서 옛 비밀한 말을 발표하리니"(시 78:2)라 했고, 바로 같은 말씀을 예수도 되풀이 하여 인용한 일이 있다(마 13:35). 이 만큼 비유는 예수의 진리를 전달하기 위한 독특한 문학 형식으로 사용되었다. 비유의 기본 이념은 비교에 있지만. 예수의 비유 문학은 그런 단순한 차원을 넘어서 심오한 종교적 진리나 이념을 내포하고 있다. 그러므로 종교적 진리를 계시해 준다고 하는 점에서 예수의 비유는 지혜 문학의 한 형태로 다룰 수가 있을 것이다.

예수가 사용한 비유는 수없이 많지만 원래의 의미를 구조적으로 재구성해 보면 몇 가지 사상을 여러 가지 다른 비유로 표현하고 있다는 것을 알 수 있다. 비유문학의 형태와 그 가장 기본적인 중요사상만을 몇 개의 범주로 나누어 편안하게 살펴보겠다.

1) 비유문학의 형태

(1) 설화적 비유

설화적 비유는 유도적인 비교의 형식이 없는 일종의 독립된 이야기가 될 수 있는 그런 비유다. 이 비유는 주로 「~이 있었다」또는 「어떤 사람이 ~」라는 서두로 시작해서 하나의 초점을 상세히 설화해 가는 형태다. 그 예로는 마태복음 21:28-32; 마가복음 4:1-8, 12:1-9; 누가복음 7:41-43, 10:30-37, 12:16-21, 13:6-9, 14:16-24, 16:1-8, 19-31, 18:1-8, 10-14, 19:12-27 등을 들 수 있다.

(2) 단순한 비유

여러 가지 유도적 형식을 갖는 짧고 간단한 비유를 말한다. 비사(比事)의 형식(~은 ~과 같다)을 취하고 있는 것으로는 마태복음 7:24-26, 11:16, 13:44, 47, 25:14; 마가복음 14:26; 누가복음 12:58 등을 들 수 있고, 의문문의 형식을 취하고 있는 것으로는 마태복음 24:45; 누가복음 11:5, 14:28-30, 31, 15:4, 8, 17:7 등을 들 수 있다. 그리고 조건의 형식을 취하고 있는 것으로는 마태복음 18:12, 24:43 등이 있고, 명령의 형식을 취하고 있는 것으로는 마태복음 5:25 등이 있다. 이밖에 "~할 때, ~하면"의 형식을 취한 것이 있는데, 그 대표적인 것으로는 마가복음 13:28; 누가복음 12:54, 14:8, 12등을 들 수 있다. 이상 유도적 형식을 갖는 비유를 말했거니와, 이것들은 비교적 요소를 갖추고 있긴 해도 본격적 의미의 비유문학이라 할 수는 없다.

(3) 비유적 교훈

이 비유적인 말은 비교적 요소가 없다는 점에서 단순한 비유라고 할 수도 없고, 간결하고 짧다는 점에서 설화적 비유라고도 할 수도 없다. 이것은 보편적 인간경험의 사실을 진술하는 간단한 교훈의 말이라 할 수 있다. 마태복음 5:14, 15, 6:22-23, 24, 27, 7:6, 9-10, 17-19, 10:24-25, 26-27, 12:25, 29, 15:14, 26-27, 24:28; 마가복음 2:17, 21-22; 누가복음 4:23 등은 다 이 형태에 속하는 비유적 교훈들이다.

(4) 직유와 은유

이 두 형태는 가장 간결한 비유로서, 직유(simile)는 "A는 B와 같다"는 형식을 취하고, 은유(metaphor)는 "A는 B다"라는 형식을 취한다. "너희를 보내는 것은 양을 이리 가운데 보내는 것과 같다"는 것은 직유고, "아들이 떡을 달라면 돌을 주고 생선을 달라면 뱀을 줄 사람이 있겠는가"는 기발한 은유다. 이런 형태의 비유로는 마태복음 12:43-45, 13:51, 15:13, 21:13, 23:24, 27; 누가복음 6:38, 13:32, 22:31 등이 있다.

이런 여러 가지 형태의 비유를 다 다룰 수는 없고, 주로 설화적 비유를 중심으로 그 비유 속에 담긴 종교적 사상을 탐구해 보고자 한다.

2) 비유의 사상

예수가 사용한 비유는 상당히 많지만 원래의 의미를 구조적으로 되찾아 보면 다만 몇 가지 중요사상을 다른 구상적 표현으로 취급했다는 것을 알 수 있다.

(1) 하늘나라

보통 하늘나라 하면 종말론적인 견해로 받아들여 미래에 성취될 것으로 이해하게 된다. 그러나 예수의 비유에 표현된 하늘나라는 이런 미래적인 것이 현재의 사실로 나타나 있다. "그러나 내가 하나님의 성령을 힘입어 귀신을 쫓아내는 것이면 하나님의 나라가 너희에게 임하였느니라"(마 12:28; 눅 11:20)라고 하신 예수 자신의 말씀이 그 사실을 분명히 하고 있다. 이 말씀을 새겨볼 때 전에는 일어나지 않았던 일이 지금 일어나고 있다는 것이고, 그것은 곧 하나님의 주권이 이 지상에서 발효되고 있다는 뜻이 되는 것이다. 그러니까 하나님의 나라는 하나님을 왕으로 모시게 되는 나라라기보다는 현재 행사되고 있는 하나님의 주권과 직면하게 되는 나라라는 것이다

예수께서는 갈릴리 해변에서 복음을 전하시는 중에 이런 말씀을 하셨다. "때가 찼고 하나님의 나라가 가까이 왔으니 회개하고 복음을 믿으라

하시니라"(막 1:15). 하늘나라가 임하는 것은 인간의 태도 여하에 달려 있는 것이 아니라 하나의 역사적인 사건으로 사람들이 회개하던 안 하던 간에 그것은 현재 속에 다가 왔다는 것이다. 누가복음 10장 9절-11절에서도 예수는 제자들에게 사람들의 병을 고쳐 주며 하나님의 나라가 다가왔다고 선포하라고 하였다. 곧 하늘나라는 예수 그 자신과 더불어 왔다는 것이다.

옥에 갇힌 세례 요한이 "오실 이가 당신입니까?"라고 물었을 때 예수는 다음과 같은 비유적인 대답을 하셨다. "너희가 가서 보고 들은 것을 요한에게 알리되 맹인이 보며 못 걷는 사람이 걸으며 나병환자가 깨끗함을 받으며 귀먹은 사람이 들으며 죽은 자가 살아나며 가난한 자에게 복음이 전파된다 하라"(눅 7:22). 이것은 예수의 이적 행위를 보도한 것이지만, 단순히 이적 행위만 열거하려는 데 뜻이 있는 것은 아니었다. 이것을 이사야 35장 5절-10절과 29장 18절 등과 연결시켜 볼 때, 예수의 비유는 단순히 자기가 행한 이적 행위를 듣고 본 대로 말하라는 것이 아니라 하늘나라가 바로 지금 이르렀다는 것을 알리라는 것이다. 그런데 누가복음 4장 21절에 보면 그런 구약의 예언이 이루어졌다고 했다. 불행한 자들이 기쁜 소식을 듣고, 감옥 문이 열리고, 억압받던 자들이 소생의 숨을 내쉬게 되고, 눈먼 자들이 빛을 보게 되었으니 구원의 때는 왔다는 것이다. 왜냐하면 하늘나라가 임하면 이런 이적 행위가 있으리라는 오랜 예언의 말씀이 있었기 때문이다.

그래서 예수는 "너희가 보는 것을 보는 눈은 복이 있도다. 내가 너희에게 말하노니 많은 선지자와 임금이 너희가 보는 바를 보고자 하였으되 보지 못하였으며 너희 가 듣는 바를 듣고자 하였으되 듣지 못하였느니라"(눅 10:23-24)라고 하였다. 과거에 일어나지 않았던 일이 현재의 체험으로 나타날 때 그것은 하늘나라가 도래했다는 증거가 된다는 것이다. 누가복음 11장 31절-32절에 이런 말씀이 있다.

"심판 때에 남방 여왕이 일어나 이 세대 사람을 정죄하리니 이는 그가 솔로몬의 지혜로운 말을 들으려고 땅 끝에서 왔음이거니와 솔로몬보다 더 큰 이가 여기 있으며 심판 때에 니느웨 사람들이 일어나 이 세대 사람을 정죄하리니 이는 그들이 요나의 전도를 듣고 회개 하였음이거니와 요나보다 더 큰 이가 여기 있느니라"(눅 11:31-32).

이 예언자 요나나 지혜로운 왕 솔로몬보다 더 위대한 것은 누구인가? 정녕 그것은 예수요, 예언자들과 왕들이 보기를 원했던 하나님의 나라일 것이다. 그 하늘나라가 지금 여기에 와 있다는 것이다. 때로 예수는 하늘나라의 도래를 결혼식과 비유한 일이 있다. 어째서 그의 제자들은 금식을 하지 않느냐는 질문에 대한 예수의 답변을 살펴보는 것이 좋겠다. "혼인집 손님들이 신랑과 함께 있을 때에 금식할 수 있느냐 신랑과 함께 있을 동안에는 금식할 수 없나니"(막 2:19).

요한계시록에서도 "어린양의 혼인 기약이 이르렀고 그 아내가 자신을 준비하였으므로"(계 19:7)라 하여 하나님의 나라가 다가 왔음을 결혼식에 비유한 일이 있다. 하늘나라를 표상하는 기쁜 결혼식이 시작되었으니 금식과 비탄은 어울리지 않는다는 것이다. 또한 마태복음 9장 16절-17절도 동일한 문맥에서 보아야 할 것이다.

"삼베 조각을 낡은 옷에 붙이는 자가 없나니 이는 기운 것이 그 옷을 당기어 헤어짐이 더하게 됨이요 새 포도주를 낡은 가죽 부대에 넣지 아니하나니 그렇게 하면 부대가 터져 포도주도 쏟아지고 부대도 버리게 됨이라. 새 포도주는 새 부대에 넣어야 둘이 다 보전되느니라"(마 9:16-17).

히브리서 10장 10절-12절 및 시편 102편 26절-28절과 연결해서 볼 때, 장막과 옷은 흔히 우주의 표상으로 사용된다는 것을 알 수 있다. 이런 문맥에서 위에 인용한 구절을 본다면, 이제 옛 시대는 지나가고 새 시대(하늘나라)가 도래했다는 뜻으로 풀이 할 수 있다. 옷을 우주(宇宙)에 비유하는 종교사적 자료도 있지만, 이것은 히브리서 1장 10-12절과 연관시켜 볼 필요가 있다. 여기서는 시편 102편 26-28절과 연결시켜서, 그리스도가 그의 재림 때 어떻게 낡은 옷과 같은 우주를 접어 버리고 새 우주를 펼치는가를 보여주고 있다. 장막과 옷은 흔히 우주의 표상으로 사용된다. 이런 문맥으로 위에 인용한 구절을 본다면, 이제 옛 시대는 지나가고 새 시대가 도래 했다는 것이다. 그러므로 낡은 때는 새 천 조각으로 기워도 아무 소용이 없는 낡은 옷과도 같다는 것이다. 또한 포도주도 하늘나라의 표상으로 쓰이는 때가 있다. "내가 포도나무에서 난 것을 하나님 나라에서 새것으로 마시는 날까지 다시 마시지 아니하리라"(막 14:25).

결혼식, 술과 마찬가지로 추수도 구원의 때 곧 큰 기쁨의 때를 표상하고 있다. 시편 126편 5-6절에서는 "눈물을 흘리며 씨를 뿌리는 자는 기쁨으로 거두리로다. 울며 씨를 뿌리러 나가는 자는 반드시 기쁨으로 그 곡식 단을 가지고 돌아오리로다"라 하였다. 그리고 바울은 마지막 심판을 추수와 비교했다(갈 6:7-8). 예수가 그의 제자들을 보내는 것은 씨를 뿌리기 위해서가 아니라 추수하기 위해서였다. 요한은 "눈을 들어 밭을 보라 희어져 추수하게 되었다"(요 4:35)고 하였다. 그러나 추수할 것은 많으나 추수할 일꾼이 없다는 것이다(마 24:32-33; 막 13:28-29; 눅 21:29-31). 이사야처럼 "내가 여기 있나이다. 나를 보내소서"(사 6:8)하는 사람이 없다는 탄식이다. 결국 추수도 구원의 때를 가리킨다. 이 밖의 여러 비유들도 이런 문맥에서 보아야 한다.

마가복음 4장 26-29절의 비유는 씨를 뿌리고 참고 기다리는 비유다. 농부는 씨를 뿌린 후에 밤낮 자고 깨는 똑같은 순환 속에서 그의 생활을 계속해 나간다. 그는 이를 설명할 수도 없고 무엇을 할 수도 없다. 그러나 씨앗은 싹이 나고, 그 싹은 이삭이 되어 충실한 곡식을 맺는다. 할 수 있는 일을 충실히 하고 때가 이를 때까지 끈기 있게 기다리면 풍성한 추수를 할 수가 있다. 하늘나라는 이와 같다. 추수 때가 반드시 오듯이 하나님의 나라는 반드시 오는 것이므로 우리 인간들은 농부와 같이 끈기 있게 참고 기다려야한다는 것이다. 인내는 쓰지만 그 열매는 달다는 말이 있듯이 참고 기다리면 풍성한 생명을 누릴 수 있다고 한다.

하늘나라를 찾는 사람에겐 고난과 환난과 박해가 따르기 마련이다. 그러나 그런 곤궁 중에서도 참고 그에게 부르짖으면 반드시 그 소리를 듣고 응답해 주신다는 것이다(눅 18:2-8).

"구하라 그리하면 너희에게 주실 것이요, 찾으라 그리하면 찾아낼 것이요, 문을 두드리라 그리하면 열릴 것이니.

이런 짧은 격언을 설화적 비유로 구상화한 것이 누가복음11장 5-8절이다. 이 비유는 걸인(乞人)의 체험에서 비롯되었다. 구걸할 때는 물러서지 말고, 욕설을 퍼부어도 끔쩍하지 않고 끈질기게 구걸해야 한다. 설사 처음에는 단호하게 거절당한다 할지라도 끈질기게 달라붙으면 무정한 사람들의 손을 펴게 할 수 있다는 것이다. 그와 같이 하늘나라도 끈기있는 기도와 간구로 마침내는 소유할 수 있다고 한다.

(2) 패역한 세대

> 우리가 너희를 향하여 피리를 불어도
> 너희가 춤추지 않고ㄴ
> 우리가 곡하여도
> 너희가 울지 아니하였다함과 같도다.(눅 7:32)

사내아이들은 우리가 잔치놀이를 하려고 했지만 너희는 흥겹게 춤을 추지 않았다고 친구들을 비난한다. 그리고 여자 아이들은 우리가 장례식 놀이를 하려고 했지만 너희는 함께 놀지 않았다고 친구들에게 소리친다. 다시 말하면 남자 아이들과 여자 아이들은 자기들과 함께 섞여서 놀이를 하려고 하지 않는 다른 아이들을 비난하고 있다.

예수는 이 비유를 통해 자기들의 놀이에 어울리지 않는다고 비난만 퍼붓는 패역한 세대에게 경고하고 있다. 이 세대는 "먹고 마시는"(마

11:19) 세대라는 것이다. 하나님의 나라가 가까웠다는 것을 예고하기 위해 세례 요한이 먼저 왔건만, 놀음을 좋아하는 이 세대는 금식 절제만하며 자기들과 어울리지 않는다고 해서 세례 요한을 미쳤다고 했다. 예수가 세리와 같은 죄인에게 기쁜 소식을 전해주고 있을 때 패역한 세대는 그 기쁜 소식을 전하는 것이 못마땅해서 배척했다. 회개는 하나님의 최후 경고인데 이 세대는 괜히 트집만 잡고 놀이에 끼어들지 않는다고 비난만 퍼붓는다. 하루 일기는 볼 줄 알면서도 시대의 징조는 분별하지 못하는(눅 12:54-56) 세대가 된 것이다.

> 주검 있는 곳에는 독수리가 모이느니라. (눅 17:37)

독수리들은 아무것도 없는 허공중에서 떠도는 것이 아니라는 말이다. 지금 이 세대는 소돔과 고모라와 같은 온갖 음란과 부조리의 썩은 냄새가 하늘까지 뻗쳐있는 세대라는 것이다. 하늘에는 생명을 노리는 독수리가 날고 있지만 이 세대는 패역하여 그것도 깨닫지 못한다.

예수께서 패역한 세대의 군중들을 향해 하는 말을 다시 들어 보자.

> 네 몸의 등불은 눈이라
> 네 눈이 성하면 온 몸이 밝을 것이요,
> 만일 나쁘면 네 몸도 어두우리라. (눅 11:34)

즉, 네 속에 있는 빛이 어두워지면, 그 어두움이 얼마나 심하겠느냐는 것이다. 이것은 우매하고 완악하고 패역한 세대를 향해 파멸의 경고를 하신 것이라 할 수 있다.

이 세대는 피리를 불고 춤을 추며 축제인양 연락을 즐기고 있지만 소돔과 고모라의 운명에 놓여 있고(눅17:28-29), 노아의 홍수가 밀려오는 대파국의 직전에 있다는 것이다. 도끼가 나무뿌리에 놓여 있으므로 열매 맺지 못하는 나무는 찍어 불 속에 던져 버릴 것이라고 한다. 이런 경고에도 불구하고 이 세대는 집에 도둑이 들었는데도 깊은 잠만 자고 있는 집 주인과도 같고(마 24:43-44; 눅 12:39-40), 좁은 길에서 돌에 채여 넘어지며 길을 잃고 방황하는 무리와 같다고 한다(요 12:35). 이 세대는 실로 맹인이 맹인을 인도하는 (마 15:12) 길 잃은 세대요, 연락하고 즐기는 패역한 세대요, 자기 눈의 티는 보지 못하고 남의 눈의 들보만 보는 (마 7:3-5) 완악한 세대다.

(3) 눈물의 미학

"내가 진실로 너희에게 이르노니, 세리들과 창녀들이 너희보다 먼저 하나님의 나라에 들어가리라"(마 21:31). 세리와 창녀들은 하나님의 계명을 어긴 죄인들이다. 그러나 그들이 자기들의 죄를 깊이 뉘우치고 회개하면 의롭고 경건한 체 하는 바리새인들보다는 먼저 하나님의 나라에 들어갈 수도 있다는 것이다. 예수는 바리새파의 율법학자들에게 이렇게 말한 일이 있다.

"건강한 자에게는 의사가 쓸 데 없고 병든 자에게라야 쓸데 있느니라. 나는 의인을 부르러 온 것이 아니요 죄인을 부르러 왔노라 하시니라"(막 2:17). 여기서 성한 사람은 스스로 의롭다 생각하며 다른 사람을 멸시하는 사람이고, 병든 사람은 죄인이며 의사는 예수를 가리키고 있다. 예수는 비록 천대와 멸시를 받는 세리나 창녀들이라 할지라도 회개하고 그의 앞으로 나오면 의사가 병든 사람을 고쳐주듯이 그들을 구원해 주시는 것이다. 고침을 받고자 하면 무엇보다 먼저 자기의 병을 깨닫고 꼭 의사를 찾아가지 않으면 안 되는 것이다.

한번은 바리새인이 예수를 초대하여 만찬을 베풀었다(눅 7:36-50). 이것은 예수에 대한 존경심을 표시한 것으로 가히 칭찬 받을만한 일이라 아니 할 수 없다. 그때 동네 한 여인이 바리새인의 집을 찾아왔다. 그 여인은 죄인이었다. 그 여인을 죄인이라 한 것은 창녀이거나 불명예스러운 직업을 가진 남자의 아내임을 뜻한다. 이런 여인이 예수의 발 곁에 서서 울며 그 눈물로 그의 발을 적셨다. 그 눈물이 무엇을 의미하는지는 분명치 않다. 다만 무한히 감사하는 마음의 표시였다는 것만은 알 수가 있다.

왜냐하면 무릎이나 발에 입 맞추는 것은 생명의 은인에게만 표시하는 아주 겸허한 감사의 표시이기 때문이다. 이 여인이 얼마나 감사한 마음으로 가득 차 있었는가는 남자들 앞에서 머리를 풀고 그 눈물을 그것으로 닦아준 것으로 보아 알 수 있다. 그 감사는 용서를 받은 것을 진실로 고마워서 표현한 것이었다. 이처럼 예수는 참회의 눈물을 흘리며 회개하는 자를 용서하시고 그에게 구원의 위로를 주시는 것이다.

예수는 백 마리의 양 가운데서 잃어버렸던 한 마리의 양을 찾으면 그 양으로 해서 기뻐하신다(마 18:12-14). 또한 잃었던 탕자가 돌아왔을 때 아버지는 기뻐하시며 잔치를 베풀어 주었다(눅 15:11-32). 이 탕자의 이야기는 어느 비유보다도 감동을 주는 이야기다. 그 이야기를 대충 소개하면 다음과 같다.

어떤 한 아버지에게 두 아들이 있었다. 그런데 둘째 아들이 자기의 유산을 요구하여 분배해 갖고서는 먼 나라로 가서 허랑방탕한 생활로 그의 재물을 탕진해 버렸다. 그가 가진 모든 것을 다 써버렸을 때 그 나라에는 흉년이 들었고 따라서 그는 극심한 빈곤에 처하게 된다. 하는 수 없이 그는 남의 더부살이 노릇을 하게 되었고, 그 주인은 그를 들로 보내어 돼지를 치게 하였다. 그래서 그는 들로 나가 돼지를 치며 돼지가 먹는 쥐엄나무 열매로 주린 배를 채우려 했다. 그러나 그것마저 주는 사람이 없었다. 돼지는 부정한 동물(레 11:7)인데, 그런 돼지의 먹이를 먹으며 배를 채우려 했다는 것은 그가 인간 이하의 차원으로 떨어진 것을 뜻한다. 그제야 제 정신이 든(도덕적 자각) 그는 자기 집에라도 돌아가서 종으로 일할 수 있게 해달라고 애원해 보기로 결심하게 된다. 마침내 그는 일어나서 아버지께로 돌아갔다. 집에 돌아와 보니 아버지는 의외로 따뜻하고 기쁘게 맞아들이고는 종들에게 명하여 옷과 반지와 구두를 가져오게 하고 "살진 송아지"(눅 15:23)를 잡아 잔치를 차리게 했다.

여기서 옷은 아들을 가족의 일원으로 받아들이는 일종의 의례를 상징하고 있고 반지는 그를 종으로서가 아니라 아들의 신분으로서 받아들여 그에게 가족 일원의 권리를 주는 것을 뜻하며, 구두 역시 아들로서의 신분을 상징하고 있다. 왜냐하면 노예는 신분상 맨발로 다녔기 때문이다. 또한 "살진 송아지"는 특수한 손님을 영접하는 때에만 썼던 것으로 미루어, 이 이야기에 있어서 아버지는 죽었던 아들이 되살아 온 것으로 여기고 영접한다는 것을 알 수 있다. 한참 큰 잔치를 베풀고 모두가 즐기고 있을 때, 큰 아들이 밭에서 일을 마치고 돌아왔다. 그 광경을 본 형은 크게 노하여 집에 들어오지도 않고 아버지를 향하여 다음과 같이 불평을 털어 놓았다.

"내가 여러 해 아버지를 섬겨 명을 어김이 없거늘 내게는 염소 새끼라도 주어 나와 내 벗으로 즐기게 하신 일이 없더니 아버지의 살림을 창녀들과 함께 삼켜 버린 이 아들이 돌아오매 이를 위하여 살진 송아지를 잡으셨나이다"(눅 15:29-30). 아버지는 불평을 늘어놓는 큰 아들을 부드럽게 나무라면서 이렇게 말했다. "너는 항상 나와 함께 있으니 내 것이 다 네 것이로되 이 네 동생은 죽었다가 살았으며 내가 잃었다가 얻었기로 우리가 즐거워하고 기뻐하는 것이 마땅하다 하니라"(눅 15: 31-32).

이 비유는 죄인의 정신적인 개심 또는 회개를 묘사하고 있다. 여기서 죄인은 두 말할 것도 없이 둘째 아들이라 할 수 있다. 둘째 아들의 죄는 아버지를 떠나 독립적인 생활을 하려고 한 것이었다. 그렇지만 잘못을 뉘우치고 돌아올 때에는 한 마디 꾸지람도 없이 아버지 곧 하나님은 그를 반가이 맞아 그 죄를 용서해 주시고 위로와 희망을 주시는 것이다. 그러나 회개나 용서의 본질을 이해하지 못하며 통속적인 행동규범 속에 사로잡혀 자기의 의를 주장하는 형으로서는 도저히 납득할 수가 없었다. 그래서 형은 동생을 영접하는 광경을 보고 불평을 털어 놓았던 것이다.

이런 유형의 성서적 인물은 서기관과 바리새인 같은 사람들이라 할 수 있다. 이 비유는 회개와 용서에 초점을 맞추고 있지만 한편으로는 진리의 세계에 깊이 들어가지 못한 형식주의자나 독선주의자를 풍자하기도 하는 것이다. 이 비유의 주제는 하나님은 의인뿐 아니라 죄인을 사랑하시며, 회개하는 죄인은 용서는 물론 그에 따르는 위로와 기쁨을 누리게 된다는 것이다. 또한 하나님과 인간의 관계에 있어서 인간의 책임이 크다는 것을 강조하고 있다. 그 책임이란 죄의 고백과 회개를 통하여 하나님의 사죄를 구하는 것을 말한다. 그러나 이 비유에 있어서 형은 탕자의 기쁨을 같이 누리려는 마음이 없었고 용서의 참된 뜻을 이해하지 못하는 인물로 나타난다.

예수는 자기만 의롭다고 믿고 다른 사람을 멸시하는 형과 같은 인물을 바리새인과 세리의 비유로 풍자했다(눅 18:9-14). 바리새인은 성전에 들어가 기도할 때에 토색도, 불의도, 간음도 행하지 않았으며, 일주일에 두 번씩 금식하고 소득의 십일조를 드렸노라고 으시대며 자기의 의를 내세우지만, 세리는 성전 안으로 깊숙이 들어오지도 못한 채 멀리 서서 얼굴을 떨구고 가슴을 치며 "나는 죄인입니다"라고 기도 올렸다. 이 두 사람 중에 누가 더 옳고 높임을 받을 수 있겠는가? 하는 것이 이 비유의 주제라 할 수 있다. 그것은 더 말할 것도 없이 "나는 죄인입니다"라고 고백하며 회개하는 죄인이 더 축복받을 수 있다는 것이다. 스스로 높다고 하는 자는 낮아지는 역설적 진리를 말씀하고 있다. 죄는 무섭지만 진심으로 회개하는 눈물은 참으로 아름다운 것이다.

(4) 사랑과 용서

예수의 비유 중에서 가장 아름다운 것은 "착한 사마리아 사람의 이야기"이다. 하나님을 사랑하고 자기의 이웃을 사랑하는 것이 율법 중에서 가장 중요한 두 계명이라고 율법교사에게 말하자, 그 율법교사는 "누가 내 이웃이 됩니까?" 라고 물었다. 이에 예수는 다음과 같은 비유로써 대답했다.

"어떤 사람이 예루살렘에서 여리고로 내려가다가 강도를 만나매 강도들이 그 옷을 벗기고 때려 거의 죽은 것을 버리고 갔더라. 마침 한 제사장이 그 길로 내려가다가 그를 보고 피하여 지나가고 또 이와 같이 한 레위인도 그곳에 이르러 그를 보고 피하여 지나가되 어떤 사마리아 사람은 여행하는 중 거기 이르러 그를 보고 불쌍히 여겨 가까이 가서 기름과 포도주를 그 상처에 붓고 싸매고 자기 짐승에 태워 주막으로 데리고 가서 돌보아 주니라. 그 이튿날 그가 주막 주인에게 데나리온 둘을 내어 주며 이르되 이 사람을 돌보아 주라. 비용이 더 들면 내가 돌아올 때에 갚으리라 하였으니 네 생각에는 이 세 사람 중에 누가 강도 만난 자의 이웃이 되겠느냐" (눅 10:30-37).

중세의 교부(敎父) 아우구스티누스(Augustinus)는 이 비유를 알레고리로 보고 해석하였다. 그의 해석에 따르면 "예루살렘" 은 아담(Adam)이 타락해서 쫓겨난 평화로운 천성(天城)이고 "여리고" 는 달을 의미하는 말이므로 우리들의 세상 또는 사멸(死滅)을 지칭하고 있다고 할 수 있다. 왜냐하면 달은 생겨나 커졌다가는 이지러져 사라지는 속성을 가지고 있기 때문이다. "강도들" 은 악마와 그 일당들이고, "옷을 벗기고" 는 불멸을 빼앗아간 것을 말하며, "두들겼다" 는 것은 인간을 설복하여 죄를 짓게 하는 것을 뜻한다. "거의 죽은" 이라는 말은 인간이 하나님을 인식하는 한에 있어서는 살고, 죄에 억눌려 약화되는 한에 있어서는 죽게 된다는 것을 암시하고 있다. 산 것도 죽은 것도 아닌 상태가 거의 죽은 상태이다. "강도 만난 자를 보고 피해가 버린 제사장과 레위인" 은 구원에 아무런 도움을 주지 못하는 종교 지도자들을 의미하고, "어떤 사마리아 사람" 은 보호자 또는 예수 자신을 뜻한다. "상처를 싸매 준" 것은 죄를 구속하는 것이고, "기름" 은 위로와 희망을, "포도주" 는 뜨거운 정기를 갖고 일하라고 하는 권고이다. 그리고 "나귀" 는 예수가 입고 우리에게 오도록 되어 있는 육체를 말하고, "나귀에 태웠다"는 것은 그리스도의 성육신(incarnation)에 대한 믿음을 뜻한다고 할 수 있다. "주막"은 천성으로 돌아가고 있는 나그네들이 쉬어 가는 교회요, "그 이튿날"은 그리스도의 부활 이후를 말한다고 한다. "돈 두 데나리온"은 사랑에 대한 두 가지 가르침이거나 아니면 이 생명과 올 생명에 대한 약속을 말하고, "여관 주인"은 사도(使徒)를 뜻한다. 그러므로 "비용이 더 들면"하는 것은 그리스도의 독자적 역사를 말한다고 할 수 있다. 예수는 약한 형제에게 부담을 주지 않는다는 뜻한다.

예수는 이 비유를 통하여 종교 지도자들(제사장과 레위인)과 당시 천대받던 사마리아 사람을 대조시키면서, 억눌림을 당하며 어려움에 부닥쳐 반쯤 죽어있는 이웃(인간)을 돕고 위험을 무릅쓰고서라도 그들에게 안보와 위로를 주라고 가르친 것이다. 기독교의 생명은 교리와 독단에 있는 것이 아니라, 이웃과 바른 인간 관계를 맺고 돕는 사랑하는 행위에 있다는 것이다. 그러므로 이 비유는 기독교 윤리의 시금석이 되며 모든 행동의 지표가 되는 사랑의 실천을 설화적 틀과 기교로써 제시한 것이라 할 수 있다.

마가복음 12장 30절-31절에 마음과 목숨과 뜻과 힘을 다하여 하나님을 사랑하고 네 이웃을 네 몸과 같이 사랑하라는 말씀이 있는 바와 같이, "선한 사마리아 사람의 비유"에서도 그런 사랑의 표본을 보여주고 있다. "사랑"은 모든 죄를 덮는다(벧전 4:8)는 말씀 그대로 사랑에는 봉사의 행위도 따라야지만 용서의 행위도 선행되어야 한다는 것이다. 그러므로 예수는 여러 비유를 통하여 형제의 허물과 죄를 용서해 줄 것을 가르치고 있다.

한번은 예수께서 예루살렘 성전에 올라가 무리들에게 가르치고 있을 때, 서기관들과 바리새인들이 그를 시험하려고 간음하다가 현장에서 잡힌 여자를 끌고 왔다. 그들은 그 여자를 무리들 한가운데 세우고 예수에게 이렇게 물었다. "선생이여, 이 여자가 간음하다가 현장에서 잡혔나이다. 모세는 율법에서 이러한 여자를 돌로 치라고 명하였거니와 선생은 어떻게 말하겠나이까"(요 8:4-5).

이 물음은 예수의 대답을 물고 늘어져 그를 고소할 조건을 찾아내려 함이었다. 예수께서 돌로 치라 하면 사랑이 없다고 책잡을 수 있고, 돌로 치지 말라하면 모세의 율법을 어기는 것이라고 책잡을 수 있기 때문이다. 이런 난처한 질문을 받은 예수께서는 곧 몸을 굽혀 땅에다가 손가락으로 글을 쓰시더니 그들이 다그쳐 묻자 다시 일어나 이렇게 말씀하셨다. "너희 중에 죄 없는 자가 먼저 돌로 치라"(요 8:7).

이 말을 듣고 온 무리들은 양심의 가책을 느껴 돌을 버리고 돌아가 버렸다. 이것을 본 예수는 죄지은 여인을 일으켜 세우시고 "나도 너를 정죄하지 아니하노니 가서 다시는 죄를 범치 말라고 하셨다. 이것은 비유는 아니지만 서로 사람을 따스한 사랑으로 용서하라는 귀한 진리를 담고 있다. 예수는 그런 사랑을 십자가 위에서 몸소 실천해 보이셨다(눅 23:34).

다음과 같은 단순한 비유도 남을 용서하고 먼저 자기의 허물을 알리는 교훈을 담고 있다. "어찌하여 형제의 눈 속에 있는 티는 보고 네 눈 속에 있는 들보는 깨닫지 못하느냐. 보라 네 눈 속에 들보가 있는데 어찌하여 형제에게 말하기를 나로 '네 눈 속에 있는 티를 빼게 하라' 하겠느냐"(마 7:3).

티는 작은 것이요, 들보는 큰 것이다. 그런데 사람들은 자기에게는 들보만한 허물이 있으면서도 남의 작은 허물만 찾아내 비판하고 헐뜯고 있다는 것이다. 이 배후에도 서로 사랑하고 허물을 덮어주라는 박애 정신이 들어 있다.

⑸ 성 장

예수의 비유 가운데는 일련의 성장의 이념을 공통적으로 갖고 있는 것들이 있다. 그 첫 번째 예로 겨자씨의 비유를 들 수 있다. "천국은 마치 사람이 자기 밭에 갖다 심은 겨자씨 한 알 같으니 이는 모든 씨보다 작은 것이로되 자란 후에는 풀보다 커서 나무가 되매 공중의 새들이 와서 그 가지에 깃들이느니라"(마 13:31-32).

겨자씨는 바늘귀만한 크기의 것으로 사람의 눈으로 볼 수 있는 것 중에서는 가장 작은 씨라고 한다(막 4:31). 그러나 이것은 자라나면 모든 재배식물 중에서 가장 큰 것이 되고 큰 가지를 냄으로써 공중의 새들이 그 그늘에서 깃들일 수가 있다. 이 비유의 요점은 작은 시작과 큰 결과를 대조시키려는 데 있는 것이 아니라 작은 씨앗이 새들이 깃들일 수 있을 정도로 자라난다는 데 있다. 다니엘 4장12절과 에스겔 17장 23절 또는 31장 6절에 비추어 볼 때, "새들이 깃들이는 나무"는 그 백성들을 정치적으로 보호해주는 거대한 나라의 상징이 된다는 것을 알 수 있다. 이처럼 하늘나라도 성장의 과정을 거쳐 크고 강대한 나라가 된다는 것이다.

다음으로는 누룩의 비유를 들 수 있다. "천국은 마치 여자가 가루 서 말 속에 갖다 넣어 전부 부풀게 한 누룩과 같으니라"(마 13:33). 누룩도 역시 겨자씨와 마찬가지로 아주 미미한 것으로써 많은 밀가루에 비하면 정말 보잘 것이 없는 적은 것이다. 그러나 밀가루에 섞어서 반죽을 개가지고 하룻밤 동안 그대로 두면 그 반죽은 모두 발효되고 만다. 발효됨에 따라 밀가루 전체를 부풀게 하고 기포되게 만든다. 하늘나라도 이와 같다는 것이다. 그러나 그것은 외부적인 어떤 강압에 의해 이루어지는 것이 아니라, 그 내면에서부터 발효의 힘이 작용해서 이루어진다는 것이다. 하나님 나라의 힘(세력)은 이처럼 그 안에서부터 솟구쳐 주변으로 널리 침투되게 되는 것이다. 누가복음 17장 20절-21절에 나오는 비유도 이런 문맥에서 해석 될 수 있겠다. "하나님의 나라는 볼 수 있게 임하는 것이 아니요 또 여기 있다 저기 있다고도 못하리니 하나님의 나라는 너희 안에 있느니라"(눅 17:20-21). 하늘 나라는 이처럼 은밀히 성장의 과정을 거쳐 온 세상에 퍼져나간다는 것이다.

또 다른 성장의 비유로 마가복음 4장 26절-29절을 들 수 있다. "하나님의 나라는 사람이 씨를 땅에 뿌림과 같으니 그가 밤낮 자고 깨고 하는 중에 씨가 나서 자라되 어떻게 그리 되는지를 알지 못하느니라. 땅이 스스로 열매를 맺되 처음에는 싹이요 다음에는 이삭이요 그 다음에는 이삭에 충실한 곡식이라. 열매가 익으면 곧 낫을 대나니 이는 추수 때가 이르렀음이니라"(막 4:26:-29).

농부는 씨를 뿌린 후에 밤낮 자고 깨는 똑같은 순환 속에서 그의 생활을 계속해 나가지만, 씨앗이 어떻게 자라는지 설명할 수가 없다. 그래도 씨앗은 싹이 나고, 그 싹은 이삭이 되어 알찬 곡식을 맺게 된다. 이처럼 하늘나라는 우리 인간의 의지나 행위에 관계없이 은밀하고 독자적인 과정을 거쳐 성장하고 그 결실을 거두게 된다는 것이다.

다음 비유도 성장에 관련되는 것으로 널리 알려진 것 중의 하나다. "들으라 씨를 뿌리는 자가 뿌리러 나가서 뿌릴 새 더러는 길가에 떨어지매 새들이 와서 먹어 버렸고 더러는 흙이 얇은 돌밭에 떨어지매 흙이 깊지 아니하므로 곧 싹이 나오나 해가 돋은 후에 타서 뿌리가 없으므로 말랐고 더러는 가시떨기에 떨어지매 가시가 자라 기운을 막으므로 결실치 못하였고 더러는 좋은 땅에 떨어지매 자라 무성하여 결실하였으니 삼십 배나 육십 배나 백배가 되었느니라"(막 4:3-8).

이 비유에 있어서 농부(씨 뿌리는 자)는 네 종류의 땅에다 씨를 뿌렸는데, 그 가운데서 생산적인 땅은 오직 하나 뿐이다. 이로 볼 때 씨 뿌리는 자와 씨는 한결같지만, 땅의 유형은 다양하다는 것을 알 수 있다. 여기서 씨 뿌리는 자는 전도자이거나 그리스도 자신이라 할 수 있고, 씨는 하나님의 말씀이요, 네 종류의 땅은 그 말씀을 듣는 자들의 반응이라 할 수 있다. 씨 뿌리는 자와 씨는 한결같지만 땅의 유형은 다양한 것으로 보아서 복음을 전파함에 있어서 동일한 결과를 기대할 수 없다는 것을 알 수 있다. 이 비유는 구원은 하나님의 말씀을 듣는 사람들의 반응을 내포하고 있다는 것을 보여 주고 있다.

이 비유에 있어서 세 종류의 땅은 진리에 대해 저항적 반응을 보이지만, 네 번째 땅은 그와는 달리 생산적이어서 삼십 배, 육십 배 또는 백배의 결실을 맺을 수 있다. 이런 관점에서 본다면 추수의 비유도 성장의 과정과 그 완성을 보여주는 것으로 해석할 수 있을 것 같다. "추수할 것은 많되 일꾼이 적으니 그러므로 추수하는 주인에게 청하여 추수할 일꾼들을 보내어 주소서 하라 하시니라" (마 9:37-38).

마태복음 13장 39절에 "추수 때는 세상 끝이요 추수꾼은 천사들이니"라는 말이 있지만, 여기서 일꾼은 천사들이라기보다는 예수의 제자들을 가르친다고 생각한다. 따라서 추수 때는 세상 끝나는 날이라 할 수 없고 현재의 사명 완수를 강조하는 것이라 할 수 있다. 예수는 현재 무르익은 곡식을 바라보며 그 곡식에 낫을 댈 일꾼이 많지 못하다고 말씀하시고 계신 것이다. 그러나 이 과정을 완성시키는 것은 인간의 노력이 아니라 하나님의 선행적 은총이라 할 수 있다.

(6) 심판의 날

예수의 비유 가운데는 심판의 날을 예시해주는 것들이 있다. "화 있을진저 고라신아 화 있을진저 벳새다야 너희에게서 행한 모든 권능을 두로와 시돈에서 행하였더라면 그들이 벌써 베옷을 입고 재에 앉아 회개하였으리라. 내가 너희에게 이르노니 심판 날에 두로와 시돈이 너희보다 견디기 쉬우리라" (마 11:21-22).

고라신은 가버나움 북방 4킬로쯤 되는 곳에 있는 도시요, 벳새다는 갈릴리 바다 북쪽 끝에 있는 도시이다. 그리고 두로와 시돈은 페니키아에 있는 이교적 도시들이다. 이 비유는 이런 이교적 도시 두로와 시돈이 예수 자신의 도시 고라신과 벳새다보다도 그의 권능과 기적에 대해 더 좋은 반응을 보였으므로 심판 날 오히려 가벼운 벌을 받으리라는 것이다.

마태복음 12장 41절-42절에 위에 인용한 비유와 비슷한 것이 나옵니다. "심판 때에 니느웨 사람들이 일어나 이 세대 사람을 정죄하리니 이는 그들이 요나의 전도를 듣고 회개하였음이거니와 요나보다 더 큰 이가 여기 있으며 심판 때에 남방 여왕이 일어나 이 세대 사람을 정죄하리니 이는 그가 솔로몬의 지혜로운 말을 들으려고 땅 끝에서 왔음이거니와 솔로몬보다 더 큰 이가 여기 있느니라"(마 12:41-42).

심판 날이 오면 니느웨 사람들과 남쪽 나라의 여왕이 예수의 말씀을 듣고도 무시한 유대인들에 대한 심판의 증인으로 나타나리라는 것을 비유로 말씀하신 것이다. 이미 죽은지 오래된 사람들이 증인으로 나타난다는 것은 그것이 역사적 질서 밖에 존재한다는 것을 암시해주고 있는 것이다.

마태복음 24장 37절-39절에 따르면 심판의 날은 노아 때의 홍수처럼 예기치 못한 그런 때에 갑자기 온다고 합니다. 또한 마태복음 24장 27절에서는 번개 치듯이 올 것이라 했고, 마가복음 13장 24절-26절에서는 "그 때에 그 환난 후 해가 어두워지며 달이 빛을 내지 아니하며 별들이 하늘에서 떨어지며 하늘에 있는 권능들이 흔들리리라. 그 때에 인자가 구름을 타고 큰 권능과 영광으로 오는 것을 사람들이 보리라 "고 했다.

그 날에 사람의 아들(심판자)은 천사들을 보내어 땅 끝에서 하늘 끝까지 사방으로부터 뽑힌 사람들을 모을 것이라고 했다(막 13:27). 이와 비슷한 비유들이 마태복음과 누가복음에 나온다. "그 때에 두 사람이 밭에 있으매 한 사람은 데려가고 한 사람은 버려둠을 당할 것이요 두 여자가 맷돌질을 하고 있으매 한 사람은 데려가고 한 사람은 버려둠을 당할 것이니라"(마 24:40-41). "그 밤에 둘이 한 자리에 누워 있으매 하나는 데려감을 얻고 하나는 버려둠을 당할 것이요 두 여자가 함께 맷돌질을 갈고 있으매 하나는 데려감을 얻고 하나는 버려둠을 당할 것이니라"(눅

17:34-35).

여기서 하나는 데려가고 하나는 버려 둔다는 것은 사실상 풀기 어려운 문제지만 뽑힌 자들을 모은다는 것과 연결지을 수 있을 것 같다. 더욱이 비유는 일상적인 생활을 하고 있는 사람들을 갑작스럽게 데려 간다는 것이므로, 심판의 사건은 돌발적이요, 개별적이라는 뜻도 내포하고 있다. 그날에는 개별적으로 심판할 뿐 아니라, 이스라엘의 열두 지파도 심판할 것이라고 한다. "내가 진실로 너희에게 이르노니 세상이 새롭게 되어 인자가 영광의 보좌에 앉을 때에 나를 따르는 너희도 열두 보좌에 앉아 이스라엘 열두 지파를 심판하리라"(마 19:28).

마태복음 13장 24절-30절과 36절-43절에서는 추수 때 가라지를 뽑아서 묶어 불에 태우리라 했는데, 여기서 추수 때는 역시 세상 끝 날을 뜻한다. 그리고 그날에는 먼저 부름을 받은 사람이나 나중 부름을 받은 사람이나 조금도 구별 없이 일단 부름에 응한 사람이면 누구나 동일한 보상(구익)을 받으리라고 한다(마 20:1-16). 또한 어떤 직무를 맡고도 그것을 잘 감당치 않는 사람이나 어떤 재능을 갖고도 그것을 썩히는 사람은 형벌을 받으리라고 한다(마 25:14-30).

다시 말해서 부지런하고 충성스러운 종은 보상을 받지만, 악하고 게으른 종은 심판 날에 형벌을 받으리라는 것이다. 그러므로 그날이 오기 전에 깨어 등불과 기름을 준비했다가 신랑이 오면 즐겁게 맞아야 한다고 한다(마 25:1-13). 또 그날에는 목자가 양과 염소를 갈라놓듯이 사람들을 불러 모아 축복받을 사람과 저주받을 사람을 갈라놓을 것이라고 한다(마 25:31-46). 그러나 그날과 그 때는 언제인지 누구도 알 수 없다. 그러므로 도덕적(정신적)으로 경성하여 그날을 맞을 준비를 하지 않으면 안 된다는 것이다.

비유는 예수의 독특한 문학형식으로 민속 문학에 속한다. 그 특징으로는 첫째 리얼리즘의 기술에 전적으로 의존하고 있다는 것을 들 수 있겠다. 다시 말해서 비유는 듣는 사람들(청자들)의 친숙한 체험을 바탕으로 하고 있다는 것이다. 직접적인 상황에 대한 반응을 담은 문학이라 할 수 있다. 따라서 비유를 세련시키면 기술적으로 구성된 플롯과 상세한 배경 및 대화를 갖는 짧은 이야기가 될 수 있다.

둘째 특징으로 풍자성을 들 수 있지만, 그 풍자성은 실제적으로는 명확한 수사적 목적을 충족시켜 주는 구실을 한다. 다시 말해서 비유는 청중을 감동시키기 위해 사용된 설득의 수단이 된다는 것이다.

세 번째 특징으로 비유는 기본적인 교리나 윤리적 신념을 취급하는 경향이 있다는 것이다. 예수의 비유를 보면 구원, 하늘나라. 회개, 사랑, 봉사, 심판. 재림 같은 교리와 윤리적 이념이 담겨져 있다는 것을 알 수 있다. 예수는 대부분의 비유를 잘 이해되지 않고 있는 진리 특히 하늘나라의 개념을 가르치기 위하여 사용했다. 그러므로 독자는 간접적으로 진술된 비유를 읽고 그 속에 담긴 상황을 독자적으로 판단하고 그것을 정신적인 차원으로 전이시켜야만 한다.

제8장 바울의 문학

예수께서는 스스로 펜을 들어 문서를 써 남기지 아니하셨다. 그리고 그의 제자들의 대부분도, 몇 제자들을 제외하고서는 신앙적 문서를 쓴 일이 없다. 그런데 사도 바울은 선교 여행 중에 많은 편지를 써서 여러 교회에 보냈다. 좀 이상해 보이지만, 바울에게는 그럴만한 동기와 목적이 있었던 것을 알 수 있다. 바울은 그의 전격적인 회심 이후 세 차례에 걸쳐서 소아시아 지방을 두루 다니며 그리스도의 복음을 전하였다. 그러면서 그는 소아시아의 여러 지역에다 교회들을 세웠다. 그는 이렇게 세운 교회들의 부흥과 발전에 대한 책임감을 느낄 수밖에 없었고 그 교인들의 생활을 바르게 지도하고 가르쳐 양육하지 않으면 안 되었던 것이다. 그렇다고 일일이 그 교회들을 방문하여 직접 훈육하고 훈련시킬 수는 없었다. 그래서 그는 하는 수 없이 그 교회와 교인들에게 문안 인사와 더불어 현실적으로 필요한 여러 문제들과 그 해결책 및 교훈과 교리 같은 것들을 편지로 써서 보내곤 했던 것이다.

그러므로 바울이 편지를 써서 보낸 대상은 대체로 소아시아 지역에다 세운 여러 교회들이었다. 즉 교회의 개척과 발전에 크게 기여하였던 고린도, 갈라디아, 에베소, 빌립보 등의 도시교회들이 직면한 구체적 문제에 대하여 바울은 목회자로서 교시(敎示)해 주는 편지를 써 보냈던 것이다. 이런 바울의 서신들 중에는 회람용 편지도 있었고, 한 교회만을 위해 띄운 비밀문서도 있었다.

바울이 쓴 것으로 되어 있는 서신들 중에서도 편지를 보낸 발신자가 바울 단독으로 되어 있는 것은 로마서, 갈라디아서, 에베소서와 목회서신 뿐이다. 고린도전서는 "바울과 소스데네"(고전 1:1) 두 사람 이름으로 발신자가 되어 있고, "바울과 디모데"의 이름으로 되어 있는 서신들도 있는데, 그것은 고린도후서, 골로새서, 빌립보서, 그리고 빌레몬서 같은 것들이다. 더구나 로마서에는 "이 편지를 대서하는 나 더디오도 주안에서 너희에게 문안하노라"(롬 16:22)라는 문구가 있는데, 이런 문구를 통하여 우리는 바울이 그의 서신을 전부 직접 쓴 것이 아니라 내용은 그가 불러주고 쓰기는 대필자가 한 것도 있다는 것을 알 수 있다. 이와 같은 범주에 속하는 편지들은 고린도전서(16:21), 골로새서(4:8), 데살로니가후서(3:17) 등이다. 그리고 이런 편지의 맨 끝에다가는 자필로 인사를 써넣어 그 자신의 편지라는 것을 입증하기도 하였다. 바울은 이렇게 자필로 끝을 맺는다는 말까지를 밝힌 경우도 있다. 그와 같은 경우를 고린도전서 16장 21절, 갈라디아서 8장 11절, 골로새서 4장 18절, 데살로니가후서 3장 17절, 빌레몬서 19절에서 찾을 수 있다. 이렇게 한 것은 그의 편지가 회중 앞에서 읽힐 때 그 서신이 바울 그 자신의 글이라는 것을 알 수 있게 하기 위한 것이었다.

바울의 서신은 편의상 초기서신들, 주요서신들, 옥중서신들, 목회서신들로 대별하는 것이 보통이다. 초기서신들로는 데살로니가 전 후서를 들 수 있고, 주요서신들로서는 갈라디아서, 고린도전후서, 로마서를, 옥중서신들로는 에베소서, 골로새서, 빌립보서, 빌레몬서를, 그리고 목회서신들로는 디모데전후서와 디도서를 들 수 있다. 이 중에서 가장 중요한 것은 4대 주요서신이다.

여기서는 위에 열거한 13권의 바울서신을 일일이 다룰만한 여유가 없다. 그래서 아래와 같이 기록연대와 서신의 성격 및 핵심내용만을 살펴보겠다.

로마서

기록연대: 주후 60년경.

종류: 그리스도인의 삶에 대해 설명하는 논문에 가까운 서신.

핵심내용: 구원은 인간의 행위가 아니라, 하나님의 은혜로 얻는 것임을 제시하는 동시에 그리스도인이 되는 것의 의미를 밝히고 있다.

고린도전서

기록연대: 주후 50년경.

종류: 교회를 그리스도의 몸으로 강조하는 서신.

핵심내용: 순전한 생활, 사랑으로 가득한 생활을 유지할 것을 강조하고 있다.

고린도후서

기록연대: 주후 50년경.

종류: 거짓 선지자와 구제연보 및 바울의 사도직에 대한 가르침을 주는 편지.

핵심내용: 바울이 그리스도의 사도로서 자신의 위치를 확고히 세운다.

갈라디아서

기록연대: 주후 50년경

종류: 바울의 사도적 권위와 훈계 및 설명을 담은 강론식의 편지.

핵심내용: 바울이 갈라디아 교인들이 그리스도 안에서 자유함을 얻지 못하도록 훼방하고 있었던 유대주의자들과 맞서서 변호한다.

에베소서

기록연대: 주후 60년경.

종류: 에베소 교회 교인들로 하여금 그리스도의 몸으로서 생활하도록 격려하고 권고하는 편지.

핵심내용: 교회의 목적과 그리스도인의 관계 및 성령론을 강조하고 있다

빌립보서

기록연대: 주후 60년경.

종류: 확고하고 겸손한 신앙생활을 권고하는 편지.

핵심내용: 환경이 어떻든 상관없이 예수 그리스도 안에서 기뻐할 수 있음을 강조한다.

골로새서

기록연대: 주후 60년경.

종류: 잘못된 믿음을 바로잡기 위한 편지.

핵심내용: 바울이 이단사상을 바로 잡는다.

데살로니가전서

기록연대: 주후 50년경.

종류: 핍박과 그리스도의 재림에 대해 훈계하고 격려하는 편지.

핵심내용: 장차 그리스도께서 재림하여 악을 심판하실 것임을 강조한다.

데살로니가후서

기록연대: 주후 50년경.

종류: 그릇된 행실을 바로잡기 위한 편지.

핵심내용: 그리스도의 재림을 준비하여야 하지만 책임과 의무를 저버려서는 안 된다는 것을 강조한다.

디모데전서

기록연대: 주후 65년경.

종류: 교회의 어려운 문제를 어떻게 해결해 나가야하는지를 가르쳐 주는 편지.

핵심내용: 젊은 혈기로 하나님을 위한 성결한 삶을 그리치지 말라고 충고한다.

디모데후서

기록연대: 주후 65년경.

종류: 작별의 성격이 짙은 개인적인 편지.

핵심내용: 인생의 종착역에 다다른 바울이 신뢰하는 동역자이자 아들 같은 수 제자에게 남긴 마지막 말로서, 곧 이상적인 기독교인상을 서술하고 있다.

디도서

기록연대: 주후 65년경.

종류: 그레테 교회의 목회상 어려운 문제의 해결을 위해 준 훈계의 편지.

핵심내용: 사도 바울이 디도라고 하는 젊은 목회자에게 훌륭한 교회 지도자들을 택하라고 구체적으로 가르친다.

이상의 바울서신 중에서 역사적으로나 신학적으로 가장 중요한 것은 이미 말한 바와 같이 4대 주요서신이다. 옥중서신은 그 내용 상 4대 서신에 못지않으며, 때로는 이를 넘어서기도 한다. 목회서신은 초대교회의 질서와 신도들의 생활을 바르게 하며 지키기 위하여 교회규범, 신앙고백, 찬송가 등이, 어떤 역할을 하였는지에 대하여 유익한 자료가 된다. 바울의 서신들은 역사적 신학적 소재로서 그 의의와 가치가 자못 크다.

1. 기독교 최초의 선교사 바울

바울은 지중해의 동쪽 끝에서 멀지 않은 비옥하고 풍요로운 평야 소아시아 길리기아의 수도 다소(Tarsus)라고 하는 곳에서 태어났다(행 22:3). 그는 당시의 많은 유대인처럼 사울(Saul)과 바울(Paul)이라는 이름을 가지고 있었다. 유인들에게는 사울이란 이름을, 이방인들에게는 바울이라는 이름을 각각 사용하였다. 사도행전에 의하면 그가 이방인들 사이에서 활동하게 된 때로부터 바울이라는 이름을 구별하여 쓰기 시작한 것으로 되어 있다(행 13:9).

다소는 길리기아의 상업적 중심지요, 정신문화와 종교 활동의 본거지였는데, 바울은 이 도시에 거주하고 있었던 디아스포라(Diaspora)의 한 히브리인 가정에서 태어났다. 사도행전에 의하면 그는 나면서부터 로마의 시민권을 가지고 있었다(행 16:37; 22:25-28). 다소는 스토아 철학으로 이름난 문화도시로서, 바울이 여기서 희랍적인 교양 교육을 받았을 것은 의심의 여지가 없다. 그러나 그는 자신이 히브리인임을 자랑스럽게 생각하고 있었다(갈 2:15, 빌 3:4-6). 그는 히브리인들 중에서도 특히 유대적 전통을 엄수하였던 바리새파에 속했다(갈 1:14). 오늘날 바리새인하면 종교적 교만과 위선으로 통하지만(행 23:6), 옛날 유대인들이 살고 있던 그 당시에는 바리새인이 엄격한 종교 생활과 깨끗한 윤리적 전통을 대변하고 있었다. 이렇듯 바울은 그리스의 문화와 유대교의 전통을 한 몸에 지니고 있었다. 그가 출생한 년대는 확실치 않으며, 그는 예수를 직접 알지 못하였던 것으로 생각된다(고후 5:16). 아마도 그는 예수보다 몇 해는 연소하였을 것으로 추측된다.

바울이 희랍적 교양을 어떻게 받았는지 입증할 자료는 별로 없지만, 그가 일찍부터 히브리인으로서의 훈련을 받았던 것만은 분명하다. 그가 천막제조의 기술을 익힌 것(행 18:3)은 그의 어린 시절에 받은 훈육의 성격을 단적으로 보여준다. 유대인들은 아동에게 의무적으로 직업을 배우게 하였다. 바울은 청년기에 이르러 예루살렘으로 유학가게 되어 유대인 랍비 힐렐(Hillel)의 손자인 가말리엘(Gamaliel)의 문하에서 엄격한 종교적(랍비) 교육을 받았다(행 22:3). 그의 스승 가말리엘은 유대교의 훌륭한 랍비였지만, 그는 유대교 이외의 넓은 교양도 지니고 있었으며, 기독교에 대한 그의 태도에서도 그의 높은 식견을 찾아 볼 수 있다(행 5:34-39). 그러나 바울은 그의 문하에 있으면서 유대교에 더욱 열심하여 그의 동갑내기들보다 더 열광적인 호교주의자가 되었던 것이다(갈 1:14). 이처럼 그는 율법 준수에 있어서 흠잡을 데가 없었고, 열렬한 성격을 갖고 있는 유대교 광신자였다.

바울의 예루살렘 유학은 세상에 오셔서 삶을 누렸던 예수의 생애 중 말기였을 것으로 짐작된다. 예수의 사후 사도들이 전도활동을 개시할 무렵 바울은 30세가량이 된 젊은이였던 것 같다(행 7:58). 예수가 십자가에 달린 후에 기독교는 날로 왕성해 갔고 그 반대 운동도 극렬해졌다. 그 결과 스데반이라는 교회의 집사가 예수를 증거 하다가 돌에 맞아 순교했다. 스데반을 예루살렘 성문 밖으로 끌어내어 돌로 쳐 죽일 때 바울은 민중을 선동했고 증인들의 옷을 맡았던 장본인이었다. 바울은 이때 처음으로 교회의 역사에 등장하기 시작한다. 그러나 바울은 순교자의 얼굴에 비치는 그 광채, 눈으로 보이지 않는 거룩한 자를 응시하는 모습. 그의 말과 인내 그리고 용서, 목을 떨 구는 순간 짓이겨져서 피를 뚝뚝 떨어뜨리는 몸에 배어 있는 평화, 이 모든 것을 잊을 수가 없었다.

이처럼 박해가 날로 심해 갔지만, 예수의 가르침은 산불과 같이 사방으로 퍼져서 마침내는 시리아의 다메섹에도 전파되었다. 그 소식을 듣자 젊은 바울은 그 불이 더 퍼지기 전에 그 확산의 불을 끄기 위해 제사장의 편지를 받아 예수 믿는 신자를 잡으려고 다메섹으로 향했다. 그런데 다메섹에 거의 갔을 때 갑자기 하늘에서 빛이 비치었다. 그는 땅에 무릎을 꿇고 말았다. 그러자 그때에 하늘에서 이상한 소리가 들렸다.

"사울아 사울아 네가 어찌하여 나를 박해하느냐"(행 9:4).

"주여 누구시나이까"(행 9:5).

바울이 두려워하며 묻자 하늘에서 또 다시 소리가 들려왔다.

"나는 네가 박해하는 예수라. 너는 일어나 시내로 들어가라. 네가 행할 것을 네게 이를 자가 있느니라"(행 9:5-6).

이 음성은 바울뿐만 아니라 함께 가던 사람들도 확실히 들었지만 바울은 그때부터 눈이 보이지 않았다. 앞을 보지 못하게 되자 그는 사흘 동안 먹지도 못하고 마시지도 못하며 생각했다. 이윽고 사람의 손에 이끌려 바울이 다메섹 성안으로 들어가자 아나니아라고 하는 예수의 제자가 찾아왔다.

"형제 사울아 주 곧 네가 오는 길에서 나타나셨던 예수께서 나를 보내어 너로 다시 보게 하시고 성령으로 충만하게 하신다 하니 즉시 사울의 눈에서 비늘 같은 것이 벗어져 다시 보게 된지라. 일어나 세례를 받고 음식을 먹으매 강건하여지니라"(행 9:17-19).

갈라디아서에 의하면 바울은 그의 회심 이후 3년간 아라비아에 퇴수하였다가 후에 다시 다메섹으로 돌아갔다고 한다(갈 1:17-18; 행 9z;20-25). 이 아라비아 체류 중에 그는 전도생활에 대한 준비를 위하여, 예수가 광야에서 받았을 때처럼, 명상하며 영적 수련을 쌓았을 것으로 짐작된다. 3년 후 그는 초대교회와 공적인 관계를 가질 수 있게 되었으며, 전도자의 반열에 설 수 있게 되었다(행 9:19-30). 이때부터 바울은 열렬한 예수의 신자가 되어, 다메섹 회당에서 예수야말로 하나님의 아들이며 구주인 것을 힘차게 설교하기 시작했다.

"이 사람이 예루살렘에서 이 이름 부르는 사람을 멸하려던 자가 아니냐. 여기 온 것도 그들을 결박하여 대제사장들에게 끌어가고자 함이 아니냐 하더라 "(행 9:21).

예수를 믿는 사람들은 모두 바울을 의심했으나 바울의 설교는 날로 힘이 더해가 마침내는 그 누구도 바울의 신앙을 의심하지 않게 되었다. 그뿐 아니라 그의 열띤 설교에 모두 감동했다(행 9:19-25). 이렇게 되니 이번에는 바리새인들이 공모하여 바울을 죽이려 했다. 그래서 바울은 몸을 피하여 예루살렘으로 오게 되었다. 그러나 여기서도 처음에는 베드로를 위시한 예수의 세사들로부터 의심을 받았다. 물론 얼마 뒤 그 의심은 풀렸지만 그는 예루살렘도 떠나고 만다. 오히려 이와 같은 유대인들의 박해는 그로 하여금 이방인들에게 예수의 가르침을 전파해야겠다고 하는 결심을 갖게 했다(행 22:17-21). 그의 활동은 시리아의 안디옥

(Antioch) 교회를 중심으로 하여 전개하였던 것이다.

그 후 그는 천막을 만들면서 그 누구의 도움도 받지 않고 세 번씩이나 긴 이방 전도여행을 하게 되었다. 최초의 전도여행은 분명히 안디옥 교회에 의하여 계획된 것이었다(행 13:1-3). 제2차와 제3차에는 그 사정이 밝히 언급되어 있지 않지만, 두 번 다 안디옥에서 출발하였던 것 같다. 제1차에는 바나바(Banabas)와 그의 생질 마가(골 4:10)와 함께 바나바의 고향 구브로(Cyprus)을 거쳐 피시디아의 이고니움 루스드라, 더베 지방에 이른 전도였다(행 13:2-14:28).

제2차 전도여행 때는 제1차에 전도한 소아시아의 일부 지역의 교회 방문을 위하여 계획된 것이었는데, 제1차 때에 도중에서 탈락하였던 마가를 대동하는 문제로 바나바와 동행하지 않고, 바울이 주동이 되어 떠난 전도여행이 되었다. 이 전도여행도 시리아의 안디옥에서 출발하였는데, 소아시아의 북방까지 진출하였다가, 드디어 드로아(Troas)에서 그리스로 건너가게 되니, 이로써 역사적인 유럽 전도가 개시된 것이다(행 15:36-18:22). 이때에 고린도(Corinth)까지 가서 거기서 1년 반 체류하였다(행 18:11). 이 고린도 체류와 총독 갈리오의 임기(행 18:12)의 관계로 미루어, 바울이 고린도를 출발한 것은 51년 아니면 52년 가을이었을 것으로 추정된다. 이 여행 중에 바울은 데살로니가전후서를 고린도에서 썼던 것이다.

제3차 전도여행(행 18:23-21:15)은 육로로 에베소로 갔다가 다시 고린도까지 가게 되었는데 돌아올 때는 해로를 이용하였다. 이 여행의 특징은 3년 동안의 에베소의 장기 체류이다. 에베소 체류 중에 고리도전후서를 썼으며 에베소에서 먼 오지인 라오디게아, 골로새, 히에라폴리스 등의 전도가 행해졌는데 이는 바울의 전도여행에 있어서 대단히 중요한 시기였다. 후대에 에베소교회가 하나의 기독교 중심지가 되었으며, 교회정치에서나 신약성경의 정경화 과정에 있어서도 중요한 장소가 되었던 것은 결코 우연한 일이 아니다. 이렇듯 3회에 걸친 바울의 전도여행

기간은 대략 6년반에서 7년 정도로 추정된다. 바울은 만난을 무릅쓰고 열심히 그리스도의 복음을 전파하여 가는 곳마다 교회를 세웠던 것이다. 그는 안디옥, 에베소, 고린도 등의 도시를 각 지역의 선교본부로 하여 그의 선교활동을 조직적으로 전개함으로써 초대교회 발전에 지대한 공헌을 하였다.

제3차 전도여행 후 바울은 예루살렘에 상경하였다가 아시아에서 온 유대인들의 음모에 의하여 성전을 더럽힌 자로 고발되어(행 21:27-30), 소란 죄의 혐의로 로마 관헌에게 체포당하였다(행 21:31). 이리하여 바울은 가이사랴로 이송되어 옥살이를 하게 되었는데, 로마황제에게 소송하기 위하여 로마로 호송되어 갔던 것이다(행 27:1-28:16). 로마에 도착한 그는 연금 상태에 있었지만 비교적 자유롭게 복음을 전할 수 있게 되었다(행 28:30). 바울이 그렇게도 갈망했던 로마전도는 이렇게 이루어지게 된 것이다(롬 1:15). 바울은 당시 땅 끝으로 생각되었던 스페인에도 복음을 전파할 대망을 꿈꾸고 있었으나 이루지 못하였다(롬 15:28). 전설에 의하면 그는 네로(Nero) 황제의 박해 때 곧 주후 64년경 로마 교회에서 장렬하게 순교하였다고 한다.

끝으로 바울의 전도로 구원을 받은 몇 인물의 이야기를 덧붙이고자 한다. 소아시아의 루스드라라는 마을에 모든 사람들의 칭찬을 받는 디모데라는 젊은이가 있었다. 그의 아버지는 헬라인이지만, 그의 어머니는 유대교에서 그리스도교로 개종한 유대인이었다. 그의 어머니 유니게뿐만 아니라 그의 할머니 로이스도 믿음이 두터운 여성이었다(딤후 1:5). 디모데는 루스드라에서 세례를 받고 바울의 제자가 되었던 것 같다. 디모데는 비록 젊은이이기는 하지만 그 속에 거짓이 없는 믿음을 갖고 있었고 바울과 뜻을 같이 하여 복음을 선하는 일에 수고를 아끼지 않았다(빌 2:20-22). 그래서 그는 세 차례에 걸친 바울의 전도 여행에 참가했고 마지막에는 로마에까지 동반했던 것이다. 바울은 디모데를 아들같이 사랑했고 모든 사람에게 신망 있고 충실한 동노자(同勞者)로 추천했다(빌 2:19-24). 전설에 의하면 디모데는 에베소 교회의 감독으로 있다가 순교했다고 한다.

또한 바울은 드로아 지방에서 처음으로 누가를 만났다. 바울이 혼잡한 유대인 거리에서 지내는 동안 갈라디아에서 겪은 심한 병이 재발했거나 아니면 말라리아 열병으로 몸져눕게 되자 가장 가까이 있던 의사를 부르게 되었는데, 그가 바로 누가였던 것 같다. 여기서 바울은 해방받은 노예로서 의사 직업을 갖고 있던 누가를 구주에게로 인도했던 것이다. 누가는 "사랑을 받는 의사"(골 4:14)로서 바울의 제자가 된 이후로는 늘 열렬한 마음에 이끌려 바울의 동역자(빌 24)가 되었고, 바울의 순교 직전까지 그와 행동을 같이 하며(딤후 4:11), 바울의 허약한 몸을 보살펴 주었다. 누가의 만년에 대해서는 알 수가 없지만 누가복음과 사도행전을 기록한 점으로 보아서 바울이 죽은 후 약 20년간 생존했던 것으로 볼 수 있을 것 같다.

에베소란 곳에서는 빌레몬과 에바브라라는 두 청년이 바울의 열렬한 설교에 감동되어 신앙생활을 하게 되었다. 이 두 사람은 사이가 좋은 친구였다. 그들은 고향인 골로새로 돌아오자 자기 집을 교회로 삼아 열심히 전도를 하기 시작했다(빌 2). 빌레몬은 부자 집 청년이었다. 그는 에베소에서 바울의 설교를 들었을 무렵 오네시모라고 하는 종을 데리고 다녔었는데, 이 종은 골로새로 돌아오자 주인의 돈을 훔쳐가지고 도망을 쳤다. 그는 이곳저곳을 떠돌아다니다가 마침내 로마로 가게 되었다. 그 무렵 로마는 세계의 도읍이라고 할 정도로 큰 도시였으며, 1백 20만 명의 인구 중 태반은 사방에서 모여든 노예들이었다고 한다.

그러나 노예인 오네시모는 이 큰 도시에서도 발붙일 곳이 없었다. 누구 한 사람 상대해 주는 사람이 없었던 것이다. 그리운 것은 골로새의 주인 빌레몬뿐이었으나, 돈을 훔쳐 달아난 노예로서는 아무리 그리워해도 돌아갈 수는 없었다. 어느 날 오네시모는 주린 배를 움켜잡고 거리를 방황하다가 바울을 만나게 되었다. 바울은 세 번째 선교 여행을 마치고 예루살렘으로 돌아갔으나 잡힌 몸이 되어 로마에까지 이송되었던 것이다. 바울은 죄수의 몸으로 족쇄를 차고 있었으나 임의로 설교하는 것만은 허용이 되어 있었다.

오네시모는 바울 앞에서 자기 죄를 고백하고 그 날부터 옥에 갇힌 바울을 정성껏 모셨다. 바울도 또한 그를 동생처럼 사랑했다. 바울은 드디어 2년 동안의 죄수 생활을 마치고 무죄가 되어 자유로운 몸이 되었다. 이 무렵 빌레몬의 친구인 에바브라가 먼 로마에까지 와서 바울을 찾았다. 이 때 오네시모는 주인의 친구인 에바브라를 만나게 되었다. 그후 오네시모는 에바브라와 함께 그립던 골로새로 돌아가게 되었다. 그 때 바울은 빌레몬에게 편지를 써서 보냈는데 그것이 신약 성경 속에 들어 있는 빌레몬서이다. "나이 많은 나 바울은 지금 또 예수 그리스도를 위하여 갇힌 사 되어 갇힌 중에서 낳은 아들 오네시모를 위하여 네게 간구하노라. 그가 전에는 네게 무익하였으나 이제는 나와 네게 유익하므로 네게 그를 돌려보내노니 그는 내 심복이라, · · · 이후로는 종과 같이 대하지 아니하고 종 이상으로 곧 사랑받는 형제로 둘 자라. · · · 그러므로 네가 나를 동역자로 알진대 저를 영접하기를 내게 하듯 하고 그가 만일 네게 불의를 하였거나 네게 빚진 것이 있으면 그것을 내 앞으로 계산하라"(빌 9-18).

바울의 열 세 권의 편지 가운데 이것은 제일 짧은 것이지만 매우 감동적이다. 바울은 이 때 무사히 옥에서 나올 수가 있었지만, 얼마 안 되어 네로의 박해로 순교당했던 것이다. 그러나 바울의 열기와 예수의 가르침은 온 세계로 퍼지게 된다.

2. 바울서신의 형식

바울이 목회적 관심을 갖고 자기가 돌보고 있던 기독교인들에게 편지를 쓸 때, 그는 독자적으로 개발한 편지 양식으로 한 것은 아니었다. 다시 말하면 그는 그 당시 통용되던 그리스와 로마의 양식으로 편지를 썼던 오랜 관례적인 서신의 패턴을 따랐던 것이다.[71] 이 패턴들을 대개 다음과 같이 구분해 볼 수가 있다.

서론(Introduction)-—발신자, 수신자, 수신자의 건강을 묻는 인사와 감사가 포함된다.

본론(Body)—기록 목적과 종말론의 결론이나 미래의 계획이 나온다. 곧 교리적, 윤리적 내용이 주를 이룬다.

결론(Conclusion)—일정한 형식의 축도와 작별인사가 나오고 때에 따라서는 글을 쓰게 된 과정이 언급되기도 한다.

바울은 헬라식의 양식을 따라 편지를 쓰기는 했지만, 좀 더 자세히 들여다보면 거기에 그의 독특성이 들어난다. 그래서 도티는 바울서신의 독특성을 이렇게 표현하였다.

"문학적 모범에 매달려 있기보다는, 예를 들면, 그는 비유대적 헬라 관습과 헬라적 유대 관습을 결합하여, 양 전통과는 같다고 표시할 수 없는 형식을 창조했다.[72]

이 전통의 융합이 잘 들어나는 곳이 바울서신의 전형적인 특징인 "은혜와 평강이 너희에게 있을지어다"라는 구절이다. 이 구절은 헬라 서신의 상투적인 문구인 인사말(greetings)을 수정한 것이었다.[73]

이런 구조를 이루어진 바울의 서신들을 단순한 개인적인 소식전달의 수단으로서의 편지(letters)로 볼 것이냐 아니면 문학적인 형태의 대화록 같은 서신(epistles)으로 볼 곳이냐 하는 것이 요즈음 바울서신을 다루는 학자들 간의 화두다. 이미 언급한 바와 같이, 편지는 대개 비문학적인 것으로서 서로 떨어져 있는 사람들 간의 통신수단으로 사용되는 소식 글을 의미하는데, 그 어조와 문체와 형태는 흔히 자유롭고 마치 대화처럼 친근한 것이다. 반면 서신은 인위적인 문학적 형태로서 마치 대화록, 웅변이나 혹은 드라마와 같은 것을 말한다. 신학자들은 바울의 서신을 사용된 용어로 보아서 개인적인 편지라기보다는 기독교 신자들의 공적 삶을 돕고 그들의 공동체들의 유익을 위해 쓴 것으로 보고 있다.[74]

여기서 바울이 편지들을 쓰게 된 목적을 알 필요가 있다. 바울의 편지들은 개인적인 소식만을 전하기 위해 쓴 것이 아니라 초기 기독교 선교사업의 도구로서 사용된 것이다.[75] 그래서 서신의 형식 속에는 사도로서 행할 수 있는 모든 구두연설의 형태들 즉 설교, 권면, 교리해설, 예언적 증언, 찬양 등이 속해 있다.

"초대교회가 이렇게 서신을 통해서 교류하게 된 데에는 몇 가지 이유가 있다고 보여진다. 첫째는 서신은 일반 논설이나 수필보다 호소력이 있고 대면해서 말하는 다음으로 효과를 가지고 있다. 초대교회의 사도들이나 지도자들이 사정 때문에 직접 가서 대면하고 말할 수 없는 경우에 편지를 통해서 말하는 것은 가장 좋은 차선의 방법이었다. 둘째는 실제로 교회마다 문제가 있고 그 문제를 해결해 달라는 요청이 들어오는 경우가 있어서, 편지를 쓸 수밖에 없었다. 결국 편지의 목적은 가르치고, 지시하고, 권면하고, 타이르고, 그릇된 사상을 막아내고, 교회의 질서를 유지하는 등 열 가지 필요에 따라서 서신을 써서 보내게 된 것이다."[76]

구체적인 증거로서 그들은 데살로니가 전서 5장 27절 "내가 주를 힘입어 너희를 명하노니 모든 형제에게 이 편지를 읽어주라"와 빌레몬 2절 "네 집에 있는 교화에 편지하노니"라는 말씀을 들고 있다. 셀비는 이를 근거로 해서 다음과 같은 점을 지적하였다. "엄격히 말해, 이 서신들은 개인적인 편지가 아니다. 그것들의 특성이 분명히 보여주는 것처럼 서신들은 그것을 받은 회중들 앞에서 읽혀지기 위해 쓰여졌다. 2인층 복수명사, 여러 사람들에 대한 언급들, 그리고 인사말들은 서신들을 그들에 대한 서신왕래가 되게 했다."[77]

3. 바울서신의 문학적 특징

바울의 13편의 서신중에서도 에베소서는 신약 성경에 나오는 편지의 전형적인 특징을 가장 많이 포함하고 있다고 할 수 있다. 에베소서는 바울이 옥에 갇혀있는 동안 쓴 것이므로, 여러 교회가 돌려가며 읽을 수밖에 없었고, 그런 성격상 그것은 공적인 어조를 짙게 띠고 있다할 것이다. 이 편지는 관행상 따르는 감사의 부분을 빼버렸지만, 바울의 편지가 일반적으로 갖는 구조 곧 이미 위에서 말한 바와 같은 인사(1:1-2)와 기독교 교리에 대한 해설(1:3-3:21), 실제적인 권고(4:1-6:20)와 개인적인 전갈, 그리고 인사 부분으로 이루어져 있다.

에베소서는 교회(church)라고 하는 핵심적인 주제를 중심으로 긴밀하게 통일되어 있다. 다시 말해서 이 주제를 초점으로 하여 바울은 일련의 관련된 주제들—교회의 기원(1:3-23), 그리스도의 교회 구원(2:1-10), 교회의 통일과 일치(2:11-22), 교회의 소명과 목적(3:1-21) 등을 발전시키고 있다.

이러한 교리론에 이어서 바울은 실제적인 문제로 교인들 간의 화합(4:1-16), 신자들의 도덕적인 기준(4:17-5:20), 기독교 가정의 역할을 언급하고 있다. 이 편지의 문학적 특징을 보면 우선 의미를 바로 밝히지 않고 길게 끌고 가면서 점진적으로 드러나게 하는 유보적 문장들을 많이 사용했다는 것이다.

"이를 말미암아 주 예수 안에서 너희 믿음과 모든 성도를 향한 사랑을 나도 듣고 내가 기도할 때에 기억하며 너희로 말미암아 감사하기를 그치지 아니하고 우리 주 예수 그리스도의 하나님, 영광의 아버지께서 지혜와 계시의 영을 너희에게 주사 하나님을 알게 하시고 너희 마음의 눈을 밝히사 그의 부르심의 소망이 무엇이며 성도 안에서 그 기업의 영광의 풍성함이 무엇이며 그의 힘의 위력으로 역사하심을 따라 믿는 우리에게 베푸신 능력의 지극히 크심이 어떠한 것을 너희로 알게 하시기를 구하노라. 그의 능력이 그리스도 안에서 역사하사 죽은 자들 가운데서 다시 살리시고 하늘에서 자기의 오른 편에 앉히사 모든 통치와 권세와 능력과 주관과 이 세상뿐 아니라 오는 세상에 일컫는 모든 이름 위에 뛰어나게 하시고 또 만물을 그의 발아래에 복종하게 하시고 그를 만물 위에 교회의 머리로 삼으셨느니라. 교회는 그의 몸이니 만물 안에서 만물을 충만케 하시는 이의 충만함이니라"(엡 1:15-23).

여기서 바울은 연속적인 관계절과 대구절을 자주 사용하였고 "주 예수", "우리 주 예수 그리스도의 하나님", "영광의 아버지"와 같은 장중한 호칭을 사용하였으며, "하나님, 영광, 지혜, 소망, 빛, 풍부함, 능력, 충만" 따위의 풍부한 이미지와 예수의 구속적 생애에 일어난 사건에 대한 암시를 통해 문학적 효과를 거두고 있다.

바울은 가장 열변적이며 감동적인 클라이맥스를 설정한 수사적 명수였다. 그 예를 에베소서에서 찾아보겠다. "끝으로 너희가 주 안에서와 그 힘의 능력으로 강건하여지고 마귀의 간계를 능히 대적하기 위하여 하나님의 전신갑주를 입으라. 우리의 씨름은 혈과 육을 상대하는 것이 아니요 통치자들과 권세들과 이 어두움의 세상 주관자들과 하늘에 있는 악의 영들을 상대함이라. 그러므로 하나님의 전신갑주를 취하라. 이는 악한 날에 너희가 능히 대적하고 모든 일을 행한 후에 서기 위함이라. 그런즉 서서 진리로 너희 허리띠를 띠고 의의 호심경을 붙이고 평안의 복음이 준비한 것으로 신을 신고 모든 것 위에 믿음의 방패를 가지고 이로써 능히 악한 자의 모든 불화살을 소멸하고 구원의 투구와 성령의 검 곧 하나님의 말씀을 가지라"(엡 6:10-17).

바울은 여기서 기독교인의 생활을 전투로, 그리고 기독교인의 자원을 일련의 갑옷으로 비교하는 확대된 은유와 병행법을 사용하여 신명하게 표현하고 있다. 또한 바울은 고결한 문체(high style)의 하나로서 수사적 질문을 사용한 일이 있다.

"그런즉 이 일에 대하여 가 무슨 말 하리요. 만일 하나님이 우리를 위하시면 누가 우리를 대적하리요. 자기 아들을 아끼지 아니하시고 우리 모든 사람을 위하여 내어주신 이가 어찌 그 아들과 함께 모든 것을 우리에게 주지 아니하겠느냐. 누가 능히 하나님께서 택하신 자들을 고발하리요. 의롭다 하신 이는 하나님이시니 누가 정죄하리요. 죽으실 뿐 아니라 다시 살아나신 이는 그리스도 예수시니 그는 하나님 우편에 계신 자요 우리를 위하여 간구하시는 자시니라. 누가 우리를 그리스도의 사랑에서 끊으리요. 환난이나 곤고나 박해나 기근이나 적신이나 위험이나 칼이랴."(롬 8:31-36).

그리스도의 사랑에서 우리를 떼어 놓을 수 없다는 신학적인 사상을 강렬하게 표현하기 위해 바울은 이 짧은 구절 속에서 일곱 번이나 수사적 질문을 사용하고 있다. 뿐만 아니라 그는 그 자신의 확신에 활력을 더해 주기 위해 균형법과 대조법을 사용하기도 하였다. "내가 확신하노니 사망이나 생명이나 천사들이나 권세자들이나 현재 일이나 장래 일이나 능력이나 높음이나 깊음이나 다른 어떤 피조물이라도 우리를 우리 주 그리스도 예수 안에 있는 하나님의 사랑에서 끊을 수 없으리라"(롬 8:38-39).

대조법을 사용하여 그의 논의에 강력한 힘을 주고 있는 예를 하나만 들어 보겠다. "우리가 사방으로 우겨쌈을 당하여도 싸이지 아니하며 답답한 일을 당하여도 낙심하지 아니하며 박해를 받아도 버린 바 되지 아니하며 거꾸러뜨림을 당하여도 망하지 아니하고"(고후 4:8-9).

바울은 또한 고결한 문체를 좀더 설득력 있게 사용하기 위해 병행구를 끌어들이기도 했다. "끝으로 형제들아 무엇에든지 참되며 무엇에든지 경건하며 무엇에든지 옳으며 무엇에든지 정결하며 무엇에든지 사랑받을 만하며 무엇에든지 칭찬받을 만하며 무슨 덕이 있든지 무슨 기림이 있든지 이것들을 생각하라"(빌 4:8). 또 이런 예도 들 수 있다. "그러므로 그리스도 안에 무슨 권면이나 사랑의 무슨 위로나 성령의 무슨 교제나 긍휼이나 자비가 있거든 마음을 같이하여 같은 사랑을 가지고 뜻을 합하여 한 마음을 품어"(빌 2:1-2).

때때로 바울은 서로 반대되는 사실을 생생하게 표현하기 위해 역설법을 사용한 일이 있다. "영광과 욕됨으로 그러했으며 악한 이름과 아름다운 이름으로 그러했느니라. 우리는 속이는 자 같으나 참되고 무명한 자 같으나 유명한 자요 죽는 자 같으나 보라 우리가 살아 있고 징계를 받는 자 같으나 죽임을 당하지 아니하고"(고후 6:8-10).

육체의 부활을 논하는 고린도전서 15장에는 여러 가지 수사적 기법 곧 병행법과 반복법, 균형법과 대조법이 함께 섞여져 있다.

"죽은 자의 부활도 그와 같으니 썩을 것으로 심고 썩지 아니할 것으로 다시 살아나며 욕된 것으로 심고 영광스러운 것으로 다시 살아나며 약한 것으로 심고 강한 것으로 다시 살아나며 육의 몸으로 심고 신령한 몸으로 다시 살아나나니 육의 몸이 있은즉 또 영의 몸도 있느니라. 기록된 바 첫 사람 아담은 생령이 되었다 함과 같이 마지막 아담은 살려 주는 영이 되었나니 그러나 먼저는 신령한 사람이 아니요 육의 사람이요 그 다음에 신령한 사람이니라. 첫 사람은 땅에서 났으나 흙에 속한 자이거니와 둘째 사람은 하늘에서 나셨느니라. 무릇 흙에 속한 자들은 저 흙에 속한 자와 같고 무릇 하늘에 속한 자들은 저 하늘에 속한 이와 같으니 우리가 흙에 속한 자의 형상을 입은 것같이 또한 하늘의 속한 이의 형상을 입으리라. 형제들아 내가 이것을 말하노니 혈과 육은 하나님 나라를 이어받을 수 없고 또한 썩은 것은 썩지 아니하는 것을 유업으로 받지 못하느니라. 보라 내가 나희에게 비밀을 말하노니 우리가 다 잠잘 것이 아니요 마지막 나팔에 순식간에 홀연히 다 변화되리니 나팔 소리가 나매 죽은 자들이 썩지 아니할 것으로 다시 살아나고 우리도 변화되리라. 이 썩을 것이 반드시 썩지 아니함을 입고 이 죽을 것이 죽지 아니함을 입을 때에는 사망을 삼키고 이기리라고 기록된 말씀이 이루어지리라. 사망아 너의 승리가 어디 있느냐. 사망아 네가 쏘는 것이 어디 있느냐. 사망이 쏘는 것은 죄요 죄의 권능은 율법이라. 우리 주 예수 그리스도로 말미암아 우리에게 승리를 주시는 하나님께 감사하노니 그러므로 내 사랑하는 형제들아 견실하며 흔들리지 말고 항상 주의 일에 더욱 힘쓰는 자들이 되라. 이는 너희 수고가 주 안에서 헛되지 않은 줄을 앎이니라"(고전 15:42-58).

고린도전서 13장은 기초적인 수사법을 사용한 대표적인 예라 할 수 있다. 그런 기초적인 수사법의 하나로 바울은 세겹(三重) 형식 곧 "내가 · · · 할지라도 사랑이 없으면 · · · 아무것도 아니요"라고 하는 구조를 사용한 것이다. 그러면서도 그는 이런 법식화된 구조 안에서 그 이상의 반복법과 대조법을 구사하는 문학적 역량을 보여 주었다.

"내가 사람의 방언과 천사의 말을 할지라도 사랑이 없으면 소리 나는 구리와 울리는 꽹과리가 되고 내가 예언하는 능히 있어 모든 비밀과 모든 지식을 알고 또 산을 옮길 만한 모든 믿음이 있을지라도 사랑이 없으면 내가 아무것도 아니요 내가 내게 있는 모든 것으로 구제하고 또 내 몸을 불사르게 내줄지라도 사랑이 없으면 내게 아무 유익이 없느니라"(고전 13:1-3).

이런 세겹의 형식에 이어서 바울은 병행법과 대조법을 사용하여 사랑의 본질을 논의하고 있다. "사랑은 오래 참고 사랑은 온유하며 시기하지 아니하며 사랑은 자랑하지 아니하며 교만하지 아니하며 무례히 행하지 아니하며 자기의 유익을 구하지 아니하며 성내지 아니하며 악한 것을 생각하지 아니하며 불의를 기뻐하지 아니하며 진리와 함께 기뻐하고 모든 것을 참으며 모든 것을 믿으며 모든 것을 바라며 모든 것을 견디느니라"(고전 13:4-7).

8절에서는 사랑의 영속성과 세 영적 은사의 덧없음을 대조하면서 3행 연구(triplet)로 전개하고 있다. "사랑은 언제까지나 떨어지지 아니하되 예언도 폐하고 방언도 그치고 지식도 폐하리라"(고전 13:8). 그 다음 9절과 10절에서는 불완전한 것과 완전한 것을 대조시키고 있다. "우리는 부분적으로 알고 부분적으로 예언하니 온전한 것이 올 때에는 부분적으로 하던 것이 폐하리라"(고전 13:9-10). 바울은 반복법과 대조법 및 세 겹의 형식을 다시 사용하여 고린도전서 13장을 끝맺고 있다. "내가 어렸을 때에는 말하는 것이 어린 아이와 같고 깨닫는 것이 어린 아이와 같고 생각하는 것이 어린 아이 같다가 장성한 사람이 되어서는 어린 아이의 일을 버렸노라. 우리가 이제는 거울로 보는 것같이 희미하나 그 때에는 얼굴과 얼굴을 대하여 볼 것이요 지금은 내가 부분적으로 아나 그 때에는 주께서 나를 아신 것 같이 내가 온전히 알리라. 그런즉 믿음, 소망, 사랑, 이 세 가지는 항상 있을 것인데 그 중의 제일은 사랑이라"(고전 13:11-13).

마지막으로 공동서신에 나타나는 풍부한 은유와 유추법에 의한 논의, 대조법과 수사적 질문 등을 야고보서에서 찾아보겠다.

"혀는 곧 불이요 불의의 세계라. 혀는 우리 지체 중에서 온 몸을 더럽히고 삶의 수레바퀴를 불사르나니 그 사르는 것이 지옥 불에서 나느니라. 여러 종류의 짐승과 새며 벌레와 바다의 생물은 다 길들일 수 있고 길드여 왔거니와 혀는 능히 길들일 사람이 없나니 쉬지 아니하는 악이요 죽이는 독이 가득한 것이라. 이것으로 우리가 주 아버지를 찬송하고 또 이것으로 하나님의 형상대로 지음을 받은 사람을 저주하나니 한 입에서 찬송과 저주가 나오는도다. 내 형제들아 이것이 마땅하지 아니하니라. 샘이 한 구멍으로 어찌 단 물과 쓴 물을 내겠느냐. 내 형제들아 어찌 무화과나무가 감람 열매를, 포도나무가 무화과를 맺겠느냐. 이와 같이 짠 물이 단 물을 내지 못하느니라"(약 3:6-12).

앞에서 예를 든 바와 같이 바울은 수사와 웅변술에 능한 사람이었지만, 늘 그 형식에 얽매어 독자에게 전달하고자 하는 진리를 구속한 일은 없다. 그의 편지를 보면 자주 문장이 끊기기도 하고 의도된 그의 사상 체계가 흩어지는 것도 보게 되는데, 그것은 폭풍처럼 밀어치는 진리를 무엇보다 앞세워 나갔기 때문이다. 그만큼 그의 편지에는 강렬한 감정이 불타고 있습니다. 따라서 경우에 따라서는 설득으로, 때로는 위로로, 때로는 비난으로, 때로는 풍자로 나타나게 되는 것이다.

서신서들을 종합적으로 사려 볼 때, 우리는 서신서가 문체적으로 시적이며 수사학적인 이미지로 가득 차 있음을 알 수가 있다. 그것들의 신학적이며 윤리적인 내용에도 불구하고 그것들은 구체적인 이미지나 은유를 가지고 상상력에 호소한다. 언어는 선명하며 역동적이다. 우리는 산문 속에 숨겨진 잠언이나 격언, 제례의식적인 문형, 신조, 찬양시 등을 발견한다. 수사학적 기술도 여러 가지가 나타난다. 대조법, 병행법, 돈호법, 수사학적인 질문, 역설, 질문 답변식의 수사 기법, 감탄문, 반복, 풍자 등이다.

제9장 요한의 문학

요한복음서와 요한서신(1. 2. 3서), 그리고 요한계시록을 모두 합친 5권의 책을 우리는 요한의 문학이라고 부른다. 신약성경 총 27권 중 13권이 바울의 서신이고 5권이 요한이 기록한 책들이다. 그리고 누가와 베드로가 각각 2권을 기록했고, 마태, 마가, 야고보, 그리고 유다가 각각 1권을 기록했으며, 나머지 1권 히브리서는 바울의 기록물이라고도 하고 또는 기록자 미상이라고도 한다. 이렇게 볼 때 요한은 바울 다음으로 신약성경의 많은 부분을 기록한 주된 기록자라는 것을 알 수 있다.

예수의 생애를 기록한 신약의 네 번째 책인 요한복음서는 다른 세 복음서들과는 내용면에서 구별된다. 그래서 마태복음, 마가복음, 누가복음을 공관복음이라 하고, 요한복음은 세 복음서와 관점을 달리한다고 해서 제4복음서라고 한다. 요한복음서는 다른 복음서와는 달리 그때까지 잘 알려진 사건 자체보다는 그 사건들의 의미에 더 치중하고 있다.

요한복음서는 네 복음서 중 가장 나중, 즉 주후 90년경에 기록되었다. 물론 요한서신들(1, 2, 3서)도 주후 90년경에 기록되었다. 그리고 요한계시록은 사도 요한이 밧모 섬에 유배되어 기록한 것이니까 주후 95년경이라고 생각한다. 신학자들은 대부분 복음서는 물론 서신들과 계시록도 요한이 기록했다고 믿는다. 그러나 일부 신학자들 중에는 "요한서신을 쓴 사람이 과연 사도 요한이냐"라는 의문을 제기하는 경우도 있다. 그들은 복음서를 기록한 요한과 서신서를 기록한 요한 사이에는 엄청난 차이가 있다고 주장하면서, 요한복음서에서는 요한이 야망으로 가득 차 있고 화를 잘 내며 도량이 좁은 사람으로 묘사되어 있는데 반하여, 요한서신에서는 요한이 사랑의 정수로 묘사되어 있다고 한다. 어떻게 한 사람이 이처럼 전격적으로 다르게 변화될 수 있겠느냐는 이유를 들어서 요한복음서와 요한서신의 기록자는 다르다고 그들은 주장한다. 물론 그들의 주장이 틀린 것은 아니다. 그러나 요한은 예수를 구주로 영접해 드린 후 그의 교육과 훈련을 통하여 우레와 같이 뜨겁고 성격이 급한 사람으로부터 사랑의 사도로 기적적으로 변화되었으므로, 그 성품의 변화만을 가지고 복음서와 서신 그리고 계시록의 기록자가 다르다고 주장하는 것은 옳지가 않다.

또한 요한계시록의 기록자를 사도 요한으로 보는 것은 무리라고 주장하는 학자들도 있다. 그 이유로 그들은 이 경전을 쓸 때의 요한의 나이가 80-100세 정도였다고 추정되는데, 어떻게 이런 나이에 그토록 대단한 계시의 책을 쓸 수 있었겠느냐는 것이다. 물론 그럴듯한 이유가 될 수 있다. 그러나 사도 요한의 경우 말고 그런 경우가 전혀 없었던 것은 아니다. 솔로몬 왕도 많은 잠언과 노래를 지었는데, 그 중에서도 전도서는 솔로몬 왕이 죽기 직전 그의 노년기에 쓴 것이었다. 그러니까 반드시 나이가 많다고 계시적인 글을 못쓰는 것도 아니다. 그런 의미에서 요한복음서와 요한서신, 그리고 요한계시록의 기록자가 요한이 아니라고 하는 주장은 하나의 가설에 불과하고 진실이 아닌 것이다. 전통적으로 이 5권의 기록자를 요한으로 인정하는데, 그것을 그대로 받아들이지 못할 뚜렷한 증거가 없다.[78)]

그러니까 우리가 흔히 요한의 문학이라고 부르는 5권의 책은 요한이 주후 90년과 95년 사이에 기록한 것이 분명하다. 또한 요한의 문학에 나오는 중요한 핵심어들인 "생명", "빛", "사랑", "진리" 따위의 낱말들과 언어와 문체 등을 살펴볼 때, 요한문학의 기록자는 요한이라는 것을 확실히 알 수 있다. 이 핵심어들을 중심으로 생각해 볼 때, 한 마디로 요한의 문학은 생명의 문학이요 사랑의 문학이요 진리의 문학이라 할 수 있다. 생명, 사랑, 진리는 기독교의 모든 것이며 진수다. 구체적으로 이런 기독교적 진수의 세계를 요한이 아주 숭엄하게 다루었다는 것은 놀라운 은혜가 아닐 수 없다. 이런 요한 문학의 세계와 그 형식적 특징들을 진지하게 살펴보고자 한다. 그 이전에 사도 요한의 생애를 먼저 간단하게라도 고찰하는 것이 도움이 될 것 같아서 그렇게 하겠다.

1. 사도 요한의 생애

사도 요한은 세베대의 아들이었고(마 4:18-22; 막 1:16-20), 그의 어머니는 예수님의 어머니 마리아의 자매였던(요 19:25) 살로메였다(마 27:56; 막 15:40). 마리아와 살로메가 자매였다면 요한은 예수와는 사촌간이었다. 그 가족은 갈릴리 바다의 북쪽 해안에 있는 가버나움에서 살았던 것이 분명하다(막 1:21).

그리고 요한의 가족은 매우 부유했는데, 그것은 그의 아버지가 많은 어선(漁船)과 많은 품꾼들을 부리고 있었기 때문이다(막 1:19-20). 장형인 야고보와 함께 요한은 가버나움에서 베드로, 안드레와 더불어 고기를 잡았다. 고기잡이는 아주 힘든 노동이다. 거센 파도를 헤치면서 노를 저었기 때문에 손바닥에는 못이 박혔었고, 뙤약볕 아래서 그물을 수선하는 일로 해서 그들의 얼굴빛은 구리 빛이 되어 있었다.

요한은 예수를 만나기 전에는 세례 요한의 제자였다. 그는 안드레와 함께 그의 선생이었던 세례 요한에 의해서 예수께로 인도되었다. 예수와 몇 말씀을 나눈 요한은 그가 구세주임을 확신하게 되었다. 요한은 육십년이 지난 뒤에도 처음으로 예수와 만나 대화를 나누었던 그 감격적인 순간을 잊을 수가 없었다. 이 순간부터 예수께서는 요한의 생애에 있어서 그의 찬란한 빛이 되었고, 예수께서도 요한에게 남다른 사랑을 베풀어 주셨다. 예수와 처음 만난 후 요한은 고기잡이를 계속하려고 고향으로 돌아왔었으나 나중에는 예수의 동행명령을 받고 사람을 낚는 어부가 되기 위하여 모든 것을 버려두고 그의 형인 야고보와 베드로, 그리고 그의 동생인 안드레와 함께 예수를 따르게 되었던 것이다.

이렇게 해서 요한은 예수의 12제자들 중의 한 사람이 되었다. 예수는 요한과 그의 형인 야고보를 "보아너게" 곧 "우레의 아들"이라 부르셨다(막 3:17). 이것은 그의 과격한 성격 때문인 듯하다(막3:17, 9:38, 눅9:54-:5). 이 형제들의 활화산 같은 성품은 겸손하지 못한 사마리아인에게 불을 내려주기를 주님께 원했을 때 잘 나타났다. 또 이 형제는 앞으로 올 왕국에서 높은 자리 둘을 줄 것을 예수께 간청할 정도로 절제할 수 없는 큰 야망도 갖고 있었다. 예수께서는 이들의 불같은 열망과 경건하지 못한 욕심을 꾸짖긴 했지만, 삼년 동안 이들을 훈련시켜 폭풍 같은 성격을 잠재웠으며 우레의 아들을 조용하고 겸손한 사랑의 사도로 변화시켜 놓았다.

요한은 베드로, 야고보와 더불어 예수의 가장 사랑 받는 제자였으며 중요한 일이 있을 때마다 예수와 동행하였다(막5:37, 9:2, 14:33). 예수께서 야이로의 딸을 죽음에서 다시 살리셨을 때 요한은 그와 함께 있었다(막 5:37; 눅 8:51). 또한 그는 변화산에서 예수의 영광을 보았으며(마 17:1-2; 막 9:2; 눅 9:28-29), 최후의 만찬 자리에서도 예수의 바로 곁에 있었고, 죽으시기 바로 전날 밤 겟세마네 동산에서도 함께 하였다. 예수님께서 십자가상에서 그의 어머니를 부탁하셨던 제자도 또한 요한이었다.

예수께서 승천하신 후 베드로와 요한은 예루살렘 교회의 지도자가 되었다. 요한은 바울이 회개한 후 십사 년을 예루살렘에 남아 있었고, 늙을 때까지 에베소에서 살았다고 한다. 소아시아 태생으로 요한의 제자이면서 폴리갑(Polycarp)과는 친하였던 이레니우스(Irenaeus)는 주후 98년까지 요한은 에베소에서 살았다고 하였다.

말년에 요한은 에베소에서 멀지 않은 에게 해 복판에 있는 아름다운 섬인 밧모 섬으로 유배된 일이 있었다. 요한이 계시록의 인사말에서 "나 요한은 너희 형제요 예수의 환난과 나라와 참음에 동참하는 자라. 하나님의 말씀과 예수를 증언하였음으로 말미암아 밧모라 하는 섬에 있었더니"(계1:9)라고 쓴 것만 보아서도 알 수 있다. 도미시안 황제에 의하여 밧모 섬으로 추방되었던 요한은 성경의 마지막 책에 대한 메시지를 받고 환상을 보았다. 순교자들과 성도들, 그리고 악에 대한 하늘의 최종 승리를 본 요한의 마음은 너무나 기뻤다. 계시록의 마지막인 22장에서 요한은 너무나 감격스럽게 "이것들을 보고 들은 자는 나 요한"이라고 기

록하였다(계22:8)

트라얀(Trajan) 황제는 요한이 밧모 섬을 떠나서 에베소로 돌아가는 것을 허락했다. 소아시아에서 그를 따르는 자들의 선교 사업이 그의 목숨이 다할 때 성취되었음을 요한이서와 요한삼서를 통하여 알 수가 있다. 요한은 자기의 영적인 자식들이 진리 가운데 행한다는 소식을 듣고 기뻐했다. 요한은 그들에게 충분한 보응을 받게 될 것을 잊지 말도록 조심하라고 충고했다.

예수를 처음 따를 때 가장 어린 소년이었던 요한은 열 두 사도 가운데서는 제일 장수했다. 그런데 이상하게도 그의 형인 야고보는 사도들 가운데서 제일 먼저 죽었다고 한다. 요한은 불같은 성급한 성격의 소유자였지만(막 9:38-40; 눅 9:40-50), 예수를 믿고 그의 제자가 된 후 주님의 강도 높은 교육과 훈련을 통하여 그의 날카롭고 조급한 성품이 서서히 밑으로 가라앉아 그리스도의 사랑의 권세에 순종하는 사람이 되었던 것이다. 그런 성품의 변화와 열정은 그의 책들 속에 잘 반영되어 있다.

2. 생명의 문학: 요한복음서

요한복음서의 주제는 "생명과 빛과 사랑이신 그리스도"이다. 이는 인간에게 풍성한 생명을 주시려고 이 땅에 오신 그리스도, 세상의 어둠을 밝혀주시는 빛이 되신 그리스도, 인간에 대한 하나님의 사랑을 나타내시기 위하여 당신 자신을 희생하신 그리스도를 표현한 말인 것이다.

다시 말하면, 이 복음서의 요지는 하나님의 아들로 인간이 되신 예수 그리스도께서는, 보이지 않는 하나님의 말씀을 받아들이는 사람들에게는 영생을 주시고(요 3:16), 믿지 않고 거부하는 자들에게는 멸망을 주신다는 것을 가르치시기 위하여 세상에 오셨다는 것이다. 그러므로 요한복음서는 하나님의 성자 그리스도를 받아들이느냐, 아니면 거부하느냐 하는 선택의 결단을 각자에게 촉구하는 데에 초점을 맞추고 있다 할 수 있다. 즉 그리스도와의 인격적 교제가 곧 "생명"을 얻는 길임을 역설한 복음이 바로 요한복음서인 것이다.

앞에서 말한 것처럼, "생명", "빛", "진리" 등의 낱말들이 중요한 핵심어로서 자주 사용되고 있는 것도 그런 의도의 이미지화라 할 수 있다. 요한은 그의 복음서의 모두에서 이런 생명사, 곧 구속사의 시작을 다음과 같이 선포하고 있다. "태초에 말씀이 계시니라. 이 말씀이 하나님과 함께 계셨으니 이 말씀은 곧 하나님이시니라. 그가 태초에 하나님과 함께 계셨고 만물이 그로 말미암아 지은 바 되었으니 지은 것이 하나도 그가 없이는 된 것이 없느니라. 그 안에 생명이 있었으니 이 생명은 사람들의 빛이라. 빛이 어둠에 비치되 어둠이 깨닫지 못 하더라" (요 1:1-5).

이것은 태초에 하나님과 함께 계셨던 말씀 즉 그의 독생자 예수 그리스도께서 어둠에 처해 있는 인간을 빛 가운데로 곧 생명의 세계로 옮겨 놓기 위하여 육(인간)이 되어 오셨다고 선포한 것이다. 예수 그리스도께서 활동하신 세계는 영광스로운 하나님이 계신 높은 영역(요 8:23)이 아니요, 그 영역과는 아주 대조가 되는 낮은 영역 즉 이 세상이다. 이 세상을 요한은 어떻게 보았는가?

첫째, 요한은 이 세상을 어둠 혹은 빛의 부재로 특징 지워지는 곳으로 보았다(요 1:5; 12:46; 요일 2:8-11). 그래서 참 빛이 세상에 비쳐도, 이 빛은 영접 받지 못하고(요 1:9), 사람들은 그 자신의 행실이 악하기 때문에 빛을 거부한다(요 3:19)는 것이다. 또한 이들은 고의적으로 빛에 대하여 소경이 되었으며(요 9:39-41), 결국 그들에게 내리는 심판은 그들이 결코 거기서부터 회복될 수 없는 상태로 그들의 눈을 멀게 했다는 것이다(요 12:37-40).

둘째, 요한은 이 세상을 인간이 자유를 상실하게 된 속박의 장소로 보았다(요 8:8:34). 즉 인간은 그들이 복종하여야 하는 통치자 밑에 있으며, 그 통치자는 이 세상의 왕자인 악마라는 것이다(요 12:31; 14:30).

셋째, 요한은 이 세상을 죄악이 가득 찬 곳으로 보았다. 눈 멈과 어둠,

허위와 미혹, 그리고 노예의 상태가 이 세상의 근본적인 성격을 표현주고 있다는 것이다(요일 5:19; 요이 1:7; 요삼 1:11).

이처럼 이 세상은 그 자신의 죄 된 특성 때문에 하나님의 심판 아래 있다. 예수가 이 세상에 오심은 하나님의 심판의 행위이며(요 9:39), 여기서 인간은 구원을 받거나 심판에 넘겨지거나 하는 갈림길에 서게 된다. "하나님이 그 아들을 세상에 보내신 것은 세상을 심판하려 하심이 아니요 그로 말미암아 세상이 구원을 받게 하려 하심이라. 그를 믿는 자는 심판을 받지 아니하는 것이요 믿지 아니하는 자는 하나님의 독생자의 이름을 믿지 아니하므로 벌써 심판을 받은 것이니라"(요 3:17-18).

우리가 예수 그리스도를 "하나님의 거룩하신 자이신 줄"(요 6:69)로 믿으면 영생을 얻게 되리라는 것이다. 이만큼 요한은 믿음을 강조하였다. 이 믿음은 예수 그리스도의 신분을 그대로 인정하는 것을 말한다. 마르다는 "주는 그리스도시오, 세상에 오시는 하나님의 아들이신 줄 내가 믿나이다"(요 11:27)라고 해서 역시 그리스도의 정체를 시인하는 믿음을 말하였다. 요한 일서에서도 "그 아들 예수 그리스도의 이름을 믿고 그가 우리에게 주신 계명대로 서로 사랑하라"(요일 3:23)고 하였다. 예수를 하나님의 아들로 믿으면 하나님께서 우리에게 약속하신 "영원한 생명"(요일 2:25)을 누리시게 하신다는 것이다.

또한 요한복음서에 나타나는 믿음은 하나님의 사랑에 대한 인간의 반응으로서의 믿음이다. 요한복음서 3장 16절이 그것을 잘 표현해 주고 있다. "하나님이 세상을 이처럼 사랑하사 독생자를 주셨으니 이는 그를 믿는 자마다 멸망하지 않고 영생을 얻게 하려 하심이라"(요 3:16). 하나님이 사랑을 본받아 사는 사람은, 공관복음서의 가장 큰 계명, 즉 "하나님을 사랑하고 네 이웃을 네 몸과 같이 사랑하라"는 말씀을 달리 표현한 "서로 사랑하라"(요 13:34; 15:12, 17; 요일 3:23)라는 기준으로 제시된 말씀을 따라 살아야 한다. 그것이 하나님께서 우리에게 주신 새로운 계명인(요일 5:3) 동시에 기독교 윤리의 기본인 것이다. 즉 행함으로 구원을 얻는 것은 아니지만 믿으면 반드시 선을 행하고 서로 사랑하는 윤리적인 삶이 따라야 한다는 것이다. 그런 사랑이 있으면 "사망에서 옮겨 생명으로 들어가게 된 줄을"(요일 3:14) 알게 된다고 하였다.

즉, 우리 인간이 영원한 생명을 누리려면 하나님이 보내신 독생 성자를 나의 구주로 영접하고 그를 믿고 서로 사랑하는 윤리적인 삶을 살 때 가능하다는 것이다. 그것은 곧 빛이 어둠을 몰아내듯이 믿음의 빛이 죄악의 어둠을 몰아내는 것이 됨으로써 그 믿음을 통하여 우리는 그 생명 세계에 들어가게 된다. 빛의 세계는 곧 하나님의 나라를 의미한다.

복음서의 기록자들 가운데서 요한만이 강조한 것이 있는데, 그것은 바로 다름 아닌 성령으로 거듭나지 아니하면 생명과 빛이 충만한 하나님의 나라에 들어갈 수 없다는 것이다(요 3:5). 요한만이 성령에게 "보혜사"(요 14:16; 14:26; 15:26; 16:17; 16:13) 혹은 "진리의 영"(요 14:17; 15:13, 26)이라는 특별한 명칭을 부여하고 있으며, 요한만이 부활하신 주님께서 제자들에게 나타나 "성령을 받으라"(요 20:22)고 하였다. 이런 강조 때문에 요한복음서는 성령의 복음서라고 불리기도 한다.

결국 요한복음서의 목적은 "예수께서 제자들 앞에서 이 책에 기록되지 아니한 다른 표적도 많이 행하셨으나 오직 이것을 기록함은 너희로 예수께서 하나님의 아들 그리스도이심을 믿게 하려 함이요 또 너희로 믿고 그 이름을 힘입어 생명을 얻게 하려 함이니라"(요 20:30-31)라는 말씀 속에 요약되어 있다.

요한은 다른 복음서의 기록자들과는 달리 이 사실들을 상징적이며 암시적인 방법으로 파악하였다. 그러므로 요한복음서의 내용은 좀 더 풍부한 영적인 의미를 갖게 된다. 그런 예로서 요한복음 10장 1-18절에 나오는 "양의 문" 비유를 들 수 있다. 이것은 비유이지만, 비유 그 이상의 뜻을 함축하고 있다. 하나님의 양들을 돌본다고 주장하면서 양의 문이신 그리스도 자신을 통해 양 무리에게로 들어가지 않는 자들은 모두가 절도며 강도(요 10:1)라는 것이다. 바로 이 절도와 강도가 누구냐 하면 그 당시 종교 지도자들 특히 바리새인이라고 꼬집고 있다. 바리새인들은 소경된 지도자들이므로 또한 삯군 목자가 아닐 수 없으며 절도와 강도(요 10:8)의 범주에 넣지 않을 수가 없다.

"말씀(하나님)이 육(인간)이 되었다"는 이 선언은 우선 예수 이전의 역사와 그 이후의 역사를 엄격히 구분해 준다. 예수 이전의 역사 자체 안에는 의미가 없었다. 그것은 그 안에 목적이 없었기 때문이다. 따라서 그 역사는 계속 생성변화하고 소멸하는 영원한 반복과 회귀(回歸) 밖에 없다. 그것은 그리스 철학이 이해한 역사관 그대로이다. 그러므로 그것은 역사이면서 역사가 아니다. 왜냐하면 그것은 자연에서 보는 대로 법칙에 의해서 기계처럼 도는 데 불과하기 때문이다.

이 선언은 이 기계가 그 궤도를 따라 계속 돌듯이 필연밖에 없는 이 역사에 새로운 가능성이 잉태하게 되었다는 선언이라 할 수 있다. 이것은 예수의 출현으로 역사는 그 자체의 리듬에 의해서 또 그 리듬을 위해서 반복되지 않고 한 구심점이 생겼다는 뜻이 될 것이다. 예수는 보통 인간과 마찬가지로 피곤함도 느끼시고 목말라 하시기도 하셨다. 그런데 그 예수가 바로 영원한 생수를 주신다는 것이다(요 4:7-42). 인정에 약해 눈물을 흘리는(요 11:35) 그 예수가 바로 생명이요 부활의 주시다. 십자가상에서 목마르다고 하던 바로 그가 "다 이루었다"(요 19:30)고 하신다. 요한은 바로 순수한 인간의 몸으로 오시는 예수의 모습에서 "아버지의 독생자의 영광"과 그 속에 충만한 "은혜와 진리"(요 1:14)를 보았다.

요한은 이 복음서에서 단순한 예수의 생애를 기록한 것이 아니고 하나님의 아들 예수 그리스도가 빛으로 그리고 생명으로 육(인간)이 되어 이 세상에 오심으로써 "하나님의 역사"가 시작되었다고 선포한다.

지금까지는 요한복음서의 세계를 간단히 살펴보았다. 이제부터는 요한복음서의 숭엄한 문학성을 탐색해 보겠다. 많은 학자들이 인정하는 바와 같이, 요한복음서는 아마 어떤 복음서보다도 가장 문학적인 책이라고 생각한다. 특히 우리는 요한이 비교적 아름답게 그의 이야기들을 서술하려고 한 것에 주목하여야 하고, 또한 예수의 가르침을 광범위하게 다룰 때 이미지나 상징에 많이 의존하였다는 사실도 알아야 한다.[79] 그것이 바로 요한의 문학적 능력이라 할 수 있다.

나이트가 요한은 예수를 "형식화된 종교, 위선, 질투, 악과 고난의 세계에 대항하는 실루엣의 모습으로"[80] 묘사했다고 말했듯이, 언제나 그의 마음속에 담겨져 있던 빛과 어둠, 생명과 죽음, 예수의 주장에 대한 영접과 거부 등을 포함하는 서로 상반되는 이미지들을 통해 대조적으로 진리를 전달하려고 하였던 것이다. 다른 말로 말하자면 요한은 늘 높은 우주적인 진리를 전달하기 위하여 다음과 같은 문학적인 장치와 수사적인 표현을 시용했다는 뜻이다.

첫째로 요한은 예수와 관련된 사건과 그 의미를 해석하는 강론형식의 패턴을 취했다. 요한복음서에서 볼 수 있는 가장 분명한 패턴은 마태가 산문과 교훈을 합쳐서 다룬 것과는 달리 예수와 관련된 사건과 그 사건의 의미를 해석하는 강론을 합쳐서 다루고 있다는 것이다. 그래서 예수께서 사마리아 여인에게 물을 달라고 하신 사건은 생명의 물에 관한 교훈으로 연결되었고(요 4장), 안식일에 병을 고치신 사건은 예수의 신적인 권위에 대한 가르침과 연결되었으며(요 5장), 오천 명을 먹이신 사건은 생명의 떡에 관한 가르침으로 연결되었고(요 6장), 나사로를 살리신 사건은 예수께서 부활이요 생명이시라는 가르침으로 연결되었다(요 11장). 이런 강론형식의 패턴을 통하여 요한은 현상적인 논리전개로 끝날 것을 영적인 것과 연결하면서 그 의미를 확대 심화시켰던 것이다.

둘째로 요한은 숫자의 패턴을 중시했다. 요한은 요한복음서에서도 일곱이라는 숫자를 요한계시록에서와 거의 비슷하게 많이 사용하였다. 물론 가장 두드러지게 나타나는 것은 3이라는 숫자다. 이를테면 세 번의 유월절, 예수께서 참석하신 세 번의 잔치, 예수의 메시아 되심에 대한 세례 요한의 세 번의 증언, 세 번에 걸친 예수의 정죄, 십자가상에서 하신 세 번의 말씀, 베드로의 세 번의 부인, 세 번에 걸친 베드로의 회복 등

3이라는 숫자를 반복적으로 사용하면서 그 의미를 강화한 것 등이 그 예다.

이미 위에서 언급한 대로 일곱에 대한 이미지도 역시 많이 나타난다. 산문의 핵심은 예수께서 행하신 일곱 가지의 기적, 혹은 표적을 중심으로 구성되어 있다. 즉 물을 포도주로 만드심(요 2:1-11), 관원의 아들을 고치심(요 4:46-54), 중풍병자를 고치심(요 5:1-18), 오천 명을 먹이심(요 6:5-13), 물위를 걸으심(요 6:16-21), 맹인을 고치심(요 9:1-17), 나사로를 살리심(요 11:3-44) 등이 그러한 예들이다.

마찬가지로 예수의 인격과 사역을 묘사하면서 말씀 하신 "나는~이다"라는 말씀도 무척 중요하다. 요한복음서에서는 7번이나 이 패턴을 사용하였다. 즉, "나는 생명의 떡이다"(요 6:35), "나는 생명의 빛이다"(요 8:12), "나는 문이다"(요 10:9), "나는 선한 목사다"(요 10:11), "나는 부활이요 생명이다"(요 11:25), "나는 길이요 진리요 생명이다"(요 14:6), "나는 참 포도나무다"(요 15:1) 등이다. 요한은 이런 패턴을 일곱 번 사용해서 "계시자이신 예수"를 밝히 드러내는 일을 강조했던 것이다.

또한 요한은 이 세상의 구세주로 오신 그리스도에 대한 일곱 증인들의 증언을 소개한다. 곧 아버지(요 5:37; 8:18), 아들 자신(요 8:14; 18:37), 그리스도께서 하신 역사와 일(요 5:36; 10:25), 성경(요 5:39-46), 세례 요한(요 1:7; 5:35), 제자들(요 15:27; 19:35), 성령(요 15:26; 16:14) 등이 예수가 그리스도이심을 증언해 준다는 것이다. 무대 위로 7명의 새로운 증언자가 번갈아 배우처럼 나오면서 예수가 사람이 되신 하나님의 아들이라는 사실이 더욱 뚜렷하게 드러나게 되는 것이다. 여기서 우리는 희극적인 매력을 느낄 수 있다. 이렇게 증인들의 증언이 차례차례 제시됨에 따라 그리스도께서 자기주장을 세우시며 이적을 행하시는 대로 그리스도를 따르는 사람들의 깊어가는 믿음과 그 원수들의 커가는 미움을 우리는 분명히 볼 수가 있다.

셋째로 요한은 다양한 이미지를 구사했다. 테니에 의하면 이 복음서에 나타난 중요한 진리들은 스물네 가지의 이미지들에 의해 전승되었다. 어떤 것들은 목양적이고(양, 목자, 포도나무, 밀알), 어떤 것들은 생계를 위해 누구에게나 필요한 것들이거나(떡, 물), 일상적인 행동에 관한 것들이고(먹고, 마시고, 잠자고, 태어남), 어떤 것들은 사회적인 것들이고(신랑, 도적, 종), 어떤 것들은 기본적인 선과 악에 관한 것이고(빛 어둠), 어떤 것들은 직위에 관한 것들이다(아버지, 하나님의 아들, 인자). 이 이미지들과 은유들은 다양하게 예수의 절대적인 필요, 그리스도를 따르는 자들을 위한 영생의 본질, 선과 악의 우주적 마찰 등을 강조한다.[81] 무엇보다도 요한의 이미지들은 우주적이라 할 수 있다.

이상 서술한 문학적인 성격을 종합적으로 살펴볼 때, 우리는 그것을 '숭고' (崇高)라는 말로 설명할 수 있을 것이다. 숭고라는 것은 '단순함'과 '심오함' 이라는 두 가지 요인으로 인해서 생겨질 수 있는 것이다. 바다는 그 아득함과 그 측량하기 어려운 깊음 때문에 숭고하고, 구름 없는 푸른 하늘은 그 무한한 쇄청빛 궁융 때문에 숭고하다. 이 복음서도 그러하다. 요한복음서의 이야기는 어린 아이라도 좋아할 만큼 단순하지만, 그 문장은 아주 철학자라도 그 깊이를 측량할 수 없으리만큼 심오하다.

또 요한의 문학적 성격은 매우 극적인 전개를 시도하였다는 것이다. 이 복음서에는 두 극적인 부분이 있는데, 그 첫째는 제12장까지에서 종결되는 부분이다. 곧 제12장에서 예수께서는 마지막으로 큰 이적을 행하셨는데, 그것은 나사로가 부활한 사건이다. 그것 때문에 지도자들이 예수를 죽이려고 음모를 꾸미게 된다. 그런데 마리아는 주님의 발에 그 사랑의 예물을 부어드렸고, 군중은 주를 호산나 호산나라고 외치면서 맞으며 주를 보려고 하였다. 이 얼마나 대조를 이루는 긴장된 극적인 구성인가?

그 두 번째는 그리스도께서 세상을 물러가신 것과 제자들에게 자기자신을 나타내시는 모습과 행동 속에 드러난다. 예수께서 그 자신을 제자들에게 나타내실 때 처음에는 겸손한 봉사의 행동으로 나타내셨고, 그 다음으로는 위안과 발흥(發興)의 말씀으로 나타내셨으며, 또 하나님의 아들만이 드릴 수 있는 기도로 나타내셨고, 마지막으로는 사망을 승리하시므로 나타내셨다. 의심하는 도마가 마침내 그 부활하신 선생님 앞에 서서 "나의 주님이시오 나의 하나님이시라"(요 20:28)고 불으짖을 때 요한의 증거는 극치에 이르게 된다. 이런 극적인 분위기와 전개를 통하여 예수는 그리스도시요 살아계신 하나님의 아들이라고 하는 믿음을 우리로 하여금 갖지 아니 할 수가 없게 만드는 것이다. 이렇게 볼 대, 요한복음서는 복음의 메시지로서도 위대하지만 그것을 구현한 문학성으로 보아서도 매우 훌륭하다고 하지 아니 할 수 없다.

3. 사랑의 문학: 요한 일 이 삼서

요한 1서는 서두와 끝에 인사말도 없고, 송영도 없으며, 또한 저자의 이름도 없고, 수신자의 이름도 없다. 다시 말하면 요한 1서는 편지의 형식으로 된 책이 아니라는 말이다. 이 책은 편지라기보다는 일종의 기독교교인 전체를 위한 일종의 성명서와도 같은 그러한 글이라 할 수 있다. 그러나 요한 1서에 비하면 요한 2서와 3서는 분명한 서신의 형태를 취하고 있다.

많은 학자들은 요한서신서를 논증적인 글이라기보다는 목회적인 글로 생각하여야 한다고 역설한다. 이러한 주장에는 일면 진리가 내포되어 있다. 즉 그것은 요한이 목회적인 따뜻한 관심을 갖고 그 당시 판을 치던 거짓 선생의 무리들을 경계하고 사랑하는 사람들이 바른 신앙을 지켜가도록 하기 위하여 이 편지를 써서 보냈기 때문이다. 그가 이 편지를 쓴 것은 거짓 선생들을 성토하기 위한 것이라기보다는 그의 사랑하는 자녀들을 보호하고 또 그들을 그리스도인의 신앙과 생활 위에 굳건하게 세우기 위한 것이었다. 그러므로 그는 자기 자신의 기록 목적을 "우리의 기쁨이 충만하게 하려함이라"(요일 1:4)고 하였고, "너희로 죄를 범하지 않게 하려 함이라"(요일 2:1) 하였으며, "너희로 하여금 너희에게 영생이 있음을 알게 하려 함이라"(요일 5:13)라고 못 박았던 것이다. 곧 그의 기록 목적은 그의 사랑하는 자녀들에게 기쁨과 거룩함과 담대함을 주고 그것들을 지켜가도록 하기 위한 것이었다. 이와 같은 것들은 목자가 자기 양떼들에게 요구하는 그리스도인의 성품인 것이다. 그러므로 요한 1서는 목회 교양서 중의 백미(白眉)라 할 수 있다.

요한서신은 서재의 학문적 안온함 속에서 이루어진 신학적 조문이 아니라 교회 내의 특수하고 긴박한 상황에 따라 요청된 일시적 소논문이라 할 수 있다. 요한이 이 편지를 쓸 당시에는 사도 바울이 에베소 교회의 장로들에게(행 20:29-30) 그리고 나중에는 디모데에게 다시 말한 바 있는(딤후 3:1 이하; 4:3-4) "흉악한 이리들"이 많이 나타나 성도들을 "미혹하게 하려고"(요일 2:26) 하고 있었다. 이 흉악한 미혹자들로부터 그의 사랑하는 자녀들을 보호하고 경계시키기 위하여 요한은 편지를 썼던 것이다(요일 3:7).

요한은 이 미혹자들을 세 가지 표현으로 서술하였는데, 첫째는 "거짓 선지자"(요일 4:1)라 하였고, 둘째는 "미혹하는 자"(요이 7)라 하였으며, 셋째는 "적그리스도"(요일 2:18, 22; 4:3; 요이 7)라 하였다. 이들은 그리스도께서 육체로 오신 사실이나 예수는 육체로 오신 그리스도였음을 부인하였기(요일 4:2; 요이 7) 때문에 적그리스도라고 할 수 있다. 그들은 성육신을 부인하면서도 오히려 적극적인 정통주의자들로 자처하였으며(요이 9), 나아가 아들 없이 아버지만을 모시려 하였다(요일 2:22, 23; 요이 9). 이들 거짓 선지자들에 맞서 요한은 목격자들이 귀로 듣고 눈으로 보고 손으로 만졌던 태초부터 있었던 역사적 현현(顯現)을 강조하였던 것이다(요일 1:1-3; 4:14).

그리스도를 믿노라 하면서도 행함이 없으면 사랑이 없는 자라 할 수 있고, 빛 가운데 있는 것이 아니라 어둠 가운데 있는 자라고 할 수 있다(요일 2:9; 4:20 참조). 위에서 말한 미혹자들은 '하나님을 안다', '하나님 안에 거한다', '빛 가운데 거한다' 고 주장하고 있었지만, 그들 자신은 불의와 무정함 가운데 살고 있었다. 그러한 사람들을 우리는 '거짓말장이' 이라 한다.

그러나 요한은 이런 소극적 언어들로 만족한 상태에 머물지 않고, "하나님은 빛이시며"(요일 1:5), "하나님은 사랑"(요일 4:8, 16)이시라는 사실을 내세워 그 힘으로써 죄의 어둠과 미움의 세력에 적극적으로 도전하는 것이다. 뿐만 아니라 예수 그리스도께서 세상에 오신 것은 죄를 없이하고 마귀의 일을 멸하려 하심이었다는 것을 강력하게 역설한다. 그러므로 요한서신에서 강조하는 정신은 바로 "사랑"이라는 것을 알 수 있다.

그래서 요한은 하나님을 사랑하고 "서로 사랑하는 것" 이야말로 믿는 사람들에게 준 새로운 계명이라고 주장하게 되는 것이다. 하나님을 사랑하는 것은 곧 그의 계명을 지키는 것이다(요일 5:3). 그의 계명을 지키는 자는 하나님의 사랑과 연합하여 새로운 생명의 세계로 들어가게 되고 그는 세상을 이기게 된다(요일 5:4). 하나님을 사랑하는 것과 하나님을 믿는 것은 거의 동일한 것이다. 하나님을 믿는 자는 그 속에 증거가 있는데 그 증거는 하나님이 그 아들을 통하여 주신 영생 곧 새로운 생명이다(요일 5:10-13).

요한서신의 목적은 참 신자들의 믿음을 강하게 하고 대적하는 자들의 진짜 색깔이 무엇인지를 드러내도록 하는데 있다. 이 목적을 달성하기 위해서 그는 충격적이고 강한 이미지들과 대조법 같은 문학적인 장치를 깔아 놓았다.

요한서신에서 요한이 추구한 목적은 앞에서 말한 것처럼 예수가 사람의 몸을 입고 세상에 오신 그리스도의 사랑을 입증하는 것이었다. 그리스도가 성육신한 사건을 뒷받침하기 위하여 그는 물과 피의 이미지를 사용하였다. "이는 물과 피로 임하신 이시니 곧 예수 그리스도시라. 물로만 아니요 물과 피로 임하셨고 증언하는 이는 성령이니 성령은 진리니라"(요일 5:6). 대부분의 해석가들은 물은 예수의 세례를, 그리고 피는 예수의 십자가를 가리킨다고 믿고 있다. 성령의 증언과 함께 생각해 볼 때(요일 5:8), "성령과 물과 피, 이 셋은 합하여 하나다"라는 표현은 그와 같은 그리스도의 역사적인 사건을 부인하거나 축소시키려는 대적들의 논리에 대한 반증이 된다. 이러한 문맥에서 사용한 요한의 증언에 관한 이미지(요일 5:7-12)는 독자들의 마음속에 법적인 세계와 합법적인 주장을 성립시키기 위해서는 최소한 둘 이상의 증언이 필요하다는 것을 암시해준다.

또한 요한은 하나님의 거룩하신 성품에 관한 교리에 근거해서 여러 생각들을 대조적인 방법으로 표현되었는데, 특히 요한일서 1장 5절에서 가장 두드러지게 나타난다. "하나님은 빛이시라. 그에게는 어둠이 조금도 없으시다는 것이니라"(요일 1:5). 빛과 어둠의 이미지들 속에는 풍성한 의미들이 함축되어 있다(요 1:1-18 대조). 여기서 빛의 이미지는 하나님의 영광스러운 성품과 무엇과도 비할 수 없는 도덕적 완전성, 그리고 하나님의 절대적인 진실과 의를 의미한다. 또한 그것은 하나님의 자체 계시에 관해 말하는데, 이는 진리가 인류에게 밝히 드러나도록 한 하나님의 아들을 통하여 가장 잘 나타난다.

본질상 빛은 어떤 것의 진짜 속성을 드러냄으로 대체로는 심판에 이르도록 한다. 빛이 들어오면 거기에는 화합될 수 없는 분리가 생기고 해결이 불가능한 갈등이 발생한다. 어둠은 그 반대의 의미를 지닌다. 즉 도덕적인 악, 불의, 거짓, 실수, 의도적인 무지, 속임과 기만 같은 것을 다 포괄한다. 요한은 이러한 은유들을 소개함으로써 중립이란 도저히 불가능한 것임을 증거 하였는데, 그것은 직접적인 문맥 안에서는 물론(요일 1:5-2:11) 나머지 요한의 서신을 통하여 관련된 이미지들 가운데서도 찾아볼 수 있다.

예를 들면, 요한은 죄악된 삶을 살면서(요일 1:6-7) 하나님과 교제를 나눈다고 말하는 주장의 모순을 보이기 위해서 삶의 방식을 위한 이미지인 "동행, 걷는다"는 은유를 사용한다. 그러기 위하여 그는 어둠 가운데 행함(요일 1:6)과 빛 가운데 행함(요일 1:7)을 대조시킨다. 빛 가운데 거한다함은 하나님의 성품과 계시된 진리에 합당한 삶을 살아가는 것이고, 어둠 가운데 행한다함은 그 반대되는 영역에서 사는 것을 말한다.

대조의 또 다른 예는 세상에 대한 사랑과 아버지를 위한 사랑(요일 2:24)에서 찾을 수 있다. "세상"에 대한 이미지는 요한 1서에 자주 나타나는데 주로 사단의 완전한 권세 아래 있으면서 수많은 사람들을 그 길로 유혹하고(요일 5;19), 하나님과 그리스도인들을 대적하는(요일 3:13) 악의 세력을 가리킨다.

세상의 이미지와 밀접하게 관련되어 있는 것이 우상을 피하라는 요한의 권면이다(요일 5:21). 우상에 관한 언급은 구약에 나오는 하나님께 대한 불순종을 생각나게 하는데, 이는 요한의 독자들이 하나님께 진실하며 널리 파급된 거짓 진리를 받아들임으로 믿음을 저버리는 일이 없도록 하라는 요한의 깊은 관심을 잘 요약해 주고 있다.

요한은 인류가 두 개의 전혀 다른 진영으로 나뉘어 있음을 강조하기 위하여 여러 다양한 묘사적 이미지들을 사용한다. 하나님께 순종하는 자들은 하나님의 자녀들이고(요일 3:1; 5:2), 하나님께로부터 난 자들이요(요일 3:9), 하나님께 속한 자들이다(요일 3:10; 5:19). 반면에 하나님을 대적하는 자들은 마귀의 자식들이요(요일 3:10), 마귀에서 난 자들이고(요일 3:8), 또한 거짓 선지자요(요일 4:1), 미혹하는 자(요이 7)라 명명하였다. 이 두 진영의 분계선은 그리스도에 대한 사랑의 실천 여부에 따라 갈라지게 되는 것이다.

요한은 하나님과 형제를 사랑하는 것이 참 신자라는 것을 전달하기 위하여 가족의 이미지를 주기적으로 사용한다. 핵심이 되는 구절은 요한 1서 5장 1절이다. "예수께서 그리스도이심을 믿는 자마다 하나님께로부터 난 자니 또한 낳으신 이를 사랑하는 자마다 그에게서 난 자를 사랑하느니라." 하나님과 하나님을 사랑하는 자와의 관계는 부자(父子)

또는 부녀(父女) 관계로 묘사되었다. 그리고 하나님 안에서 난 자들은 형제요 자매라 하였다.

참된 믿음의 또 다른 표적은 생명의 말씀(요일 1장), 생명(요일 1:2), 혹은 영원한 생명(요일 1:2)이라고 묘사된 아들에 대한 믿음이다(요일 5:1, 13). 예수를 부인하는 자들은 거짓말하는 자들이라고 불리어진다는 것이다(요일 3:15).

그리고 참된 신자들에게는 성령께서 거하신다고 요한은 말한다(요일 3:24; 4:13). 성령의 사역을 설명하기 위하여 두 가지 이미지가 사용되었는데, 하나는 신자들로 하여금 진리를 믿도록 만드는(요일 2:20) "기름 부음"이고, 다른 하나는 죄를 물리치도록 해주고 아버지의 자녀로서 아버지의 이미지를 닮았음(요일 3:1-2)을 확인시켜 주는 씨(요일 3:9)이다.

요한은 이처럼 유효적절한 이미지들을 많이 사용했고 사랑에 가득 찬 어조로 그의 독자들에게 글을 써서 보냈던 것이다. 예를 들면 요한은 독자를 가리켜 "자녀"(요일 2:1)라 하였고, 사랑하는 자들(요일 2:7; 요삼 3)이라 하였다. 그리고 요한 2서 1절에서는 독자들을 "택하심을 받은 부녀와 그의 자녀들"(요이 1)라고 불렀던 것이다. 사랑의 사도답게 그는 온화하고 친밀하며 부드러운 어조(tone)로 독자들을 대하고 그들에게 사랑하는 마음으로 미혹당하지 않도록 아버지가 자녀들을 돌보는 것 같은 마음을 가지고 편지를 썼던 것이다. 이런 의미에서 요한서신은 요한의 목회서신이라고 할 수도 있다.

4. 묵시문학: 요한계시록

신약에 들어와서 맨 끝에 있는 요한계시록을 만나면, 그동안 읽어오던 복음서나 서신서들과 너무 다른 표현양식 때문에 당황하지 않을 수 없다. 수많은 상징적 표현들이 정확하게 무엇을 뜻하는지 알기 어렵고, 시간상으로 현재인지 과거인지 미래인지 알기 어려운 묵시적인 요소들이 있으며, 땅에 속한 세계의 일을 다루지 않고, 보이지 않는 세계인 영계에서 벌어지는 사건을 묘사함으로써 더욱 난해하게 만드는 것이다.

구약에는 예언서가 난해하였지만, 요한계시록은 구약의 예언서보다 더하면 더했지 덜하지는 않으며, 복음서와 서신서들에 간혹 나오는 난제들과 비교해도 훨씬 난해하다고 할 수 있다. 그래서 구약의 다니엘서나 요한계시록 같은 책을 예언서(Prophecy) 중에서도 특히 묵시문학이라고 부르는 것이다.

묵시문학은 "아포칼립시스"(apocalypsis)라는 헬라어의 뜻이 암시하듯이 '앞으로 도래하게 될 일들'을 계시하는 글, 다시 말해서 한 시대의 종말과 새로운 시대의 탄생을 예고하는 글이다.[82] 묵시문학은 대체로 대억압과 박해의 시기에 출현하기 때문에, "악한 세력들을 물리치실 하나님의 최후 승리에 대한 확신"이라는 "단일주제"[83]를 갖는 것이 보통이다. 묵시문학은 또한 거의 언제나 재앙들을 마치 그림을 그리듯이 생생하고도 무시무시하게 묘사하고 있는데, 사실상 이와 같은 재앙들로 말미암아 박해의 시대는 급기야 종말을 맞이하게 된다.

이런 박해의 시기에 하나님의 심판을 예언하는 것이 기록자들에게 있어서는 항상 위험스러운 일이었으므로, 가명으로 위장하여 상징적인 언어로 글을 썼던 것이다. 요한계시록은 많은 부분이 다른 묵시문학과 비슷하지만, 다른 점도 있다. 그것은 익명이나 위명이 아닌 기록자 자신의 이름을 처음부터 밝히고 있고, 대부분의 묵시문학은 그 역사적 배경이나 경우를 극도로 애매하게 하여 모두를 연막 속에 가려 놓지만, 요한계시록은 처음부터 일곱 교회의 사정을 명기하였고, 비록 상징적이기는 하지만, 그 역사적 상황을 알 수 있게 했으며, 그리고 대부분의 묵시문학은 민족적 성향을 벗어나지 못하고 있는데 반해, 요한계시록은 세계적이고 우주적이다. 더욱 요한계시록에 나오는 메시아도 유대적인 메시아가 아니라 세계의 구원주로 되어 있다.

구약의 다니엘서나 신약의 요한계시록 같은 계열에 속하는 책들을 묵시문학이라고 한다. 이런 문학은 주로 주전 200년과 주후 100년 사이에 유대교들과 기독교인들 사이에 성행한 문학 양식이었다. 그러나 좀 더 깊이 따지고 보면 예언운동이 자연적인 과정을 밟아서 묵시문학으로 발전된 것이라 할 수도 있다. 이런 의미에서 구약의 에스겔서를 묵시문학의 시조로 보는 이들도 있다. 그는 예언자들 가운데서 누구보다도 여러 가지 상징과 상(像)을 많이 썼고, 마곡의 땅에서 온 두발 왕 곡에 관해서 흥미 있는 예언을 했기 때문이다(38-39장). 환상(vision)이란 것은 예언자들의 경험에서도 자주 볼 수 있는 것이었으나 그것은 극히 짧고 단순한 것들이어서 예언의 전적인 구성 요소를 이룬 것이라고 말 할 수 없다. 에스겔은 상당히 길고 자세한 계시적인 기록을 남겼다는 의미에서 후세의 묵시문학 발전에 한 방향을 설정한 예언자라 말할 수 있을 것이다. 또한 이사야서 24-27장이나 요엘서를 묵시문학에 넣을 수 있는 것이라고도 한다.

그러나 성경 중에서 묵시문학으로 꼽을 수 있는 최초의 작품은 다니엘서라 할 수 있다. 다니엘서에 이르러서는 이상한 표징과 화려한 상상을 실은 본격적인 묵시문학의 경지에 도달한 느낌을 준다. 요한계시록에서도 마찬가지로 환상과 황홀 가운데서 숨겨져 있는 세계와 사건들을 볼 수 있다. 또한 이사야서 24-27장이나 요엘서를 묵시문학에 넣을 수 있는 것이라고도 한다.

다니엘서 1-4장에서는 느부갓네살 왕의 치하에서 받은 박해 이야기를 다루었고, 6장에서는 다리우스 왕의 치하에서 받은 박해와 그것을 참고 충성을 다한 유대인들의 이야기를 말 하고 있다. 그 다음으로는 안티오커스 4세 치하에서 유대인들이 받은 박해를 연막을 치면서 기술하였고, 백성들에게 배교하지 말고 신앙의 신실을 지키라고 권면한다. 결국은 하나님의 거룩한 백성들이 영원한 나라를 차지하게 되리라는 것이다(단 7장).

이와 같이 묵시문학가들은 현재 어떠한 박해와 시련이 있다 해도 죽음을 무릅쓰고 하나님과 그의 계명에 충성을 다하라고 격려한다. 그것은 마지막 날 하나님께서 반드시 악을 쳐 물리치고 충성을 다한 백성들에게 승리를 가져다주리라고 확신하기 때문이다.

요한계시록도 로마의 박해 밑에서 정신적인 고통을 당하고 있는 사람들에게 희망을 주기 위해 기록된 일종의 봉인된 책이다. 그러면 "누가 그 두루마리를 펴며 그 인을 떼기에 합당하냐"(계 5:2)고 수사적 의문을 던진다.

제6장에는 "어린 양이 일곱 인 중의 하나를 떼시는"(계 6:1) 것을 보았다라는 기록이 있다. 일정한 자격을 갖춘 자 곧 예수 그리스도가 일곱 봉인을 가지고 봉해 놓은 두루마리를 교묘하게 열 때 비로소 그 속에 감춰진 비밀은 풀리게 된다는 것이다.

어째서 이 책은 봉인하지 않으면 안 되었을까? 그것은 한 마디로 말해서 비밀문서이기 때문이다. 기독교인을 박해하는 로마 제국에 대해 저항하는 내용을 담고 있는 글을 그 당시로서는 공공연히 내놓을 수 없었을 것이다. 그래서 여러 가지 부호와 상징을 사용하여 기록했던 것이라 할 수 있다. 이 책은 마치 필름과 같아서 그 두루마리를 차근차근 풀어나가면 그 내용은 선명하게 드러나게 된다.

요한계시록에서는 모든 사건이 하나님에 의해 지배되는 역사적 과정의 일부로써 취급되고 있다. 다시 말해서 모든 것이 다 하나님의 섭리아래 있다는 말이다. 모든 것이 다 하나님의 섭리인 이상, 어떠한 박해와 시련이 있다 할지라도 두려울 것이 없다. 왜냐하면 최후에는 하나님의 정의로운 심판이 있을 것이고, 따라서 성도는 승리할 것이기 때문이다.

"또 내가 새 하늘과 새 땅을 보니 처음 하늘과 처음 땅이 없어졌고 바다도 다시 있지 않더라. 또 내가 보매 거룩한 성 새 예루살렘이 하나님께로부터 하늘에서 내려오니 그 준비한 것이 신부가 남편을 위하여 단장한 것 같더라. 내가 들으니 보좌에서 큰 음성이 나서 이르되 보라 하나님의 장막이 사람들과 함께 있으매 하나님이 그들과 함께 계시리니 그들은 하나님의 백성이 되고 하나님은 친히 그들과 함께 계셔서 모든 눈물을 그 눈에서 닦아 주시니 다시는 사망이 없고 애통하는 것이나 곡하는 것이나 아픈 것이 다시 있지 아니하리니 처음 것들이 다 지나갔음이러라"(계 21:1-4).

여기서 보는 바와 같이 요한계시록은 박해를 당하고 있는 사람들의 눈물을 씻어 주고 그들에게 최후의 승리를 약속해 주기 위해 쓴 것임을 알 수 있다. 성도는 최후 승리를 얻고 새 예루살렘에서 그리스도를 신랑으로 모시고 살게 되지만, 그것은 사단을 상징하는 용과의 싸움이 끝나고 큰 음녀(淫女) 바벨론에 대한 심판이 끝난 뒤에 비로소 이루어진다.

"하늘에 큰 이적이 보이니 해를 옷 입은 한 여자가 있는데 그 발아래에는 달이 있고 그 머리에는 열두 별의 관을 썼더라. 이 여자가 아이를 배어 해산하게 되매 아파서 애를 쓰며 부르짖더라. 하늘에 또 다른 이적이 보이니 보라 한 큰 붉은 용이 있어 머리가 일곱이요 뿔이 열이라. 그 여러 머리에 일곱 왕관이 있는데 그 꼬리가 하늘의 별 삼분의 일을 끌어다가 땅에 던지더라. 용이 해산하려는 여자 앞에서 그가 해산하면 그 아이를 삼키고자 하더니 여자가 아들을 낳으니 이는 장차 철장으로 만국을 다스릴 남자라. 그 아이를 하나님 앞과 그 보좌 앞으로 올려가더라. 그 여자가 광야로 도망하매 거기서 천이백육십일 동안 저를 양육하기 위하여 하나님께서 예비하신 곳이 있더라"(계 12:1-6).

여기 나오는 여자는 교회의 상징이다. 하나님의 교회를 상징하기 때문에 태양을 입고 달을 밟고 별이 열두 개 달린 월계관을 머리에 쓴 것으로 비유할 수 있다. 하나님의 교회는 해와 달과 같이 이 세상에서 최고의 빛과 아름다움을 발휘하는 기관이라 할 수 있다. 별이 열두 개 달린 월계관은 이스라엘 민족의 열 두 지파를 의미한다. 이 여자가 해산한 사내아이는 메시아다. 그리고 이 사내아이를 낳기만 하면 삼켜버리려고 하는 붉은 용은 사단(악마)을 상징한다. 여기서 붉은 색은 박해를 받아 죽은 성도들의 피를 의미하고 일곱 머리는 로마의 일곱 황제를 의미한다. "여자가 광야로 도망쳤다"는 것은 기원 70년에 예루살렘이 로마의 군대에 침략되었을 때, 그 성 안에 살던 기독교들이 지방으로 피난한 것을 의미한다. 붉은 용 사단(로마 제국)은 늘 예수를 삼켜버리고 믿는 자들을 박해하려고 한다. 그러나 미가엘(천사장)과 그 부하들이 붉은 용과 싸워 완전히 무찔러 주는 것이다(계 12:7).

요한계시록 17장에는 큰 음녀에 대한 심판이 기록되어 있다. 이 큰 음녀는 일곱 머리와 열 뿔이 달린 붉은 빛의 짐승을 타고 있다. 그리고 자주 빛과 붉은 빛의 옷을 입고, 금과 보석과 진주로 그 몸을 꾸미고 있다. 그 이마에는 "큰 바벨론"(계 17:5)이라는 이름이 쓰여 있었다. 여기 바벨론은 로마의 부호라 할 수 있다. 그러니까 큰 음녀는 로마 제국의 상징인 것이다.

이 큰 음녀는 성도들의 피와 예수의 증인들의 피에 취해 있었다. 이것은 믿는 성도들에 대한 로마 제국의 박해를 뜻한다. 그러나 어린 양 곧 예수 그리스도는 이 음녀와 싸워 이기고 성도들에게 최후 승리를 주는 것이다. 박해가 아무리 극심하다 해도 최후의 승리는 순결과 정의와 평화를 사랑하는 성도에게 주어지는 것이라는 것을 보여 주고 있다. 그 때 성도는 새 예루살렘에서 살게 된다.

새 예루살렘은 크고 높은 산위에 자리 잡고 있는 네모가 반듯한 전원도시이다. 한가운데로는 수정같이 맑은 생명수가 흐르고 있고, 그 강 좌우에는 생명나무가 있어 열두 가지 열매를 맺고 있다. 그 크고 높은 성곽에는 열 두 진주 문이 있지만 닫히는 일이 없다. 여기서는 해도 달도 필요 없다. 이는 하나님 자신만의 영광이 비취고 어린 양(그리스도)이 그 등이 되기 때문이다. 이런 이상국이 약속되어 있으므로 죽도록 충성하라는 것이었다.

위에서 간단하게 살펴본 바와 같이, 요한계시록은 전체 22장으로 되어있는데, 내용을 크게 나누어 보면 1-11장은 예루살렘에 대한 심판 예언으로 되어있고, 12-22장은 세상 세력에 대한 심판 예언으로 되어있다.

그러나 이를 문학적 구조에 따라 세분해 보면, 5막으로 이루어진 가극의 양식으로 되어 있다는 것을 알 수 있다. 즉 요한계시록 1장으로부터 3장까지가 프롤로그(서막)이고, 4장으로부터 11장까지가 제1막, 12장 1절로부터 19장 20절까지가 제2막, 19장 11절로부터 22장 5절까지가 제3막, 그리고 22장 6절로부터 21절까지가 에필로그(終幕)라 할 수 있다. 특히 제1막으로부터 3막까지에는 각각 고통스러운 장면과 아름다운 장면이 번갈아 나오며 전개되는데, 거기에 위대한 합창과 우주적인 교향악이 울려 퍼지면서 그 장면들을 장식한다.

가극의 형태를 따라가면서 요한계시록의 구조를 좀 더 자세하게 살펴보고자 한다. 먼저 프롤로그에 해당되는 1-3장까지는 소아시아의 일곱 교회(에베소, 서머나, 버가모, 두아디라, 사데, 빌라델비아, 라오디기아 교회)에게 임박한 심판을 예고하고 있다. 1장에서 요한 사도는 주님이 보내신 천사를 통하여 주님의 심판의 경고를 들었고, 2-3장에는 소아시아 일곱 교회에 대한 예언이 나오며, 각 교회에다 예언의 말씀을 적어 보내라는 명령을 받는다.

제1막에 해당되는 4-11장까지는 본론 부분의 첫 번째 대목으로서 주후 70년에 실제로 이루어진 예루살렘에 대한 심판의 내용을 다루고 있다. 4-5장은 하늘에서 어린 양으로 묘사된 주님이 심판을 준비하는 장면이다. 6-7장은 봉인을 떼심으로써 예루살렘에 대하여 큰 환난이 시작된다. 그리고 8-11장은 일곱 천사가 일곱 나팔을 붊으로써 심판이 본격화되고, 마침내 11:15에서 주님의 영원한 나라가 세워지게 된다.

제2막에 해당되는 12:1-19:20까지는 세상에 대하여 주님께서 심판하시는 것을 상징적으로 예언하였다. 12-13장에는 용과 열 뿔 가진 짐승이 나오는데, 이는 매우 묵시적인 표현으로 되어서 해석에 주의를 요한다. 12장에 용이 태양을 입고 있는 여인을 공격하는데, 이는 사단이 교회를 공격하는 것을 의미한다. 이때 하늘에도 미가엘과 사단의 세력이 동시에 전쟁을 벌이게 된다. 13장에는 열 뿔과 일곱 머리를 가진 짐승이 나타나서 이적을 행하고, 다른 짐승도 출현하여 이적을 행한다. 이는 교회와 이교 세력들 간의 영적 전쟁에서 처음에는 이교 세력들이 교회를 핍박하고 득세하는 것을 의미한다. 그러나 14장에서 천사가 세상 세력에 대하여 주님의 심판이 시작되었음을 알린다. 결국 성도와 교회가 승리하고 세상이 패배할 것임을 미리 선언적으로 선포한 것이다. 15-18장은 세상을 심판하시는 과정을 묘사하고 있다. 15장에서 심판을 위하여 일곱 대접이 준비되고, 16장에서 진노의 대접들이 쏟아부어진다. 17장은 세상세력을 상징하는 큰 음녀 바벨론에 대하여 설명해주고 있고, 18장은 큰 음녀 바벨론이 망하는 것 곧 세상이 멸망하게 되는 것을 예언한다.

제3막에 해당되는 19:11-22:5까지는 세상 세력이 완전히 멸망하고 성도가 승리를 얻었음을 확인한다. 결국 교회와 세상과의 싸움에서 성도와 교회가 주님의 도우심으로 완전한 승리를 얻었음을 노래하는 것이다. 여기서 새 예루살렘을 보게 된다. 20장은 이제 세상이 완전히 끝난 상태에서 인류 최후의 종말 심판을 묘사하고 있다. 또 20장에는 주님의 십자가 구원사역을 통하여 성도가 첫째 부활(엡 2:1)에 참여케 된 것을 가르치고 있다. 그리고 주님의 통치를 받는 하나님 나라의 백성이 되어 주님과 더불어 왕노릇 해왔다(벧전 2:9)는 것도 가르치고 있다. 21장은 영원한 하나님 나라가 완성되어 하나님의 자녀 된 자들이 하나님과 함께 영광의 하늘나라에서 영생을 누림으로써 하나님의 모든 뜻이 완성되었다는 것을 웅장하게 묘사하고 있다.

마지막 에필로그에 해당되는 22:6-22까지는 결론 부분으로서 1장에서 말씀하신 주님께서 다시 오신다는 약속을 반복하고 있다.

위에서 요한계시록의 전개구조를 개략적으로 살펴본 바와 같이, 요한계시록은 심판을 통해 막이 내려지는 구원사의 종결을 다루고 있다. 그 종결은 현재의 일이 아니고 미래에 일어날 일이다. 도미티안 황제의 통치 말기 때 기독교에 대한 박해가 극심하였다. 그때에 요한이라는 교회 지도자가 오늘날의 터키 서쪽의 외딴 섬인 밧모 섬에 유배되어 있으면서 아시아의 일곱 교회를 향하여 편지 형식으로 격려와 위로의 글을 썼는데 그것이 바로 요한계시록이다. 도저히 감당할 수 없는 심한 박해로 인하여 연약한 신앙을 가진 사람들은 낙심하고 배교하고야 말 그러한 상태에서도 역사는 세상 권세를 잡은 마귀와 그 하수인인 세상 집권자들의 손에서 좌우되는 것으로 보이지만 실상은 그렇지 않다는 사실을 말하고 있다. 세상의 역사는 그저 암흑 속에서 사단의 뜻하는 방향으로 끝없이 진전되는 것 같이 보이지만 실상은 그런 것이 아니며 하나님께서 주관하신다는 것이다.

우선, 예수는 로마의 권력과 그에 합세하는 세력에 의해서 무참히 살해당해서 죽어 없어진 것으로 보이지만 실은 그가 하늘에 살아계시고 막강한 권능과 위엄을 가지고 존재하면서 교회를 돌보고 교회의 사자들을 보호하고 계시다는 것을 요한계시록 1장 9-20절에서 환상으로 제시한다. 그리고 일곱 교회를 일일이 언급하면서 잘한 점, 못한 점을 지적하고 끝까지 참고 이기라는 격려를 한다(2-3장). 이렇게 참고 이길 수 있기 위해서 보다 확실한 환상으로 승리의 가능성과 그 확실성을 보여 준다. 4장에서 역사의 주인공은 로마의 가이사가 아니라 하늘 보좌에 앉으신 하나님이심을 보여 준다.

5장에서는 그 하나님의 손에 역사의 두루마리가 들려 있는 광경을 보여 주며, 역사가 얽히고 얽혀 꽉 막힌 듯하지만 다윗의 후손에서 나온 사자, 곧 예수가 그 역사를 제 길로 풀어 나갈 자격을 가지셨다는 사실을 보여준다. 즉 예수가 하나님의 어린 양으로 오셔서 만인을 위하여 속죄제물이 된 사건을 통하여 인간은 구원을 받고 영생의 길을 가게 된다고 한다. 즉 복음의 사건만이 역사가 바른 길로 가게 만든다는 것이다. 이렇게 요한 계시록 전권에서 어린 양이란 말이 28회나 사용되면서 결국 어린 양(복음)의 역사를 통하여 우주 역사가 아름다운 종결을 짓고 승리에 도달되는 것이다.

6장 이하에서 잠시 악마가 득세하여 인간 사회에서 횡포하며 갖은 소란을 다 피우고 따라서 교회는 어려움을 겪게 되지만, 그리고 사단의 하수인으로서 정치권력들과 문화, 사상 등이 세상을 어둡게 하고 선한 세력과 싸워 득세하는 것 같지만, 하나님은 살아계셔서 그들을 이기시고 마침내 그들이 멸망하고, 사단도 갇히고 만다. 다만 어린 양 예수의 피로 인해서 죄 씻음을 받은 성도들, 끝까지 믿음을 지키고 승리한 자들만이 하나님의 어린 양의 혼인잔치에 참여하는 영광을 차지하게 된다. 오직 하나님과 그 어린 양만이 찬양을 받는 새 하늘과 새 땅이 이루어지고 생명강과 생명나무를 즐기는 영원한 나라를 차지하게 되는 희망 찬 미래가 있음을 말해 준다. 그러므로 역사는 하나님의 손 안에 있다는 사실과 어린 양 예수를 믿고 그를 증거하다가 고난을 당하더라도 끝까지 참아 최후의 영광을 얻을 수 있도록 하자는 목회자적인 권면을 상징적으로 또는 적극적으로 하는 책이 바로 요한 계시록이다.

밧모 섬에 유배된 사랑의 사도 요한은 예언자의 견지에서 억제할 수 없는 신앙을 가지고 가장 큰 위기에 처해 있는 성도들을 격려하려고 이 묵시문학을 쓰게 된 것이다. 계시록은 하나님의 나라가 종국적으로 승리하리라는 확고부동한 신앙을 불러일으키고자 하여 기록하였다. 요한은 아시아의 기독교인들로 하여금 먼 장래의 교회와 신도들이 어떻게 될 것을 내다보도록 하였다. 마지막으로 22장 6-21절에서는 여러 교회에 그 책을 권하고 또 그의 메시지를 더욱 강조하였다. 여기서 우리는 어떠한 재난이 계속되더라도 결국은 승리할 것이 확실하다고 하는 계시록 기록자의 굳은 신념을 볼 수 있다. 그는 이렇게 말하고 있다. "세상 나라가 우리 주와 그의 그리스도의 나라가 되어 그가 세세토록 왕 노릇 하시리로다"(계 11:15).

이와 같이 요한계시록은 문학양식으로서 가극의 형태를 취하고 있음을 살펴보았다. 다음으로는 요한계시록의 기초가 되는 광대한 대조체계(system of contrasts)를 살펴보겠다. 그 대조체계는 선과 악(하나님 및 그리스도와 사단), 이스라엘과 바벨론의 음녀, 어린 양과 용, 성삼위일체와 부정한 삼위일체(용. 바다의 짐승. 땅의 짐승), 미가엘의 천사와 용의 천사, 성도들과 짐승의 추종자들, 그리스도의 신부와 바벨론의 음녀, 하늘과 무저갱, 거룩한 성 새 예루살렘과 큰 악의 도시 바벨론, 새 예루살렘의 건설과 바벨론의 파괴, 영원과 일시적인 역사, 성도의 봉인과 짐승의 표를 받는 것 따위로 이루어져 있다. 마지막 때에 일어날 영적인 싸움에서 볼 수 있는 두 세력 진영의 이러한 대조는 인간의 위대한 양자택일을 요청하는 문학적 장치가 된다.

세 번째 요한계시록의 문학적 특징은 다양한 묵시적 이미지와 상징주의를 사용하고 있다는 것이다. 예를 들면, 네 마리 말들의 환상(계 6:1-8)은 예수께서 "민족이 민족을, 나라가 나라를 대적하여 일어나겠고 곳곳에 기근과 지진이 있으리니"(마 24:7)라고 예언했을 때 직접적으로 묘사하신 미래의 시기를 위해 사용한 이미지요 상징인 것이다. 요한계시록 12장 1-6절도 이미지와 상징들을 푸는 열쇠가 된다. 이 구절들은 여인의 아들 예수가 용 곧 사단의 파괴적인 책략으로부터 피하는 이야기를 전해주고 있다.

상징적인 이미지는 이미 일곱 교회들에게 보낸 편지들에서도 나타난다. 여기에서 우리는 예수의 입으로부터 나오는 검(계 2:16), 그 옷을 더럽히지 않은 사람들(계 3:4), 영화롭게 된 성도들이 성전의 기둥이 되는 것(계 3:12), 미지근하게 되어버린 성도들(계 3:16), 문 앞에 서서 두드리는 그리스도(계 3:20) 등에 대해서 읽게 된다. 이런 이미지들은 문자적으로 해석해서는 안 된다. 이 이미지들은 영적인 실체들에 대한 유형적인 상징들이라 할 수 있다.

요한계시록의 상징적인 이미지들은 하나의 개방적인 특징을 갖는다. 본서의 예언들은 역사 속에서 많이 성취되었고, 역사의 마지막에 가서 궁극적으로 성취될 것이다. 한 가지 예를 든다면, 요한계시록의 바벨론은 요한의 첫 독자들에게는 로마 제국을 의미했겠지만 그 이후에 여러 형태를 취하면서 나타났고, 그것은 사실상 오늘날 우리가 현대의 문화

속에서 발견하듯이 하나님을 대적하여 반역하는 인류에 대한 하나의 묘사라 할 수 있다.

그리고 가장 기본적인 구조적 원리가 되는 것은 "완전이나 충만함"을 상징하는 7이라는 숫자를 반복하여 사용 하고 있다는 것이다. 일곱 금촛대(계 1:12, 13, 20), 일곱 별(계 1:16, 20), 일곱 등불(계 1:4; 4:5), 일곱 뿔(계 5:6), 일곱 눈(계 5:6), 일곱 머리(계 12:3; 13:1; 17:3, 7, 9), 일곱 면류관(계 12:3), 일곱 봉인(4-6장), 일곱 나팔(7-10장), 일곱 재난(11-14장), 일곱 대접(15=18장), 일곱 심판(19-20장), 일곱 소리(21-22장)의 순서로 발전되어 가고 있다.

그리고 동물과 색채 이미지를 많이 쓰고 있다는 것도 특징이 된다. 동물 심상으로는 하늘의 보좌를 둘러싸고 있는 영물, 어린 양(계 7:9, 14, 17; 13:8; 14:1, 4, 10), 여러 가지 빛깔의 말, 메뚜기, 용(계 12:3-17; 13:2; 16:13; 20:2-10), 무서운 바다와 육지의 짐승 같은 것을 들 수 있다. 빛깔의 심상으로는 흰 색(white, 계 3:18; 6:2; 19:8)과 붉은 색(red, 계 6:4; 12:3), 자주 색(계 17:4; 18:12, 16) 등이 많이 사용되고 있다. 이외에도 검은 색(계 6:5)과 청황 색(계 6:8)등도 사용되었다. 흰 색은 그리스도(1:14), 성도들(3:18; 4: 4; 7: 9, 14; 19:8), 하늘의 군대(19:14), 하나심의 심판좌(20:11)와 연결되어 있고, 붉은 빛은 전쟁(6:4), 용의 모습(12:3), 바벨론의 음녀와 그 짐승 (17:3-4)과 연결되어 있다.

지금까지 단편적으로 살펴본 바와 같이, 요한계시록은 희극적인 플롯을 갖고 있다고 할 수 있다. 희극적 플롯의 결말은 보편적으로 결혼이나 잔치로 매듭 되는 데, 요한계시록에서도 악의 세력이 파괴된 후 새 예루살렘에서 어린 양과 성도가 결혼하는 것으로 끝난다. 이런 의미에서 요한계시록은 신곡(divine comedy)이라 할 수 있다. 그러므로 묵시문학은 어둠의 세력과 싸우는 사람들에게 믿음과 용기와 희망을 주는 것이다.

마지막으로 요한계시록은 묵시문학의 장르에 속하기는 하지만 당시에 유행하던 일반적인 묵시문학과는 몇 가지 차이점이 있음을 알아야 한다. 보통의 묵시문학은 저자의 이름을 숨기고 에녹이나 에스라 같은 과거에 유명한 사람들의 이름을 빌려서 기록하였다. 그러나 계시록은 요한 사도의 이름으로 기록하였다. 또 묵시문학은 사변적이면서 세상의 종말과 징조와 최후의 사건에 대해서 관심이 많은 반면, 계시록은 교훈적이며 이러한 문제에 대해서도 호기심을 채워주려는 목적이 아니라 시기의 임박성을 경고하고 있을 뿐이다. 즉, 당시에 박해받는 교회에게 임박한 심판에 대해 알려둠으로써 영적으로 깨어서 대비하도록 권고하는 목적으로 기록한 것이다. 그러므로 계시록의 묵시문학적 요소를 이해하려고 노력하되 각성의 자세로 읽어야 할 필요가 있다.

각주)----------------

1) 조신권 지음, 『구약의 세계: 재미있고 신나는 성경이야기』(서울: 아가페문화사, 2008), 490.
2) 張一善 著, 『히브리 說話의 文學的 理解』(서울: 大韓基督敎出版社, 1985), 10.
3) 설화에 대한 자세한 것을 알고 싶으면 운암 조신권 교수 전집 22권 중 3권을 참조하기 바란다.
4) 현길언, 『문학과 성경』(서울: 한양대학교 출판부, 2002), 233.
5) 위책, 241.
6) 위책, 298.
7) James S. Ackerman, "Joseph, Judah, and Jacob," in *Literary Interpretation of Biblical Narratives*, eds. by Kenneth R. R. Gros Louis and James S Ackerman, vol. ll (Nashville: Abingdon Press, 1982), 96.
8) Takeshi Saito, *The English Bible as Literature* (Tokyo: Kenkyusha, 1970), 16-17에서 재인용.

9) C. Hugh Holman, *A Handbook to Literature* (Indianapolis: Bobb-Merill Educational Publishing Co., 1980), 161; M. H. Abrams, *A Glossary of Literary Terms* (New York: Holt Rinehart and Winston, 1981), 50 참조.

10) Northrop Frye, *Anatomy of Criticism* (New York: The Odyssey Press, 1965), 315.

11) William Empson, *The Structure of Complex Words* (London: Faber and Faber, 1951), 101-104.

12) Ernst R. Curtius, *European Literature and the Latin Middle Ages* (New York, 1953), 59-61; E. M. W. Tillyard, *The English Epic and Its Background* (London: Oxford UP, 1966), 199, 256-257.

13) 성경의 서사적 사시에 대해 자세하게 알고 싶은 분은 조신권 지음, 『성서문학의 이해』(서울: 연세대학교 출판부, 1978)를 참조하기 바란다.

14) 리런드 라이컨, 『문학에서 본 성경』, 유성덕 옮김 (서울: 크리스챤 다이제스트사, 1993), 82.

15) B. B. 트래윅, 『문학으로서의 신약성서』, 김영숙 역 (서울: 대한기독교서회, 1969), 62.

16) Mary Ellen Chase, *Life and Language in The Old Testament* (New York, 1995), 98.

17) 트래윅, 62.

18) Arthur Weiser, *The Old Testament: Its Formation and Development* (New York: Association Press, 1963), 25.

19) G. A. Smith, *Early Poetry of Israel* (New York: Prentice-Hall, 1988), 34.

20) *Ibid.*, 29.

21) Richard G. Moulton, *The Literary Study of the Bible* (Boston: D. C.

Heath & Co., 1896), 137.

22) Robert H. Pfeiffer, *Introduction to the Old Testament* (New York: Harper & Brothers Publishers, 1948), 326.

23) Moulton, 127.

24) Chase, 131.

25) Julius A. Bewer, *The Literature of the Old Testament* (New York: Columbia University Press, 1933), 8.

26) Chase, 103-105.

27) 위책, 103-105.

28) S. R. Driver, *An Introduction to the Literature of the Old Testament* (New York: Charles Scribner's Sons, 1920), 459.

29) Roy B. *Chamberlin and Herman Feldman*, eds., The Dartmouth Bible (Boston: Houghton Mifflin co., 1961), 523.

30) 라이컨, 218.

31) 시드 부젤 지음, 『잠언』, 김태훈 옮김 (서울: 두란노, 1983), 181.

32) John Calvin, *Commentary on the Book of Psalms*, vol. 1 (Edinburgh: Calvin Translation Society, 1845), xxxvi.

33) C. Hassell Bullock, *Encountering The Book of Psalms*: A Literary and Theological Introduction, 류근상 옮김 (서울: 크리스챤출판사, 2003), 5-6.

34) 존 하르 그리브스 지음, 『시편의 새해석』, 엄현섭 옮김 (서울: 컨콜디아사, 1991), 35.

35) 라이컨, 127-128.

36) H. J. Kraus, 『시편의 신학』, 신윤수 옮김 (서울: 비블리카 아카데미아, 2004), 173.

37) 김정우, 『시편강해 I : 율법과 찬가와 메시아 찬가』 (도서출판 엠마오, 1999), 99.

38) 위 책, 99.

39) C. S. Lewis, *Reflections on the Pslams* (New York:Harcourt, Brace & World, 1958), pp. 76-89.

40) C. S. 루이스, 『시편 사색』,김정우 역 (서울: 총신대학교 출판부, 1994), 71.

41) 김정우, 25-26.

42) 그리부스, 77.

43) Richard G. Moulton, *The Literary Study of the Bible* (Boston: D. C. Heath, 1900), p. 163.

44) 위 책, 11.

45) 루이스, 65.

46) 김정우, 42.

47) 위 책, 43.

48) 위 책, 44. 좀 더 자세한 것은 김정우 지음, 『시편강해 I』를 참고하기 바란다.

49) 루이스, 63.

50) Seymour Chatman, *Story and Discourse*: Narrative Structure in Fiction and Film (Ithaca: Cornell UP, 1978), 45.

51) 이상섭, 『문학의 이해』(서울: 서문당, 1972), 88.

52) 위 책, 95.

53) E. M. Foster, *Aspects of the Novel* (Harmondsworth: Penguin Books Ltd., 1977), 54-84 참조.

54) 엘리멜렉의 뜻은 "하나님은 왕이시다" 이고, 나오미의 뜻은 "나의 기쁨" 이다. 그리고 두 아들 말론의 뜻은 "병약" 이고, 기룐의 뜻은 "소모" 이며, 말론의 아내 오르바의 뜻은 "목" 이고, 기룐의 아내 룻의 뜻은 "우정" 이다.

55) 트래윅, 330-331.

56) 헨리 H. 할레이 저, 『최신 성서핸드북』, 박양조 역 (서울: 기독교문사, 1997), 335.

57) 할레이, 330.

58) 왕대일 저, 『구약성서이해』(서울: 성서연구사, 1993), 135.

59) 위 책, 136.

60) Ruth H. Blackburn, *The Old Testament as Living Literature* (New York: Monarch Press, 1976), 134-135.

61) 히스기야 시애에 해서는 운암 조신권 교수 전집 3권 『구약의 세계: 재미있고 신나는 성경 이야기』를 참조하기 바란다.

62) 알란 스트링펠로우 지음 『책별 성경연구』(서울: 도서출판 두란노, 1995), 106.

63) 할레이, 482.

64) 위 책, 614.

65) 크리스토퍼 허든슨 외 지음, 『하루만에 꿰뚫는 성경관통』, 배용준 옮김 (서울: 규장, 2007), 242.

66) 성기호, 『쉽고 재미있게 풀어 쓴 이야기 신학』(서울: 국민일보사, 1997), 348-55 참조.

67) 운암 조신권 교수 전집 4권 『신약의 세계: 예수와 그 주변 사람들의 이야기』를 참조하기 바란다.

68) Thomas Carlyle, *On Heroes and Hero Worship* (London: J. M. Dent & Song Ltd., 1956), 314-315.

69) R. G. Moulton, John P. Peters, A. B. Bruce, *The Bible as Literature* (New York: Thomas Y. Crowell & Co., 1896), 238.

70) *Ibid.*, 238.

71) Herbert Lockyer, Sr., ed., *Nelson's Illustrated Bible Dictionary* (Nashville: Thomas Nelson Publishers, 1986), 349.

72) William G. Doty, *Letters in Primitive Christianity* (Philadelphia:

Fortress Press, 1973), 22.

73) *Ibid.*, 22.

74) Doty, 25.

75) 류순하, 『성서의 이해』(서울: 숭실대학교 출판부, 1999), 404.

76) 위 책, 404-405.

77) D. J. Selby, *The Understanding of St. Paul* (Englewood Cliffs: Prentice Hall Inc., 1962), 239; 류순하, 404에서 재인용.

78) Lockyer, Sr, ed., 583.

79) 렐란드 라이켄, 제임스 C. 윌호잇, 트렘퍼 롱맨 III 편집, 『성경 이미지 사전』, 홍성희, 노진준, 임승환, 이은순 옮김 (서울: 기독교문서선교회, 2001), 1132.

80) G. W. Knight, "The Pioneer of Life: An Essay on the Gospels," in *The Christian Renaissance* (London: Methuen, 1962), 169.

81) M. C. Tenney, "The Imagery of John," *BibSac 121* (1964), 3-21.

82) 트래윅, 97.

83) Robert C. Dentan, *The Apocrypha, Bridge of the Testaments* (Greenwich: Seabury Press, 1954), 94.

끝맺는 말

19세기 미국의 작가 허먼 멜빌(Herman Melville)의 소설 가운데『레드번』(Redburn)이라는 작품이 있다. 이 소설의 주인공은 처음으로 바다에 나갈 마음을 먹고 떠날 준비를 하고 있는 레드번이라는 젊은 청년이었다. 그의 아버지는 아들 레드번이 영국을 향해 떠나려 할 때, 리버풀 도시의 매우 오래된 지도를 건네주었다. 고된 항해 끝에 리버풀에 도착한 레드번은 아버지가 준 그 지도가 자신을 그 도시에 잘 인도해 주리라 믿었다. 그러나 그 지도는 그를 실망시켰다. 그 지도가 만들어진 이후, 그 도시에는 너무나 많은 변화가 일어났기 때문이었다. 옛날의 경계선들은 사라져버렸으며, 거리의 이름도 바뀌었고, 사람들이 살던 집들도 오고 간 데가 없었던 것이다.

어떤 사람들은 성경 말씀을 마치 레드번이 받았던 케케묵은 지도 같은 것으로 생각해서 이렇게 변화된 현대를 살아가는 인생들에게는 아무런 소용도 되지 못한다고 주장할 수도 있다. 우리나라 옛말에 "십년이면 강산이 변한다"는 말이 있다. 십년이면 강산이 변하는 것은 너무나 자연스러운 현상이다. 아니 요사이 같으면 십년이 아니라 하루가 다르게 모든 것이 변화하고 속절없이 흘러간다. 인간이 만들고 세운 것은 제아무리 소중한 것이라 할지라도 변하기 마련이고 사라지기 마련이다.

그렇다고 진리가 변하는 것은 아니다. 하기야 포스트모던시대가 되면서 절대적인 진리를 믿지 않는 것이 최고의 지성이라고 생각하는 사람들에게 있어서는 진리는 하나의 견골(犬骨)과 같은 것인지도 모른다. 이만큼 세대가 악하고 패역해졌다. 그러나 북극성이 시대가 변했다고 해서 위치가 바뀌는 것도 아니고 길을 잃은 사람들에게 노정기(路程記)가 되지 못하는 것도 아니다. 성경은 인생의 하늘에 떠 있는 북극성 같아서 몇 천 년의 세월이 흐르고 천태만상이 변했어도 그것은 유효하고 여전히 어두운 인생의 앞길을 비춰주는 빛이 되는 것이다.

성경은 이런 현대적인 의의와 그 생명력을 다음과 같이 여러 곳에서 표현해주고 있다. 즉, 성경은 "사람의 발에 등이요 그 길을 비춰주는 빛"(시 119:105)이라 하였고, 또한 "어두운 데를 비추는 등불"(벧후 1:19)이라고도 하였으며, "살아 있고 활력이 있어 좌우에 날선 어떤 검보다도 예리한"(히 4:12) 메스처럼 쪼개고 가르며 곪은 데를 도려내는 수술 칼과 같다고도 하였다. 뿐만 아니라 그것은 사람들을 훈계하여 미숙한 것을 성숙되게 해주기도 하고(시 19:11), 사람이 평생 살아가는 데 있어서 언제나 필요한(마 4:4) 것을 제공해 주는 생필품이라고도 하였다. 그리고 사람이 자기 자신을 비추어 보며 자기의 삶을 단장하기도 하고 흩어진 모습과 매무새를 바로 잡아 나갈 수 있는 거울(약 1:22-25) 과도 같은 것이기도 하다고 하였다. 다시 말하자면, 성경은 아무리 많은 세월이 흐르고 모든 것이 다 변했어도 세세토록 변치 않고 우리 순례인생(巡禮人生)의 길잡이가 되며 영적인 생명을 이어갈 수 있는 영양분을 제공해 주는 생명의 떡이요 젖줄이 된다는 것이다.

영국 사람들은 원래 작은 섬나라에서 약탈을 일삼던 왜구요 해적이었다. 성경을 받아들이기 전의 영국민은 아주 호전적이고 세련된 문화하고는 거리가 먼 미개민족이었다. 그런 그들이 주후 5세기 말경에 로마의 선교사로부터 성경을 받아들이게 되었다. 살아 움직이는 생명의 양식인 성경책을 받아들이면서 그들은 본질적인 변화를 체험하게 되었는데, 해적이 변하여 신사가 되었고 그들의 황무지 같은 척박한 땅에 부드럽고 아름다운 문화의 꽃이 피어나게 되었던 것이다.

그린(J. R. Green, 1837-1883)이라는 영국의 학자는 그가 쓴 『영국민소사』(*The Short History of the English People*)에서 "영국은 한 책의 민족이 되었고, 그 책은 성경이었다"고 할 정도로, 영국민은 성경을 애호하는 민족이었다. 우리가 잘 알다시피 그들의 정신적 골격을 형성해 준 것이 성경이었고, 그들의 문학적 기초가 된 것도 역시 성경이었다. 또한 수많은 영국 작가들의 영감과 문학적 발상, 용어와 문체 등에 지대한 영향을 미친 것도 성경이었다. 특히 주목할 바는 영문학의 아버지라고 하는 초서(Chaucer)이래 영국 작가들의 상상력의 기초를 형성해 준 것이 성경적 세계관이며, 그것이 그들의 감정과 사고의 방향을 규정해 주었다는 것이다. 그래서 시인 윌리엄 블레이크(William Blake)는 "신구약 성경은 예술의 위대한 법전이다"라 했다. 즉 성경은 영감의 원천이라는 뜻이다. "어째서 성경은 다른 모든 책보다 매력적이고 교훈적인가? 그것은 성경이 영적 감각인 상상에 호소하고 지성이나 추리에는 간접적이라는 데 그 이유가 있는 것이 아닐까?"라고 말한 것만 보아도, 영국민은 히브리적 상상력 가운데서 상상력의 원형(原型)을 찾았고 그것을 세계관의 모태로 하고 있었다는 것을 알 수 있다. 이처럼 야만적 해양민족이었던 영국민이 높은 기독교적 정신을, 바탕으로 해서 찬란한 문화를 꽃피울 수 있었던 것도 다른 요소도 없지는 않지만 주로 성경의 덕분이었다는 것을 알 수 있다. 그들은 성경을 거룩한 하나님의 말씀으로 알아 일반적 연구도 게을리 하지 않았지만, 보다 중요한 것은 그것을 문학적으로 접근하여 그것의 신성한 표현법과 문학적 상상력을 깊이 연구하는 동시에 그것을 생활화 내지 문학화 했다는 것이다. 그 결과 그들은 위대한 성경의 민족이 되었고, 따라서 성경적 정신을 창조적 원동력으로 하여 훌륭한 문화 예술 특히 문학을 창조할 수가 있었다. 이런 민족적 사례만을 보아도 성경의 문학적 연구 즉 외형적 문학양식과 표현법의 연구는 그 신성한 특질을 무시하거나 부정하는 것이 아니라 오히려 그것을 심화해 주며 더 나아가서는 생활창조 내지 문화 창조의 원동력이 된다는 것을 알 수 있다.

그러면 문학으로서의 성경의 특이성(特異性)과 위대성은 무엇인가? 성경의 주제가 되는 것은 신, 인간, 자연, 삶, 죽음, 운명 같은 근원적인 문제지만, 그 취급방법이 특이한 것이다. 즉 성경은 그런 근본적인 문제들을 결코 추상적이거나 논리적인 방법으로 다루는 것이 아니라, 보다 구체적이며 다양한 문학적 양식(樣式)으로 다루고 있다는 말이다. 특히 성경이 인간을 취급하는 경우, 인간의 위대함과 비소함을 가리지 않고 있는 그대로의 현실을 영원의 빛에 비추어 리얼하게 해명하는 동시에 인간의 특성 가운데서 불변하는 실상을 붙잡아 생생하게 표출한다. 괴테가 말한 것처럼 인류는 항상 진보 발전하지만, 인간은 본질적으로 변함이 없는 것이다. 성경이 응시하는 대상은 바로 이런 불변하는 인간상

(人間像)이다. 그러므로 시대는 변하고 지식은 발전해도 성경은 어느 시대에 있어서나 불변하는 진리로 남게 되는 것이다. 성경은 이와 같이 인간의 근원적인 정서에 충실하고, 그것에 호소하며, 그것을 움직인다는 의미에서 위대하고, 또 그런 의미에서 드 퀸시(De Quincey)가 주장하는 이른바 "힘의 문학"(The Literature of Power)에 속하는 것이다. 더욱 힘의 문학 중에서도 성경은 인간을 전인적으로 파악하여, 그 깊은 내적 요구를 충족시켜 준다고 하는 의미에서 가장 높은 자리에 놓이게 되는 것이다.

플라톤이 『이상 국가』에서 시인을 추방하여야 한다고 했을 때, 그는 젊은이들의 감정이나 고조시켜 눈물을 짜게 하거나 덕성을 약화시켜 진리의 길에서 벗어나 타락된 생활을 하게 만드는 그런 문학을 염두에 두었던 것이 틀림없다. 이를테면 그런 문학작품은 교육적으로, 윤리적으로, 종교적으로 아무런 효용성을 갖지 못하기 때문에 진짜가 아닌 가짜라는 것이다. 세상엔 너무도 가짜 문학이 많다. 이 가짜 문학은 의로 교육할 수도 없고, 덕성을 함양시켜 윤리적으로 건전한 사람을 만들 수도 없으며, 깊은 종교적인 신앙을 뿌리내리게 할 수도 없다. 뿐만 아니라 성경은 말씀으로서 완전하고, 확실하고, 정직하고, 순결하기 때문에 영혼을 소성케 하고, 미련한 자를 지혜롭게 하고, 마음을 기쁘게 하고, 눈을 밝게 해 준다. 즉 성경은 생명과 지혜와 환희와 광명을 주는 것이다.

지식의 문학은 지식과 교훈을 줄 수 있고, 쾌락의 문학은 즐거움을 줄 수 있다. 그러나 진정한 생명과 지혜와 환희와 광명을 줄 수 없다. 다만 그런 것을 줄 수 있는 것은 성경 같은 위대한 문학뿐이다. 그러므로 성경은 모든 문학의 뿌리가 되는 일종의 뿌리문학이다. 뿌리 없이 나무가 자랄 수 없듯이, 성경 없이 생명도, 지혜도, 환희도, 광명도 있을 수 없다. 오늘의 굶주림이나 목마름은 빵이나 물이 없어서도 아니고, 지식이나 문화가 없어서도 아니다. 살아서 움직이는 생명의 말씀, 지혜의 말씀, 환희의 말씀, 광명의 말씀이 없기 때문이다. 그러므로 어느 때보다도 그런 말씀의 문학이 요구된다.

헨리 밴 다이크(Henry Van Dyke, 1852-1933)가 "현대 세계에 있어서 기독교가 절대적인 영향력을 갖게 된 것은 현대문학에서 차지하는 성경의 지위 때문이다. 성경이 그 최대의 유력한 힘을 발휘하는 것은, 성경이 그 밖의 다른 책의 대용품이 될 때가 아니라, 모든 문학에 침투 할 때다" 라고 말한 바와 같이, 성경은 한 국민의 문화적 내질(文化的 內質)을 변화시킬 수 있는 유력한 힘을 갖고 있다. 그러나 성경이 다른 가짜 문학에 대치될 때가 아니라 그 문학 속에 침투될 때 그것은 최대의 유력한 힘을 발휘할 수 있다. 마찬가지로 그것이 우리의 생활 속에 침투될 때 유력한 힘으로 나타날 수 있다. 이런 의미에서 성경의 토착화 곧 사회 문화 속에 깊은 뿌리를 내리게 하는 것이 시급하다. 그러면 성경적 문화의 찬란한 꽃이 필 수 있을 것이다.

아무리 유용한 보배라 할지라도 땅에 묻어두면 아무런 소용도 없게 된다. 하나님의 말씀은 아주 값진 진주와 같은 보물이라 할 수 있다. 그렇지만 그것을 땅에 묻어두면 빛도 사라지고 그 가치도 떨어지게 된다. 그러므로 늘 그것을 사용하지 않으면 안 되는 것이다. 그러면 어떻게 사용하여야만 하는가? 성경은 우리들에게 그 사용하는 방법을 이렇게 가르쳐주고 있다.

성경이 우리들에게 유용한 것이 되려면, 그것을 묵상하여야 하고(시 1:2), 가르쳐야 하며(딤후 3:15), 순종하고(눅 11:28), 지켜야 하며(대하 34:21; 시 119:67; 요 14:23), 날마다 듣고(렘 34:10; 엡 1;13), 받고(살전 2:13), 읽어야 하고(마 21:42; 고후 3:15), 그 안에 뿌리박아야 하며(엡 3:17), 믿고(요 2:23), 늘 연구하고(요 5:39), 일상적으로 마음에 두고 살아야 한다(시 119:11)고 하였다.

이때 비로소 성경은 우리 속에서 살아 움직이게 되고 에너지가 되어 내면의 세계를 우선 변화시키고 창조정신으로 작용하게 되며, 사회와 문화세계에 영향력을 발휘하게 될 것이다.

참 고 문 헌

곽안전. 『팔레스틴의 지리 』. 서울: 기독교서회. 1969.
기독교대백과사전 편찬위원회 편. 『기독교 대백과사전』. 서울: 기독교문사. 1984.
김상훈. "영감된 하나님의 책으로서의 성경과 개혁주의 해석학적 과제," 『신학지남』. 서울: 신학지남사. 2002.
김서택. 『하나님의 불타는 사랑』. 서울: 홍성사. 1998.
김수중. "설교자에게 문학은 왜 유익한가," 『그 말씀』. 서울: 도서출판 두란노. 1996년 9월호.
김지찬. "문학은 종교에 무엇을 기여하는가?", 『크리스챤라이프』. 1996년 9월호.
김지찬. 『언어의 직공이 되라』. 서울: 생명의 말씀사. 1996.
김정우. 『시편강해 I : 율법과 찬가와 메시아 찬가』. 서울 : 도서출판 엠마오. 1999.
김찬국역, 『이스라엘의 역사와 종교』. 서울: 대한기독교서회. 1970.
김홍규. 『술람미 여인의 사랑이야기』. 서울: 영문. 1993.
그레이다누스, 시드니. 『성경해석과 성경적 설교』, 김영철 옮김 (중) . 서울: 여수룬. 1992.
그리브스, 존 하르. 『시편의 새해석』, 엄현섭 옮김 . 서울: 컨콜디아사. 1991.
니, 월취만. 『노래중의 노래』, 정동섭 역 . 서울: 생명의 말씀사. 1982.
라이컨, 리런드. 『상상의 승리』, 최종수 옮김 . 서울: 성광문화사. 1982.
----------. 『문학에서 본 성경』, 유성덕 옮김 . 서울: 크리스챤 다이제스트사. 1993.
라이켄, 렐란드 윌호잇, 제임스 C. 롱맨, 트렘퍼 III 편집. 『성경 이미지
사전』, 홍성희, 노진준, 임승환, 이은순 옮김 . 서울: 기독교문서선교회. 2001.
라키어, 헐버트. 『지혜의 위기』, 윤중석 옮김 . 서울: 기독지혜사. 1993.
류순하. 『성서의 이해』. 서울: 숭실대학교 출판부. 1989.
Merrill, Eugene H. 『역사적 구약 개요』, 김인환 역 . 서울: 총신대학교출판부. 1997.
민영규. 『예루살렘 입성기』. 서울: 연세대학교 출판부. 1974.
朴大善, "舊約과 팔레스틴의 風土," 『기독교사상』 1963년 7월호.
박영만. 『성경산책』. 서울: 성광문화사. 2000.
박준서. "구약성서," 『성서와 기독교』. 서울: 연세대학교 출판부. 1988.

박창환. 『성경의 형성사』. 서울: 대한기독교서회. 1969.
보스, 하워드 F. 『성경지리개론』, 한정건, 신득일 공역 . 서울: 기독교문서선교회. 1999.
本多顯彰. 『聖書』. 東京: 二見書房. 1972.
부젤, 시드. 『잠언』, 김태훈 옮김 . 서울: 두란노. 1983.
브라우어, 더글라스 J. 『당신은 무엇을 믿는가』, 이종태 옮김. 서울: 복있는 사람. 2001.
브럭헌, 야콥 판. 『누가 성경을 만들었는가?』, 김병국 역 . 서울: 총신대학교 출판부. 1997.
Bullock, C. Hassell. *Encountering The Book of Psalms: A Literary and Theological Introduction*. 류근상 옮김 . 서울: 크리스챤출판사. 2003.
성기호. 『쉽고 재미있게 풀어 쓴 이야기 신학』. 서울: 국민일보사. 1997.
스토트, 죤. 『성경연구입문』, 최낙재 옮김 . 서울: 성서유니온. 1992.
신국원. 『문화이야기』. 서울: 한국기독학생회 출판부. 2004.
아하로니, Y. 『구약성서지리학』, 이희철 역 . 서울: 대한기독교출판사. 1976.
안병무. 『역사와 증인』. 서울: 기독교 서회. 1972.
어거스틴. 『참회록』, 박재천 옮김 . 서울: 기독태인문화사. 2001.
엘리엇, T. S. 『문예비평론』, 최종수 역 . 서울: 박영사. 1974.
올리오트, 스튜워트. 『전도서. 아가』, 이중수 옮김 . 서울: 목회자료사. 1990.
왕대일. 『구약성서이해』. 서울: 성서연구사. 1993.
유성덕. 『성경형성개론』. 서울: 성광문화사. 1987.
柳瀅基. 『單券 聖經註釋』. 서울: 新生社. 1945.
이상섭. 『문학의 이해』. 서울: 서문당. 1972.
———. 『文學批評用語事典』. 서울: 民音社. 1976.
이희철. 『지리로 본 성서의 세계』. 서울: 생명의 말씀사. 1997.
장경철. 『하나님 공부하기』. 서울: 낮은 울타리. 1998.
張一善. 『히브리 說話의 文學的 理解』. 서울: 大韓基督敎出版社. 1985.
조신권. "문학으로서의 성서," 『그 말씀』. 서울: 도서출판 두란노. 1996년 9월호.
———. 『구약의 세계: 재미있고 신나는 성경이야기』. 서울: 아가페문화사. 2008.
———. 『하나님과의 사랑 이야기』. 서울: 아가페문화사. 2001.
최갑종. 『예수님의 비유』. 서울: 도서출판 이레서원. 2001.

崔載瑞. 『文學原論』. 서울: 春潮社. 1960.
최종수. 『문학과 종교의 대화』. 서울: 성광문화사. 1987.
Kraus, H. J. 『시편의 신학』, 신윤수 옮김 . 서울: 비블리카 아카데미아. 2004.
클라크, 다윗. 『성경 교리학』, 송봉길 옮김 . 서울: 기독교 문화협회. 1986.
토잇, A. B. 듀. 『신약 정경론』, 권성수 옮김 . 서울: 도서출판 엠마오. 1988.
트래윅, B. B. 『문학으로서의 신약성서』, 김영수 역 . 서울: 대한기독교서회. 1969.
하젤턴, R. 『신학과 예술』, 정옥균 옮김 . 서울: 대한기독교서회. 1983.
할레이, 헨리 H. 『최신 성서핸드북』, 박양조 역 . 서울: 기독교문사. 1997.
허든슨, 크리스토퍼. 『하루만에 꿰뚫는 성경관통』, 배용준 옮김 . 서울: 규장. 2007.
현길언. 『문학과 성경』. 서울: 한양대학교 출판부. 2002.
홍문표. "말씀의 나라, 시와 찬양의 나라," 『말씀과 문학』. 창조문학사. 2002년 창간호(여름호).
---------. "히브리 민족과 문학," 『말씀과 문학』. 서울: 창조문학사. 2003년 가을호.
힌슨, 데이비드 F. 『구약성서 39권』, 이후정 역 2권 .서울: 컨콜디아사. 1991.
Abrams, M. H. *A Glossary of Literary Terms* . New York: Holt Rinehart and Winston. 1981.
Bate, Walter Jackson. ed., *Criticism: The Major Texts* . New York: Harcourt Brace Jovanovich, Inc., 1970.
Bennet, C. E. ed. *De Rerum Natura (Nature of Things)* . Harmondsworth: Penguin Books Ltd., 1978.
Bewer, Julius A. *The Literature of the Old Testament* . New York: Columbia University Press. 1933.
Birkeland, H. *The Language of Jesus* . Oslo, 1954.
Bloom, Harold. ed., *The Book of Job* . New york: Chelsea House Publishers. 1988.
Booth, Herny Kendal.l *The Background of the Bible* . New York: Charles Scribler' s Sons. 1930.
Bowley. H. H. ed. *The Old Testament and Modern Study*. London:

Oxford University Press. 1951.
Butrick, George Arthur. *Interpreter' s Bible Dictionary of the Bible*. Vol. III. Nashville: Abingdon. 1962.
Calvin, John. *Commentary on the Book of Psalms*. vol. 1. Edinburgh: Calvin Translation Society, 1845.
Campbell, W. E. *Erasmus, Tyndale, and More* . London: Erye and Spotiswoode. 1949.
Carlyle, Thomas. *On Heroes and Hero Worship* . London: J. M. Dent & Sons Ltd. 1956.
Chase, Mary Ellen. *Life and Language in The Old Testament* . New York. 1995.
Chatman, Seymour. *Story and Discourse: Narrative Structure in Fiction and Film* . Ithaca: Cornell University Press. 1978.
Conley, C. H. ed. *Pattern of Reading and Writing* . New York: Faber and Rinehart, Inc. 1937.
Cook, A. S. "The Authorized Version of the Bible and its Influence," in *Cambridge History of English Literature* . London: Cambridge University Press. 1909.
Crosswant, W. *A Dictionary of Life in Bible Times* . E. T. 1960.
Curtius, Ernst R. *European Literature and the Latin Middle Ages* . New York, 1953.
Daniel-Rops, Herni. *Daily Life in the Time of Jesus* . New York: Hawthorn Books, Inc. 1964.
Daiches, David. *Critical Approaches in Literature* . London: Longmann, Green and Co Ltd. 1969.
Dauglas, J. D. ed. *The New Bible Dictionary* . London: Inter-Varsity Press. 1952.
Dentan, Robert C. *The Apocrypha, Bridge of the Testaments* . Greenwich: Seabury Press. 1954.
Doty, William G. *Letters in Primitive Christianity* . Philadelphia: Fortress Press. 1973.
Drew, Elizabeth. *Poetry* . New York: Dell Publishing Co. Ltd. 1959.
Driver, S. R. *An Introduction to the Literature of the Old Testament* . New York: Charles Scribner' s Sons. 1920.
Eliot, T. S. *Essays Ancient and Modern* . London: Faber and Faber. 1963.

---------. *Selected Essays* . London: Faber and Faber. 1951.
Emerton, J. A. "Did Jesus Speak Hebrew?," *Journal of Theological Studies*, 12, 1961.
Empson, William. *The Structure of Complex Words* . London: Faber and Faber. 1951. .
Fohrer, Georg. *Introduction to the Old Testament*, trans. David E. Green . New York: Abingdon Press. 1968.
Foster, E. M. *Aspects of the Novel* . Harmondsworth: Penguin Books Ltd. 1977.
Frye, Northrop. *Anatomy of Criticism* . New York: The Odyssey Press. 1965.
Goodspeed, Edgar J. *How Came The Bible?* . New York: Abingdon Press. 1940.
Gotsachalk, D. W. *Art and the Social Order*, 2nd ed. . New York: Dover Publications. 1962. .
Grintz, J. M. "Hebrew as the Spoken and Written Language in the Last Days of the Second Temple," *Journal of Biblical Literature*. 79. 1960.
Kenneth R. R. Gros Louis and James S Ackerman, eds. *Literary Interpretation of Biblical Narratives, vol. ll* . Nashville: Abingdon Press. 1982.
Blackburn, Ruth H. *The Old Testament as Living Literature* . New York: Monarch Press. 1976.
Herodotus, The Histories. *Harmondsworth: Penguin Books Ltd.* 1966.
Holman, C. Hugh. *Back to Literature* . Indianapolis: Bobb-Merill Educational Publishing Co. 1980.
James, William. *The Varieties of Religious Experience* . London: Longmans, Green and Co. 1928.
Johnson, W. S. ed. *Selections from the Prose Works of Mathew Arnold* . Massachusetts: The Riveside Press. 1973.
Kallen, Horace M. *The Book of Job As a Greek Tragedy* . New York: Hall and Wang. 1959.
Knight, G. W. "The Pioneer of Life: An Essay on the Gospels," in *The Christian Renaissance* . London: Methuen. 1962.
Kuyper, Abraham. *Lectures on Calvinism* . Grand Rapids: Wm. B. Berdmans Publishing Company. 1975.

Leider, P. R. and R. Wittongton, E., ed. *Art of Criticism* . Appleton Century. 1911.

Lerner, Laurence D. *Englsih Literature* . London: Oxford University Press. 1954.

Lewis, C. S. *Reflections on the Pslams* . New York: Harcourt, Brace & World. 1958.

Lockyer, Herbert. Sr. ed. *Nelson's Illustrated Bible Dictionary* . Nashville: Thomas Nelson Publishers. 1986.

Mcfadyen, J. F. *The Psalms in Modern Speech* . New York: Hqrper & Brothers. 1937.

Maimonides, Moses. *The Guide of the Perplexed.* Tran. by Shlomo Pines. Chicago: Chicago University Press. 1963.

Milford, H. S. ed. *The Poetical Works of William Cowper* . London: Oxford University Press. 1950.

Milward, Peter. *The Bible as Literature* . Tokyo: Kenkyusha. 1963.

Montet, Pierre. *Egypt and the Bible*, trans. L. R. Keylock . Philadelphia: Fortress Press. 1972.

Moulton, R. G. *Bible as Literature* . New York: Thomas Y. Crowell & Co. 1896.

Murry, J. Middle. *The Problem of Style* . London: Cambridge University Press. 1960.

Noth, Martin. *The Old Testament World* . Philadelphia: Fortress Press. 1964.

Parker, DeWitt H. *The Analysis of Art* . New Haven: Yale University Press. `1926.

Pater, Walter. *Appreciations with An Essay on Style* . New York: Macmillan Company. 1942.

Pfeiffer, Robert H. *Introduction to the Old Testament* . New York: Harper & Brothers Publishers. 1948.

Richards, I. A. *Principles of Literary Criticism* . London: Routledge and Kegan Paul. 1964.

Rosenheim, Edward. *Swift and the Satirist's Art* . Chicago: University of Chicago Press. 1963. .

Ryken, Leland. *The Christian Imagination: Essays on Literature and the Art* . Michigan: Grand Rapids, 1981.

Saito, Takeshi. *The English Bible as Literature* . Tokyo: Kenkyusha.

. 1970.

Sarna, Nahum M. "Epic Substratum in the Prose of Job," JBL 76. 1957.

Sasek, Lawrence A. *The Literary Temper of the English Puritans* . Baton Rouge: Louisiana State University Press. 1961.

Selby, D J. *The Understanding of St. Paul* . Englewood Cliffs: Prentice Hall Inc. 1962.

Shipley, Joseph T. *Dictionary of Word Origins* . London: Philosophical Library, Inc. 1945.

Smith, A. *Early Poetry of Israel*. New York: Prentic-Hall. 1988.

Smidt, Kristian. *Poetry and Belief in the Work of T. S. Eliot* . London: Routledge and Kegan Paul. 1967.

Snowden, James H. *The Making and Meaning of the New Testament* . New York: The Macmillan Company. 1923.

Tillyard, E. M. W. *The English Epic and Its Background* . London: Oxford University Press. 1966.

Trawick, Buckner B. *The Bible as Literature*, trans. Shinichi Yoshida . Tokyo. 1963.

Weiser, Astur. *The Old Testament: its Formation and Development* . New York: Association Press. 1963.

Wilder, Amos N. "Modern Poetry and the Christian Tradition," in *Encyclopedia of Poetry and Poetics*, ed. Alex Priminger, Frank J. Warnke and O. B. Hardison, Jr.. New Jersey: Princeton University Press. 1965.

모든 문예의 원전
성경의 문학적 탐구

2008. 9. 25 초판 인쇄
2008. 9. 30 초판 발행

지은이 조 신 권
발행인 김 영 무

발행처 : 도서출판 아가페문화사
156-094 서울 동작구 사당4동 254-9
전화 3472-7252, 3 팩스 523-7254
등록 제3-133호(1987. 12. 11)

보급처 : 아가페문화사
156-094 서울 동작구 사당4동 254-9
전화 3472-7252, 3 팩스 523-7254
온라인 우체국 011791-02-004204 (김영무)

정가 23,000 원

ISBN 978-89-8424-100-8 03230